Rita Heuser, Mirjam Schmuck (Hrsg.)
Sonstige Namenarten

Sonstige Namenarten

Stiefkinder der Onomastik

Herausgegeben von
Rita Heuser und Mirjam Schmuck

DE GRUYTER

ISBN 978-3-11-070954-4
e-ISBN (PDF) 978-3-11-054702-3
e-ISBN (EPUB) 978-3-11-054488-6

Library of Congress Control Number: 2018942309

Bibliografische Information der Deutschen Nationalbibliothek
Die Deutsche Nationalbibliothek verzeichnet diese Publikation in der Deutschen Nationalbibliografie; detaillierte bibliografische Daten sind im Internet über http://dnb.dnb.de abrufbar.

Dieser Band ist text- und seitenidentisch mit der 2018 erschienenen gebundenen Ausgabe.
Druck und Bindung: CPI books GmbH, Leck

www.degruyter.com

Vorwort

Als prototypische Namen haben Personen- (Ruf-/Familiennamen) und Ortsnamen (Siedlungs-/Flussnamen) in der onomastischen Forschung die meiste, lange Zeit sogar exklusive Aufmerksamkeit erfahren. Tagtäglich begegnet allein in den Medien ein viel bunteres Spektrum an Namenarten. Kaum beachtet in der Forschung, dafür umso präsenter im Alltag sind Namen für politische (*Russland-Affäre*; *Brexit, TTIP*) und kulturelle Ereignisse (*Paralympics 2018, Berlinale*), Naturphänomene (*Sturmtief Friederike, Hurrikan Irma*), Waren und Dienstleistungen (*Facebook, Google, Parship*) oder öffentliche Gebäude bzw. Bauprojekte (*Elbphilharmonie, BER, Stuttgart 21*). In der Fachliteratur nur am Rande behandelt und unter „weitere/sonstige" Namenarten zusammengefasst, harren die Stiefkinder der Onomastik oft noch ihrer linguistischen Analyse. Der nun vorliegende Band rückt solche meist jungen, von der lange rein etymologisch interessierten Forschung übersehenen Namenarten erstmals in den Fokus. Das Spektrum der Beiträge reicht von Ereignis- (politische Skandale, Messen) und Objektnamen (Filme, Finanzprodukte, Haushaltsgegenstände) bzw. Institutionsnamen (Schulen, Fußballvereine) bis hin zu wenig erforschten Bereichen der Personen- (Usernamen) und Ortsnamen (Kletterrouten, Kolonialnamen). Auch bisher noch wenig beachtete, grammatische und graphematische Aspekte werden beleuchtet (Flexion von Gattungseigennamen; Namen und Orthographie).

Der nun vorliegende Band versteht sich als Impuls zur weiteren Erforschung dieser vielgestaltigen, häufig an der Schnittstelle zwischen Appellativik und Onymik angesiedelten Namenarten. Er basiert auf einer gleichnamigen Tagung an der Mainzer Akademie der Wissenschaften und der Literatur vom 15.–16. September 2014. Danken möchten wir den Beiträgerinnen und Beiträgern sowie der Akademie der Wissenschaften für die Bereitstellung der Räumlichkeiten und der gesamten Infrastruktur. Für die Unterstützung von Seiten des Verlags danken wir Antje-Kristin Mayr und Daniel Gietz, für redaktionelle Arbeiten gilt unser Dank Anne Rosar, Gabriela Maria Speiser und insbesondere Katrin Grothus für das Layout.

Mainz, im März 2018

Rita Heuser | Mirjam Schmuck

Inhalt

Ereignisnamen

Personen-/Institutionsnamen

Grammatische/graphematische Aspeke

Ortsnamen

Miriam Schmidt-Jüngst

Nordkante und *1, 2, 3 im Sauseschritt*

Die Benennung von Kletterrouten als Spiegel der Kletterkultur

Zusammenfassung: Seit den späten 1970er/frühen 1980er Jahren boomt der Klettersport. Im Zuge dieser Entwicklung entstehen Jahr für Jahr Hunderte neuer Kletterrouten in Deutschland, die fast alle auch benannt werden. Die Namen der Kletterrouten sind ausgesprochen divers und reichen von klassischen Benennungen wie *Südostriss* oder *Emilio Comici Gedenkweg* bis zu höchst kreativen Namen wie *Mein Hund frisst Schappi* oder *Ruf des Muezzin*. Der Beitrag widmet sich den Kletterroutennamen im südlichen Frankenjura. Er untersucht die Fragestellung, inwieweit sich die Benennung von Kletterrouten in den letzten 120 Jahren geändert hat und in welchem Umfang der Schwierigkeitsgrad der Route die Namengebung beeinflusst. Es wird gezeigt, dass beide Parameter erheblichen Einfluss auf die Benennung haben, wodurch sich Rückschlüsse auf die Kletterkultur ziehen lassen.

Abstract: Since the late 1970ies/early 1980ies, the popularity of rock climbing has increased massively. Over the course of this development hundreds of new climbing routes have been opened each year in Germany and almost all of them are named. The names of climbing routes are very diverse: they reach from more traditional names like *Südostriss* or *Emilio Comici Gedenkweg* to highly creative names like *Mein Hund frisst Schappi* or *Ruf des Muezzin*. This paper addresses the names of climbing routes in the southern part of the Franconian Jura. It focuses on how the names of the climbing routes have changed throughout the last 120 years and to which extent the level of difficulty influences the naming. It is revealed that both parameters have a strong influence on the names of the routes, which makes it possible to draw conclusions about changes within the climbing culture.

Miriam Schmidt-Jüngst, Universität Mainz, schmidt-juengst@uni-mainz.de

DOI 10.1515/9783110547023-001

1 Einleitung

Ob in Überhängen oder Kaminen, an Rissen oder Platten – das Felsklettern erfreut sich in den letzten zwei Jahrzehnten rasant wachsender Beliebtheit. Mit der Zahl der Felssportbegeisterten steigt auch die Anzahl der Kletterrouten, die in den verschiedensten Klettergebieten entstehen. Jede dieser Routen bedarf eines Namens, der vom Erstbegeher[1] vergeben wird.[2] Dieser Name darf ohne die Zustimmung des Erstbegehers nicht geändert werden. Im hier untersuchten Gebiet des Frankenjuras ist das Anschreiben des Namens an den Startpunkt der Route eher unüblich, in anderen Gebieten erfährt diese Praxis weitere Verwendung. In Pressemeldungen zu Neubegehungen spielt der Name jedoch eine zentrale Rolle: „Jonathan Siegrist knackte *Biographie* (IX+)", „Alex Luger eröffnete *Psychogramm* (X+)" (beide: Panorama 4/2014), „Sparsam gebohrt ist auch Roland Hemetzbergers *Golden Secret* (X+)" (Panorama 5/2014; Kursivierung MSJ). Noch prominenter stehen die Namen in topographischen Führern (in der Kletterszene kurz *Topo* genannt) zu den jeweiligen Klettergebieten (Abbildungen 1 und 2).

Der Aufbau dieser Topos folgt stets dem gleichen Muster: Auf einer Seite sind nummeriert die Namen der Routen an der jeweiligen Wand gelistet (vgl. Abbildung 2), auf der anderen Seite findet sich eine stilisierte Abbildung des Felsens mit angezeichnetem Routenverlauf, dem jeweils die Routennummer zugeordnet wird (vgl. Abbildung 1). Die Namen spielen also in der Kommunikation über begangene Routen eine wichtige Rolle.

Dennoch ist diese junge und vielfältige Klasse der Toponyme – abgesehen von den Aufsätzen von Kully (1991) und Wildfeuer (2009) sowie der aktuellen Dissertation von Scharf (2015, s. auch dieser Band) – bisher weitestgehend onomastisch unberücksichtigt geblieben. Um aufzuzeigen, dass die Beschäftigung mit dieser Namenklasse dennoch überaus ertragreich sein kann, lädt der Beitrag dazu ein, die diversen und höchst individuellen Benennungen von Kletterrouten näher zu beleuchten.

1 Da die Routenerschließung im Felsklettern nach wie vor fast ausschließliche Männerdomäne ist (im Untersuchungsgebiet sind knapp 0,2 % der 1502 berücksichtigten Routenneuerschließungen eindeutig einer Frau zuzuordnen), handelt es sich hier und im Folgenden nicht um generisches, sondern um ganz explizites Maskulinum.

2 In seltenen Fällen kann die Route namenlos bleiben; dies stellt jedoch die Ausnahme dar.

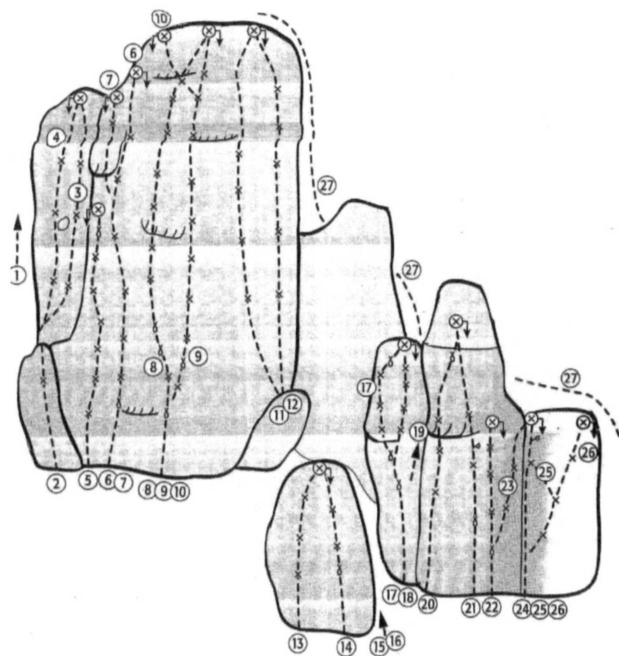

Abb. 1: Stilisierte Darstellung von Kletterrouten in Topos (Deinet 2012: 42–43)

Der folgende Auszug aus dem „Kletterführer Rhein-Main" (Abbildung 2) zeigt auf, wie divers diese Namen sind: *Knüppel aus dem Sack* steht neben *Mann im Mond*, aber auch klassische Namen wie *Südwestverschneidung* und *Überhang* sind vertreten. Zwei der Funktionen, die Kletterroutennamen (im Folgenden KletterroutenN) erfüllen, sind hier schon gegeben: Sie sind Zeugnis der Kreativität und Individualität des Erstbegehers oder charakterisieren die Beschaffenheit oder Lage einer Route bzw. des Felsens. Weitere Funktionen sind, die Schwierigkeit der Route zu bezeichnen, z. B. *Glatt Sieben* (in Bezug auf die Bewertung nach UIAA-Skala, s. Kapitel 2) oder bestimmte Personen zu ehren, z. B. *Günther Messner Gedenkweg*. Bei der Namenwahl scheinen also unterschiedliche Strategien und Ziele verfolgt zu werden: Soll der Name ganz lapidar die Lage und Beschaffenheit der Route beschreiben, möchte er einer anderen Person (oder auch mir selbst) ein Denkmal setzen oder soll er Ausdruck der eigenen Kreativität und Gedankenwelt sein?

1 **Südwestverschneidung** 4
Die Tour befindet sich links oberhalb von Nummer 2. Komplett selbst abzusichern.

2 **Vorbauwandl** 4+

3 **Linker Weg** 5+

4 **Sauftour** 6/6+ D. Gebel

5 **Licht ohne Schatten** ** 8+ S. Gschwendtner 82
Schwieriger Einstiegsboulder. Ausdauernd und trickreich im oberen Teil. Sehr schöne Tour.

6 **Linke Weiße Wand** * 7 H. Kiene
Auch eine sehr schöne Route mit delikatem Runout in der Mitte.

7 **Direktausstieg** * 6+ D. Gebel

8 **Dreams** * 8- T. Emde 83
Schöne Ausdauerkletterei.

9 **Mittlere Weiße Wand** *** 6+ H. Keine 76
Der Klassiker am Fels. Trotz reichlich Speck sehr gut.

10 **Linker Ausstieg** 6+

11 **Rechte Weiße Wand** ** 6
Sehr schön zu Klettern. Der erste Haken hängt weit oben. Im oberen Teil eventuell Keile und Schlingen mitnehmen.

12 **Altherrenweg** * 7- J. Heinl

13 **Esel streck dich** 5+ M. Steinhoff

14 **Tischlein deck dich** 4 M. Steinhoff

15 **Oberes Wandl** 7+

16 **Knüppel aus dem Sack** 8 M. Steinhoff

17 **Mann im Mond** 8 Wundlechner

18 **Sonne im Herzen** 8 Wundlechner

19 **Rampe** 4-

20 **Überhang** 7+/8- A. Kubin

21 **Südwand** 8-/8 A. Kubin

22 **Nosferatu** 8 M. Paulus, C. Wolf

23 **Sonnentanz** 7-/7 Wundlechner

Abb. 2: Namen und Beschreibungen von Kletterrouten in Topos (Deinet 2012: 42–43)

Von Interesse ist bei diesen Fragen, welche Faktoren die Namenwahl beeinflussen. Als mögliche Kriterien sollen in diesem Beitrag der Schwierigkeitsgrad der Routen sowie ihr Alter beleuchtet werden: Erhalten schwere Routen andere Namen als leichte? Lässt sich diachron eine Veränderung in den Benennungsmotiven feststellen, die eventuell Aufschluss über Wandelprozesse im Klettersport gibt? Um diesen Fragestellungen nachzugehen, beschreibt Kapitel 2 zunächst die Geschichte des Sportkletterns. Kapitel 3 stellt das Untersuchungsgebiet und die Methodik vor, bevor in Kapitel 4 die Korpusuntersuchung präsentiert wird. Kapitel 5 fasst die Ergebnisse zusammen und gibt einen Ausblick auf mögliche weitere Forschungsansätze.

2 Vom alpinen Entdeckergeist zum modernen Sportklettern

Die Anfänge des Felskletterns sind im 19. Jh. zu finden, hauptsächlich geprägt vom Alpinismus und Entdeckergeist dieser Zeit: Das vorrangige Ziel war es, einen Gipfel zu erklimmen. Dabei war jegliches Hilfsmittel recht, sodass Leitern angelegt und Metallstifte in die Wände geschlagen wurden, um das Vorankommen zu erleichtern. Die Felsen in deutschen Mittelgebirgen dienten dabei vorrangig dem Training für das Klettern in den Alpen. Nach und nach rückte dabei aber auch der sportliche Aspekt in den Vordergrund: Der Gipfel war nicht mehr ausschließliches Ziel, es ging zunehmend auch um das Erklettern der Route an sich.[3] Im Elbsandsteingebirge wurde dann Ende des 19. Jh. der Grundstein des heutigen Kletterns gelegt, indem erstmals auf den Einsatz von Hilfsmitteln verzichtet wurde. Diese Idee des Freikletterns breitete sich rasch aus und gelangte vom Elbsandsteingebirge in die USA, wo die Zahl der Anhänger dieser Disziplin schnell anwuchs. In Deutschland geriet das Felsklettern während der Weltkriege in den Hintergrund, erst die 68er-Bewegung widmete sich wieder verstärkt dieser Betätigung.[4] Aus der Zeit nach dem Zweiten Weltkrieg stammt die Grundlage der bis heute in Deutschland verwendeten Schwierigkeitsskala, die seit 1968 unter dem Namen UIAA-Skala geläufig ist.[5] Ungefähr aus dieser Zeit stammt die folgende verbalisierte Übersicht über die Schwierigkeitsskala (Tabelle 1):

Tab. 1: UIAA-Skala

Bewertung	Erklärung
I	Geringe Schwierigkeiten. Einfachste Form der Felskletterei (jedoch *kein* leichtes Gehgelände). Die Hände sind zur Unterstützung des Gleichgewichtes erforderlich. […]

3 www.bergleben.de/news/a/604042/die-geschichte-des-sportkletterns---vom-poeten-zum-athleten--1- (29.03.2018).

4 www.bergleben.de/news/a/604034/sportklettergeschichte--einmal-amerika-und-zurück--2- (29.03.2018).

5 UIAA steht für *Union Internationale des Association d'Alpinisme*. Die UIAA ist eine internationale Vereinigung von Alpinistenverbänden, die 1932 in Chamonix, Frankreich, gegründet wurde (www.theuiaa.org/our-history.html, 29.03.2018).

Bewertung	Erklärung
II	Mäßige Schwierigkeiten. Hier beginnt die Kletterei, welche die Drei-Punkt-Haltung erforderlich macht.
III	Mittlere Schwierigkeiten. Geübte und erfahrene Kletterer können Passagen dieser Schwierigkeit noch ohne Seilsicherung erklettern. Senkrechte Stellen verlangen bereits Kraftaufwand.
IV	Große Schwierigkeiten. Hier beginnt die Kletterei schärferer Richtung. Erhebliche Klettererfahrung notwendig. Längere Kletterstellen bedürfen meist mehrerer Zwischensicherungen. [...]
V	Sehr große Schwierigkeiten. Zunehmende Anzahl an Zwischensicherungen ist die Regel. Erhöhte Anforderungen an körperliche Voraussetzungen, Klettertechnik und Erfahrung. [...]
VI	Überaus große Schwierigkeiten. Die Kletterei erfordert weit überdurchschnittliches Können und hervorragenden Trainingsstand. [...]
VII	Außergewöhnliche Schwierigkeiten. [...] Auch die besten Kletterer benötigen ein an die Gesteinsart angepasstes Training, um Passagen dieser Schwierigkeit nahe der Sturzgrenze zu meistern. [...]
VIII und darüber	keine wörtliche Entsprechung

Daraus wird ersichtlich, dass Kletterschwierigkeiten jenseits des VII Grades zu dieser Zeit noch außer Reichweite lagen, was u. a. auch mit dem Stand der Ausrüstungstechnik dieser Zeit zu erklären ist. Heute liegen die schwersten erschlossenen Routen im XII Grad (im hier vorgestellten Klettergebiet „südlicher Frankenjura“ sind die schwersten Routen im XI Grad zu finden), was deutlich vor Augen führt, wie stark sich der Klettersport in den letzten Jahrzehnten gewandelt hat. Auch werden die einzelnen Schwierigkeitsgrade sehr anders bewertet als noch vor 50 Jahren; in einem Artikel von 2005 beschreibt Koen Hauchecorne die Grade II–IV als „logische Kletterbewegungen mit guten Griffen in wenig steilem Gelände“, und selbst im Schwierigkeitsbereich VI+ bis VII spricht er noch davon, dass diese Grade „noch für jeden normal konstituierten Menschen möglich“ sind, wenn auch nur mit spezifischem Training (Hauchecorne 2005: 24).

Mit dem Internationalen Konsteiner Kletterfestival, dem ersten Kletterwettkampf in Deutschland, das 1981 in Konstein (Landkreis Eichstätt) stattfindet, wird der Grundstein des modernen Sportkletterns gelegt. Erstmals geht es ausschließlich um das sportliche Moment und das Bezwingen verschiedener

Schwierigkeitsgrade.[6] Das technische Klettern wird nun völlig abgelöst durch den freien Stil, den Kurt Albert durch Einführung des Rotpunkt-Kletterns wieder populär machte.[7] Seitdem steigt die Zahl der Kletterer massiv und kontinuierlich an, und auch die Ausrüstung erfährt stetige Verbesserungen, was eine Zunahme der Sicherheit darstellt. Diese Entwicklung zeigt sich auch deutlich in der rapide zunehmenden Zahl der Routenerschließungen, wie Kapitel 4 es darstellt.

3 Untersuchungsgebiet und Methodik

Die Untersuchung richtet sich auf den südlichen Teil des Frankenjura, der sich grob zwischen den Städten Nürnberg, Bamberg und Bayreuth erstreckt. Der Frankenjura darf – neben dem Elbsandsteingebirge – als wichtigstes Klettergebiet Deutschlands außerhalb der Alpen gelten. Auch historisch betrachtet spielt der Frankenjura eine große Rolle für die Entwicklung des Sportkletterns (vgl. Kapitel 2).

Die Datenbank der Webseite www.frankenjura.com[8] bietet ein umfassendes Register des gesamten Klettergebiets Frankenjura, unterteilt in die sechs Regionen Nord, Nordwest, Nordost, Süd, Südwest und Südost. Aufgrund der enormen Menge an Routen begrenzt sich diese Studie auf die Region Frankenjura Süd, eine größere Datenmenge wäre im Rahmen der Untersuchung nicht mehr handhabbar gewesen. Der südliche Frankenjura umfasst das Gebiet östlich der A9, südlich von Velden bis einschließlich des Lauterachtals. Es umfasst 14 Regionen, die jeweils eine unterschiedliche Anzahl an Felswänden beheimaten. Jede Felswand wiederum weist eine unterschiedliche Anzahl an Kletterrouten auf.

Diese Datenbank dient als Grundlage der Untersuchung, da sie gegenüber Kletterführern den enormen Vorteil bietet, auf die Namen der Routen in allen Gebieten digital zugreifen zu können. Darüber hinaus bietet die Datenbank diverse Zusatzinformationen: In den meisten Fällen ist neben dem KletteroutenN und der Schwierigkeit der Route auch der Name des Erstbegehers und das Jahr der Erstbegehung angegeben; diese Informationen sind in klassischen Topos nur äußerst selten zu finden. Erst diese detaillierten Angaben ermöglichen die diachrone Ausrichtung dieser Untersuchung. Bei der Erstellung des

6 www.bergleben.de/news/a/604034/sportklettergeschichte--einmal-amerika-und-zurück--2- (29.03.2018).

7 Eine Route, die ohne technische Hilfsmittel bewältigt wird, wird mit einem roten Punkt gekennzeichnet.

8 http://www.frankenjura.com/klettern/panorama (29.3.2018).

Korpus[9] fiel auf, dass einige Felsen mehrfach in unterschiedlichen Regionen gelistet sind; z. B. finden sich nahezu alle Felsen aus dem Gebiet Hirschbachtal auch im Gebiet Schwarzer Brand, auch zwischen Etzelbachtal und Schwarzer Brand kommt es zu mehreren Überschneidungen. Diese Mehrfachnennungen wurden aussortiert, sodass sich die Gesamtzahl der Routen von 2630 auf 1918 reduziert. Darüber hinaus wurden auch solche Angaben in der Datenbank ausgeschlossen, die entweder keinen Schwierigkeitsgrad oder kein Jahr der Erstbegehung enthielten. Dadurch reduziert sich die Gesamtzahl der KletterroutenN auf 1738. Da die Untersuchung in Jahrzehnte unterteilt wird, wurden nur die Jahre 1890–2009 berücksichtigt. Von diesen verbleibenden 1517 Routen haben 15 keinen Namen, weshalb auch diese aussortiert wurden. An dem geringen Anteil der nicht benannten Routen zeigt sich deutlich, dass die Benennung der Route eine wichtige Rolle spielt. Für die Auswertung wurden die Angaben aus der Datenbank auf www.frankenjura.com in einer Tabelle systematisch aufgenommen. Neben dem Routennamen wurden der Schwierigkeitsgrad, das Jahr der Erstbegehung und wenn möglich der Name des Erstbegehers aufgenommen. Im Anschluss wurden die KletterroutenN dann in mehrere Kategorien eingeteilt, abhängig von der Motivation der Benennung.[10] Dabei wurden vier Motivgruppen unterschieden:

1. direkte Charakterisierung der Route bzw. des Felsens
2. indirekte Charakterisierung der Route bzw. des Felsens
3. Personen, zu deren Gedenken die Route benannt wurde (enthält auch Benennung nach dem Erstbegeher)
4. Sonstiges

Die Kategorie „Sonstiges“ enthält äußerst diverse Subgruppen, die in Kapitel 4 genauer dargestellt werden.

In Kapitel 4 wird nun die Korpusanalyse präsentiert, die die hier vorgestellte Datenbasis als Grundlage nimmt, um die KletterroutenN unter Berücksichtigung der genannten vier Motivgruppen zu untersuchen. Das Augenmerk liegt dabei auf der Frage, inwieweit sich die Namengebung diachron und gemessen an der Schwierigkeit der Routen unterscheidet.

9 Für die tatkräftige Unterstützung bei der Erstellung und Bereinigung des Korpus gilt Benedikt Chaßeur mein herzlichster Dank.

10 Die Motivation der Namen wurde von mir selbst – also sekundär – bestimmt, Befragungen der Namengeber fanden nicht statt. Dadurch ist selbstverständlich die Gefahr der Fehlinterpretation gegeben, was jedoch aufgrund der klaren Tendenzen, die sich in der Korpusanalyse ergeben haben, der grundsätzlichen Aussage der Untersuchung keinen Abbruch tun sollte.

4 Korpusuntersuchung

Das Felsklettern hat sich – wie in Kapitel 2 beschrieben – in den letzten 120 Jahren massiv gewandelt: ursprünglich den alpin orientierten Entdeckern vorbehalten, hat es sich seit den späten 1970er und frühen 1980er Jahren zum Breitensport entwickelt. Dies spiegelt sich deutlich in der Zahl der Routenerschließungen im Untersuchungsgebiet wider (Abbildung 3):

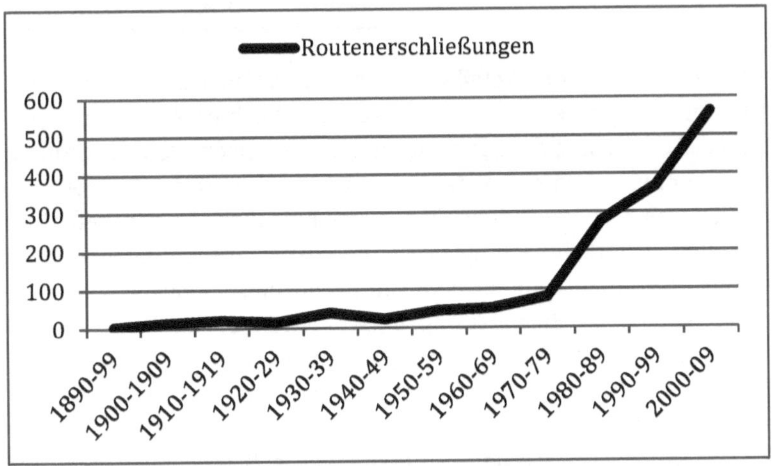

Abb. 3: Entwicklung der Routenerschließung von 1890–2009

Bis in die 1970er Jahre hinein werden weniger als hundert Routen pro Jahrzehnt erschlossen. Das ändert sich erst nach 1980; in diesem Jahrzehnt entstehen knapp 300 neue Routen, in den nächsten zwanzig Jahren verdoppelt sich diese Zahl sogar: im ersten Jahrzehnt des 21. Jh. werden 563 neue Routen im südlichen Frankenjura erschlossen und benannt. Diese explosionsartige Verbreitung des Kletterns führt dazu, dass auch immer schwierigere Routen geklettert werden.

Tab. 2: Anteil der Routen bis zum V und ab dem VI Schwierigkeitsgrad (1890–2009)

	V ≤	≥ VI		V ≤	≥ VI
1890–99	100,0 %	0,0 %	1950–59	57,8 %	42,2 %
1900–09	92,9 %	7,1 %	1960–69	58,8 %	41,2 %
1910–19	81,0 %	19,0 %	1970–79	47,5 %	52,5 %
1920–29	75,0 %	25,0 %	1980–89	17,3 %	82,7 %
1930–39	60,0 %	40,0 %	1990–99	11,7 %	88,3 %
1940–49	60,9 %	39,1 %	2000–09	12,3 %	87,7 %

Tabelle 2 zeigt deutlich, wie der Anteil der Routen im VI oder höheren Schwierigkeitsgrad kontinuierlich steigt und immer weniger „leichte“ Routen erschlossen werden. Das ist zum einen damit zu begründen, dass nach 1980 der Großteil der Routen im unteren Schwierigkeitsgrad schlicht und ergreifend schon vorhanden ist und somit weniger Möglichkeiten zur Erschließung gegeben sind. Zum anderen – und sicherlich wichtiger – ist, dass die Neubegehung einer Route im Schwierigkeitsgrad IV weniger herausfordernd und somit auch weniger prestigeträchtig ist als die Erschließung einer Klettertour im VII oder VIII Schwierigkeitsgrad. Durch die Möglichkeit, gezielt zu trainieren (in Kletter- und Boulderhallen), ist das Niveau vieler Kletterer so hoch, dass Routen im V oder niedrigeren Schwierigkeitsgrad höchstens zum Aufwärmen genutzt, oft aber einfach links liegen gelassen werden. Im Folgenden soll gezeigt werden, wie sich die Benennungsmotive sowohl diachron als auch in Hinblick auf den Schwierigkeitsgrad unterscheiden.

4.1 Diachrone Veränderungen der Routenbenennung

Nicht nur die Anzahl und Schwierigkeit der erschlossenen Routen wandelt sich im Laufe dieser Zeit, auch hinsichtlich der Benennungsmotive finden grundlegende Veränderungen statt, wie Abbildung 4 zeigt:

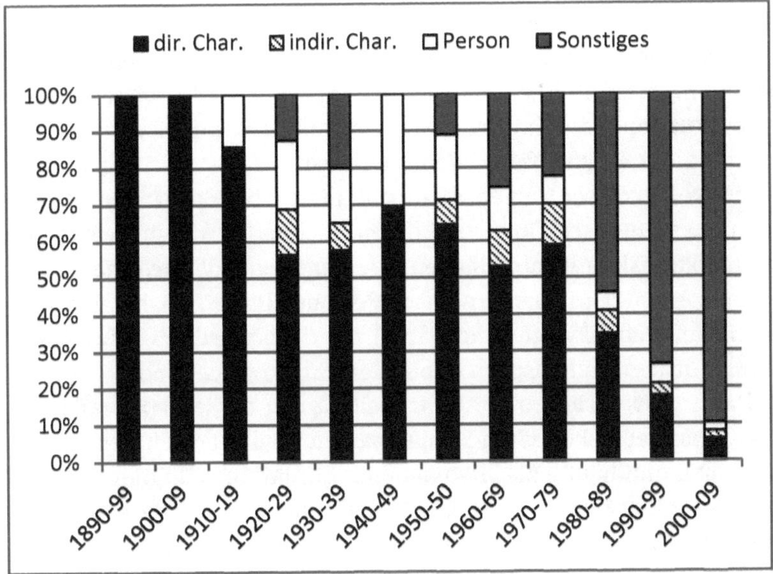

Abb. 4: Benennungsmotive diachron (relativ)

Zu Beginn des Untersuchungszeitraums werden ausschließlich direkt charakterisierende Namen vergeben wie *Bergseite* und *Talkamin*. Im Jahrzehnt 1910–19 kommen dann Nachbenennungen nach Personen hinzu: *Vollrathriß* und *Rockstrohriß*, bei denen sich die Erstbegeher Georg Vollrath und Toni Rockstroh selbst im Namen verewigt haben. Alle weiteren neuerschlossenen Routen dieser Jahre tragen Namen, die die Route bzw. den Fels, an dem sie liegen, direkt charakterisieren. Im nächsten Jahrzehnt (1920–29) sinkt der Anteil der direkten Charakterisierungen massiv. Gleichzeitig entsteht mit indirekten Charakterisierungen (*Schinderkamin*, *Spreizkamin*) eine neue Art der Benennungsmotivik, bei der der Name zwar nach wie vor in Bezug zur Route steht, aber nicht mehr ihre Lage oder ihren Verlauf beschreibt, sondern das Begehungserlebnis in den Vordergrund stellt: Die Erschließung des *Schinderkamins* scheint kein angenehmes und entspanntes Erlebnis gewesen zu sein, beim *Spreizkamin* kann man sich die Fortbewegung mit gespreizten Beinen den Kamin hinauf bildlich vorstellen. Zwei Namen dieses Jahrzehnts lassen sich nicht eindeutig deuten: *Gemsenpfeiler* (erinnert die Form des Pfeilers an eine Gämse? Braucht es die Trittsicherheit einer solchen, um die Route zu meistern? Wurde bei der Begehung eine Gämse gesehen?) und *Unentwegtenriß*. Auch im folgenden Jahrzehnt stellen die direkten Charakterisierungen nur gut die Hälfte aller Benennungsmotive (58 %). Erstmals kommt es mit dem Namen *Korkenzieher* zu einer kreativen Benennung, die unter der Kategorie „Sonstiges“ eingeordnet wurde. Der Name kann sich sowohl auf die Art der Begehung beziehen (z. B. wenn der Routenverlauf ständige Drehbewegungen erforderlich macht) oder könnte in einem weiteren Sinn Bezug auf die Situation während der Routenerschließung nehmen (falls z. B. vor/nach/während der Erschließung Wein getrunken wurde o. ä.) – natürlich sind andere Motive bei dieser Namenwahl nicht auszuschließen. In den 1940er Jahren werden nur wenige (ca. 30) neue Routen erschlossen, deren Namen primär direkte Charakterisierungen darstellen (*Rechter Weg*, *Höhleneinstieg*). Auffällig ist der hohe Anteil der Benennung nach Personen (ca. 30 %), bei denen es sich größtenteils um Gedenkwege handelt, z. B. der *Comici Gedenkweg* zu Ehren des 1940 verunglückten italienischen Alpinisten Emilio Comici oder der *Sturi Gedenkweg*. Darin weisen sie große Ähnlichkeit zu den modernen Straßennamen – den sogenannten sekundären Straßennamen – auf, die seit dem 18. Jh. vermehrt aufkamen und häufig als „Denkmal mit Erinnerungsfunktion“ dienen (vgl. NÜBLING, FAHLBUSCH & HEUSER ²2015: 245). Es ist augenfällig, dass diese ehrende Nachbenennung gerade im Jahrzehnt des Zweiten Weltkriegs ihren Höhepunkt hat, der viele Leben kostete, die durch Nachbenennungen in Erinnerung behalten werden konnten. Im Jahrzehnt 1950–59 zeigt sich wieder ein ausgewogeneres Bild hinsichtlich der Motivgruppen. Mit *Sargdeckel* und *Willkommen im Club der Versager* (kategorisiert unter Sonstiges) kommen erstmals wirklich kreative Benennungen auf, die wohl als Kommentar zur Route bzw. zum Begehungserlebnis zu werten sind und somit nicht nur Name, sondern mindestens ebenso sehr Statement sind. Seit diesem Jahrzehnt breiten sich diese kreativen Benennungen immer weiter aus, die in der Abbildung 4 unter „Sonstiges“ subsumiert sind. Im gleichen Maß, wie sich diese Namen ausbreiten (bis in die 2000er Jahre hinein steigt ihr Anteil auf 90 % aller Benennungen), gehen direkte Charakterisierungen zurück. Der Bedarf, die Route durch ihren Namen zu beschreiben, wie er zu Beginn des Untersuchungszeitraums offenbar bestand, ist kaum mehr existent – vielleicht auch durch die inzwischen existierenden Möglichkeiten der topographischen Routendarstellungen in den Kletterführern – und wird abgelöst von Benennungen wie *Spieglein, Spieglein an der Wand*, *Ameisen im Blut* oder *Mogs des, do hosd des, oho*, die keinerlei Rückschlüsse mehr auf die Route bieten und deshalb in einigen Aufsätzen eher in die Klasse der Kunstwerknamen eingeordnet als zu den klassischen Toponymen gerechnet werden (vgl. SCHARF in diesem Band, auch POSCH & RAMPL 2015). Es kann also von einem Funktionswandel bei der Benennung von Kletterrouten gesprochen werden: Die ehemals primäre Orientierungsfunktion wird zugunsten stärker ornamentaler Namen nahezu vollständig aufgegeben.

Die Kategorie „Sonstiges“ umfasst eine breite Palette kreativer Benennungen, die – wenn überhaupt – nur in sehr losem Zusammenhang zur Route stehen. Dabei lassen sich fünf hauptsächliche Motivgruppen ausmachen (vgl. Abbildung 5):

1. Begehung: Namen, die einen mehr oder weniger freien Bezug zum Begehungserlebnis haben, z. B. *Deppenmove* oder *Commander Superfinger*
2. Essen/Trinken: Namen, die kulinarisch inspiriert sind, z. B. *Belegtes Brötchen* oder *Sektfrühstück*
3. Kultur: Namen, die auf Film, Musik, Literatur, Comics, Religion und Politik zurückzuführen sind, z. B. *Knockin' on Heavens Door* oder *Lisbeth Salander*
4. Erotik: Namen, die sexuelle (und teils sexistische) Bezüge aufweisen, z. B. *Im Taumel der Triebe* oder *Emanzenpreller*
5. Sprachspiele: Namen, die dialektale Ausdrücke oder Wortspiele enthalten, z. B. *Schleimkudderlä* oder *Stiftung Routentest*

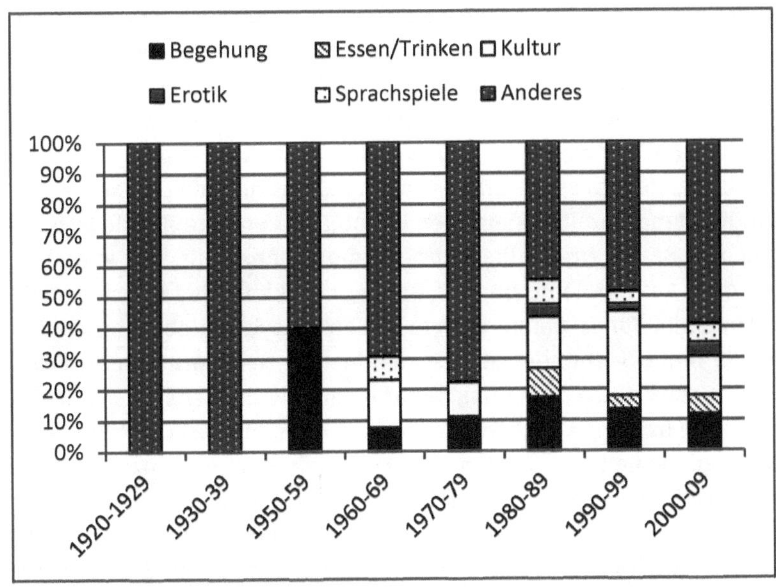

Abb. 5: Kategorie „Sonstiges“ diachron aufgeschlüsselt nach Spenderbereichen (relativ)

Die Subgruppe „Anderes“ enthält Namen, die kreativ, aber keiner der anderen Motivgruppen zuzurechnen sind, z. B. *Mein Hund frißt Schappi*, *Plastic fantastic* oder *Gaffende Proleten*. Außerdem werden hier solche Namen subsumiert, die entweder mehreren Kategorien gleichermaßen zugeschlagen werden können (z. B. kann *Engelskante* sowohl auf eine Person/Erstbesteiger *Engel(s)* zurückzuführen sein oder aber einen kreativen Bezug zu mythischen Geistwesen meinen oder als Wortspiel beides vereinen), oder die nicht ohne Weiteres deutbar sind (z. B. *Ha-He-Verschneidung*).

Die Daten aus den Jahrzehnten vor den 1980er Jahren sind nur wenig belastbar, da auf die vier Jahrzehnte verteilt nur insgesamt 46 Namen in die Kategorie „Sonstiges" fallen. Dennoch ist dieser Zeitraum von großer Bedeutung, da in diesem der stärkste Wandel stattfindet und mehrere Motivgruppen überhaupt erst entstehen. Die ersten Namen, die der Kategorie „Sonstiges" zugeschlagen wurden, sind ohne weitere Kenntnisse kaum deutbar, wie etwa *Kauperkante* und *Freispitzlerweg*. Interessant ist der zu Beginn der 1930er Jahre vergebene Routenname *Korkenzieher*, der als erster kein toponymtypisches Zweitglied wie *-weg* oder *-pfeiler* enthält und somit eine echte kreative Benennung darstellt. Es sind verschiedene Szenarien denkbar, die diesen Namen motiviert haben können: Es ist ein Routenverlauf vorstellbar, der stets drehende Bewegungen erfordert, um die Route zu meistern; ebenso ist aber auch denkbar, dass vor/während/nach der Benennung ein Getränk aus einer verkorkten Flasche getrunken wurde, die den Einsatz eines Korkenziehers erfordert hat. Die nächsten beiden kreativen Namen – in den 1950er Jahren – stehen relativ eindeutig in Bezug zum Begehungserlebnis: *Willkommen im Club der Versager* und *Sargdeckel*. Es ist wohl davon auszugehen, dass die Erstbesteigung als recht qualvoll empfunden wurde. Die indirekten Charakterisierungen könnten als Vorlage für die freieren Benennungen mit Bezug zur Erstbegehung gedient haben: Erstere enthalten direkte Referenzen auf die Route und die Bewegungsabläufe bei ihrer Erschließung (*Schinderkamin*, *Spreizkamin*), weitere stellen eher das Erleben der Erstbegehung und die damit verbundenen Assoziationen in den Vordergrund (*Willkommen im Club der Versager* als Kommentar dazu, wie man sich in der Route gefühlt hat?). Diese freieren Assoziationen können dann als Basis für die kreativen Benennungen dienen, die in den folgenden Jahrzehnten hinzukommen: *Evas Sündenfall* ist in den 1960er Jahren die erste Benennung, die ein Motiv aus der Bibel aufgreift und somit in den weitgefassten Motivbereich „Kultur" fällt, *Bunter Hund* fällt als Idiom in die Kategorie „Sprachspiel". Erst in den 1980ern, in denen der Anteil der freien, assoziativen Benennungen massiv ansteigt (im Vergleich zum vorigen Jahrzehnt hat sich ihre Anzahl mehr als verzehnfacht), kommen zwei weitere Spenderbereiche hinzu: Essen/Trinken, beispielsweise *Kakao mit Sahne* und *Belegtes Brötchen*, sowie der Bereich Erotik mit Routennamen wie *Lady Domina* und *Im Taumel der Triebe*. Den höchsten Anteil an der Kategorie „Sonstiges" haben seit den 1970er Jahren solche Namen, die aufgrund ihrer hohen Diversität nicht in weiteren Subkategorien eingeordnet werden können. Beispiele sind *Die Bäuche des Schweppermanns*, *No smoke, no hope* oder *Roßkur*. In ihrer Vielfalt weisen sie das Höchstmaß an Individualität auf, der Routenbenennung sind keine Grenzen mehr gesetzt. Seit dem Jahrzehnt 1980–89 nimmt der Anteil dieser nicht weiter kategorisierbaren Namen zu, im ersten Jahrzehnt des neuen Jahrtausends sind knapp 60 % aller Namen aus der Kategorie „Sonstiges" nicht genauer einzuordnen. Die Benennungsmotivik wird also auch innerhalb dieser Gruppe stets intransparenter und der Bezug zur Route oder ihrer landschaftlichen Umgebung geht bei der Namengebung fast völlig verloren.

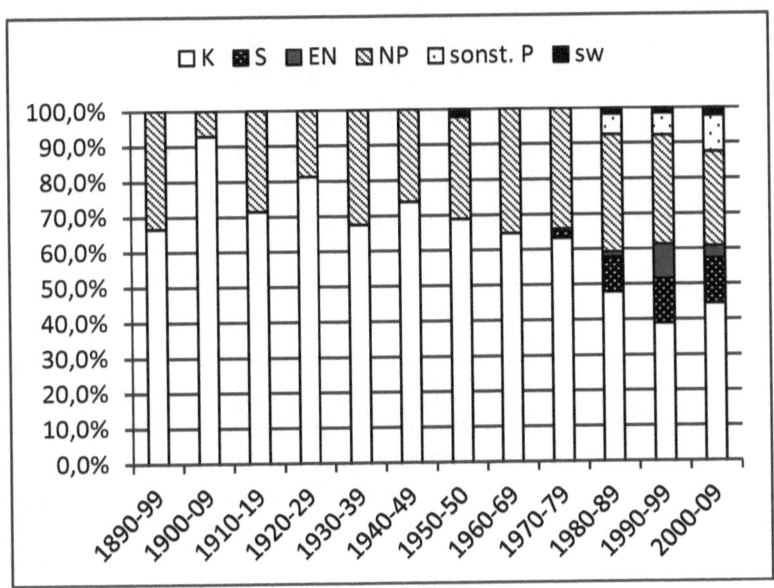

Abb. 6: Formale Struktur diachron (relativ)

Nicht nur semantisch, sondern auch auf formal-struktureller Ebene lässt sich ein deutlicher diachroner Wandel in den Namen der Kletterrouten feststellen (Abbildung 6): Bis zum Ende der 1940er Jahre bestehen die RoutenN ausschließlich aus Komposita oder einfachen Nominalphrasen des Typs *Südkamin* und *südlicher Kamin*. Bis 1980 stellen die Komposita stets mehr als die Hälfte der Kletterroutennamen, büßen dann jedoch ihre klare Dominanz ein: Sie bleiben zwar bis heute die am stärksten vertretene Gruppe, ihr Anteil liegt aber in den letzten drei Jahrzehnten stets bei unter 50 %. Ende der 1950er Jahre kommt mit der satzwertigen Benennung *Willkommen im Club der Versager* erstmals eine neue Namenstruktur hinzu, die jedoch bis heute marginal bleibt.

Eine wichtigere Rolle kommt den seit den 1970ern auftretenden simplizischen Benennungen zu. Bei ihnen handelt es sich teils um deskriptive Namen wie *Riß* oder *Pfeiler*, überwiegend stehen sie jedoch in einem nur losen oder gar keinen Bezug mit der Route (*Versuchung*, *Birdy*). Ihr Anteil steigt über die nächsten Jahrzehnte von anfangs 2,5 % auf 12,7 % im ersten Jahrzehnt des neuen Jahrtausends. Zwei weitere Muster in der Benennung tauchen nach 1980 im untersuchten Gebiet auf: Zum einen sind dies blanke Eigennamen (EN) wie *Boris Becker* oder *Genezareth*, zum anderen sind dies RoutenN, die aus verschiedenen Phrasenarten – insbesondere Präpositional- und Verbalphrasen – bestehen (in Abbildung 6 sonst. P genannt). Beispiele hierfür sind Namen wie *Im Taumel der Triebe*, *Teach me, Tiger* oder *Unten pfui, oben hui* (Adverbphrase). Die Eigennamen haben ihren Höhepunkt im Jahrzehnt 1990–99, in dem sie 10 % der Neubenennungen stellen. Der Anteil der sonstigen Phrasen (neben den bereits genannten Präpositonal-, Verbal- und Adverbphrasen sind auch Adjektivphrasen wie *Brüchig & Genehmigt* und Pronominalphrasen, z. B. *What you need* vertreten) steigt von den 1980er bis zu den 2000er Jahren von 5,8 % auf 10,2 % an.

Diese strukturelle Diversifizierung der KletterroutenN geht einher mit einer zunehmenden sprachlichen Vielfältigkeit. Bis in die 1970er Jahre hinein sind die RoutenN mit einer einzigen Ausnahme (nämlich der rätoromanischen Benennung *Via Mala* 'schlechter Weg', vermutlich in Anlehnung an den gleichnamigen Wegabschnitt entlang des Hinterrheins im schweizerischen Graubünden) ausschließlich in deutscher Sprache. 1979 begegnet mit *Jumpin' Jack Flash* die erste englischsprachige Benennung. Ab dem Jahrzehnt 1980–89 steigt dann der Anteil fremdsprachiger Namen an, auch wenn Deutsch stets die mit Abstand am häufigsten verwendete Sprache ist: 1980–89 sind 82,6 % der Kletterroutennamen deutschsprachig, 1990–99 und 2000–2009 sind es je 73,9 %. Abbildung 7 zeigt, welche anderen Sprachen bei der Benennung von Kletterrouten genutzt werden:

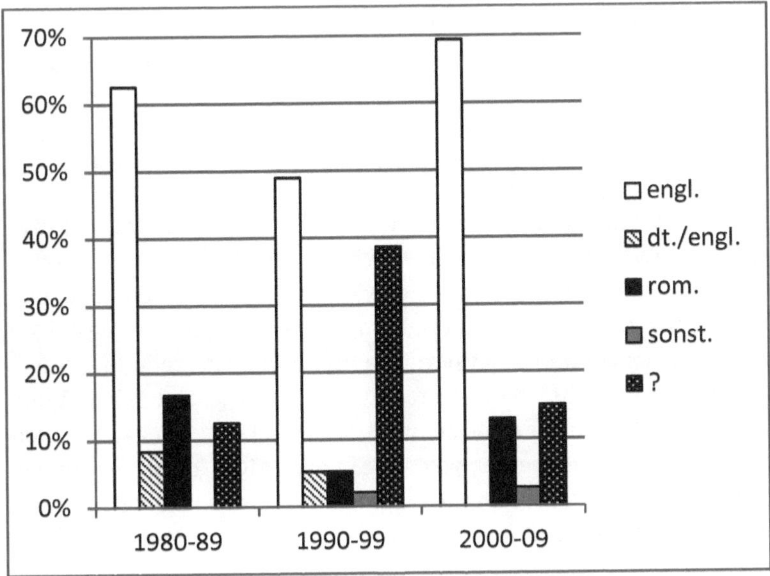

Abb. 7: Fremdsprachige Benennungen diachron (relativ)

Die englischen Namen machen in allen drei Jahrzehnten mindestens die Hälfte der fremdsprachigen Benennungen aus, im Jahrzehnt 2000–2009 sogar knapp 70 % (absolut gesprochen sind das im letztgenannten Jahrzehnt 102 Namen). 1980–89 und 1990–99 werden mehrfach deutsch-englische Mischformen gewählt, wie *Oma Move*, *Shuttle Pfeiler* oder *Platt by eight*. Mit je 8 % und 5 % bilden sie jedoch eine eher kleine Gruppe. Namen aus der romanischen Sprachfamilie stellen nach englischen Benennungen die zweitstärkste Gruppe – die mit ? bezeichnete Gruppe umfasst Namen, die nicht eindeutig einer Sprache zuzuordnen sind, den Großteil daran stellen die Eigennamen. Spanische (z. B. *Solo para mujeres* 'Nur für Frauen'), italienische (z. B. *Una bella Signora* 'Eine schöne Frau') und französische Namen (z. B. *Petite fleur* 'Kleine Blume') sind recht ausgeglichen vertreten, portugiesische Benennungen kommen nicht vor. Unter „Sonstige" sind die seltenen Namengebungen aus anderen Sprachen gesammelt; hier finden sich u. a. japanische (*Akebono* 'Morgendämmerung') und türkische (*Cok Güzel* 'wunderschön') Namen, jedoch handelt es sich stets um sprachliche Einzelfälle.

Ebenso wie auf semantischer Ebene findet auch auf strukturell-sprachlichem Level ein diachroner Wandel hin zu mehr Vielfalt und Individualität statt. Sowohl inhaltlich als auch formal wird das sehr starre, strikte Muster der beschreibenden Komposita oder Attribut + Substantiv Phrasen abgelöst von einem großen Variantenreichtum aus verschiedenen Phrasen, ganzen Sätzen und Simplizia, die sich auch zunehmend internationalen Vokabulars bedienen.

4.2 Einfluss des Schwierigkeitsgrads auf die Benennung

Neben dem Zeitpunkt der Erschließung spielt ein weiterer Faktor eine wichtige Rolle bei der Frage, wie eine Route benannt wird, nämlich ihr Schwierigkeitsgrad. Zur Ermittlung des Einflusses der Schwierigkeit auf die Namengebung wurde die Verteilung der bereits vorgestellten Kategorien auf die jeweiligen Schwierigkeitsgrade der Routen analysiert. Die Schwierigkeitsgrade bis zum 3. Grad wurden zusammengefasst, da diese relativ selten (insgesamt 59) sind und der 1. und 2. Grad heute eher als Geh- denn als Klettergelände verstanden werden. Auch der 10. und 11. Grad werden gemeinsam dargestellt, da sie zusammen nur 30 Routen ausmachen. Abbildung 8 zeigt, wie stark sich die Benennungsmotive in Abhängigkeit von der Routenschwierigkeit unterscheiden.

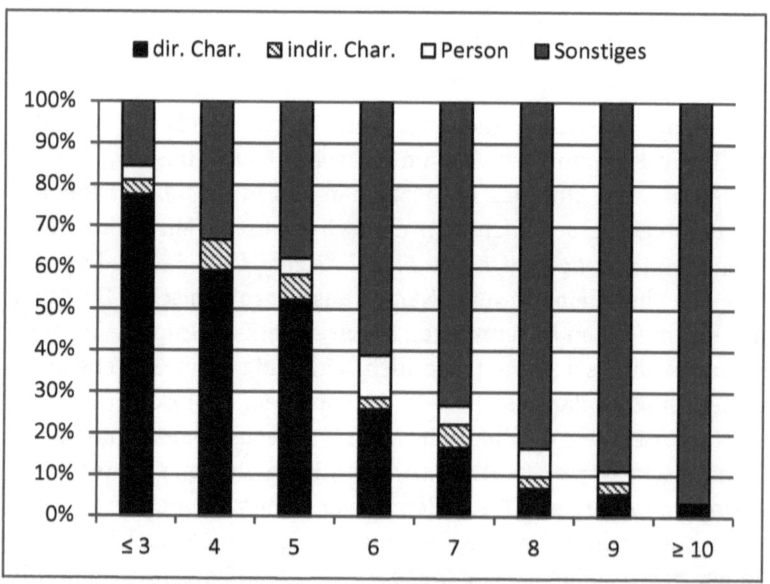

Abb. 8: Benennungsmotive nach Schwierigkeitsgrad (relativ)

Bei den Routen bis einschließlich dem 5. Schwierigkeitsgrad überwiegen direkte Charakterisierungen. Der Anteil dieser Benennungen sinkt kontinuierlich: bei

Routen im 8. Schwierigkeitsgrad und darüber spielen sie mit nur noch ca. 7 % eine äußerst marginale Rolle (dies deckt sich mit den Befunden von SCHARF in diesem Band). Die indirekte Charakterisierung und die Benennung nach Personen ist relativ gleichmäßig über alle Schwierigkeiten bis Grad 9 verteilt, sie stellen mit maximal 10,1 % (Person, UIAA-Grad 6) aber nur einen geringen Anteil aller Benennungen. Neben den direkten Charakterisierungen ist die Gruppe „Sonstiges" von größter Bedeutung: mit zunehmender Kletterschwierigkeit wird ihr Anteil immer größer, ab dem 6. UIAA-Grad stellen sie stets über die Hälfte aller neuen Benennungen, im 10. und 11. Schwierigkeitsgrad beträgt ihr Anteil 97 %. Je schwieriger die Routen also werden, umso individueller werden ihre Namen (die drei schwersten Routen heißen *Shang-ri-la*, *Supremacy* und *Eternal black*).

Die Analyse der einzelnen Motivgruppen innerhalb der Kategorie „Sonstiges" zeigt ein äußerst diverses Bild (Abbildung 9). Die wenigen kreativen Benennungen im Bereich bis zum dritten Schwierigkeitsgrad verteilen sich relativ gleichmäßig auf die Motive „Begehung", „Kultur", „Essen/Trinken" und „Anderes", wobei die beiden Routennamen in der letztgenannten Kategorie (*Engelskante* und *Gammelrinne*) dieser nicht aufgrund ihrer Kreativität, sondern wegen ihrer verschiedenen Interpretationsmöglichkeiten zugeschlagen wurden. Dies ändert sich bereits im vierten Schwierigkeitsgrad, in dem die Sammelkategorie „Anderes" mit knapp 80 % die deutliche Mehrheit der Routennamen stellt, die größtenteils (zu ca. 75 %) aus höchst kreativen und diversen Benennungen bestehen wie *Schönwetterbote* und *Schwartenjodler*. Die übrigen 20 % verteilen sich auf Namen, die auf das Begehungserlebnis zurückgehen (z. B. *Nach'm Regen*), Namen aus dem Bereich Kultur (*Hein Blöd*, *Schlumpf*) und eine dialektale Benennung (*Waggerla*, fränk. 'kleines Kind, Freundin, hübsche Frau'). Mit zunehmender Kletterschwierigkeit sinkt der Anteil der Kategorie „Sonstiges", bleibt jedoch immer mit mindestens 44,8 % die häufigste Gruppe. Dagegen nimmt der Anteil der Motivgruppe „Kultur" stetig zu und steigt von 7,4 % im vierten Grad auf 31 % im 10. und 11. Schwierigkeitsgrad. Insbesondere der Bereich Film und Literatur sind hier beliebt, wobei häufig mehrere benachbarte Routen einem gemeinsamen Motiv zugeordnet werden (z. B. *Minas Morgul* und *Minas Tirith* am Fels namens *Two Towers*, *Asterix*, *Obelix* und *Idefix* am *Lauterachfels*) oder aber der Name der Wand die Benennungen der einzelnen Routen inspiriert wie z. B. am Fels *Drachenburg* im Gebiet *Schwarzer Brand*, an dem u. a. die Routen *Fuchur*, *Frau Malzahn*, *Grisu* und *Jabberwocky* liegen.

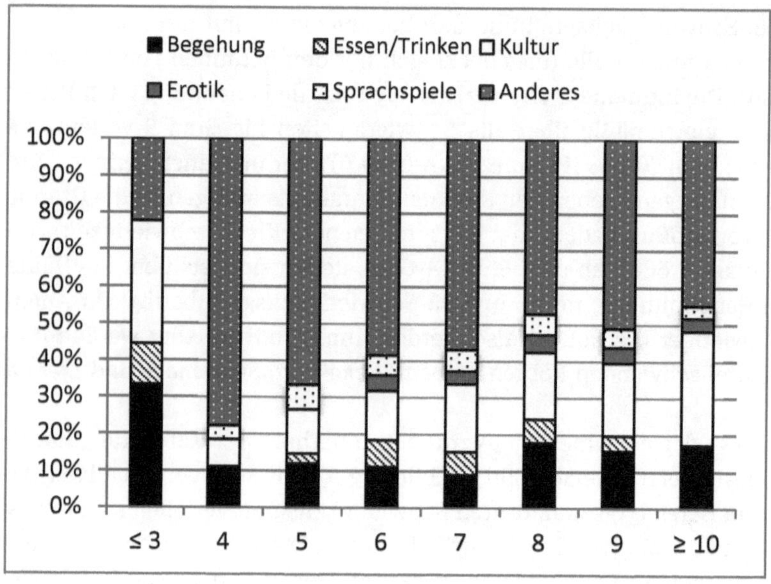

Abb. 9: Kategorie „Sonstiges" aufgeschlüsselt nach Spenderbereichen

Sprachspiele machen nur einen geringen Teil der Benennungen aus, ihr Anteil liegt stets zwischen 3 % (im 4. und 10./11. Grad) und 7 % (im 5. Grad). Dabei halten sich die drei Teilbereiche Dialekt, Wortspiele und Redewendungen in etwa die Waage; dialektale Benennungen entstammen durchweg dem Fränkischen und Bairischen bzw. sind an diese Dialekte angelehnt (z. B. *Mogsd des, do hosd des, oho* oder *Gwalidädswoaa vou Franggn*). Auch Namen aus dem Bereich Erotik sind eher selten und machen zwischen 3 % (10./11. Grad) und 6 % (6. und 7. Grad) aus, wobei diese Motivgruppe überhaupt erst ab dem 6. UIAA-Grad verwendet wird. Innerhalb dieses Bereichs sind es vor allem explizit sexuelle Benennungen, die gewählt werden, wie etwa *Bumse für Benzin*, *Ficktory* oder *Erogene Zone*. Insgesamt ähnelt sich die Verteilung der einzelnen kreativen Benennungskategorien zwischen dem 6. und 10./11. Schwierigkeitsgrad jedoch recht stark.

Um dem Einwand vorwegzunehmen, die Unterschiede in der Benennung seien diachron bedingt, da die leichteren Routen tendenziell älter und die schwereren Routen jünger seien, zeigt Abbildung 10 die Benennungsmotive nach Schwierigkeitsgrad nach 1980.

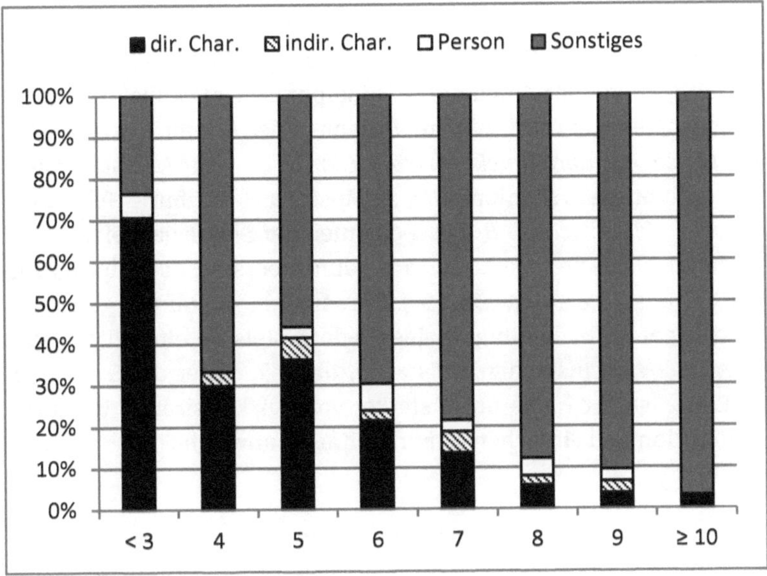

Abb. 10: Benennungsmotive nach Schwierigkeitsgrad ab 1980 (relativ)

Die Unterschiede, die sich zwischen Abbildung 8 und Abbildung 10 zeigen, sind gering. Nur ein Bereich verhält sich wesentlich unterschiedlich: Der Anteil der Kategorie „Sonstiges" ist im Schwierigkeitsgrad 4 nach 1980 bedeutend höher, der Unterschied beträgt mehr als 30 Prozentpunkte. Hier ist der hohe Anteil dieser Gruppe also tatsächlich primär als diachrone Veränderung anzusehen und weniger als Merkmal eines bestimmen Schwierigkeitsgrads. Auch bei den Routen bis zum dritten und im fünften UIAA-Grad liegt der Anteil der Kategorie „Sonstiges" nach 1980 etwas höher als für den gesamten Untersuchungszeitraum und zwar in allen Graden auf Kosten der direkten Charakterisierungen. Die Unterschiede sind aber bei weitem nicht so drastisch wie im vierten Grad. In den höheren Schwierigkeitsgraden sind die Befunde nahezu deckungsgleich, was natürlich daran liegt, dass fast alle Routen in den höheren Graden erst nach 1980 erschlossen wurden. Auch die Beschränkung auf den Zeitraum nach 1980 zeigt somit deutlich, dass sich die Routenbenennung nicht nur diachron wandelt, sondern die Namengebung auch stark vom Schwierigkeitsgrad abhängt.

Um mögliche diachrone Effekte auszuschließen, wurden bei der Analyse der Namenstruktur nur die Daten ab 1980 verwendet. Wie auf semantischer Ebene zeigen sich auch strukturell deutliche Unterschiede in Abhängigkeit vom Schwierigkeitsgrad (Abbildung 11): Die Komposition ist die am weitesten verbreitete Namenbildungsart in den unteren UIAA-Graden, mit steigender Schwierigkeit geht ihr Anteil kontinuierlich zurück. Im neunten Grad machen sie nur noch 37,1 aus, über dem 10. Grad aufwärts schrumpft ihr Anteil weiter auf 26,7 %. Gleichzeitig nimmt der Anteil der Nominalphrasen zu, wobei es im oberen Schwierigkeitsbereich deutlich höhere Varianz in der Art der NPs gibt (*Planet der Affen*, *Letzte Ausfahrt Bruck*, *Position 69*), in den UIAA-Graden bis 5 überwiegt das traditionellere Nominalphrasen-Muster aus Attribut + Substantiv (*Alter Weg*, *Rauher Pfeiler*, *Schiefe Bahn*). Der Anteil der Simplizia steigt in den höheren Schwierigkeitsgraden leicht an; am häufigsten sind diese im 8. und oberhalb des 10. Grads (13,8 % bzw. 16,7 %). Die satzwertigen Namen gewinnen ab dem 8. Grad leicht an Bedeutung, bleiben jedoch stets im einstelligen Prozentbereich. Es lässt sich insgesamt feststellen, dass, je höher der Schwierigkeitsgrad der Route ist, ihr Name umso stärker von der klassischen Bildungsweise der Komposition und einfachen Nominalphrasen abweicht.

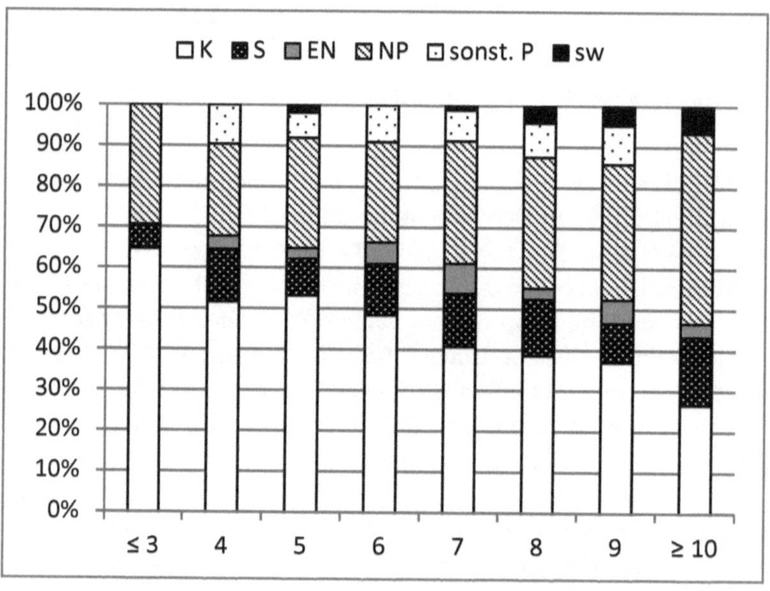

Abb. 11: Formale Struktur nach Schwierigkeitsgrad ab 1980 (relativ)

Parallel dazu zeigt sich in Abbildung 12, dass auch der Anteil der deutschsprachigen KletterroutenN mit zunehmender Schwierigkeit sinkt: Macht er im Bereich bis zum UIAA-Grad 4 noch über 90 % aus, sinkt er im neunten Schwierigkeitsgrad auf nur 56,2 %, wobei die deutschen Namen unter den seltenen Routen im 10. Grad und höher wieder deutlich überwiegt (73,3 %). Insbesondere die englischen Benennungen sind bei schwierigeren Routen beliebt (17,2 % im 8., 32,4 % im 9. und 20 % im 10. Grad und darüber), seltenere Sprachen wie japanisch, griechisch oder türkisch kommen überhaupt nur im 5. bis 8. Grad vor. Zusammenfassend kann der Zusammenhang zwischen der formalen Namenstruktur und der Schwierigkeit der Route so beschrieben werden, dass mit zunehmender Schwierigkeit die Distanz zum „klassischen" KletterroutenN (deutsch, Kompositum oder NP bestehend aus Attribut und Substantiv) zunimmt und die Wahrscheinlichkeit für fremdsprachige, insbesondere englische Benennungen, die entweder aus einfachen Simplizia oder vielfältigeren, oft komplexeren syntaktischen Strukturen bestehen, steigt.

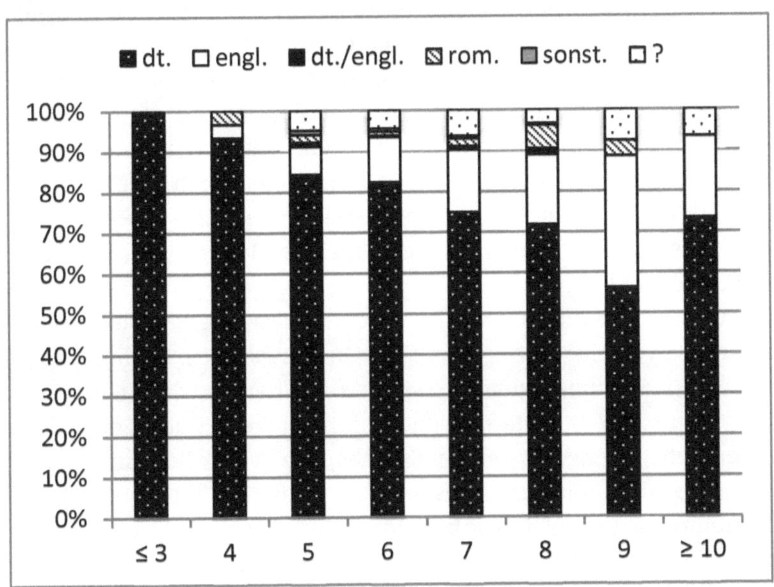

Abb. 12: Sprachanteil nach Schwierigkeitsgrad ab 1980 (relativ)

5 Fazit

In den letzten 120 Jahren hat sich der Klettersport massiv gewandelt: Aus dem alpinistischen Bezwingen von Bergen im 19. Jahrhundert ist seit den 1980er Jahren ein Breitensport geworden, bei dem der Fokus auf der Route selbst und nicht auf dem Erreichen eines Gipfels liegt. Dies führt zu einem rapiden Anstieg der Routenneuerschließungen sowie zur Eröffnung höherer Schwierigkeitsgrade. Auch die Namen der Routen zeugen deutlich vom Wandel der Kletterkultur: Bis in die 1970er Jahre überwiegen traditionelle KletterroutenN, die primär die Route selbst bzw. ihre Lage charakterisieren. Auch die Routennachbenennung nach Personen, insbesondere in Form von Gedenkwegen für verstorbene Alpinisten und Kletterer, macht bis zu diesem Jahrzehnt einen bedeutenden Anteil der RoutenN aus. Die Benennungen sind fast ausschließlich deutschsprachig und überwiegend durch Komposition oder Nominalphrasen des Typs Attribut + Substantiv gebildet.

Das Konsteiner Kletterfestival 1981, das als Geburtsstunde des modernen Sportkletterns angesehen werden kann, führt zu einer explosionsartigen Vermehrung neuer Routenerschließungen, mit der völlig neue Benennungspraktiken einhergehen: die KletterroutenN stellen seit den 1980er Jahren hauptsächlich kreative Benennungen dar, die die Gedankenwelt des Erstbegehers zum Ausdruck bringen und – wenn überhaupt – nur noch in vagem Bezug zur Route selbst stehen. Der Ernst und alpine Entdeckergeist, der vormals die Namengebung prägte, weicht nun den individuellen und häufig humoristischen Benennungen, die den Charakter modernen Sportkletterns, das durch erheblich verbesserte Ausrüstung ungefährlicher und somit breitentauglicher geworden ist, widerspiegeln. Dies zeigt sich auch in der zunehmenden strukturellen und sprachlichen Vielfalt der Namen.

Darüber hinaus konnte die Untersuchung zeigen, dass die Benennungsmotive bei der Vergabe von KletterroutenN vom Schwierigkeitsgrad abhängen. Je schwerer eine Route ist, umso kreativer werden die Namen, die Erstbegeher bedienen sich häufig der Spenderbereiche Essen/Trinken, Kultur oder dem Erlebnis der Routenbegehung, verwenden Sprachspiele bei der Benennung oder wählen Namen, die sich durch ihre ausgeprägte Individualität keiner Motivgruppe mehr zuordnen lassen. Diese Individualität spiegelt sich auch in der größeren syntaktischen Bandbreite der Namenstruktur sowie der häufiger verwendeten Fremdsprachen wider. Die traditionellen deutschsprachigen Namen, die aus Komposita oder einfachen Nominalphrasen bestehen, werden hauptsächlich an leichtere Routen vergeben. Dies deckt sich mit dem Fund auf semantischer Ebene, dass charakterisierende Namen nur in den unteren Schwierigkeitsgraden eine Rolle spielen. Dies lässt den Schluss zu, dass der Benennung schwierigerer Routen mehr Aufmerksamkeit und Zeit geschenkt wird, um einen originellen Namen zu finden, während bei eher leichten Routen aus dem Repertoire traditioneller Benennungen geschöpft wird.

Die Studie macht deutlich, dass die Benennung von Kletterrouten ein lohnenswerter Untersuchungsgegenstand ist, bei dem nach wie vor viel Forschungsbedarf besteht. So bieten sich Vergleiche zu RoutenN in anderen Disziplinen des Klettersports an, z. B. die Namen von Alpinkletterrouten oder Bouldern. Auch Vergleiche unterschiedlicher Klettergebiete versprechen interessante Erkenntnisse. Außerdem sollte der interpretativen Analyse der vergebenen Namen in größer angelegten Studien die qualitative Erkundung der tatsächlichen Gründe für Benennungen durch Interviews mit den Namengebern zur Seite gestellt werden, um Fehlinterpretationen zu vermeiden. Diese Vorgehensweise würde darüber hinaus ermöglichen, den individuellen Benenner als Faktor bei der Benennung einzubeziehen, da zu erwarten ist, dass eine Person, die vielfach als Routenerschließer tätig ist, ganze Namengruppen vergibt, die einzelne Gebiete stark prägen können.

Literatur

DEINET, Christoph (2012): *Kletterführer Rhein-Main-Gebiet*. Köngen.

HAUCHECORNE, Koen (2005): Bewertung von alpinen Kletterrouten im Fels. In *bergundsteigen* 2005 (2), 22–29.

KULLY, Rolf Max (1991): Hadeswand und Glitzertor. Zur Benennung von Kletterrouten und Höhlengängen. *Beiträge zur Namenforschung, Neue Folgen* 6, 336–357.

NÜBLING, Damaris, Fabian FAHLBUSCH & Rita HEUSER ([2]2015): *Namen. Eine Einführung in die Onomastik*. Tübingen.

POSCH, Claudia & Gerhard RAMPL (2015): Fressen, Ficken, Fernsehen. Das Problem des Benennungsmotivs bei Namen von Sportkletterrouten. In Peter Anreiter et al. (Hrsg.), *Argumenta. Festschrift für Manfred Kienpointner zum 60. Geburtstag*, 469–482. Wien.

SCHARF, Catharina (2015): *Linguistische Analyse der Namen von Sportkletterrouten*. Wien.

STEINHOFF, Michael, Helmut WUNDLECHNER & Eberhard ZIEGLMEIER ([2]2012): *Südlicher Frankenjura*. Köngen.

WILDFEUER, Alfred (2009): Lexotanil, Dialysepatient und Lachgasjunky – Benennungsmotive bei Kletterrouten. In Peter Anreiter (Hrsg.), *Miscellanea Onomastica*, 189–201. Wien.

Catharina Scharf

Namen von Sportkletterrouten

Zusammenfassung: Obwohl im heute boomenden Klettersport in stetiger Verwendung, wurden Kletterroutennamen (Namen folgend als N abgekürzt) bisher von der Onomastik kaum beachtet. Im Rahmen meiner Dissertation (SCHARF 2014) wurde ein Korpus von 5618 RoutenN aus dem Untersuchungsgebiet Nordtirol (Österreich) erstellt. Basierend darauf, ergänzt durch qualitative Interviews mit Namengebern, wurden diese Namen linguistisch analysiert: Bezüglich der Semantik waren Fragen wie die nach der Benennungsmotivation oder nach Wortfeldern, aus denen geschöpft wird, interessant. Formal wurden Wortarten, Sprachen und Sprachebenen einer genaueren Betrachtung unterzogen; ebenso sprachspielerische Formen. Im Zuge der Arbeit wurden auch Fragen aufgeworfen, etwa wohin KletterroutenN im Rahmen einer Namenklassifikation einzuordnen sind oder welche Namengattungen nähere Verwandtschaft zeigen. Auch die Analyse der Rolle des Namengebers erwies sich als lohnend: Welche Faktoren nehmen Einfluss auf die Benennung – Alter, Bildungsgrad, Geschlecht? Schlussendlich zeigten sich Tendenzen hinsichtlich der eben genannten Parameter und eine enge Verbindung von Kultur und Sprache.

Abstract: Although they are widely used in today's sports climbing, the names of climbing routes have hardly been noticed by onomastics yet. In the course of my PhD thesis (SCHARF 2014) 5618 names of climbing routes in North Tyrol have been examined and added to a corpus. Supplemented with interviews, this corpus constitutes the basis of a comprehensive linguistic analysis. Questions about naming motivation or semantic fields appeared while analysing semantics. Parts of speech, languages, and register, as well as forms of wordplay, have been covered in terms of structure. It has still to be determined where the names of climbing routes should be put within a classification, or which classes of names show a closer relationship. Furthermore, it is interesting to take a look at the name givers. The question arises which factors have an influence on naming: age, educational level or gender. Finally, it becomes evident that they are certain naming trends and a close relationship of culture and language.

Catharina Scharf, catharina.scharf@gmx.at

DOI 10.1515/9783110547023-002

1 Sportklettern und Routennamen

Um den Kontext der behandelten Namen zu verstehen, muss der linguistischen Analyse eine kurze Einführung in die Materie vorangehen.

Der Begriff „Sportklettern" stammt aus den 1970ern und grenzt sich vom bis dahin dominierenden Alpinen Klettern ab: „Die Idee des Sportkletterns ist, Felspassagen aus eigener Kraft zu überwinden. Künstliche Hilfsmittel wie Seil, Karabiner oder Haken dienen nur zur Sicherung." (HEIDORN, HEPP & GÜLLICH 1992: 24). Ein weiteres Unterscheidungsmerkmal zum Alpinklettern ist, dass hier kein Gipfel erreicht werden muss; das Ziel ist vielmehr, die Schwierigkeiten einer bestimmten Route im Fels zu bewältigen. Stürze sind beim Sportklettern Teil des Sports, beim Alpinen Klettern hingegen zumeist lebensgefährlich.

Neben den Wurzeln im klassischen Bergsteigen liegen andere in der Freizeitbeschäftigung einiger Sportbegeisterter im deutschen Elbsandsteingebirge ab den 1860ern. Mit Fritz Wiessner, einem sächsischen Auswanderer der Weltwirtschaftskrise der 1920er, verbreiten sich diese Ideen schließlich in den USA weiter. Großen Zulauf erfährt das Freiklettern dann durch den dazu passenden Geist der 68er-Bewegung. In den Jahren um 1970 hat sich im amerikanischen Yosemite Valley bereits eine beachtliche Kletterszene entwickelt. Deutsche Kletterer kommen Anfang der 1970er in Kontakt mit den amerikanischen Kletterern und bringen das Gedankengut des „free climbings" wieder mit nach Europa, quasi zurück zum Ausgangspunkt. (vgl. SCHMIED & SCHWEINHEIM ³2012). Im Zuge der Entwicklung der Sportart bildet sich auch eine Szene heraus, die sich von jener der klassischen Alpinisten unterscheidet. Sportklettern entsteht aus der Veränderungsstimmung der 1960er und 70er; Sonne und Spaß, Tüfteln an individuellen selbst gestellten Herausforderungen, eine gesellige Runde, Abgrenzung vom „Establishment" – die Leichtigkeit des Seins wird hier im Sport zelebriert. (vgl. AUFFERMANN 2010: 307–309) Ein Paradigmenwechsel kann in den 1990er-Jahren verortet werden. War der Bergsteiger der klassischen Zeit noch ein Einzelgänger, ein heroischer „Verrückter" für die Gesellschaft, der Sportkletterer der 1970er und frühen 80er ein Freak und Aussteiger, so ist heute der Klettersport zum einen stark professionalisiert, zum anderen zum Breitensport geworden.

Der Vorgang der Benennung einer Sportkletterroute läuft nun in den meisten Fällen folgendermaßen ab: Der Erschließer/Routensetzer bzw. Erstbegeher einer Route kann dieser einen Namen geben, wobei diese Namengebung keinerlei Reglement unterliegt. Das neu entstandene Proprium wird infolge entweder am Beginn der Route direkt auf dem Fels angeschrieben bzw. auf einer Plakette ebendort angebracht oder lediglich mündlich weitertradiert. Des Weiteren erscheint die Bezeichnung dann oftmals in diversen Kletterführern und Routenbüchern (in Printform oder online). Der Autor informiert sich dabei mittels der Anschrift am Fels, direkt beim Namengeber oder bei einer anderen weitergebenden mündlichen Quelle. Offizielle, amtliche Einträge dieser Kletterrouten-Toponyme gibt es in Österreich keine, sie existieren also lediglich in Form einer Übereinkunft und Weitertradierung innerhalb der Kletterszene. RoutenN sind für den Kletterer von Bedeutung, indem sie eine Route „individualisieren". Man kann eine Route anhand ihres Namens finden/wiederfinden bzw. man kann einer Drittperson über die Bezwingung genau dieser Route berichten.

2 Forschungsstand und Klassifikation

Bisher erschienen erst einige wenige Abhandlungen im deutschsprachigen Raum, die sich speziell mit der Gattung der KletterroutenN beschäftigen. Allen gemeinsam ist, dass es sich jeweils um kleinräumige Untersuchungsgebiete handelt.

Eine erste Behandlung des Themas stammt von KLARER (1989). Er nähert sich der Materie mit einer textsemiotischen Analyse von Kunstwerktiteln und glaubt eine Verwandschaft von Kletterrouten und Kunstwerken zu erkennen. Ein zweites Mal schreibt KLARER (1990) über diese Thematik und stellt eine Verbindung zwischen Klettern und Sexualität her. KULLY (1991) und WILDFEUER (2009) wiederum gehen klassifizierender vor und werten Wortarten, Wortfelder, Sprachen etc. aus.

Keiner der fünf Publikationen liegt ein ähnlich umfassendes Korpus zugrunde wie der Dissertation, auf der dieser Artikel basiert. Es handelt sich entweder um die Auswertung von ein bis zwei Kletterführern oder um persönliche Namenkenntnisse. Zudem handelt es sich (bis auf die Arbeit von Wildfeuer) um über 20 Jahre zurückliegende Forschungen – eine Zeitspanne, in der gerade im Klettersport ein Paradigmenwechsel verzeichnet werden kann: der Sprung vom Extrem- zum Breitensport.

Orientiert man sich nun daran, was bestimmte Namen bezeichnen, sind die Namen von Kletterrouten auf den ersten Blick eindeutig zu den Toponymen zu rechnen, es handelt sich ja um eine Benennung zum Zweck der Identifizierung von Örtlichkeiten. Auch Merkmale wie ortsfeste Verbundenheit oder Ausdehnung im Raum sind gegeben.

Doch KletterroutenN lassen sich nicht ganz reibungslos in die Gattung der Toponyme einfügen: Die Namen von Kletterrouten gehören zu den chronologisch jüngsten Toponymen (Alpin max. 150 Jahre, Sportklettern max. 40) und damit zu jenen, die von der klassischen Toponymforschung meist vernachlässigt werden. D. h. aber auch, sie haben sich im Laufe der Zeit nicht verändert, sind also im ursprünglichen Benennungszustand erhalten geblieben. Eine Erforschung des Etymons – was im Normalfall einen großen Teil der wissenschaftlichen Arbeit bei der Beschäftigung mit Toponymen ausmacht – fällt hier somit weg. Es handelt sich hierbei auch nicht um die Benennung durch ein unbekanntes Kollektiv früherer Zeiten, sondern um eine ganz bestimmte, in den meisten Fällen namentlich bekannte, oft auch noch lebende Person, die einen EigenN vergeben hat. Die Benennungsmotivation klassischer, älterer Toponyme beruht außerdem in den meisten Fällen auf pragmatischen Überlegungen. Einen Kontrast dazu bilden die um Kreativität und Originalität bemühten Namen der Sportkletterrouten, auch sie sind Produkte der Lebenswelt, in der sie entstanden sind: Songtitel, Figuren aus Film und Fernsehen, Sprachspiele, u.Ä. Oft ist auch keine Relation zwischen der benannten Route und dem Namen erkennbar.

Innerhalb der Gruppe der Toponyme ist aufgrund der eben genannten Merkmale (keine lautliche Veränderung, bekannter Namengeber, Kreativität) die größte Ähnlichkeit im Vergleich mit modernen StraßenN (Hodonymen) zu entdecken.

Trotz damit bezeichneter räumlicher Gegebenheiten ist aber auch eine Verwandtschaft mit der von KOHLHEIM (2011: 163) als „periphere Namen" klassifizierten Gruppe feststellbar. Diese sind laut seiner Definition „nicht unbedingt nötig" und ihre identifizierende Funktion ist weniger ausgeprägt; darunter fallen etwa SpitzN, WarenN und andere, im vorliegenden Tagungsband mit Aufmerksamkeit bedachte „Stiefkinder der Onomastik".

Genannt werden soll auch eine Namengruppe, bei der bereits KLARER (1989) eine sehr enge Verwandtschaft bzw. Vorbildfunktion festgestellt hat: die KunstwerkN. Vor allem Titel literarischer Werke weisen große Ähnlichkeit auf, sowohl in der Vielfalt der Wortfelder, als auch in der Mehrteiligkeit und den Strukturtypen. Zudem finden sich Sprachspiele, Kunstreferenzen, intentionelle Undurchsichtigkeit und Ad-hoc-Komposita. Des Weiteren deuten "KünstlerN" von Kletterern und Konzeptbenennungen auf eine Nähe zur Kunst hin.

Die engsten Verwandten der SportkletterroutenN sind jedoch alle Namen anderer alpiner Vertikalwege: Namen von Alpinen Kletterrouten, Klettersteigen, Bouldern oder Eiskletterrouten.

3 Methode und Material

Als Methode wurde eine korpuslinguistische Analyse gewählt. Als Grundlage dienen Benennungen innerhalb Nordtirols (Österreich). Eine weitere Selektion wurde vorgenommen, indem ausschließlich abgesicherte Sportkletterrouten behandelt werden; ausgeschlossen sind also alpine/mobil abzusichernde Routen sowie Mehrseillängen.

Das nach den genannten Kriterien erstellte Korpus besteht aus 5618 EigenN von Sportkletterrouten. Es setzt sich zum Teil aus in Print- oder Onlineversion publizierten Kletterführern zusammen, ein kleiner Teil wurde von der Verfasserin persönlich am Fels direkt abgelesen. Zusätzlich wurden auch qualitative Interviews mit sechs Namengebern von Kletterrouten geführt.

4 Inhaltsseite

Ein wichtiger Klassifikationsparameter für KletterroutenN ist die dahinter steckende Motivation des Benennenden (Tabelle 1). Hier werden nun grundsätzlich eine direkte und eine indirekte Motivation unterschieden. Direkt meint dabei, dass der Anlass zur Benennung etwas war, das den Namengeber unmittelbar betroffen hat, wie etwa seine Gefühle oder Erlebnisse während der Begehung bzw. die nähere Umgebung. Eine indirekte Motivation hingegen liegt demnach dann vor, wenn die Entstehung des Toponyms allein auf der Gedankenwelt des Benenners basiert; dabei werden in den meisten Fällen Propria anderer Gattungen wiederverwendet.

Tab. 1: Art der Benennungsmotivation

34 % **Direkte Motivation**	43 % **Indirekte Motivation**
z. B. Erlebnisse beim Klettern, Routenmerkmale, Felsbeschaffenheit, Flora & Fauna der Umgebung...	z. B. Songtitel, Namen von Prominenten, Märchenfiguren, Filmtitel, MarkenN, StädteN, Spiele...
Bsp.: *Blutige Finger, A klane Schlüsselstelle, Fünferriss, Short but hort, Sommerregen, Weberknechte, Die Nordkante*	Bsp.: *Janis Joplin, Pokemon, Der kleine Prinz, Türkischer Honig, Oktoberfest, Kathmandu, 4 Fäuste gegen Rio*

Die fehlenden 23 % entziehen sich der Zuordnung aus zwei Gründen: Der Name ist für Dritte nicht eindeutig als direkt oder indirekt klassifizierbar oder der Name ist für Dritte nicht verständlich (Bsp. *S*, *Uznast*, *Jong*).

Betrachtet man die Wortfelder genauer, aus denen die Kletterer wählen, ergibt sich folgende Rangliste: 1. Klettersport & Fels, 2. PersonenN, 3. Film & Fernsehen, 4. Musik, 5. Literatur. Dies lässt eine nicht unerhebliche Medienbeeinflussung der Namengeber erkennen. Häufig werden Propria anderer Namengattungen für die Neubenennung herangezogen.

Was ebenso in die Analyse miteinbezogen werden soll, sind semantische Relationen zwischen RoutenN. Als Hinweis auf eine mögliche Verwandtschaft von Kunst und Klettern kann die Gestaltung von Konzept-Klettergärten gesehen werden. Diese sind größtenteils ein Phänomen des 21. Jahrhunderts. Die Namen der in einem solchen Klettergarten befindlichen Routen stehen fast ausschließlich miteinander in assoziativem Zusammenhang. Teilweise deutet auch schon der GebietsN das übergeordnete Wortfeld an. Die Namengeber erschaffen mit der Benennung nach einem bestimmten Konzept eine Art „Gesamtkunstwerk" (in diesem Kontext sei wiederum auf jüngere Hodonyme verwiesen; z. B. Neubauviertel mit ausschließlich nach Baumarten benannten Straßen). Ebenso existiert diese Konzeptualisierung für Teilbereiche von Klettergärten (sogenannte Sektoren). Anhand einiger Beispiele soll dies veranschaulicht werden:

- Nassereith/Götterwandl: *Ariachne, Triton, Medusa, Jason und die Argonauten, Pharao, Zeus, Oseus, Perseus, Osiris, Venus, Apollo, Apollo direkt, Hera, Aphrodite, Hertuna, Fortuna, Hades, Vulcanus, Juturna, Janus, Janus +, Gaia, Uranus, Ares, Athene, Morpheus, Nofretete, Neptun, Odysseus, Titan, Isis, Xerxes, Hatschepsut*
- Kleinkanada: *Columbia, Banff, Alberta, Saskatchewan, Revelstoke, Manitoba, Yoho, Waterton, Ontario, Quebec, Selkirk, Monashe, Yukon, Winnipeg, Purcell, Bugaboo, Cassiar, Kootenay, Logan, Jasper, Franklin, Robson, Cariboo, Glacier*
- Karres/Rote Wand – Märchenwald: *Der Goldene Schuh, Meerjungfrau, Ritterburg, Schwarze Katze, Schneeweißchen, Pinocchio, Rosenrot, Max, Moritz, Frau Holle, Hänsel & Gretel, Aschenputtel, Rapunzel, Eisenhans, Pechmarie, Rumpelstilzchen, Goldmarie, Der Wolf, Die sieben Geißlein, Hans im Glück, Froschkönig, Drosselbart, Glücksdrache*

Auch einzelne RoutenN können sich auf GebietsN beziehen:

a) Wortfeldassoziationen
   Chinesische Mauer – *Der letzte Kaiser, Pekingente, Ping Pong*
   Martinswand/Dschungelbuch – *Baghira, King Louis, Mogli*

b) Strukturelle Assoziationen
   Urfallspitze – *Urknallspitze*
   Starkenbach/Gamswandl – *Gams allein, Gams normal, Hilf a Gams*

Eine andere Möglichkeit der semantischen Relation ist, dass zwei oder mehrere Routen eines Gebietes – meist sind sie benachbart – unabhängig vom GebietsN miteinander semantisch oder strukturell in Verbindung stehen.

a) mit Informationsgehalt
   Schnapsnase – Direkte Schnapsnase, Linker Bauch – Rechter Bauch, Cafeblick – Cafeblick 2, Aufnahmeprüfung – Meisterprüfung, Tai Gin Seng – Tai Gin Seng kurz
b) ohne Informationsgehalt
   Tristan – Isolde, Reeperbahn – Swingerclub, Gelati – Tiramisu – Panna Cotta, Big Sister – Big Brother, Playboy Bunny – Belay Bunny, Deine – Und – Meine
c) Eine Sonderform tritt auf, wenn der Name für eine neue Route aus Morphemen, die den Nachbarrouten entliehen werden, gebildet wird.
   Zeus – Oseus – Osiris, Dynamo – Dynamischer Exorzist – Exorzist

KletterroutenN können nicht nur PersonenN- oder Medientrends der jeweiligen Zeit widerspiegeln, sondern auch auf das Weltgeschehen referieren. Dies zeigt, welches historisch-politische Zeitgeschehen den Menschen des Untersuchungsgebiets bekannt wird und sie sogar bis in die sportliche Freizeit hinein bewegt (Bsp. *Glasnost* 1991, *A golden bolt for the killer of Saddam* 1996, *Monica&Bill* o. J., *Paris in Prison* 2007...).

5 Formseite

Zunächst soll aufgeschlüsselt werden, welche Wortarten für die Benennung und Namenbildung herangezogen werden, welche dabei häufig kombiniert werden, bzw. wie viele Wörter dafür verwendet werden.

Bei der Namenbildung können im Untersuchungsgebiet folgende Präferenzen beobachtet werden (Tabelle 2):

Tab. 2: Klassifizierung nach Wortarten

Rang	abs. Zahlen	Wortart bzw. Kombination	Beispiele
1.	2087 (37 %)	Substantiv	*Helmpflicht, Treue, Dolphins*
2.	547	EigenN aus anderen Namenklassen	*Dornröschen, Edgar, Pluto*
3.	320	Adjektiv + Substantiv	*Bella Donna, Blue Ice, Optische Täuschung*
4.	233	Substantiv + Substantiv	*Astoria Verlängerung, Rain Man, Via Zicke*
5.	132	Substantiv + EigenN	*Hexe Lilli, Via Luise, Zweigstelle Arzl*

Anhand dieser Favoritenliste ist klar erkennbar, dass dem Substantiv bei der Benennung ähnlich zu anderen Toponymen eine wichtige Rolle zukommt. 3851 aller Namen enthalten ein Substantiv, lediglich 1294 kommen ohne aus, davon enthalten aber wiederum 868 EigenN.

Die RoutenN variieren in der Länge zwischen 1 und 10 Wörtern, 55 % bestehen aus nur einem Wort, davon sind wiederum 70 % Substantive. In Bezug auf die Wortbildung macht die Gruppe der Komposita mit 60 % der EinwortN den größten Anteil aus.

Die Abgrenzung von KletterroutenN gegenüber klassischen Toponymen wird auch darin deutlich, dass einige der Namen allein aus einer Zahl, einem oder mehreren Buchstaben, einer mathematischen Formel, einem Sonderzeichen oder einer Kombination aus den Vorhergenannten bestehen (Bsp. *007*, *Ω*, $a^2+b^2=h^2$, @).

Kletterrouten können auch einen grammatikalisch vollständigen Satz als Namen erhalten. Bsp. *Es war 'ne geile Zeit*, *Spiel mir das Lied vom Tod*, *Nobody is perfect*.

Von linguistischem Interesse ist auch die Auswahl einer Sprache bzw. einer Sprachebene für die Benennung. Im behandelten Korpus können 86 % der Namen einer bestimmten Sprache zugeordnet werden. Bei denjenigen, die sich einer Sprachbestimmung entziehen, handelt es sich um: EigenN, Abkürzungen, Zahlen, Fantasiewörter oder Internationalismen. Bei der Sprachwahl greifen 66 % zu Deutsch, gefolgt von 25 % Englisch. 6 % der Namen sind der Dialektebene zuzuordnen, wobei unterschiedliche Tiroler Varietäten erkennbar sind.

Bei der Namengebung von Sportkletterrouten lässt sich eine Tendenz zum kreativen Spiel mit der Sprache feststellen. Verwendete Sprachspiele können genauer klassifiziert werden:

- Wortspiele: *Caro-Line, Bella Umbrella, Biene Mayer, Ice Edge, Food and the Hill, Akilegna, El Schuppo, Charmanter Charly, Jung dynamisch erfolglos, OhNaNie…*
- Kontextspiele: *Kleiner Grashalm der sich wiegt im Wind der untergehenden Sonne, Schnärpfala-Gedächtnis-Weg*
- Referenzspiele: *A flotter Dreier, Rolling Stone, Wet Wet Wet, Nagelfeile, Feuchtgebiete, Hang loose, Boys don't cry, Cliffhanger, Kaminkehrer, Panta Rhei…*

Besonders gern wird mit Phonetik und Semantik gespielt.

Aber Humor wird mit den RoutenN auch neben den Sprachspielen ausgedrückt. Außer Struktur und Semantik eines Wortes können zum Beispiel auch Konnotationen humorig eingesetzt werden (*Dr. Sommer, Killergams*), die dialektale Sprachebene in Kombination mit Banalität (*Haxndudiriaho, Dann machs hoid i*) oder die derbe Sprachebene bzw. das Fäkal-/Sexualitätswortfeld (*Furz, Heißer Arsch, Hosenschiss*). In vielen Fällen ist die Situationskomik aber hauptsächlich für den Benenner und dessen Begleiter erheiternd, da es um ihnen bekannte Personen (*Der scharfe Paul, Good Bye Bloacha Michl, Edelweißrambo*) oder ein für einen Außenstehenden nicht nachvollziehbares Ereignis (*Bohrverbot Pauli, Frag Susi, Griff-Fladerer*) geht.

6 Einflussparameter

Der Prozess der Namengebung ist nie unabhängig von der Person des Namengebers. Dessen kultureller Kontext und daraus entstehende Mentalitäten spielen hierbei eine große Rolle; soziolinguistische Parameter wie Alter, Geschlecht oder soziale Schicht müssen ebenfalls berücksichtigt werden. Im Untersuchungsgebiet können 62 % der Routen einem bekannten Namengeber zugeordnet werden.

Analysiert wurden die möglichen Einflussfaktoren Geschlecht, Lebensalter (10–54 Jahre), Geburtsjahrgang (1940–1998), Herkunft und Bildungsgrad. Um einen Einfluss des Geschlechts auf die Benennung zu erkennen, ist der Datenanteil der von Frauen benannten Routen zu niedrig (1 %).

Mit einem Anteil von 16 % der Routen ist der Grad der Bildungsschichtenzuordnung nicht allzu hoch. Es wurden dafür außerdem nur die Gegensätze Lehrabschluss und akademische Ausbildung herangezogen. Der Bildungsgrad scheint bei der Routenbenennung keinen allzu relevanten Faktor darzustellen, leichte Tendenzen sind bei der Verwendung (und Kenntnis?) von Sprachen neben Deutsch und Englisch festzustellen.

Bei der regionalen Untersuchung wurden Sprecher von Tiroler und Bayrischen Varietäten zum Vergleich ausgewählt – immerhin 36 % der Routen, wobei angemerkt werden muss, dass die Anzahl der Tiroler mit fast 16:1 dabei deutlich überwiegt. Die regionalen Unterschiede machen sich am deutlichsten in der Sprachwahl bemerkbar (Tabelle 3):

Tab. 3: Wahl der Sprache nach Herkunft der Namengeber

	Deutsch (in %)	Englisch (in %)
Tirol	45	28
Bayern	64	14

Beim Lebensalter – 21 % der Routen können hier zugeordnet werden – stechen nun einige Unterschiede hervor: Sie betreffen vorwiegend die Sprachwahl, die Dialektverwendung sowie die Benennungsmotivation (Tabelle 4).

Tab. 4: Sprachwahl und Benennungsmotiv nach Lebensalter (Angabe in %)

	Deutsch	Englisch	Dialekt	Direkte Motivation	Indirekte Motivation
10–19 Jahre	45	23	6	43	45
20–29 Jahre	42	31	6	29	49
30–39 Jahre	43	29	4	28	51
40–54 Jahre	55	22	2	25	57

Ebenso wie das Alter scheint auch der Jahrgang eine bedeutende Rolle zu spielen (Tabelle 5); Unterschiede sind in allen Bereichen merkbar. Hier konnten 28 % der Routen zugeteilt werden.

Tab. 5: Sprachwahl und Benennungsmotiv nach Geburtsjahrgang (Angabe in %)

	Deutsch	Englisch	Dialekt	Sprach-spiele	Direkte Motivation	Indirekte Motivation
1950–1959	47	28	1	7	24	56
1960–1969	48	25	5	7	30	44
1970–1979	47	27	7	8	34	46
1980–1989	21	49	6	10	25	55
1990–1998	68	14	0	5	36	32

Von unmittelbaren Faktoren ließen sich bei der Benennungsmotivation am meisten die 10–19-Jährigen mit einem Anteil von 43 % beeinflussen, am wenigsten Anleihe dabei nahmen die Jahrgänge 1950–1959 mit nur 24 % der Namen. Die indirekte Motivation erreichte mit 57 % ihre höchste Beliebtheit bei der Gruppe der 40–54-Jährigen, am wenigsten ließen sich die Jahrgänge 1990–1998 mit 32 % indirekt beeinflussen. Die Benennungsmotivation wird vor allem durch Alter und Jahrgang diktiert.

Beim spielerischen Umgang mit Sprache liegen mit 10 % an Sprachspielereien die Namengeber mit Universitätsabschluss bzw. die Generation 1980–1989 ganz vorne, das Schlusslicht bilden mit 5 % die Jahrgänge 1990–1998 bzw. die Altersgruppe 10–19 Jahre. Die Abweichungen hier sind eher gering.

Bei der Frage der Sprachebene liegen die Namengeber mit Universitätsabschluss bzw. jene bayrischer Herkunft mit 7 % Dialektanteil im Spitzenfeld, während die Geburtsjahrgänge 1990–1998 Dialektvarietäten bei der Benennung gänzlich ausschließen. Stark abweichend vom Normbereich zeigen sich beim Dialekt nach unten die Jahrgänge der 1950er und 1990er sowie die 40–50-Jährigen. Nach oben hin weichen die Akademiker und die Bayern ab. Den stärksten Einfluss auf die Sprachebene nehmen Jahrgang und Alter.

Ihre Muttersprache Deutsch verwenden am häufigsten die Jahrgänge 1990–1998 mit 68 % Anteil, dicht gefolgt von den Bayern mit 64 %; am wenigsten macht mit 21 % die Generation 1980–1989 davon Gebrauch. Englisch ist mit 49 % bei den 1980–1989 Geborenen am beliebtesten, am wenigsten verwenden die 1990–1998 Geborenen bzw. bayrische Kletterer mit nur 14 % diese Sprache zur Routenbenennung. Hier decken sich die Extreme mit den Abweichungen. Andere als die genannten Sprachen kommen mit 11 % am häufigsten bei Kletterern mit Universitätsabschluss bzw. bei den 10–19-Jährigen zur Verwendung, während es bei den Jahrgängen 1980–1989 nur 5 % sind. Auf die Entscheidung für eine Sprache haben vor allem der Jahrgang und die regionale Herkunft Einfluss, aber auch der Schwierigkeitsgrad einer Route (Tabelle 6). In der statistischen Auswertung hinsichtlich des Schwierigkeitsgrads ergab sich für jedes untersuchte Merkmal eine lineare Zu- oder Abnahme. Das heißt, je schwieriger eine Route ist, umso mehr werden die englische Sprache und dritte Sprachen verwendet, umso mehr Sprachspiele werden eingebaut und umso öfter ist die Benennung indirekt motiviert. Je leichter also eine Route ist, desto häufiger werden die deutsche Standardsprache und auch der Dialekt gebraucht und desto häufiger handelt es sich um eine direkte Benennungsmotivation. Die These, dass mit dem Erschließungsaufwand auch der kognitive Benennungsaufwand (nicht die Muttersprache, Sprachspielereien, keine sich unmittelbar aufdrängenden Themen) steigt, kann damit bestätigt werden.

Tab. 6: Sprachwahl und Benennungsmotiv nach Routen-Schwierigkeitsgrad (Angabe in %)

	Deutsch	Englisch	Dialekt	Sprach-spiele	Direkte Motivation	Indirekte Motivation
leicht	59	14	8	4	43	41
mittel	54	17	6	6	36	41
schwer	41	30	5	8	28	47

Zusätzlich zu den statistisch erkennbar gemachten Einflüssen wurden in qualitativen Interviews auch die Einflussparameter Routenanzahl und Routenzweck genannt. Aus den Antworten der Befragten geht hervor, dass das Bemühen um eine besondere Namenfindung mit steigender Anzahl der von einer Person benannten Route in den meisten Fällen nachlässt. Ebenso nimmt der Zweck einer Route, also für wen sie erschlossen wird (sich selbst, Sponsor, Kletterschüler...), Einfluss darauf, wieviel Aufwand bei der Namenfindung betrieben wird. Dieser ist dann höher, wenn die Route aus reinem Selbstzweck eingebohrt wird.

Bei den möglichen Einflussparametern scheinen sowohl Alter und Geburtsjahr als auch der Schwierigkeitsgrad einer Route die größte Rolle zu spielen.

7 Routennamen im Gebrauch

Die Kommunikationssphäre, in der KletterroutenN gebraucht werden, kann als halboffiziell eingestuft werden – es handelt sich um die Kommunikationsgesellschaft der Klettererszene. Für die Benennung bedeutet dies nun, dass ein Name zunächst die Akzeptanz als sinnvolle Routenbezeichnung finden muss, die für ein Mitglied der Kletterszene eindeutig eine bestimmte Route identifiziert. Danach sollte der vergebene RoutenN möglichst häufig weiter kolportiert werden, sowohl mündlich als auch verschriftlicht in Kletterführern etc., damit er als fix gehandelt wird und kein neuer vergeben wird (in seltenen Fällen kommt dies aber vor). Indirekt bedeutet dies für einen Namengeber, dass er bei der Benennung im Hinterkopf hat, sein „Produkt“ muss der Klettererergemeinschaft gefallen.

Auffallend bei der Verwendung der RoutenN in der Kommunikation ist die vorwiegende Verwendung des Femininums: „Ich geh‘ die *Flop.*“ „Probier einmal die *Aus Spaß wurde Ernst!*“ Entgegen des tatsächlichen Genus eines nun als Onym verwendeten Appellativums werden die meisten Routen als „die XY“ realisiert, bekommen also feminines Genus zugeweisen. Dies ist sogar dann der Fall, wenn ein andersgeschlechtlicher Artikel davorsteht, zum Beispiel „die *El Schuppo*“. Möglicherweise rührt das feminine Klassengenus vom dazugedachten „die ...-Route“ her (weiterführend sei auf die Arbeit zum Genus von EigenN von FAHLBUSCH & NÜBLING 2014 verwiesen). Eine Ausnahme bilden Namensbildungen, bei denen das maskuline, appellative Grundwort, das eine klettertypische topographische Angabe wie *Weg*, *Kamin*, *Pfeiler*, oder *Riss* darstellt, sein Genus behalten darf: der *Jim-Morrison-Gedächtnis-Weg*, der *Ananas-Kamin*. Neutra kommen nicht vor.

Auffallend ist die abweichende Orthographie mancher Namen in verschiedenen Kletterführern, bzw. zwischen Führerliteratur und Anschrift am Fels. Dabei kann es sich um abweichende Schreibweisen handeln, wie etwa bei *Nubelos* vs. *Nebulos*. In wenigen Fällen enthalten die Führer komplett unterschiedliche Namen: *Sylvia* vs. *Crashdance*. Dies spiegelt den halboffiziellen Charakter der RoutenN wider, deren Fixierung, wie bereits weiter oben dargestellt, allein von der Übereinkunft unter Kletterern abhängt.

Auch in manchen Kletterhallen werden seit den letzten Jahren den Routen Namen gegeben. Diese werden auf einem Hinweisschild am Beginn der Route angeschrieben. Der Unterschied zum Gegenstand dieser Untersuchung, den Felsrouten, besteht nun darin, dass die Bestandsdauer eine wesentlich kürzere ist. Routen in der Kletterhalle werden mindestens einmal pro Jahr umgeschraubt, um den Stammbesuchern Abwechslung zu bieten. Danach existieren genau diese Route und somit auch der Name eben nicht mehr. Darin mag nun die Tatsache begründet liegen, dass Hallenrouten mit Namen weniger oft im Sprachgebrauch der Kletterer mit diesem bezeichnet werden. Anstatt „Ich geh‘ jetzt die *Klein aber Fein*“ wird eher pragmatisch die Farbe der betreffenden Kunstgriffe herangezogen: „Ich geh‘ die Blaue“. Hier wird wiederum meist das Femininum verwendet.

8 Namen und Kulturgebundenheit

Generell gilt für die Kletterszene wie für alle Subkulturen, dass gerade die gemeinsame Sprache ein wichtiges Medium darstellt, um sich von anderen zu unterscheiden und gleichzeitig die In-Group zu stärken. Benenner von Kletterrouten sind in der Regel zu alt, um noch als Jugendliche zu gelten, womit die Sprache der Kletterszene nicht der Jugendsprache nahegestellt werden kann. Man kann jedoch von einem eigenen Kletter-Jargon sprechen. Auch die Namen der Kletterrouten entspringen der Szenesprache und sind nicht immer durchsichtig für Dritte – teilweise sind spezifische Termini enthalten (*14 Schlingen*, *El Schuppo*, *Plattenschleicher*), teilweise wird auf ein bei Außenstehenden nicht vorhandenes Verständnis für kletterspezifische Vorgänge angespielt (*Der neue Besen*, *Fight Gravity*, *Wer reibt der bleibt*). In beiden Fällen wird häufig mit Doppeldeutigkeit gespielt (*A flotter Dreier*, *Captain Hook*, *Crack baby*).

Wie bereits weiter oben festgestellt, sind Namengeber von Sportkletterrouten in Nordtirol seit dem Aufkommen der Sportart zu 99 % männlich. Die Sportart selbst wird zu Beginn hauptsächlich von Männern ausgeübt. Erst mit der Wandlung Richtung Breitensport ab den 1990er-Jahren widmen sich auch vermehrt Frauen dem Klettersport. Heute hält sich der Geschlechteranteil im Untersuchungsgebiet in etwa die Waage. Trotzdem wird deutlich, dass bis heute fast ausschließlich Männer den aktiven, schöpferischen Part übernehmen, indem sie Routen ausfindig machen, erschließen und ihnen Namen geben. Frauen klettern in den meisten Fällen lediglich von Männern vorgegebene Routen nach, wenngleich sich auch viele Männer in dieser Rolle finden. Auch klettern im Freizeitbereich Frauen tendenziell nicht so schwierige Routen wie Männer und öfter als diese im Nachstieg. So ist trotz ähnlicher Leistungen im Profisport eine Geschlechterdifferenz im Freizeitklettern zu erkennen.

Die (Mutter-)Sprache eines Individuums beeinflusst dessen Bewusstseinskultur und offenbart wiederum in der Kommunikation Denken und Gefühlsleben des Sprechers. Dies gilt in weiterer Folge eben auch für EigenN als sprachliche Ausdrücke. Bestimmte Perspektiven werden dem Kommunikationsempfänger durch den Sender (Gesprächspartner, Medien) vorselektiert. Zum einen werden so etwa den dem Erschließer nachfolgenden Kletterern bereits Kletterwege und Techniken außerhalb der Hakenspur durch den Namen vorgegeben: *Risslanglinks*, *Fingerloch*, *Net links da!*, *Wer reibt der bleibt* usw. Zum anderen werden Perspektiven der Benenner weitergegeben: Gefühle und Wertungen (sowohl des Objekts an sich als auch z. B. von Ereignissen oder Personengruppen) der Namengeber spiegeln sich sehr wohl in zahlreichen KletterroutenN wider: *Hosenschiss*, *Aua spitz!*, *Juppidu*, *Einfach genial*, *Not to Satisfy*, *Bull Shit*,

Nette, Belay Bunny, Nichts für alte Herren, Piefke-Filter, Prozessionstiroler, A golden bolt for the killer of Saddam etc.

Selbstverständlich können die analysierten Namen auch etwas über das Denken der Benenner und der Szene, der sie entstammen, aussagen. Hier kann etwa die Selektion der Quellen, aus denen für die Namenbildung geschöpft wird, Aufschluss geben, welche Themenbereiche relevant bzw. in der Gedankenwelt dominant sind. Dabei wird zum Beispiel klar, dass es sich bei der Gruppe der Namengeber um Vertreter einer postindustriellen Gesellschaft handeln muss, deren Alltag stark von Medien geprägt ist: Populärmusik, Film und Fernsehen, aber auch Literatur (auch Comics) sind Wortfelder, aus denen bei einer indirekten Benennungsmotivation recht häufig gewählt wird. Ebenso verhält es sich mit der Wahl der Sprache: 34 % der zuordenbaren Namen stammen nicht aus der Muttersprache der Benenner, was impliziert, dass ihnen auch andere, nicht vor Ort gesprochene Sprachen geläufig sein müssen, bzw. sie Kenntnis von zum Beispiel fremdländischen Orten haben. Dies weist wiederum auf eine Gesellschaft hin, die von einer gewissen Internationalität und Globalisierung durchdrungen ist. Des Weiteren scheint für die Szene auch Spaß bei ihrer Tätigkeit, im Rahmen derer sie Namen vergeben, üblich zu sein bzw. diese Tätigkeit kann nicht von primären Bedürfniszwängen ausgehen, was sich in der Kreativität bei der Benennung, dem nicht seltenen Einfließen von Humor und der offenbar nicht vorhandenen Tendenz zum Pragmatismus niederschlägt. Unterschiedliche Sprachebenen und für die Wortkenntnis nötige Bildungserfahrungen (z. B. *Autsch, Gachtlschlauch, Spongebob, Zechentod vs. Mandelbrot und Ursuppe, Die Weiße Rose, Paradoxon, Antigravitationsgenerator*) weisen auf ein hinsichtlich ihrer Bildung heterogenes Klientel der Szene hin.

Besonders diesem Kapitel müssen noch einige Überlegungen zur Verbindung von Sprache und Kultur bzw. Denken folgen. Bereits Humboldt sah im beginnenden 19. Jahrhundert eine Verbindung zwischen Sprechen und Denken bzw. Sprache und Kultur. Heute ist klar: „Sprachgebrauch und Kulturalität bzw. Sozialität stehen in einem wechselseitigen Verhältnis: Sprache ist kulturell bedingt, Kultur ist aber auch sprachlich bedingt." (Bubenhofer 2009: 49) Auf Basis der eben genannten wechselseitigen Bedingtheit wurden nun zum Forschungsgegenstand Schlussfolgerungen in beide Richtungen gezogen: Einerseits konnten durch Rückschlüsse zum Beispiel Einflüsse kultureller Parameter (z. B. Generationszugehörigkeit, Bildungsgrad, Szenementalität, Globalisierungsgrad einer Gesellschaft) auf das Sprachverhalten (hier: bei der Namengebung) festgestellt werden. Man könnte aber andererseits auch behaupten, dass sprachliche Faktoren das Denken in eine bestimmte Richtung lenken – so etwa mittels sprachlicher Wertungen von Kletterrouten durch den Benenner; auch die mit der Zeit entwickelte sprachliche Nähe zu KunstwerkN könnte nachfolgende Kletterer ihre Tätigkeit nicht nur als banales physisches Hobby, sondern gleichsam als Kunstschaffen betrachten lassen.

Mit der vorliegenden Analyse wurden KletterroutenN als eine bisher kaum beachtete Namengattung am Beispiel eines Nordtiroler Korpus linguistisch untersucht und ihre Besonderheiten aufgezeigt. Was nun als Desiderat bleibt, sind Arbeiten, die weitere geographische Räume (intranational/international) behandeln. Von Interesse wären infolge Vergleiche zwischen Tendenzen der Kletterroutenbenennung verschiedener Regionen, eventuell auch verschiedener Sprachräume.

Andere weiterführende Forschungsfelder wären die Namen von Alpinkletterrouten, Eiskletterrouten und Bouldern, bzw. ein Vergleich von Benennungstendenzen der unterschiedlichen Klettersportvarianten.

Literatur

AUFFERMANN, Uli (2010): *Entscheidung in der Wand. Marksteine des Alpinismus*. Alland.

BUBENHOFER, Noah (2009): *Sprachgebrauchsmuster. Korpuslinguistik als Methode der Diskurs- und Kulturanalyse*. Berlin, New York.

FAHLBUSCH, Fabian & Damaris NÜBLING (2014): Das referentielle Genus bei Eigennamen und seine Genese. *Beiträge zur Namenforschung* 49 (3), 245–287.

KLARER, Mario (1989): Die textsemiotische Dimension des Titels am Beispiel der englischen und deutschen Kletterroutenbenennung. *Grazer Linguistische Studien* 32, 39–58.

KLARER, Mario (1990): Locker vom Hocker – Die Benennung von Sportkletterrouten. *Berg '90. Alpenvereinsjahrbuch*, 91–98.

KOHLHEIM, Volker (2011): „Berak im Arus" und „800 Jahre Einsamkeit". Die Namen studentischer Wohngemeinschaften in Bayreuth. In Rosa Kohlheim & Volker Kohlheim (Hrsg.), *Eigennamen. Neue Wege ihrer Erforschung*, 152–168. Hamburg.

KULLY, Rolf Max (1991): Hadeswand und Glitzertor. Zur Benennung von Kletterrouten und Höhlengängen. *Beiträge zur Namenforschung* 26, 336–357.

SCHARF, Catharina (2015): *Linguistische Analyse der Namen von Sportkletterrouten*. Wien.

SCHMIED, Jürgen & Frank SCHWEINHEIM ([3]2012): *Sportklettern*. München.

WILDFEUER, Alfred (2009): Lexotanil, Dialysepatient und Lachgasjunky – Benennungsmotive bei Kletterrouten. In Peter Anreiter (Hrsg.), *Miscellanea Onomastica. Innsbrucker Beiträge zur Onomastik*. Band VII, 189–201. Wien.

Thomas Stolz & Ingo H. Warnke

Comparative Colonial Toponomastics

Evidence from German and Dutch Colonial Place-Names

Zusammenfassung: In diesem Beitrag werden die Toponymica des niederländischen und deutschen Kolonialismus der ersten Hälfte des 20. Jahrhunderts miteinander verglichen. Der Fokus liegt auf der prototypischen Konstruktion, die für das Prägen von Exonymen verwendet wird, bei denen wenigstens eine Konstituente enthalten ist, die der Sprache der Kolonisatoren entnommen ist. Die Daten stammen aus zwei zeitgenössischen Atlanten der untersuchten Kolonialismen. Es wird gezeigt, dass die Toponymica eine Reihe von Gemeinsamkeiten aufweisen, die die Masse der Ortsnamen abdecken. Gleichzeitig ergibt sich breiter Spielraum für Abweichungen, sodass es möglich wird, Eigenschaften zu identifizieren, die ausschließlich einem der beiden Toponymica angehören.

Abstract: In this paper the toponymicons of Dutch and German colonialism of the first half of the 20th century are compared to each other. The focus lies on the prototypical construction which is employed for the coining of exonyms that contain at least one constituent which is drawn from the language of the colonizers. The data stem from two contemporary atlases of the colonial empires under scrutiny. The toponymicons are shown to display a number of commonalities which cover the bulk of the place-names. At the same time, there is also a wide margin of dissimilarity so that it is possible to identify traits which are exclusive to the one or the other toponymicon.

1 Introduction

Traditionally, the impact of colonialism on the naming and the creation of places in overseas territories to which not only European countries but also the USA, Australia, New Zealand, and Japan have laid claim during the era of imperialism (1450–1950) have not been given special attention within the framework of toponomastics. Recently, the largely postcolonial issue of renaming of geo-objects, the names of which are associated with the colonial past – especially

Thomas Stolz, Universität Bremen, stolz@uni-bremen.de
Ingo H. Warnke, Universität Bremen, iwarnke@uni-bremen.de

DOI 10.1515/9783110547023-003

microtoponyms such as hodonyms (names for squares, courts etc.) and dromonyms (street names) – has gained prominence in approaches such as that of *Critical Toponomies* (cf. e. g. the contributions to BERG & VUOLTEENAHO 2009).[1] The ongoing discussion in this relatively new paradigm is closely related to critical discourse analysis and thus displays a strong ideology-oriented component that mostly aims at deconstructing the (often only covert) ubiquitousness and persistence of the colonial heritage or legacy even under the conditions of decolonization and postcolonialism. Postcolonial language policy is another vantage point from which the processes can be studied to which the colonially impinged toponymicon of an erstwhile colony is subject after independence is gained (cf. e. g. the contributions to GUILLOREL 2008).

In the current debate about colonial toponymies, there is thus a certain dominance of issues which, simplifying, belong to the socio-cultural and political sphere of postcolonially-inspired toponomastics. Investigations of the toponymicon of individual former colonies (such as HIGMAN & HUDSON 2009 on Jamaica) exist albeit in relatively small numbers only. What is still lacking, however, is a properly comparative-linguistic account of the empirical facts focussing on the toponymic manifestations of colonialism. As yet, no comprehensive inventory has been carried out to take stock of those place-names which were coined during the colonial period in those parts of Africa, the Americas, Asia, and Oceania which were under foreign rule in the age of colonialism. In the absence of a suitable database of colonial place-names, it is unsurprising that no serious attempt has been made so far to study the subject matter in a comparative perspective We argue that compiling a catalogue of colonial toponyms is not only feasible technically but also an absolutely necessary prerequisite for those projects which take a postcolonial stance because the postcolonial processes can be understood as being triggered at least indirectly by what happened previously, i. e. in the colonial era. To assess this assumed chain of (colonial) cause and (postcolonial) effect we need to know urgently what was the case in the realm of toponyms in colonial times in the first place. To this end, the data have to be collected comprehensively in order to classify and analyze them systematically. Only in this way is it possible to create a firm basis for a comparative typology of colonial place-names which, in turn, will allow us to put forward generalizations as to the overall characteristics of colonial place-names and the patterns which are typical, for instance, only of the colonialism of an individual nation. Moreover, we contend that, for this project, we need to

---

1 Re-naming of places is of course not restricted to colonial and postcolonial situations, cf. NÜBLING, FAHLBUSCH & HEUSER ([2]2015: 219).

start from the genuinely linguistic analysis of place-names to answer the questions of whether or not there are "universals" of colonial toponyms and whether or not colonial toponyms differ substantially from place-names which have arisen in different contexts (WARNKE & STOLZ 2014: 491).

In prior studies (STOLZ & WARNKE 2015, 2016, forthcoming), we have shown that a linguistic inquiry into the colonial toponymy promises important insights which also have a bearing on toponomastics in general. Among other things, it has become apparent that the toponymicon of the shortlived colonialism of Imperial Germany (1884–1914/9) is organized internally according to relatively robust structural and semantic principles which hold for several thousands of (partly or entirely) German place-names in the German colonies in Africa, China, and Oceania. The dominant patterns we have identified so far are relatively scarce in the metropolis whereas some of the more widely spread patterns of the metropolitan toponymicon are hardly attested to in the colonies. It is reasonable therefore to assume that colonial and metropolitan toponymicons may not be absolutely distinct qualitatively, but they differ quantitatively nevertheless. There must be something about the majority options employed in the colonies that renders them especially suitable for the purposes of the colonizers. We interpret the German colonial toponyms primarily as linguistic markers of possession which address mainly potentially competing colonizer nations. The assumption suggests itself that this is generally one of the principal functions of colonial place-names based partly or entirely on the language(s) of the colonizers. To check this hypothesis, it is necessary to compare the German colonial toponymicon to that of other colonizers. This contribution is the first in a series of comparative studies which are meant to examine whether or not the German colonial toponymicon is in agreement with that of other countries.[2] In case of disagreement, it has to be determined to what extent the structural properties of the languages of the colonizers are responsible for the differences observed. In this study, to keep the latter possibility within reasonable bounds, we compare the colonial toponymicons of countries whose national languages are closely related genetically, namely the second German Empire and the Kingdom of the Netherlands with their national languages German and Dutch, respectively.

We limit the comparison to macrotoponyms with special focus on the names of settlements (e. g. cities, villages), major administrative units (e. g. districts, provinces), mountains, rivers, lakes, and sundry geo-objects. In terms

2 In STOLZ & WARNKE (2016), parallels from selected cases of French and Spanish colonialism in Africa are discussed in some detail without, however, comparing the facts with those of the German colonial toponymicon.

of toponomastic theory and terminology, we adhere to NÜBLING, FAHLBUSCH & HEUSER (²2015). The basics of our own approach in the realm of toponomastics are laid down in STOLZ & WARNKE (2015). More generally, our project is situated within the framework of colonial linguistics as laid down in WARNKE (2009), STOLZ, VOSSMANN & DEWEIN (2011), and DEWEIN et al. (2012). This study is predominantly of a qualitative nature – with a modicum of additional quantitative elements. In Section 2, we briefly sketch the historical background of the two colonialisms and introduce the sources from which we draw the data. Section 3 serves the purpose of summarizing the major results of our previous research on the German colonial toponymicon. The comparative empirical facts are disclosed in Section 4 which is further subdivided into several subsections each of which addresses a different phenomenon we deem worthwhile discussing for the general topic. The conclusions are drawn in Section 5.

2 Historical Background and Sources

2.1 Time-Depth, Geography, and Demography

The two colonialisms to be compared cannot be subsumed easily under the same heading since there are marked differences on several parameters which separate the one from the other. Dutch colonialism[3] looks back at a comparatively long history which starts in the last decade of the 16th century to last until the present day albeit under a different rubric as to the political status of the overseas territories of the modern Netherlands. In the course of time, the Dutch established footholds in the Americas, Africa, and Asia many of which were successively lost, sold or simply given up so that nowadays only the Netherlands-Antilles in the Caribbean remain under Dutch control though no longer with the status of proper colonies. The Dutch oversea possessions are representative of different kinds of colonies. There were settlement colonies, plantation colonies, and fort colonies. Some of the territories under Dutch colonialism were taken over from a prior European colonizer (especially from Portugal and Spain) whereas others were either purchased or conquered by force. In the interwar period, the Netherlands possessed the following colonies:

3 For the general historical background of Dutch colonialism, we rely on the information provided in BOOGAART & MEILINK-ROELOFSZ (1982).

- Asia: *Nederlands Oost-Indië*[4] (NOI) (= identical with modern Indonesia[5]),
- Americas: *Nederlands West-Indië* (NWI) comprising *Suriname* (SU) and the *Nederlands-Antillen* (NA) (with the Leeward Islands of *Saba*, *St. Maarten*, and *St. Eustatius* as well as the islands of *Aruba*, *Bonaire*, and *Curaçao* on the Venezuelan coast)

In the case of German colonialism, a distinction must be made between, on the one hand, the colonial endeavor of the Electorate of Brandenburg-Preußen in West Africa and the West Indies (1681–1721) which was modeled on the Dutch pattern and depended largely on the slave trade (Heyden 2001: 44–60) and, on the other hand, the economically, strategically, and politically far more ambitious colonialism of the second German Empire which was initiated over 260 years later. For this study, we concentrate on the latter case whereas the early Brandenburgian colonialism will be skipped. The same practice is employed in connection to those colonies from which the Dutch withdrew before the turn of the 20th century.[6] In contrast to the age-long Dutch colonialism, that of the second German Empire started as late as 1884 to come to an end as a result of the 1st World War in 1914/9. During these maximally thirty-five years (for some of the colonies only slightly more than fourteen years), Imperial Germany held the following possessions in Africa, Asia, and Oceania:

- Africa: *Togo* (TO), *Kamerun* (KA) (= today's Cameroon plus additional regions ceded by *L'Afrique Centrale Française* in 1911), *Deutsch-Südwestafrika*

4 Throughout this contribution, we introduce the territories under scrutiny by the names they were given officially by the colonizers to distinguish the former colonies from their successors which as independent countries are identified by their modern postcolonial names. In the Dutch case, except otherwise stated, we employ the modern orthography of Dutch to represent the colonial place-names. For convenience, after their first mention, the colonies are referred to exclusively by abbreviations which are listed and spelled out in a separate list at the end of this paper.

5 Only occasionally do we provide the new place-names which have arisen in the periods of decolonization and the postcolonial stage thereafter. These postcolonial aspects of our topic will have to be looked at in a separate study to come.

6 This does not mean that the early periods of colonialism are devoid of interest for comparative colonial toponomastics. However, it is not altogether clear whether there is continuity in the name-giving practice to bridge the time-gap between the Brandenburgian and the imperial German colonialism. Similarly, the changeful history of Dutch imperialism which is marked by the dominance of the Dutch East India Company and the Dutch West India Company in the beginning which gave way to colonialism by the Kingdom of the Netherlands only in the 19th century. In the 20th century, both colonialisms under scrutiny were state-run.

(DS) (= today's Namibia), *Deutsch-Ostafrika* (DO) (= today's Tansania without Sansibar and Pemba but including Ruanda and Burundi),
- Asia: Kiautschou,
- Oceania: *Deutsch-Neuguinea* (DN) inculding *Kaiser-Wilhelmsland* (KW), the *Bismarck-Archipelago* (BA), *Yap, Palau, Karolinen,* and *Marianen* (= today's northern half of Papua New Guinea, the Federated States of Micronesia, Palau, and the Commonwealth of the Northern Mariana Islands), *Marshall-Islands* including *Nauru* (integrated into *Deutsch-Neuguinea* from 1907 onwards), and *Samoa* (SA).

Except DS none of the so-called *Schutzgebiete* (i. e. protectorates) was a full-blown settler colony. The majority of the colonies can be considered to be combinations of fort colonies and plantation colonies. The second German Empire took possession of most of the overseas territories peacefully insofar as the colonies were either purchased from a former European colonizer (Spain) or acquired via contracts with local rulers and/or rival colonizers (SPEITKAMP 2005: 40). However, the peaceful beginning did not prevent violent conflicts and bloodshed from arising in the course of time.

In Table 1, we provide the basic facts about the size of the colonial territories and their population as of the first half of the 20th century. The figures are approximate estimates. Those given for the colonies of the second German Empire reflect the situation on the eve of the 1st World War whereas those given for the Dutch colonies are more recent since they date back to the 1930s.

Table 1: Geography and demography of the German and Dutch colonial empires in the early 20th century

	German colonies	Dutch colonies
territory (in sq km)	2,962,000	2,500,000
population (total)	13,500,000	65,000,000
population (metropolitan)	22,000	250,000

According to SPEITKAMP (2005: 39), the German colonial empire was the fourth largest in terms of the population whereas the Dutch colonial empire occupied the third rank after those of Great Britain and France. What results from the figures in Table 1 is that the colonial territories ruled by Germany and the Netherlands were almost equal in size but that the population of the Dutch colonies was almost five times as numerous as that of the German colonies. Even more pronounced is the demographic discrepancy as to the number of Germans and Dutchmen who lived in the colonies because the total of the resident Dutchmen ousts that of the resident Germans by a ratio of ten to one. In both cases, the distribution of the metropolitans over the colonies is uneven since nine tenth of all Dutch colonizers lived in NOI[7] (where they constituted less than 4 % of the total population) whereas 50 % of all German colonizers settled in DS (SPEITKAMP 2005: 81) where they represented about 6 % of the entire population of the colony. The two colonial empires differed widely because in the Dutch case, NOI was dominant on all levels. It accounted for at least 90 % of the size of all of the overseas territories under Dutch rule. Similarly, some 95 % of the total population of the Dutch colonies was concentrated in NOI. The German colonial empire was more differentiated than that of the Netherlands in the sense that it comprised several Schutzgebiete of medium size in addition to various smaller possessions. With some 7,750,000 inhabitants, DO was the most populous of the German colonies (= about 57.5 % of the total given in Table 1).

The limited duration of the German colonial rule notwithstanding and in spite of the small numbers of Germans residing in the colonies, the German colonial toponymicon with 60,000 recorded place-names is considerably bigger than that of the Dutch colonies which amounts to only 15,000 place-names and thus is only a quarter of the size of the German equivalent.[8] As to the number of colonial place-names which are formed either partly or entirely with elements taken from the language of the colonizers, the turnout is also more sizable on the German side than it is on the Dutch side. The German-based full and mixed exonyms in the GDK add up to some 3,380 place-names (excluding allonyms) – a number which is equivalent to about 5 % of the place-names recorded in the entire German colonial toponymicon. In the Dutch case, the ATN yields a turnout of about 1,040 exonyms (excluding allonyms) which represent slightly less than 7 % of the place-names of the Dutch colonial toponymicon.

---

7 DOEL (1996: 190–191) calculates that in the 1930s there lived some 240,000 Dutchmen in NOI – and mostly in the urban centres of Batavia, Soerabja, Semerang and Bandoung on Java and Madoera, respectively. At the same time, the number of resident Dutchmen in SU could not have been much higher than the 2,600 VERSCHUREN (1987: 76) estimates for 1950. As to the NA, the demographic figures are less clear but nevertheless indicative of a very limited size of the group of Dutchmen living on the Caribbean islands (OOSTINDIE 2000: 121–129).

8 The absolute numbers are based on preliminary estimates. The exact number of colonial place-names in the Dutch and German colonial empires can be determined only after the imprecisions of our major sources have been corrected (STOLZ & WARNKE forthcoming).

2.2 Database: Two Atlases

Our data stem from the maps of two atlases and the indexes included therein. The toponymicon of the German colonial empire can be reconstructed to a large extent on the basis of the *Großer Deutscher Kolonialatlas* (= GDK), originally compiled by Paul Sprigade and Max Moisel for the *Kolonialabtheilung des Auswärtigen Amtes* (= Colonial Department of the Ministry of the Exterior). The maps date back to the period 1901–1915. Owing to the unfavorable war-time conditions the first edition of the GDK excluded DS. The reprint edition of 2002 contains additional maps for this colony too but lacks a place-name index of DS. We therefore rely on the index we have compiled manually ourselves for this colony (Stolz & Warnke forthcoming). Except for the occasional city map, the chorographic maps of the GDK show the colonies on a scale of 1:500,000 (only Togo), 1:1,000,000 (all other colonies except DS), and 1:2,000,000 (only DS). The different scales are responsible for some of the differences found in the index which is divided into four sub-indexes for TO, KA, DO separately and a common index for all German possessions outside of Africa. Furthermore, the index of the GDK is neither complete nor flawless. The GDK does not provide any maps for the erstwhile Brandenburgian colonies.

The Dutch equivalent of the GDK is the *Atlas van Tropisch Nederland* (= ATN) (with commentary in four languages), edited in 1938 by the *Koninklijk Nederlandsch Aardrijkskundig Genootschap in samenwerking met den Topografischen Dienst in Nederlandsch-Indië* (= Royal Dutch Geographic Society in collaboration with the Topographic Service in Netherlands-East Indies). The earliest maps are said to date from 1928. Discounting the city-maps of Paramaribo and other urban centers, the scale of the chorographic maps oscillates between 1:300,000 (for NA) and 1:3,000,000 (for NNG, i. e. today's Irian Jaya). The ATN also contains a number of thematic maps of various scales among which there are maps of the historical development of Dutch colonialism in the Indonesian Archipelago. There is a general index that covers all of the Dutch possessions in the Americas and Asia. Those of the former Dutch possessions which were lost prior to 1900 are not included in the ATN.

Since the maps in the GDK and the ATN are not based on identical scales and the indexes are of different editorial quality, it would be too daring to evaluate the atlases statistically. What quantitative statements we make nevertheless are to be taken with a grain of salt and should be considered to provide a very general orientation only. From the maps and indexes, we select those names of geo-objects which are located within the boundaries of the Dutch and German possessions, respectively, and which contain at least one constituent which stems from the language of the European colonizer. There are several categories of colonial place-names, namely:

- **Full exonym:** If the place-name in its entirety is of European origin, we speak of a full exonym (such as the names of two straits *Babelsberg-Straße* in DN/KW[9] or *Zeebloem-Straat* in NOI[10]).
- **Mixed exonym:** If the European component combines with a constituent from an autochthonous language of the colony, we employ the term mixed exonym (as e. g. the settlement *Klein-Daberas* in DS[11] or the island *Groot-Laelae* in NOI[12]).
- **Endonym:** Place-names which do not comprise any European element are termed endonyms (like the city *Apia* on SA or the village *Apikolo* in the extreme south of SU). In many cases, it is doubtful whether the putatively autochthonous place-names result from genuinely local traditions of place naming or have been imposed by the colonial authorities. If the latter is the case, one could distinguish additionally **genuine endonyms** from **pseudo-endonyms** (aka **indigenoids**).
- **Allonyms (or Exoendonyms):** There are several additional classes of colonial place-names which do not easily fit in one of the above categories, namely
  - **Alloexonyms**: There are full and mixed exonyms which go back to the previous presence of a competing colonizer (as e. g. the Spanish *Rio del Rey* employed as hydronym, choronym and oikonym alike in KA[13] and the French name of the village *Belvedère* on St. Maarten/NA), i. e. these exonyms were already established before the Netherlands or Germany took control of the territories at hand, and
  - **Alloendonyms**: These are new coinings in Creole languages which have arisen locally in colonial times (such as the village name *Granman-kondre*[14] in central SU – a place-name coined in the English-based Creole Sranan), i. e., on the one hand, these place-names are the effect of colonization but, on the other hand, they are created in

9 *Babelsberg-Straße* separates the island of Angel from the Finschküste in KW; it is named after the German town Babelsberg in Brandenburg.

10 *Zeebloem-Straat* runs between the islands of Siberoet and Sipora to the west of Sumatra.

11 *Klein-Daberas* is composed of the German adjective *klein* 'small' and the Nama noun *daberas* which means 'Abiekwa-tree' (MÖLLER 1986: 329).

12 *Groot-Laelae* is composed of the Dutch adjective *groot* 'big' and the Malay stem *lae* 'river'.

13 For the triple function of this place-name, cf. WEBER (2012: 118).

14 *Granman-kondre* is a compound of *granman* 'chief' (< Portuguese *grão* 'big, great' + English *man*) and *kondre* (< English *country*) 'country; place'.

and by speech-communities which are different from that of the colonizers.

In this study, the latter two categories – endonyms and allonyms – are touched upon only in passing whereas the focus is on full exonyms and mixed exonyms. Whenever we make quantitative statements, be they relative or absolute, as to the Dutch and German exonyms, the allonyms are excluded from the statistics. Creole-based place-names are not reported for the German colonial empire. Therefore, the presence of Sranan (and Papiamentu) place-names is a distinctive feature of the Dutch colonial toponymicon. In what follows, we attempt to determine which structural and semantic patterns are shared by German-based and Dutch-based colonial exonyms (full and mixed) and which patterns are typical of or predominant for only one of the two colonial toponymicons. In addition, we check the possibility that the toponymicons of individual colonies differ from that of the other possessions of the same colonizer. Since the atlases document the situation in the early 20th century, the only region in which the two colonialisms are direct neighbors of each other is New Guinea the western half of which was under Dutch control until 1961 while the sector in the Northeast belonged to Germany from 1884/5–1914/9.

3 The Prototype of German Colonial Place-Name

In this section, we briefly review the results of our previous studies (Stolz & Warnke 2015, forthcoming) as to the recurrent patterns in the German colonial toponymicon. First of all, it can be shown that, mostly in the domain of semantic motivation, the place-names in DS behave differently from those of the other German colonies in Africa and elsewhere. In the case of DS, the role of this colony as settler colony comes to the fore so that many place-names bear evidence of the emotional closeness of the German settlers with the place they baptized. This personal note is almost entirely absent from the toponymicons of the other German colonies. In the bulk of the German colonies, place-names seem to be coined on the basis of a very small set of templates.

These subsequent properties can be considered typical of German colonial exonyms (except part of the toponymicon of DS):

– they tend to be polysyllabic,

- they tend to be polymorphic,[15]
- they are prone to coming in the shape of right-headed binary determinative compounds,
- they usually contain a classifier (ANDERSON 2007: 106–107) as head that is always taken from German (even if the first constituent is indigenous),
- their first constituent is preferably an onymic element which either refers to a representative of (contemporary) German politics, science, culture[16] or corresponds to the name of a ship that was instrumental in establishing German control over a given stretch of land or is itself identical to the name of a city or state in the metropolis. These cases constitute instances of names based on names (ANDERSON 2007: 189–191).

These are default rules or preferences which in different combinations cover about 83 % of the German colonial exonyms as attested outside of DS. This majority option is statistically dominant to such a degree that we feel justified in speaking of the prototype of German colonial exonyms. This prototype can be captured by the following construction frame (with the variables μ and σ for at least one morph and at least one syllable, respectively): $[N(\mu,\sigma)_{\text{onymic}} + N(\mu,\sigma)_{\text{classifier}}]_{\text{toponym}}$. Each of the constituents can have internal structure as well. A good representative of this construction type is *Johann-Albrechts-Höhe* – an important administrative centre (founded in 1895) in the coastal hinterland of KA. This place-name contains the initial binary anthroponym *Johann-Albrecht* which refers to the Duke of Mecklenburg who was also president of the *Deutsche Kolonialgesellschaft* (= German Colonial Societey). The second constituent and head of the compound is the German common noun *Höhe* 'height' which is indicative of the location of the settlement on the cliffs about 90 m above a lake – at that time called indiscriminately *Barombi-See* (= a mixed exonym) or *Elefanten-See* 'Lake Elephant' (= a full exonym) (PASSARGE & RATHJENS 1920a: 131).[17] The prototype is particularly widespread in DN/KW and DN/BA where place-names in honor of members of the ruling nobility of the German Empire and its member states abound.

15 Pace LANGENDONCK (2007: 203–204), in defence of the notion of "Gattungseigenname", we consider all instances of synchronically transparent compositional place-names as polymorphic.

16 That this is a practice which is widely common also outside the context of colonialism can be gathered from NÜBLING, FAHLBUSCH & HEUSER ([2]2015: 218–219).

17 WEBER (2012: 113) mentions that the indigenous name of the lake was *Barombi ba Ubu* 'lake of the Barombi'.

Where the leftmost slot of the above construction type is not occupied by an anthroponym, we frequently find the names of German cities and states. The transfer of place-names of the metropolis is hardly ever direct – a pattern which is however relatively common in DS (as e. g. *Bremen, Lübeck, Güstrow* named after the native metropolitan cities of the first settler(s)). In the vast majority of cases, the metropolitan place-name combines either with a classifier according to the above pattern (like *Braunschweig-Hafen* in DN/KW named after the metropolitan Duchy of Braunschweig) or is preceded by an adjectival stem *Neu-* 'new' (like *Neu-Lauenburg* in DN/BA named after the metropolitan Duchy of Lauenburg). In the latter case, the construction frame is different from that of the above prototype. Further minor patterns and the occasional individually construed place-name will be mentioned in passing in the appropriate paragraphs of Section 4.

4 Comparison to Dutch Colonial Place-Names

As noted above, the German-based full and mixed exonyms in the GDK add up to a number equivalent to about 5 % of the place-names recorded in the entire German colonial toponymicon; in the Dutch case, the ATN yields a turnout of less than 7 % of the place-names of the Dutch colonial toponymicon. In both cases, the shares the exonyms yield do not strike us as particularly sizable. The exonyms form a minority not only for German colonialism but also for that of the Netherlands. What makes them interesting nevertheless is the variation that comes to the fore when we scrutinize the data more closely.

Not only are there 3.25 times as many German-based exonyms than there are Dutch-based exonyms, but there is also a notable difference as to the relation of full and mixed exonyms in the two colonial toponymicons. The two types of exonyms are evenly distributed over the Dutch colonial toponymicon. There are 520 examples of each of the types so that full exonyms and mixed exonyms have identical shares of 50 %. In the German case, full exonyms represent 45 % of all exonyms whereas 55 % of those belong to the class of mixed exonyms. If however the data from DS are discounted, the size of the shares changes noticeably. That of full exonyms drops to some 40 % whereas that of mixed exonyms increases to 60 %. DS and DN (excluding the Micronesian islands) are the only German colonies in which there is a statistical dominance of full exonyms over mixed exonyms.

4.1 Different Possibilities of Order

The high number of mixed exonyms in the German colonial toponymicon is mainly caused by the large-scale avoidance of using classifiers from indigenous languages in the prototypical construction frame. The classifier function and slot are reserved for German common nouns. This is strikingly different in the case of the Dutch colonial place-names.

First of all, it needs to be emphasized that a considerable proportion of the place-names in NOI are binary constructions which involve a classifier which is taken from one of the local Austronesian languages, most often from Malay or Javanese. The ATN enumerates thirty-seven of the most commonly employed indigenous classifiers many of which are synonyms of each other and thus can be considered to be restricted to sub-regions of NOI. There are, for instance,

- 223 place-names which involve the classifier *air* 'water' (cf. Indonesian *air* 'water'),
- 107 place-names based on *wai* 'river',
- 90 examples of *salo* 'river',
- 46 cases of place-names with *teloek* 'bay' (cf. Indonesian *teluk* 'bay'),
- 45 attestations of *pasir* 'market' (cf. Indonesian *pasar* 'market'),
- 29 cases of *toekad* 'river',
- 22 tokens with *lae* 'river', and
- 21 instances of *poelau* 'island' (cf. Indonesian *pulau* 'island'), etc.

These cases alone yield a turnout of 583 place-names with an indigenous classifier which equals a share of slightly less than 4 % of the entire Dutch colonial toponymicon (with endonyms and allonyms included).[18] If we add further constructions which are based on other (less frequent) indigenous classifiers to the list, it is very likely that the total will oust that of the Dutch exonyms in NOI numerically. The widely common employment of Austronesian-based constructions has a historical reason. When the Dutch established their rule in NOI, they had to interact politically with well-organized local principalities the toponymicons of which were already recorded in the locally dominant languages. The adoption of pre-colonial place-names ties in with the fact that since the coloniz-

18 A word of caution is in order as to the indigenous classifiers since there is some inconsistency in the ATN. In some cases, the place-name is accompanied by a classifier on the map whereas in the index the classifier is not mentioned. In other cases, the classifier also appears in the index. For this study, in case of doubt, we give preference to the construction that is registered in the index. However, it might turn out in future studies that some of our statements need to be revised.

ers did not encourage the spread of Dutch in the colony, preference was given to Malay as principle language of communication (Doel 1996: 150).

The constructions which are equipped with an Austronesian classifier display an internal linearization of the constituents which is the exact mirror image of that of the prototype as defined in Section 3. The construction is right-branching with the classifier on the left margin $[N_{classifier} + N]_{toponym}$ (as e. g. ***Air** Loeas*, ***Wai** Aboeng*, ***Lae** Soelampi*, ***Salo** Boko*, ***Teloek** Korobafo*, ***Pasir** Walakoeng*, ***Toekad** Lantang*, ***Poelau**berajan* with the classifier highlighted in boldface). This construction type is not restricted to endonyms. It also shows up with exonyms – most commonly in connection with the Dutch classifier *straat* 'street; straits'. In 79 cases, this classifier occupies the leftmost position as in ***Straat** Badoeng*, ***Straat** Karimata*, ***Straat** Laoet*, ***Straat** Moa*, ***Straat** Roti*, ***Straat** Wowoni* and many more. Occasionally, this order of constituents is attested also in full exonyms such as ***Straat** Philip*, ***Straat** Speelman*, and ***Straat** de Vlaming*. The order with initial classifier is remarkable especially because there is a minority of examples of the (expected) inverse order with the classifier in the rightmost slot as e. g. *Stolze-**Straat***, *Prinsen-**Straat***, *Brouwer-**Straat***. In Dutch-based exonyms, the classifier does not normally occur in the initial position in the construction. If however the classifier winds up in the dispreferred position, the construction type changes from the direct juxtaposition of its component parts to the structure of a construction with a genitival attribute that is linked to the head by the preposition *van* 'of': $[N_{classifier}\ van\ N_{onymic}]_{toponym}$ as in those relatively infrequent cases in which the classifier *piek* 'mountain top' is used according to this template (e. g. ***Piek** van Bali* in NOI/Bali). Note however that the same classifier is also attested in the supposedly prototypical position as in *Keo-**piek*** – a volcano in NOI/Flores.

In the German colonial toponymicon, *Straße* 'street' – the synonymous cognate of the above Dutch *straat* – is attested exactly twenty times. It is always used as a classifier and is never situated on the left margin of the construction. The full exonym *Hansa-**Straße*** in DN/KW and the mixed exonym *Kitoliko-**Straße*** in DO illustrate this order of constituents. Left-headed place-name constructions are not unheard of in the German colonial toponymicon. They are relatively infrequent nonetheless with the notable exception of those which involve the classifier *Kap* 'cape' of which there are some 180 examples within the colonial empire of Germany such as ***Kap** Bangwe* in DO (Dutch parallels with the classifier *kaap* 'cape' are innumerous in the ATN[19]). As mentioned in connection to Dutch *piek*, the position of the classifier on the left margin may require the use of a different construction type which has the structure of a NP with an internal prepositional attribute as in [*Plateau*$_{\text{head}}$ [*von*$_{\text{prep}}$ [*Korowal*$_{\text{N=onymic}}$]$_{\text{PP}}$]$_{\text{NP=toponym}}$ in KA which involves the classifier *Plateau* 'plateau' and the preposition *von* 'of'. On the whole, phrasal constructions are underrepresented in the German toponymicon whereas they occur moderately often on the Dutch side.

4.2 Some Aspects of the Supposed Prototype

The above differences are suggestive of a certain degree of individualism of the two colonial toponymicons. Before we look at further evidence to support this impression empirically, it is necessary to emphasize that the properties of the prototypical German colonial exonym of Section 3 can also be observed in the Dutch colonial toponymicon albeit not with the same degree of dominance as in the German case.

Dutch and German colonial place-names share the preference for polysyllabic and polymorphic constructions. Of the 1,040 Dutch colonial exonyms only eleven (< 1 %) are monosyllabic, monomorphic, and (except *Kolff*) also semantically transparent as shown in (1).

(1) Monosyllabic Dutch colonial exonyms
Braak 'fallow' (SU), *Dam* 'dam' (SU), *Dom* 'cathedral' (NNG), *Draai* 'turn' (SU), *Druif* 'grape' (NA/Aruba), *Kolff* (presumably a family name) (NNG), *Piek* 'mountain top' (NA/Saba), *Rif* 'reef' (NA/Curaçao), *Rust* 'rest' (NA/Curaçao), *Smal* 'narrow' (NA/Aruba), *Valsch* 'false'[20] (NNG).

Except for three of the items in (1), all monosyllabic Dutch exonyms refer to geo-objects in NWI. In the German colonial toponymicon, the percentage of monosyllables is even infinitesimal since there are only two examples in DS, viz.

19 There is the single attestation of a place-name with initial classifier: ***Kaap*** *de Goede Hoop* '**Cape** of Good Hope' as an alternative place-name of *Tandjoeng Jamoersba* on the northern-coastline of NNG. At the opposed margin of the construction, *kaap* is attested in a handful of cases such as *Noord**kaap*** 'North **Cape**' (which occurs twice – once in NOI and once in NWI).

20 This is a doubtful case because the place-name registered on the map could also be read as *Kaap Valsch*, i. e. with the classifier *Kaap* 'cape'.

Kranz and *Pütz* both of which are Germanized calques from Afrikaans *krans* 'slope' and *puts* 'wells'.

Some 900 of the Dutch exonyms are polymorphic. Among those there is also ample evidence of compound-like constructions with a Dutch-derived classifier in the rightmost slot. The most commonly used classifiers are in the order of decreasing frequency

- *baai* 'bay' with 128 tokens (as e. g. *Poelau-baai* (NOI/Sumatra)),
- *eiland(en)* 'island(s)' with 124 tokens (as e. g. *Podena-eilanden* (NNG)),
- *kreek* 'creek' with 96 tokens (as e. g. *Pereko-kreek* (SU)),
- *gebergte* 'mountains' with 90 tokens (as e. g. *Permisan-gebergte* (NOI/Bangka)),
- *val(len)* 'falls' with 77 tokens (as e. g. *Andira-val* (SU)),
- *rivier* 'river' with 54 tokens (as e. g. *Kahajan-rivier* (NOI/Borneo)),
- *meer* 'sea' with 27 tokens (as e. g. *Sewiki-meer* (NNG)),
- *zee* 'sea' with 13 tokens (as e. g. *Sawoe-zee* (NOI/Flores)), and
- *top* 'peak' with 11 tokens (as e. g. *J.P. Coen-top* (NNG)).

These examples add up to 620 cases, which is equivalent to a share of 60 % of all Dutch-based exonyms. This percentage will increase at least slightly if we add those classifiers to the list which are attested less than ten times in the Dutch colonial toponymicon. Four of the above Dutch classifiers have direct equivalents among those German classifiers which are attested for at least once in each of the German colonies, namely *Insel* 'island', *Spitze* 'peak', *Gebirge* 'mountains', and *Fall* 'falls' as in *Krokodil-Insel* (KA), *Malimba-Spitze* (KA), *Maude-Gebirge* (KA), and *Adelara-Fall* (TO). As to the distribution of the Dutch classifiers, it turns out that *kreek* 'creek' and *val(len)* 'falls' are almost exclusively employed in place-names of SU (especially for geo-objects in the distant hinterland of the colony) whereas *meer* 'sea' and *zee* 'sea' are typical of NOI. It is also interesting to see that several of the Dutch classifiers and several of the indigenous classifiers mentioned in the foregoing subsection are synonyms of each other (such as *rivier* 'river' and *wai, salo, toekad* and *lae* all of which mean 'river').

Dutch-based and German-based constructions have been shown to share the leaning towards polymorphism with a classifier on the right edge of the construction. The left slot of the construction is filled frequently by an onymic noun not only in the German case but also in the Dutch colonial toponymicon. In the latter, there is evidence of 121 instances of the pattern $[\mathrm{N}_{\mathrm{anthroponym}} + \mathrm{N}_{\mathrm{classifier}}]_{\mathrm{toponym}}$ with the same pattern being responsible for over 600 place-names in the German colonial toponymicon. The role the patterns play in the two toponymicons is not the same. For the Dutch place-names, the pattern has a share of slightly less than 5 % of all exonyms whereas in the German toponymicon, the pattern covers almost 18 % of all exonyms. Clearly, anthroponyms as fillers in the prototypical construction frame are prominent noticeably only within the German colonial toponymicon. They are but a minority option in the Dutch case.

Initial anthroponymic units can belong to different classes. There are place-names which take a family name as initial constituents whereas others take combinations of first and last name. Yet others only allow a first name in the leftmost position or host the nobility/religious classifier plus first name (and occasionally ordinal numeral) of members of the royal family or patron saints of the Catholic Church. The religious brand of place-name seems to be an inheritance from prior Spanish, Portuguese or French colonial rule. They are not considered to be allonyms if and only if they are "Dutchified" (as e. g. *Sint Anna* (NA/Aruba) in lieu of *Santa Ana*). The religiously motivated place-names yield 25 tokens. In the German colonial toponymicon, this type of place-name is largely uncommon as the low turnout of twelve tokens suggests (such as *Sankt Bonifaz* in DO).[21] Where place-names of this kind turn up on the German colonial map, it is clear that a Catholic mission is responsible for the place naming. With 2 % in the Dutch case and less than 1 % in the German case, toponyms involving the name of a saint are represented only marginally in the two toponymicons.

In (2) we provide a selection of examples of the more frequent constructions with initial anthroponymic constituent in the Dutch colonial toponymicon.

(2) Dutch place-names with initial anthroponymic constituent
  (a) **last names**: *van Asch van Wijck-gebergte* (SU), *van Breen-val* (SU), *Franssen Herderschee-piek* (SU), *van der Wijck-top*
  (b) **full name**: *Dirk de Vries-baai* (NOI/Java), *Jan Doran-kust* (NA/Bonaire), *Herbert Hoover-meer* (NNG)
  (c) **first name**: *Abigaëls lust* (SU), *Blanche Marie-val* (SU), *Charles Louis-gebergte* (NNG), *Corneliskamp* (SU)
  (d) **nobility**: *Prinses Marianne-straat* (NNG), *Prins Hendrik-top* (NNG), *Frederik Willem IV-vallen* (SU)

Except for (b), all of these types have a direct equivalent within the German colonial toponymicon, namely (a) *Wenzel-Heckmann-See* (DO), (c) *Auguste-*

21 Spanish place-names of this kind – like *San Antonio* (DN/Saipan) – have normally escaped being Germanized in the German colonies.

Viktoria-Riff (DO), and (d) *Prinz-Friedrich-Karlhafen* (DN/KW). The type (d) counts twenty-five tokens in the German toponymicon whereas the place-names mentioned in (2d) above exhaust the Dutch cases. There is thus a pronounced tendency in the German colonial toponymicon to make the nobility of the commemorated person explicit as opposed to the Dutch practice of place naming which achieves the same effect differently (cf. below).

Other onymic fillers of the initial slot of the construction which are relatively common with German colonial place-names are but rarely used in the Dutch colonial toponymicon, if at all. The use of the names of ships in this position cannot be corroborated on the basis of the ATN. In the German context however, names of ships which are identical with the generic terms used for animal species are attested relatively frequently (as e. g. *Adler-Bucht, Gazelle-Hafen, Möwe-Hafen, Sperber-Huk* all in DN/KW and DN/BA). What also marks a difference of the two toponymicons is the exceptional embedding of a genuinely Dutch place-name in a complex colonial exonym. One of the rare examples of this strategy is *Zutphen-eilanden* (NOI/Sumatra). In contrast, the pattern $[\mathrm{N}_{\text{place-name}} + \mathrm{N}_{\text{classifier}}]_{\text{toponym}}$ abounds at least in DN/KW where we find numerous instances such as *Bayern-Bucht, Berlin-Hafen, Potsdam-Reede, Pommern-Bucht, Württemberg-Berg,* etc. Practically each of the constituent states of the second German empire was inscribed on the colonial map. As the subsequent Section 4.3 shows the underrepresentation of the typically German construction pattern in the Dutch colonial toponymicon by no means implies that the metropolitan toponymicon of the Netherlands has not served as a resource for the creation of toponyms for the Dutch colonies.

4.3 Dutch Patterns

In this subsection, owing to space restrictions, we address only three phenomena all of which revolve around the use of bare onymic nouns as colonial place-names. We start with the practice of, say, patriotic self-reference. In the previous subsection, we have mentioned the small number of place-names which identify the namesake by way of adding the nobility classifier or, in the case of royalty, the ordinal numeral (cf. (2) d above). What we find to compensate for this in the Dutch colonial toponymicon are mainly two strategies, namely on the one hand, the direct reference to the dynasty as such and, on the other hand, the reference to the monarch by his or her first name only. That is the motivation for the colonial place-names of *Nassau* (attested twice: SU and NOI/Sumatra), *Nassau-eilanden* (NOI/Pagai), *Nassau-gebergte* (NNG), *Nassau-vallen* (SU) and *Oranje-baai* (NA/St. Eustatius), *Oranje-gebergte* (attested twice:

NNG and SU), *Oranjepan* (NA/Bonaire), *Oranjestad* (NA/St. Eustatius) which refer to the House of Oranje-Nassau. Note that there is not a single example of the name of the *Hohenzollern*-dynasty being used as part of a place-name-construction in the German case. The name of Queen Wilhelmina (*1880, †1962, Queen of the Netherlands 1890-1948) occurs in six place-names (*Wilhelmina's burg* (SU), *Wilhelmina-gebergte* (SU), *Wilhelmina-keten* (NOI/Sumatra), *Wilhelmina-rivier* (NNG), *Wilhelmina-top* (NNG), *Wilhelmina-val* (NOI/Sumatra)), Princess Juliana (*1909, †2004, Queen of the Netherlands 1948–1980) is referred to in two place-names (*Julianadorp* (NA/Curaçao) and *Juliana-top* (NNG)). Moreover, there are also two place-names, one in honor of King Willem I (*1772, †1843, King of the Netherlands 1815-1840), namely *Willem I* (a village in NOI/Java), and *Willemstad* (the capital of NA/Curaço), which was named such after Willem II (*1626, †1650, Prince of Orange, the so-called Stadhouder until 1650). The example of *Willem I* is especially remarkable if viewed from the perspective of the German colonial toponymicon as no monarch's name in combination with the appropriate ordinal number is used for the naming of places in the German colonial toponymicon.[22]

Before we address this topic specifically, we need to discuss another issue which distinguishes the Dutch colonial toponymicon from that of the German Empire. In contrast to the latter, the Dutch colonial toponymicon allows quite liberally the direct transferral of metropolitan place-names to the colonies.

(3) Dutch metropolitan place-names in the colonies
Alkmaar (attested three times: twice in NOI/Java and once in SU), *Amsterdam* (attested twice: NOI/Java and NNG), *Arnhemia* (= Arnhem) (NOI/Sumatra), *Beekhuizen* (SU), *Bergen op Zoom* (SU), *Dordrecht* (SU), *Enkhuizen* (NOI/Java), *Haarlem* (NOI/Java), *Kroonenburg* (SU), *Laarwijk* (SU), *Middelburg* (attested twice: NOI/Java and NNG), *Noordwijk* (NOI/Java), *Reijnsdorp* (SU), *Rotterdam* (NOI/Java), *Schiedam* (NOI/Java), *Slootwijk* (SU), *Utrecht* (SU), *Zandvoort* (NOI/Java).

In addition to these metropolitan place-names from the Netherlands proper, there are also other names of cities – mostly from Germany – on the map of the Dutch colonies (cf. *Berlijn* (SU), *Ludwisgburg* (NOI/Sumatra), *Marienburg* (SU), *Oldenburg* (SU)) as well as historicizing place-names which refer to "Dutchness"

22 Note however that there is the *Wilhelm-II-Küste*, a stretch of the coast of the eastern part of Antarctica, named after the last German emperor. This is an anoiconym given to a region that was never part of the German colonial empire.

as such (e. g. *Batavia*, the capital city of NOI/Java, and *Hollandia*, the major urban center of NNG). Neither is there an example of **Germania* or the like in the German colonial toponymicon nor do bare German place-names occur with any statistically significant frequency – outside DS (cf. below). Except in the latter colony, if German metropolitan place-names are used at all, they are usually accompanied by the adjectival stem *Neu-* 'new' to their left as in *Neu-Trier* (DO), for instance. In the Dutch toponymicon, the cognate adjectival stem *Nieuw-* 'new' is used a dozen times. However, only three of these cases also involve a place-name as second constituent (as e. g. *Nieuw-Amsterdam* in SU).

What is also possible in the Dutch case but almost unheard of in the German case is the use of bare person names as place-names. In (4), we provide a list of twenty bona fide cases.

(4) Bare Dutch person names as place-names
  (a) **first name**: *Anna Maria* (SU), *Augusta* (NNG), *Aurora* (SU), *Catharina Sofia* (SU), *Flora* (SU), *Helena Christina* (SU), *Maria* (attested twice: NOI/Soembwa and NOI/Alor), *Rosina* (SU), *Sara Maria* (SU), *Stefanie* (NOI/Moluccas), *Valentijn* (NA/Curaçao)
  (b) **full name**: *Heintje Kool* (NA/Curaçao), *Jan Kok* (NA/Curaçao), *Jan Tiel* (NA/Curaçao)
  (c) **last name**: *van den Bosch* (NNG)[23], *de Bril* (NOI/Celebes), *de Vrede* (SU), *Hermanus* (NA/Curaço), *Kolff* (NNG)

One might argue that there is at least one example of this type also in the German colonial empire (outside DS), namely the name of the city *Victoria* in KA. Weber (2012: 118) assumes that the place-name refers either to Viktoria, the wife of Emperor Friedrich III, or to Queen Victoria of Great Britain. According to what Passarge & Rathjens (1920b: 620) write about the place Victoria, it is clear, however, that as a British foundation that was ceded to Germany only in 1886, the place-name was given originally in honor of the British monarch of that name. We are dealing with an allonym – a fact that explains the exceptional status of the place-name.

In the above, we have repeatedly alluded to the special status of DS in the German colonial toponymicon. In point of fact, there is evidence that the toponymy of this German colony has some properties in common with the Dutch colonial toponymicon which are either only marginally attested in the other Ger-

23 This is probably *Kaap van den Bosch* and should be reclassified as it seems to require the use of the classifier *Kaap* 'cape'.

man colonies or completely absent from the bulk of the German colonial toponymicon. Among other things, there are several examples of the family names of the first German settlers serving the purpose of place-names such as *Gröning, Jürgens, Klingenberg, Rohrbeck.* Furthermore and much more frequently, bare place-names of the German metropolis are used as place-names in DS such as *Brandenburg, Frankfurt, Leipzig, Lübeck, Sachsen*, etc. As mentioned already above, we explain the divergence of DS from the majority of the German colonies as being caused by the character of a settler colony of the former (Stolz & Warnke forthcoming). The German settlers in DS had a different i. e. personal-emotional approach to name giving because they intended to remain in situ personally. In the remainder of the German colonies, the social situation was very different and the naming of places was organized from a distance. Since the German settlers in DS encountered a layer of established geonyms which were coined in Afrikaans or translated from Herero or Nama into Afrikaans (Möller 1986), the similarities of the toponymicons of DS and the Dutch colonial empire might also find their explanation in the fact that a linguistic offspring of Dutch, i. e. Afrikaans provided the patterns of place-names which the Germans could adopt easily because of the structural similarity of the two Germanic languages.

5 Conclusions

In the previous section, we have shown that the prototype we have postulated on the basis of the German colonial toponyms is also the statistically preferred option in the Dutch colonial toponymicon. In contrast to the German case, however, the Dutch colonial toponymicon tolerates a much wider range of options. Note that in both colonialisms, the authorities made an effort to regulate place-naming practices in the colonies. The repeated attempts of the German government failed almost completely because influential individuals chose to ignore the laws (Stolz & Warnke 2015). In contrast, the Dutch authorities published an official list of colonial place-names for NOI in 1923 (second edition) on which the ATN relies.

Especially in DN/KW and DN/BA, the German colonial toponymicon gives occasion to assume that it is created at the drawing board because the place-names seem to follow a very restricted set of principles. However, the Dutch colonial toponymicon is not entirely free of schematically formed place-names such as those of four capes of Java (NOI): *Java's eerste punt, Java's tweede punt, Java's deerde punt*, and *Java's vierde punt* which involve the ordinal numerals from first to fourth to distinguish the geo-objects. Similarly, several rivers and mountain-ranges in NNG have been given names whose initial constituent is a letter of the alphabet as e. g. *A-rivier, B-rivier, D-rivier, E-rivier* as well as *Q-gebergte, R-keten, S-keten, T-gebergte,* etc. (Stolz & Warnke 2017: 218–224). At least the examples from the NNG might find an explanation in the fact that the regions were explored only relatively late and were never fully under Dutch control as the number of resident Dutchmen was too small (Doel 1996: 143) so that these regions were treated practically like uninhabited space. The place-names can be considered to be anoiconyms. There is nothing similar in the German colonial toponymicon.

We have not exhausted the catalogue of similarities and dissimilarities of the German and the Dutch colonial toponymicon. A comprehensive comparative account of the two toponymicons remains a task for the future. The many questions we have not addressed in this study notwithstanding, the cases we have discussed above are indicative of the rich potential that the investigation of colonial toponymicons holds in store for toponomastics in general. Two closely related Germanic languages yield two colonial toponymicons which share important properties such that one may speak of language-independent and colonialism-independent general trends. On the other hand, there are also (unexpected) differences which suggest that it is impossible to sweepingly subsume the Dutch colonial toponymicon under that of the second German Empire or vice versa. Thus, it can be expected that a comparative inquiry into further colonial toponymicons will reveal a spectrum of place-naming practices which give evidence not only of idiosyncrasies but also of commonalities which we assume to be connected to the prototype discussed above. Our study has also shown that individual colonies can favor construction types which are hardly used if at all in the other colonies of the same metropolis. Another possibility we have not addressed in this contribution is the time dimension. In colonialisms of long standing, different "fashions" of place naming may succeed each other in the course of time. This is one of the issues we will look into at length in our future research on the comparative aspects of colonial toponymicons.

Acknowledgement:
This study forms part of the research program of the *Creative Unit Koloniallinguistik / Language in Colonial Contexts (CULCC)* at the University of Bremen/Germany. We are grateful to the University of Bremen for the support we have received within the program of academic excellence (2012–2015). Moreover, we say thank you to the members of our research team for their input and technical assistance. All remaining errors are exclusively ours.

Abbreviations

Sources: ATN = Atlas Tropisch Nederland, GDK = Großer Deutscher Kolonialatlas

Dutch colonies: NA = Nederlandse Antillen, NNG = Nederlands Nieuw-Guinee, NOI = Nederlands Oost-Indië, NWI = Nederlands West-Indië, SU = Suriname

German colonies: BA = Bismarck-Archipel, DN = Deutsch-Neuguinea, DO = Deutsch-Ostafrika, DS = Deutsch-Südwestafrika, KA = Kamerun, KW = Kaiser-Wilhelmsland, SA = Samoa, TO = Togo

References

ANDERSON, John M. (2007): *The Grammar of Names*. Oxford.

BERG, Lawrence D. & Jani VUOLTEENAHO (Hrsg.) (2009): *Critical Toponymies. The Contested Policies of Place Naming*. Farnham, Burlington.

BOOGAART, Ernst van den & Marie Antoinette Petronella MEILINK-ROELOFSZ (Hrsg.) (1982): *Overzee. Nederlandse koloniale geschiedenis 1590–1975*. Haarlem.

DEWEIN, Barbara, Stefan ENGELBERG, Susanne HACKMACK, Wolfram KARG, Birte KELLERMEIER-REHBEIN, Peter MUHLHÄUSLER, Daniel SCHMIDT-BRUCKEN, Christina SCHNEEMANN, Doris STOLBERG, Thomas STOLZ & Ingo H. WARNKE (2012): Forschungsgruppe Koloniallinguistik: Profil – Programmatik – Projekte. *Zeitschrift für Germanistische Linguistik* 40 (2), 242–249.

DOEL, Hubrecht Wim van den (1996): *Het rijk van Insulinde. Opkomst en ondergang van een Nederlandse kolonie*. Amsterdam.

GUILLOREL, Hervé (Hrsg.) (2008): *Toponymie et politique. Les marqueurs linguistiques du territoire*. Bruxelles.

HEYDEN, Ulrich van der (2001): *Rote Adler an Afrikas Küste. Die brandenburgisch-preußische Kolonie Großfriedrichsburg in Westafrika*. Berlin.

HIGMAN, Barry W. & Barry J. HUDSON (2009): *Jamaican Place Names*. Mona.

LANGENDONCK, Willy van (2007): *Theory and Typology of Proper Names*. Berlin, New York.

MÖLLER, Lucie Alida (1986): *'n Toponimies-linguistiese ondersoek na Duitse plekname in Suidwes-Afrika*. University of Natal dissertation.

NÜBLING, Damaris, Fabian FAHLBUSCH & Rita HEUSER ([2]2015): *Namen. Eine Einführung in die Onomastik*. Tübingen.

OOSTINDIE, Gert (2000): *Het paradijs overzee. De Nederlandse Caraïben en Nederland*. Leiden.

PASSARGE, Siegfried & Carl RATHJENS (1920a): Johann Albrecht, Johann-Albrechts-Höhe. In Heinrich Schnee (Hrsg.), *Deutsches Kolonial-Lexikon*. Band II: H–O, 130–131. Leipzig.

PASSARGE, Siegfried & Carl RATHJENS (1920b): Victoria. In Heinrich Schnee (Hrsg.), *Deutsches Kolonial-Lexikon*. Band III: P–Z, 619–620. Leipzig.

SPEITKAMP, Winfried (2005): *Deutsche Kolonialgeschichte*. Stuttgart.

STOLZ, Thomas, Christina VOSSMANN & Barbara DEWEIN (2011): Kolonialzeitliche Sprachforschung und das Forschungsprogramm Koloniallinguistik: eine kurze Einführung. In Thomas Stolz, Christina Vossmann & Barbara Dewein (Hrsg.), *Kolonialzeitliche Sprachforschung. Die Be-*

schreibung afrikanischer und ozeanischer Sprachen zur Zeit der deutschen Kolonialherrschaft, 7–30. Berlin.

STOLZ, Thomas & Ingo H. WARNKE (2015): Aspekte der kolonialen und postkolonialen Toponymie unter besonderer Berücksichtigung des deutschen Kolonialismus. In Daniel Schmidt-Brücken, Ingo H. Warnke & Thomas Stolz (Hrsg.), *Koloniallinguistik – Sprache in kolonialen Kontexten*, 107–176. Berlin.

STOLZ, Thomas & Ingo H. WARNKE (2016): When Places Change Their Names and Why They Do Not. Selected aspects of colonial and postcolonial toponymy in former French and Spanish colonies in West Africa – the case of Saint Louis (Senegal) and the Western Sahara. *International Journal of the Sociology of Language* 239, 29–56.

STOLZ, Thomas & Ingo H. WARNKE (2017): Anoikonyme und Oikonyme im Kontext der vergleichenden Kolonialtoponomastik. In Axel Dunker, Thomas Stolz & Ingo H. Warnke (Hrsg.), *Benennungspraktiken in Prozessen kolonialer Raumaneignung*, 205–229. Berlin.

STOLZ, Thomas & Ingo H. WARNKE (forthcoming): Auf dem Weg zu einer vergleichenden Kolonialtoponomastik: der Fall Deutsch-Südwestafrika. In Matthias Schulz, Birte Kellermeier-Rehbein & Doris Stolberg (Hrsg.), *Sprachgebrauch, Sprachkonzepte und Sprachenpolitik in kolonialen und postkolonialen Kontexten*. Berlin.

VERSCHUREN, Stan (1987): *Suriname. Geschiedenis in hoofdlijnen*. Utrecht.

WARNKE, Ingo H. (2009): Deutsche Sprache und Kolonialismus. Umrisse eines Forschungsfeldes. In Ingo H. Warnke (Hrsg.), *Deutsche Sprache und Kolonialismus. Aspekte der nationalen Kommunikation 1884–1919*, 3–62. Berlin.

WARNKE, Ingo H. & Thomas STOLZ (2014): (Post)Colonial Linguistics, oder: Was ist das Koloniale an kolonial geprägten Diskursen? *Zeitschrift für Semiotik* 35 (3–4), 471–496.

WEBER, Brigitte (2012): Exploration of Deutsch-Kamerun: A Toponymic Approach. In Stefan Engelberg & Doris Stolberg (Hrsg.), *Sprachwissenschaft und kolonialzeitlicher Sprachkontakt. Sprachliche Begegnungen und Auseinandersetzungen*, 101–122. Berlin.

Christian Zschieschang

Zur Entstehung von Mühlennamen

Ein Beispiel aus dem mittleren Odergebiet

Zusammenfassung: Auch wenn Wassermühlen einen essentiellen Teil der mittelalterlichen Siedlungslandschaften darstellen und damit dem Gegenstandsbereich der diachronen Toponomastik als dem ältesten Zweig der Namenforschung nahestehen, wurden sie bislang nur selten von der Forschung in den Blick genommen. Für den vorliegenden Beitrag erfolgte eine gezielte Untersuchung der Mühlennamen der Brandenburgischen Neumark, die sich im Vergleich mit ihren Nachbarregionen durch eine reiche Überlieferung auszeichnet. Hier liegen mittelalterliche Benennungen für fast 50 Wassermühlen vor. Im Vergleich mit anderen ostmitteleuropäischen Regionen, insbesondere Böhmens, zeigen sich Phänomene, die über die einfache Nomination hinausgehen. Es ist ein Spektrum verschiedener Motivationsmöglichkeiten vorauszusetzen, das in Abhängigkeit von speziellen kommunikativen Milieus bzw. Sprechergruppen steht, die Mühlennamen benutzen. Weiterhin werden bei ausreichend breiter und alter Überlieferung komplizierte Prozesse der Namenentstehung sichtbar, indem Mühlen zunächst mit appellativischen Mitteln identifiziert wurden, aus denen sich Namen erst langsam entwickelten. Später blieben die Namen von Mühlen veränderlich und konnten auch über kurze Zeiträume hinweg wechseln.

Abstract: Water mills represent an essential element of medieval settlement landscapes and they constitute subject of diachronic toponomastic, which is the oldest branch of onomastic sciences. But still, they rarely came into the focus of scientific research. For some years now, the interdisciplinary research project "Usus aquarum: mills, water and transport in the inland development of East Central Europe in the High Middle Ages" has studied the use of water in the time of High Middle Ages. As part of the project, names for water mills were investigated in different regions of Eastern Central Europe, f. e. Bohemia and Lower Lusatia. The present paper deals with the names of the Neumark, which is the eastern part of the historic Mark Brandenburg (today part of Poland). The focus will be on two main aspects: Firstly, on the diversity of naming a place or a mill

---

Christian Zschieschang, Leibniz-Institut für Geschichte und Kultur des östlichen Europa (GWZO), christian.zschieschang@leibniz-gwzo.de

DOI 10.1515/9783110547023-004

depending on the communicative milieu or the social status of the people who gave the name. And secondly, the focus will be on the development of a name. In written sources we often find descriptions of mills instead of names. Due to sufficient evidence, it can be seen that names could change or within short periods be substituted by a different name. Furthermore, several names could exist for just one mill.

1 Einleitung

Wasser bildet den wichtigsten Faktor für die Standortwahl menschlicher Siedlungen. Als Nahrungsmittel, Rohstoff, Energielieferant, Element von Befestigungen, Verkehrsweg usw. ist seine Bedeutung kaum zu überschätzen. In einer interdisziplinär besetzten Projektgruppe, in der die Namenforschung gleichrangig mit anderen Wissenschaftsdisziplinen eine übergeordnete Fragestellung bearbeitet, so wie es der Tradition des Geisteswissenschaftlichen Zentrums Geschichte und Kultur Ostmitteleuropas an der Universität Leipzig entspricht,[1] soll dieser Bedeutung nachgegangen werden, wobei der Zeitraum des hochmittelalterlichen Landesausbaus in Ostmitteleuropa im Mittelpunkt der Betrachtung steht.

In diesem thematischen Kontext nehmen Wassermühlen als damals revolutionäre technologische Innovation einen herausgehobenen Platz ein. Auch aus onomastischer Perspektive sind Mühlen und ihre Benennungen nicht geringzuschätzen, denn es zeigte sich im Verlauf des Projekts alsbald, dass Gewässer- und FlurN (i. e. Flurnamen) nur selten hinsichtlich der mittelalterlichen Wassernutzung aussagekräftig sind.[2] In SiedlungsN können durchaus Hinweise

---

1 Zum Institut und zur Projektgruppe „Usus aquarum: Mühlenbau, Wasser und Verkehr im hochmittelalterlichen Landesausbau Ostmitteleuropas (II) – Die Umgestaltung der Flusslandschaft beiderseits der Oder“, in deren Rahmen der vorliegende Beitrag entstand, vgl. www.uni-leipzig.de/~gwzo/index.php?option=com_content&view=article&id=1197&Itemid =1891 (28.10.2017); zum ähnlich angelegten Vorgängerprojekt www.uni-leipzig.de/~gwzo/index.php?option=com_content&view=article&id=867&Itemid=1132 (Stand 18.03.2015).

2 Einschlägige Namenbelege sind zumeist entweder zu jung oder bei mittelalterlicher Bezeugung semantisch zu unspezifisch. Als typisch für diese Situation kann 1471 *aufm Babro* (RIBBE & SCHULTZE 1976: 154) gelten. Der Name, sofern er sich nicht auf einen SiedlungsN bezieht, ist aus apolab. **Bobrov-* zu **bobr* ‘Biber’ entstanden, vgl. FISCHER (1996: 37). Zwar war Castor im Mittelalter ein gängiges Beutetier und seine Verwertung ein einträgliches Geschäft, der Name an sich stellt aber keineswegs zwingend einen Bezug zum Fang dieser Tiere her. Er kann auch

vorliegen wie z. B. *Rybník* (993 *Ribnyk*) (Profous, Bd. 3: 619, Nr. 5) aus tschech. *rybník* 'Teich, Fischteich' oder *Jezná* (1379 *Giezna*) aus atschech. *jěz* 'Wehr, Schleuse' (Profous, Bd. 2: 140). In vielen Fällen ist aber nicht eindeutig zu klären, ob sie sich direkt auf das im Etymon Bezeichnete beziehen oder vielleicht lediglich metaphorische Benennungen darstellen (vgl. dazu Zschieschang 2015b).

Dem gegenüber liegt für die Namen von Mühlen relativ umfangreiches Material vor. Grundsätzlich ist hierbei von der Gültigkeit zweier Axiome auszugehen:

1. Mühlen entstanden in großer Zahl im Zuge des hochmittelalterlichen Landesausbaus.[3]
2. Angesichts spezifischer Standortvoraussetzungen und oftmals umfangreicher wasserbaulicher Maßnahmen konnten sie im Regelfall nicht einfach verlegt werden; sie weisen also eine lange Ortskontinuität auf.

Daher darf davon ausgegangen werden, dass viele heute noch erhaltene oder wenigstens bekannte Wassermühlen im Hochmittelalter entstanden. Diese theoretische Überlegung ist von nicht geringer Bedeutung. Obwohl im eingangs genannten Projekt die onomastische Beschäftigung mit MühlenN nicht unbedingt interessant, anregend und aussichtsreich erschien, zeigte sich bald Überraschendes, was im Folgenden darzulegen ist.[4] Dazu gehört, dass mittelalterliche Namenbelege – wie explizit mittelalterliche Hinterlassenschaften von Wassermühlen generell – nicht so häufig sind, wie man annehmen möchte. So wie entsprechende archäologische Befunde Seltenheitswert besitzen (vgl. die Beiträge in Maříková & Zschieschang 2015), sind auch Mühlen namentlich nur in geringem Maße bezeugt. Immer wieder steht man bei der Durchsicht von Materialsammlungen vor dem wenig befriedigenden Ergebnis, dass entweder gar keine oder nur sehr wenige mittelalterliche Belege zu gewinnen sind. Hinsicht-

allgemein auf ihr Vorkommen oder einen PersonenN rekurrieren oder auch in irgendeiner Weise metaphorisch motiviert sein.

3 Diese Feststellung gilt zunächst für die deutsch-slavische Kontaktzone Ostmitteleuropas. Unter Berücksichtigung benachbarter Großregionen müsste sie differenzierter ausfallen.

4 Dieser Beitrag entstand auf der Basis einer umfangreicheren Darstellung (Zschieschang 2015a). Obwohl hier andere Schwerpunkte gesetzt wurden – Ziel ist die Fokussierung auf die onomastisch interessanten Beobachtungen – waren inhaltliche Wiederholungen nicht zu vermeiden, und im Folgenden ist des Öfteren auf die ausführlicheren Darlegungen im genannten Beitrag (und auf andere Beiträge bei Maříková & Zschieschang 2015) zu verweisen, die hier im Sinne der thematischen Stringenz komprimiert wurden.

lich von Zeugnissen aus der Entstehungszeit, dem Hochmittelalter, ist die Situation noch schlechter.

Umso deutlicher stechen die Fälle heraus, von denen mit Recht zu sagen ist, dass sie reichhaltiges Material erbringen. Diese bilden die Grundlage der nachfolgenden Ausführungen, die insbesondere zwei Aspekte in den Blick nehmen, welche sich als besonders charakteristisch für MühlenN erwiesen haben: Zum einen die inhaltliche bzw. semantische Seite, über die am ehesten mittels einer geeigneten Untergliederung ein Überblick zu gewinnen ist (Kapitel 3), und zum anderen der Prozess der Benennung selbst. Dieser kann, sofern die Schriftquellen einmal einen tieferen Einblick erlauben, erheblich komplexer sein als es der Vorstellung von einer Nomination (ein Objekt bekommt einen Namen und trägt ihn dann) entspricht. Es ist vielmehr zu beobachten, dass sich die Benennungen von Mühlen erst über einen längeren Zeitraum hinweg aus appellativischen Umschreibungen, deren Inhalt durchaus wechseln kann, allmählich herausbilden (Kapitel 4). Nicht immer handelt es sich also um nomina propria, sondern häufig nur um identifizierende Beschreibungen appellativischen Charakters, die jedoch Vorstufen der späteren Eigennamen darstellen und allmählich proprialen Status annehmen. Unter dieser Perspektive wäre es hinderlich, strikt zwischen Onymen und Nichtonymen zu unterscheiden, weshalb im Folgenden die betrachteten sprachlichen Zeichen vereinfachend als Benennungen zusammengefasst werden. Zudem dürfte angesichts des fließenden Überganges im Prozess der Proprialisierung für den Einzelfall schwer zu bestimmen sein, ab welchem Zeitpunkt einer Bezeichnung der Status eines Onyms zukommt. Letztlich sind hierfür auch die Belegreihen nicht dicht genug, und die im Folgenden noch vorzustellenden komplexen Benennungschronologien (vgl. Kapitel 4.4) zeigen eindrücklich, dass der Proprialisierungsprozess durch die verschiedenen, parallelen oder sich ablösenden Motivationen gebrochen und überlagert, wenn auch letztlich nicht unterbunden wird.

Relativ wenig Aufmerksamkeit erhält demgegenüber die Etymologie einzelner Namen. Hierbei ist zu unterscheiden zwischen zahlreichen Bildungen, die sich inhaltlich ohne weitere Erläuterung erschließen, und anderen, die einer Erklärung bedürften, wobei jedoch die Umstände ihrer Entstehung und damit die Motivationen nicht eindeutig aufzuhellen sind. Die Angabe von bloßen Vermutungen wäre jedoch unter dem hier maßgeblichen Aspekt der Strukturierung der MühlenN wenig aufschlussreich.

Nur relativ wenige onomastische Studien beschäftigen sich explizit mit den Namen von Mühlen. Das zu konstatierende geringe Interesse an MühlenN mag auch damit zusammenhängen, dass als Faustregel gilt, sie seien oft von PersonenN abgeleitet. Diese Faustregel hat durchaus einiges für sich, insbesondere unter der Perspektive der kommunikativen Situation, die im Folgenden genauer darzustellen ist. Dass eine Arbeit wie diejenige, die die wesentliche Materialgrundlage für die folgenden Ausführungen darstellt (RYMAR & CZOPEK 1993), großen Seltenheitswert hat, wird von ihren Autoren für den polnischen Forschungskontext konstatiert, gilt aber in einem ganz ähnlichen Sinne auch für Deutschland. Bei einer Durchsicht der gängigen Überblicks- und Einführungswerke zur Namenkunde insgesamt und speziell zur Toponomastik fallen MühlenN als onomastische Kategorie nicht unbedingt ins Auge; Adolf Bachs knappe Bemerkungen (BACH 1953: 390–391) fanden offenkundig keine Fortsetzer.[5]

2 Mühlennamen in der onomastischen Klassifikation

Für die Benennung von Mühlen sind die Spezifika ihrer Lage von Bedeutung. Für Windmühlen sind exponierte Standorte zur Gewinnung eines Maximums an Energie maßgeblich. Bei Wassermühlen kommt es auf eine Lage entlang fließender Gewässer an; dies unterscheidet sie nicht grundsätzlich von agrarischen und städtischen Siedlungen, für die eine solche Lage zur Frischwasserzufuhr ebenfalls prädestiniert ist. Hinsichtlich der Funktionalität besteht jedoch ein erheblicher Unterschied: Bei agrarischen Siedlungen geht es neben der Frische des Wassers auch darum, eine Bedrohung, wobei insbesondere an Hochwasser zu denken ist, möglichst zu vermeiden. Daher wurden kleinere Wasserläufe und Quellmulden bevorzugt. Wassermühlen benötigen hingegen, um effizient arbeiten zu können, eine möglichst hohe kinetische Energie, was zum einen durch die Menge des fließenden Wassers oder zum anderen durch ein großes Gefälle bedingt sein kann. Damit haben Wassermühlen in Bezug auf die Gewässerbindung ganz andere Standortansprüche als agrarische Siedlungen, und tatsächlich finden wir sie häufig abseits der Dörfer, höchstens noch an deren Peripherie, oft aber als Einzelgehöfte.

Anders verhält es sich mit Mühlen innerhalb mittelalterlicher Städte, auch wenn diese ebenfalls nicht frei sein können von den dargestellten Standortvoraussetzungen – ohne Fließgewässer ist eine Wassermühle auch in einer Stadt nicht möglich. Angesichts der hier ebenfalls anzutreffenden Tret- und Göpel-

---

5 Vergeblich sucht man MühlenN – dass etwas übersehen worden ist, sei jedoch nicht ausgeschlossen – bei BAUER ([2]1998); BRENDLER & BRENDLER (2004); DEBUS (2012); EICHLER et al. (1995/1996); KOß ([3]2002); NÜBLING, FAHLBUSCH & HEUSER ([2]2015).

mühlen (dazu kurz Wagenbreth et al. 1994: 30) würde sich in der Konsequenz die Frage stellen, ob es überhaupt möglich ist, Wassermühlen in ihrer Gesamtheit einer einzigen Namenklasse zuzuordnen. In der Agrarlandschaft wären die Namen von Mühlengehöften außerhalb von Ortschaften als Klein- oder Einzelsiedungen den Oikonymen zuzuordnen. Innerhalb geschlossener Siedlungen bildeten sie hingegen als GebäudeN Urbanonyme; unter dem Fokus ihres Charakters als Wirtschaftsunternehmen oder Produktionsstätten könnten sie aber auch den UnternehmensN zugerechnet werden.

Unter den zuletzt genannten wären die Namen aller produzierenden Mühlenbetriebe versammelt – wofür das Hauptmerkmal, die Verarbeitung von Mehl oder anderen Stoffen mittels einer mechanischen Vorrichtung mit Wasser oder einem anderen Antrieb- ausschlaggebend wäre. Urbanonyme und Oikonyme bildeten demgegenüber jeweils nur komplementäre Teilmengen. Beide Gruppen heben auf die äußere Gestalt von Mühlen als Gebäude bzw. Gebäudegruppen ab, was im Hinblick auf die Betrachtung der ländlichen Besiedlung bzw. städtischer Räume insgesamt durchaus sinnvoll ist. Somit wäre vielleicht eine Zuordnung zu mehreren Namenklassen vorzunehmen; die Zielsetzung der jeweiligen Betrachtung dieser Namen würde diesbezüglich Prioritäten setzen.

Die Einordnung von MühlenN in die traditionell schubladenartige Klassifikation der Eigennamen wirft also Probleme auf, die zunächst zu lösen wären, bevor ohne Weiteres eine Namenklasse „MühlenN" ins Leben gerufen wird. In diesem kurzen Beitrag kann dem nicht erschöpfend nachgegangen werden, vielmehr soll es bei einer Benennung dieser Probleme bleiben. Wenn im Folgenden von „MühlenN" die Rede ist, dann lediglich als Hilfsterminus für die Gesamtheit des behandelten Materials, wobei der Kürze halber auf das eigentlich treffendere „WassermühlenN" ebenso verzichtet wurde wie auf terminologische Wortschöpfungsversuche (*Molendonym?*).

Während sich die Aufmerksamkeit der Onomastik hinsichtlich der Namen innerhalb von größeren Ortschaften auf StraßenN konzentriert und die Untersuchung von Ergonymen eher auf gegenwartsnahe Zeiträume ausgerichtet ist, teilen in Bezug auf die Oikonymie die Namen von Mühlen das Schicksal der Benennungen anderer Einzelgehöfte oder Kleinsiedlungen, seien es Gasthöfe, Forsthäuser oder Ziegeleien: Sie sind oft erst in der Neuzeit entstanden, als die Überlieferung für die Namen von Städten und Dörfern kaum mehr etwas zur Entstehung dieser Benennungen beitrug, aber in ihrem Umfang derart anschwillt, dass eine einigermaßen vollständige Sichtung sehr aufwändig wäre und bei geringem zu erwartenden Ertrag ineffizient ist. Außerdem sind die Namen dieser jüngeren Einzelgehöfte sprachlich häufig so durchsichtig, dass eine Erklärung, wie sie bei älteren SiedlungsN vorzunehmen ist, entbehrlich erscheint. Damit werden solche Namen in vielen toponymischen Lexika allenfalls in Auswahl erfasst. In Flurnamenbearbeitungen gehen sie hingegen in einer Masse von Mikrotoponymen nicht gerade unter, erhalten aber kaum die Aufmerksamkeit, die ihnen als spezifischer Namenklasse abseits der Benennungen unbesiedelter Objekte, wie FlurN häufig definiert werden, gebühren würde.

3 Zur Untergliederung von Mühlennamen

3.1 Vorbemerkung

MühlenN werden in diesem Beitrag natürlich nicht zum ersten Mal einer Klassifikation unterzogen. Da die morphologisch-strukturelle Vielfalt dieser Bildungen nicht sehr ausgeprägt ist,[6] sind es semantische Kriterien, die sich als Ansatzpunkte einer Untergliederung anbieten. Hierbei ist eine einfache Untergliederung in Sach- bzw. Bedeutungsgruppen möglich (vgl. z.B. Sochacka 2015; Rutkiewicz 2003: 585–588). Der Fokus auf mittelalterliche Belege, der mit einer erheblichen Beschränkung des zur Verfügung stehenden Materials einhergeht, würde es jedoch mit sich bringen, dass sich in manchen Gruppen nur ein oder zwei Namen fänden und andere völlig leer blieben. Statistisch wäre dies nicht aussagekräftig, da schlicht dem Zufall geschuldet. Zudem würde die Exaktheit dieser Betrachtung vielleicht den Blick auf das Wesentliche verstellen, denn hinsichtlich der Entstehung von Namen ist es hilfreicher, nicht nur die Wortbedeutungen der Bestimmungswörter in den Blick zu nehmen, sondern das, was an Absicht und Perspektive hinter den Benennungen steht. Die nachfolgend dargelegte Einteilung basiert daher auf der Motivation bzw. Motivik. Eine Unterscheidung zwischen appellativischen Bezeichnungen und Namen ist hierbei nicht maßgeblich, weil die Motivation die Proprialisierung begleitet bzw. überdauert.

---

6 Außerdem zeigen MühlenN in den Schriftquellen eher eine formale Wandelbarkeit als eine Konstanz, woran entsprechende Klassifikationsversuche wohl scheitern dürften. Bei Überlieferungsreihen wie z. B. 1329 *Manthell-Mole*, 1331 *molendinum prope villam Mantel situatum*, 1337 *Molendinum Mantel* oder 1333 *die muhle vf dem tamme*, 1545 *Dammmollen* wird man die entsprechenden Namen kaum einfach unter die Komposita einordnen können (zu den Beispielen vgl. die Abschnitte 3.6 und 4.4, wo sich auch ähnliche Fälle zahlreich finden). Vgl. jedoch die formalen Analysen bei Rymar & Czopek (1993: 100–102) sowie Rutkiewicz (2003: 582–585). Die zuletzt genannte Untersuchung ist jedoch nicht im deutsch-, sondern im polnischsprachigen Kontext angesiedelt, wo die Verhältnisse in dieser Hinsicht andere sind.

3.2 Die Namennutzer – kommunikative Milieus

Noch vor jeder schematischen Klassifikation ist danach zu fragen, welche Bevölkerungsteile überhaupt ein Interesse daran hatten oder darauf angewiesen waren, Mühlen zu benennen und MühlenN zu benutzen. Für das Hoch- und Spätmittelalter als der ersten Phase der massenhaften Verbreitung von Wassermühlen im östlichen Mitteleuropa lassen sich hierbei drei soziale Gruppen ausmachen, die im Folgenden als Milieus bezeichnet werden sollen und hinsichtlich der kommunikativen Situation deutliche Spezifika aufweisen:

a) Im lokalen Kontext einer agrarischen Siedlung dürfte unter der Voraussetzung, dass diese dem verbreiteten Mahlzwang[7] unterlag, eine einzige Mühle die Hauptrolle gespielt haben; daneben dürfte man noch Kenntnis von einigen weiteren in der Nähe gehabt haben. Auch bei freier Wahl dürfte die Zahl der in Betracht kommenden Mühlen unter dem Aspekt der praktischen Erreichbarkeit kaum wesentlich größer gewesen sein. Daraus ist zu folgern, dass es in der Kommunikation in vielen Fällen ausreichend war, über *die Mühle* zu sprechen; eine Veranlassung zur Differenzierung mehrerer gab es nur in geringem Maße und erfolgte wohl vorrangig nach auffälligen Eigenschaften.
b) Eine weitere Gruppe, die Namen von Mühlen verwendete, waren die Müller selbst, die in gewisser Weise von der bäuerlichen Gesellschaft separiert waren. Wenn sie auch keine kastenartige Gruppe bildeten, so gab es doch durch Heiraten untereinander regelrechte Müllerdynastien, weit reichende familiäre Beziehungen und wohl auch ein ausgeprägtes berufsständisches Selbstbewusstsein. Hierbei ist auch an die Sagenwelten zu denken, die dem Müller eine besondere Rolle in der Gemeinschaft zuweisen – sei sie negativer oder positiver Art. Das bekannteste Beispiel innerhalb der deutsch-slavischen Kontaktzone dürfte Krabat sein (Hose 2013). Die mental map eines Müllers umfasste demnach eine Vielzahl verschiedener Mühlen und musste, um eine Verständigung zu ermöglichen, mit derjenigen der Kollegen kongruent sein.
c) Schließlich war es noch die grund- und landesherrliche Administration, die Namen von Mühlen kennen musste, um Abgaben in der richtigen Höhe erfassen zu können und einen Überblick über die vielfältigen Abgaben zu behalten. Schon frühzeitig wurden sie in diesem Kontext auch schriftlich erfasst, sowohl in Amtserbbüchern, Urbaren und ähnlichen Dokumenten als auch in Urkunden über die Belehnung von Grundherren. Da auch hier eine

7 Vgl. Henning (1984): Mühlzwang; vgl. weiterhin: *DRWB* 9, 953–954.

große Zahl von Objekten im Blick behalten werden musste, war eine eindeutige Differenzierung unabdingbar.

3.3 Nominationsstrategien

Diesen kommunikativen Kontext gilt es bei einer Untergliederung von MühlenN zu berücksichtigen, die von der Benennungsmotivik ausgeht. Was sind die grundlegenden Hintergründe, Konzeptionen oder Strategien der Benennung?

1. Da viele Ortsgemarkungen nur über eine Mühle verfügten, bot das in vielen Köpfen fest verankerte Netz der **SiedlungsN** eine gute Orientierung. Diese Benennungsweise war für alle drei der genannten Gruppen gleichermaßen praktisch – sowohl für die weitreichenden Beziehungen der Müllerfamilien, die den Blick von oben auf das Land richtende Obrigkeit als auch die Bewohner der Dörfer.
2. Ihre Grenzen fand diese Praxis aber dann, wenn auf der Gemarkung eines Ortes mehrere Mühlen lagen. In diesem Falle war es möglich, einfache Differenzierungen mittels Attributen vorzunehmen, die die **Lage** beschreiben – *Ober-*, *Mittel-* und *Untermühle*. Ebenso naheliegend war ein Rückgriff auf andere Lagefaktoren (*Teichmühle*) oder die landschaftliche Charakterisierung (*Au-* und *Heidemühle*). Die Distinktivität dieser Differenzierungen war gegeben, weil die dem Namen zugrunde liegende Motivation in den meisten Fällen den am Ort Anwesenden noch deutlich vor Augen stand und von Ankommenden leicht ermittelt werden konnte. Sollte sich die Motivation tatsächlich einmal grundsätzlich geändert haben, dann dürften angesichts dieser Transparenz die Hürden für eine Umbenennung nicht sehr hoch gewesen sein.
3. Die Faustregel wurde schon genannt: Gibt ein MühlenN etymologisch Rätsel auf, dann dürfte er zumeist auf einen **PersonenN** zurückgehen. Da deren Vielfalt, insbesondere auch im Hinblick auf die schon im Mittelalter aufkommenden FamilienN, immens groß ist, kann diese Regel leicht zu einer Totschlagprämisse werden: Jeder Name, zu dem man sonst keinen Rat weiß, geht auf den Namen eines Besitzers oder Müllers (beide sind nicht immer identisch!) zurück, da prinzipiell fast jedes Element des Sprachschatzes in einen FamilienN Eingang gefunden haben kann. Vorteilhaft dürfte die Benennungsstrategie nach Anthroponymen in erster Linie für die lokale Bevölkerung gewesen sein, die sich an markanten Persönlichkeiten der Müller orientierte. Innerhalb der berufsständischen Binnenkommunikation der Müller konnten die Personennamen von Kollegen, die oft auch Verwandte waren, ebenso für ihre Wohnsitze stehen, sofern freilich eine

gewisse Ortskontinuität gegeben war. Für die Verwaltung war eine solche Benennungspraxis jedoch alles andere als optimal: Da die Namen der Betreiber oder Besitzer durch Erbfolge, Ortswechsel und Verkäufe auch in kurzen Zeitabständen wechseln konnten, konnte die Referenz leicht verlorengehen, so dass im Abstand einiger Jahrzehnte mit einem früher aufgezeichneten PersonenN die Mühle nicht mehr identifiziert werden konnte. Der dörflichen Sprechergemeinschaft machte dies hingegen wenig aus, da eine weitaus geringere Zahl von Mühlen voneinander zu unterscheiden war und zudem das kollektive Gedächtnis die Erinnerung an frühere Müller leichter wachhalten konnte.

4. Schließlich konnten Mühlen auch nach speziellen Eigenschaften (**Charakterisierung**) benannt werden (*Neumühle*), nach dem verarbeiteten Produkt (*Ölmühle, Lohmühle*) oder nach den Besitzverhältnissen (*Stadtmühle, Klostermühle*). Die *Schwarze Mühle*, in der Krabat seine Lehrjahre verbrachte, ist jedermann ein Begriff, und auch *Rote Mühlen* finden sich häufig; nach SCHMIDT (1939: 5) soll es sie in Deutschland etwa hundertfach gegeben haben. Allein dies zeigt bereits, dass überregional eine eindeutige Identifizierung über eine solche Benennungsweise nur schwer zu erzielen war und diese somit eher im lokalen Rahmen anzusiedeln ist, wo man sich von der Motivation der Namengebung (Was ist schwarz und rot?) noch einen Begriff machen konnte.

Die genannten Benennungsstrategien lassen eine lang andauernde Stabilität der Namen am ehesten in der ersten Gruppe erwarten, da diese mit dem in hohem Maße unveränderlichen Netz der SiedlungsN unmittelbar verbunden sind. Die anderen Gruppen stehen, kommunikativ bedingt, generell unter dem Verdacht einer gewissen Veränderlichkeit der Namen.

3.4 Theoretische Einordnung

Diese vergleichsweise schlichte Untergliederung mag als zu grob erscheinen. Insbesondere die in den Strategien 2 (Lage) und 4 (Charakteristik) zusammengefassten Namen können leicht noch weiter untergliedert werden – einerseits nach relativer Lage vs. absoluten Bezugspunkten, andererseits nach Besitz, verarbeitetem Produkt, Aussehen des Objekts usw. Eine von solchen Feinheiten abstrahierende Betrachtung bietet aber erhebliche Vorteile. Zum einen ist gewährleistet, dass alle Gruppen auch mit Namen vertreten sind. Weiterhin – und das ist kein unwesentlicher Aspekt – wird der überregionale Vergleich durch die Übersichtlichkeit entsprechender Zusammenstellungen vereinfacht. Und schließlich knüpft eine solche grobe Unterteilung an Benennungstheorien von übergreifender Gültigkeit an. Hierbei ist insbesondere an die Modelltheorie zu denken, die quasi alle Benennungen von Geoobjekten einem von vier Ausgangsstellungsmodellen als logisch-semantischen Kategorien zuordnet (Šrámek 1972/73 [2007]: 114). Ein Vergleich (Tabelle 1) zeigt, dass die vier in diesem Beitrag für die MühlenN aufgestellten Kategorien sich zwar nicht völlig mit den Ausgangsstellungsmodellen decken, aber ihnen doch weitgehend entsprechen.

Tab. 1: Ausgangsstellungsmodelle und Nominationsstrategien

Ausgangsstellungsmodelle Nach Šrámek (1972/73 [2007]: 114)		**Nominationsstrategien in diesem Beitrag**
Lage	Wo?	SiedlungsN (1) Lage (2)
Charakterisierung und Beschreibung	Was für ein? Was?/Wer?	Charakterisierung (4)
Zueignung	Wessen?	PersonenN (3)

Alle vier Modelle finden ihre Entsprechung, insbesondere unter Berücksichtigung der zusätzlichen Unterteilung durch „allgemeine Kategorien“ (Šrámek 1972/73 [2007]: 115), hier in der ersten Spalte dargestellt. Die weitere Differenzierung des Šrámekschen Modells, insbesondere die Kategorie der Belebtheit vs. Unbelebtheit, ist hinsichtlich der MühlenN nicht relevant; da sie eher der Einordnung der Wortbildungsmodelle dient, die durch die vielen verschiedenen slawischen Ortsnamentypen, insbesondere Derivationen, repräsentiert werden. Es wird damit deutlich, dass die in diesem Kapitel aufgestellte Klassifizierung nicht willkürlich erfolgte, sondern an ein allgemeines Schema eng angebunden ist.[8]

8 Vgl. auch die Klassifikationen bei Rymar & Czopek (1993: 102–106) und Sochacka (2011: 118–123), die sich ebenfalls auf – wenn auch etwas anders gelagerte – vier Hauptgruppen beschränken (Lagerelationen räumlich und zeitlich; Charakterisierungen; Eigentumsverhältnisse; Gewerbezweig), diese aber noch weiter untergliedern, wofür jedoch durch die Einbeziehung von Namen aus der Frühen Neuzeit und der Gegenwart eine weitaus größere Anzahl von Mühlen zur Verfügung steht als in der vorliegenden Untersuchung.

Tab. 2: Die Nominationsstrategien im überregionalen Vergleich

	Neumark[9]	Böhmen, Urbar Rosenberg[10]	Böhmen, Andere Urbare[11]	Dübener Heide[12]	Niederlausitz[13]	Eichsfeld[14]
Kein Name	20	146	170	-	-	-
Motiv. 1 (SiedlungsN)	11	11	4	10	5	2
Motiv. 2 (Lage)	7	11	7	6	0	2
Motiv. 3 (PersonenN)	1	40	2	3	1	1
Motiv. 4 (Charakterisierung)	3	1	3	4	5	3
Mehrfachmotiv	6	3	0	4	0	1
Motivationswechsel	17	-	-	0	1	0
Summe	65	212	186	27	12	9

9 Die Angaben haben das bei RYMAR & CZOPEK (1993) dargebotene Material zur Basis; vgl. ZSCHIESCHANG (2015a: 209–222).

10 Nach TRUHLÁŘ (1880). Den Zugang zu den Namenbelegen für Böhmen verdanke ich Martina Maříková, von 2011 bis 2013 meine Kollegin im eingangs genannten Projekt. Die hier gezeigte urbare Überlieferung bildet insofern eine Besonderheit, dass sie keine Belegreihen bildet, sondern nur einmalige Namennennungen darstellt. Die daraus für die Auswertung resultierende Einschränkung wird allerdings dadurch ausgeglichen, dass hier, korrelierend mit der Geschlossenheit adliger Besitzkomplexe in Böhmen, die Namen bestimmter Areale vollständig aufgelistet werden. Hierzu genauer ZSCHIESCHANG (2015a: 201–204). Vgl. für Böhmen weiterhin, allerdings mit dem Schwerpunkt auf der Frühen Neuzeit, ŠKUDRNOVÁ (2015: 149–152, 160–161).

11 Vgl. ZSCHIESCHANG (2015a: 204–207), die hierfür herangezogenen Quellen, eine größere Zahl von mittelalterlichen Urbaren, werden aufgelistet bei ZSCHIESCHANG (2015a: 205, Anm. 29–35). Für den Zugang zu diesem Material gilt ebenso das in Anm. 11 Gesagte.

12 Es handelt sich hierbei um eine hügelige Landschaft zwischen Berlin und Leipzig, deren Gewässerreichtum eine große Zahl von Wassermühlen entstehen ließ. Die Bearbeitung erfolgte auf der Basis von BÖTTCHER & WILDE (2003); vgl. ZSCHIESCHANG (2015a: 222–226).

13 Die Angaben basieren bis auf wenige Belege auf dem Material bei WENZEL (2009); vgl. ZSCHIESCHANG (2015a: 226–228).

14 Diese geographisch nicht unbedingt in den Projektrahmen fallende, ehedem zum Erzbistum Mainz gehörende Landschaft zwischen Hessen und Thüringen wurde vergleichend mit einbezogen, weil sie bei guter lexikographischer Erschließung (REINHOLD 2007; KIRSTEN 2007) ältere Belege bietet als sie für gewöhnlich in Ostmitteleuropa vorliegen, vgl. dazu (ZSCHIESCHANG 2015a: 228–231).

3.5 Überregionale Einordnung

Eine Übersicht der bisher untersuchten Regionen (Tabelle 2) zeigt zunächst den z. T. eher geringen Umfang der Quellenbasis. Dennoch sind signifikante Beobachtungen möglich. Dass eine erhebliche Zahl von Mühlen überhaupt nicht individuell bezeichnet wird, bleibt bei der Benutzung von Namensammlungen, in denen solche Fälle natürlich unberücksichtigt bleiben, verborgen. Dieser Umstand tritt vielmehr nur bei systematischen Untersuchungen von Quellenbeständen zutage. In den Schriftstücken – meist Urbare, also Verzeichnisse von Besitz und Berechtigungen – ist hier jeweils lediglich *molendinum, unum molendinum* o. ä. verzeichnet. Ein solcher Eintrag steht jedoch im Regelfall im Kontext einer bestimmten Ortschaft, so dass allein durch diese Zuordnung eine eindeutige Referenz gegeben ist. Ein gesonderter Name wird hier schlichtweg nicht benötigt, da zur Identifizierung die indirekt vorliegende Nominationsstrategie 1 zur Identifizierung völlig ausreicht. Dies dürfte als die Keimzelle der später verbreiteten Kombinationen von SiedlungsN mit dem Element *Mühle* anzusehen sein, indem in anderen kommunikativen Kontexten, durchaus auch im Rahmen von Herrschaft und Abgabenerhebung, diese durch die Schriftquellen von der Intention her vorgegebenen Fügungen bereits verwendet wurden. Entsprechend bilden detoponymische MühlenN die am häufigsten auftretende Nominationsstrategie (vgl. Tabelle 2).

3.6 Praktische Anwendung

Von den genannten Untersuchungen bietet die Brandenburgische Neumark – in etwa der östlich der Oder gelegene, heute zu Polen gehörende Teil der historischen Mark Brandenburg – die umfangreichsten und tiefsten Einblicke, indem eine relativ früh entwickelte Schriftlichkeit eine vergleichsweise große Zahl historischer Belege hervorbrachte. Als lexikographisch hervorragend erschlossene Mühlennamenlandschaft bildet sie eine Ausnahme,[15] zumal sie sich in Bezug auf mittelalterliche Belege als eine Fundgrube erweist. Von 49 bis zum

15 Rymar & Czopek (1993). Die umfangreiche Auswertung des Materials erfolgte in dem genannten Aufsatz für das gesamte aus dem Mittelalter und der Neuzeit stammende Namenmaterial; demgegenüber beschränkt sie sich hier allein auf die mittelalterlichen Belege (als Abgrenzung wurde das Jahr 1500 gesetzt), was ein gänzlich anders geartetes Bild ergibt. Eine geographische Übersicht über die urkundlichen Belege von Wassermühlen im Kontext der Mark Brandenburg bietet Jeute (2015: 277, Abb. 2).

Jahr 1500 bezeugten Namen sind 44 (90 %) bereits für das 14. Jahrhundert belegt; von diesen 44 mit neun immerhin 18 % schon für das 13. Jahrhundert.

Diese für ostmitteleuropäische Verhältnisse zahlreichen und frühen Belege sind hier nur in Auswahl zu präsentieren. Hierbei bleiben zunächst die Fälle unberücksichtigt, in denen die Belege mehrere Nominationsstrategien oder ein Alternieren der Benennung und der dahinter stehenden Motivation aufzeigen. Diese Mühlen werden in Kapitel 4 dargestellt. Die Angaben zu den Belegen wurden so gestaltet, dass eine Nachvollziehbarkeit auch ohne Konsultation des oben genannten Aufsatzes gewährleistet ist. Die heutigen Namen der Mühlen, der Seitenzahl bei Rymar & Czopek (1993) nachgestellt, wurden vom Lemma-Ansatz unverändert übernommen, die Angaben zur Gemeinde bzw. dem nächstgelegenen Ort hingegen grundlegend geprüft und z. T. angepasst. Auch die Belege wurden einer Revision unterzogen, und die dabei vorgenommenen Korrekturen in die nachfolgenden Auflistungen eingearbeitet.

Nominationsstrategie 1: Benennungen nach SiedlungsN (Auswahl)

- 1337 *Molendinum in Klusdorp* (Gollmert 1862: 20)
  (69; *Giełk*, Barlinek/Berlinchen)
- 1337 *Molendinum Llippen* (Gollmert 1862: 19)
  (78; *Lipiański Młyn*, Lipiany/Lippehne)
- 1329 *Manthell-Mole* (CDB A 19: 190/30);
  1331 *molendinum prope villam Mantel situatum* (CDB A 19: 192/32)
  1337 *Molendinum Mantel* (Gollmert 1862: 15)
  (81; *Nadolnik*, Chojna/Königsberg)
- (1440) *vnsere Molenstedte, die dar ligt vff dem felde zw Wugarden* (CDB A 19: 489/518)
  (1441) *die Mölenstedte vff der Wugardes mhole* (CDB A 19: 490/519)
  (83f.; *Ogardzki Młyn*, Strzelske Krajeńskie/Friedeberg)

Nominationsstrategie 2: Benennungen nach der Lage (Auswahl)

- 1337 *Molendinum inferius* (Gollmert 1862: 13)
  (66; *Dolny Młyn*, Mieszkowice/Bärwalde)
- 1337 *Molendinum mediam ibidem* (Gollmert 1862, 13)
  (92; *Średni*, Mieszkowice/Bärwalde)
- 1297 *molendinum, quod adjacet civitati* (CDB A 18: 215/4)
  (91; *Stadtmühle*, Drawsko Pomorskie/Dramburg)
- (1336) *super molendino, quod ante valuam, que se versus Stargardin tendit, situm est* (CDB A 18: 13/15)
  (94; *Unter-Mühle*, Choszczen/Arnswalde)

Nominationsstrategie 3: Benennungen nach PersonenN

1281 *in molendino hartuingi* (CDB A 18: 440/1)
1533 *in hartwinges mole* (CDB A 18: 516/105)
(77; *Lichoca*, Myślibórz/Soldin)

Nominationsstrategie 4: Benennungen nach Charakteristika

- 1295 *Sacco* (KRABBO & WINTER 1955: 430, Nr. 1614)[16]
  (1315) *Molendinum, quod in sacco dicitur* (CDB A 18: 74/21)[17]
  (87; *Rakoniew*, Pełczyce/Bernstein)
- 1337 *Molendinum dictum lomůle* (GOLLMERT 1862: 19)
  1406 *Lomühle* (VON PETTENEGG 1887: 438, Nr. 1667)
  (75; *Korzkiew*, Barlinek/Berlinchen)
- 1337 *Molendinum dictum Stransrad* (GOLLMERT 1862: 20)
  1392 *Strufrad* (Repertorium: 14/66)
  1406 *Struffradt* (VON PETTENEGG 1887: 438, Nr. 1667)
  (92; *Strufrad*, Barlinek/Berlinchen)

Die einzige deanthroponymische Benennung einer Mühle verdient neben ihrem Alter insofern besondere Beachtung, als dass offensichtlich eine Stabilität über zweieinhalb Jahrhunderte hinweg zu verzeichnen ist. Dass deanthroponymische Namen gegenüber anderen Regionen – insbesondere in den böhmischen Urbaren (vgl. Anm. 11 und 12), wo Mühlenbezeichnungen mittels PersonenN sehr zahlreich sind – hier, in der Neumark, eine verschwindend geringe Bedeutung haben, ist ein Umstand, der momentan nicht näher begründet werden kann. Vielleicht wäre an unterschiedliche Eigentums- und Rechtsverhältnisse zu denken, die mit einem häufigeren Wechsel der Besitzer einhergingen, was eine diesbezügliche Benennung der Mühlen unpraktikabel erscheinen ließ.

Eine eindeutige Angabe zur Etymologie von *Strans-* bzw. *Strufrad* ist angesichts der sehr divergierenden Belege kaum möglich. Das Zweitglied *Rad* wird sich auf das Mühlrad beziehen. Gibt man der zweimal überlieferten Variante den Vorzug, dann würde für das Erstglied mnd. *strûf* 'rauh, uneben, holprig' eine leicht nachvollziehbare Motivation der Benennung in Gestalt eines rau bzw. holperig laufenden Mühlrads liefern. Am wahrscheinlichsten wäre jedoch

16 Gemäß dieser Quelle handelt es sich um die später so genannte *Sackmühle* nördlich Bernstein.

17 Nach RYMAR & CZOPEK (1993: 87) ist diese Benennung nach 'Sack' auf die Gestalt der Mühle bezogen. Es erscheint jedoch ebenso möglich, dass aufgrund der Topographie von einer Lage „im Sack" auszugehen ist.

die niederdeutsche Variante des *Strauberrads,* einer wahrscheinlich frühen Bauart von Wasserrädern.[18] Für den Erstbeleg wäre vielleicht eine Verbindung mit mnd. *stranse* f. 'faule Person, Schlampe' oder eher mhd. *stranzen, strenzen* 'müßig umherlaufen, groß tun' als eine nicht ausgelastete Mühle vorstellbar. Auch wenn die divergierenden Belege keine Entscheidung erlauben, läge doch in beiden Fällen eine charakterisierende Benennung vor. Auch an eine Umbenennung ist zu denken, womit zum folgenden Kapitel überzuleiten ist.

4 Die (In-)Stabilität mittelalterlicher Mühlennamen

4.1 Vorüberlegung

Die schriftliche Überlieferung nicht nur von MühlenN ist insofern problematisch, als dass in vielen Fällen Belege aus der Zeit der Namenbildung nicht vorliegen. Dass zwischen der Entstehungszeit eines Namens und dem Einsetzen seiner schriftlichen Überlieferung häufig eine Lücke in Gestalt einer erheblichen zeitlichen Differenz klafft, ist einerseits für die Rekonstruktion der Grundform eines Namens ein Problem, verdeckt andererseits aber auch die Wege der sprachlichen Entwicklung, welche keineswegs unter Absolvierung der einschlägigen Lautwandelprozesse geradlinig verlaufen muss.

Dies zeigt sich hinsichtlich der MühlenN dort, wo eine frühe Überlieferung zu verzeichnen ist. Wiederum ist es die brandenburgische Neumark, die sich hier als besonders wertvoll erweist, indem sie zahlreiche Belege für ein Phänomen bietet, das auch in rein theoretischer Reflektion naheliegt. Es handelt sich um Kleinsiedlungen mit folgenden Merkmalen:
- Sie sind von eher lokaler Bedeutung.
- Sie sind von nur einer einzigen Familie bewohnt, was häufige, durch Heiraten und Ortswechsel bedingte Veränderungen nach sich zieht.

Hinzu kommt eine noch gering entwickelte Schriftlichkeit, die die lokale Topographie nur in Ausnahmefällen so flächig erfasst hat wie späterhin in der frühen Neuzeit. Daraus resultiert, dass Benennungen solcher Objekte noch nicht von

18 Vgl. WAGENBRETH et al. (1994: 31–32); BERTHOLD (2015: 239–240, 253). Für den Hinweis auf diese Erklärungsmöglichkeit danke ich Juniorprof. Dr. Mirjam Schmuck, Mainz. Abwegig ist hier das bei PIEPER (1929: 74) vorgeschlagene nd. *strames* 'frei fließend'.

Dokument zu Dokument stabil blieben und auch nicht auf den mündlichen Sprachgebrauch am Ort ausstrahlen konnten.

Eine solche Situation lässt uns zweierlei vermuten:

- Benennungen von Mühlen und ihnen vorausgehende individualisierende Bezeichnungen waren in jener Zeit eher regelhaft unstet und veränderlich.
- Eine Namenstabilität bildete sich erst im Zuge vermehrter Schriftlichkeit heraus.

Sollte uns eine solche Situation nicht vermuten lassen, dass Benennungen von Mühlen und ihnen vorausgehende individualisierende Bezeichnungen in jener Zeit eher regelhaft unstet und veränderlich waren und sich eine Namenstabilität erst im Zuge vermehrter Schriftlichkeit herausbildete?

4.2 Mehrfache Motivierungen

Das in Kapitel 3 genannte kommunikative Erfordernis, bei mehreren Mühlen an einem Ort eine Differenzierung vorzunehmen, spiegelt sich in Bezeichnungen, die auf mehr als eine Motivation zurückgreifen:

Kombination von Lageangabe und SiedlungsN (Nominationsstrategien 2 + 1):

1333 *der œversten Möler vpper Vanso by Deterstorp* (CDB A 24: 17/28)
(83; *Obermühle*, Złocieniec/Falkenburg)

Kombination von Charakteristik und SiedlungsN (Nominationsstrategie 4 + 1):

- 1337 *Molendinum illorum de Marwitz super Smolnitz* (Gollmert 1862: 13)
  1517 *die grosse Schmolnitze molle* (CDB A 24: 229/298)
  (90; *Smoliniec Wielki*, Smolnica/Bärfelde)
- 1337 *Molendinum paruum super Smolnitz* (Gollmert 1862: 13)
  1472 *Lutke Smolnitze* (Grotefend 1923: 181, Nr. 1383 und 212, Nr. 1470)
  1499 *Lutke Smolnitze* (Kletke 1868: 370)
  (90; *Smoliniec Mały*, Smolnica/Bärfelde)
- 1337 *Molendinum medium ad ibidem* (Gollmert 1862: 13)
  (90; *Smoliniec Średni*, Smolnica/Bärfelde)

Kombination von Charakteristik und Lageangabe (Nominationsstrategie 4 + 2):

- 1337 *Molendinum Sancti Spiritus in Bernwolde* (GOLLMERT 1862: 13)
  1350 *molendinum sancti spiritus nuncupatum, situm ante civitatem nostram Berenwaldt* (CDB A 19: 18/29)
  (88; *Sancti Spiritus*, Mieszkowice/Bärwalde)
- (1336) *super molendino vlterius discendendo super eundem fluuium sito, quod communiter dicitur Lapmühl* (CDB A 18, 13/15)
  1337 *Rap*[-Mühle] (Repertorium: 5/22)[19]
  (77; *Lapmühl*, Choszczen/Arnswalde)

In Bezug auf die Erweiterung von Ortsangaben wird für Smolnica/Bärfelde deutlich, wie mehrere Mühlen bei einer Siedlung auf einheitliche Weise (groß – mittel – klein) voneinander unterschieden werden. In Mieszkowice/Bärwalde hingegen scheint die Besitzangabe nach dem Heiliggeisthospital der Stadt der entscheidende Faktor der Benennung zu sein.

4.3 Wechselnde Motivierungen

Von diesem Phänomen ist mehr als ein Viertel der Namen betroffen (genaue Zahlen hierzu vgl. in Abschnitt 4.5):

Wechsel von einem SiedlungsN zu einem anderen (Nominationsstrategie $1_1 > 1_2$):

1337 *Molendinum dictum Soldinsche Môle* (GOLLMERT 1862: 19)
1363 *dy mole, die gelegen ist vor vnser stad to Lippene* (CDB A 18: 84/37)
(90; *Soldinische Mühle*, Lipiany/Lippehne)

19 Die Benennung erfolgte pejorativ zu ‘Lappen, elende Hütte’. Die Schreibung von 1337 dürfte im Anlaut fehlerhaft sein. Vielleicht ist der Name auch in einem Zusammenhang zu sehen, wie er für das 17. Jahrhundert aus der Stadtmühle Cottbus bezeugt ist. Dort wurden an einer bestimmten Stelle des Mühlengetriebes anstelle von „rechten Hintertüchern“ (zur Vermeidung des Austretens von Mehl) „böse Lappen“ eingesetzt, wodurch mehr Mehl zum Nachteil der Mahlgäste abhanden kam (vgl. SCHMIDT 1911: 29). Ohne weitere Belege kann eine solche Motivation für die *Lapmühle*, zumal diese schwach belegt ist, nur unbestimmt vermutet werden.

Wechsel von einer Lageangabe zu einer anderen (Nominationsstrategie $2_1 > 2_2$):

(1296) 1377 *das fliess, die Ihna genandt, mit den muhlen, so dorauf gebawet* (CDB A 18: 7/6)
1333 *muhlen vor der Stadt* (CDB A 18: 11/12)
1383 *an der Zingel* (VAN NIESSEN 1901: 46)
(95; *Vormühle*, Recz/Reetz)

Wechsel von Lageangabe zu Charakteristik (Nominationsstrategie 2 > 4):

– (1338) *super molendino, sito in fossato dicte nostre ciuitatis ad flumen Roreke* (CDB A 19: 201/48)
(1428) *Vyerrade- u. Grab-Mühle* (Repertorium: 104/604)
1475 *in dee virradesche starte* [sic! Gemeint: *stete*?] (BÜTOW 1929: 129)
(95; *Vierraden-Tormühle*, Chojna/Königsberg)
– 1310 *in molendino, uie* [sic!] *proximo, quando itur ad nouam ciuitatem* (CDB A 19: 179/12)
1315 *in inferiori molendino sancti Spiritus in campo ibidem sito* (CDB A 19: 181/25)
1459 *hel. Gest Möle* (KEHRBERG 1724: 25)
(76; *Krupin*, Chojna/Königsberg)
– 1257 *in molendinis in aquam Cladowe infra civitatis terminos* (CDB A 18: 369/1)
1325 *in der mühle, bey der stadt mauer gelegen* (CDB A 18: 377/13)
1372 *in der virradigen molen* (CDB A 18: 404/57)
1452 *in der Vierraden Mole* (CDB A 24: 158/213)
1522 *dem fierraden- und fernemuller, Der vier Raden muller, mit dem Vierrademuller* (KAPLICK 1924: 75–76)
(95; *Vierradenmühle*, Kłodawa/Kladow)
– (1338) *molendino inferiori, sito supra Drawam prope ciuitatem* (CDB A 18: 221/13)
1401 *Czingel-Mühle* (Repertorium: 17/79)
(99; *Zingel-Mühle*, Drawsko Pomorskie/Dramburg)
– 1445 *oberste Mühle* (ECKERT 1890: 48)
1522 *dem fierraden- und fernemuller, oberhalb der fernemolen* (KAPLICK 1924: 75–76)
(67f.; *Ferne Mühle*, Kłodawa/Kladow)

Wechsel von einer Charakteristik zu einer anderen (Nominationsstrategie $4_1 > 4_2$):

- (1486) *die molle mit dem Seeken, das darczu ligt* (CDB A 24: 205/269)
  1499 *die Hassel moll* (CDB A 18: 503/90)
  (72; *Hasselmühle*, Myślibór/Soldin)
- (1278) *Molendinum, autem quod ante fundationem ciuitatis predicte fuit ibi...* (CDB A 18: 63/4)
  1392 *Czingelmole* (Repertorium, 14/66)
  (95; *Vormühle*, Barlinek/Berlinchen)
- 1400 *to eyner Walckmo̊len, ener Walckemo̊len* (Kehrberg 1724: 28)
  1431 *Schlypmole* [...] *up dy olde Walckmo̊len Stede* (Kehrberg 1724: 29)
  (89 und 96; *Walk- und Schleif-Mühle*, Chojna/Königsberg)

Einige dieser Beispiele lassen erkennen, dass nicht im eigentlichen Sinne ein Namenwechsel erfolgt, sondern nur ein einmaliges Alternieren, bei dem es sich wohl um den Reflex einer parallel gebrauchten abweichenden Benennung handelt. Auffallend ist daneben der u. a. vom unbestimmten Artikel angezeigte appellativische Charakter mancher Belege. Unter den charakterisierenden Benennungen kam es in einem Fall zu einem mit einem Funktionswechsel verbundenen Neubau an gleicher Stelle: Die *Schleifmühle* wurde von den Schmieden betrieben; es handelte sich bei der Bezeichnung um die entsprechende dort ausgeübte Tätigkeit (Kehrberg 1724: 29).

Nur exkursartig kann darauf hingewiesen werden, dass *Vierradenmühlen* auch in anderen Regionen begegnen, beispielsweise bei Broda/Neubrandenburg,[20] in der Niederlausitz[21] und in Schlesien (Sochacka 2015: 172; Choroś & Jarczak 2015: 180, 187). Da entsprechende Bezeichnungen für die Drei- und Fünfzahl zu fehlen scheinen, ist zu vermuten, dass es sich hierbei um einen festen Terminus handelte. Vielleicht geht es nicht um die Anzahl der Treibräder oder Mahlgänge, die doch eigentlich auch in anderer Anzahl vorliegen würden, sondern um eine bestimmte Ausprägung des Getriebes. In einem böhmischen Steuerregister (Emler 1876) ist immerhin auffällig, dass dort bei der Angabe der Räder neben dem überwiegenden *unum* (26 mal) nur gerade Anzahlen der Was-

20 Nach einem freundlichen Hinweis von Prof. Dr. Matthias Hardt, Leipzig.

21 1448 *aus der Mühle mit vier Raden nechst dem Schlosse* in Cottbus, vgl. Worbs (1834: 264, Nr. 783); Schmidt (1911: 5). Außerdem sei auf den weiter unten in diesem Kapitel (im Zusammenhang mit komplexen Benennungschronologien noch zu nennenden) isolierten Beleg 1371 *molendinum magnum quattuor rotarum* (63; *Bocieniec*, Chojna/Königsberg) verwiesen.

serräder begegnen – *duo* und *quatuor* (jeweils viermal) sowie einmal *sex.*[22] Möglicherweise stellt die Vierrädrigkeit pauschal ein Synonym für eine herausgehobene Größe der Mühle dar, worüber aber an dieser Stelle nur spekuliert werden kann. Nötig wären hierzu insbesondere weitere Belege.

4.4 Komplexe Bezeichnungschronologien

Tab. 3: Der Extremfall einer komplexen Bezeichnungschronologie

	SiedlungsN	Lage	PersonenN	Charakterisierung
***Bocieniec*, Chojna/Königsberg** (Rymar & Czopek 1993: 63):				
1330 *in supremo molendino in metis agrorum dicte ciuitatis super aquam, que dicitur Roreke, situato, quod wlgariter dicitur molendinum relicte Anselmi* (CDB A 19, 191/31)		2_{1+2}	3_1	
1358 *Quod honestus vir Jo. heester nostrum magnum molendinum sibi et suis veris heredibus ad veram hereditatem dimissum et assignatum emit rationabili emptione ab honesto viro nycolao molner, suo antecessore in eodem molendino pro CCC. talentis vinconum nostra cum voluntate* (CDB A 19, 234/102)				4_1
1371 *molendinum magnum quattuor rotarum, de magno molendinum* (Bütow 1938: 49, Anm. 9 und 50)				4_{1+2}
1422 *Louw Møle in der Heister Møle, de Low-Møle* (Kehrberg 1724: 24)			3_2	4_3
1456 *dem butensten Möllner* (Kehrberg 1724: 25)		2_3		
1460 *de vterste mole, alze de hegestermole gheraden* (CDB A 19, 389/296)		2_4	3_2	
1475 *in dy buteste mole* (Bütow 1929: 129)		2_3		

22 In einem weiteren Verzeichnis (Bernaregister) stehen jedoch neben fast 100 ein- und zweirädrigen Mühlen und drei vierrädrigen immerhin fünf dreirädrige. Dagegen ragen unter 414 Urkundenbelegen zu böhmischen Mühlen aus den Jahren 1232–1256 *quatuor* mit zehn und *duo* mit neun Belegen – also wiederum gerade Zahlen – aus insgesamt 27 Angaben zur Anzahl der Räder überhaupt deutlich heraus. Diese Angaben wären aber noch im Detail nachzuprüfen; für die allgemeine Information danke ich Martina Maříková.

Abgesehen von den einfachen Fällen liegen einige Fälle vor, die derart komplex sind, dass sie sich kaum einem Schema zuordnen lassen. In Tabelle 3 sei der Extremfall dargestellt. Die Belegreihe wird ergänzt durch eine Übersicht der jeweils maßgeblichen Nominationsstrategien (innerhalb der Gruppen jeweils durch tief gestellte Ziffern voneinander unterschieden).

Zu Beginn wird die Mühle nach ihrem früheren Besitzer bezeichnet, später nach einem dann aktuellen Betreiber (*hegester* entspricht *heester*). Parallel dazu ist ein Schwanken verschiedener Charakterisierungen (Zugehörigkeit zur Stadt, Größe, Vierrädrigkeit – vgl. oben unter 4.3, Gewerbezweig) sowie von Lagebezeichnungen (nd. *butenst* 'äußerst'; 'unten') zu beobachten.

Die übrigen dieser komplexen Bezeichnungschronologien sind etwas übersichtlicher (Tabelle 4).

Tab. 4: Weitere komplexe Bezeichnungschronologien

	SiedlungsN	Lage	PersonenN	Charakterisierung
***Trzciniec*, Parzeńsko/Wollhaus (Rymar & Czopek 1993: 94):**				
(1344) *molendinum dictum vulgariter des marggreuen mole situm in merica Golyn* (CDB A 24: 33/61)	1			4
1350 *molendinum situm in merica prope Gobbin, quondam dictum des Marggrafen Mole citra Gobbin* (CDB A 18: 461/31)	1			4
1425 *de Heyde Mole, de dar is geheten des Marckgreuen Mole* (CDB A 18: 419/72)		2		4
***Zagroble*, Recz/Reetz (Rymar & Czopek 1993: 98):**				
(1296) 1377 *das fliess, die Ihna genandt, mit den muhlen, so dorauf gebawet* (CDB A 18: 7/6)		2_1		
1333 *vnd auch die muhle vf dem tamme der ihna, dar man gebett zu alten Wedell*[23] (CDB A 18: 11/12)		2_1		

23 Im Kontext der Urkunde ist die Phrase zu verstehen als: 'den Damm [...], den man gebaut hat zu Altwedel'.

	SiedlungsN	Lage	PersonenN	Charakterisierung
1350 *in molendino De.,*[24] *prope ciuitatem sito* (CDB A 18, 20/28)		2_2		
1545 *Dammmollen* (Berg 1902: 59, Anm. ** [sic!])		2_1		
***Vogelsang*, Gorzów/Landsberg (Rymar & Czopek 1993: 95):**				
1299 *molendinum apud nouam Landesbergk civitatem nostram, Vogelsangk dictum* (CDB A 18: 370/3)	1			4
1325 *molendini Voghelsang* (CDB A 18: 378/14)				4
(1335) *ex molendino nostro, quod dicebatur Vogelsangk* (CDB A 18: 383/19)				4
Schwedter Mühle [am Schwedter Tor], **Chojna/Königsberg (Rymar & Czopek 1993: 89)**				
(1313) *in molendinum situm in portis ante koningesberg* (CDB A 19: 180/14)	1	2_1		
1327 *in molendino dicte civitatis, in fossa situato* (CDB A 19: 188/26)		2_2		4
1329 *in molendino dicto ciuitatis, in fossa ualue noue ciuitatis situato* (CDB A 19: 190/29)		2_2		4
1371 *Ante valvam Swedt Drewes mole*[25]		2_1	3	
***Spitzmühle*, Gorzów/Landsberg (Rymar & Czopek 1993: 91)**				
1325 *spitzmole* (CDB A 18: 377/13)				4
1337 *Dua Molendina in Stennevitz* (Gollmert 1862: 22);[26]	1			
(1342) *in molendino prope ciuitatem predictam, quod vulgariter dicitur Spizmole* (CDB A 18: 385/23)		2		4
1363 *in duobus molendinis* [...] *scilicet Spitzmole et Linde* (CDB A 18, 386/24)				4
1363 *in molendino ciuitatis proximo* (CDB A 18: 401/51)		2		

24 So die Schreibung in der angegebenen Quelle.

25 Bütow (1938: 49), vgl. dort Anm. 10: „bedeutet: vor dem Haupttor der Schwedter Torbefestigung".

26 Die andere Mühle dürfte die bei Rymar & Czopek (1993: 89) erst für das 18. Jahrhundert. belegte Stennewitzer Mühle (Sienicki Młyn) sein.

Deutlich wird in diesen Fällen, dass innerhalb kurzer Zeit ganz unterschiedliche Bezeichnungen für eine Mühle kursieren konnten – für die *Butenmühle* werden gleich drei der eingangs genannten Benennungsstrategien in Anspruch genommen; für die Schwedter Mühle alle vier. Eine Benennung nach einem Besitzer konnte leicht eine andere verdrängen. Ansonsten dürfte das Schwanken der Namenformen wie auch der appellativischen Beschreibungen für sich sprechen. Im Übrigen wird dem aufmerksamen Leser nicht entgangen sein, dass auch einige der zuvor genannten Belege der Klasse, der sie zugeordnet sind, nicht exakt entsprechen. Im Detail ist also das Bild noch komplexer; ganz ohne Generalisierung wäre die Klassifizierung jedoch zerfasert.

Erkennbar wird hier auch, dass eine geradlinige, von einer appellativischen Beschreibung ausgehende Proprialisierung unter diesen Umständen schwer zu fassen ist, aber letztlich doch erfolgt, wenn auch z. T. jenseits der hier betrachteten mittelalterlichen Belege, also in der Frühen Neuzeit. Für die einzelne Motivation liegen freilich jeweils nur wenige Belege vor (vgl. die Angaben in den Spalten der oben aufgeführten Zusammenstellungen), so dass über den Grad der Proprialisierung oftmals nur zu spekulieren ist. Es zeigt sich aber, dass manche Motivationen dauerhafter wirkten als andere, und in einigen Fällen begegnen bereits recht früh feste Fügungen, die als regelrechte Eigennamen anzusehen sind. Grundsätzlich ist es jedoch das Bild der Vielfalt und der Diversität, das uns aus den Quellen maßgeblich entgegentritt.

4.5 Systematisierung

Die in Abschnitt 4.3 dargestellten Motivationswechsel und Mehrfachmotivationen lassen sich genauer klassifizieren, vgl. Tabelle 5. Ausgeklammert bleiben die komplexen Bezeichnungschronologien aus Abschnitt 4.4, die nicht in das Schema der Tabelle passen.

Tab. 5: Motivationswechsel in neumärkischen Mühlenbenennungen

		Zweite Motivation		
		SiedlungsN (1)	Lage (2)	Charakterisierung (4)
Erste Motivation	SiedlungsN (1)	1	-	-
	Lage (2)	-	1	5
	Charakterisierung (4)	-	-	3

Angesichts der eher geringen Zahl der zugrunde liegenden Benennungen ist zu berücksichtigen, dass bereits wenige neu hinzukommende Belege das von der Tabelle dargebotene Bild grundlegend verschieben könnten. Unter dieser Einschränkung ist eine Tendenz zur Bevorzugung von Charakterisierungen erkennbar, die bei zu beobachtendem Namenwechsel in der überwiegenden Zahl der Fälle am Ende der Belegreihe stehen. Bemerkenswert ist auch, dass Benennungen nach SiedlungsN meist stabil bleiben und kaum einem Wandel unterliegen, während ein solcher für die Hälfte der Lagebezeichnungen und charakterisierenden Benennungen festzustellen ist (Tabelle 6).

Tab. 6: Namenwechsel in neumärkischen Mühlennamen

	ohne Namenwechsel	**mit Namenwechsel**	**Summe**
SiedlungsN (1)	11	1	12
Lage (2)	7	5	12
PersonenN (3)	1	0	1
Charakteristik (4)	3	4	7

Offensichtlich genügten diese den kommunikativen Anforderungen nicht oder die Benennungen bzw. appellativischen Beschreibungen hielten einem Wechsel der Nutzungsart, des Erscheinungsbildes usw. des Objekts nicht stand. Zudem ist nicht aus den Augen zu verlieren, dass bei den Mühlen, deren Bezeichnung stabil bleibt, Benennungen nach SiedlungsN (mit 11 von 22) genau die Hälfte ausmachen. Hierbei ist noch zu berücksichtigen, dass die Urkunden den entsprechenden Bezeichnungen noch häufiger Ortsangaben beifügen, als es in den oben aufgelisteten Belegen angegeben ist. Die Wiedergabe solcher oft weitschweifiger und sich auf mehrere Objekte – nicht nur auf Mühlen – beziehender Phrasen hätte aber die Übersichtlichkeit der Darstellung in diesem Beitrag stark leiden lassen. Andererseits wird die Dominanz detoponymischer Mühlenbenennungen durch den Umstand gemildert, dass die Schriftquellen häufig in städtischem Kontext entstanden. Hierbei können Charakterisierungen und Lageangaben naturgemäß eine größere Rolle spielen, da durch den Bezug auf eine einzige Siedlung die Referenz sichergestellt ist. Auch wenn es sich bei den städtischen Eliten natürlich auch um Instanzen der Herrschaft und Administration handelt, sind doch die entsprechenden Namenbelege eher dem in Kapitel 3 dargestellten lokalen Kommunikationsmilieu (a) zuzuordnen.

Ohnehin ist bei Zählungen und Verhältnisbildungen Vorsicht angebracht. Angesichts der überwiegenden Instabilität der Art und Weise, mittels der Mühlen in Schriftquellen benannt oder identifiziert werden, ist zu vermuten, dass die zu beobachtenden Stabilitäten eher einem Fehlen weiterer Belege geschuldet sind, die ggf. wiederum eine andere Bezeichnungsstrategie verkörpern könnten als die uns bekannten. Daher dürften die Prozesse der Namenentstehung noch viel differenzierter sein, als es hier dargestellt werden kann – was hier als Wechsel der Motivation erscheint, ist wahrscheinlich eher Reflex von parallel (in unterschiedlichen Nutzermilieus?) gebrauchten Bezeichnungen.

5 Zusammenfassung

Zunächst ist zu wiederholen, dass es sich bei vielen der hier präsentierten Belege nicht um MühlenN im eigentlichen Sinne handelt, sondern um appellativische Verweise auf Objekte, denen zur Identifizierung eine Differenzierung beigegeben wird. Der Grad der Proprialisierung dieser Fügungen ist zwar eher gering, aus ihnen haben sich aber mit der Zeit – was mittelalterliche Quellen allein nicht in jedem Fall erkennen lassen – feste MühlenN entwickelt. Es lässt sich hierbei bestätigen, was bereits an anderer Stelle für Schlesien festgestellt wurde:

> Die Analyse der Urkunden aus dem 12. bis 14 Jahrhundert zeigt, dass sich das Benennungssystem erst zu dieser Zeit herausbildete; es befand sich damals also in statu nascendi. Gebräuchlich waren vor allem beschreibende Bezeichnungen, sogenannte Deskriptionen.
>
> (Sochacka 2015: 171)

SiedlungsN wurden bei der Identifizierung von Mühlen offenbar bevorzugt, was im Hinblick auf die eingangs dargestellten kommunikativen Milieus und deren Benennungsstrategien nicht verwundert: Praktisch alle schriftlich überlieferten mittelalterlichen MühlenN entstammen der Verwaltung, die den Blick von oben auf eine Vielzahl von Siedlungen und Mühlen richtete und diese voneinander differenzieren musste. Dies gilt auch für städtische Quellenkontexte, wenngleich sich deren Perspektive weitgehend auf das Gebiet der jeweiligen Stadt beschränkt und die Zahl der damit zu unterscheidenden Mühlen geringer ist.[27]

27 Zur Verfestigung deoikonymischer MühlenN Zschieschang (2015a: 207–208).

Die Benennungen und Bezeichnungen nicht weniger mittelalterlicher Mühlen lassen mehr als eine Benennungsmotivation erkennen, womit sie vom Ideal – ein Geoobjekt entspricht einem Namen – signifikant abweichen. Neben Mehrfachmotivationen in der individualisierenden Bezeichnung von Mühlen begegnen häufig Wechsel in den Benennungen. Diese Wechselhaftigkeit dürfte z. T. mit dem parallelen Gebrauch mehrerer Namen innerhalb verschiedener kommunikativer Milieus zu erklären sein. Die eingangs geäußerte These, dass die Benennung von Wassermühlen im Mittelalter noch weitgehend unfest war und je nach kommunikativer Notwendigkeit zu ganz verschiedenen Bildungen führen konnte, gewinnt damit an Gewicht. Es zeigt sich immer wieder ein Konglomerat aus unterschiedlichen, schwankenden und je nach sprachlichem Kontext divergierenden Nominationsstrategien. Sofern dagegen Überlieferungsreihen aus zwei, drei Belegen homogen erscheinen, wäre zu unterstellen, dass daneben noch abweichende Benennungen existierten, die nicht den Weg in die Schriftlichkeit fanden. Aus dieser Gemengelage heraus festigt sich dann das, was uns in späteren Jahrhunderten als „der“ MühlenN entgegentritt. Die Beobachtungen wären aber freilich noch anhand weiterer regionaler Studien zu verifizieren, was beileibe nicht nur im Rahmen der eingangs genannten Projektgruppe erfolgen muss.

Damit dürfte deutlich geworden sein, dass MühlenN nicht einfach gebildet wurden, sondern in einem komplizierten Prozess aus beschreibenden Phrasen entstanden. Ähnlich kompliziert hat man sich vielleicht auch die „Bildung“ vieler Onyme anderer Namenklassen vorzustellen, insbesondere wenn sie sich nicht amtlichen Festlegungen verdankt. Ohne dass dies im vorliegenden Beitrag weiter zu verfolgen wäre, könnte vielleicht an Flurnamen bzw. Anoikonyme, aber auch an die Namen von Adelsgeschlechtern gedacht werden, die bei wechselnden Wohnsitzen schwanken konnten. Der Terminus „Bildung“ suggeriert den sprichwörtlichen „kurzen Prozess“, nach dessen Abschluss der Name dann da und über die Jahrhunderte nur eher kleineren sprachlichen Veränderungen ausgesetzt ist. Zumindest im Kontext der Benennung von Mühlen sollte jedoch an Stelle einer „Bildung“ von Namen eher von einer „Entstehung“ gesprochen werden, weil dies auch langwierige Prozesse wie die hier dargestellten impliziert.

Literatur

Quellen

BERNAREGISTER = Bernaregister des Prager Erzbistums 1379. In Josef EMLER (Hrsg.) (1881), *Decem registra censuum Bohemica compilata aetate bellum husiticum praecedente*, 313–400. Praha.

BÜTOW, Hans (1929): Schuldnerregister des S. Georgeshospitals zu Königsberg Nm. in der Zeit um 1475. *Die Neumark* 6, 125–135.

BÜTOW, Hans (1938): Neu aufgefundene Urkunden des Königsberger Stadtarchivs. *Die Neumark* 15, 45–50.

CDB = RIEDEL, Adolph Friedrich (Hrsg.) (1838–1869): *Codex diplomaticus Brandenburgensis*, Reihen A–D. Berlin.

EMLER, Josef (Hrsg.) (1876): *Ein Bernaregister des Pilsner Kreises vom Jahre 1379*. Praha. Online verfügbar unter http://147.231.53.91/src/index.php?s=v&cat=21&bookid=201 (unter der Rubrik „Varia", 22.07.2017).

GOLLMERT, Louis (Hrsg.) (1862): *Das neumärkische Landbuch Markgraf Ludwigs des Aelteren vom Jahre 1337*. Frankfurt a. O.

GROTEFEND, Otto (1923): *Geschichte des Geschlechts von der Osten. Urkundenbuch*. Bd. 2/1. Stettin.

KLETKE, Karl (Hrsg.) (1868): *Regesta Historiae Neomarchicae. Die Urkunden zur Geschichte der Neumark und des Landes Sternberg 2*. (Märkische Forschungen 12).

KRABBO, Hermann & Georg WINTER (Hrsg.) (1955): *Regesten der Markgrafen von Brandenburg aus askanischem Hause*. (Veröffentlichungen des Vereins für Geschichte der Mark Brandenburg 8).

NIESSEN, Paul J. van (1901): Regesten zur Geschichte des Cistercienser-Nonnenkloster Reetz. *Schriften des Vereins für Geschichte der Neumark* 11, 37–51.

PETTENEGG, Eduard Gaston von (Hrsg.) (1887): *Die Urkunden des Deutsch-Ordens-Centralarchives zu Wien 1: 1170–1809*. Prag.

Repertorium = NIESSEN, Paul van (Hrsg.) & Joachim ERICH (Bearb.) (1895): *Repertorium der im Kgln. Staatsarchive zu Königsberg i. Pr. befindlichen Urkunden zur Geschichte der Neumark. Landsberg a. W.* (Schriften des Vereins für Geschichte der Neumark 3).

RIBBE, Wolfgang & Johannes SCHULTZE (Hrsg.) (1976): *Das Landbuch des Klosters Zinna*. Berlin (Zisterzienser-Studien II; Studien zur europäischen Geschichte 12).

TRUHLÁŘ, Josef (Hrsg.) (1880): *Urbář zboží rožmberského z roku 1379*. Praha. Online verfügbar unter http://147.231.53.91/src/index.php?s=v&cat=41&bookid=325 (22.07.2017).

WORBS, Johann Gottlob (1834): *Inventarium diplomaticum Lusatiae inferioris. Verzeichniss [sic!] und wesentlicher Inhalt der bis jetzt über die Nieder-Lausitz aufgefundenen Urkunden. Erster [und einziger] Band vom Jahre 873 bis 1620*. Lübben.

Sekundärliteratur

BACH, Adolf (1953): *Deutsche Namenkunde II: Die deutschen Ortsnamen*. Bd. 1. Heidelberg.

BAUER, Gerhard ([2]1998): *Deutsche Namenkunde*. Berlin (Germanistische Lehrbuchsammlung 21).

BERG, K. (1902): Arnswalde im 16. Jahrhundert. *Schriften des Vereins für Geschichte der Neumark* 13, 1–145.

BERTHOLD, Jens (2015): Mühlen im Befund – Eine Übersicht zu archäologischen Erscheinungsformen von Wassermühlen. In Martina Maříková & Christian Zschieschang (Hrsg.), *Wassermühlen und Wassernutzung im mittelalterlichen Ostmitteleuropa* (Forschungen zur Geschichte und Kultur des östlichen Mitteleuropa 50), 235–268. Stuttgart.

BÖTTCHER, Hans-Joachim & Manfred WILDE (2003): *Die Mühlen und Müller der Dübener Heide.* Neustadt a. d. Aisch.

BRENDLER, Andrea & Silvio BRENDLER (Hrsg.) (2004): *Namenarten und ihre Erforschung. Ein Lehrbuch für das Studium der Onomastik.* Hamburg.

CHOROŚ, Monika & Łucja JARCZAK (2015): Orts- und Flurnamen mit dem Glied Mühle/młyn. In Martina Maříková & Christian Zschieschang (Hrsg.), *Wassermühlen und Wassernutzung im mittelalterlichen Ostmitteleuropa* (Forschungen zur Geschichte und Kultur des östlichen Mitteleuropa 50), 173–192. Stuttgart.

DEBUS, Friedhelm (2012): *Namenkunde und Namengeschichte. Eine Einführung.* Berlin.

DRWB = SPEER, Heino (1992–1996): *Deutsches Rechtswörterbuch. Wörterbuch der älteren deutschen Rechtssprache.* Bd. 9. Weimar.

ECKERT, Rudolf (1890): *Geschichte von Landsberg a. Warthe. Stadt und Kreis 2. Theil: Die Sonder-Geschichte.* Landsberg.

EICHLER, Ernst, Gerold HILTY, Heinrich LÖFFLER, Hugo STEGER & Ladislav ZGUSTA (Hrsg.) (1995/1996): *Namenforschung. Ein internationales Handbuch zur Onomastik. 2 Bände.* Berlin, New York (Handbücher zur Sprach- und Kommunikationswissenschaft 11).

FISCHER, Reinhard E. (1996): *Brandenburgisches Namenbuch, Teil 10: Die Gewässernamen Brandenburgs.* Weimar.

HENNING, Friedrich Wilhelm (1984): Mahlzwang. In Adalbert Erler & Ekkehard Kaufmann (Hrsg.), *Handwörterbuch zur Deutschen Rechtsgeschichte.* Bd. 3, 156–158 Berlin.

HOSE, Susanne (2013): *Erzählen über Krabat. Märchen, Mythos und Magie.* Bautzen.

JEUTE, Gerson (2015): Zur Verbreitung der hochmittelalterlichen Mühle aus archäologischer Sicht. In Martina Maříková & Christian Zschieschang (Hrsg.), *Wassermühlen und Wassernutzung im mittelalterlichen Ostmitteleuropa* (Forschungen zur Geschichte und Kultur des östlichen Mitteleuropa 50), 269–277. Stuttgart.

KAPLICK, Otto (1924): Landsberger Mühlen zur Zeit der ersten Hohenzollern. *Die Neumark* 1, 71–77.

KEHRBERG, Augustin ([2]1724): *Erleuterter Historisch-Chronologischer Abriß der Stadt Königsberg in der Neu-Marck.* Berlin. Die nur ein Jahr später erschienene, inhaltlich anscheinend identische dritte Auflage online verfügbar unter: https://gdz.sub.uni-goettingen.de/id/PPN657558907?tify={%22view%22:%22info%22} (06.08.2017).

KIRSTEN, Alfred K. (2007): *Mühlen an der Geislede.* Heiligenstadt.

KOß, Gerhard ([3]2002): *Namenforschung. Eine Einführung in die Onomastik.* Tübingen (Germanistische Arbeitshefte 34).

MAŘÍKOVÁ, Martina & Christian ZSCHIESCHANG (Hrsg.) (2015): *Wassermühlen und Wassernutzung im mittelalterlichen Ostmitteleuropa* (Forschungen zur Geschichte und Kultur des östlichen Mitteleuropa 50). Stuttgart.

NÜBLING, Damaris, Fabian FAHLBUSCH & Rita HEUSER ([2]2015): *Namen. Eine Einführung in die Onomastik.* Tübingen.

PIEPER, [Hermann] (1929): Zur Ortsnamenkunde des Soldiner Kreises. In *Heimatkalender des Kreises Soldin* Nm. 8, 63–80.

PROFOUS, Antonín (1947-1960): *Místní jména v Čechách. Jejich vznik, původní význam a změny* [Die Ortsnamen in Böhmen. Ihre Entstehung, ursprüngliche Bedeutung und Veränderungen]. 5 Bände. Praha.

REINHOLD, Josef (2007): *Mühlen und Müller im Eichsfeld von Leinefelde bis Bodenrode*. Duderstadt.

RUTKIEWICZ, Małgorzata (2003): Nazewnictwo poznańskich młynów wodnych a współczesna onomastyka miasta [Die Namen der Posener Mühlen und die gegenwärtige Onomastik der Stadt]. In Maria Biolik (Hrsg.), *Metodologia badań onomastycznych*, 580–591. Olsztyn.

RYMAR, Edward & Barbara CZOPEK (1993): Nazwy młynów i osad młyńskich na terenie dawnej Nowej Marchii [Die Namen der Mühlen und Mühlensiedlungen auf dem Gebiet der früheren Neumark]. *Onomastica Slavogermanica* XVIII, 61–115. Wrocław.

SCHMIDT, Friedrich (1939): Flurnamen in Nordthüringen [Teil 4]. *Mitteilungen des Vereins für Geschichte und Naturwissenschaft in Sangerhausen und Umgegend* 26, 5–72.

SCHMIDT, Fritz (1911): *Beiträge zur Geschichte der Mühlen in der Herrschaft Cottbus bis 1700.* Vortrag, gehalten im Verein für Heimatkunde in Cottbus am 18. Oktober und 8. November 1911, Separat-Abdruck aus dem Cottbuser Anzeiger. Cottbus.

ŠKUDRNOVÁ, Jaroslava (2015): Die Rosenberger Wassermühlen an der Schwelle der Neuzeit. In Martina Maříková & Christian Zschieschang (Hrsg.), *Wassermühlen und Wassernutzung im mittelalterlichen Ostmitteleuropa* (Forschungen zur Geschichte und Kultur des östlichen Mitteleuropa 50), 131–162. Stuttgart.

SOCHACKA, Stanisława (2011): O polskich i niemieckich nazwach młynów na Śląsku [Über deutsche und polnische Mühlennamen in Schlesien]. *Studia Śląskie* 70, 115–124.

SOCHACKA, Stanisława (2015): Die Namen der Wassermühlen in Schlesien. In Martina Maříková & Christian Zschieschang (Hrsg.), *Wassermühlen und Wassernutzung im mittelalterlichen Ostmitteleuropa* (Forschungen zur Geschichte und Kultur des östlichen Mitteleuropa 50), 163–172. Stuttgart.

ŠRÁMEK, Rudolf (1972/73 [2007]): Zum Begriff „Modell" und „System" in der Toponomastik. *Onoma* 17, 55–75; Neudruck in: ŠRÁMEK, Rudolf: *Beiträge zur allgemeinen Namentheorie*, hrsg. von Ernst Hansack, 105–123. Wien (Schriften zur diachronen Sprachwissenschaft 16).

WAGENBRETH, Otfried, Helmut DÜNTZSCH, Rudolf TSCHIERSCH & Eberhard WÄCHTLER (Hrsg.) (1994): *Mühlen. Geschichte der Getreidemühlen. Technische Denkmale in Mittel- und Ostdeutschland.* Leipzig, Stuttgart.

WENZEL, Walter (2009): Müller- und Mühlennamen aus der Niederlausitz. *Niederlausitzer Studien* 35, 81–99.

ZSCHIESCHANG, Christian (2015a): Zur Benennung von Mühlen im Mittelalter. In Martina Maříková & Christian Zschieschang (Hrsg.), *Wassermühlen und Wassernutzung im mittelalterlichen Ostmitteleuropa* (Forschungen zur Geschichte und Kultur des östlichen Mitteleuropa 50), 193–232. Stuttgart.

ZSCHIESCHANG, Christian (2015b): Usus aquarum in der frühmittelalterlichen Toponymie. Einblicke. *Přehled výzkumů* 55, 61–73.

Objektnamen

Mehmet Aydin

Computer *Isidor*, Schredder *Schröder* und Teigschaber *Katja*

Eigennamen von Haushalts- und Bürogegenständen

Zusammenfassung: Bilden die Eigennamen „Luxuskategorien, indem sie eine exklusive 1:1-Beziehung zwischen einem Ausdruck und einem Objekt herstellen" (NÜBLING, FAHLBUSCH & HEUSER [2]2015: 22), so sind die Eigennamen von Haushalts- und Bürogegenständen wohl als „Prunk" zu bezeichnen. Typischerweise werden diese nur von wenigen Personen verwendet, in vielen Fällen nur vom Namengeber/der Namengeberin selbst, welche/r sie selten allein ihrer identifizierenden Funktion wegen vergibt. Meist dienen die Namen vor allem der Individualisierung von solchen Gegenständen, die eine spezielle Relevanz für ihre BesitzerInnen haben oder als besonders wahrgenommen werden. Oft werden sie auch verwendet, um den jeweiligen Gegenstand anzusprechen, wo doch eine Reaktion der Adressaten wohl kaum zu erwarten ist.

Auf Grundlage eines Online-Fragebogens soll einerseits ebendiesen Funktionen und Verwendungen der Gegenstands-EigenN nachgegangen werden und andererseits ihre Namenbasis und Motivik untersucht werden.

Abstract: If proper names constitute "luxury categories by establishing 1:1 relationships between an expression and an object" (NÜBLING, FAHLBUSCH & HEUSER [2]2015: 22, author's translation), then proper names for home and office objects must surely be called "pomp". Typically, they are used by only a small number of people, often only by the namers themselves, who rarely use them just for their identifying function. For the most part, these names serve the purpose of individualizing those objects that have a special relevance for their owners or that are perceived as being unique. Often, they are also used to address the object in question, although a reaction is obviously not to be expected.

On the basis of an online questionnaire, this study will look into these features and usages of object names and also undertake a categorization according to name bases and motives.

Mehmet Aydin, Akademie der Wissenschaften und der Literatur Mainz, memo@gmx.org

DOI 10.1515/9783110547023-005

1 Einleitung

Die Erforschung von Ergonymen beschränkt sich in der Regel auf Namen von Objekten im öffentlichen Raum. Doch auch im privaten Rahmen werden durchaus Gegenstände benannt, deren Namen nicht in die Öffentlichkeit dringen. Nicht jeder benennt seine Gegenstände und vielen ist die Praxis völlig fremd, doch EigenN für Gegenstände, insbesondere elektronische Geräte wie Computer oder Smartphones, sind längst keine Ausnahme mehr. Dass nur wenige ihre Gegenstände benennen und dass viel Varianz in der Auswahl von zu benennenden Gegenständen besteht, zeigt bereits, dass diese EigenN bei weitem keine Notwendigkeit darstellen. Doch gerade als untypische EigenN-Klasse verdienen sie eine nähere Betrachtung.

Auf der Grundlage eines Online-Fragebogens soll deshalb im Folgenden ein erster Einblick in das Feld der EigenN von Haushalts- und Bürogegenständen gegeben werden. Dabei wurden sämtliche Gegenstände erfragt, um zunächst ein möglichst breites Bild zu bekommen. Vier Gruppen von Gegenständen wurden jedoch explizit ausgeschlossen, da diese relativ oft benannt werden. Sie würden womöglich die restlichen Daten überschatten und sind besser in Einzeluntersuchungen aufgehoben. Diese Gruppen sind Fahrzeuge, Spielzeug, Musikinstrumente und Pflanzen.

2 Methodik und Datengrundlage

Da die EigenN von Haushalts- und Bürogegenständen in der Regel im privaten Rahmen verwendet werden, konnten entsprechende Daten nur durch Befragung gewonnen werden. Hierzu wurde ein Online-Fragebogen erstellt, der von Februar bis Juli 2014 aktiv war und über soziale Medien sowie diverse Online-Foren verbreitet wurde. Der Fragebogen war auf Deutsch und Englisch verfügbar, und es gingen Antworten aus mehreren Ländern ein; für die Auswertung in dieser Pilotstudie wurde jedoch nicht zwischen den Sprachen der Antworten unterschieden.

Insgesamt wurde der Fragebogen von 239 Personen abgeschlossen. Von diesen gaben 90 an, einen oder mehrere Gegenstände mit EigenN zu besitzen, sodass 192 Gegenstände/EigenN die Datenbasis für diese Studie bilden.

Da nicht zu erwarten war, dass alle Teilnehmenden mit der wissenschaftlichen Definition von *Eigenname* vertraut sind, wurde auf der Eingangsseite kurz gegenübergestellt, welche Arten von „Namen“ erwünscht waren und welche nicht. Offensichtliche Missachtungen (wie *Spüli* für jedes Spülmittel) wurden nicht in die Datenbasis aufgenommen, genauso wie Gegenstände, die explizit von der Studie ausgeschlossen waren (Fahrzeuge, Pflanzen etc.), aber trotzdem angegeben wurden.

Der Fragebogen wurde für jeden Gegenstand ausgefüllt; einzelne Teilnehmende haben ihn also unter Umständen mehrfach ausfüllen müssen. Im Folgenden beziehen sich Zahlen deswegen, wenn nicht anders angegeben, auf einzelne Gegenstände, nicht auf Teilnehmende, BesitzerInnen oder NamengeberInnen.

Da das Ziel dieser Studie eine Kategorisierung des Namenmaterials ist, wurden Eigenschaften der NamengeberInnen nicht ausgewertet. Dennoch soll kurz die Zusammensetzung der Personengruppe vorgestellt werden. Im Fragebogen wurde für jeden einzelnen Gegenstand explizit nach dem/der NamengeberIn gefragt, falls diese/r von der/dem Teilnehmenden abweicht. Von den Gegenständen haben 66 % ihre Namen von einer weiblichen Person bekommen, 32 % von einer männlichen[1]. 75 % der Gegenstände haben NamengeberInnen mit Muttersprache Deutsch; außerdem vertreten sind Englisch (19 %), Russisch (8 %), Polnisch (2 %), Türkisch (2 %), Luxemburgisch (1 %) und Swahili (1 %) (Mehrfachnennung war möglich). Zum Zeitpunkt der Namenvergabe waren die NamengeberInnen zwischen 3 und 57 Jahre alt (hier wurde im Fragebogen um eine ungefähre Angabe gebeten), wobei sich 50 % auf ein Alter zwischen 22 und 31 Jahren konzentrieren. Die Gegenstände selbst lassen sich wie in Tabelle 1 gruppieren.[2]

Tab. 1: Übersicht über die Gegenstände in der Datenbasis

Gegenstandsgruppe	Anzahl (absolut)
Computer	57
Unterhaltungselektronik	41
Küchengeräte	20
Haushaltsgeräte	17
Computerzubehör	15
Möbel	11

1 Für die restlichen 2 % der Gegenstände wurden keine Angaben zu NamengeberInnen gemacht.

2 Eine detaillierte Auflistung befindet sich im Anhang.

Gegenstandsgruppe	Anzahl (absolut)
Haushaltsutensilien	9
Taschen	7
Kleidung & Accessoires	3
Kochutensilien	3
Werkzeug	3
Büroutensilien	2
Zimmer	2
Deko-Objekte	1
Körperpflegezubehör	1

Im Fragebogen wurde die genaue Art der Gegenstände abgefragt; die Gruppierung erfolgte während der Auswertung. Dabei wurde zwischen Küchen-/Haushaltsgeräten (z. B. Spülmaschine, Staubsauger) einerseits und Koch-/Haushaltsutensilien (z. B. Pfannenwender, Aschenbecher) andererseits unterschieden, um zu zeigen, dass hier – wie auch in der gesamten Datenbasis – größere, in der Regel elektrische Geräte (Ausnahme: Heizkörper) häufiger benannt werden.

3 Warum bekommen Gegenstände Namen und wie werden diese verwendet?

Vor einer Kategorisierung der Namen ist zunächst interessant, warum die Gegenstände überhaupt benannt werden. „Im Minimalfall identifiziert der Name, dies ist seine Grundfunktion" (Nübling, Fahlbusch & Heuser [2]2015: 20). Jedoch spielt bei Haushalts- und Bürogegenständen die Identifikation wohl kaum eine Rolle. Die meisten Personen besitzen zum Beispiel nur einen Laptop, Haushalte in der Regel nur einen Staubsauger etc., sodass kurze Umschreibungen in Form von definiten NPs wie *mein Laptop* oder *unser/der Staubsauger* zur Identifikation in der Regel völlig ausreichend sind. Nicht nur das, die Umschreibung ist auch effektiver, da der Name nur in einem kleinen Kreis von Personen verwendet werden kann, die diesen auch kennen; für 40 % der Gegenstände wurde jedoch angegeben, dass außer den Umfrageteilnehmenden selbst niemand ihre Namen verwendet. Weiterhin werden 43 % der Namen verwendet, um den jeweiligen Gegenstand anzusprechen; auch hier ist eine identifizierende Funktion auszuschließen, da eine Reaktion auf den eigenen Namen von den Gegenständen kaum erwartet werden kann.

Im Hinblick auf die Benennungsgründe wurden im Fragebogen Antwortmöglichkeiten vorgegeben, weil zu viele Textantworten Teilnehmende davon abhalten könnten, den Fragebogen bis zum Ende auszufüllen. Dabei gab es die Möglichkeit, eigene Gründe zu ergänzen; diese wurde jedoch kaum genutzt. Die Antworten sind in Tabelle 2 zusammengefasst.

Tab. 2: Angegebene Gründe für die Benennung der Gegenstände

Warum hat der Gegenstand einen Namen bekommen? **Weil...**	
...einer oder mehrere andere meiner Gegenstände schon einen Namen hatten.	34 %
...ich so leichter auf diesen bestimmten Gegenstand referieren kann.	32 %
...der Gegenstand eine wichtige Rolle in meinem Alltag spielt.	28 %
...der Gegenstand ein Einzelstück ist und somit einen Eigennamen verdient.	21 %
...ich viel Zeit mit dem Gegenstand verbringe.	20 %
...der Gegenstand einen eigenen Willen zu haben scheint.	15 %
...der Gegenstand eine elektronische ID gebraucht hat (Netzwerk-ID, Bluetooth-Kennung etc.).	7 %
...der Gegenstand nostalgischen Wert hat (Geschenk von einer wichtigen Person, Herkunftsort etc.).	6 %
...der Gegenstand einem Lebewesen ähnelt (er sieht z. B. so aus, als hätte er ein Gesicht oder einen Kopf und Gliedmaßen).	6 %
...der Gegenstand einem Lebewesen nachempfunden ist (z. B. Tischlampe in Form einer Schildkröte).	3 %
...der Gegenstand schon einen Namen hatte, als ich ihn bekommen habe.	2 %

Zunächst fällt auf, dass die Identifikationsfunktion („weil ich so leichter auf diesen bestimmten Gegenstand referieren kann") wider Erwarten eine doch recht große Rolle zu spielen scheint. Bei genauerem Hinsehen jedoch zeigt sich, dass dieser Grund für nur 5 % der Gegenstände als der einzige angegeben wurde. Zusammen mit den oben besprochenen Angaben zur Verwendung der Namen legt das die Vermutung nahe, dass hier die zweite Funktion von EigenN im Vordergrund steht. „Wenn [der Name] außerdem individualisiert, dann exponiert er das Objekt zusätzlich, er rückt es stärker ins Gesichtsfeld des Betrachters" (Nübling, Fahlbusch & Heuser [2]2015: 20). Die NamengeberInnen versuchen vermutlich, ihrem Wunsch nach Individualisierung der Gegenstände mit der Referenzfunktion einen praktischen Nutzen zuzuschreiben. Eine nicht zu vernachlässigende Rolle wird hier auch der Aufbau des Fragebogens gespielt haben. Eine Frage ohne vorgegebene Antwortmöglichkeiten hätte andere Ergebnisse liefern können und wäre für eine vertiefende Studie in Betracht zu ziehen.

Auch die drei nächsthäufigen Antworten bestätigen die Wichtigkeit der Individualisierung, besonders die Antwort „weil der Gegenstand ein Einzelstück ist und somit einen Eigennamen verdient." Bei der Erstellung des Fragebogens waren hier wahre Einzelstücke intendiert wie handgemachte Gegenstände oder Mitbringsel aus exotischen Urlaubszielen. Tatsächlich wurde die Angabe aber meist bezogen auf alltägliche Gegenstände wie Smartphones, Staubsauger, Wasserkocher etc., also Gegenstände, die wahrscheinlich Einzelstücke im Hinblick auf den Besitz der jeweiligen Person sind und somit eigentlich keinen EigenN für ihre Identifikation benötigen.

Gründe, die die Zuschreibung menschlicher Eigenschaften als Ausgangspunkt haben, wurden weniger häufig angegeben. Anthropomorphismus scheint demnach eine geringere Rolle zu spielen als der Platz, den die Gegenstände im Leben ihrer BesitzerInnen einnehmen. Dabei sind Eigenschaften im „Verhalten" der Gegenstände wichtiger als physische Eigenschaften.

4 Welche Namen bekommen Gegenstände und warum?

4.1 Namenbasis

Die Namen von Gegenständen können zunächst nach ihrer Basis kategorisiert werden, d.h. nach deren Etymologie. Bei dieser Frage wurden im Fragebogen keine Antwortmöglichkeiten vorgegeben; die Kategorien wurden im Nachhinein aus den Erläuterungen der Namen erarbeitet. Die Erläuterungen waren unerlässlich, da die Namenbasis nicht immer für Außenstehende erkennbar ist. Zum Beispiel könnte die Basis des Namens *Baby* für einen Laptop ein Appellativ sein, das auf die Größe des Geräts anspielt, tatsächlich handelt es sich aber um eine Nachbenennung nach einer Filmfigur.

Obwohl die GeräteN bisher unerforscht sind, lassen sich ähnliche Basen wie für TierN annehmen. „Zur Untersuchung von Tiernamen hat sich mittlerweile das Analyseraster von Schwerdt (2007) (zu Pferdenamen) etabliert, das von Schaab (2012) (zu Hunderufnamen) und Krass (2014) (zu Katzenrufnamen) erfolgreich angewendet und dabei auch modifiziert wurde" (Dammel, Nübling & Schmuck 2015: 10). Tabelle 3 verwendet das von Dammel, Nübling & Schmuck (2015: 12) modifizierte „Analyseraster zur Ermittlung der Namenbasis von Tiernamen“ in leicht erweiterter Form, um die Namen aus der vorliegenden Untersuchung einzuordnen.

Tab. 3: Namenbasen der Gerätenamen

Namenbasis	absolut	Prozent	Beispiele
a) Basis ist ein anderer Name:	**134**	**69,7**	
Anthroponym	88	45,8	*Simone, Huey Lewis*
Toponym	2	1,0	*Jupiter, Normandy*
Ergonym	6	3,1	*Samsi* (zu Samsung), *Bodum*
Fiktionym	28	14,6	*Faust, Carson*
Theonym, HeldenN u.Ä.	10	5,2	*Themis, Fukurokuju*
b) Basis ist ein Appellativ:	**35**	**18,2**	
Personenbezeichnung	5	2,6	*Baby, Tippse*
Konkretum	29	14,6	*Häuschen, Brownie*
Abstraktum	2	1,0	*Melody, Suizid*
c) Basis ist SatzN, Syntagma, Adjektiv o.Ä.:	**4**	**2,0**	
Satzname	0	0,0	
Syntagma	0	0,0	
Adjektiv	2	1,0	*Flashy, old blue*
Onomatopoetikum	2	1,0	*Blubber, Ping ping*
d) opak	**8**	**4,2**	*Wems, Fiffy*

Die onymischen Basen, speziell Anthroponyme, liefern den weitaus größten Teil der GeräteN, was nicht überrascht, da diese schon als Namen bekannt sind und nicht erst onymisiert werden müssen. Außerdem geht mit der Benennung oft eine Anthropomorphisierung einher (zu Nähmaschine *Emma*: „Ich finde ‚Emma‘ klingt nach Freundlichkeit, harter Arbeit und Verlässlichkeit.“, zu Waschmaschine *Simone*: „Treues Mädchen für die Wäsche“).

Das einzige vorkommende Kosmonym *Jupiter* habe ich mit dem einzigen Toponym *Normandy* zusammengefasst.

Die Ergonyme sind in der Regel Abwandlungen der Marken- oder ProduktN der Gegenstände selbst (3 der 6 Namen in dieser Gruppe sind Hypokoristika: *Thermi* < *Thermomix*, *Samsi* < *Samsung*, *Lumi* < *Lumix*). Im Fall der no-name Kaffeepresse *Bodum* erfolgte die Benennung „nach dem preisintensiveren Konkurrenzprodukt“.

In Anbetracht des recht kleinen Samples sind unter den Fiktionymen erstaunlich viele Medien vertreten: Literatur (z. B. Staubsauger *Gollum* und Festplatte *Faust*), Musik (z. B. Stereo-Anlage *Fernando* nach dem ABBA-Song), Film & Fernsehen (z. B. Laptop *Baby* nach der Figur aus dem Film *Dirty Dancing* und Staubsauger *Carson* nach dem Butler aus der Fernsehserie *Downton Abbey*), Comics (z. B. Laptop *Lösbert* nach einer Maschine aus einem *Lustigen Taschenbuch*), Videospiele (z. B. Drucker *Sonic* nach der Figur aus der gleichnamigen Spieleserie).

Die Theonyme und HeldenN stammen aus verschiedenen Mythologien: griechisch (z. B. Computer *Themis*), chinesisch (Laptop *Qilin*), japanisch (Laptop *Fukurokuju*) und nordisch (z. B. Computer *Mímir*). Mit Laptop *laurin* ist auch die Heldenepik vertreten.

Unter den appellativischen Basen bilden die Konkreta die größte Gruppe. Von den 28 Namen gehen zehn auf die Bezeichnung des Gegenstands selbst zurück (z. B. Aschenbecher *Aschi*), die restlichen auf Appellative, die andere Dinge oder Tiere bezeichnen (z. B. Laptop *Spielzüg*, Festplatte *Armadillo*).

Andere Namen kommen relativ selten vor. Acht Namen habe ich als opak eingeordnet, da ihre Etymologie nicht direkt erkennbar ist und auch keine Erläuterung gegeben wurde. Es ist jedoch zu vermuten, dass diese Namen nicht völlig frei erfunden, sondern zumindest für die NamengeberInnen motiviert sind.

Besonders kreativ sind zehn weitere Namen (5,2 %), die mehreren Kategorien zuzuordnen sind, z. B. Handy *Nokita*, dessen Name eine Verschmelzung des MarkenN *Nokia* und des PersonenN *Nikita* ist, oder Armbanduhr *Ursula Georgia Fossil*, deren Name aus einem Anthroponym und zwei Ergonymen (*Georgia* ist der Name des Modells, *Fossil* der MarkenN) zusammengesetzt ist.

Abbildung 1 zeigt noch einmal, dass die onymischen Namenbasen weitaus frequenter sind als die nicht-onymischen. Lediglich die Toponyme sind unter den weniger frequenten Basen. Auch wird deutlich, wie viel frequenter als andere Namenbasen die Anthroponyme sind.

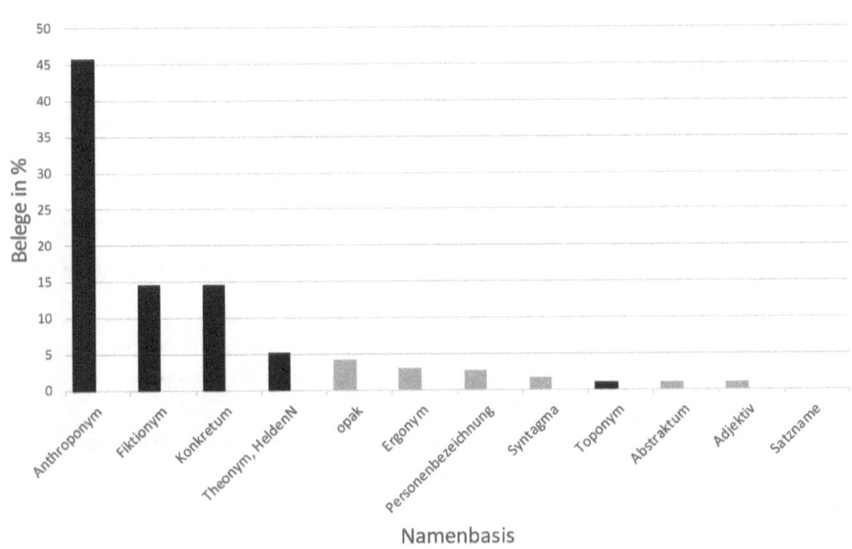

Abb. 1: Namenbasen der Gerätenamen (schwarz = onymisch, grau = nicht-onymisch)

4.2 Motivik

Von der Namenbasis getrennt müssen EigenN nach ihrer Motivik kategorisiert werden. „Mit der Namenbasis ist strenggenommen noch nichts über das **Benennungsmotiv** ausgesagt, denn ein und derselbe Name kann verschiedenen Benennungsmotiven entstammen" (DAMMEL, NÜBLING & SCHMUCK 2015: 12). So haben zum Beispiel Staubsauger *Carson* und Laptop *Atlas* beide Fiktionyme als Namenbasis; während der Name *Carson* (des Butlers aus der Fernsehserie *Downton Abbey*) mit der Funktion des Gegenstands assoziiert wird, ist der Name *Atlas* aber so ausgewählt, dass er in ein Benennungskonzept passt („Ich benenne alle meine Computer und Smartphones nach Figuren aus der griechischen Mythologie - spezifisch nach Kindern des Iapetos."). Auch umgekehrt kann man nicht vom Benennungsmotiv auf die Namenbasis schließen. Die Namen von Waschmaschine *Simone* und Trolley *Troll* haben beide die Ähnlichkeit zur Gattungsbezeichnung oder zum MarkenN als Motiv, aber verschiedene Namenbasen (Anthroponym bzw. Konkretum).

Dass Motive abstraktere Kategorien sind als Namenbasen, erschwert die Abgrenzung verschiedener Gruppen. Dass eine Nachfolgeuntersuchung mit einer größeren Datenmenge eine differenziertere Einteilung bedingen könnte, ist nicht auszuschließen; für das vorliegende Sample konnten jedoch acht Motivgruppen ausgearbeitet werden. Wie auch bei den Namenbasen wurden keine Antwortmöglichkeiten vorgegeben, sondern die Motive wurden nach der Umfrage aus den Erläuterungstexten zu den Namen erarbeitet. Sie sind in Tabelle 4 zusammengefasst und werden im Folgenden erläutert.

Tab. 4: Benennungsmotive der Gerätenamen

Namenbasis	absolut	Prozent	Beispiele
Ähnlichkeit zu Gattungsbezeichnung oder Produkt-/MarkenN	31	16,1	Spülmaschine *Simone* (Ähnlichkeit zu *Siemens*) Handy *Neko* (Ähnlichkeit zu *Nexus*)
Bezug Gegenstand – NamenspenderIn	5	2,6	Tisch *Felix* (Benennung nach der Person, die den Gegenstand geschenkt hat)
Assoziation mit dem Namen	13	6,8	Spülmaschine *Minna* („Wie früher die Hausmädchen")
Eigenschaft des Gegenstands	40	20,8	Drucker *Sonic* (Geschwindigkeit)
Verhältnis zum Gegenstand	5	2,6	Laptop *My Precious* („Ich habe mir diesen damals echt teuren Laptop von meinem ersten Gehalt, den ich für meine freiberufliche Tätigkeit bekommen habe gekauft. […] irgendwann war ich wie abhängig davon…")
Funktion des Gegenstands	15	7,8	Computer *Melody* („Da früher alle meine Musik auf meinem PC gespeichert war")
Benennung nach Muster oder Konzept	22	11,4	Router *Garak* („Server werden bei uns nach Kardassianern benannt (SciFi Spezies)")
Arbiträre Zuweisung	41	21,4	Abstellkammer *Kurt* („Wir wussten nicht, wie man so etwas nennt, Abstellkammer ist so lang und es ist kein richtiger Wandschrank. Niemand, den wir kennen, heißt Kurt, deshalb hat sich der Name angeboten. :-)"
unklar	14	7,3	*Normandy* (keine Angaben zum Motiv), *Nuffel* („spontane Eingebung mit einer Freundin zur Schulzeit")

– Ähnlichkeit zu Gattungsbezeichnung oder Produkt-/MarkenN:
Auf den ersten Blick scheint hier eine Überschneidung mit den Namenbasen vorzuliegen, jedoch sind dies zwei verschiedene Dinge. Die Namenbasis kann eine beliebige sein; der Name muss für dieses Motiv aber auf Grund seiner Ähnlichkeit zur Gattungsbezeichnung oder zum Produkt- oder Mar-

kenN ausgewählt worden sein. Zum Beispiel basiert der Name für Waschmaschine *Simone* auf einem Anthroponym, das aber ausgewählt wurde, weil es dem MarkenN *Siemens* ähnelt.

– Bezug Gegenstand – NamenspenderIn:
  Der Name wird nach einer Person gewählt, die einen konkreten Bezug zu dem Gegenstand hat. Tisch *Felix* zum Beispiel war ein Geschenk von einer gleichnamigen Person und hat deshalb deren Namen bekommen.
– Assoziation mit dem Namen:
  Hier besteht kein Bezug zwischen konkreten NamenträgerInnen und dem Gegenstand selbst, sondern mit (realen oder erdachten) NamenträgerInnen werden bestimmte Eigenschaften assoziiert. Die Namengeberin von Nähmaschine *Emma* zum Beispiel war der Meinung, dass der Name „nach Freundlichkeit, harter Arbeit und Verlässlichkeit" klingt. Schredder *Schröder* erhielt seinen Namen von seinem Namengeber aufgrund seiner „geringen Meinung von Schröder und seiner destruktiven Politik".
– Eigenschaft des Gegenstands:
  Der Gegenstand wird nach einer Person oder einer Sache benannt, mit der er eine Eigenschaft teilt, oder auch nach der Eigenschaft selbst (etwa bei adjektivischer Namenbasis). Drucker *Sonic* zum Beispiel ist sehr schnell, genauso wie die Spielfigur, nach der er benannt wurde. Die Festplatte *Armadillo* hat ein besonders stabiles Gehäuse, das an die Panzerung von Gürteltieren erinnert.
– Verhältnis zum Gegenstand:
  Der Name drückt das Verhältnis der namengebenden Person zum Gegenstand aus. Diese Motivgruppe ist nicht immer klar von den beiden vorhergehenden abzugrenzen; sie beinhaltet deshalb Namen, die das besagte Verhältnis ausdrücken, aber nicht in eine der anderen Gruppen passen. So zum Beispiel bei Laptop *My Precious*, der der Besitzerin besonders ans Herz gewachsen war; hier stehen keine mit dem namenspendenden Ring aus *Herr der Ringe* assoziierten Eigenschaften im Vordergrund, und der Name drückt auch keine inhärente Eigenschaft des Laptops aus.
– Funktion des Gegenstands:
  Der Name steht im Bezug zur Funktion des Gegenstands. Kamera *David Fox* zum Beispiel wurde nach zwei wichtigen Personen in der Geschichte der Fotografie benannt, Staubsauger *Carson* nach dem Butler aus einer Fernsehserie.
– Benennung nach einem Muster oder Konzept:
  Die namengebende Person verfolgt ein formales Muster oder semantisches Konzept bei der Benennung von Gegenständen. Zum Beispiel ist Smartpho-

ne *Charon* eines aus einer Reihe von Smartphones, deren Namen mit *C* beginnen (Muster); Server *Garak* ist einer von mehreren, die nach Cardassianern (Spezies im *Star Trek*-Universum) benannt wurden (Konzept).

– Arbiträre Zuweisung:
  Diese Namen haben keinen direkten Bezug zu den benannten Gegenständen. Sie haben eventuell eine Bedeutung für die namengebende Person oder waren zum Zeitpunkt der Namengebung besonders präsent. Handy *Debbie* wurde zum Beispiel nach der verstorbenen Großmutter der Besitzerin benannt, die aber sonst keinen Bezug zu dem Gerät hatte. „Kein besonderer Grund" bestand für die Benennung von Tablet-*PC Paule*.

Tabelle 4 zeigt die Verteilung der Gegenstände aus der Umfrage auf die Motivgruppen. Die Spannweite der Frequenzen ist geringer als bei den Namenbasen. Es gibt kein deutlich bevorzugtes Motiv. Während bei den Namenbasen die oberen Plätze eher von onymischen Basen belegt waren, lässt sich hier keine Tendenz feststellen. Die drei oberen Plätze sind qualitativ sehr verschieden: Arbiträre Benennung, Benennung nach ganz konkreten Eigenschaften der Gegenstände und Benennung nach formalen Eigenschaften der Namen.

4.3 Nachbenennung

Im Fall von onymischen Basen stellt sich zusätzlich zur Namenbasis (d.h. Etymologie) und dem Motiv (also warum gerade dieser Name ausgewählt wurde) die Frage, ob es sich um direkte Nachbenennungen handelt. Dies ist insbesondere für die Anthroponyme interessant, weil hier am wenigsten eindeutig ist, auf wen oder was der Name zurückgeht. Da die Anthroponyme die weitaus größte Gruppe unter den Namenbasen bilden, lohnt sich hier ein genauerer Blick.

Nachbenennung wurde hier nicht unter die Motive gefasst, da sich die oben genannten Motive sowohl unter Nachbenennungen als auch unter den anderen Namen finden können. Zum Beispiel ist das Motiv von Schredder *Schröder* und von Nähmaschine *Emma* eine Assoziation mit dem Namen. Bei *Schröder* geht diese Assoziation („destruktive Politik") direkt auf Altbundeskanzler Gerhard Schröder zurück, *Emma* hingegen „klingt nach Freundlichkeit, harter Arbeit und Verlässlichkeit" ohne Bezug auf eine Namenträgerin.

Tatsächlich handelt es sich bei der Mehrheit der Namen (62 Namen, 70,5 % der Anthroponyme) nicht um direkte Nachbenennungen; die Namen wurden ohne Bezug auf konkrete Personen aus dem (i. d. R. Ruf-)Nameninventar geschöpft. 14 Geräte (15,9 der Anthroponyme) wurden nach Persönlichkeiten der

Zeitgeschichte benannt; hierunter fallen neben berühmten Personen auch solche, die nur Bekanntheit auf einem bestimmten Gebiet haben, z. B. der Fotograf David LaChapelle und William Henry Fox Talbot, der Erfinder eines fotografischen Verfahrens, nach denen die Kamera *David Fox* benannt ist. Nur neun Geräte (10,2 % der Anthroponyme) sind nach Personen aus dem Bekanntenkreis der NamengerInnen benannt. Bei drei Anthroponymen war unklar, ob es sich um Nachbenennungen handelt.

5 Geschlecht

Wie in Abschnitt 4.1gezeigt wurde, erhält ein Großteil der Gegenstände ein Anthroponym als Namen. Da diese in der Regel mit einem Geschlecht assoziiert sind, Gegenstände aber kein natürliches Geschlecht haben, ist eine diesbezügliche Betrachtung der Namen besonders interessant.

Für 184 Namen bzw. Gegenstände in der Datenbasis wurde eine Angabe zum Geschlecht gemacht. Davon waren 21 % weiblich, 44 % männlich, und 34,5 % war kein Geschlecht zugeordnet.[3] Fast zwei Drittel der Gegenstände haben also ein zugewiesenes Geschlecht. Für 20 % dieser Gegenstände haben die Teilnehmenden wiederum angegeben, dass sie anderen Geräten des gleichen Typs das gleiche Geschlecht zuweisen würden. Dies sind jedoch subjektive Regeln; bei einer Betrachtung aller Gegenstände lassen sich keine Tendenzen bezüglich der Geschlechterzuweisung nach Typ (etwa, dass Küchengeräte fast immer das gleiche Geschlecht hätten) erkennen (vgl. Anhang).

Eine Begründung des Geschlechts wurde für nur 78 Gegenstände gegeben. Daher bietet sich eine quantitative Auswertung nicht an, jedoch lassen sich die Gründe in folgende Gruppen zusammenfassen:

1. Sprachliche Gründe: Für 38 Gegenstände (also fast die Hälfte derer, deren Geschlecht begründet wurde) wurde das Geschlecht mit dem Namen oder dessen ursprünglichem Träger begründet. Die (bewusste) Geschlechtszuweisung folgt hier also der Namengebung: Kaffeemaschine *Petra* ist weiblich, weil „der Name ‚Petra' ein weiblich assoziierter Name ist"; Schredder *Schröder* ist männlich, weil „Gerhard Schröder nun einmal männlich ist." Für manche Gegenstände, etwa Abstellkammer *Kurt* oder Schal *Fridolin*,

3 Die Auswahlmöglichkeiten zur Frage „Ist dem Namen ein eindeutiges Geschlecht zugeordnet?" waren „Nein", „Ja, weiblich" und „Ja, männlich". Für einen Gegenstand (0,5 %) wurde im Anmerkungsfeld vermerkt, dass er sächlich sei.

wurde trotz des eindeutig geschlechtsspezifischen Namens angegeben, dass dem Gegenstand kein Geschlecht zugewiesen sei. Ein dem Namen widersprechendes Geschlecht fand sich in den Daten jedoch nicht. In nur wenigen Fällen (5) wurde das Geschlecht explizit mit dem Sockelgenus begründet. So wurde für Laptop *Detlef* einfach „DER Computer" als Begründung angegeben. Ein unbewusster Einfluss des Sockelgenus' spielt jedoch möglicherweise öfter eine Rolle. Bei Tisch *Felix* wird deutlich, dass nicht immer unterschieden wird, ob zuerst Name oder Geschlecht zugewiesen wurde, denn sein Geschlecht „ergibt sich aus dem Namen und dem grammatischen Geschlecht von Tisch." Von den 90 Gegenständen, deren Namen von einer Person mit Muttersprache Deutsch vergeben wurden und die ein zugewiesenes Geschlecht haben, wurde für 50 entweder kein Grund genannt oder lediglich auf den Namen verwiesen. Bei 31 dieser Gegenstände stimmt das zugewiesene Geschlecht mit dem Sockelgenus überein und nur bei 11 (mit maskulinem oder femininem Sockelgenus) nicht.[4]

2. Physische Eigenschaften des Gegenstands: In zwölf Fällen wurde eine objektiv wahrnehmbare Eigenschaft des Gegenstands herangezogen, um die Geschlechtszuweisung zu begründen. Eine Rolle spielten dabei folgende Eigenschaften:
   - Farbe: Handy *Eric* ist männlich, weil „Farbe schwarz", Laptop *Mel* hingegen weiblich, weil „Farbe weiss".
   - Form: Laptop *Marlene* ist weiblich, weil sie eine „runde Form" hat; der Laptop *fred* desselben Besitzers hingegen männlich, weil „eckiger als Marlene".
   - Größe: *Milena* ist weiblich, denn „es ist eine kleine Waschmaschine".
   - Material: Für Brille *Gunnar* wurde neben Farbe („gold-farben") und Form („klare, gerade Linien") auch „Edelstahl" als Begründung für das Geschlecht angegeben.
   - Stimme: Bei Navigationsgeräten ist in der Regel die Stimme ausschlaggebend. Für *Lucy* heißt es: „The default voice on the unit is female."
   - Menschliche Attribute: Stereo-Anlage *Fernando* wurde nach dem Ankleben eines falschen Schnurrbarts benannt, der dann das männliche Geschlecht verlangte.

4 Diese Zählung ist nur eine Annäherung, da ich das Geschlecht mit dem Genus der jeweils offensichtlichsten Gerätebezeichnung verglichen habe. Tatsächlich kann die Geschlechtszuweisung aber von alternativen Bezeichnungen (*der Laptop*/*das Notebook*) oder auch regionalen Varianten (*der*/*das Laptop*) beeinflusst sein.

Obwohl Begründungen aus dieser Gruppe im Sample nicht oft genug vorkommen, um allgemeine Tendenzen festzustellen, passen insbesondere jene mit Bezug auf Form und Größe zu Prinzipien der Genuszuweisung, wie sie für Appellative festgestellt wurden. KÖPCKE & ZUBIN (1984: 35) schreiben für das Deutsche: „Langgestreckte Gegenstände sind überwiegend maskulin klassifiziert [...] Die perzeptuell hervortretendste und allen diesen [femininen] Nomen gemeinsame Eigenschaft ist, daß sie flache und/oder dünne Gegenstände bezeichnen." Sprachenübergreifend beschreibt AIKHENVALD (2016: 33) entsprechende Prinzipien, zu denen die Genuszuweisungen im Sample ebenso passen: „In a number of languages across the world, animates and inanimates are assigned genders depending on their shape and size." „Size as a gendering parameter offers contradictory results. [...] Shape and dimensionality are more consistent. Feminine Linguistic Gender subsumes objects that are round and squat, and also horizontal. Masculine Linguistic gender includes narrow and elongated, and also vertical things" (AIKHENVALD 2016: 43).

3. Vom Besitzer wahrgenommene/zugeschriebene Eigenschaften: 15 Gegenstände bekamen ihr Geschlecht mit subjektiveren Begründungen. Bezogen auf das (wahrgenommene) Verhalten gab es gegensätzliche Argumentationen: Für Laptop *Samsi* gibt die Besitzerin an, dass er männlich ist, weil er „manchmal problematisch" sei. Laptop *Prinzessin Elli* hingegen ist weiblich, weil die Besitzerin findet, „Computer können zickig sein". Ähnliche Stereotype kommen zum Einsatz, wenn Gegenstände einer als weiblich oder männlich wahrgenommenen Funktion (iPad *Fräulein Meier* bekam den weiblichen Namen aufgrund der „Assoziation zur Sekretärin, die jederzeit verfügbar ist") oder allgemeiner der weiblichen oder männlichen Sphäre (Spülmaschine *Minna* ist weiblich mit der knappen Begründung „Küche", *Jason* hingegen männlich, weil „Fernseher") zugewiesen werden. Im letzteren Fall kann eine weitere Parallele zu einem der Genuszuweisungsprinzipien für Appellative von KÖPCKE & ZUBIN (1984: 32) gesehen werden: „In vielen Fällen hat das Genus die Funktion, die den Menschen umgebende konkrete Kultur zu gliedern." Noch subjektiver sind solche Begründungen, die gar keine konkreten Eigenschaften mehr nennen, sondern sich lediglich auf eine weibliche oder männliche Wirkung auf die namengebende Person berufen (iPad *Terry* zum Beispiel „seems to fit that gender role").
4. Ähnlich wie bei den Benennungsmotiven kann das Geschlecht Teil eines Konzepts sein, das durchgehalten wird. Dass Router *Garak* (benannt nach einer Figur aus dem Star Trek-Universum) einen männlichen Namen erhalten hat, ist „Teil des Benennungssystems für Hardware".

6 Zusammenfassung und Ausblick

Mit einer Fragebogenstudie wurde ein erster Einblick in das bisher unerforschte Feld der EigenN von Haushalts- und Bürogegenständen ermöglicht. Die Daten legen nahe, dass bevorzugt elektrische Geräte gegenüber nicht-elektrischen Gegenständen benannt werden. Gegenstände werden in erster Linie benannt, weil sie für ihre Besitzer-Innen einzigartig sind und mit EigenN weiter individualisiert werden können. Die GeräteN sind also insofern untypische EigenN, als sie primär zur Individualisierung verwendet werden und die Identifikation eine untergeordnete Rolle spielt. Die Namen können auf onymische und nicht-onymische Basen zurückgehen, wobei erstere stark überwiegen. Obwohl die meisten vergebenen Namen ursprünglich PersonenN sind, spielt Anthropomorphismus als Benennungsgrund eine nur kleine Rolle. Der prototypische GegenstandsN ist ein arbiträr vergebenes Anthroponym, das keine Nachbenennung darstellt. Den Namen sind meist Geschlechter zugeordnet, die oft subjektiv begründet sind. In der Zuweisung eines Geschlechts zu bestimmten Gerätetypen lassen sich keine eindeutigen Tendenzen erkennen; in der Mehrheit der Fälle korreliert das zugewiesene Geschlecht jedoch mit dem Sockelgenus. Für den Großteil der Geräte wird das Geschlecht durch den vorher vergebenen Namen begründet; möglicherweise ist die Namenwahl aber schon von einer unbewussten Geschlechtszuweisung beeinflusst.

Die GegenstandsN sind als Forschungsfeld aber bei weitem nicht ausgeschöpft. Zunächst wäre wünschenswert, die aktuellen Ergebnisse anhand größerer Datenmengen und verfeinerter Methoden zu überprüfen. Größere Datenmengen würden auch den Vergleich zwischen verschiedenen Gegenstandstypen ermöglichen, etwa Namen von Elektrogeräten versus Namen von nicht-elektrischen Gegenständen. Denkbar wären auch vertiefende Studien zu einzelnen Gerätetypen wie Computern oder Handys. Ausstehend ist auch eine formale Analyse des Namenmaterials: Zum Beispiel könnte eine Auswertung der Wortbildungsmuster (Hypokoristika, Kurzwörter) interessant sein.

Literatur

AIKHENVALD, Alexandra Y. (2016): *How Gender Shapes the World*. Oxford.

DAMMEL, Antje, Damaris NÜBLING & Mirjam SCHMUCK (2015): Tiernamen – Zoonyme: Forschungserträge und Forschungsperspektiven zu einer wissenschaftlich vernachlässigten Namenklasse. In Antje Dammel, Damaris Nübling & Mirjam Schmuck (Hrsg.), *Tiernamen – Zoonyme*. Band I: Haustiere, 1–36. Heidelberg.

NÜBLING, Damaris, Fabian FAHLBUSCH & Rita HEUSER ([2]2015): *Namen. Eine Einführung in die Onomastik*. Tübingen.
KÖPCKE, Klaus-Michael & David A. ZUBIN (1984): Sechs Prinzipien für die Genuszuweisung im Deutschen: Ein Beitrag zur natürlichen Klassifikation. *Linguistische Berichte* 93, 26–50.
KRASS, Peter (2014): Von *Felix*, *Lilly* und *Karl-Doris*. Zur Benennungsmotivik und zur Struktur von Katzennamen. *Beiträge zur Namenforschung* 49, 1–26.
SCHAAB, Eva (2012): Von *Bello* zu *Paul*: Zum Wandel und zur Struktur von Hunderufnamen. *Beiträge zur Namenforschung* 47, 131–161.
SCHWERDT, Judith (2007): Hipponymie. Zu Benennungsmotiven bei Pferdenamen in Geschichte und Gegenwart. *Beiträge zur Namenforschung* 42, 1–43.

Anhang

Liste aller Gegenstände und Namen in der Datenbasis:

Gruppe & Typ	Geschlecht	Namen
Computer		
Laptop	f	*Apple Bloom/Applebloom, Marlene, Mel, Prinzessin Elli*
	m	*Atlas, Bilhard, Daniel II, Detlef, fred, Heinz, Lösbert, Mr Sparky, Nathan* (2x), *Rudi, Samsi, Wheatley*
	∅	*Baby* (2x), *Breanna, Dose, Fukurokuju, Kip, läppi, Lappy, Mäxchen, My Precious, qilin, Schleppi, Spielzüg, Tobi*
Desktop-Computer	f	*Melody, Mulemachine, themis*
	m	*Aviano, eurus, Huckleberry, Isidor, Mr Pink, Schluppi, Speedy*
	∅	*Conny Puter, Mímir, The Beast*
Netbook	f	*Ruby*
	∅	*Axel Hack, Bebi, Bluebert, Brownie, Computerchen, Lappy/Läppi*
Tablet	f	*Fräulein Meier*
	m	*laurin, Paule, Terry, Tybalt*
Unterhaltungselektronik		
Handy/Smartphone	f	*Berta, Debbie, Nokita*
	m	*Andy, Eric, Frosty, Igor, Kurtle, Max, Petey, Steve*
	∅	*Charon, Kirby, Knuffel, Neko, Roy, Skaffen-Amtiskaw*

Gruppe & Typ	Geschlecht	Namen
MP3-Player	m	*Peg Leg Pete*, *Petey* (vollständiger Name *PeteBox*), *Potty*, *Theo*
	Ø	*Knust*, *Pirol*
Kamera	f	*Roxanne*
	m	*David Fox*
	n	*Baby*
	Ø	*Lumi*
Navigationsgerät	f	*Hilde*, *Lucy*, *Petra*, *Uschi*
e-Reader	f	*Patricia*
	m	*Kindchen*
Fernseher	m	*Heinz-Bärbel*, *Jason*
Fernbedienung	Ø	*The Wand*
Lautsprecher	Ø	*(Musik)Morchel*
Radio	f	*Duddel*
Spielkonsole	k.A.	*Normandy*
Stereo-Anlage	m	*Fernando*
Küchengeräte		
Spülmaschine	f	*Grace*, *Minna*, *Poppi*, *Simone*
	m	*Herbert*
	Ø	*Spüli*, *Spüma*
Kühlschrank	m	*Sir Frederick Robertson Worthington*
	Ø	*Blubber*
	k.A.	*Arrhenius*
Herd	Ø	*Jacque*
	k.A.	*Norbert*
Kaffeemaschine	f	*Angela*, *Petra*
Küchenmaschine	Ø	*Thermi*
Mikrowellenherd	f	*Anneliese*
Mixer	m	*Oskar*
Tiefkühlschrank	m	*Willi*
Wasserkocher	m	*Alistair*
Haushaltsgeräte		
Waschmaschine	f	*Adelgunde*, *Milena*
	Ø	*Britney*, *Simoneng*
Staubsauger	m	*Carson*, *Emil*, *Gollum* (2x), *Huey Lewis*

Gruppe & Typ	Geschlecht	Namen
Nähmaschine	f	*Emma*
	∅	*Nähma*
Heizkörper	m	*Küppi*
Klimaanlage	f	*Meredith*
Wäschetrockner	m	*Homer*
Wecker	∅	*Ping ping*
Computerzubehör		
Festplatte (extern)	m	*Faust*
	∅	*Armadillo, Gecco, Lizzard*
USB-Stick	m	*Flashy, Franz*
	∅	*Huginn, Muninn*
Router	m	*Garak, Gunther, Horst*
Drucker	m	*Prince Hubert, Sonic*
Scanner	∅	*Los Banditos*
Tastatur	f	*Tippse*
Möbel		
Lampe	m	*Gusak*
	∅	*Bambi, Jupiter*
Sofa	m	*Felix, Sylvester*
Badewanne	k.A.	*Bianca*
Bett	∅	*Häuschen*
Matratze	f	*Lulu*
Sessel	m	*Habib*
Stuhl	∅	*old blue*
Tisch	m	*Felix*
Haushaltsutensilien		
Wärmflasche	m	*Eduardo*
	∅	*Kroki, Wems*
Kissen	f	*Henry, Jared*
Aschenbecher	∅	*Aschi*
Buchstützen	m	*Manuel und Malte*
Gießkanne	∅	*Nuffel*
Wasserpfeife	m	*Jérome*

Gruppe & Typ	Geschlecht	Namen
Taschen		
Handtasche	f	*Rita-Marleen*
	m	*Fiffy*
Koffer	m	*Posemuckel, Troll*
Plastiktüte	f	*Elke*
Rucksack	m	*Mick*
Tasche	f	*Linda*
Kleidung/Accessoires		
Armbanduhr	f	*Ursula Georgia Fossil*
Brille	m	*Gunnar*
Schal	∅	*Fridolin*
Kochutensilien		
Kaffeepresse	f	*Bodum*
Pfannenwender	m	*Macher*
Teigschaber	∅	*Katja*
Werkzeug		
Hammer	m	*Bodo*
Heckenschere	f	*Prunella*
Zollstock	m	*Jordan*
Büroutensilien		
Heftgerät	∅	*Baby-Alien*
Schredder	m	*Schröder*
Zimmer		
Abstellkammer	∅	*Kurt, Narnia*
Deko-Objekte		
Skulptur	∅	*Loriot*
Körperpflegezubehör		
Haarbürste	∅	*Suizid*

Anna Rückert

Ligne Gourmande noir éclats vs. *Grand'Or 85% Dunkle Edel-Bitter*

Bildungsmuster von Schokoladennamen im französisch-deutschen Vergleich

Zusammenfassung: Der Beitrag kontrastiert die Bildungsmuster der Namen französischer und deutscher Tafelschokoladen. Auf der Basis von 225 deutschen und 194 französischen Schokoladennamen sollen wiederkehrende Bildungsmuster sowie intersprachliche Unterschiede sichtbar gemacht werden. Es zeigt sich, dass französische und deutsche Namen makrostrukturell komplex sind und durchschnittlich aus zwei bis drei Konstituenten bestehen. Den „prototypischen" Schokoladennamen gibt es nicht. Durch die vielfältigen Kombinationsmöglichkeiten des Schokoladennamens im engeren Sinne (*Guanaja*, *La Princesse de Blois*) mit 13 weiteren möglichen deskriptiven Zusätzen – u. a. Herstellermarke (*MILKA*, *Trumpf*), Sortenbezeichnung (*Noir*, *Zartbitter*), Kakaoanteil (*55%*) – herrscht wenig Regularität, dafür kann aber viel Deskriptivität generiert werden. Mikrostrukturell sind Schokoladennamen überwiegend wenig innovativ: Übernahmen und Neukombinationen bestehenden Wortmaterials sowie reguläre Bildungsmuster (z. B. Komposita, Syntagmen) sind in beiden Ländern vorherrschend.

Spielerische Züge nimmt vor allem im französischen Sample der lexikalische Schokoladenname an – bei der Bildung wird gehäuft auf Derivativa und Kunstwörter zurückgegriffen. Die funktionale Aufladung insbesondere dieses Bausteins kann einen kommerziellen Appell generieren.

Abstract: This paper deals with the formation of French and German chocolate names from a contrastive perspective. It aims to identify the morphological structure of 225 German and 194 French chocolate names. The overall objective is to detect recurring morphological patterns as well as crosslingual differences. The analysis reveals that both French and German chocolate names tend to exhibit a rather complex macrostructure consisting of approximately two to three name components. Furthermore, it proves that a "prototypical" chocolate name does not exist. The various possibilities to combine the "real chocolate

---

Anna Rückert, anna.lena.rueckert@googlemail.com

DOI 10.1515/9783110547023-006

name" (*Guanaja*, *La Princesse de Blois*) with 13 different descriptive adjuncts – e. g. manufacturer brand (*MILKA*, *Trumpf*), variety denomination (*Noir*, *Zartbitter*, cocoa content (*55%*) – prevent regularity but create descriptiveness. On the micro-level, chocolate names in both countries are little innovative: the use of regular word material, its recombination as well as regular patterns of word formation (e. g. compounds, syntagms) are predominant.

Especially French lexical chocolate names are characterized by rather playful formation patterns (e. g. derivates and artificially created names). By charging this "regular name" with different functions, the name can generate a commercial appeal.

1 Einleitung

Produktnamen (im Folgenden ProduktN[1]) begegnen dem Konsumenten täglich in verschiedenen Kontexten. Als Fixpunkt des Marketingmixes (vgl. GOTTA 1988: 17) haben sie in kommunikationspolitischen Aktivitäten eine Schlüsselrolle – von Print- über Fernseh- bis hin zu Kinowerbung. Auch am Point of Sale können sie, etwa durch eine prominente Positionierung auf der Verpackung, das Interesse des Konsumenten wecken.

Trotz der heutigen Omnipräsenz und absatzpolitischen Relevanz von ProduktN lag der Fokus der Onomastiker zu Beginn der wissenschaftlichen Namenforschung auf Anthroponymen und Toponymen (vgl. BRENDLER 2004: 33–35, 42). Erst in den vergangenen vier Dekaden, insbesondere in den Jahren 2001 bis 2012, erfolgte eine signifikante Zunahme der Publikationstätigkeit im Bereich der Produktnamenforschung (vgl. ECKKRAMMER & THALER 2013: 18). Durch die wissenschaftliche Dynamik verloren ProduktN peu à peu ihr Stigma als „Odium des Unanständigen" (PLATEN 1997: 1) und stellen heute die am stärksten wachsende Namenkategorie dar (vgl. DUFFERAIN 2012: 10)[2].

Bei der sprachwissenschaftlichen Beschäftigung mit ProduktN stechen unmittelbar die zahlreichen Begriffe, die sich häufig nicht eindeutig voneinander abgrenzen lassen, ins Auge (vgl. KOẞ 1995: 1642). Daher entwickeln ECKKRAM-

1 Auch in anderen Komposita (z. B. *Schokoladenname*) wird *-name* im Folgenden abgekürzt zu N, (*SchokoladenN*).

2 Eine ausführliche, quantitativ ausgerichtete Zusammenschau des ergonymischen Forschungsstands im Bereich der romanischen Sprachen findet sich in ECKKRAMMER & THALER (2013: 17–53). Ergänzend sind auch die Ausführungen von DUFFERAIN (2012: 15–17) empfehlenswert.

MER & THALER (2013: 14–16) ein Modell, das verschiedene Termini in eine hierarchische Ordnung setzt und gegenseitige Schnittmengen aufzeigt. Als Hyperonym fungieren *Ergonyme* – definiert, in Anlehnung an BAUER (1985: 55), als „[...] bewusst vom Menschen geschaffene Namen, die mit Tätigkeiten und Arbeitsprozessen und daraus resultierenden Erzeugnissen materieller und immaterieller Art in Verbindung stehen." (ECKKRAMMER & THALER 2013: 14). Überschneidungen ergeben sich mit den jeweils enger definierten Kategorien Ökonym als „[...] kommerzielle[s] Ergony[m], d. h. Namen für überregional konkurrierende Namen und Dienstleistungen mit einem profilierten Anspruch auf Unverwechselbarkeit, der in aller Regel durch einen entsprechenden Eintrag in die Warenzeichenrolle zum Ausdruck kommt." (PLATEN 1997: 14), sowie ProduktN und WarenN. Die beiden letzten Begriffe unterscheiden sich hinsichtlich des Faktors Materialität. Dienen ProduktN als Hyperonym für materielle und immaterielle Produkte (z. B. Dienstleistungen), denotieren WarenN ausschließlich materielle Produkte (vgl. ECKKRAMMER & THALER 2013: 15).

Da die hier betrachteten SchokoladenN in letzter Instanz auf „[...] kommerziell erwerbbare, materielle Objekte [...]" (vgl. ECKKRAMMER & THALER 2013: 15) verweisen und somit WarenN darstellen, sind sie, gemäß dem präsentierten Modell, auch als ProduktN, Ökonyme und schließlich Ergonyme zu bezeichnen – in diesem Beitrag wird zusätzlich zu SchokoladenN jedoch von ProduktN gesprochen.

Innerhalb der Produktnamenforschung sind die Namen von Lebensmitteln bisher selten untersucht worden[3]. Dies ist erstaunlich, da dem Namen hier eine wichtige Bedeutung zukommt. Zum einen können Kulinaria „[...] Grundwerte und -tendenzen, Strömungen, Symbole und Tabus einer Gesellschaft aus[drücken]" (LAVRIC 2009a: 22). Zum anderen handelt es sich um Repräsentanten der Fast Moving Consumer Goods (FMCG). Hierunter versteht man Erzeugnisse, die sich durch einen starken Wettbewerbs- und Preisdruck auszeichnen, so zum Beispiel Körperpflegeprodukte oder Reinigungsmittel (vgl. KAISER 2007: 585, BRUHN [10]2010: 33). Bei FMCG kommt dem Marketing eine tragende Rolle zu (vgl. KAISER 2007: 585, BRUHN [10]2010: 33): der Name dient verstärkt der Identifikation und dadurch der Abgrenzung von den Konkurrenzprodukten. Kurze Produktlebenszyklen und eine hohe Dynamik – typisch für die FMCG-Branche – machen auch vor Schokoladenprodukten nicht halt, was sie zu einem

---

3 Beispiele für Studien zu SchokoladenN bzw. PralinéN sind GIACOMINI FILHO & RODRIGUES BORBA (2010) sowie PANTLI (2009). Auch zum Thema SüßwarenN allgemein liegt mit HUGHES & PHILLIPS (2007) eine Referenz vor.

interessanten Untersuchungsobjekt werden lässt (vgl. Pantli 2009: 80, Bruhn [10]2010: 33).

Im Rahmen der Analyse soll vorrangig zwei Fragen nachgegangen werden: Welche Naming-Charakteristika weisen SchokoladenN auf? Sind bei der Benennung französischer und deutscher Produkte Unterschiede feststellbar?

2 Methodik und terminologische Grundlagen

2.1 Datenbasis

Dieser Beitrag basiert auf einem Korpus bestehend aus 225 deutschen und 194 französischen Namen industriell hergestellter Tafelschokoladen für den Endverbraucher. Die Namen manufakturell hergestellter Schokoladen wurden nicht berücksichtigt. Gleiches gilt für die Namen von Produkten für die gastronomische Weiterverarbeitung (z. B. Kuvertüre). Der Grund: die Produkte eines Global Players, wie etwa *Milka*, erfreuen sich in beiden Ländern überregionaler Reichweite. Sie richten sich an ein sprachlich diverses Zielpublikum und verfügen somit über verstärkte Repräsentativität. Die Entscheidung für Produkte für den Endverbraucher knüpft an die eingangs aufgeführten Charakteristika der FMCG an: die starke Konkurrenz in den Supermärkten verlangt nach Distinktion. Hierzu kann der Name einen Beitrag leisten.

Das Gesamtkorpus ist wiederum in drei Teilkorpora gegliedert. Zum einen umfasst es Namen, die den Homepages deutscher und französischer Schokoladenhersteller und Onlinesupermärkten entnommen sind. Als SchokoladenN gilt die Beschreibung, die beim Klicken auf das jeweilige Produkt, meist als typographisch hervorgehobene Überschrift, erscheint (z. B. *CASINO Tablette dégustation f. de sel 100g* 'CASINO Probiertafel fleur de sel 100g'). Ergänzt wird das synchrone Korpus durch SchokoladenN des letzten Jahrhunderts. Diese wurden unter Rückgriff auf alte Produktverpackungen zusammengetragen. Durch das Hinzuziehen einer diachronen Vergleichsgruppe soll die Aussagekraft gesteigert werden. Im Rahmen dieses Beitrags liegt der Fokus jedoch auf der synchronen Perspektive. Tabelle 1 illustriert die quantitative Zusammensetzung der einzelnen Teilkorpora:

Tab. 1: Quantitative Zusammensetzung des Korpus

	Synchron		Diachron	Σ
	Hersteller	Supermarkt		
Deutschland	120	55	50	225
Frankreich	90	56	48	194
Σ	210	111	98	419

2.2 Terminologie

Der titelgebende Name *Ligne Gourmande noir éclats* ('Genießerische Linie zartbitter Splitter')[4] illustriert eine Besonderheit der untersuchten SchokoladenN: die Juxtaposition verschiedener Konstituenten und – damit verbunden – ein deskriptives Erscheinungsbild. Da die Mehrheit des analysierten Materials – 311 der insgesamt 419 Namen – den Homepages von Herstellern bzw. Supermärkten entstammt, ist die Tendenz zur Mehrgliedrigkeit vermutlich den spezifischen Kommunikationsbedingungen des Internets geschuldet. Kann der Konsument am Point of Sale die Produktverpackung nach zusätzlichen Informationen absuchen, so fehlt im Netz der haptisch-visuelle Aspekt. Die komprimierte Wiedergabe der Produktcharakteristika mittels verschiedener Konstituenten macht weitergehende Recherchen obsolet – für den Konsumenten bedeutet dies eine Zeitersparnis bei der Kaufentscheidung.

Welche Konstituenten können im Schokoladennamenkorpus nachgewiesen werden und in welchem Verhältnis stehen diese zueinander?

Vorschläge zur Beschreibung und Systematisierung von Produktnamenkonstituenten finden sich bei Fèvre-Pernet (2007: 105–107) und Gabriel (2003: 205–206). Erstere plädiert in ihrer Arbeit zu SpieleN für eine Unterscheidung zwischen lexikalischem SpieleN, dem sogenannten „nom de jouet à vocation lexicale" (NJ_{LEX}) und diskursivem SpieleN oder „nom de jouet à vocation discursive" (NJ_{DISC}) (Fèvre-Pernet 2007: 105–106). Während der NJ_{LEX} den „[...] nom de jouet proprement dit [...]" (Fèvre-Pernet 2007: 105) und somit den „eigentlichen" Namen darstellt (z. B. *DOMINO EXPRESS*), setzt sich der NJ_{DISC} aus einem NJ_{LEX} und einem oder mehreren *ajouts* ‚Zusätzen' zusammen (z. B. *DOMINO*

4 Da bei Übertragungen in andere Sprachen die Interpretation des jeweiligen Übersetzers eine Rolle spielt, sind die in der vorliegenden Studie gewählten Übersetzungen als Annäherung zu verstehen.

EXPRESS GLOW IN THE DARK). NJ_{LEX} und NJ_{DISC} können jedoch auch identisch sein (vgl. FÈVRE-PERNET 2007: 105–106, zur Bildung von SpieleN vgl. auch RÜCKERT 2013: 180).

Um die zentrale Position des lexikalischen SchokoladenN (SN_{LEX}) zu betonen, wurde bei der Analyse des Korpusmaterials die grundsätzliche Zweiteilung aufrechterhalten. Anders als die deskriptiven Zusätze verfügt er über eine Appellfunktion. Bei FÈVRE-PERNET (2007: 106–107) ist die Analyse des NJ_{LEX} der Identifizierung des NJ_{DISC}[5] nachgeordnet – sie erfolgt via Ausschlussprinzip. Bei der Bestimmung des SN_{LEX} sollen in dieser Arbeit die Kriterien zur Abgrenzung eines MarkenN nach GABRIEL (2003: 205–206) zum Einsatz kommen: ein Eintrag in die Markenrolle des *Deutschen Patent- und Markenamtes* (DPMA) beziehungsweise des *Institut National de la Propriété Industrielle* (INPI), ein „kreativer Namensbildungsakt" und/oder typographische Hervorhebungen.

Tabelle 2 gibt einen Überblick über die dreizehn möglichen Zusätze von SchokoladenN. Diese basieren auf GABRIEL (2003: 206–208)[6], erfuhren jedoch eine Adaptierung an die Produktgruppe.

Tab. 2: Deskriptive Zusätze von SchokoladenN

Deskriptiver Zusatz	**Bezeichnung**	**Korpusbeispiel Frz.**	**Korpusbeispiel Dt.**
Z_{GB}	Gattungsbezeichnung	*CHOCOLAT* 'Schokolade'	*Chocolate*
Z_{UG}	Untergattung	*Tablette* 'Tafel'	*Tafel*
Z_{SB}	Sortenbezeichnung	*Noir* 'zartbitter'	*Zartbitter*
Z_{GSB}	Gattungs- und Sortenbezeichnung	*Chocolat au lait* 'Milchschokolade'	*Kokosschokolade*
Z_{QU}	Quantor	*100g*	*75G*
Z_{PI}	Primäre Inhaltsstoffe	*Criollo*	-

5 Als Hinweise auf einen diskursiven SpieleN nennt die Autorin unter anderem die Koordinationsmarker *et* 'und', *ou* 'oder', *avec* 'mit', + oder den Gebrauch von Zahlen (vgl. FÈVRE-PERNET 2007: 106).

6 Als mögliche Produktnamenbausteine bei italienischen HaushaltsgeräteN identifiziert GABRIEL (2003: 205) Gattungsbezeichnungen, MarkenN, FirmenN, Modellbezeichnungen sowie Mengen- und Sortenbezeichnungen.

Deskriptiver Zusatz	Bezeichnung	Korpusbeispiel Frz.	Korpusbeispiel Dt.
Z_{SI}	Sekundäre Inhaltsstoffe	*riz soufflé* 'Puffreis'	*Nuss*
Z_{KA}	Kakaoanteil	*55%*	*mit 60% Kakao*
Z_{FN1}	Herstellermarke[7]	*MILKA*	*Trumpf*
Z_{FN2}	Handelsmarke	*CASINO*	*Fin Carré* 'Feines Quadrat'
Z_{GA}	Geographische Angabe	*Madagascar*	*Bremen*
Z_{PL}	Produktlinie	*Les Adorables* 'die Liebenswerten'	*frei von*
Z_{AND}	Andere	*Bio*	*(30er)*

Kommen bei der Analyse des SN_{LEX} aufgrund seiner exponierten Stellung die Abgrenzungskriterien des MarkenN zum Tragen, so entspricht er in seiner Funktion dem ProduktN. Dieser zeichnet sich dadurch aus, dass er auf ein spezifisches Produkt referiert, wenngleich dieses in vielfacher, identischer Ausführung vorliegt (vgl. PLATEN 1997: 29–30). Der MarkenN hingegen umfasst unterschiedliche Produkte. In dieser Studie wird er, je nach Kontext, als *Herstellermarke* (Z_{FN1}), *Handelsmarke* (Z_{FN2}) oder *Name der Produktlinie* (Z_{PL}) bzw. „marque-gamme" (BOTTON & CEGARRA 1990: 59–62) analysiert. Da diese Zusätze ebenfalls die Analysekriterien eines SN_{LEX} erfüllen, liefert letztlich der Faktor der Individualisierung den Ausschlag für die Interpretation als SN_{LEX}.

Zur Illustration sei der SchokoladenN *REWE Feine Welt Schokolade Juwel von Afrika* angeführt. Die Handelsmarke *REWE* vereint sämtliche Produkte und Produktlinien des Unternehmens. Unter der Linie *Feine Welt* wird ein breites Warenangebot, von Antipasti bis hin zu persischem Salz – eine Gesamtheit homogener Produkte (vgl. BOTTON & CEGARRA 1990: 59) – vertrieben. Der Faktor *Homogenität* kommt im übertragenen Sinn, durch die Positionierung als „Ge-

7 Durch die zunehmende Komplexität der Wirtschaft ist der Begriff des *Herstellers* mit GABRIEL (2003: 205) abstrakt: „Mit letzteren [FirmenN, Anm. d. Verf.] werden in der Regel die Herstellerfirmen bezeichnet. Oftmals handelt es sich – absatzwirtschaftlich korrekt gesprochen – um sog. ‚Dach- oder Gruppenmarken', unter denen früher durchaus eigenständige Unternehmen figurierten, die aber z. B. nach Unternehmensübernahmen als Logo für eine bestimmte Produktpalette eines häufig international tätigen Konzerns und Dachmarkeninhabers verwendet werden." Beispiel für das beschriebene Phänomen ist etwa *Poulain*, heute als Schokoladenmarke innerhalb des Lebensmittelkonzerns *Mondelēz International* angesiedelt.

nussmarke“[8], zum Ausdruck. So verleiht letztlich erst der SN$_{LEX}$ *Juwel von Afrika* dem Produkt seine Individualität (HANSACK 2004: 59).

3 Schokoladennamen in Frankreich

3.1 Makrostruktur

Innerhalb des französischen Teilkorpus kommen die einzelnen Schokoladennamenkonstituenten in unterschiedlichen Abfolgen zur Anwendung. Beliebt ist die Aneinanderreihung mehrerer Bausteine – SchokoladenN setzen sich aus durchschnittlich 3,25 Konstituenten zusammen. Hiermit geben sie sich marktnah, denn komplexe ProduktN (GABRIEL 2003: 206), bestehend aus mindestens zwei Gliedern, sind bei Konsumenten beliebt. Dies illustriert eine von der Verfasserin unter franko- und germanophonen Konsumenten durchgeführte Online-Umfrage zur Bewertung aktuell auf dem jeweiligen Zielmarkt gebräuchlicher SchokoladenN[9]. Es zeigte sich, dass beliebte Namen in beiden Kulturkreisen mehr Konstituenten aufweisen als die jeweilige Vergleichsgruppe[10] (frz.: 4 vs. 3,25; dt.: 3,14 vs. 2,26). Die Mehrgliedrigkeit ist folglich mit PLATEN (1997: 63–68)

8 Vgl. https://www.rewe.de/marken/eigenmarken/feine-welt/ (28.09.2017).

9 Um die Schokoladennamenpräferenzen franko- und germanophoner Konsumenten zu ermitteln, wurden zwei separate, an den jeweiligen Kulturkreis adaptierte Online-Fragebögen konzipiert. Aufbau und Formulierung der Fragen orientieren sich an PANTLI (2009: 81–86), die eine ähnliche Untersuchung zur Bewertung von PralinéN durchgeführt hat. Um eine hinreichende Repräsentativität der Untersuchungsergebnisse sicherzustellen, sind Aufbau und Abfolge der einzelnen Fragen in beiden sprachlichen Versionen identisch. Lediglich in Hinblick auf die integrierten Namen unterscheiden sie sich. In beiden Fällen wurden die Umfrageteilnehmer mit insgesamt 45, nach dem Zufallsprinzip ausgewählten, Namen konfrontiert. Formal setzt sich die Umfrage aus den beiden großen thematischen Blöcken I) „Praktischer Teil“ und II) „Allgemeine Fragen“ zusammen. Im ersten Teil ist der Umfrageteilnehmer dazu angehalten, aus einem Block von i. d. R. fünf Namen seinen Favoriten zu küren und anschließend die Auswahl zu begründen. Im Anschluss daran soll der am wenigsten ansprechende Name benannt werden – ebenfalls verbunden mit einer Begründung der Entscheidung. Der zweite Teil des Fragebogens widmet sich den soziodemographischen Besonderheiten des Teilnehmers (z. B. Alter, Geschlecht), seinem Bezug zur Produktgruppe (z. B. bevorzugte Schokoladensorten und -hersteller) sowie möglichen Einflussfaktoren auf die Kaufentscheidung (z. B. Verpackung, Inhaltsstoffe).

10 Der Umfang der Frageblöcke reichte von zwei bis 20 Namen. In der Mehrzahl der Fragen umfasste die Vergleichsgruppe fünf Namen.

eine Spielart der Valorisation[11]. Ähnliches stellte LAVRIC (2009b)[12] in Bezug auf SpeiseN fest.

Bei den französischen Namen fungieren als häufigste Konstituenten Hinweise auf sekundäre Zusatzstoffe (Z_{SI}): 14,10 % der gesamten Bausteine entfallen auf diese Kategorie. Eine mögliche Erklärung: Schokoladenprodukte sind als FMCG starker Konkurrenz ausgesetzt. Die deskriptive Angabe von Geschmacksrichtungen wie *Noisette* ‚Haselnuss' ermöglicht einen raschen Abgleich von offerierten Varianten mit persönlichen Präferenzen. Hierdurch kann einem Fehlkauf vorgebeugt werden. Den zweiten Platz nimmt mit einem Wert von 13 % der Baustein SN_{LEX} ein – ein Beleg dafür, dass die Individualisierung bei SchokoladenN durchaus verbreitet ist. Auf dem dritten Platz folgt der Quantor (Z_{QU}), ebenfalls eine überwiegend informative Konstituente: 12,04 % der französischen Bausteine liefern Hinweise auf das Gewicht.

Können hinsichtlich der Kombination der Konstituenten typische Abfolgen identifiziert werden? Diesbezüglich ist festzustellen, dass sich die 194 französischen Namen auf insgesamt 98 makrostrukturelle Muster verteilen. Durchschnittlich verfügen also lediglich zwei Namen über eine identische Aneinanderreihung der Konstituenten – von makrostrukturellen Regularitäten kann kaum die Rede sein.

Dennoch ist ein Blick auf reihenbildende, mindestens dreimal vertretene Strukturen erhellend. Die häufigsten Beispiele für einfache und komplexe SchokoladenN sollen daher kurz vorgestellt werden.

Wie Tabelle 3 zeigt, weisen Namen aus geographischen Angaben (Z_{GA}) mit neun Vorkommnissen die höchste Frequenz auf. Ein Beispiel ist der Name *Madagascar*, der dem Konsumenten Informationen zur Herkunft der Kakaobohnen liefert. Weitere Varianten einfacher SchokoladenN stellen Z_{PI}-Bildungen wie *Porcelana* (sechs Belege) sowie SN_{LEX}-Bildungen wie *LA PRINCESSE DE BLOIS* (fünf Belege) dar.

Unter den komplexen Namen führt die Abfolge Z_{FN2}+Z_{GSB}+Z_{SI}+Z_{QU} mit zwölf Vorkommnissen die Liste an: *CASINO/Chocolat blanc/noix de coco/200g*. Auf dem zweiten Platz folgt die Kombination aus Z_{UG}+SN_{LEX}+Z_{KA}+Z_{QU}, zum Beispiel in *TABLETTE/GUANAJA/70%/70G* (neun Belege). Die drittplatzierte Struktur Z_{FN1}+

11 Neben der *Valorisation* liegen bei PLATEN (1997) mit den Parametern *Originalität*, *Information* und *Expressivität* weitere Möglichkeiten zur Beschreibung der Funktionalität von ProduktN vor.

12 Hier konnte gezeigt werden, dass „[...] die Langgliedrigkeit eines Gastronyms quasi als *upgrading*-Strategie positiv mit Qualität, Preis und Prestige des Restaurants korreliert." (vgl. DUFFERAIN 2013a: 211).

Z_{GSB}+Z_{SI}+Z_{QU} ist insgesamt sieben Mal anzutreffen (*MILKA/Chocolat au lait/noisettes/200g*).

Tab. 3: Die häufigsten Makrostrukturmuster französischer SchokoladenN (Darstellung basierend auf Gabriel 2003: 206–208)

Makrostrukturmuster	Beteiligte Bausteine	Korpusbeispiel	Anzahl (absolut)
Einfache Schokoladennamen			
MAK I	Z_{GA}	*Madagascar*	9
MAK II	Z_{PI}	*Porcelana*	6
MAK III	SN_{LEX}	*LA PRINCESSE DE BLOIS* 'Die Prinzessin von Blois'	5
Komplexe Schokoladennamen			
MAK IV	Z_{FN2}+Z_{GSB}+Z_{SI}+Z_{QU}	*CASINO Chocolat blanc noix de coco 200g* 'Casino Weiße Schokolade Kokosnuss 200g'	12
MAK V	Z_{UG}+SN_{LEX}+Z_{KA}+Z_{QU}	*TABLETTE GUANAJA 70% 70G* 'Tafel Guanaja 70 % 70G'	9
MAK VI	Z_{FN1}+Z_{GSB}+Z_{SI}+Z_{QU}	*MILKA Chocolat au lait et noisettes 200g* 'Milka Milchschokolade und Haselnüsse 200g'	7
MAK VII	SN_{LEX}+Z_{KA}	*DOUCEUR COCO, 38%* 'Kokossüße, 38 %'	5
MAK VIII	Z_{FN1}+Z_{SB}+Z_{SI}	*Menier LAIT AMANDES* 'Menier Milch Mandeln'	4

Ein Blick auf makrostrukturelle Muster des französischen Korpus machte deutlich: SchokoladenN zeichnen sich durch schier unendliche Möglichkeiten der Juxtaposition ihrer Konstituenten aus. Zudem zeigte sich, dass der SN_{LEX} bei der Bildung nicht obligatorisch ist – in der Hierarchie der Konstituenten belegte er lediglich den zweiten Platz hinter der Angabe sekundärer Inhaltsstoffe (Z_{SI}). Dass ein Name ausschließlich aus einem deskriptiven Zusatz bestehen kann, wurde an den Beispielen *Madagascar* und *Porcelana* deutlich. Der fallweise Rücktritt des SN_{LEX} hinter verschiedenen Konstituenten bestätigt die Feststellung von Fèvre-Pernet & Roché (2005: 9): ProduktN im Lebensmittelmarkt sind, anders als etwa in der Parfüm- oder Automobilbranche, fast immer motiviert.

3.2 Mikrostruktur

Laut Platen (1997: 33) stellt die Wortbildung innerhalb der einschlägigen Forschung den am besten untersuchten Teilbereich dar. Diese Tendenz scheint auf französische MarkenN jedoch nicht zuzutreffen. Zwar existieren mit den Arbeiten von Dufferain (2012, 2013a, 2013b) Studien, die sich der Wortbildung widmen – hier in Bezug auf KäsemarkenN. Allerdings merkt die Autorin an, dass die morphologische Untersuchung französischer Namen „[...] weitestgehend linguistisches Brachland" (Dufferain 2012: 17) darstelle. Ziel dieses Beitrags ist es daher, das bestehende Material zu französischen Produkt- und MarkenN zu ergänzen und durch deutsche Namen zu erweitern.

Da sie nicht immer eindeutig voneinander abzugrenzen sind, sollen die relevanten Analysekategorien zunächst knapp umrissen werden. Grundsätzlich ist zwischen regulären und irregulären Bildungen oder Wortschöpfungen zu unterscheiden (vgl. Ronneberger-Sibold 2004: 575). Beispiele für reguläre Bildungen sind Komposition, Derivation und Konversion – letztere spielt bei SchokoladenN jedoch keine Rolle. Wortschöpfungen hingegen sind durch abweichende, irreguläre Bildungsmuster – wie zum Beispiel Kreuzungen, Kürzungen und Kunstwörter – dominiert (vgl. Ronneberger-Sibold 2004: 575–590). Zusätzlich weist das untersuchte Korpus auch Belege für Übernahmen (lexikalisch und onymisch) und Syntagmen auf.

Insbesondere bei der Identifizierung eines Kompositums bedarf es eng umrissener Analysekriterien, da die Grenzen zu lexikalischen und onymischen Übernahmen und Syntagmen fließend sind. Übernahmen umfassen laut Platen (1997: 39) „[...] vollständige Eigennamen, Wörter oder Morpheme, die aus natürlichen Sprachen bzw. aus dem allgemeinen Namenbestand entlehnt und zur Bezeichnung von Produkten umfunktioniert werden [...]". Kriterium für die Zugehörigkeit zum Lexikon bzw. Namenbestand einer Sprachgemeinschaft soll mit Dufferain (2012: 47) die Lexikalisierung sein. Diese lässt sich durch den Eintrag im Petit Robert beziehungsweise Duden nachweisen. Demnach wurden sowohl das französische Substantiv *Chocolat au lait* ‚Milchschokolade' als auch das deutsche Adjektiv *zartbitter* als Übernahme, nicht etwa als neugebildetes syndetisches N+N- beziehungsweise A+A-Kompositum gelistet. Weicht die Schreibweise eines Wortes von der im Lexikon ab (*Vollmilch Schokolade* statt *Vollmilchschokolade*), so handelt es sich dennoch um eine Übernahme – in diesem Fall mit orthographischer Verfremdung.

Entgegen der Definition von Piller (1996: 99) werden Kombinationen aus Adjektiv und Nomen in diesem Beitrag nicht als *phrases* und folglich als syntagmatische Bildungen gelistet. Da N+A- beziehungsweise A+N-Komposita im Französischen produktiv sind (vgl. Dufferain 2012: 48, Weidenbusch ^{2}2008: 238), werden diese Strukturen in beiden Sprachen unter N+A- (*Ligne Gourmande* 'Genießerische Linie') beziehungsweise A+N-Komposita (*Rouge Baiser* 'roter Kuss') gefasst (vgl. DUFFERAIN (2012: 48).

Die Identifizierung von Syntagmen orientiert sich an DUFFERAIN (2012: 49–50). Entsprechend der syntaktischen Komplexität unterscheidet sie acht Syntagmatypen. Indikatoren für die Analyse als Syntagma sind ein bestimmter Artikel und/oder eine Präpositionalphrase (DUFFERAIN 2012: 49). Letztere zeichnet sich dadurch aus, dass ein Onym anstelle eines Appellativs als Determinans fungiert. Handelt es sich bei frz. *pomme de terre* 'Kartoffel' (wörtlich: 'Erdapfel') um ein lexikalisiertes Kompositum, ergo eine Übernahme, so indiziert das Anthroponym *Pierre* in *pomme de Pierre* 'Apfel von Pierre' die Zuordnung zu einer Präpositionalphrase (vgl. DUFFERAIN 2012: 49–50).

Zusätzlich zu den regulären Verfahren der Wortbildung, Übernahmen und Syntagmen wird bei der Bildung von SchokoladenN auf Wortschöpfungen, z. B. Kreuzungen und Kürzungen, sowie Kunstwörter zurückgegriffen.

Die teils transparenten Kreuzungen entstehen durch die extragrammatische Kombination von zwei oder mehr Lexemen (vgl. RONNEBERGER-SIBOLD 2004: 587) (für mögliche Verfahren vgl. RONNEBERGER-SIBOLD 2004: 587–590).

Eine weitere Möglichkeit der Namenschöpfung stellt die Kürzung eines oder mehrerer Ausgangslexeme dar, z. B. REWE < Revisionsverband der Westkauf-Genossenschaften.

Mit den Kunstwörtern wird das Terrain der Namenschöpfung par excellence betreten. Oft handelt es sich um euphonisch motivierte Kombinationen von Phonemen ohne semantischen Gehalt (vgl. KOß 1996: 1643), die nachträglich unter Kenntnis der Produkteigenschaften remotiviert werden (vgl. PLATEN 1997: 44). Da das Spektrum individueller Kundenwahrnehmungen nicht evaluierbar ist, werden diese Bildungen aus der Perspektive des Namingverantwortlichen betrachtet (vgl. hierzu auch RONNEBERGER-SIBOLD 2004). Als Kunstwörter gelten Bildungen, die keinen semantischen Kern aufweisen (z. B. *Gubi*) oder ein Kernfragment anklingen lassen, welches sich jedoch einer eindeutigen semantischen Zuordnung entzieht (z. B. *Ergera*)[13]. Gemäß dieses Ansatzes ist der lexikalische SchokoladenN *Edenia* als Derivativum, nicht aber als Kunstwort anzusehen: trotz seiner fremdartigen Gestalt lässt er ein Ausgangslexem (*Eden*) durchscheinen, das mittels Lauterweiterung durch ein „Pseudosuffix" (*-ia*) ergänzt wird (vgl. RONNEBERGER-SIBOLD 2004: 585).

13 Diese als FirmenN klassifizierte Bildung weckt zwar Anklänge an das griechische Etymon *Ergon* 'Erzeugnis', 'Werk', liefert jedoch keinen Hinweis auf die Produktgruppe der SchokoladenN und kann somit als „[...] reine[s] Artefak[t] [...]" (PLATEN 1997:44) gelesen werden.

Unterzieht man das Korpus der SchokoladenN einer morphologischen Analyse, so ist festzustellen, dass die dominierenden Bildungsmuster wenig schöpferisch sind: fast 82 % der Konstituenten bestehen aus lexikalischen und onymischen Übernahmen. Addiert man hierzu Komposita, Derivativa und Syntagmen, so liegt der Anteil der Namen, die sich regulärer Verfahren der Wortbildung bedienen bzw. auf bereits bestehendes Wortgut zurückgreifen, bei insgesamt 97,26 %. Wortschöpfungen wie Kürzungen, Kreuzungen und Kunstwörter weisen lediglich eine Frequenz von 3,64 % auf. Die am stärksten synthetisierenden Mechanismen – Kreuzungen und Kürzungen (vgl. Dufferain 2013a: 211) – rangieren mit einem Wert von jeweils unter einem Prozent auf den hinteren Plätzen, vgl. Tabelle 4 zur Frequenz der einzelnen Bildungsmuster.

Tab. 4: Bildungsmuster französischer SchokoladenN (quantitative Verteilung)

	Häufigkeit (in %)	**Korpusbeispiel**	**Erläuterung**
Lexikal. Übernahmen	70,00	*Chocolat* 'Schokolade'	Substantiv
Onym. Übernahmen	11,09	*Madagascar*	Toponym
Komposita	7,45	*Amour de Lait* 'Milchliebe'	N+N-Kompositum
Syntagmen	6,34	*Le Chocolat au Lait* 'Die Milchschokolade'	Nominalphrase: Det+N
Derivativa	2,38	*Dauphinet* 'Thronfolgerchen'	Suffigierung: frz. *dauphin* 'Thronfolger' + Diminutivsuffix *-et*
Kunstwörter	2,06	*Kacinkoa*	-
Kreuzungen	0,79	*MILKA*	Splitterkreuzung: Milch x Kakao
Kürzungen	0,79	*GALAK*	Apokope: gr. Γάλακτος, zu γάλα 'Milch'

Im Folgenden sollen die drei häufigsten Verfahren, lexikalische Übernahmen, onymische Übernahmen und Komposita, einer detaillierteren Betrachtung unterzogen werden.

3.2.1 Lexikalische Übernahmen

In seinem Referenzwerk „Ökonymie – zur Produktnamen-Linguistik im europäischen Binnenmarkt" identifiziert Platen (1997: 38–39) als synchrone Analysekategorien *Übernahmen*, *Konzeptformen* und *Kunstwörter*, die sich durch einen zunehmenden Grad der „Artifizialität" voneinander unterscheiden. Lexikalische und onymische Übernahmen zählt er zu den transparentesten Verfahren der Produktnamenbildung.

Unter den lexikalischen Übernahmen stellen Substantive die mit Abstand größte Gruppe dar (60,32 %). Dieser Befund deckt sich mit Erkenntnissen aus dem Marketing, wonach diese Wortart in der Werbesprache beliebt ist (vgl. Felser ^{3}2007: 402). Sie sind platzsparend und erlauben eine prägnante und rasche Vermittlung der Informationen (vgl. Sasse 2013: 162–163). Bei den untersuchten Nomen handelt es sich in 92,78 % der Fälle um gemeinsprachliche Lexeme (*NATURE* 'Natur'). Deutlich seltener sind mit einem Anteil von 7,22 % fremdsprachliche Formen (z. B. ital. *Corona* 'Krone', span. *Marfil* 'Elfenbein'). Lexeme der eigenen Sprache gewährleisten eine transparente Übermittlung der Informationen und mindern das Risiko eines Fehlkaufs. Die ermittelten Substantive betreffen am häufigsten die Untergattung (22,81 % *Tablette* 'Tafel'), sekundäre Inhaltsstoffe (18,25 % *Café* 'Kaffee', *speculoos* 'Spekulatius', *FRAMBOISE* 'Himbeere') sowie Produktgattung und -sorte (18,25 % *Chocolat au lait* 'Milchschokolade', *Choc. Blanc* 'weiße Schokolade'). Sie geben somit allgemein verständlich Auskunft über zentrale, zur Kaufentscheidung beitragende Kriterien, wie etwa Geschmacksrichtung und Sorte.

Eine Besonderheit der lexikalischen Übernahmen bilden mit einer Frequenz von 27,98 % Zahlen. Mit Platen (1997: 40) handelt es sich hierbei um eine „stark artifizialisierte Übernahmeform". Angaben wie *100g* und *40%* treten in der Regel innerhalb der Bausteine Z_{QU} und Z_{KA} auf, um den Konsumenten über Gewicht beziehungsweise Kakaoanteil zu informieren.

Auf dem dritten Platz ist mit 11,70 % die Übernahme von Adjektiven angesiedelt. Auch hier werden, in Analogie zu den Substantiven, Lexeme aus der eigenen Sprache präferiert – es finden sich ausschließlich französische Bezeichnungen. Mehr als drei Viertel (78 %) der Adjektive entfällt auf die Bausteine Z_{SB} und Z_{AND} – diese Konstituenten weisen paritätisch jeweils 39,22 % der Adjektive auf. Die Bausteine SN_{LEX} und Z_{SI} enthalten hingegen lediglich 11,76 % beziehungsweise 9,80 % der Adjektive. Die hohe Frequenz innerhalb des Bausteins Z_{SB} ist der Beliebtheit des auf die Sorte der Schokolade verweisenden *noir/Noir/NOIR/NOIRE* 'zartbitter' (im Zusammenhang mit Schokolade auch 'dunkel') geschuldet. An zweiter und dritter Stelle folgen die Apokopen *extra/*

Extra/EXTRA (*extraordinaire* 'außergewöhnlich') und *Bio* (*biologique* 'biologisch'), die 17,65 % beziehungsweise 15,69 % der Adjektive ausmachen. Sie erklären den hohen Wert innerhalb des Bausteins Z_{AND}. Beiden Beispielen ist gemein, dass sie nicht ausschließlich Informationen vermitteln, sondern in erster Linie das Ziel verfolgen, das Produkt aufzuwerten. Im Fall von *extra* geschieht dies durch die Betonung der Exklusivität. Bei *Bio* beruht die Valorisation auf der wachsenden Beliebtheit von natürlichen Produkten, dem „Ethic Food" (Zilg 2008: 280). Die Aufwertung kommt in beiden Fällen auf außersprachlicher Ebene zum Tragen (vgl. auch Kap. 4.2.1).

3.2.2 Onymische Übernahmen

Unter den onymischen Übernahmen ist in Frankreich mit 52,86 % vor allem die Entlehnung von Toponymen verbreitet. Die höchste Frequenz weisen sie innerhalb des Bausteins Z_{GA} auf (45,95 %) auf. Dieser liefert meist Zusatzinformationen zur geographischen Herkunft der Rohstoffe (*Côte d'Ivoire*, 'Elfenbeinküste'). Am zweithäufigsten kommen Toponyme bei der Bildung des Bausteins Z_{FN1} zum Einsatz (etwa 35,14 %), so zum Beispiel bei *COTE D'OR* 'Goldküste'. Darauf folgt mit einem Wert von 13,51 % der lexikalische SchokoladenN (SN_{LEX}).

Auch der Rekurs auf Anthroponyme ist bei französischen SchokoladenN verbreitet: 45,71 % der onymischen Übernahmen zählen hierzu. In den meisten Fällen entsprechen die Bezeichnungen dem Namen des Firmengründers und finden sich im Baustein Z_{FN1} wieder (*NESTLE*, *Poulain*). Die Transferierung eines FamilienN auf ein Produkt kann, ein entsprechendes Renommee des Namenträgers vorausgesetzt, ebenfalls der Aufwertung dienen: Der Firmenchef bürgt mit seinem Namen für die Qualität (zu möglichen Gefahren beim Gebrauch von FamilienN vgl. Samland 2006: 25–26).

3.2.3 Komposita

Die französischen Komposita teilen sich zu 63,83 % in N+A- beziehungsweise A+N-Kompositionen, zu 23,40 % in N+N-Strukturen sowie zu 12,77 % in A+A-Bildungen. 73% der nominalen Komposita sind wiederum syndetisch gebildet (*Amour de lait* 'Milchliebe'). Hierdurch demonstrieren sie ihre Nähe zum französischen Wortbildungssystem, wo dieser Typ als produktiv gilt (vgl. Dufferain 2013a: 214, Weidenbusch [2]2008: 237). Auch in Hinblick auf das Determinationsverhältnis respektieren die Komposita mehrheitlich die romanischen Besonderheiten – die Abfolge Determinatum-Determinans ist auch hier mit einem Anteil von 65,96 % am häufigsten anzutreffen (*VANILLE DES ILES* 'Vanille von den Inseln').

An zweiter Stelle stehen rechtsköpfige Komposita (25,53 % *Grand Lait*, 'Große Milch'), die heute vor allem in demotivierten, auf ältere Sprachstufen des Französischen zurückgehenden Ausdrücken wie *grand-rue* oder *bonhomme* vorkommen (vgl. SOKOL [2]2007: 121). Ihre relativ hohe Frequenz lässt den Schluss zu, dass sich französische SchokoladenN verstärkt peripherer Wortbildungsmuster bedienen. An dritter Stelle der häufigsten Komposita stehen Formen, die zwischen den Bildungskomponenten kein hierarchisches Verhältnis erkennen lassen, sogenannte Kopulativkomposita (8,51 % *Bio-Equitable* 'Bio-Fair Trade').

Neben den rechtsköpfigen Komposita weist das französische Korpus weitere Beispiele für Bildungen auf, die mit den regulären Mustern brechen. So vereint das hybride Kompositum *Quadro Crousti* das italienische Substantiv *Quadro* 'Viereck' mit der gekürzten Form des französischen Adjektivs *croustillant* 'knusprig'. Auch im Fall von *Choc. supérieur* handelt es sich um eine Kürzung des Substantivs *Chocolat*, die durch das Adjektiv *supérieur* 'erstklassig' eine Aufwertung erfährt. Auffallend häufig wird bei der Bildung des Bausteins SN_{LEX} auf Komposita zurückgegriffen: 44,68 % der Komposita entfallen hierauf. Innerhalb der Konstituenten Z_{SI} (27,66 %) und Z_{AND} (12,77 %) nimmt die Komposition hingegen eine weitaus geringere Stellung ein.

4 Schokoladennamen in Deutschland

4.1 Makrostruktur

Auch bei den deutschen SchokoladenN überwiegen mit durchschnittlich 2,26 Konstituenten die komplexen Bildungen, insgesamt verfügen sie aber über einen Baustein weniger als die französischen Namen. Auch bei der Gewichtung der Konstituenten sind intersprachliche Unterschiede feststellbar. In beiden Korpora sind mit 25,76 % im dt. und 14,10 % im frz. Sample die sekundären Inhaltsstoffe (Z_{SI}) der wichtigste Baustein. Unterschiede herrschen bei der Besetzung der folgenden Plätze. In Deutschland wird der zweite und dritte Platz von den Konstituenten Z_{FN1} (14,24 %) und Z_{SB} (10,24 %) belegt. Der FirmenN kann, neben der rein informativen Funktion, ebenfalls der Aufwertung dienen. Voraussetzung hierfür ist freilich das Renommee der Herstellerfirma.

Der Hinweis auf die Schokoladensorte verfolgt dasselbe Ziel wie der Baustein Z_{SI}: eine möglichst genaue Beschreibung des Produkts zur Erleichterung der Kaufentscheidung. Bei den französischen Namen stellt, wie in Abschnitt 4.1 dargestellt, der lexikalische SchokoladenN SN_{LEX} mit einem Anteil von 13 % den zweithäufigsten Baustein dar. Auf Platz drei folgt der Quantor Z_{QU} mit 12,04 %.

Weitere geringfügige Unterschiede zwischen den Ländern ergeben sich hinsichtlich der Anzahl der makrostrukturellen Bildungsmuster. Finden sich bei den Namen des deutschen Korpus 88 Kombinationsmöglichkeiten, so sind im französischen Sample zehn zusätzliche Kombinationsmöglichkeiten feststellbar. In beiden Korpora finden sich zwei beziehungsweise drei Namen mit identischem makrostrukturellen Muster (dt.: 2,56, frz.: 1,98). Um einen Einblick in reihenbildende Strukturen zu geben, soll auch hier ein Blick auf dominierende Bildungsmuster erfolgen, vgl. Tabelle 5.

Wie Tabelle 5 zeigt, ist unter den eingliedrigen SchokoladenN der Baustein Z_{SI} am beliebtesten: Insgesamt dreizehn Namen enthalten ausschließlich Informationen zu sekundären Inhaltsstoffen (*Haselnuss*). Bei den komplexen Bildungen führen zwei- und dreigliedrige Strukturen die Liste an. Hierzu zählen, ebenfalls mit jeweils dreizehn Belegen, die Abfolgen $Z_{FN1}+Z_{GB}+Z_{SI}$ (*Milka/Schokolade/Ganze Haselnüsse*), $Z_{FN2}+Z_{GSB}$ (*CHOCEUR©/Kokosschokolade*) und $Z_{QU}+Z_{SI}$ (*100g/Kokos*). An zweiter Stelle rangiert mit zehn Belegen die Form $Z_{FN1}+Z_{GSB}$ (*Schogetten/Weiße Schokolade*), gefolgt von der Bauart $Z_{FN1}+Z_{SI}$, wie sie zum Beispiel in dem Namen *Schogetten/Mandelkrokant* auszumachen ist (neun Belege).

Tab. 5: Die häufigsten Makrostrukturmuster deutscher SchokoladenN (Darstellung basierend auf GABRIEL 2003: 206–208)

Makrostrukturmuster	Beteiligte Bausteine	Korpusbeispiel	Anzahl (absolut)
Einfache Schokoladennamen			
MAK I	Z_{SI}	*Haselnuss*	13
MAK II	Z_{SB}	*Zartbitter*	3
Komplexe Schokoladennamen			
MAK III	$Z_{FN1}+Z_{GB}+Z_{SI}$	*Milka Schokolade Ganze Haselnüsse*	13
MAK IV	$Z_{FN2}+Z_{GSB}$	*CHOCEUR® Kokosschokolade*	13
MAK V	$Z_{QU}+Z_{SI}$	*100g Kokos*	13
MAK VI	$Z_{FN1}+Z_{GSB}$	*Schogetten Weiße Schokolade*	10
MAK VII	$Z_{FN1}+Z_{SI}$	*Schogetten Mandelkrokant*	9

4.2 Mikrostruktur

Auch die deutschen Namen bestätigen die französische Tendenz zu regulären Bildungsmustern, Übernahme und Neukombination bestehenden Wortmaterials: 88,8% der Konstituenten werden durch Übernahmen (lexikalisch und onymisch), Komposita und Syntagmen gebildet. Tabelle 6 listet nochmals en détail die Frequenz der einzelnen Bildungsmuster. Anschließend werden die drei häufigsten Verfahren anhand von Beispielen aus dem Korpus näher untersucht.

Tab. 6: Bildungsmuster deutscher SchokoladenN (quantitative Verteilung)

	Häufigkeit (in %)	**Korpusbeispiel**	**Erläuterung**
Lexikal. Übernahmen	48,48	*Joghurt*	Substantiv
Komposita	22,08	*Almglocke*	N+N-Kompositum
Syntagmen	11,04	*Cocoa de Maracaibo*	Nominalphrase: N+PP (Onym)
Onym. Übernahmen	7,20	*Richard*	Anthroponym
Derivativa	3,36	*Schogetten*	Suffigierung: Apokope von *Schokolade* + g + Diminutivsuffix *-etten*
Kreuzungen	3,20	*MILKA*	Splitterkreuzung: Milch x Kakao
Kunstwörter	2,08	*Abinao*	-
Kürzungen	1,44	*REWE*	Lautwertakronym: Revisionsverband der Westkauf-Genossenschaften

4.2.1 Lexikalische Übernahmen

Bei den deutschen SchokoladenN führen lexikalische Übernahmen ebenfalls die Liste an, allem voran Substantive mit beinahe zwei Dritteln (61,72 %). Eine weitere Gemeinsamkeit ist die Dominanz von Übernahmen aus dem eigenen Lexikon. Nur wenige Substantive wurden aus einer anderen Sprache entlehnt. Auffällig ist, dass die Übernahme fremdsprachlicher Lexeme innerhalb des deutschen Korpus mehr als viermal so häufig auftritt wie im französischen (frz.: 3,6 %, dt.: 15,51 %). Dies sollte jedoch nicht zu dem voreiligen Schluss verleiten, die Scheu vor fremdsprachlichen Substantiven als Spiegelung des Outre-Rhin zu beobachtenden Sprachprotektionismus zu begreifen. Hierfür müssten weitere, produktgruppenübergreifende morphologische Studien folgen. In Bezug auf fremdsprachliche Substantive verfügen Übernahmen aus dem Lexikon des Hexagons über die stärkste Frequenz (53,45 %). Substantive wie *Noisette* oder *CHATEAU®* tragen der Tatsache Rechnung, dass das Französische insbesondere „in den Bereichen Parfum, Mode, Wein und Käse[14] einen Image-Mix aus Raffinesse, Eleganz und Savoir-vivre transportiert" (vgl. PLATEN 1997: 58). Laut ARANDA GUTIÉRREZ (2008: 36) werde auch beim Naming von Schokoladenprodukten bevorzugt auf diese Sprache zurückgegriffen[15]. Nichtsdestotrotz ist die Frequenz französischer Substantive insgesamt betrachtet niedrig, bei Adjektiven spielt das Französische, wie noch gezeigt werden wird, keine Rolle.

Übernahmen aus dem angloamerikanischen Raum, bei der Bildung von ProduktN bevorzugt dafür eingesetzt, eine „platt motivierte Beziehung zwischen Name und Sache" (PLATEN 1997: 58) zu kaschieren und den Namen aufzuwerten, rangieren innerhalb der Substantive mit einem Anteil von 36,21 % auf dem zweiten Platz (*Milk Chocolate* 'Milchschokolade', *Dark Chocolate* 'dunkle Schokolade'). Darüber hinaus liefert das deutsche Korpus auch Belege für italienisches Wortgut (10,34%). Hierzu zählen die auch in Deutschland geläufigen kulinarischen Bezeichnungen *Espresso*[16], *Cappuccino* und *Tiramisu*, die durch ihre Referenz auf eine Kultur, die als kulinarisch versiert gilt, ebenfalls valorisierend wirken können (vgl. RIEGER 2009: 57). Die höchste Frequenz besitzen Substantive innerhalb des Bausteins Z_{SI} mit 46,52 % der übernommenen Belege (*Nuss*, *Mandel*). Seltener sind sie innerhalb der Gattungsbezeichnung (Z_{GB}) mit lediglich 17,11 %. An dritter Stelle folgt mit einem Wert von 14,97 % der Baustein Z_{GSB} – ein Indiz dafür, dass der Gebrauch von Substantiven auch bei den deutschen Namen in erster Linie mit der Vermittlung von Informationen korreliert. Aufgrund der häufigen Angaben zu Gewicht und Kakaoanteil ist der Rückgriff auf Zahlen, wie auch innerhalb des französischen Korpus, das zweithäufigste Verfahren: 25,41 % der lexikalischen Übernahmen zählen zu dieser Kategorie, die – analog zu den französischen Namen – ebenfalls innerhalb der Bausteine Z_{QU} und Z_{KA} zu verorten ist. Als weitere Gemeinsamkeit kommt Adjektiven mit vergleichbarer Frequenz der dritte Platz unter den lexikalischen Übernahmen

14 Zum „pays des fromages" vgl. DUFFERAIN (2012: 35–40).

15 Ein Beispiel für „typisch" italienische Produkte sind hingegen Grundnahrungsmittel, vor allem Pizza und Pasta, sowie Autos. Das Deutsche kommt demgegenüber bei der Produktgruppe Wurst bevorzugt zum Tragen (ARANDA GUTIÉRREZ 2008: 36, PLATEN 1997: 58).

16 Neben *Espresso* nennt RIEGER (2008: 167) auch die Kulinaria *Pizza* und *Lasagne* als dieser Gruppe zugehörig.

zu (dt.: 12,87 %, frz.: 12,03 %). Auch hier überwiegen native Elemente. Bei der Benennung wurde lediglich dreimal auf fremdsprachliches, hier englisches, Wortmaterial zurückgegriffen (z. B. *Classic* 'klassisch'). Mehr als die Hälfte der deutschen Adjektive entfällt auf den Baustein Z_{AND}. Dieser hohe Wert kann – ähnlich wie im französischen Korpus – durch das häufigste Adjektiv, *Bio* (23,08 % aller Adjektive), erklärt werden, das der steigenden Beliebtheit von „Ethic-Food"-Produkten Rechnung trägt. Auf dem zweiten Platz folgt mit einem Wert von 35,90 % die Konstituente Z_{SB}, die mit *Zartbitter* (15,38 % aller Adjektive) und *WEISS* (12,82 % aller Adjektive) zahlreiche Beispiele für das zweit- beziehungsweise dritthäufigste Adjektiv des deutschen Korpus enthält.

4.2.2 Komposita

Komposita sind im deutschen Korpus etwa dreimal so häufig wie im französischen (dt.: 22,08 %, frz.: 7,45). Dies ist Ausdruck davon, dass sie auch auf langue-Ebene eine größere Produktivität besitzen als im französischen Sprachsystem (vgl. Dufferain 2012: 60, Weidenbusch [2]2008: 238). Die deutschen Komposita sind zudem vielfältiger, was sich in einer größeren Anzahl von Kombinationsmöglichkeiten niederschlägt: mit insgesamt vierzehn verschiedenen Kompositastrukturen ist der Wert mehr als dreimal so hoch wie im französischen Teilkorpus, wo lediglich vier Arten der Komposition ermittelt werden konnten. Eine weitere Besonderheit ist die höhere morphologische Komplexität deutscher Komposita. 16,67 % der Belege bestehen aus mindestens drei Konstituenten, z. B. *Alpenmilchcreme* (N+N+N).

Am häufigsten wird bei den deutschen Namen (37,68 % aller Komposita) auf die Zusammenfügung zweier Nomen zurückgegriffen (*Alpenmilch*). Ein besonders einprägsames Beispiel ist der SN_{LEX} *Schoko-Duo*. Hier wird die Apokope von *Schokolade* mit dem aus dem Lateinischen 'zwei' beziehungsweise Italienischen 'Duett' stammenden Substantiv *Duo* kombiniert. Auf dem zweiten Platz rangiert mit 31,16 % die Abfolge A+N (*Edel-Vollmilch*, *Voll-Nuss*). Interessant ist hierbei der Name *Grand'Or* – eine Kombination aus qualifizierendem Adjektiv (frz. *grand* 'groß, besonders') und Nomen (frz. *or* 'Gold'). Da das Kompositum beide Lexeme in ihrer ungekürzten Form enthält, das heißt keine Auslassungen vorgenommen werden, ist das Setzen eines Apostrophs, grammatikalisch betrachtet, unnötig. Es wird wohl das Ziel verfolgt, den Namen in ein französisches Schriftbild zu hüllen, um Assoziationen von Raffinesse (Platen 1997: 58) zu evozieren und dadurch eine valorisierende Wirkung zu forcieren. Den dritthäufigsten Kompositionstyp bilden mit 10,87 % Neubildungen aus zwei Adjektiven (*Edel-Bitter, halbflüssig*). Besonders beliebt ist die Komposition innerhalb des Bausteins Z_{SI}: 34,78 % der Komposita dienen der Beschreibung sekundärer Inhaltsstoffe (*Sahne-Mocca, Zwergorange*). Durch den geringen Synthesegrad wird die für den Käufer wichtige Informationsvermittlung nicht behindert. Daneben dienen Komposita dazu, die Schokoladensorte näher zu beschreiben: weitere 22,46 % der Bildungen entfallen auf den Baustein Z_{SB} (*Edel-Bitter, Vollmilch-Hochfein*). Auf dem dritten Platz folgt schließlich mit 9,42 % die Konstituente SN_{LEX} (*Kuhflecken, Almglocke*).

4.2.3 Syntagmen

Im deutschen Schokoladennamenkorpus finden sich folgende syntagmatische Typen nach Dufferain (2012: 49–50), vgl. hierzu Tabelle 7.

Tab. 7: Syntagmatische Bildungen in deutschen SchokoladenN

Syntagmatyp (nach Dufferain 2012)	**Beispiel SchokoladenN**
I: Nominalphrase → Det+N	*De Jonker* 'der Junker'
V: Nominalphrase → N+PP (Onym)	*Cocoa de Maracaibo* 'Kakao aus Maracaibo'
VIII: Konjunktionales Syntagma	*SALZ UND KARAMELL*

Tabelle 7 zeigt, dass sich die Syntagmen nicht auf das Deutsche beschränken, sondern auch fremdsprachliche Bildungen umfassen. So kombiniert der Name *De Jonker* den niederländischen bestimmten Artikel *De* 'der' mit dem Substantiv *Jonker* 'Junker'. Bei *Cocoa de Maracaibo* handelt es sich hingegen um ein hybrides Syntagma, bestehend aus dem englischen Nomen *cocoa* 'Kakao' und dem Toponym *Maracaibo*. Häufiger noch als die in der Tabelle erfassten Syntagmen, die eine Frequenz von 18,84 % besitzen, weisen SchokoladenN elliptische Syntagmen auf (81,16 %). Beispiele hierfür sind die Bildungen *Ganz in Weiß* oder *mit 72% Kakao*. Sie dienen dazu, die Prägnanz des Namens zu steigern und die Lesbarkeit in den Online-Shops zu vereinfachen. Sowohl gekürzte als auch ungekürzte Syntagmen sind vor allem innerhalb der Bausteine Z_{SI} (47,83 %), Z_{KA} (24,64 %) und SN_{LEX} (17,39 %) anzutreffen.

5 Vergleich des lexikalischen Schokoladennamens in Frankreich und Deutschland

Die Schokoladennamenkonstituenten mindern das Risiko eines Fehlkaufs – werden dem Konsumenten doch wichtige Produkteigenschaften wie Hersteller (Z_{FN1}, Z_{FN2}), Produktgattung oder -sorte direkt vermittelt. Die Deskriptivität birgt aber die Gefahr, dass der Name wenig distinktiv ist. Dem kann der SN_{LEX} als Individualität stiftende Komponente entgegen wirken. Dies geschieht zum Beispiel durch die vier teils ineinander übergreifenden Funktionen nach PLATEN (1997: 45–70): *Originalität*, *Information*, *Expressivität* und *Valorisation*. Da die Ausgestaltung der Parameter stark produktgruppenabhängig[17] ist, soll hier keine quantitativ orientierte Illustration der funktionalen Spielarten erfolgen. Vielmehr geht es darum, einzelne Phänomene der Platen'schen Produktnamengrammatik aufzugreifen und schokoladennamenspezifisch zu erweitern.

Es stellt sich die Frage, welcher Wortbildungsmuster sich beide Sprachgemeinschaften bei der Kreation des SN_{LEX} bedienen.

Tab. 8: Bildungsmuster französischer und deutscher SN_{LEX} (in absoluten Werten)

Bildungsmuster	**Frankreich**	**Korpusbeispiel**	**Deutschland**	**Korpusbeispiel**
Onymische Übernahmen	**7 (8,54 %)**		**11 (21,15 %)**	
Anthroponym	2	*ANDOA*	5	*Katja*
Toponym	5	*Madagascar*	6	*ECUADOR*
Lexikal. Übernahmen	**25 (30,49 %)**		**13 (25 %)**	
Nomen	17	*prestige* 'Prestige'	11	*Salut*
Adjektive	6	*extra* 'außergewöhnlich'	2	*Exquisit*

17 So konnten zum Beispiel in Bezug auf die Namen von Kinderspielen bei der funktionalen Ausgestaltung des Platen'schen Parameters *Information* drei Arten der produktgruppenspezifischen Motivation eruiert werden, die sich speziell auf eine kindliche Zielgruppe beziehen: Hinweise auf den Akteur (*Larry Lasso*), die Aktion (*Pferde Rallye*) sowie den Aktionsraum (*Nürnberg*), bei FÈVRE-PERNET (2007: 122) subsumiert unter den Bezeichnungen *participant/ agent* (Akteur) und *lieu d'activité* (Aktionsraum) (vgl. RÜCKERT 2013: 194–195).

Bildungsmuster	Frankreich	Korpusbeispiel	Deutschland	Korpusbeispiel
Komposita	**21 (25,61 %)**		**13 (25 %)**	
N+N	5	*PLAISIR SESAME* 'Sesamfreude'	9	*Almglocke*
N+A/A+N	16	*Ligne Gourmande* 'genießerische Linie'	3	*Grand'Or*
Irreguläre Bildungen	**27 (32,93 %)**		**3 (5,77 %)**	
Kreuzungen	1	*ETHIQUABLE*	0	*Milka*
Kunstwörter	10	*IBARIA*	2	*Novesia*
Derivativa	15	*RECOLTA*	1	*Luflee*
Kürzungen	1	*GALAK*	0	-
Syntagmen	**2 (2,44 %)**		**12 (23,08 %)**	
Regulär	2	*LA PRINCESSE DE BLOIS* 'Die Prinzessin von Blois'	11	*Juwel Von Afrika*
Elliptisch	-		1	*ganz in Weiß*

Wie in Tabelle 8 ersichtlich, sind irreguläre Bildungen – insbesondere Derivativa – bei den französischen und lexikalischen Übernahmen bzw. Komposita bei den deutschen Namen führend.

Auf dem zweiten Platz folgen lexikalische Übernahmen (frz. Sample) bzw. Syntagmen (deutsches Sample). Daran schließen sich Komposita (Frankreich) bzw. onymische Übernahmen (Deutschland) an.

Vergleicht man die Bildungsmuster französischer und deutscher SN_{LEX} mit den Mustern von SchokoladenN insgesamt, so wird deutlich: französische SN_{LEX} geben sich morphologisch gesehen innovativer als deutsche. Hier ist der Anteil irregulärer Bildungen – allem voran Derivativa und Kunstwörter – stärker ausgeprägt als bei der Vergleichsgruppe. In Bezug auf die Kunstwörter gilt es allerdings zu beachten, dass alle Belege dem Hersteller *Valrhona* entstammen – ein Schluss auf die Gesamtheit französischer SchokoladenN ist folglich nicht möglich. Im deutschen Sample ist hingegen die Übernahme bereits bestehender Lexeme bzw. die Anwendung regulärer Verfahren der Wortbildung (hier: Komposition) am stärksten verbreitet.

Letztendlich wird also der Befund von Mundt (1981: 204) bestätigt: die Creatio ex nihilo ist bei französischen und deutschen MarkenN[18] wenig geläufig.

Wie kann durch den SN_{Lex} eine Appellwirkung erzeugt und der Kunde zum Kauf animiert werden?

Auf lautlicher Ebene originell sind SN_{Lex}, die über einen vollvokalischen Auslaut verfügen (vgl. Platen 1997: 46). Hierzu zählt die französische Bildung *BELGA*, die morphologisch betrachtet auch als Änderung des Auslautvokals (*belge* 'belgisch', 'Belgier/in') bzw. als Derivativum[19] analysiert werden kann. Morphologisch betrachtet kommt nach Platen (1997: 48) ebenfalls den mots-valises oder Kreuzungen eine originelle Note zu. Als Bildungsmuster für lexikalische SchokoladenN sind sie jedoch wenig produktiv: mit der französischen Bildung *ETHIQUABLE*, einer Kombination aus *étique* 'ethisch' und *équitable* 'gerecht'[20], liegt lediglich ein Beispiel für dieses Verfahren vor.

Mit *YOKA* oder *KACINKOA* weist das französische Korpus Beispiele für graphische Originalität auf: die „kraze for *K*", den Gebrauch des Graphems <k> in den romanischen Sprachen (Platen 1997: 46). Als typographischer eye-catcher fungieren weiterhin Majuskeln. Sie betreffen den SN_{Lex} als Teil einer Konstituentenfolge (*COTE D'OR Chocolat au lait amandes 200g*, *COTE D'OR Milchschokolade Mandeln 200g*) oder als ganzen Namen (*ROUGE BAISER* 'roter Kuss') (vgl. Platen 1997: 46).

Die Vermittlung von Informationen bezeichnet Platen (1997: 52) als „eher nachgeordnete[n] Faktor". Die SchokoladenN machen deutlich: mehrgliedrige Namen können differenziertere Informationen vermitteln. Der SN_{LEX} – wie auch der FirmenN (Z_{FN1}, Z_{FN2}) und der Name der Produktlinie (Z_{PL}) – bedienen sich überwiegend der übertragenen Informationsvermittlung (vgl. Platen 1997:51–52). Demgegenüber stehen die deskriptiven Komponenten. Hier werden die Informationen direkt vermittelt. Sie entsprechen der Bezeichnung des jeweiligen Bausteins (z. B. $Z_{GB} \rightarrow$ Produktgattung, z. B. *CHOCOLAT*).

---

18 Das untersuchte Korpus umfasst „Wortmarken aller Produktionsbereiche mit Ausnahme der Produkte der Pharmaindustrie und der semantischen Neologismen" (Mundt 1981: 26). Namen der Pharmaindustrie wurden nicht berücksichtigt, da ihre Bildung eigenen Gesetzen folgt – man denke an die Durchdringung mit lateinischen und griechischen Lexemen. Ziel ist es aber, Phonologie und Morphologie von Markennamenneologismen zu untersuchen, die in den allgemeinen Sprachgebrauch aufgenommen werden (vgl. Mundt 1981: 25–26).

19 Ronneberger-Sibold (2004: 583) spricht hier von Lautersatz, einem Beispiel für irreguläre Wortschöpfungen mit Ausgangsform (vgl. auch *Welle* → *Wella*).

20 Im Zusammenhang mit dem französischen Substantiv *commerce* 'Handel' besitzt es auch die Bedeutung *Fair Trade*.

Die SN$_{LEX}$ des französischen Herstellers *Valrhona* weisen zahlreiche Beispiele für toponymische Übernahmen auf, die Informationen zur Herkunft des Rohstoffs liefern, z. B. *SANTO DOMINGO* in *No.1 SANTO* DOMINGO. *Edelbitter mit 85 % Kakao, 100 g*. Bei Kunstwörtern wie *ABINAO* oder *TANARIVA* ist durch die starke Häufung von Vokalen allenfalls die Assoziation von Exotik denkbar. Die Verbindung mit der spanischen oder portugiesischen Sprache könnte zudem als Hinweis auf ein „prestigeträchtiges Ursprungsland" (PLATEN 1997: 56) verstanden werden. Das Spiel mit sprachlich-kulturellen Stereotypen ist jedoch nicht Bestandteil der informativen Funktion, sondern, wie noch gezeigt wird, eine Spielart der *Expressivität*. Nicht immer haben die Informationen einen derart klaren Bezug. Dies ist der Fall bei dem französischen SN$_{Lex}$ *LA PRINCESSE DE BLOIS* 'Die Prinzessin von Blois', der keinen Hinweis auf die Produktgruppe Schokolade enthält. Durch die Evozierung des Wortfeldes „Märchen" könnte es sich ebenfalls um einen SpieleN handeln, da es bei dieser Produktgruppe sehr beliebt ist (vgl. RÜCKERT 2013: 199). Ähnliches gilt für *Amour de Lait* 'Milchliebe'. Zwar enthält der Name Hinweise auf den Inhaltsstoff – durch das Fehlen weiterer Bausteine besteht unter Ausblendung des visuellen Kontextes (z. B. Abbildung des Produkts auf der Homepage des Herstellers) jedoch die Gefahr der Verwechselung mit der Gruppe der Milchprodukte.

Da sie „keine direkte semantische Information transportieren" (PLATEN 1997: 53), sind Kunstwörter besonders prädestiniert dafür, durch ihre lautliche Struktur in den Köpfen der Konsumenten Assoziationen zu evozieren und Expressivität zu generieren (vgl. PLATEN 1997: 53).

So könnte der Name *Poulain CROOMY* durch die lautliche Ähnlichkeit mit den englischen Adjektiven *creamy* oder *crispy* sowohl an Cremigkeit (PLATEN 1997: 53) als auch an Knusprigkeit denken lassen. Zusätzlich zur lautlichen Expressivität enthält das Korpus Beispiele für Xenismen – ebenfalls Träger einer expressiven Komponente (vgl. PLATEN 1997: 56). Diese können

> [...] neben mit der jeweiligen Sprache kollektiv assoziierten Nationaltopoi auch die für eine starke Marktposition wichtige Branchenkompetenz signalisieren oder auf ein prestigeträchtiges Ursprungsland verweisen – die fremdsprachige Form des Namens wird so zum zusätzlichen Gütesiegel für das Produkt.
>
> (PLATEN 1997: 56)

Es ist nicht entscheidend, ob ein Land tatsächlich über die ihm zugeschriebene Branchenkompetenz verfügt, wie dies etwa für Frankreich als Land des Käses (vgl. DUFFERAIN 2012: 35) der Fall ist, oder es sich um eine klischeehafte Wahrnehmung handelt (vgl. PLATEN 1997: 56). Laut RONNEBERGER-SIBOLD (2008: 224–

225) können prestigeträchtige Fremdsprachen ebenfalls ein Werkzeug sein, das Produkt aufzuwerten.

Das deutsche Korpus weist einige Beispiele für Übernahmen aus dem Französischen bzw. neugebildete Gallizismen auf. Hierzu zählt der an das Substantiv *grandeur* 'Größe' erinnernde Name *Grand'Or*. Ebenfalls französischer Herkunft sind mittels Suffigierung gebildeten Derivativa (*Schogetten*, *CHOCEUR®*, *Luflee*[21]). Neben Belegen für französisches Wortgut finden sich unter den deutschen Namen auch Beispiele für (Pseudo-)Italianismen und –Hispanismen. Der Name *BELLAROM*[22] ist ein Beispiel für eine italienisches Wortgut kombinierende Neubildung. Bei Derivativa weckt zudem der Gebrauch eines auslautendem *-a*, wie etwa in *Badenia* oder *Arkadia*, Anklänge an die italienische Wortmelodie. Innerhalb des französischen Korpus ist das Derivativum *RIALTA* ein Beispiel für einen italienisch inspirierten SN_{Lex}: Er erinnert an die unter Venedig-Touristen beliebte *ponte di Rialto*. Vermutlicher Hintergedanke all dieser Bildungen ist, dass Italien als versiert im Bereich der Kulinarik gilt (vgl. RIEGER 2009: 57). Auch der Gebrauch des Spanischen, zum Beispiel bei dem deutschen Namen *Cocoa d'Arriba Erdbeer mit Pfeffer*, kann dazu dienen, das Produkt aufzuwerten. Dies geschieht durch die Referenz auf die – mitunter weit gefasste – Herkunftsregion: die ersten Belege über die Verarbeitung von Kakaobohnen stammen aus Südamerika (vgl. BECKETT 2008: 1–3).

Unter funktional-semantischen Aspekten weisen beide Korpora Beispiele für valorisierende Elemente auf. Durch die Übernahme von „Prestigewörter[n]" (KOß 1996: 1645), der Wortfelder Preziosen/Luxus (*Gold*, *EBÈNE* 'Elfenbein') oder dem Rückgriff auf Statusbegriffe (Admiral) wird dem Produkt ein edler Anstrich verliehen. Keinem bestimmten Wortfeld zuzuordnen sind hingegen die passe-partout-Varianten der Valorisation *prestige* (in *Chocolat* prestige *orange*) oder *Exquisit* in *Exquisit Vollmilch* (vgl. auch PLATEN 1997: 63, 68). Auch die Reaktion auf aktuelle Trends kann zur Aufwertung des Produkts beitragen. Im Bereich der Süßwaren sind vor allem die Aspekte *Luxus*, *hohe Qualität* und *Gesundheit* gefragt (HUGHES & PHILLIPS 2007: 161). Letzterer dient der Beruhigung

---

21 Grammatikalisch korrekt wäre die Deklination weiblicher Adjektive durch die Hinzufügung eines Akuts: *-ée*.

22 Zu verstehen als eine Zusammensetzung aus it. *bella* 'schön' und *aroma*, wobei die Besonderheit darin besteht, dass „[d]as Adjektiv *bello/-a* [...] vor Konsonant zwar regelmäßig elidiert [wird], doch ist das – unüblich – im Auslaut gekürzte *arom* nicht *bella*, sondern *buona* 'gut'." (RIEGER 2008: 162). Im Rahmen einer Konsumentenbefragung konnte die Autorin nachweisen, dass für die Mehrzahl der Konsumenten die lexikalische Bedeutung opak bleibt. Es wurde vielfach als eine Zusammensetzung aus *bella* + *rom* verstanden – und durch die Endung nur als „ziemlich italienisch" bewertet (vgl. RIEGER 2008: 162).

des schlechten Gewissens der Konsumenten: "It is important that the consumer is made to feel good about eating what is, generally, a high calorie food" (Hughes & Phillips 2007: 165).

Ein Beispiel aus dem französischen Korpus ist die lexikalische Übernahme *NATURE*[23] in *Tablette NATURE Bio-Equitable Noir Quinoa* 'Tafel Natur Bio-Fair Trade zartbitter Quinoa'. Durch die Kombination aus fair gehandeltem Bio-Produkt (*Bio-Equitable*) und gesundheitsförderndem Inhaltsstoff, dem Inkakorn *Quinoa*, werden die Wortfelder „Ethic Food" und „Health Food" gleichermaßen bespielt.

Auch die französischen Komposita *Grand Chocolat* 'große/besondere Schokolade', *DOUCEUR COCO* 'Kokossüße' werten durch die damit verbundenen positiven Assoziationen das Produkt auf.

6 Fazit

Wie alle ProduktN zeichnen sich SchokoladenN durch eine werbende Funktion (Ronneberger-Sibold 2004: 562) aus. Diese gewinnt durch die Zugehörigkeit von Schokolade zur Sphäre der FMCG verstärkt an Bedeutung: eine Vielzahl stark konkurrierender Produkte wirbt um die Gunst des Konsumenten. Ziel des Beitrags war es, zu untersuchen, welche Strategien bei der Benennung deutscher und französischer Tafelschokoladen zum Einsatz kommen. Außerdem wurde der Frage nachgegangen, ob intersprachliche Unterschiede festzustellen sind.

Wie in Tabelle 9 zusammengefasst, zeigte sich, dass in beiden Ländern makrostrukturell komplexe Bildungen dominieren, wobei französische Namen im Schnitt über einen zusätzlichen Baustein verfügen (frz.: 3,25; dt.: 2,26). Durch die Vielzahl an Konstituenten sind übergreifende Strukturmuster nur sehr selten feststellbar – in Frankreich verfügen im Schnitt zwei Namen über eine identische Struktur, in Deutschland sind es drei. Auf makrostruktureller Ebene kristallisierten sich in beiden Ländern die Angaben zu sekundären Inhaltsstoffen (Z_{SI}) als wichtigste Komponente heraus. Die folgenden beiden Plätze divergieren in Hinblick auf die Abfolge der Konstituenten. Bei den französischen Namen dominieren die Konstituenten SN_{LEX} (13 %) und Z_{QU} (12,04 %). Bei

23 Teutsch (2008: 266) konnte nachweisen, dass die Kombination des Lexems *Natur* in Kombination mit einem Toponym einem gesteigerten Bedürfnis nach Nachhaltigkeit Rechnung trägt.

den deutschen Namen sind häufiger Angaben zu Hersteller (Z_{FN1}) und Sorte (Z_{SB}) zu konstatieren. Diese schlagen mit Werten von 14,24 % und 10,24 % zu Buche.

Eine korpusübergreifende Strategie ist also die Tendenz zur Mehrgliedrigkeit. Der dadurch generierte deskriptiv-informative Gehalt variiert je nach Kombination der Konstituenten.

Tab. 9: Vergleich der Makrostruktur frz. und dt. SchokoladenN

	Makrostruktur	
	Frankreich	**Deutschland**
Durchschn. Konstituentenzahl	3,25	2,26
Durchschn. identische Makrostrukturmuster	2	3
Häufigste Konstituenten	Z_{SI}, SN_{LEX}, Z_{QU}	Z_{SI}, Z_{FN1}, Z_{SB}

Hinsichtlich der Mikrostruktur überwiegt die Übernahme bzw. Neukombination bestehenden Wortmaterials in Kombination mit regulären Mustern der Wortbildung. Die Bildungen sind meist transparent – 98 % der französischen und 88,8 % der deutschen Konstituenten sind Übernahmen (lexikalisch und onymisch), Komposita und Syntagmen. Tabelle 10 fasst noch einmal die dominierenden Bildungsmuster zusammen.

Unbestreitbar informativ sind lexikalische Übernahmen, die in beiden Sprachen das wichtigste Verfahren darstellen. Hierbei ist in beiden Korpora die Abfolge Substantive > Zahlen > Adjektive mit ähnlichen relativen Häufigkeiten nachzuweisen. Substantive erlauben eine konzentrierte Übermittlung der wichtigsten Produktinformationen. Dies wird noch dadurch verstärkt, dass bevorzugt auf native, undeklinierte Wörter zurückgegriffen wird. Intersprachliche Unterschiede sind in der Abfolge der zweit- und dritthäufigsten morphologischen Bildungsmuster salient. Stellen im französischen Korpus onymische Übernahmen das zweithäufigste Bildungsmuster dar, so entfällt dieser Platz im deutschen Sample auf Komposita. Dieses Bildungsmuster steht bei den französischen Namen wiederum an dritter Stelle, wohingegen im deutschen Korpus die Syntagmen diesen Rang belegen. Die höhere Frequenz der Komposita bei deutschen SchokoladenN kann dadurch erklärt werden, dass dieses Wortbildungsmuster auch auf langue-Ebene eine hohe Produktivität besitzt.

Tab. 10: Vergleich der Mikrostruktur frz. und dt. SchokoladenN

	Frankreich	**Deutschland**
1. Platz	Lexikalische Übernahmen (70,00 %)	Lexikalische Übernahmen (48,48 %)
2. Platz	Onymische Übernahmen (11,09 %)	Komposita (22,08 %)
3. Platz	Komposita (7,45 %)	Syntagmen (11,04 %)

Wenn MUNDT (1981: 18) feststellt, dass „[d]er Wortkreation [...] umso mehr Bedeutung zu[kommt], je ähnlicher das zu lancierende Produkt im Verhältnis zu den Produkten ist, die dasselbe Supernym subsumiert", dann sind die Ergebnisse ungewöhnlich. Zwar sind in beiden Sprachen rudimentär kreative Bildungen wie Kunstwörter (*Novesia*), irreguläre Wortbildungen wie Derivativa (*Dauphinet* 'Thronfolgerchen'), Kürzungen (*GALAK*, *Schoko*) und Kreuzungen (*Milka*) nachweisbar – insgesamt zeigen die untersuchten SchokoladenN jedoch wenig irreguläre Bildungen. Auffällig ist zwar das gehäufte Vorkommen irregulärer Bildungen – insbesondere Derivativa und Kunstwörtern – bei französischen SN_{LEX}. Allerdings muss angemerkt werden, dass die hohe Frequenz der irregulären Bildungen vor allem dem häufigen Vorkommen der Derivativa geschuldet ist, die gemeinsam mit Kürzungen und Kreuzungen unter „irreguläre Bildungen" erfasst wurden. Weiterhin ist kritisch zu werten, dass sämtliche Belege französischer Kunstwörter dem Hersteller Valrhona entstammen. Um eventuelle Reihenbildungen auszuschließen, müsste eine noch breiter angelegte Analyse erfolgen.

Bei den deutschen Namen macht die für irreguläre Wortschöpfungen prädestinierte Konstituente SN_{LEX} – sofern vorhanden – keine Ausnahme. In der Mehrzahl der Fälle reproduzieren die lexikalischen SchokoladenN die transparenten Wortbildungsmuster. Es kann also gesagt werden, dass die werbende Funktion sowohl bei SchokoladenN insgesamt als auch beim SN_{LEX} durch eine detaillierte Beschreibung des Produkts zum Ausdruck kommt. Es gilt aber zu beachten, dass eine zu hohe Informativität bei *Low-Involvement*-Produkten[24], zu denen auch Schokolade gehört, nicht empfehlenswert ist: durch das niedrige finanzielle Risiko ist das Informationsbedürfnis der Konsumenten gering (vgl. HOMBURG & KROHMER 2006: 14). Die Evozierung von Assoziationen und die Ein-

24 Das Konzept des *Involvement* ist nach HOMBURG & KROHMER (2006: 13) definiert als „[...] eine zielgerichtete Form der Aktivierung des Konsumenten zur Suche, Aufnahme, Verarbeitung und Speicherung von Informationen." BRUHN ([10]2010: 225) hingegen versteht hierunter den „Grad der Ich-Beteiligung".

prägsamkeit, die durch langgliedrige Bildungen erschwert wird, sind ebenfalls wichtige Anforderungen, denen es beim Naming Rechnung zu tragen gilt (vgl. Ronneberger-Sibold 2004: 563). Hierzu kann der SN_{LEX} durch den Rückgriff auf originelle, valorisierende und expressive Elemente einen Beitrag leisten.

Literatur

Aranda Gutiérrez, Cristina (2008): La composición de los nombres de marca en el sector de alimentación. In Inés Olza Moreno, Manuel Casado Velarde & Ramón González Ruiz (Hrsg.), *Actas del XXXVII Simposio Internacional de la Sociedad Española de Lingüística*, 31–39. Pamplona.

Bauer, Gerhard (1985): *Namenkunde des Deutschen*. Bern u. a.

Botton, Marcel & Jean-Jack Cegarra (1990): *Le nom de marque – création et stratégies de marque*. Paris, Hamburg.

Brendler, Silvio (2004): Namenarten und ihre Erforschung. In Andrea Brendler & Silvio Brendler (Hrsg.), *Namenarten und ihre Erforschung. Ein Lehrbuch für das Studium der Onomastik*, 33–48. Hamburg.

Bruhn, Manfred ([10]2010): *Marketing – Grundlagen für Studium und Praxis*. Wiesbaden.

Dufferain, Svenja (2012): *Tyronyme*. Berlin.

Dufferain, Svenja (2013a): Parmissimo, El Pastor de la Polvorosa, Le Montagnard des Vosges – Kontrastive Ergonymie am Beispiel des ‚Tyronyms'. In Eva Martha Eckkrammer & Verena Thaler (Hrsg.), *Kontrastive Ergonymie. Romanistische Studien zu Produkt- und Warennamen*, 207–240. Berlin.

Dufferain, Svenja (2013b): Fachsprache der unsichtbaren Art: Das ‚Tyronym' als metamorphologische Verkäufersprache. In Laura Sergo, Ursula Wienen & Vahram Atayan (Hrsg.), *Fachsprache(n) in der Romania – Entwicklung, Verwendung, Übersetzung*, 21–36. Berlin.

Eckkrammer, Eva Martha & Verena Thaler (2013): Die Ergonymie als namenkundliche Subdisziplin. Beobachtungen zur Terminologie und zum Forschungsstand. In Eva Martha Eckkrammer & Verena Thaler (Hrsg.), *Kontrastive Ergonymie. Romanistische Studien zu Produkt- und Warennamen*, 7–53. Berlin.

Felser, Georg ([3]2007): *Werbe- und Konsumentenpsychologie*. Berlin, Heidelberg.

Fèvre-Pernet, Christine & Michel Roché (2005): Quel traitement lexicographique de l'onomastique commerciale? Pour une distinction Nom de marque/ Nom de produit. *CORELA. Numéro thématique Le traitement lexicographique des noms propres*. http://corela.edel.univ-poitiers.fr/index.php ?id=1198 (25.03.2018).

Fèvre-Pernet, Christine (2007): *Onomastique commerciale et genre polysémiotique: les catalogues de jouets*. https://tel.archives-ouvertes.fr/tel-00296612 (28.04.2018).

Gabriel, Klaus (2003): *Produktonomastik: Studien zur Wortgebildetheit, Typologie und Funktionalität italienischer Produktnamen*. Frankfurt a.M.

Giacomini Filho, Gino & Ovidio Rodrigues Borba (2010): Nomes de marca: aspectos mercadológicos e onomásticos. Trade names: marketing and onomastic aspects. *Signos do consumo* 2 (2), 217–229.

GOTTA, Manfred (1988): Die Rolle des Markennamens im Marketingmix: Global Branding und die Zukunft von Markennamen. In Manfred Gotta (Hrsg.), *Brand News. Wie Namen zu Markennamen werden*, 15–28. Hamburg.

HANSACK, Ernst (2004): Das Wesen des Namens. In Andrea Brendler & Silvio Brendler (Hrsg.), *Namenarten und ihre Erforschung. Ein Lehrbuch für das Studium der Onomastik*, 51–64. Hamburg.

HOMBURG, Christian & Harley KROHMER (2006): *Marketingmanagement*. Wiesbaden.

HUGHES, Stephanie & Diana PHILLIPS (2007): Branding has never been so sweet. The changing face of consumer society reflected in the confectionary industry. In Ludger Kremer & Elke Ronneberger-Sibold (Hrsg.), *Names in Commerce and Industry: Past and Present*, 153–166. Berlin.

KAISER, Werner (2007): Fast Moving Consumer Goods. Zwischen Artefakt und Consumer Insight. In Gabriele Naderer & Eva Balzer (Hrsg.), *Qualitative Marktforschung in Theorie und Praxis*, 583–593. Wiesbaden.

KOẞ, Gerhard (1995): Warennamen. In Ernst Eichler et al. (Hrsg.), *Namenforschung. Ein internationales Handbuch zur Onomastik*. 2. Teilband, 1642–1648. Berlin, New York.

LAVRIC, Eva (2009a): Sprache und Essen. Einleitung. In Eva Lavric & Carmen Konzett (Hrsg.), *Food and Language. Sprache und Essen*, 21–25. Frankfurt a.M.

LAVRIC, Eva (2009b): Gastronomastics: Towards a Rhetoric of Dish Names on Restaurant Menus. In Eva Lavric & Carmen Konzett (Hrsg.), *Food and Language. Sprache und Essen*, 29–41. Frankfurt a.M.

MUNDT, Wolf-Rüdiger (1981): *Wortbildungstendenzen im modernen Französischen, untersucht an den ‚Noms de marques déposés'*. Berlin.

PANTLI, Anna-Katharina (2009): Pralinénamen. Angewandte Linguistik für einen Schokoladehersteller. In Eva Lavric & Carmen Konzett (Hrsg.), *Food and Language. Sprache und Essen*, 79–90. Frankfurt a.M.

PILLER, Ingrid (1996): *American Automobile Names*. Essen.

PLATEN, Christoph (1997): *Ökonomie. Zur Produktnamen-Linguistik im Europäischen Binnenmarkt*. Tübingen.

RIEGER, Marie Antoinette (2008): Alles PICCO BELLI oder was? Form und Funktion pseudoitalienischer Produktnamen im deutschen Lebensmittelmarkt. *Onoma: Journal of the International Council of Onomastic Sciences* 43, 149–175.

RIEGER, Marie Antoinette (2009): Hauptsache Italienisch! Die Wirkung (pseudo-) italienischer Produktnamen auf deutschsprachige Verbraucher und Verbraucherinnen. In Eva Lavric & Carmen Konzett (Hrsg.), *Food and Language. Sprache und Essen*, 57–68. Frankfurt a.M.

RONNEBERGER-SIBOLD, Elke (2004): Warennamen. In Andrea Brendler & Silvio Brendler (Hrsg.), *Namenarten und ihre Erforschung. Ein Lehrbuch für das Studium der Onomastik*, 557–603. Hamburg.

RONNEBERGER-SIBOLD, Elke (2008): Food and learning: a twentieth century overview of educational topics in German brand names for food. *Onoma: Journal of the International Council of Onomastic Sciences* 43, 221–250.

RÜCKERT, Anna (2013): Namen von Kinderspielen – Ein Kinderspiel? Zu Makrostruktur, Morphologie und Funktionen der Namen deutscher und französischer Brett-, Karten- und Lernspiele. In Eva Martha Eckkrammer & Verena Thaler (Hrsg.), *Kontrastive Ergonymie. Romanistische Studien zu Produkt- und Warennamen*, 177–206. Berlin.

Samland, Bernd (2006): *Unverwechselbar. Name, Claim und Marke. Strategien zur Entwicklung erfolgreicher Markennamen und Claims. Fallbeispiele, Tipps und Erläuterungen aus der Praxis*. Freiburg u. a.

Sasse, Julia (2013): Produktnamen zwischen Information und Emotion – Eine linguistische Untersuchung am Beispiel von deutschen und französischen Körperpflegemitteln. In Eva Martha Eckkrammer & Verena Thaler (Hrsg.), *Kontrastive Ergonymie. Romanistische Studien zu Produkt- und Warennamen*, 155–176. Berlin.

Sokol, Monika ([2]2007): *Französische Sprachwissenschaft – ein Arbeitsbuch mit thematischem Reader*. Tübingen.

Weidenbusch, Waltraud ([2]2008): Produktive Wortbildung im Französischen. In Ingo Kolboom, Thomas Kotschi & Edward Reichel (Hrsg.), *Handbuch Französisch*, 235–238. Berlin.

Teutsch, Andreas (2008): Trademarks as indicators of the zeitgeist. *Onoma: Journal of the International Council of Onomastic Sciences* 43, 251–275.

Zilg, Antje (2008): PRONTI PER VOI. Was Markennamen über Trends im Lebensmittelmarkt verraten. *Onoma: Journal of the International Council of Onomastic Sciences* 43, 277–298.

Online-Quellen

http://www.rewe.de/marken/eigenmarken/feine-welt/ (30.05.2016).

Fiorenza Fischer & Holger Wochele

Strategien zur Benennung von Finanzprodukten

Ein Vergleich italienischer, rumänischer und ungarischer Bankkontonamen

Zusammenfassung: Aus der Perspektive des Marketings sollen Markennamen einerseits rationale und emotionale Appellwirkung entfalten (Belch & Belch 2009: 287), andererseits aber ihre Wiedererkennbarkeit verbessern (Lane, King & Reichert [18]2011: 49). Ziel dieses Beitrags ist es vor diesem Hintergrund, Branding-Strategien aufzuzeigen, die von europäischen Banken im Hinblick auf ihre Finanzprodukte (Girokonten) verfolgt werden. Manche Banken wählen für diese Benennungen beispielsweise Musikstile (*Conto duetto, Conto armonia*) oder komplexe Komposita, die auf Erfolg und Wohlstand verweisen (*Conto Utilio, Crescideposito Più*). Die Datenbasis bildet ein Korpus von Girokonto-Namen, das Homepages von Banken in drei europäischen Ländern (Italien, Rumänien, Ungarn) entstammt, und qualitativ bzgl. lautlich-graphematischer, morphologischer und semantischer Auffälligkeiten untersucht werden soll.

Abstract: In marketing, brand names should be both recognizable (cf. Lane, King & Reichert [18]2011: 49) and appealing (cf. Belch & Belch 2009: 287). The aim of this paper is to reveal the linguistic branding strategies behind the names of checking accounts which are provided by European banks. For example, some banks derive their names for checking accounts from music styles or they convey connotations such as wealth and success. For this study, we created a corpus which is based on information taken from websites of different European banks in Italy, Hungary, and Romania. The names of these checking accounts will be analyzed from a phonetic, morphological and semantic perspective.

Fiorenza Fischer, Wirtschaftsuniversität Wien, fiorenza.fischer@wu.ac.at
Holger Wochele, Universität Rostock/Wirtschaftsuniversität Wien, holger.wochele@wu.ac.at

DOI 10.1515/9783110547023-007

1 Einführung und Forschungsfragen

Finanzprodukte sind eine Klasse von Objekten, bei denen man gemeinhin annimmt, dass sie keinen Namen tragen. Diese Auffassung erweist sich heutzutage als obsolet, wie die Ergebnisse dieses Beitrags zeigen werden. Im Folgenden wird anhand eines Vergleichs italienischer, rumänischer und ungarischer Bankkontonamen aufgezeigt, welche Benennungsstrategien Finanzinstitute in diesem Bereich verfolgen.

In FISCHER & WOCHELE (2012) wurde bereits dargelegt, wie sich Namen von Banken in den letzten Jahren verändert haben; dabei ging es um Unternehmensnamen, deren Status als Eigennamen (EN) unstrittig ist. Auch Produktnamen, eine Subklasse der Ergonyme, sind in der Onomastik häufig untersucht worden (cf. Überblick NÜBLING, FAHLBUSCH & HEUSER ²2015: 266–277; KOẞ 1996 und 1999) – über ihren Status als EN herrscht jedoch keine Einigkeit, da sie nicht monoreferentiell sind: Es gibt nämlich eine Vielzahl völlig gleichartiger Produkte, die mit demselben Namen bezeichnet werden. Überraschender und vielleicht sogar noch kontraintuitiver ist im Fall der Namen von Finanzprodukten, dass sogar ein nicht-materielles Produkt, eine Dienstleistung oder ein Bündel an Dienstleistungen, einen Namen erhält. Aus onomastischer Sicht sind Bankkonten keine prototypischen Namenträger. NÜBLING, FAHLBUSCH & HEUSER (²2015: 98–106) vertreten den Standpunkt, dass typischerweise Personen und Orte Namen erhalten. Sehr überzeugend begründen sie dies mit dem Konzept der Belebtheit und Individualität; d. h. Belebtheitsgrad und materielle Wahrnehmbarkeit spielen bei der Vergabe von EN eine große Rolle: Fest umrissene und zählbare Objekte seien besser wahrnehmbar und differenzierbar als Abstrakta, als diffuse, konturlose und immaterielle Objekte (*Fleiß*, oder eben *Konto*). Ein Objekt oder Lebewesen erhält einen EN umso eher, je relevanter es für den Menschen ist und je deutlicher es perzipierbar ist. Die Benennung von Objekten mit einem Namen erfolgt egozentrisch: „Der Mensch bezeichnet nur das, was für ihn relevant ist“ (NÜBLING, FAHLBUSCH & HEUSER ²2015: 101). Illustriert wird dies mit einer Tabelle zur individualitätsbasierten Namenklassifikation (NÜBLING, FAHLBUSCH & HEUSER ²2015: 102). Die dort im unteren Drittel der Graphik aufgelisteten Merkmale (wie Belebtheit, Konturiertheit, Agentivität etc.) erhöhen den Grad an Individualität, maximaler Distinktivität, Wahrnehmbarkeit und Identifizierbarkeit und begünstigen damit eine Benennung. Wenn wir nun diese Merkmalsmatrix auf Bankkonten anwenden, so müsste sich für diese Objektklasse eine sehr geringe Benennungswahrscheinlichkeit ergeben, denn die einzelnen Merkmale wären folgende (Tabelle 1):

Tab. 1: Merkmalsmatrix für Bankkonten als potenzielle Namenträger

Bankkonten (Ergonyme)	
menschlich	-
belebt	-
konturiert / materiell	-
agentiv	(+)
menschlich verursacht	+
menschlich relevant	+

Das Merkmal der Agentivitität wurde hier in Klammern gesetzt, da Bankkonten nur in übertragenem Sinn „agentiv" sein können, z. B. in Bezug auf Zinserträge, die variieren können. Trotz dieser sehr geringen Benennungswahrscheinlichkeit werden Finanzprodukte benannt – und, wie gezeigt wird, erfüllt deren Benennung eine andere primäre Funktion als die Identifizierung. Im Fokus der folgenden Untersuchung stehen Namen von italienischen bzw. rumänischen und als Kontrast dazu ungarischen Giro- und Sparkonten. Nachdem in Kapitel 4 kurz die strukturellen Veränderungen im Banksektor dargelegt werden, fokussiert die linguistische Analyse (Kap. 5–6) folgende Forschungsfragen:

1. Was hat sich in der Beziehung zwischen Bank und Bankkunden verändert, und wie wirken sich diese neuen Umstände auf die Namen der Finanzprodukte aus?
2. Sind bei den neuen Namenbildungen Trends erkennbar?
3. Sagen diese Trends etwas über die Veränderung der Gesellschaft (im jeweiligen Staat) aus?

2 Onymische Überlegungen

Namen von Bankkonten gehören zur Klasse der Ergonyme, also der Namen für vom Menschen geschaffene Objekte sowie Einrichtungen (auch Waren- oder Produktnamen). Interessant scheint hier, dass ein immaterielles Produkt, eine Dienstleistung bzw. ein Bündel von Dienstleistungen einen Namen erhält. Diese Abstraktheit bzw. fehlende physische Wahrnehmbarkeit macht die Produkte als solche erklärungsbedürftig:

> Die Ausprägung [...] der Erklärungsbedürftigkeit einer Bankleistung ist zum einen vom Informations- und Bildungsniveau, aber auch vom Erfahrungsschatz des jeweiligen Kunden abhängig.
>
> (MAIER 1999: 30)

Weiters wird diese Erklärungsbedürftigkeit dadurch erhöht, dass vielfach in den Augen der Konsumenten keine Unterschiede im Angebot der einzelnen Bank bestehen, wie ein weiteres Zitat aus MAIER (1999) belegt:

> Eine weitere Ursache für die Erklärungsbedürftigkeit zeigt sich in der Differenzierungsproblematik. Die mangelnden Unterschiede im Angebot der Kreditinstitute machen Bankleistungen [noch] erklärungsbedürftiger. Durch die mangelnde Differenzierung muss hier z. B. durch die Kommunikation erklärt werden, worin mögliche Unterschiede bestehen.
>
> (MAIER 1999: 35)

Schlussendlich ist ein weiteres Charakteristikum der Bankdienstleistungen hervorzuheben: Es handelt sich bei ihnen um so genannte "high involvement"-Produkte, d. h. das Vertrauen, das der Kunde/die Kundin der Institution entgegenbringt, spielt eine wichtige Rolle – geht es doch schließlich um die Verwaltung seines/ihres Vermögens:

> Grundsätzlich scheint das Vertrauen eine zentrale Rolle bei Bankleistungen einzunehmen [...] In der Regel muss der Kunde bei Inanspruchnahme von Bankleistungen dem Kreditinstitut Vertrauen entgegenbringen. Er bringt eine riskante Vorleistung [...] und kann die Qualität einer Bankleistung vorab nicht oder sehr schwer beurteilen. Dies impliziert einen hohen Grad an Vertrauenseigenschaften.
>
> (MAIER 1999: 32)

In der Vergangenheit wurde das Vertrauen vorwiegend über den Namen des Kreditinstituts hergestellt, während die Finanzdienstleistungen, also die Konten als abstrakte Produkte, unbenannt blieben – wobei auch in der Vergangenheit das Konto verschiedenen Zielgruppen (z. B. ein Studenten- bzw. Seniorenkonto) bzw. den bestimmten Wünschen der Kundin/des Kunden/angepasst wurde (z. B. ein Sparkonto mit fester Veranlagung über eine gewisse Zeit mit einem bestimmten, fixen Zinssatz). Wie im Folgenden gezeigt wird, manifestiert sich die Produktdifferenzierung heutzutage zunehmend auch in verschiedenen Benennungen der Kontoprodukte, während früher ausschließlich der Name der Bank Bürge für Zuverlässigkeit war.

Dass ein immaterielles Produkt wie ein Konto benannt wird, ist – nicht nur aus onomastischer Sicht – zunächst einmal kontraintuitiv. Dabei interessieren hier die Kontonamen, wie sie auf den Homepages der jeweiligen Banken verzeichnet sind; hier ist nicht von Interesse, ob diese Kontonamen im mündlichen Gebrauch verwendet werden. Ein Satz wie

> *Überweis mir doch bitte die 40 Euro für das Geburtstagsgeschenk von Heike auf mein BW Extend Classic Girokonto.

klänge unnatürlich – er erinnert eher an einen Werbeslogan. In Kapitel 1 wurde gezeigt, dass die Merkmalmatrix von Bankkonten eigentlich eher gegen eine onymische Benennung spricht; NÜBLING, FAHLBUSCH & HEUSER ([2]2015: 104) zeigen weiters, dass Ergonyme erst an vierter Stelle der prototypischen EN stehen (nach Anthroponymen, Zoonymen, Toponymen). Dass dennoch eine Benennung erfolgt, dürfte also andere Gründe haben: Der Name hat hier weniger eine identifizierende, sondern eher eine werbende Funktion, wie bei vielen Ergonymen. Der Namengeber ist der Hersteller des Produkts und nicht sein Verwender/Käufer.

3 Korpus

Die Grundlage für die beiden empirischen Untersuchungen bildet eine Sammlung von 218 italienischen Kontenbenennungen einerseits, und von 82 ungarischen und 72 rumänischen Kontonamen andererseits. Bezüglich der letzten beiden weniger umfangreichen Korpora finden sich Ausführungen zur Datengrundlage im Abschnitt 6. Das italienische Korpus wurde auf der Grundlage der Internet-Homepages führender innovativer italienischer Bankinstitute erstellt. Kleinere Institute wurden aufgrund der wenig innovativen Benennungsstrategien nur stichprobenartig berücksichtigt. Aufgrund der unüberschaubaren Anzahl der Finanzprodukte der zahlreichen italienischen Banken scheint für den italienischen Teil eine exhaustive Untersuchung unangebracht. Bevor nun die empirischen Ergebnisse präsentiert werden, wird in Kapitel 4 dargelegt, vor welchem ökonomischen Hintergrund die Benennung von Bankkonten erfolgt.

4 Der ökonomische Hintergrund

Um die Phänomene, die sich sprachlich manifestieren, zu verstehen, ist es notwendig, den wirtschaftlichen Hintergrund kurz zu beleuchten. Die Rahmenbedingungen, unter welchen das Bankgeschäft heutzutage ausgeübt wird (gemeint ist *retail banking*), haben sich durch einige Faktoren radikal verändert.

Strukturelle Aspekte, wie die größeren Dimensionen und der breitere territoriale Aktionsradius der Banken, haben dazu geführt, dass diese derzeit in stärkerem Ausmaß gegeneinander in Konkurrenz treten. Auf der Suche nach immer neuen und immer mehr KundInnen versuchen die Banken einerseits, den Wettbewerb durch bessere Konditionen (niedrigere Kontogebühren, effizientere Dienstleistungen, bequemeren Zugriff) zu verschärfen, um damit die Kundschaft zu vergrößern. Andererseits versuchen sie ein quantitativ breiteres Publikum zu erreichen, indem sie neue Altersgruppen mit spezifischen Finanzprodukten ansprechen. Dies illustrieren folgende Beispiele aus dem italienischen Korpus[1]:

Conto Baby New Generation
44 Gatti '44 Katzen' (nach einem italienischen Kinderlied)
Brucoconto 'Raupenkonto' (d. h. Konto für ein sehr junges Lebewesen)
Io cresco 'Ich wachse'
Io imparo 'Ich lerne'
Io conosco 'Ich kenne'
Conto Tuo Pensione 'Dein Pensionskonto'
SemprePiù Offerta Speciale Pensionati 'Immer mehr Sonderangebot, Pensionisten'
Conto No Problem Pensionati 'Konto Kein Problem für Pensionisten/Rentner'
Conto Easy 24 Silver
Conto Saggetà 'Konto weises Alter' (< *saggia* 'Weisheit' + *età* 'Alter', Amalgambildung)
Felicetà 'glückliches Alter' (< *felice* 'glücklich' + *età* 'Alter', Amalgambildung)

Diese Kontonamen zeigen zweifelsohne, dass das Zielpublikum hier Kunden sind, die unter 12 Jahre oder über 60 Jahre alt sind. Die meisten Banken streben außerdem eine Segmentierung der Kundschaft an, indem sie neue unterschiedliche Finanzprodukte entwickeln, die den Bedürfnissen verschiedener Kundentypen entsprechen. Dazu einige Beispiele:

Conto corrente Carige Stile Brillante 'brillanter Stil' / *Comodo* 'bequem' / *Concreto* 'konkret' / *Dinamico* 'dynamisch' / *Evoluto*, 'entwickelt, reif; fortgeschritten' / *Frizzante* 'prickelnd' / *Futuro* 'zukunftsorientiert' / *Libero* 'frei' / *Pratico* 'praktisch' / *Virtuoso* 'tugendhaft (virtuos)' / *Vivace* 'lebendig'

Die *Banca Carige* bietet ihren KundInnen elf unterschiedliche Girokonto-Finanzprodukte zur Auswahl an. Eine solche Produktdifferenzierung muss zwecks Erkennbarkeit notwendigerweise durch eine Neubenennungsstrategie

1 Die italienischen, rumänischen und ungarischen Beispiele bzw. deren Bestandteile wurden nur dann übersetzt, wenn beim Leser keine Kenntnis der Lexeme vorausgesetzt werden kann. *Family* als englisches Lexem bzw. Internationalismus blieb unübersetzt. Einmal übersetzte Lexeme bleiben bei erneuter Nennung gleichfalls unübersetzt.

bezüglich der innovativen Angebote ergänzt werden. In diesem Sinne kann man beobachten, dass die Finanzproduktdifferenzierung Hand in Hand mit einer Namendifferenzierung geht. Dieser Prozess hat zu einer regelrechten Proliferation von Neuschöpfungen im Bereich der Girokontobenennung geführt. Zur Schilderung der veränderten Rahmenbedingungen im Bankgeschäft muss man hinzufügen, dass sich auch von Seiten der KundInnen die Einstellung und das Verhalten weiterentwickelt haben. Noch vor wenigen Jahren war der vom Kunden zu bewältigende Aufwand beim Wechsel der Bank relativ groß, und der Vollzug des Wechsels mit lästigen bürokratischen Schritten verbunden. Das Verhältnis der KundInnen zur eigenen Bank war stabil und von Gewohnheit, Tradition und Treue geprägt. Heute hingegen erhält man dank der im Internet verfügbaren Informationen mit wenig Aufwand einen Überblick über die Konditionen verschiedenster Finanzprodukte. Weiters ist es heute auch möglich, ein neues Konto direkt via Internet zu eröffnen. Nicht selten werden die Kontoeröffnungsgebühren von den Banken übernommen. Neue KundInnen erhalten sogar Geschenke wie Amazon-Gutscheine oder Espressoautomaten, wenn sie ein neues Konto eröffnen. Die Bereitschaft der BankkundInnen, ein neues und für ihre Bedürfnisse vorteilhafteres Kreditinstitut zu suchen, ist heutzutage höher denn je zuvor. Das stabile Vertrauensverhältnis und das jahrzehntelange Verbleiben beim gleichen Institut existieren – vor allem bei den jungen Generationen – so gut wie gar nicht mehr. Zudem hat nach der Finanzkrise 2008 das Ansehen der Banken und das Vertrauen in den Banksektor stark gelitten. Die vielen Pleiten und Skandale der darauffolgenden Jahre haben auch nicht zur Festigung der Bindung der BankkundInnen an ihre Banken beigetragen. Zusammenfassend kann man zwei markante Veränderungen feststellen:

1. Der Wettbewerb unter den Banken, um neue KundInnen zu gewinnen, ist dynamischer und aggressiver geworden.
2. BankkundInnen sind heutzutage besser informiert, kostenbewusster und bedeutend mobiler.

Diese Umstände stellen die Voraussetzungen zum Verständnis des aktuellen Wandels in der Finanzproduktbenennung dar.

5 Finanzproduktnamen in Italien: Funktionen und Formen

Finanzproduktnamen im Banksektor erfüllen in erster Linie die grundlegende Funktion von EN: Sie benennen und identifizieren bestimmte Finanzprodukte und machen sie somit von anderen unterscheidbar. In Italien war bis vor kurzem die übliche Struktur für Giro- und Sparkontonamen von zwei Komponenten bestimmt:

1. Typ des Finanzprodukts (z. B. *conto corrente*)
2. Name der jeweiligen Bank

Im Großen und Ganzen kann man behaupten, dass keine besonders bewusste Wahrnehmung der Namen von Giro- oder Sparkonten verbreitet war. Die distinktive Funktion des Namens wurde vom jeweiligen Banknamen gewährleistet, diesem galt die Aufmerksamkeit. Im italienischen Korpus finden sich noch zahlreiche Beispiele mit dieser traditionellen, einfachen Namenstruktur (*conto corrente* 'Girokonto'):

Conto Corrente BancoPosta
Conto Corrente CheBanca! 'Was für eine Bank!'
Conto Corrente WeBank
Conto Corrente Barklays

Auch viele neue Namenschöpfungen behalten im ersten Teil diese traditionelle Struktur bei, so z. B.:

Conto Corrente Carige Stile Brillante Gruppo Banca Carige
Conto Corrente Carige Stile Comodo Gruppo Banca Carige
Conto Corrente Carige Stile Concreto Gruppo Banca Carige

Aus der Korpusanalyse lässt sich insgesamt die Tendenz zur Verkürzung bzw. zur Elision der zwei Komponenten ‚Finanzprodukttypus' und ‚Name der jeweiligen Bank' feststellen.

1. Namentypus <*Conto (~~corrente~~)* + Name der jeweiligen Bank>, d. h. Tilgung des Bestimmungswortes *corrente*:

Conto Fineco (Banca Fineco)
Conto IWBank (IWBank)
Conto Desio light 'Konto Desio leicht' (Banco Desio)
Conto BancoPosta Più 'Konto Mehr' (BancoPosta)

2. Namentypus <Conto (~~corrente~~) + ~~Name der jeweiligen Bank~~>, d. h. der Name der Bank wird getilgt:

   Conto ConTe Young 'Konto mit dir jung'
   Conto X-Large con Bonus 'Konto Extragroß mit Bonus'
   Conto Armonia 2.0 Giovane 'Konto Harmonie 2.0 jung'
   Conto Italiano Senza Frontiere 'Italienisches Konto ohne Grenzen'

2a. Im Korpus finden sich auch Fälle von Konfixbildungen:

   DigiConto (Banca Popolare Pugliese)
   FlexiConto (Banca Popolare di Milano)
   Contomax (Banca IFIS)

2b. Und es finden sich vier Fälle von Kompositabildungen:

   db Contopremio (Deutsche Bank) 'Prämiumkonto'
   PremiaConto Plus (Banco Popolare) 'Belohnung Konto Plus'
   TornaConto (Banca di Roma – UniCredit Group) wörtl. 'Vorteilskonto'
   Brucoconto (Banco Popolare) 'Raupenkonto'

3. Auf der letzten Stufe der Elision verschwinden sowohl die Bezeichnung für den Kontotyp als auch der Name der Bank: <*Conto (corrente)* + Name der jeweiligen Bank>:

   Libero Turbo (Veneto Banca)
   Hello! Money (BNL – Gruppo BNP Paribas)
   SemprePiù Famiglia Light 'Immer mehr Familie' (Banca Popolare di Vicenza)
   Feel Free (Banca Popolare di Vicenza)

Der Produktname liefert in diesen Fällen alleine betrachtet überhaupt keinen Hinweis mehr darauf, dass es sich um ein Finanzprodukt handelt. Manche Kontonamen erwecken eher Assoziationen mit Waschmitteln oder Sportgeräten. Angesichts dieser Tendenz drängt sich die Frage auf, welche Funktionen heutzutage derartig konstruierte Finanzproduktnamen erfüllen. Die grundlegenden Funktionen der Markennamen (Identifikation, Distinktion, Abgrenzung) scheinen zu Gunsten der vollen Entfaltung der Appellfunktion in den Hintergrund gerückt zu sein. Diese Neuschöpfungen erfüllen nur sehr bedingt die Unterscheidungsfunktion; in erster Linie entfalten sie eine kommunikative Wirkung und übernehmen die Rolle, die normalerweise in der Werbung dem Slogan zukommt. Girokontonamen dieser Art sind „sprechende Namen", die „neben ihrer Namensfunktion gleichzeitig das Bezeichnete mit einer wesentlichen Eigenschaft oder in seiner Eigenart beschreiben" (Nord 1993: 161). Dies illustrieren die folgenden Beispiele:

db Zero Canone 2013 'Null Gebühr 2013' (Deutsche Bank)
Conto facile Offerta Superflash 'Leichtes Konto Superflash-Angebot' (Intesa Sanpaolo)
Conto Credem Zero Assoluto 'Absolut Null' (CREDEM)
Conto wow! for students only (Banca Carim)
Conto corrente Specchio Tuttofare 'Girokonto Spiegel / Mädchen für alles' (Gruppo Banco Popolare)
Conto corrente Genius Ricaricabile 'wiederaufladbar' (UniCredit Group)

Wie man deutlich sehen kann, spielen diese Namen im Kommunikationsprozess die Rolle eines Slogans. Sie versuchen die Erwartungen, Einstellungen und Entscheidungen der AdressatInnen in positiver Weise zu beeinflussen. Was vordergründig als Information wirkt, steht in Wirklichkeit im Dienste der Appellfunktion, vgl. die folgenden Beispiele:

Conto Invito 2% 'Einladung 2 %' (Creval)
Conto Rendimax 'Konto mit maximaler Rendite' (Banca IFIS)
Conto Senza Spese Web 'Webkonto ohne Spesen' (CREDEM)
Premia conto Plus 'Prämiere das Konto, Plus' (Banco Popolare)
Conto Ti premio 'Konto, ich prämiere Dich' (Banca di Sassari)
Conto Rendi Tuo 'Konto Lass es Deines werden' (Banca Sella)

Die letzten zwei Beispiele führen uns zur Beschreibung einer auffallenden Erscheinung bei den neu kreierten Namen von Finanzprodukten: Man kann den häufigen Gebrauch von Personalpronomina und Possessivadjektiva beobachten, wie die folgenden Beispiele zeigen:
Mit Personalpronomen:

Conto Per Te Family, 'Konto für dich' (BNL BNP Paribas)
Conto Italiano per me 'Italienisches Konto für mich' (Monte dei Paschi di Siena)
Conto Italiano per noi 'Italienisches Konto für uns' (Monte dei Paschi di Siena)
Il Conto intorno a te 'Das Konto um dich herum' (Banca Mediolanum)
Conto Con Te Teen 'Mit-dir-Teen-Konto' (Banco Desio)
Conto Con Te Young 'Mit-dir-jung-Konto' (Banco Desio)
BPM You Do
youbanking (Banco Popolare)
Let's Bank lavorare 'arbeiten' (Banco Popolare)
Let's Bank studiare 'studieren' (Banco Popolare)
Io cresco 'Ich wachse' (con Carta Io)

Mit Possessivbegleiter:

Conto Tuo Pensione 'Dein Pension-Konto' (Banca Sella)
Conto Tuo Debutto 'Dein Konto Debüt' (Banca Sella)
Conto Tuo Click 'Dein Konto auf Knopfdruck' (Banca Sella)
Conto Tuo Valore 'Dein Wert-Konto' (Banca Sella)
Conto Tuo Famiglia 'Dein Familien-Konto' (Banca Sella)
Conto My 18/30 (Banca Marche)
My Unipol (Unipol Banca)
Carige Solo Tuo 'Ausschließlich Deines' (Carige)

Personalpronomina und Possessivbegleiter stellen als Bestandteile von Finanzproduktnamen in Italien ein ziemliches Novum dar. Ihr Einsatz in der Namenbildung im Banksektor scheint eine Marketingstrategie zu sein, die darauf abzielt, BankkundInnen persönliche Involvierung bzw. affektive Nähe zu suggerieren. Der Verzicht auf die Höflichkeitsform, die in dieser Branche erwartbar wäre, und der Gebrauch der Du-Form scheinen ebenfalls Vertrautheit und Modernität signalisieren zu wollen.

Aus der Korpusanalyse geht hervor, dass außer Personalpronomina und Possessivbegleitern auch andere Elemente als Bestandteile der Finanzproduktnamen neu dazugekommen sind: Zahlen, Interpunktionszeichen, Adverbien und – selten aber dennoch vorhanden – auch Verben. Es wäre interessant hier zu zeigen, wie z. B. Zahlen in der Benennung gebraucht werden. Sie kommen nicht nur im Dienste der Informationsfunktion vor, z. B. *18/30* als Hinweis auf das Alterssegment der Zielgruppe für die Kundschaft. Sie werden auch als Mittel zur Valorisierung des Produktes eingesetzt, z. B. *2.0* als Signal für Interaktivität und Modernität.

Im nächsten Schritt soll eine markante Erscheinung bei den italienischen Finanzproduktnamen näher betrachtet werden, die teilweise auch schon bei den bisher genannten Beispielen auffällig war, nämlich die überbordende Präsenz von Xenismen bzw. Anglizismen. Quantitativ ist die Zahl an italienischen Kontonamen, die englische Elemente enthalten, beeindruckend. Dieses Phänomen wirft folgende Fragen auf:

Welche Funktion erfüllen diese fremdsprachlichen Elemente?
Warum ist ihr Gebrauch so verbreitet?
Warum ist Englisch fast die einzige verwendete Fremdsprache?

Bevor auf diese Fragen eingegangen wird, soll kurz angemerkt werden, dass auch einige wenige lexikalische Elemente in italienischen Finanzproduktnamen enthalten sind, die lateinischer Herkunft sein könnten. Diese sind z. B. *Bonus*,

Premium, Plus, Primum, Genius. Sie kommen aber in Kombination mit englischen Adjektiven vor, z. B.:

Genius Smart (UniCredit Group)
Genius First (UniCredit Group)
Genius One (UniCredit Group)
Super Genius (UniCredit Group)

In dieser Kombination kann man annehmen, dass sie von Empfängern nicht als lateinische Xenismen rezipiert werden. In diesem Zusammenhang stellt sich die Frage, was ein Xenismus ist, wie er definiert werden kann und wann er als solcher rezipiert wird. Bratschi (2005) definiert in ihrer Studie Xenismen folgendermaßen:

> Das zentrale Merkmal eines Xenismus ist seine Fremdheit, seine 'Alienität', die sich darin äußert, dass das betreffende Element als Fremdsignal wirkt. In diesem Sinn ist ein Xenismus ein Element, das auf ein fremdes Sprach- oder Kultursystem verweist.
> (Bratschi 2005: 50)

Damit ein Xenismus als solcher seine Funktion entfalten kann, muss er als fremdsprachliches Element erkannt werden. Bratschi (2005) fährt fort:

> Als Normverstöße sind Xenismen markiert und dadurch auffällig [...]. Diese Auffälligkeit ist die Voraussetzung dafür, dass sie ihre Signalfunktion überhaupt erfüllen können, denn damit ein Element als Fremdsignal wirken kann, muss es zunächst einmal auffallen.
> (Bratschi 2005: 51)

In diesem Sinne kann man bei Anglizismen in italienischen Finanzproduktnamen verschiedene Auffälligkeitsgrade unterscheiden, je nachdem, ob das Fremdheitssignal mehr oder weniger unerwartet vorkommt. Girokontonamen, die lediglich ein englisches Adjektiv enthalten, springen nicht besonders ins Auge. Dies belegen folgende Beispiele:

Conto Active
Conto Light (Banca Popolare di Spoleto)
Conto Small (Banca Popolare Pugliese)
Conto Yellow (CheBanca!)
Conto Desio Light (Banco Desio)
Conto Easy 24 Silver (Banca Popolare di Bari)

Genauso wenig fallen Kontonamen auf, wenn der Anglizismus aus einem oder mehreren Substantiven im Namen besteht:

BNL Conto Priority (BNL Gruppo BNP Paribas)
Conto Privilege (Banca Generali)
Conto Family (Banca Marche)
Conto Freedom One (Banca Mediolanum)
Conto CREDEM Friends (CREDEM)
Conto Gate Way

Ein Fremdheitssignal kann einfach auch durch ein Xenonym gesetzt werden, in diesem Fall durch den Namen der Bank:

Conto Sostenibile Barklays (Barklays Bank)
Conto WeBank (WeBank)
Conto IW Bank (IW Bank)

Anglizismen in Finanzproduktnamen erfüllen eher eine Signalfunktion, wenn sie in Mischkomposita oder Mischphrasen vorkommen oder von anderen Attraktoren begleitet werden, z. B. Binnenmajuskeln, Interpunktionszeichen wie z. B. in *CheBanca!* usw. Hierzu einige Beispiele:

Conto Hello! Money (Hello Bank)
Conto Con Te Teen (Banco Desio)
Let's Bank Studiare (Banco Popolare)
Let's Bank Lavorare (Banco Popolare)
Conto Italiano Scooter
Smarty_ContOnline (Banco popolare)
YouBanking
Conto Utilio click and go
Conto Wow! for Students only
Libero Winner (Veneto Banca)
Feel Free
Conto Sprintoso (Banca Etruria)

Bratschi (2005: 52) präzisiert hierzu:

> Voraussetzung für eine erfolgreiche Zuordnung ist zumindest ein minimales Wissen über die fremde Sprache. So erklärt sich auch die Typizität der Xenismen. Sie greifen nämlich genau auf die Merkmale zurück, die in einer Gemeinschaft als typisch für eine Fremdsprache angesehen werden. Sie stützen sich also auf stereotypes Wissen. In diesem Sinn ist die Fremdheit, auf die ein Xenismus verweist, immer eine ‚vertraute' Fremdheit, da „nur solche Xenismen selektiert bzw. produziert werden, die in bereits etablierte Muster und Stereotypen passen" (Jung 1999, 70). Je mehr eine Gemeinschaft über eine fremde Sprache weiß, desto besser ist diese Sprache als Reservoir für mögliche Xenismen einsetzbar.

Diese Überlegung trifft auf das Verhältnis zwischen Italienisch und Englisch in besonderem Maße zu. Das belegen folgende Beispiele, in denen sich die entsprechenden englischen Begriffe in italienischen Kontonamen ausschließlich aus der elementaren Alltagssprache rekrutieren, für deren Verständnis keine fortgeschrittenen Fremdsprachenkenntnisse nötig sind:

Conto All Inclusive
Conto Gate Way
Conto Under 18
Conto Revolution U27

Abschließend kann gesagt werden, dass man bei einer solchen Verwendung von Anglizismen keine Absicht erkennen kann, ein fremdes Kulturschema zu aktivieren oder einen emotionalen Bezug zum britischen, amerikanischen oder australischen *way of life* herzustellen. Die verwendeten Anglizismen bezeugen schlichtweg eine Vertrautheit mit Englisch als *lingua franca*. In diesem Sinne dienen sie als Attraktoren: Sie erwecken Aufmerksamkeit, verleihen einen Hauch von Internationalität und evozieren vage Assoziationen mit Werten wie ‚Erfolg', ‚Mobilität', ‚Jugend', ‚Offenheit', oder ‚Technik'. Diese Werte werden eher symbolisch der englischen Sprache zugeschrieben, zumindest aus italienischer Perspektive. Um mit einem Anglizismus abzuschließen: Anglizismen in Kontonamen sind einfach *cool*.

6 Finanzproduktnamen in Rumänien und Ungarn

Im letzten Teil des Beitrags soll auf die Situation in Rumänien und Ungarn vor allem als Kontrast zu den Ausführungen im vorherigen Kapitel eingegangen werden. Zunächst gilt es, einige länderspezifische Besonderheiten aufzuzeigen. Im Gegensatz zu Italien funktionierte das Bankenwesen in beiden Ländern bis zum Jahr 1989 im Rahmen der sozialistischen Planwirtschaft. Der Übergang zur freien Marktwirtschaft erfolgte in Rumänien etwas langsamer als in Ungarn; viele große Unternehmen blieben in Rumänien auch nach 1989 noch unter staatlicher Kontrolle. Kurz gesagt lässt sich dennoch für beide Länder feststellen, dass die Zahl der Banken relativ gering ist – und damit auch die Zahl der angebotenen Finanzprodukte. So beläuft sich die Zahl der in Rumänien tätigen Bankinstitute auf etwas mehr als 30[2], in Ungarn laut derselben Quelle sogar auf nur 13[3]. Italien hat knapp dreimal so viele Einwohner wie Rumänien – dort sind

2 www.aaadir.com (Stand vom 23.8.2014).
3 www.aaadir.com (Stand vom 23.8.2014).

jedoch aktuell 721 Banken tätig. Daraus resultiert, dass die Bankendichte, d. h. die Anzahl der Banken pro Einwohner, in Rumänien und Ungarn deutlich niedriger ist als in Italien, wobei damit noch keine Aussage bezüglich der Leistungsfähigkeit eines nationalen Banksystems getroffen werden kann. Weiters kommt im Fall von Rumänien hinzu, dass – auch im Vergleich zu anderen Ländern in Ost- und Mitteleuropa – der Banksektor unterentwickelt ist. So stellt GARDÓ (2006: 687) fest, dass in Rumänien nur 50 % der Bevölkerung über 15 Jahren Beziehungen zu einer Bank haben, und nur 35 % der Erwachsenen über ein Bankkonto verfügen (und nur 28 % einen Bankomaten nutzen). Der Bankdurchdringungsgrad ist in Rumänien gering. Laut einem Bericht der österreichischen Tageszeitung *Standard* (5.3.2013) hat nur etwa jeder zweite volljährige Rumäne und Bulgare ein Bankkonto. In Österreich sind demgegenüber nur 2–3 % der erwachsenen Einwohner ohne Konto (vgl. auch HIRCEAGA 2006: 71–72).

Daraus folgt, dass die Homepages vieler rumänischer Banken sehr didaktisch-aufklärerisch aufbereitet sind, um das Produkt *Konto* schlechthin erst einmal bekannt zu machen und zu bewerben. So liest man auf der Homepage der moldauischen *Victoriabank* folgenden Text (in freier Übersetzung):

> Ein Girokonto ist ein Bankkonto, auf dem Zahlungsmittel zum Ausgeben oder zum Sparen angelegt werden, ohne dass die Anlage befristet ist. Das Girokonto ist ein Bankinstrument, das Ihnen hilft, Ihre Einkünfte und alltäglichen Ausgaben leichter und effizienter zu verwalten.
>
> (rumänisches Original: www.victoriabank.md/ro/conturi-curente, 9.9.2017)

Ähnlich didaktisch ausgestaltete Texte finden sich auch auf den Homepages vieler Banken in Rumänien, wie zum Beispiel bei der *Banca carpatică, Leumi Bank România* oder *Banca Transilvania*. Ein ähnlich diversifiziertes Angebot, das sich an bestimmte Segmente der Kundschaft richtet, kann – im Gegensatz zu Italien – in Rumänien und Ungarn nicht konstatiert werden. Zum anderen hat diese vergleichsweise geringe Anzahl an Bankinstituten auch Auswirkungen auf die Größe des rumänischen und ungarischen Korpus: Ausgehend von Seiten, die ein Ranking von Finanzprodukten vornehmen, und Homepages der Banken, die auf Grundlage der Website www.aaadir.com für jedes Land ermittelt wurden, ergab sich ein Gesamtkorpus von 72 Girokontonamen für Rumänien und 82 Namen für Ungarn. Ähnlich wie für Italien war auch hier die Zielsetzung, gegenwärtige Trends in der Benennung aufzuzeigen, und nicht, eine statistische Auswertung vorzunehmen.

Vorab sei gesagt, dass sich viele Namen sehr traditionell präsentieren, d. h. 18 der 72 Kontoangebote im rumänischen Korpus wurden auf den Homepages der Banken lediglich mit dem appellativischen *cont curent* ‚Girokonto' beworben. Oder es werden motivierte, transparente Namen eingesetzt – im Grunde Appellative (ung. *devizaszámla* 'Devisenkonto'). Diese Namen werden hier nicht weiter berücksichtigt. Die Analyse der Namen lehnt sich methodisch an die Analyseebenen von ZILG (2006: 73) an. Sie unterscheidet:

Graphische und lautliche Struktur
Morphologische Struktur
Semantische Struktur
Lexikalische Besonderheiten
Rhetorische Besonderheiten

Der letzte Aspekt der Analyse bleibt hier ausgeklammert. Der Befund für **lautlich-graphische Besonderheiten** fällt relativ gering aus: Nur einige Beispiele im rumänischen Korpus sind hier zu nennen, die auf die SMS-Sprache zurückgehen dürften (Bsp: *Pachetul YourBank2GO*), zum Teil ein Lautspiel enthalten (Bsp. *Pachetul FUNtastic*; engl. *fun* 'Vergnügen' und *fantastic* – 'fantastisch'; Binnenmajuskeln werden als Attraktoren eingesetzt):

Pachetul YourBank2GO (Unicredit Ion Ţiriac)
Pachetul FUNtastic, Pachetul special pentru elevi şi studenţi 'Spezialpaket für Schüler und Studenten' (Bancpost)
Pachetul ClasiCont BCR (Banca comercială română), Haplologie

Die eben zitierten Beispiele sind jedoch auch in **morphologischer Hinsicht** von Interesse: *Pachetul FUNtastic* und *Pachetul ClasiCont BCR*, ersteres als Wortkreuzung, das zweite Beispiel als Gelenkkreuzung. Darüber hinaus ist im Ungarischen auffällig, dass die Namen als Einheit häufig asyndetisch gereiht sind, und dabei – wie oben schon für das Italienische gezeigt – einem bestimmten Muster folgen:

<Bankenname [fakultativ] + lexikalischer Zusatz (Subst./Adj.) [einfach oder zweifach] + ‚Konto'/ ‚Kontopaket' + Zielpersonenkreis>

Folgende Beispiele mögen dies illustrieren:

Junior számlacsomag (OTP Bank; *számlacsomag* 'Kontopaket')
Raiffeisen Bázis Számlacsomag ('Raiffeisen Basiskontopaket')
Sberbank Fair számlacsomag ('Sberbank faires Kontopaket')
FHB Aktív bankszámla ('FHB Aktiv-Bankkonto'; *bankszámla* 'Bankkonto')
FHB Prémium bankszámla ('FHB Premiumbankkonto')
Prémium1 plusz számlacsomag ('Premium-1-Plus-Kontopaket')

Auch für Komposita finden sich Belege im ungarischen Korpus:

Diákszámla 'Schüler-/Studentenkonto' (Sberbank)
Zsebpénzszámlacsomag 'Taschengeldkonto' (Sberbank)

Bezüglich der morphologischen Struktur der Kontonamen im Rumänischen fällt die für die romanischen Sprachen typische Struktur mit Postdetermination auf; Komposita im engeren Sinne wie im Deutschen oder Ungarischen finden sich nicht, in der Wortbildung spricht man in diesem Zusammenhang von syntagmatischen Komposita. Folgende Muster lassen sich unterscheiden:

Muster 1: <*Cont curent /Pachetul* ('Konto'/ 'Kontopaket') + Adjektiv [+ Substantiv]>

Beispiele:
Cont Curent – Pachet Esențial
Pachetul Preferat Plus

Muster 2: <*Cont curent /Pachetul* ('Konto'/ 'Kontopaket') + Substantiv 1 [+ Substantiv 2]>, also eine asyndetische Reihung

Beispiele:
Cont Curent – Pachet Premium (engl. premium, lat. raemium, subst. 'Lohn', 'Preis')
Cont Curent – Opțiune Student 'Option Student'

Eher selten im untersuchten Korpus sind dagegen rumänische Kontonamen, die eine Präpositionalphrase enthalten (*Cont* ***de*** *salariu*, Millennium Bank România, 'Gehaltskonto').

Was die **semantische Struktur** der rumänischen und ungarischen Kontonamen betrifft, so finden sich zahlreiche transparente Namen, d. h. Namen die aufgrund des verwendeten lexikalischen Materials sehr deskriptiv sind – und daher traditionell und wenig innovativ in ihrer Wirkung. Es gibt im Sinne von Platen (1997: 38–45) nur wenige Namen, die als Konzeptformen oder gar Kunstwörter einzustufen wären. Bezüglich der Übernahmen, d. h. der Verwendung lexikalischen und onymischen Materials zur Kreation von Namen, ist festzustellen, dass in den hier untersuchten Korpora – mit Ausnahme der Bankennamen – lediglich mit lexikalischem Material gearbeitet wird. Hier einige wenige Beispiele für Konzeptformen aus dem rumänischen Korpus:

Pachetul FUNtastic Pachetul special pentru elevi și studenți (Bancpost) 'Spezialpaket für Schüler und Studenten'
Pachetul ClasiCont BCR (Banca comercială română = BCR)

Auch deutlich geworden sein dürfte, dass viele Girokonten als Kontopakete (ung. *számlacsomag*, rum. *pachet*) beworben werden, die eine Reihe verschiedener Dienstleistungen inkludieren. Dass es zum Teil um E-Konten und Devisenkonten geht, braucht hier nicht zu interessieren. Zum Teil wird im Kontonamen – im Sinne einer Segmentierung des Kundenkreises – das Zielpublikum explizit angesprochen:

Pachetul Senior Activ (Bancpost)
Junior Számlacsomag (OTP)

Um das Finanzprodukt attraktiv zu machen, wird es häufig mit Hochwertwörtern aufgewertet, meist mit Adjektiven oder Substantiven mit Bezug auf:
- Aktivität: *FHB Aktív bankszámla* ('FHB Aktivbankkonto'), *Atusprint* (rum. *atu* 'Trumpf'; hier hat man den Eindruck, dass durch die Verwendung entsprechender lexikalischer Einheiten die fehlende Belebtheit des benannten Objekts kompensiert werden soll, s. oben Merkmalmatrix)
- Kartenspiel: *Gránit Ász számlacsomag* ('Granit-As-Kontopaket'), *Atucont*
- Edelsteine: *MagNet Bank Diamond számlacsomag* ('MagNet Bank Diamant-Kontopaket')
- Sieger beim Sport: *Gránit Bajnok számlacsomag* ('Granit-Meister-Bankkontopaket'), *Cont Curent – Pachetul Campionilor*
- Informatik 2.0: *Raiffeisen Aktivitás 2.0 Számlacsomag* (s. oben, das Zahlenkürzel *2.0* als Zeichen von Interaktivität und Modernität)
- Allgemeine Hochwertwörter: *FHG Prémium bankszámla* ('FHG Prämium-Bankkonto'), *Pachet Premium*, *Pachetul Favorit*

Die Appellfunktion ist bei den hier untersuchten Kontonamen im Gegensatz zu den italienischen Beispielen selten; der Kunde wird in der Regel nicht direkt angesprochen (Ausnahme: *FHB Hello Számlacsomag*)

Eine Art Dachmarke liegt bei einer „Familie" von Kontonamen in Ungarn vor, wobei nach *Trambulin* 'Trampolin' – außer im letzten Beispiel – immer das Zielpublikum präzisiert wird:

K&H trambulin bankszámlák ('K&H Trampolinbankkonten')
K&H trambulin start számla ('K&H Startkonto')
K&H trambulin 6+ csomag ('K&H Trampolin 6+, d. h. für über Sechsjährige, Paket')
K&H trambulin 14-18 éveseknek ('für die 14- bis 18-Jährigen')
K&H trambulin 18 éves kortól ('für die Über-18-Jährigen')
K&H trambulin pályakezdő számlacsomag ('Karrierestarter-Kontopaket')
K&H trambulin osztálykassza ('Klassenkasse', d. h. ein Konto für Vereinigungen und Kollektive kleineren Ausmaßes)
K&H trambulin megtakarítási betétszámla ('Spargirokonto')

Auch hier wird die Produktdifferenzierung betont. Mitunter werden auch – in Abhängigkeit vom Umfang der im Kontopaket inkludierten Dienstleistungen – Graduierungen vorgenommen, wobei auch die niedrigste Stufe mit positiv konnotierten Begriffen umschrieben wird:

Alap számlacsomag – ('Basis-Kontopaket')
Prémium Plusz számlacsomag ('Prämium-Plus-Kontopaket'; beide OTP-Bank)

Pachete de cont curent (Banca Leumi România):
Clasic, *Avantaj* ('Vorteil'), *Premium*

Ähnliche Vermeidungsstrategien bezüglich der niedrigsten Stufe können bei Produktbenennungen in Schnellrestaurants beobachtet werden: Die drei Größen z. B. von Pommes frites bei *Burger King* in Portugal werden folgendermaßen versprachlicht: "medium", "large" und "king" (Lick & Wochele 2012).

Hinsichtlich der lexikalischen Besonderheiten, d. h. der Besonderheiten des für die Namenkreation verwendeten lexikalischen Materials, ist auffällig, dass – wie im Fall der italienischen Girokonten – das Englische sowohl in Rumänien als auch in Ungarn als Spendersprache fungiert und gleichermaßen zu zahlreichen Hybridbildungen führt:

Cont Curent – Pachet Select (BRD)
Cont Curent – Pachet Traveler 1/2/3 (Unicredit Ţiriac)
Pachetul Your Bank2GO (Unicredit Ţiriac)
Jump Számlacsomag (OTP-Bank)
Simple Kártya Számlacsomag 'Simple Karte-Kontopaket' (OTP-Bank)
Net Számlacsomag 'Net Kontopaket' (OTP-Bank)
Citigold Private (Citibank)

Die Angebote für Senioren werden dagegen eher in der Landessprache beworben. Im ungarischen Korpus ist weiters hinsichtlich der stilistischen Markierung auffällig, dass häufig zur Bewerbung der Konten Lexeme lateinisch-griechischen Ursprungs eingesetzt werden, die im Ungarischen einer gewählten Ausdrucksweise angehören bzw. diasystematisch als „gehoben" konnotiert gelten, während genuin ungarische Wörter gemieden werden, d. h. es werden diejenigen ungarischen Lexeme substituiert, die sich im 19. Jahrhundert in der Epoche der so genannten *Nyelvújítás* ('Spracherneuerung') gegenüber Latinismen und Internationalismen, die damals bewusst ausgemerzt wurden, durchgesetzt hatten:

Raiffeisen Bázis Számlacosmag 'Raiffeisen Basis-Kontopaket'; *bázis* statt *alap* für 'Basis'
MKB Perspektíva Szolgáltatáscsomag 'MKB-Perspektiven-Dienstleistungspaket'

MKB Ambíció Szolgáltatáscsomag – 'MKB Ambitions-Dienstleistungspaket', *ambíció*, nicht *iparkodás, becsvágy*
„TRADÍCIÓ" termékcsomag 'Traditions-Produktpaket', *tradíció*, nicht *hagyomány*
„VITALITÁS" termékcsomag – 'Vitalitäts-Produktpaket', *vitalitás* anstatt *elevenség*

Andererseits fällt im ungarischen Korpus auf, dass Kontenangebote, die sich an ein junges Zielpublikum richten, häufig Lexeme verwenden, die der familiären oder jugendsprachlichen Ausdrucksweise angehören, wie dies die dazugehörigen Homepages unterstreichen[4]:

„SULI-MIX" termékcsomag 'Schul-Mix Produktpaket'; *suli* ugs. für *iskola* 'Schule'
„STUDI-MIX" termékcsomag 'Studi-Mix Produktpaket'; *studi* ugs. für 'Student'
AXA Bank OKÉ 3 Bankszámla (AXA Bank) 'Axa Bank Okay 3 Bankkonto'
FHB Hello Számlacsomag 'FHB Hello Kontopaket'

7 Abschließende Betrachtungen

Insgesamt lässt die Analyse der Kontonamen in Italien, Rumänien und Ungarn den Zusammenhang zwischen Namengebungsstrategien einerseits und strukturellen Veränderungen im Verhältnis der KommunikationsteilnehmerInnen andererseits klar werden. Im hier betrachteten Fall von Namenkreationen von Banken zeigt sich, dass die Banken sich gegenwärtig in einer sehr viel schwächeren Position gegenüber ihren potenziellen KundInnen befinden als in der Vergangenheit. Die Banken haben insgesamt an Prestige verloren, das Vertrauen in sie ist nicht mehr bedingungslos. Die von ihnen angebotenen Dienstleistungen sowie die damit verbundenen Bedingungen werden von den KundInnen geprüft und kritisch verglichen; hinzu kommt, dass die Konkurrenz zwischen den einzelnen Banken erheblich gewachsen ist. Demgegenüber befindet sich der Bankkunde heutzutage in einer Position der Stärke – und muss dementsprechend durch ansprechende, teilweise unkonventionelle Kontonamen angezogen und erobert werden. Dass sich die Situation in den beiden hier betrachteten osteuropäischen Ländern anders darstellt und Kontonamen sehr viel traditioneller und denotativer als in Italien sind, steht durchaus im Einklang mit den in Rumänien und Ungarn herrschenden Gegebenheiten einer im Vergleich zu Italien verspäteten Entwicklung im Bankensektor.

4 www.fhbhello.hu (Stand vom 10.9.2014).

Literatur

BELCH, George E. & Michael A. BELCH (2009): *Advertising and promotion. An integrated marketing communication perspective.* Boston u. a.

BRATSCHI, Rebekka (2005): *Xenismen in der Werbung: die Instrumentalisierung des Fremden.* Frankfurt a.M.

FISCHER, Fiorenza & Holger WOCHELE (2012): Identità nazionale e identità europea: il nome di impresa come strumento di pubblicità e di posizionamento sul mercato: il settore bancario. In Paola Cotticelli Kurras, Elke Ronneberger-Sibold & Sabine Wahl (Hrsg.), *Il linguaggio della pubblicità italiano e tedesco: teoria e prassi. Italienische und deutsche Werbesprache: Teorie und Praxis*, 105–136. Alessandria.

GARDÓ, Sándor (2006): Rumänien: Wirtschaft in Transformation. In Thede Kahl, Michael Metzeltin & Mihai Răzvan Ungureanu (Hrsg.), *Rumänien. Raum und Bevölkerung – Geschichte und Geschichtsbilder – Kultur – Gesellschaft und Politik heute – Wirtschaft – Recht und Verfassung – Historische Regionen*, 655–692. Wien.

HIRCEAGA, Adriana Alina (2006): *Die Entwicklung des Bankensektors in Rumänien nach 1989.* Diplom-Arbeit Wirtschaftsuniversität Wien.

KOß, Gerhard (1996): Warennamen. In Ernst Eichler et al. (Hrsg.), *Namenforschung. Ein internationales Handbuch zur Onomastik.* 2. Teilband, 1642–1648. Berlin, New York.

KOß, Gerhard (1999): „Was ist ‚Ökonymie'? Vom Einzug der Globalisierung in die Onomastik". *Beiträge zur Namenforschung* 34, 373–443.

LANE, Ron, Karen KING & Tom REICHERT ([18]2011): *Kleppner's Advertising Procedure.* Boston u. a.

LICK, Erhard & Holger WOCHELE (2012): *Croque McDo, CBO* and *Donut zucchero.* A contrastive analysis of product names offered by fast food restaurants in European countries. In Reina Boerrigter & Harm Nijboer (Hrsg.), *Names as Language and Capital. Proceedings Names in the Economy III, Amsterdam, 11-13 June 2009*, 64–74. Amsterdam.

MAIER, Michael (1999): *Markenmanagement bei Kreditinstituten.* München.

NORD, Christiane (1993): *Einführung in das funktionale Übersetzen. Am Beispiel von Titeln und Überschriften.* Tübingen, Basel.

NÜBLING, Damaris, Fabian FAHLBUSCH & Rita HEUSER ([2]2015): *Namen. Eine Einführung in die Onomastik.* Tübingen.

PLATEN, Christoph (1997): *„Ökonymie". Zur Produktnamen-Linguistik im Europäischen Binnenmarkt.* Tübingen.

ZILG, Antje (2006): *Markennamen im italienischen Lebensmittelmarkt.* Wilhelmsfeld.

Anne Rosar

Sneak Preview: *Otto – Der Film* oder *Harry Potter und die Heiligtümer des Todes*?

Zur Struktur von Filmtiteln und deren Übersetzung im diachronen Vergleich

Zusammenfassung: Dieser Beitrag zeigt zum einen aktuelle Tendenzen und diachrone Veränderungen bezüglich der Struktur von Filmtiteln auf. Zum anderen macht er Strategien sichtbar, die bei der Adaption von Titeln ausländischer Filme an den deutschen Markt von Bedeutung sind bzw. inwiefern sich die Beliebtheit bestimmter Strategien im diachronen Vergleich verändert hat. Datengrundlage ist die Sammlung der jeweils 100 erfolgreichsten Kinofilmtitel der Jahre 1985 und 2011 in Deutschland. Es wird im Folgenden gezeigt, dass v. a. nominale Strukturen (z. B. *Hangover 2, Otto – Der Film*) überwiegen und die meist kürzeren Einfachtitel (*Kokowääh, Zurück in die Zukunft*) Titelgefügen (*Ghostbusters: Die Geisterjäger, Otto – Der Film*) vorgezogen werden. Während in der Vergangenheit fremdsprachige Titel häufig übersetzt bzw. an das deutsche Zielpublikum angepasst wurden, zeichnet sich heute deutlich die Tendenz ab, solche Titel in ihrer Originalsprache für den deutschen Markt zu übernehmen.

Abstract: This empirical study points out recent tendencies and diachronic changes concerning the structure of film titles. It furthermore displays translation strategies applied to foreign film titles and analyses in how far the popularity of the usage of certain strategies has changed from a diachronic perspective. The 100 most successful film titles of 1985 and 2011 provide the data basis for the empirical study. Among the analysed titles nominal structures such as *Hangover 2* or *Otto – Der Film* are predominant and shorter single-unit titles (*Kokowääh, Zurück in die Zukunft*) are prefered to multi-unit titles (*Ghostbusters: Die Geisterjäger, Otto – Der Film*). While in the past foreign titles were translated into German, today such titles are adopted as they stand without change for the German market.

Anne Rosar, Universität Mainz, rosar@uni-mainz.de

DOI 10.1515/9783110547023-008

1 Einleitung

Provokative Titel[1] wie *Kokowääh* oder *Fack ju Göthe* sind nahezu jedem aus den Medien bekannt. Die Untersuchung LINDEMEIRS (2007) zum Einfluss des Filmtitels auf seinen kommerziellen Erfolg bestätigt, dass es nicht nur die Story, die SchauspielerInnen oder die Werbung sind, welche unsere Entscheidung beeinflussen, einen Film anzusehen, sondern in erster Linie der Titel. Verantwortlich für die Namenvergabe können beispielsweise die jeweiligen Produkt- und Marketingmanager oder auch Redakteure und Lektoren sein[2]. Daneben werden von den Produktionsfirmen immer häufiger auch spezielle Unternehmen eingesetzt, die sich ausschließlich der Namengebung von Filmen widmen. Marktführer in Deutschland ist nach eigenen Angaben das Unternehmen Namestorm, welches beispielsweise Warner Bros. Entertainment bei der Titelfindung für den Film *Keinohrhasen* unterstützt hat. Die wachsende Nachfrage nach Unternehmen, die sich mit der Titelfindung und -entwicklung beschäftigen, unterstreicht die Wichtigkeit und Werbewirksamkeit eines FilmN.[3]

Während zu Beginn der Kinematographie gegen Ende des 19. Jahrhunderts noch deskriptive FilmN wie *Die Ankunft eines Zuges auf dem Bahnhof in La Ciotat* beliebt sind, werden diese Titel im Laufe der Zeit immer kürzer. Durch den Einfluss der englischsprachigen Filmindustrie gewinnen auch fremdsprachliche FilmN an Bedeutung. Häufig bestehen zwischen Originaltitel und dem Translat Verbindungen, die für den Leser bzw. Zuschauer nur schwer nachzuvollziehbar sind. So beispielsweise im Falle des englische Originaltitels *New Year's Eve*, der unter dem anderslautenden englischen Titel *Happy New Year* in deutschen Kinos gezeigt wurde. Den Gründen für derartige Ersetzungen (englischer Originaltitel durch anderlautende englische Titel) geht dieser Beitrag nach.

In der onomastischen Forschung wurden die Namen von Filmen bisher nur wenig beachtet. Zu FilmN gibt es bisher nur einzelne Arbeiten, die sich aus einer linguistischen Perspektive mit dieser Thematik auseinandersetzen; die Titelforschung ist insgesamt ein sehr junges Forschungsfeld. Relevante Forschung findet häufig in den jeweiligen Fachdisziplinen statt, wie beispielsweise in der Film-, Medien- oder auch Translationswissenschaft. Besonders wichtig für die

1 Aus Gründen der Einfachheit werden die beiden Begriffe *Name* und *Titel* in diesem Aufsatz gleichbedeutend verwendet.

2 Meine Anfragen an deutsche und ausländische Produktionsfirmen wie z. B. die Walt Disney Motion Pictures Group oder Constantin Film zur Namengebung von Filmen blieben unbeantwortet.

3 In Komposita wird *-name* stets als *N* abgekürzt: FilmN etc.

Analyse von FilmN sind die Arbeiten von NORD (1993) und BOUCHEHRI (2008, 2012, 2013), welche sich v. a. mit der Anpassung von Filmtiteln an den deutschen Markt beschäftigen. Im theoretischen Teil (Kap. 2) werden FilmN zunächst kategorisiert und die strukturellen Eigenschaften von Buchtiteln nach NORD (1993), hier adaptiert für Filmtitel, vorgestellt. Ebenso werden Translationsstrategien (BOUCHEHRI 2008), die bei der Adaption fremdsprachiger Titel von Bedeutung sind, genauer erläutert. Es sollen Tendenzen aufgezeigt werden, wie und in welchen Fällen nicht-deutsche Filmtitel für den deutschen Markt übersetzt bzw. verändert werden und wann der Originaltitel beibehalten wird. In einer kleinen empirischen Studie werden die 100 erfolgreichsten Filme der Jahre 1985 und 2011 im Hinblick auf Originalsprachlichkeit, Titeltypen und syntaktische Strukturen sowie Translationsstrategien untersucht (Kap. 3).

2 Forschungsstand

2.1 Strukturelle Eigenschaften von Filmtiteln

Nach der individualitätsbasierten Namenklassifikation von NÜBLING, FAHLBUSCH & HEUSER ([2]2015: 102) können die Namen von Filmen als KunstwerkN den Ergonymen (ObjektN) zugeordnet werden. KunstwerkN referieren auf unbelebte, konkrete Objekte und beinhalten „die **Titel** sämtlicher **geistig-kreativer Schöpfungen** aus den Bereichen Literatur, Musik, bildende und darstellende Kunst, z. B. Dichtung, Oper, Bildhauerei" (NÜBLING, FAHLBUSCH & HEUSER [2]2015: 298) und somit auch die Titel von Kinofilmen. Ein Kinofilm als solches kann durchaus als ökonomisches Gut angesehen werden, Filmtitel sind als KunstwerkN dennoch von den WarenN zu trennen, wenngleich die beiden Namenklassen in unmittelbarer Nähe zueinander eingeordnet werden. Während WarenN (z. B. *Nutella*, *Tempo*) zu den am besten erforschten Ergonymen zählen, wurden KunstwerkN von der onomastischen Forschung bisher nur wenig beachtet – es handelt sich also um ein echtes onomastisches Stiefkind. Aus onomastischer Sicht sind Filmtitel zweifelsfrei um Namen (Monoreferenz, Referenzfixierungsakt etc.), auch wenn sie dabei formal namenuntypisch sind, weil sie zumeist aus volltransparenten Syntagmen bestehen und daher übersetzbar sind. Die empirische Untersuchung (Kap. 3) wird zeigen, dass fremdsprachige Filmtitel in der Praxis zum Teil wörtlich übersetzt werden, häufig aber unverändert für den deutschen Markt übernommen oder auch völlig neu gebildet werden können.

In der „Einführung in das funktionale Übersetzen“ beschäftigt sich NORD (1993) u. a. mit den strukturellen Eigenschaften von Titeln und Überschriften und ordnet diese bestimmten Typen zu. Ihr Korpus besteht aus etwa 12.500 Titeln und Überschriften der Genres Belletristik, Sachbuch, Kinderbuch, Erzählung, Gedicht und Fachzeitschriftenaufsatz. Tabelle 1 veranschaulicht NORDs Einteilung von (Buch)Titeln nach ihrem äußeren Erscheinungsbild in die Titeltypen Einfachtitel, Titelgefüge, Doppeltitel und Titelreihe[4], jeweils mit Filmtiteln als Beispiel.

Tab. 1: Einteilung von Filmtiteln in sog. Titeltypen nach dem äußeren Erscheinungsbild (nach NORD 1993: 52–57)

Titeltyp	Erklärung	Beispiel
Einfachtitel	eine Titeleinheit: minimal ein Graphem/ Wort oder einer Zahl, maximal ein Haupt- oder Nebensatz	*Kokowääh* *Zurück in die Zukunft*
Titelgefüge	mehrere Titeleinheiten: Haupttitel + ein oder mehrere Untertitel	*Ghostbusters: Die Geisterjäger* *Otto – Der Film*
Doppeltitel	zwei vollgültige alternative Titel verbunden durch *oder*	*Rossini oder Die mörderische Frage, wer mit wem schlief*
Titelreihe	Aneinanderreihung verschiedener Einzeltexttitel für Textsammlungen durch „précédé de“/„precedido de“ bzw. „suivi de“/„seguido de“ verbunden	*Honoré de Balzac: Le contrat de mariage* précédé d'*Une double famille et* suivi de *L'interdiction*, franz. Buchtitel

Neben der Einteilung von Titeln in verschiedene Typen beschäftigt sich NORD (1993: 59–61) außerdem mit Titelformen. Sie ordnet Titel bestimmten Wortarten bzw. syntaktischen Funktionen zu und unterscheidet zwischen nominalen, satzförmigen, adverbialen, verbalen, adjektivischen und interjektionsförmigen Titeln (Tabelle 2).

In der Analyse von NORD (1993: 56) ist der Einfachtitel in allen Korpora der am häufigsten verwendete Titeltyp. Das deutsche Korpus umfasst 78,8 % Einfachtitel, lediglich 20,1 % Titelgefüge und nur 1,1 % Doppeltitel – es handelt sich dabei tatsächlich um einen historischen Typ. Bezüglich der Titelform (NORD

4 Titelreihen sind laut NORD (1993: 55) nur im französischen und spanischen Korpus belegt, in ihrem deutschen Korpus sind keine Titelreihen zu finden.

1993: 61) erweisen sich nominale Titel als die mit Abstand am häufigsten verwendete Titelstruktur (z. B. Belletristik und Sachbücher ca. 90 %).

Tab. 2: Einteilung von Filmtiteln in sog. Titelformen nach dem äußeren Erscheinungsbild (nach NORD 1993: 59–63)

Titelform	Erklärung	Beispiel
nominal	EN oder Appellativa mit oder ohne Artikel sowie mit oder ohne Ergänzung (z. B. Adjektive, präpositionale Ergänzungen)	*Hangover 2* *Otto – Der Film* *Big Mamas Haus – Die doppelte Portion*
satzförmig	Haupt- oder Nebensätze mit finiter Verbform	*Angriff ist die beste Verteidigung* *In Time – Deine Zeit läuft ab*
adverbial	Adverbien, adverbiale Ausdrücke	*Wie ausgewechselt* *China Blue – Bei Tag und Nacht*
verbal	Infinitive oder andere infinite Verbformen	*Haben und nicht haben*
adjektivisch	attributive oder prädikative Adjektive mit oder ohne Ergänzungen oder Partizipien	*Werner – Eiskalt* *Fast & Furious Five*
interjektionsförmig	Interjektionen, Gruß- oder Abschiedsformeln, Anreden mit Namen, Glückwunschformeln, Stoßseufzer, Kampfrufe oder Aufforderungsphrasen	*What a man* *Happy New Year* *Fröhliche Ostern*

2.2 Umgang mit fremdsprachigen Originaltiteln

Der Marktanteil deutscher Film- und Koproduktionen in Deutschland beträgt für das Kinojahr 2011 lediglich 21,8 %[5] (gemessen an Besucherzahlen); ausländische Filmproduktionen, vor allem US-amerikanische Filme (60,1 %), bilden eine starke Mehrheit. Mit den weitgehend US-amerikanischen Filmen gehen englischsprachige Titel einher, die häufig auch in Deutschland beibehalten werden,

5 Filmförderungsanstalt, Zahlen aus der Filmwirtschaft, www.ffa.de/aid%3D94.html (18.04.18).

um von der Werbewirkung des Originaltitels auch im deutschen Kulturraum zu profitieren (vgl. Schubert 2004: 240). Auf die Frage, ob man einen Filmtitel nicht einfach so lassen kann wie er ist, antwortet der Inhaber Mark Leiblein von Namestorm:

> Soll ein Film kommerziell erfolgreich sein, sollte man genau prüfen, ob man einen Titel im Original belässt oder adaptiert. Prinzipiell kann (bzw. muss) man den Titel im Original lassen, wenn es sich um eine bekannte Roman- oder Games-Verfilmung handelt. Auch für Action-/Horror-Filme empfehle ich i.d.R., den Titel zu belassen – sofern er sich gut anhört. Das passt einfach zum Genre und gibt manchmal den notwendigen Coolness- bzw. Geheimnis-Faktor.
>
> (Kommentar aus der Praxis von Mark Leiblein, Inhaber von Namestorm[6])

Unter gewissen Voraussetzungen bzw. in bestimmten Situationen werden Originaltitel für den deutschen Markt übersetzt, durch deutsche Zusätze ergänzt oder durch neue Titel gänzlich ersetzt. Als mögliche Gründe für die Übersetzung oder Anpassung eines Filmtitels gibt Schubert (2004: 240) an, dass fremdsprachliche FilmN verändert werden, wenn beispielsweise die Denotation des Titels, bezogen auf die Wissenswelten der neuen Adressaten, missverstanden werden könnte oder wenn affektiv-konnotative Referenzen des Originaltitels nicht verstanden werden könnten, z. B. Wortspiele oder Redewendungen (*Just go with it* > *Meine erfundene Frau*)[7]. Weitere Motive für die Veränderung eines Filmtitels für neue Märkte nennt Farø (2013: 13): Erstens „linguistic differences and preferences“, also bestimmte zielsprachliche Vorlieben, wie beispielsweise die Weglassung des bestimmten Artikels bei der Übertragung fremdsprachlicher Titel ins Deutsche (*The Hangover* > *Hangover*) oder die Vorliebe für verbale Strukturen im Tschechischen (vgl. Scheller in diesem Band); zweitens „blocking effects“, die eintreten, wenn der ursprüngliche Filmtitel im Zielland bereits durch einen anderen Film belegt ist und drittens „market interests and general audience nursing“, ein Motiv für die Veränderung des Originaltitels aufgrund politischer bzw. kultureller Empfindsamkeit. Farø (2013: 13) nennt als Beispiel hierfür die Kürzung eines patriotistisch klingenden Titels: Um negative Reaktionen auf *Captain America: The First Avenger* auf dem russischen und südkoreanischen Markt zu verhindern, erschien der Film in diesen Ländern ausschließlich unter dem Titel *The First Avenger*. Ebenso werden Titel angepasst

6 www.namestorm.de/namensfindung/titelfindung-filmtitel-buchtitel (06.10.17).

7 Das Zeichen symbolisiert hier und im Folgenden „der Originaltitel wird in Deutschland zu“.

oder verändert, wenn ein Mainstream-Publikum, Familien und Kinder (*Brave* > *Merida – Legende der Highlands*) oder die Generation 50-plus angesprochen werden soll[8].

BOUCHEHRI (2008) stellt Kategorien vor, welche die Übersetzungsstrategien beschreiben, die beim interkulturellen Transfer von Filmtiteln verwendet werden. Sie unterscheidet zwischen Titelidentitäten, -analogien, -innovationen und -variationen. Die Kategorie „Hybridformen" kombiniert verschiedene Übersetzungsstrategien miteinander. Tabelle 3 zeigt die Translationsstrategien im Überblick.

Tab. 3: Kategorisierung von Translationsstrategien (nach BOUCHEHRI 2008)

Translations-strategie	Erklärung	Beispiel	Frequenz BOUCHEHRI (2008)
Titelidentität	Nulltranslation; Beibehaltung Originaltitel	*The King's Speech* *Teen Wolf*	30,3 %
Titelanalogie	wörtl. übersetzte Titel	*Les nuits de la pleine lune* > *Vollmondnächte* *Zookeeper* > *Der Zoowärter*	17,2 %
Titelvariation	Abwandlung, Reduktion oder Erweiterung (Beibehaltung von mind. einem bedeutungsrelev. Lexem)	*Witness* > *Der einzige Zeuge*	16,3 %
Hybridformen	Mischform (z. B. Einfachtitel > Titelgefügen; Kombinationen aus Originaltitel und Übersetzung)	*Beverly Hills Cop* > *Beverly Hills Cop – Ich lös' den Fall auf jeden Fall* *Pirates of the Caribbean: On Stranger Tides* > *Pirates of the Caribbean – fremde Gezeiten*	8,8 %
Titelinnovation	neu gebildeter Titel, keinerlei Äquivalenzbeziehung zwischen Ausgangs- und Zieltext	*Weird Science* > *L.I.S.A. – Der helle Wahnsinn* *Just go with it* > *Meine erfundene Frau*	29,7 %

Im folgenden Abschnitt werden kurz die Ergebnisse der Korpusanalyse von BOUCHEHRI (2008) zusammengefasst, die mehr als 1.500 Titel englischsprachiger

8 Kommentar aus der Praxis von Mark Leiblein, Inhaber von Namestorm.

Kinofilme umfasst: Die Titelidentität (30,3 %) ist in Deutschland die beliebteste Translationsstrategie. Dies liegt v. a. an ökonomischen Überlegungen: Der internationale Bekanntheitsgrad eines Originaltitels wirkt sich positiv auf die Vermarktung des Films in anderen Ländern aus. Obwohl durch mögliche Verständnisschwierigkeiten eines englischen Titels die Darstellungsfunktion des Titels geschwächt werden kann, wirkt sich die Attraktivität, die ein Titel aus dem englischen Sprachraum ausstrahlt, dennoch positiv auf die „Kaufentscheidung" der Kinobesucher aus. Ebenso beliebt sind Titelinnovationen (29,7 %), deren Funktion die Anpassung und Vereinfachung des Originaltitels für zielsprachliche Rezipienten zur Verbesserung der Verkaufschancen des Films ist. Interessant ist, dass die in Deutschland verwendeten neuen Titel häufig wieder auf Englisch formuliert werden (*New Year's Eve* > *Happy New Year*), um von der zuvor schon erwähnten Attraktivität und Modernität, die die englische Sprache ausstrahlt, zu profitieren (vgl. Bouchehri 2008: 81). Titelanalogien (17,2 %), Titelvariationen (14,1 %) und Hybridformen (8,8 %) finden sich weniger häufig.

3 Analyse der 100 erfolgreichsten Kinofilmtitel 1985 und 2011

Ziel dieser empirischen Untersuchung ist zum einen, aktuelle Tendenzen und somit diachrone Veränderungen der Titelstruktur aufzuzeigen und zum anderen, Strategien sichtbar zu machen, die bei der Adaption ausländischer Filmtitel für den deutschen Markt von Bedeutung sind. Außerdem wird geprüft, inwiefern sich die Beliebtheit bestimmter Strategien im diachronen Vergleich verändert hat. Die Einordnung von Filmtiteln in Titeltypen und -formen nach Nord (1993), hier adaptiert für Filmtitel, und die Kategorisierung von Translationsstrategien nach Bouchehri (2008) bilden die theoretische Grundlage. Im Folgenden wird geprüft, ob die Ergebnisse von Nord (1993) und Bouchehri (2008) auch für das vorliegende Korpus zutreffend sind. Es besteht aus den 100 erfolgreichsten Kinofilmen der Jahre 1985 und 2011 gemessen an der jeweiligen Besucherzahl, an der indirekt auch der Erfolg des Titels gemessen werden kann. Die Daten hierzu sind dem Internetportal Insidekino[9] entnommen, das verlässliche Daten und Zusatzinformationen zu den einzelnen Filmen liefert; die Originaltitel wurden mithilfe der Internet Movie Database[10], einer Filmdatenbank, er-

9 www.insidekino.com (18.05.17).
10 http://m.imdb.com (18.05.17).

gänzt. Der erfolgreichste Film des Jahres 1985 ist *Otto – Der Film* (8.783.766 Besucher), des Jahres 2011 *Harry Potter und die Heiligtümer des Todes Teil 2* (6.468.501 Besucher). Die vorliegenden Titel wurden von Wiederaufnahmen älterer Filme bereinigt und zudem anhand der Typologie von NORD (1993) und BOUCHEHRI (2008) nach Titelformen bzw. -typen und Translationsstrategien klassifiziert.

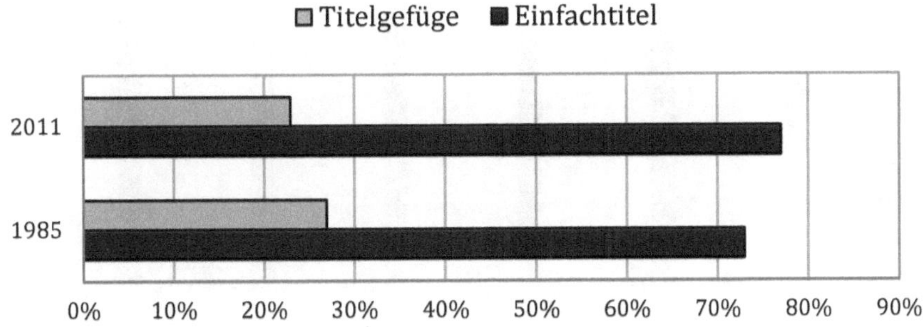

Abb. 1: Titeltyp-Struktur der Filmtitel in Deutschland der Jahre 1985 vs. 2011

Bezüglich der Struktur der Filmtitel in Deutschland zeigt Abbildung 1 die Verteilung für die Jahre 1985 und 2011 auf die Titeltypen „Einfachtitel" und „Titelgefüge" (Doppeltitel und Titelreihen sind in beiden Jahrgängen nicht existent und bleiben deshalb in der Abbildung unberücksichtigt).

In beiden Jahrgängen zeigt sich deutlich die Beliebtheit von Einfachtiteln wie *Zurück in die Zukunft*, *Kokowääh* oder *Hangover* (1985: 73 %[11]; 2011: 77 %), die diachron weiter zugenommen hat. Die übrigen Filmtitel bestehen aus Titelgefügen (*Godzilla – Die Rückkehr des Monsters*; *Pirates of the Caribbean – Fremde Gezeiten*). Diese Ergebnisse spiegeln die Forschungsergebnisse von NORD (1993: 56) wieder, die sich mit Buchtiteln beschäftigt hat (78,8 % Einfachtitel und 20,1 % Titelgefüge). Die Beliebtheit von Einfachtiteln erklärt sich BOUCHEHRI (2008: 44) zufolge dadurch, dass diese durch ihre Kürze leichter im Gedächtnis der Zuschauer bleiben und man im Gespräch einfacher auf den jeweiligen Film referieren kann.

11 Die absoluten Zahlen entsprechen hier den Prozentwerten, da jeweils 100 Titel untersucht wurden.

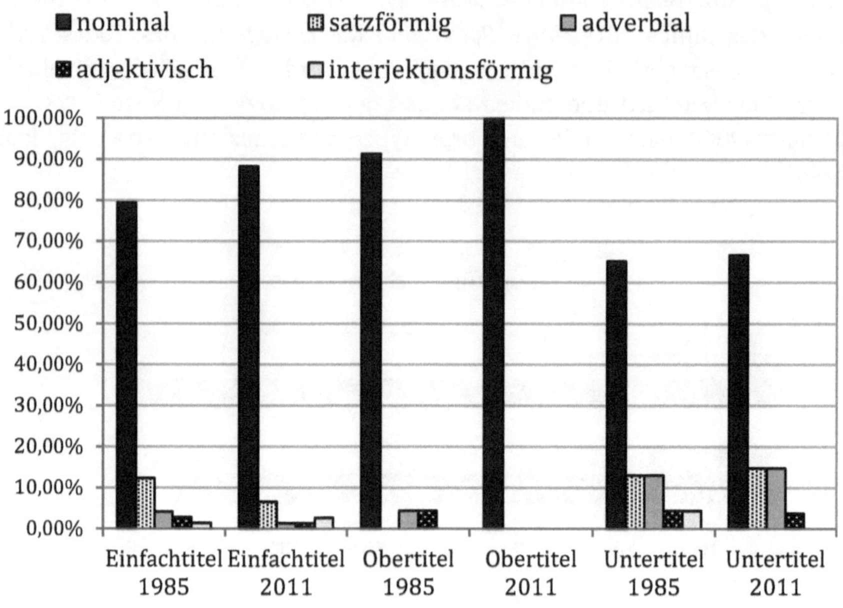

Abb. 2: Syntaktische Struktur der Filmtitel in Deutschland 1985 vs. 2011 verteilt auf Einfach-, Ober- und Untertitel

Abbildung 2 vergleicht die Filmtitel der Jahrgänge 1985 und 2011 bezüglich ihrer syntaktischen Struktur entsprechend der Klassifikation von Nord (1993: 59–61). Wie auch bei Nord (1993: 61) und Bouchehri (2008: 49) sind nominale Titelformen bei Einfachtiteln sowie Titelgefügen (in Ober- und Untertiteln) mit Abstand am beliebtesten; in Obertiteln des Jahres 2011 bestehen diese sogar zu 100 % aus nominalen Titeln. Weniger häufig sind satzförmige, adverbiale und adjektivische sowie interjektionsförmige Strukturen; in beiden Jahrgängen finden sich keine verbalen Filmtitel. Hier sei auf Scheller in diesem Band verwiesen, die für den tschechischen Sprachraum eine Vorliebe für satzförmige und v. a. verbale Titel in Form von Interrogativ- oder Imperativkonstruktionen belegt. Auffällig für das Deutsche ist, dass gerade in Untertiteln, die, wie zuvor beschrieben, häufig zur näheren Erläuterung des Obertitels eingesetzt werden, neben nominalen auch satzförmige und adverbiale Titel (jeweils ca. 14 % in beiden Jahrgängen) beliebt sind; dieser Trend nimmt diachron betrachtet noch zu. Nach Bouchehri (2008: 50) sind nominale Titelformen bei der Namengebung von Filmen so beliebt, weil einfache nominale Strukturen mit eher niedrigem Sprachaufwand viele Informationen vermitteln können, da sie hauptsächlich aus Substantiven bestehen. Außerdem sind nominale Titel im kognitiven Verstehensprozess leichter zu verarbeiten und können dadurch leichter im mentalen Lexikon abgespeichert werden.

Aufgrund der großen Beliebtheit ausländischer Filmproduktionen in Deutschland besteht die Liste der 100 erfolgreichsten Filme der Jahre 1985 und 2011 größtenteils aus ausländischen Filmen bzw. fremdsprachigen Filmtiteln, im Jahr 1985 zu 81 %, 2011 zu 85 %. Zur Verteilung der Originalsprachen s. Abbildung 3.

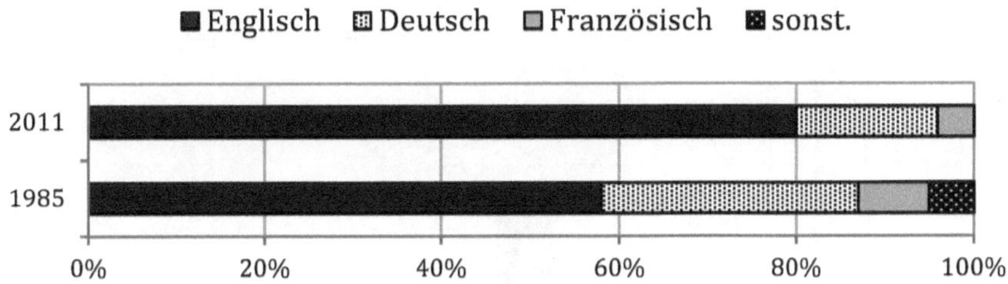

Abb. 3: Originalsprache der Filmtitel 1985 vs. 2011

Die Vormachtstellung der US-amerikanischen Filmindustrie wird durch die hohe Frequenz englischsprachiger Originaltitel[12] bestätigt. Während im Jahr 1985 neben 58 % englischsprachige auch 8 % französische sowie vereinzelt italienische, ungarische, slowakische und japanische Originaltitel (zusammengefasst unter „sonstige“) zu finden sind, hat die Beliebtheit der Filme mit englischsprachigem Originaltitel diachron um 22 % stark zugenommen. Im Filmjahr 2011 finden sich unter den fremdsprachigen Originaltiteln 81 % englische und daneben nur 4 % französische Titel. Der Anteil deutscher Filmtitel geht im diachronen Vergleich ebenfalls zugunsten englischsprachiger von 29 % auf 15 % zurück.

Aufgrund der hohen Frequenz fremdsprachiger Originaltitel ist eine Analyse der Translationsstrategien, die beim Transfer dieser Originaltitel eine Rolle spielen, lohnend. Die vorliegenden Filmtitel ausländischer Filmproduktionen wurden daher nach Bouchehri (2008) den verschiedenen Translationsstrategien zugeordnet. Abbildung 4 zeigt die Verteilung der Titel der Jahre 1985 und 2011

12 Im Gesamtkorpus existiert eine einzige deutsche Filmproduktion mit englischsprachigem Titel, *What a Man* (2011); für das Jahr 1985 existiert kein solcher Titel.

auf die Translationsstrategien Titelidentität, -analogie, -variation, Hybridform und Titelinnovation. Auf der x-Achse entfernt sich von links nach rechts betrachtet der in Deutschland verwendete Filmtitel immer weiter vom Originaltitel. Während bei der Titelidentität Originaltitel und der in Deutschland verwendete Titel völlig übereinstimmen, unterscheiden sie sich bei der Titelinnovation maximal, es besteht keinerlei Äquivalenzbeziehung zwischen Ausgangs- und Zieltext.

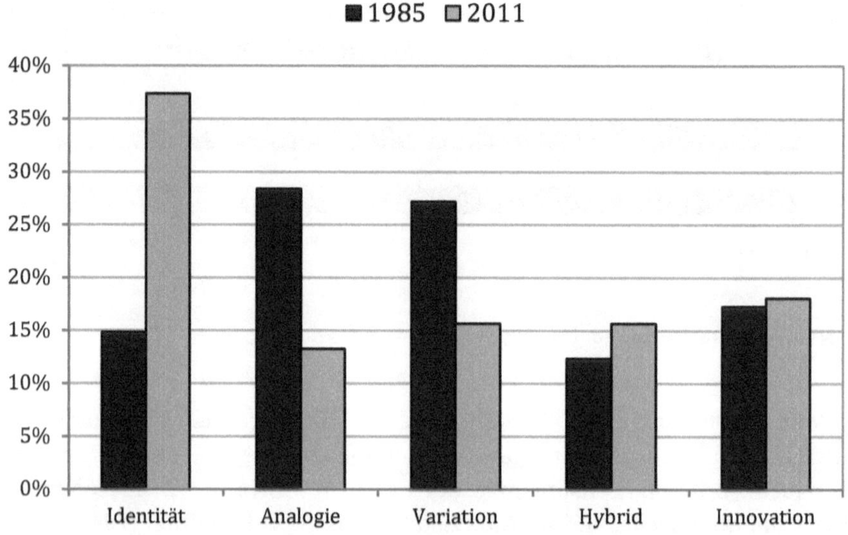

Abb. 4: Strategien der Filmtiteltranslation 1985 vs. 2011

Während 1985 die Namen der Filme meist homolog bzw. analog übersetzt (Titelanalogie: 28,4 %) oder für den deutschen Markt abgewandelt werden (Titelvariation: 27,2 %), werden heute zumeist die fremdsprachigen Originaltitel ohne Veränderungen übernommen (Titelidentität: 37,4 %). Dies gilt jedoch nur für englische Filmtitel; die geringe Anzahl französischer Filmtitel wird, außer im Fall von *Burlesque* (im deutschen Sprachgebrauch verankert), übersetzt (*Rien à déclarer* > *Nichts zu verzollen*). Im diachronen Vergleich nehmen also vor allem Titelanalogien und -variationen ab zugunsten der Titelidentität, d. h. der Übernahme des Originaltitels. Dennoch finden sich nach wie vor auch Titelinnovationen (1985: 17,3 % bzw. 2011: 18,1 %), d. h. völlig neu gebildete Titel, sowie hybride Formen (1985: 12,4 % bzw. 2011: 15,7 %), die durch Anwendung mehrerer Strategien entstanden sind.

Die Ergebnisse bezüglich der diachronen Entwicklung stimmen mit der Untersuchung SCHUBERTS (2004: 254–257), die FilmN der Jahre 1944 bis 2002 analysiert, größtenteils überein. Diese Ergebnisse werden im Folgenden skizziert. Die Gewichtung der Techniken hat sich bei der „Neubetitelung" von Filmen in den letzten 60 Jahren deutlich verschoben: Während zu Beginn noch vor allem wörtliche Übersetzungen und Umtitelungen genutzt werden, erkennt SCHUBERT (2004: 257) bereits ab den 60er Jahren einen Trend, die (englischen) Originaltitel unverändert zu übernehmen. Die Titelidentität löst damit die wörtliche Übersetzung ab und wird zur beliebtesten Technik. Ein Grund dafür, dass SCHUBERT (2004) die Titelidentität bereits in den 60er Jahren (im Gegensatz zu den Daten dieses Aufsatzes) als beliebteste Strategie erkennt, liegt in der Zusammensetzung seines Korpus. Es beinhaltet v. a. die Titel international außerordentlich bedeutsamer (künstlerisch bzw. kommerziell) englischsprachiger Filme sowie die Gewinner und Nominierten der Oscar-Verleihungen, deren Originaltitel aufgrund ihrer außerordentlichen Bekanntheit (vgl. Kapitel 2.2) meist übernommen werden. Gründe für die stets wachsende Beliebtheit von Titelidentitäten sieht SCHUBERT (2004: 257) in aktuellen Globalisierungstendenzen in Zusammenhang mit den neuen Medien, „[der] Dominanz der US-amerikanischen ‚Pop-Leitkultur' sowie in der Vorrangstellung der Weltsprache Englisch". Dennoch findet sich unter den Titeln des Jahres 2011 noch immer ein großes Spektrum an Strategien für den kulturellen Transfer von Filmtiteln.

4 Fazit

Es hat sich erwiesen, dass FilmN nicht nur aus wirtschaftlicher, sondern auch aus linguistischer Sicht ein lohnender Gegenstand sind. Die Analyse der Titel der 100 meistbesuchten Kinofilme von 1985 und 2011 ergab, dass Einfachtitel, die aus einem Graphem, einem Wort, einer Zahl oder auch einem Haupt- oder Nebensatz bestehen, stark dominieren. Bezüglich der morphologischen bzw. syntaktischen Struktur der Titel hat sich erwiesen, dass die nominale Titelform (EigenN oder Appellative mit oder ohne Artikel bzw. präpositionaler oder adjektivischer Ergänzung) 1985 und 2011 mit Abstand dominiert; diachron betrachtet hat diese Beliebtheit weiter zugenommen. Der Anteil deutscher Filmtitel geht im diachronen Vergleich zugunsten englischsprachiger Titel zurück. Bei der Übertragung fremdsprachiger (überwiegend englischer) Originaltitel wird heute zunehmend der Originaltitel beibehalten (Titelidentität), während die Originalitel in der Vergangenheit eher wörtlich in das Deutsche übersetzt oder abgewandelt, reduziert bzw. erweitert (Titelvariation) wurden. Aufgrund der Globalisierung erreichen internationale Vermarktungsstrategien mehr und mehr Tragweite, daher wird heute eine Veränderung des bereits global prominenten Originaltitels in den meisten Fällen vermieden.

Die Ergebnisse dieser empirischen Untersuchung verdeutlichen den Einfluss der US-amerikanischen Filmindustrie auf den deutschen Kinofilmmarkt und der englischen Sprache auf die Gestaltung von Filmtiteln. Ob und inwiefern die US-amerikanische Filmproduktion die Film- und somit auch die Pop-Leitkultur anderer (europäischer) Länder dominiert, ist als Forschungsfrage für zukünftige kontrastive Analysen lohnenswert. Von Interesse ist auch, inwieweit diese Pop-Leitkultur eventuell durch politische Regulierungen gefördert bzw. behindert wird. Darüber hinaus gehört zu den Desiderata auch eine kontrastive Erweiterung des Forschungsfeldes.

Literatur

BOUCHEHRI, Regina (2008): *Filmtitel im interkulturellen Transfer.* Berlin.

BOUCHEHRI, Regina (2012): *Translation von Medien-Titeln. Der interkulturelle Transfer von Titeln in Literatur, Theater, Film und Bildender Kunst.* Berlin.

BOUCHEHRI, Regina (2013): Nulltranslation als Marketingstrategie. Zur Wirkung anglophoner Titelidentitäten beim Film. In Klaus-Dieter Baumann & Hartwig Kalverkämper (Hrsg.), *Theorie und Praxis des Dolmetschens und Übersetzens in fachlichen Texten*, 515–530. Berlin.

DIETZ, Gunther (1995): *Titel wissenschaftlicher Texte.* Tübingen.

FARØ, Ken (2013): Dänische Delikatessen. Linguistic Changes within the Translation of Titles. In Hanne Jansen & Anna Wegener (Hrsg.), *Authorial and Editorial Voices in Translation 2 – Editorial and Publishing Practices*, 1–19. Montreal.

KALVERKÄMPER, Hartwig (1996): Namen im Sprachaustausch: Namenübersetzung. In Ernst Eichler et al. (Hrsg.), *Namenforschung. Ein internationales Handbuch zur Onomastik.* 2. Teilband, 1018–1025. Berlin, New York.

LINDEMEIR, Ursula (2007): *Wirkung und Einfluss von Filmtiteln auf den Erfolg des Films.* München. http://www.namestorm.de/extras/studie-über-wirkung-und-einfluss-von-titeln-auf-den-erfolg-von-filmen.html (18.04.18).

NORD, Christiane (1993): *Einführung in das funktionale Übersetzen.* Tübingen.

NÜBLING, Damaris, Fabian FAHLBUSCH & Rita HEUSER ([2]2015): *Namen. Eine Einführung in die Onomastik.* Tübingen.

SCHUBERT, Christoph (2004): Die Appellwirkung englischer Filmtitel und ihrer deutschen Neutitel: Techniken interkulturellen Transfers. *AAA – Arbeiten aus Anglistik und Amerikanistik* 29 (2), 239–259.

Online-Quellen

www.ffa.de/aid%3D94.html (18.04.18).
www.insidekino.com (18.04.18).
http://m.imdb.com (18.04.18)
www.namestorm.de/namensfindung/titelfindung-filmtitel-buchtitel (18.04.18).

Andrea Scheller

Filmtiteltransfer im interkulturellen Vergleich Tschechisch – Deutsch

Kokowääh alias *Kohout na víně*

Zusammenfassung: *Kokowääh* alias *Kohout na víně* ('Hahn an Wein') oder *cuckoo's egg*? Der Beitrag zielt auf einen interkulturellen Vergleich des Filmtiteltransfers vorwiegend ausländischer Filmproduktionen im deutschsprachigen Raum mit dem Tschechischen, stellt sie den tschechischen Filmtitelkonventionen gegenüber und versucht, wesentliche Entwicklungstendenzen zu erhellen.

Abstract: *Kokowääh* alias *Kohout na víně* ('Hahn an Wein') or *cuckoo's egg*? This paper aims at comparing film titles in Germany and the Czech Republic in order to investigate the techniques by which the (mostly English) original is transferred or adapted for the German or Czech-speaking target audience. The principal difference between the two film cultures lies in the predominance of translation of foreign films in the Czech Republic in comparison with Germany irrespective of the increasing tendency to retain the original title without translation at all.

1 Einleitung

Der deutsche Bestseller *Kokowääh* lief in den tschechischen Kinos unter dem Titel *Kohout na víně* 'Hahn an Wein'. Im strengen Sinne handelt es sich hierbei um eine tschechische Übersetzung aus dem Französischen – motiviert durch eine lautsprachliche Ausbuchstabierung und Verballhornung von *coq au vin* im deutschen Filmtitel. Dieser nimmt Bezug auf das einzige Gericht, das der Junggeselle und Titelheld zubereiten kann. Er muss sich unerwartet um seine ihm bis dahin unbekannte Tochter kümmern, die eines schönen Tages vor seiner Wohnungstür steht, sozusagen als Kuckuckskind, das ihm als Kuckucksei, engl. *cuckoo's egg*, ins Nest gelegt wird. Die Motivation, die der englischsprachige Titel nahelegt, ist zwar eine etwas andere, aber m. E. nicht weniger gelungene

Andrea Scheller, Akademie der Wissenschaften und der Literatur Mainz, andrea.scheller@adwmainz.de

DOI 10.1515/9783110547023-009

Ausbuchstabierung dieses Filmtitels.

Die tschechische Titelübersetzung der deutschen Komödie ist zugleich eine Illustration für die dominierende Art der Behandlung ausländischer Filmtitel im Tschechien, denn fremdsprachliche Titel werden dort noch immer zumeist übersetzt – im Gegensatz zur vorherrschenden Strategie im deutschsprachigen Raum, wo inzwischen in der Regel der Originaltitel beibehalten wird (vgl. SCHUBERT 2004, BOUCHEHRI 2008, ROSAR in diesem Band). In der Geschichte der tschechischen Kinematografie, die bekanntermaßen auf eine eigenständige reiche Tradition zurückblickt, war diese Übersetzungsstrategie schon immer dominierend.

Der vorliegende Beitrag untersucht das Verhältnis eigener filmischer Tradition und damit verbundener kulturell tradierter Filmtitelkonventionen im Tschechischen im Vergleich mit denen im deutschsprachigen Raum. Im Zentrum steht dabei die Frage, welche Entwicklungen und Tendenzen sich beim interkulturellen Transfer von Filmtiteln mit Blick auf die heutigen Filmtitelkonventionen in beiden Sprach- und Kulturräumen nachweisen lassen.

Mit diesem Beitrag soll einem Desiderat in der Filmphilologie Rechnung getragen werden, das in einer gegenseitigen Kenntnisnahme und Verknüpfung germanistischer und slawistischer Studien innerhalb dieses jungen interdisziplinären Forschungsansatzes besteht.

2 Forschungsstand

Während die Literatur zur Filmtheorie und Filmwissenschaft inzwischen schwer zu überblicken ist, sind Untersuchungen speziell zu Filmtiteln aus linguistischer und übersetzungswissenschaftlicher Perspektive eher rar. Sie sind zumeist in die allgemeine titrologische Forschung eingebettet (vgl. NORD 1993, 2004). Als erste umfassende – speziell den Filmtiteln gewidmete – linguistische Arbeit gilt die Monographie *Filmtitel* von SCHREITMÜLLER (1994a). Mit den Arbeiten von BOUCHEHRI (2008, 2012) liegen zudem auch profunde Analysen jüngeren Datums zum interkulturellen Filmtiteltransfer anhand eines umfangreichen Korpus anglophoner und französischer Originaltitel und deren Verleihtiteln für den deutschen Kinomarkt vor. In der tschechischen Filmphilologie waren insbesondere die Forschungsarbeiten von MAREŠ (1982, 1983, 1993) maßgeblich, der die Übersetzungstechniken fremdsprachlicher Filme in der damaligen Tschechoslowakei der sechziger bis achtziger Jahre umfassend analysiert hat.

Da Filmtitel und deren Übersetzungen in der Regel transparente Strukturen aufweisen, ist ihr Eigennamenstatus nicht unumstritten (vgl. NÜBLING, FAHL-

BUSCH & HEUSER [2]2015: 266). Somit ist die Spezifik von Filmtiteln eingebettet in das Spannungsverhältnis zwischen Eigennamencharakter und appellativischen Eigenschaften. Filmtitel lassen sich dementsprechend unter folgenden Aspekten analysieren:

1. in ihrer Beziehung zum Gesamtwerk des Films als audiovisuelles Massenmedium, auf das sie verweisen;
2. in Beziehung zu Titeln anderer Filme als relativ eigenständiges Element, das auch ohne Kenntnis des Gesamtwerkes zu seiner Identifizierung zur Verfügung steht und dieses von anderen Filmen abgrenzt;
3. in Beziehung zu den Kommunikationsteilnehmern, d. h. den Filmzuschauern oder Filmkonsumenten (MAREŠ 1982: 129).

Filmtitel fungieren in diesem Gefüge sozusagen als „summarischer Indikator" (KANZOG 1991: 59) und somit sehr wohl als Eigennamen, die in ganz bestimmter Weise auf den Filmkonsumenten abzielen sollen. Die Appell- oder Werbewirkung von Filmtiteln ist daher prinzipiell unstrittig.

3 Filmtiteltransfer

3.1 Lost in Translation – einige Vorüberlegungen

> Film ist Ware – Produkt einer Filmindustrie [...] Film ist Kunst – geschaffen von Filmemachern, die die Wirklichkeit in Frage stellen und die Phantasie zu ihrer Veränderung freisetzen. Film ist Technik – ein kompliziertes Instrument, dessen Handhabung die filmische Erzählweise bestimmt.
>
> (MONACO 1992: 2)

So und in dieser Reihenfolge führt James MONACO in seinem Buch zur Theorie und Geschichte des Films „Film verstehen" treffend ein. Genau in diesem Spannungsfeld ist meines Erachtens auch der interkulturelle Transfer von Filmtiteln eingebettet und in dieser Gewichtung nicht zu unterschätzen. Aus eben diesem Grunde hege ich ein gewisses Unbehagen bei einer immer größeren Ausweitung des translationswissenschaftlichen Instrumentariums bis hin zu einer Überstrapazierung des Terminus der **Nulltranslation** (vgl. PRUNČ 2000; BOUCHEHRI 2013), um dem Verhältnis der Filmtitel im interkulturellen Transfer gerecht zu werden, da diese sich den Begrifflichkeiten im herkömmlichen Sinne entziehen. Vielmehr scheint das entscheidende Kriterium für die Titelgebung und den Titeltransfer internationaler Filme primär folgendes zu sein: „Ein schlechter Titel kann zu finanziellen Verlusten führen" (Ludwig Ammann von der Kool Filmdistribution, zit. nach BOUCHEHRI 2012: 245). Um dieses Risiko zu minimieren, müsse der Titel vor allem „in der Sprache der Zuschauer funktionieren und im Zweifelsfall besser sein als das Original", zitiert BOUCHEHRI die Worte des Geschäftsführers der Farbfilm Verleih GmbH Alexandre Dupont-Geisselmann. Aus diesem Grunde kommt sie zu dem aus sprachwissenschaftlicher Sicht ernüchternden Schluss, dass „Übersetzer im klassischen Sinne beim interkulturellen Transfer von Filmtiteln letztlich keine Rolle spielen", da das alleinige Entscheidungsrecht für Filmtitel beim Verleih liege, der auch das finanzielle Risiko trage (BOUCHEHRI 2012: 244–245).

Daher bevorzuge ich die Termini **Titeltransfer** und **Umtitelung** und verzichte bewusst auf den in der Translationswissenschaft so zentralen Terminus der **Äquivalenz.** Denn ich kann SCHREITMÜLLER (1994b) nur zustimmen, der eine gesonderte Analyse insbesondere den Fällen von Umtitelungen widmete, die sich in die selbst weitgefasstesten Translationstheorien nur schwerlich oder gar nicht einpassen lassen. Er plädiert dafür, Übersetzungen lediglich als „Sonderfall interlingualer Relationen" zu sehen:

> Am Ende der Skala von Möglichkeiten interlingualer Korrespondenzen könnten dabei Wort-für-Wort-Übersetzungen, am anderen Ende Paralleltexte stehen, die nur zufällig Ähnlichkeiten aufweisen, weil sie unter vergleichbaren Bedingungen entstanden sind. [...] Der Originaltitel scheint in vielen Fällen nicht als Ausgangstext im engeren Sinn zu dienen, sondern als eine Art Steinbruch, aus dem sich Texter für die Formulierung des Neutitels mit Sprachmaterial und -ideen bedienen [...] Die Tatsache, dass Original- und Neutitel einen oder mehrere Aspekte desselben Films fokalisieren, stellt freilich oft das einzig Verbindende der beiden Titel dar.
>
> (SCHREITMÜLLER 1994b: 387–388)

Aus eben diesem Grunde erscheint mir die Postulierung von vier Hauptkategorien des interlingualen Transfers von Filmtiteln zwischen Ausgangs- und Zieltext nach BOUCHEHRI (2012: 118–144) treffend und ausreichend, die zwischen **Titelidentität**, **Titelanalogie**, **Titelvariation**, **Titelinnovation** und **Hybridformen** unterscheidet (Tabelle 1):

Tab. 1: Kategorisierung von Translationsstrategien (nach BOUCHERI 2008)

Strategie	Erklärung	Beispiel (original → tschechisch)	
Titelidentität	Beibehaltung des Originals	*Exit Marrakech*	*Exit Marakéš*
Titelanalogie	wörtliche Übersetzung	*Auf der anderen Seite*	*Na druhé straně*

Strategie	Erklärung	Beispiel (original → tschechisch)	
Titelvariation	strukturelle Variation	Feuchtgebiete	*Vlhká místa* (wörtl.: 'feuchte Stellen')
Titelinnovation	völlige Neubildung	*Paulette*	*Hašišbába* (wörtl.: 'Hasch-Weib')
Hybridformen	Mischformen der Strategien	*Krabat*	*Krabat – čarodějův účeň* (wörtl.: 'Krabat – der Zauberlehrling')

3.2 Filmtiteltransfer aus dem Tschechischen

Um präzise Aussagen über die Titelstruktur tschechischer Filmtitelkonventionen machen zu können, wurde die Filmdatenbank des Tschechischen Nationalarchivs[1] von 1965–1991 vollständig ausgewertet, die als online-Version der ältesten tschechischen Filmzeitschrift *Filmový přehled* vorliegt und sich auf 845 Filme beläuft.

Für den Analysezeitraum nach dem Ende der staatlichen Monopolstellung des tschechischen Filmbetriebs wurden alle 565 für den tschechischen Filmpreis[2] *Český lev* (*Böhmischer Löwe*) nominierten Filme (1993–2015) herangezogen, einer Preisverleihung, die sich seit 1993 aus der Nomination tschechischer Filme international etabliert hat. Anhand dieser beiden zeitlich aufeinander folgenden Filmtitelkorpora tschechischer Filme haben sich einige wesentliche für den tschechischen Film charakteristische Titelkonventionen und Tendenzen herauskristallisiert:

Von den 845 tschechischen Filmen des staatlichen Fonds für Kinematografie von 1965–1991 wiesen 151 Titel eine satzwertige Struktur mit finiten Verbformen auf, was knapp 18 % dieses Filmtitelkorpus entspricht. Aus der Vielzahl der Beispiele seien hier einige exemplarisch angeführt, deren englischer Verleih- bzw. Festivaltitel anschaulicherweise nicht finit strukturiert ist (Bsp. 1–3):

(1) *Hoří, má* panenko (1967) 'Es brennt, mein Schatz' (→ *Firemen's Ball*)

(2) ... *a pozdravuji vlaštovky* (1972) 'und ich grüße die Schwalben' (→ *Greeting to the Swallows*)

1 www.filmovyprehled.cz (03.05.2018).

2 www.filmovaakademie.cz (03.05.2018).

(3) *Město nic neví* (1975) 'die Stadt weiß nichts' (→ *Town Unaware*)

Mit Blick auf den aktuellen Analysezeitraum tschechischer Filmtitelkonventionen ließen sich unter dem Aspekt satzförmiger Filmtitel von den erwähnten 607 Nominierungen für den tschechischen Filmpreis *Český lev* 85 Filme verbaler Natur mit finiten Verbformen ermitteln, was 14 % des Korpus ausmacht. Das Kinojahr 2014 überbot letztere Quote sogar: Von 55 nominierten Filmen waren 10 verbal strukturiert, somit wurde 2014 erneut der Durchschnitt des ersten Untersuchungszeitraums von 18 % erreicht. Allerdings dürfen die letztjährigen Preisverleihungen von 2015 und 2016 nicht unterschlagen werden, in denen lediglich 3 bzw. 6 Filme verbalen Charakters zu Buche schlugen und damit die 10-Prozent-Marke nicht erreicht wurde[3], vgl. Tabelle 2.

Tab. 2: Filmkonventionen im Tschechischen

Filmpreis *Český lev* der Jahre:	**Gesamtzahl der Filme**	**Anzahl verbal strukturierter Filme**	**%**
1965–1991	845	151	= 18,0 %
1993–2015	607	85	= 14,0 %
2014	55	10	= 18,0 %
2015	42	3	= 7,0 %
2016	71	6	= 8,5 %

Zur Illustration einiger aktueller Filmtitel mit satzwertigen, finit gebildeten Strukturen seien hier einige exemplarisch angeführt, in denen sich die unterschiedlichen Filmtitelkonventionen anschaulich widerspiegeln. Denn wie für den ersten Analysezeitraum bereits mit Beispielen illustriert, finden sich im Transfer aktueller tschechischer Filmtitel viele Fälle, in denen die verbal strukturierten tschechischen Filmtitel in der englischen Übersetzung des Festivaltitels nichtverbal bzw. infinit verkürzt wiedergegeben werden bzw. einen komplett anders motivierten Kurztitel aufweisen, vgl. Beispiele (4)–(7):

(4) *Je nám spolu* dobře (2014) 'Es geht uns gut miteinander' (→ *Happy Together*)

(5) *Jak jsme hráli* čáru (2014) 'Wie wir das Wurf-Spiel spielten' (→ *Hostage*)

3 www.filmovaakademie.cz (03.05.2018).

(6) *Pojedeme k moři* (2014) 'Lasst uns ans Meer fahren!' (→ *To See the Sea*)
(7) *Ať žijí rytíři! (2009)* 'Auf dass die Ritter (hoch)leben!' (→ *Little Knights Tale*)

Beispiel (7) illustriert zudem, dass bei der Filmtitelwahl nicht selten auf die semantische Sogwirkung anderer bekannter Filmtitel und Filmtitelstrukturen zurückgegriffen wird – ein Weg, der auch zur Konventionalisierung von Filmtitelstrukturen führt, denn der Titel dieser Filmkomödie von 2009 entstand möglicherweise in Anlehnung an die beliebte Filmkomödie von 1977 (Bsp. 8) oder gar den tschechischen Filmklassiker von 1935 (Bsp. 9):

(8) *Ať žijí* duchové*!* (1977) 'Auf dass die Geister (hoch)leben!' (→ *Long Live Ghosts!*)
(9) *Ať žije nebožtík!* (1935) 'Auf dass der Selige (hoch)lebe!'(→ *Long Live the Dearly Departed!*)

Als ein weiteres Beispiel für Filmtitel, die nach einem festen Strukturschema gebildet werden, seien Titel in Form von Nebensatzkonstruktionen angeführt, die mit dem Relativpronomen *jak* 'wie' eingeleitet sind (Bsp. 10–14):

(10) *Jak básníci přicházejí o iluze* (1984) 'Wie die Dichter um ihre Visionen kommen' (→ *How Poets Lose Their Illusions*)
(11) *Jak chutná smrt (1995)* 'Wie der Tod schmeckt' *(→ Taste of Death)*
(12) *Jak básníci neztrácejí naději* (2004) 'Wie die Dichter ihre Hoffnung nicht aufgeben' (→ *Poets Never Lose Hope*)
(13) *Jak se krotí krokodýli* (2006) 'Wie man Krokodile bändigt' (→ *Taming Crocodiles*)
(14) *10 pravidel jak sbalit holku* (2014) '10 Regeln, wie man ein Mädchen herumbekommt' (→ *10 Rules for Winning Her Heart*)

Ebenfalls für das Tschechische als typisch zu bezeichnen sind konventionalisierte imperativische Konstruktionen bzw. emphatisch-poetische oder emphatisch-saloppe Vokativphrasen, die im Tschechischen grammatisch mit dem Anredekasus Vokativ markiert sind (Bsp. 15–18):

(15) *Čtyři vraždy stačí, drahoušku*" (1970) '4 Morde genügen, mein Lieber!' (→ *Four Murders Are Enough, Darling*)
(16) *Příště budeme chytřejší, staroušku!* (1982) 'Das nächste Mal sind wir klüger, Alter!' (→ *Lets Be More Clever Next Time, Buddy!*)
(17) *Vy nám taky, šéfe!* (2008) 'Sie können uns mal, Chef!'
(18) *Praho, má lásko!* (2012) 'Prag, meine Liebe!' (→ *Prague, My Love*)

Schwer zu verifizieren ist allerdings, ob für die Häufigkeit satzwertiger Filmtitel im Tschechischen primär außersprachliche Gründe anzunehmen (mit festen Strukturschemata verbundene Vorbildwirkung beliebter Filme seit Beginn der tschechischen Kinematografie) oder ebenso innersprachliche Aspekte (Prominenz des finiten Verbs im Tschechischen) verantwortlich sind. Aus typologischer Sicht scheint letzteres die illustrierten außersprachlichen Fakten zu stärken:

> Ein spezielles Kapitel stellen die Infinitivkonstruktionen dar, die nämlich im Tschechischen nie den aus anderen europäischen Sprachen bekannten Stellenwert erlangt haben.
>
> (Berger 2003: 654)

Festzuhalten ist unbedingt: Für den tschechischen Sprachraum sind trotz einer unverkennbar allgemeinen Tendenz zu Kurztiteln und zur Titelverkürzung Titelstrukturen mit finiten Verbalformen und satzwertiger Natur in Form von Imperativ-, Interrogativ- und Nebensatzkonstruktionen charakteristisch – dazu nicht selten in Reimform, die im deutschsprachigen Raum heute eine vergleichsweise geringe Rolle spielen.

3.3 Titeltransfer fremdsprachlicher Filme ins Tschechische

In Anlehnung an die empirische Analyse von Titelstrukturen und Translationsstrategien deutscher Film-Bestsellerlisten von Anne Rosar (vgl. Rosar in diesem Band) wurden für die jeweils 100 beliebtesten Filme der Filmjahre 1985 und 2011 die entsprechenden tschechischen Filmtitel auf Grundlage der Tschechisch-Slowakischen Filmdatenbank[4] unter der Fragestellung analysiert, ob sich diachron wesentliche Veränderungen zu den erhellten Filmkonventionen im Tschechischen erkennen lassen. Das Spannende an der Beleuchtung dieses Zeitraumes ist, dass dadurch die Entwicklung eingefangen wird, die sich seit Mitte der achtziger Jahre in der damaligen Tschechoslowakei unter den politischen Verhältnissen des noch staatlich kontrollierten Filmverleihs bis zur heutigen Situation einer Angleichung der Verhältnisse des Filmvertriebs unter den Bedingungen der freien Marktwirtschaft in Tschechien abzeichnet. Denn ein vergleichender Blick auf die aktuellen Kassenschlager in Tschechien und Deutschland zeigte, dass sich die Beliebtheitsskala der tschechischen Kinobesucher nur unwesentlich von der Filmhitliste des deutschen Filmpublikums

4 www.csfd.cz (03.05.2018).

unterschied – allerdings mit dem markanten Unterschied, dass in der Bestseller-Liste der ebenfalls vorwiegend englischsprachigen Originaltitel auch einheimische tschechische Film-Produktionen in der Gunst der Kinobesucher auf den vordersten Plätzen rangierten: So konnten sich im Jahre 2011 die tschechische Komödie *Muží v naději* 'Die Hoffnung der Männer' und das historische Kriegsdrama *Lidice* in der Publikumsgunst zwischen die internationalen Spitzenreiter *Harry Potter und die Heiligtümer des Todes 2* (*Harry Potter a Relikvie smrti 2*) und *Piraten der Karibik: Fremde Gezeiten* (*Piráti z Karibiku: Na vlnách podivna*) auf die Plätze 2 bzw. 4 dazwischen schieben[5] – undenkbar für deutsche Filme in Deutschland, wo die beiden internationalen Bestseller unangefochten die deutsche Hitliste 2011 anführten. Lediglich eine deutsche Filmproduktion, die eingangs erwähnte Komödie *Kokowääh*, schaffte es damals in Deutschland auf Rang 3.

Tab. 3: Transferstrategien ins Tschechische 1985

Transferstrategie	**1985**
Titelanalogie	65 %
Titelvariation	16 %
Titelidentität	14 %
Hybride Titel	2 %
Titelinnovation	3 %

Der Vergleich der Filmhitliste in Deutschland (vgl. ROSAR in diesem Band) mit den tschechischen Filmtiteln zunächst aus dem Jahre 1985 ergab folgende Verteilung der Transferstrategien, vgl. Tabelle 3. Mit 65 % war die **Titelanalogie**, d. h. eine streng an das Original angelehnte Übersetzung fremdsprachlicher Filmtitel ins Tschechische, unangefochten Spitzenreiter, gefolgt von der **Titelvariation**, die ebenso zur Übersetzung von Filmtiteln zu rechnen ist. In der Summe ergibt sich somit eine Prozentrate von 81 % ins Tschechische übersetzter Filmtitel. Lediglich 14 % wurden in ihrem Original beibehalten. Somit betrug die Strategie der **Titelidentität**, also des Übersetzungsverzichts, 1985 weniger als ein Viertel unter den Filmstrategielösungen.[6]

5 www.insidekino.com (03.05.2018).

6 Diese Daten finden ihre zusätzliche statistische Bestätigung durch die umfangreiche empirische Studie von MAREŠ (1982), basierend auf dessen Datenerhebung einer vollständigen Aus-

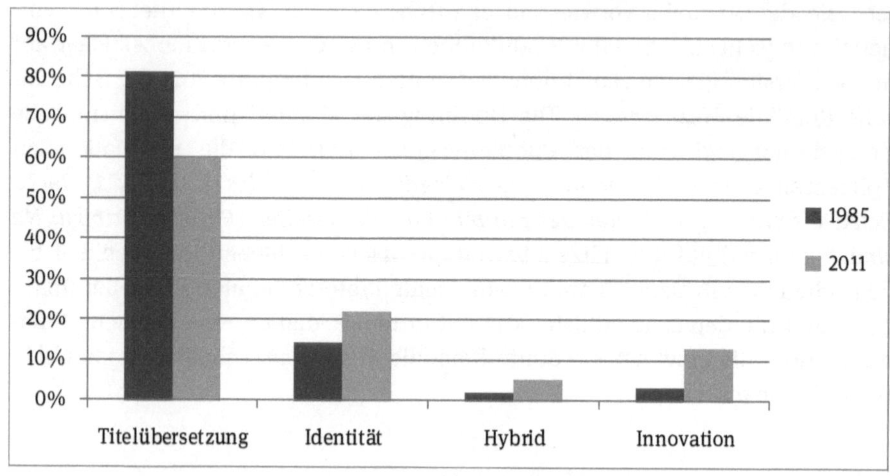

Abb. 1: Transferstrategien ins Tschechische (in %) diachron im Vergleich

Anhand des Bestseller-Korpus der 100 beliebtesten Filme in Tschechien von 2011 ließ sich demgegenüber ablesen, dass die Transferstrategie der **Titelidentität**, d. h. die Beibehaltung des Originaltitels, auch im tschechischsprachigen Raum mit 22 % zwischenzeitlich zur zweithäufigsten Strategie avancierte – wenn auch noch immer sehr deutlich hinter der Übersetzung von Titeln positioniert. Die beiden Übersetzungsstrategien **Titelanalogie** und **Titelvariation** machen 2011 mit zusammengenommen 60 % noch immer einen bedeutenden Anteil übersetzter Filmtitel aus, vgl. Abbildung 1. Diese Zahlen unterstreichen nunmehr auch quantitativ die Feststellung zum eingangs illustrierten Beispiel, dass fremdsprachige Filmtitel in der Tschechischen Republik in der Regel noch immer übersetzt werden.

wertung aller Titel fremdsprachlicher Filme (veröffentlicht in der Filmzeitschrift *Filmový přehled* aus den Jahren 1976–1980 und in Auswahl zusätzlich von Filmen aus den Jahren 1961–1975) mit einem Gesamtkorpus von 816 Filmen, womit sich ein statistisch gut abgesichertes Bild für die damalige Filmtitelübersetzungspraxis in der Tschechoslowakischen Republik ergibt. In dem von Mareš analysierten Zeitraum sind besonders die so gut wie vernachlässigbaren Prozentzahlen von 3,4 % im Original belassener Filmtitel bezeichnend, aus denen hervorgeht, dass vor 1985 die Strategie der Titelidentität im Filmtiteltransfer noch eine weitaus geringere Rolle spielte.

Durch die beiden synchronen Schnitte von 1985 und 2011 lässt sich im Hinblick auf die Titeltransferstrategien fremdsprachlicher Filme ins Tschechische diachron nun folgende Entwicklung konstatieren, vgl. Abbildung 1.

Den bereits erwähnten 81 % an Filmtitelübersetzungen ins Tschechische (durch die Transferstrategien **Titelanalogie** und **Titelvariation** zusammengenommen) aus dem Bestseller-Korpus des Jahres 1985 stehen 60 % aus dem Bestseller-Korpus von 2011 gegenüber. Das bedeutet eine Abnahme von 21 % von Filmtitelübersetzungen ins Tschechische. Wie das Vergleichsdiagramm weiterhin verdeutlicht, geschah das hauptsächlich zugunsten der **Titelidentität**, also des Übersetzungsverzichts unter Beibehaltung des Originaltitels (1985: 14 % > 2011: 22 %) sowie der **Titelinnovation** (1985: 3 % > 2011 13 %). Als wesentliches Ergebnis lässt sich damit zunächst festhalten, dass die Strategie der **Titelidentität**, die sich Mitte der achtziger Jahre bereits abzuzeichnen beginnt, um die Jahrtausendwende auch in der tschechischen Kinematografie rasant zugenommen hat.

3.4 Aktuelle Tendenzen

Stellen wir nun die Titeltransferlösungen aus den analysierten Bestsellerlisten der fremdsprachlichen Filme ins Tschechische den eingangs erhellten Titelkonventionen tschechischer Filmtitel gegenüber, finden wir – trotz dieser Tendenz zum Übersetzungsverzicht von Filmtiteln – die Spezifik tschechischer Filmtitelmuster mithilfe satzwertiger Strukturen dennoch bestätigt. Sie äußern sich insbesondere in tschechischen Übersetzungslösungen abweichend von einer wörtlichen Wiedergabe in Form von **Titelvariationen** bzw. vollständig neuen Titeln, sog. **Titelinnovationen.**

So wird beispielsweise die englische Actionkomödie *Johnny English Reborn* (2011), Teil II der Story um den Topagenten Johnny English, im Tschechischen mit einer finiten Verbform als *Johnny English se vrací* 'Johnny English kehrt zurück' umgetitelt. Die einfühlsame deutsch-türkische Komödie *Almanya – Willkommen in Deutschland* (2011) erhält im Tschechischen den Verleihtitel in Form einer Imperativkonstruktion: *Almanya – vítejte v Německu* ('Almanya – besuchen Sie uns in Deutschland'). Weitere Beispiele für Umtitelungen fremdsprachiger Titel ins Tschechische in Form von Imperativkonstruktionen oder anderer satzwertiger Strukturen mit finiten Verbformen lassen sich zahlreich und systematisch nachweisen.[7]

Um zu illustrieren, wie sich diese typischen tschechischen Titelstrukturen in den Transferlösungen wiederfinden und damit noch immer ein gewisses Gegengewicht zur weltweit aktuellen Tendenz unveränderter Originaltitel bilden, seien hier eine Reihe von Beispielen des Transfers in tschechische satzwertige Filmtitel angeführt (Bsp. 19–22):

(19) *Dejte mi pokoj!* ('Lasst mich in Ruhe!') frz. Originaltitel: *Une heure de tranquillité* (2014) (dt. Verleihtitel: *Nur eine Stunde Ruhe*)
(20) *Zachraňte pana Bankse* ('Rettet Mr. Banks!') Originaltitel: *Saving Mr. Banks* (USA 2013) (dt. Verleihtitel wie das engl. Original)
(21) *Neutečeš* ('Du entkommst mir nicht!') Originaltitel: *It Follows* (USA 2014)
(22) *Zmizelá* ('Sie ist verschwunden') Originaltitel: *Gone Girl* (USA 2014) (dt. Verleihtitel: *Gone Girl – Das perfekte Opfer*)

Als abschließendes aktuelles Beispiel für die syntaktische Umformung eines Filmtitels entsprechend dieses evidenten Zuges an Titelkonventionen im Tschechischen – im direkten Vergleich zu einer für das Deutsche typischen Transferlösung mit einem sprachlich hybriden Titelgefüge – sei der amerikanische Oscar-prämierte Film *Still Alice* (2014) zur Demenzthematik (mit dem deutschen Verleihtitel: *Still Alice – Mein Leben ohne Gestern*) angeführt, der unter dem satzförmigen Titel *Pořád jsem to já* ('Immer noch bin ich es') in die tschechischen Kinos kam.

4 Ausblick und Fazit

Alle bisher angeführten Fakten sprechen dafür, dass sich die tschechischen Titelkonventionen in Bezug auf das strukturelle Merkmal der Satzwertigkeit – häufig in Form finiter Konstruktionen – gegenüber der allgemeinen Tendenz zu nominalen Titeln und zur Titelverkürzung behaupten. Auch eine Einschränkung hinsichtlich bestimmter Filmgenres ließ sich nicht beobachten, denn die exemplarisch angeführten Filmbeispiele beinhalten sowohl Komödien, Dramen, Abenteuerfilme bis hin zu Dokumentarfilmen.

7 Vgl. Národní filmový archiv, Kinodistribuce 2001–2013, 2014–2015 (www.filmovyprehled.cz; 03.05.2018).

Allerdings provoziert die rasante Zunahme der Strategie der **Titelidentität** auch im tschechischsprachigen Raum als neue Strategie seit der Jahrtausendwende die Frage, ob sich perspektivisch eine parallele Entwicklung wie in Deutschland abzeichnet. Das lässt sich letztlich nur im Widerstreit und Pro und Kontra einer außersprachlichen Entwicklungstendenz zunehmender Internationalisierung und Globalisierung der Filmindustrie einerseits und den erhellten innersprachlichen Titelkonventionen sowie kulturspezifischen Translationsstrategien andererseits beantworten.

Einerseits ist zu beobachten, dass sowohl deutsche als auch tschechische Originalfilme nicht selten englische oder zweisprachig-hybride Titel aufweisen – motiviert durch die internationale Wirkungsabsicht von Filmen, sich auf internationalen Festivals zu präsentieren. Einige markante Beispiele seien zur Illustration angeführt (Tabelle 4):

Tab. 4: Beispiele englischsprachiger Filmtitel

Deutsche Originalfilme	**Tschechische Originalfilme**
Shoppen (2007)	*Czech Made Man* (2011)
How to cook your life (2007)	*Revival* (2013)
Soul Kitchen (2009)	*Fair Play* (2014)
Exit Marrakech (2013)	*Ghoul* (2015)

Im Korpus der 607 nominierten Filme für den Filmpreis des Tschechischen Löwen (1993–2015) waren 29 englischsprachig, was knapp 5 % ausmacht. Aufschlussreicher zur Sichtbarmachung der rasanten Zunahme ist ein genauerer Blick in die einzelnen Preisverleihungsjahrgänge: Von 1993 bis 2004 fanden sich unter den tschechischen Filmnominierungen höchstens je ein englischer Titel, d. h. in nur knapp 3 % aller Nominierungen; ab dem Jahr 2005 stieg die Zahl englischer Filmtitel für tschechische Filmproduktionen prozentual auf das Doppelte (mit unerheblichen Schwankungen und einem Rekordjahr 2011 mit 5 englischsprachigen Titeln), vgl. Tabelle 5:

Tab. 5: Englischsprachige Titel tschechischer Originalfilme

Filmpreis *Český lev* der Jahre:	**Gesamtzahl der Filme**	**Englische Titel**	**%**
1993–2004	209	6	= 2,87 %
2005–2015	398	23	= 5,77 %
Gesamtzeitraum	607	29	= 4,77 %

Resümierend lässt sich konstatieren: Es sind in erster Linie die Persuasionsstrategien der Werbeagenturen, die primär für die Titelgebung und den Titeltransfer fremdsprachlicher Filme verantwortlich sind. Die erfolgreichsten Filmtitel in Deutschland – und in immer wachsender Zahl ebenso in Tschechien – sind fremdsprachlich – ungeachtet einer gewissen Resistenz kulturspezifischer Konventionen in der Geschichte der tschechischen Kinematografie – wie anhand satzwertiger Strukturschemata tschechischer Filmtitel illustriert wurde.

Mit der starken Tendenz im Titeltransfer der Gegenwart, die auf der Beibehaltung des Originals beruht, erhalten Filmtitel noch deutlicher sichtbar Namencharakter. Ihre „stiefmütterliche Nichtübersetzung" ist jedoch nicht selten eine bewusste Persuasionsstrategie, die den Filmkonsumenten durch fehlende Transparenz und Beibehaltung semantischer Vagheit des Originaltitels ins Kino zu locken versucht. Damit sind Filmtitel nicht selten fremdsprachliche „Kuckuckseier", die der Filmzuschauer „ins Nest gelegt" bekommt. Ein kritisch-prüfender Blick auf die Titeltransferpraxis und eine weitere empirische Forschung zur Thematik der kulturellen Überbrückung mittels Filmtiteltranslation oder Umtitelung erscheint in jedem Falle lohnenswert.

Literatur

BERGER, Tilman (2003): Tschechisch und Slovakisch. In Thorsten Roelcke (Hrsg.), *Variationstypologie. Variation Typology. Ein sprachtypologisches Handbuch der europäischen Sprachen in Geschichte und Gegenwart. A Typological Handbook of European Languages Past and Present*, 636–656. Berlin, New York.

BOUCHEHRI, Regina (2008): *Filmtitel im interkulturellen Transfer*. Berlin.

BOUCHEHRI, Regina (2012): *Translation von Medien-Titeln. Der interkulturelle Transfer von Titeln in Literatur, Theater, Film und Bildender Kunst*. Berlin.

BOUCHEHRI, Regina (2013): Nulltranslation als Marketingstrategie. Zur Wirkung anglophoner Titelidentitäten beim Film. In Klaus-Dieter Baumann & Hartwig Kalverkämper (Hrsg.), *Theorie und Praxis des Dolmetschens und Übersetzens in fachlichen Texten*, 515–530. Berlin.

DANIELIS, Aleš (2007): Česká filmová distribuce po roce 1989. (Czech Film Distribution after 1989). *Iluminace* 19 (1), 53–104.

FARØ, Ken (2014): Dänische Delikatessen: Linguistic Changes within the Translation of Titles. *Authorial and Editorial Voices in Translation* 2, 109–129.

KANZOG, Klaus (1991): *Einführung in die Filmphilologie. München* (= diskurs film; Münchner Beiträge zur Filmphilologie 4).

MAREŠ, Petr (1982): O překládání titulu filmového díla. (Zur Übersetzung von Filmtiteln). *Naše řeč* 65 (3), 128–144.

MAREŠ, Petr (1983): Filmový titul a jeho překlad. (Filmtitel und seine Übersetzung). *Film a doba* 29, 515–517.

MAREŠ, Petr (1993): Jak se dnes překládají názvy filmů. (Wie heute Filmtitel übersetzt werden) *Tvar* 4 (31–32), 14.

MONACO, James (1992): *Film verstehen: Kunst, Technik, Sprache; Geschichte und Theorie des Films*. Reinbek bei Hamburg.

NORD, Christiane (1993): *Einführung in das funktionale Übersetzen: am Beispiel von Titeln und Überschriften*. Tübingen.

NORD, Christiane (2004): Die Übersetzung von Titeln und Überschriften aus sprachwissenschaftlicher Sicht. In Harald Kittel et al. (Hrsg.): *Übersetzung Translation Traduction. Ein Internationales Handbuch*, 573–579. Berlin, New York.

NÜBLING, Damaris, Fabian FAHLBUSCH & Rita HEUSER ([2]2015): *Namen. Eine Einführung in die Onomastik*. Tübingen.

PRUNČ, Erich (2000): Vom Translationsbiedermeier zur Cyber-translation. *TEXTconTEXT* 14, 3–74.

SCHREITMÜLLER, Andreas (1994a): *Filmtitel*. Münster.

SCHREITMÜLLER, Andreas (1994b): Interlinguale Relationen. *Lebende Sprachen* 3, 104–106.

SCHUBERT, Christoph (2004): Die Appellwirkung englischer Filmtitel und ihrer deutschen Neutitel: Techniken interkulturellen Transfers. *Arbeiten aus Anglistik und Amerikanistik* 29 (2), 239–259.

Online-Quellen

INSIDE KINO (Bestsellerlisten): www.insidekino.com (03.05.2018)

ČESKO-SLOVENSKÁ FILMOVÁ DATABÁZE (Tschechisch-Slowakische Filmdatenbank): www.csfd.cz (03.05.2018).

FILMNOMINIERUNGEN ČESKÝ LEV (Böhmischer Löwe): www.filmovaakademie.cz (03.05.2018).

NÁRODNÍ FILMOVÝ ARCHIV (Nationales Filmarchiv Tschechiens): www.nfa.cz (03.05.2018).

FILMOVÝ PŘEHLED (Webportal des Nationalen Filmarchivs Prag zur Tschechischen Kinematografie): www.filmovyprehled.cz (03.05.2018).

Ereignisnamen

Sara Tinnemeyer

Die Döner-Morde vs. *die NSU-Morde*

Zum Namenstatus eines Praxonyms

Zusammenfassung: Immer wieder treten für Menschen relevante Ereignisse ein, die einen Eigennamen erhalten, um schneller und gezielter auf sie referieren zu können – somit entstehen vielfach neue Ereignisnamen (Praxonyme), die es erlauben, Eigennamen in statu nascendi zu beobachten. Da die Forschung diese Namenklasse trotz ihrer alltäglichen Präsenz bisher kaum beachtet hat, widmet sich der Beitrag zwei potentiellen Praxonymen: *die Döner-Morde* und *die NSU-Morde* – zwei konkurrierende Bezeichnungen für die vom Nationalsozialistischen Untergrund (NSU) verübte Mordserie zwischen den Jahren 2000 und 2006/2007. In einem ersten Schritt stellt der Beitrag (in Anlehnung an Nübling 2004) die Lexik/Semantik und Grammatik betreffende Testverfahren für den Namenstatus von potentiellen Praxonymen vor, der aufgrund der meist appellativischen Strukturen unsicher ist. In einem weiteren Schritt werden die Testverfahren genutzt, um korpusbasiert (Deutsches Referenzkorpus) den Namenstatus von *die Döner-Morde* und *die NSU-Morde* zu bestimmen und zu vergleichen.

Abstract: Events that are relevant to people occur and receive proper names to ensure an easier and more precise reference. Thereby, event names (or rather praxonyms) emerge. Such a process allows for an observation of nascent proper names. Despite of its ubiquity, this particular class of proper names has hitherto been neglected by research. For that reason, this article deals with two potential praxonyms: *die Döner-Morde* and *die NSU-Morde* – these two expressions refer to a series of murder committed by the Nationalsozialistischer Untergrund (NSU) between 2000 and 2006/2007. First, and partly following Nübling (2004), this article introduces test methods to determine the onymic status of potential praxonyms (concerning their lexis/semantics and grammar), whereby the onymic status is difficult to identify due to non-onymic elements and structures of praxonyms. Second, and mainly based on the German corpus Deutsches Referenzkorpus des Instituts für Deutsche Sprache (IDS) in Mannheim, the introduced test methods are then used to determine the onymic status of *die Döner-Morde* and *die NSU-Morde*.

Sara Tinnemeyer, Pädagogische Hochschule Freiburg, sara.tinnemeyer@ph-freiburg.de

DOI 10.1515/9783110547023-010

1 Einleitung

Arabischer Frühling, Irak-Krieg, Hartz IV, Internationale Gartenschau Hamburg 2013 – Eigennamen (im Folgenden als EN, innerhalb von Komposita auf *-name* mit N abgekürzt) für Ereignisse begegnen im Alltag mehrfach und entstehen vielfach neu. Schon ein Blick in die Tageszeitung genügt, um auf mehrere Eigennamen dieser Art zu stoßen, mit denen die begonnene Liste beliebig fortgesetzt werden könnte. Namen für Ereignisse, „als deren Auslöser, Träger, Teilnehmer und betroffene Menschen gelten können“ (BAUER ²1998: 52, 58), werden als Praxonyme (< griech. *praxis* 'Tat, Handlung') bezeichnet (NÜBLING, FAHLBUSCH & HEUSER ²2015: 317). Im Rahmen anderer Klassifikationsversuche spricht man auch von Eventonymen (< lat. *eventus* 'Ereignis, Vorfall', DONEC 2002). Zudem wird in der Forschung im Hinblick auf politische Ereignisse z.T. zwischen Aktionymen (< lat. *actio* 'Handlung, Tätigkeit') als EN für äußere Ereignisse (Prozesse) wie Kriege, Proteste, Streiks, Treffen oder Verhandlungen einerseits und Aktonymen (< lat. *acta* 'Taten, Werke; Protokolle') als EN für Politikinhalte wie Programme, Projekte, Gesetze oder Pläne andererseits differenziert (HOFFMANN 2004: 655–656, KNAPPOVÁ 1996: 1567). Daneben existieren Klassifikationen, in denen EN für Ereignisse keine eigene Klasse bilden, sondern Bestandteil der Chrematonyme (< griech. *chrema* 'Ding, Gegenstand') (KNAPPOVÁ 1996: 1567) oder der Chrononyme[1] (< griech. *chronos* 'Zeit') (PODOL'SKAJA ²1988, aus dem Russischen übersetzt und genannt von DONEC 2002) sind. Trotz ihrer alltäglichen Präsenz widmet die grundlegende onomastische Literatur Praxonymen selten ein eigenes Kapitel (z. B. NÜBLING, FAHLBUSCH & HEUSER ²2015, BAUER ²1998); viele Einführungswerke thematisieren sie nur in knapper Form in unterschiedlichen Zusammenhängen (z. B. DEBUS 2012, EICHLER et al. 1996, KOSS ³2002). Die wenigen Aufsätze zum Thema sind oft mehrere Jahrzehnte alt (z. B. GÓRNOWICZ 1980, SCHERF 1985, WALTHER 1974) oder behandeln lediglich einzelne Subklassen der Praxonyme, etwa ausschließlich Namen für politische Ereignisse (z. B. HOFFMANN 2004). Praxonyme repräsentieren aber einen überaus lohnenden Forschungsgegenstand, da sie erlauben, EN im Onymisierungsprozess zu untersuchen, genauer gesagt den Übergang von einer definiten Beschreibung zu einem EN nachzuvollziehen. Weil der Namenstatus von Praxonymen aufgrund ihrer Nähe zur Appellativik häufig unsicher ist, bietet sich eine solche Untersuchung bei (potentiellen) Praxonymen geradezu an.

1 Zu Berührungspunkten zwischen Praxonymen und Chrononymen s. einführend NÜBLING, FAHLBUSCH & HEUSER (²2015: 325).

Dies veranschaulicht im Zusammenhang mit Praxonymen einzig auch SATKAUSKAITE (2006) am Beispiel der Datumsangabe *der 11. September*, womit einer der wenigen aktuelleren Beiträge zur Praxonymforschung genannt ist.

Ebenso unsicher und damit zu diskutieren ist der Namenstatus der zum Unwort des Jahres 2011 gewählten Bezeichnung *die Döner-Morde*. Seit 2006 nutzen deutschlandweit fast alle Medien dieses Kompositum, um auf die bundesweite Mordserie an neun Kleinunternehmern mit griechischem und türkischem Migrationshintergrund zu referieren, die zwischen 2000 und 2006 in mehreren deutschen Großstädten von einer neonazistischen Terrorgruppe verübt wurde (DEUTSCHER BUNDESTAG 2013: 1–2, FUCHS 2012). Nachdem Ermittler im November 2011 neben der Tatwaffe mehrere DVD-Datenträger und Festplatten mit Videos entdeckten, in denen sich eine Gruppierung unter dem bis dahin unbekannten EN *Nationalsozialistischer Untergrund* (*NSU*) „als ein Netzwerk von Kameraden mit dem Grundsatz ‚Taten statt Worte'" (DEUTSCHER BUNDESTAG 2013: 2) beschreibt und die Morde nachstellt, beginnt die Entwicklung einer weiteren Bezeichnung für die Mordserie: *die NSU-Morde* – wie *die Döner-Morde* ein für die Mediensprache typisches Ad-hoc-Kompositum, mit welchem sie medienspezifischen Vorgaben wie dem Zwang zur Kürze und der Zusammenfassung von Informationen (BURGER [3]2005: 118) gerecht wird.[2] Wie weit die konkurrierenden Bezeichnungen über die Medien tatsächlich proprialisiert sind, ob es sich bereits um feste EN bzw. Praxonyme (Aktionyme) oder noch um definite Beschreibungen handelt, ob das schon länger verwendete Syntagma *die Döner-Morde* womöglich stärker als *die NSU-Morde* proprialisiert ist, kann nur korpusbasiert geklärt werden. Dies hat der vorliegende Beitrag zum Ziel.

Hierfür werden beginnend zunächst lexikalisch-semantische sowie grammatische Kriterien vorgestellt, die Bezeichnungen als EN ausweisen (Kapitel 2). Die Kriterienauswahl basiert dabei insbesondere auf NÜBLING (2004), die am Beispiel des Toponyms *die neuen Bundesländer* Testkriterien zum Onymstatus komplexer EN entwickelt. Anschließend werden methodische Hinweise zur Korpusauswahl, zur Anwendbarkeit der Testkriterien im Hinblick auf die zu untersuchenden Bezeichnungen *die Döner-Morde* und *die NSU-Morde* sowie zu den Suchabfragen formuliert (Kapitel 3). In einem weiteren Schritt werden die relevanten Testkriterien auf die Bezeichnungen *die Döner-Morde* und *die NSU-Morde* angewendet (Kapitel 4). Das Resümee fasst die Ergebnisse zusammen, beantwortet die oben formulierte Ausgangsfrage und schließt mit einem Ausblick (Kapitel 5).

---

2 Die Medien subsumieren den 2007 begangenen Mord an der Polizistin Michèle Kiesewetter häufig mit unter *die Döner-Morde*, seltener auch unter *die NSU-Morde*.

2 Testkriterien (nach NÜBLING 2004)

2.1 Semantisch-lexikalische Kriterien

Praxonyme verfügen i.d.R. über volltransparente Strukturen, die ihre appellativische Herkunft deutlich erkennen lassen. Sie enthalten meist neben einer numeralischen (*Erster*) oder onymischen (*Wiener*) Konstituente, die den Bezug zu einem bestimmten Ereignis herstellt, ein Grundwort wie *Weltkrieg*/*Krieg* oder *Kongress*, das die Vorfälle kategorisiert und z.T. auch charakterisiert (und nicht nur identifiziert) (HOFFMANN 2004: 664, NÜBLING, FAHLBUSCH & HEUSER ²2015: 319–320). Typischerweise ist somit die Semantik[3], zumindest die des Grundwortes, mit den Eigenschaften des bezeichneten Objekts kompatibel, weswegen sich Praxonyme als genuine Gattungs-EN (HARWEG 1983) verstehen lassen. Ganz anders verhält es sich bei z. B. SiedlungsN wie *Düsseldorf* oder *Hamburg* – mit *Düsseldorf* wird kein *Dorf*, mit *Hamburg* keine Burg bezeichnet. Derartige **Widersprüche zwischen Semantik und Referenzobjekt** bzw. die Auseinanderentwicklung zwischen EN und Appellativ ist sicheres Zeichen für einen EN (NÜBLING 2004: 226). Zudem ist das Erstglied der genannten SiedlungsN nur partiell transparent bis opak. All dies stellt jedoch keine notwendige Bedingung für einen EN dar. Dieser kann zweifellos volltransparent oder (potentiell) motivierbar sein, ohne dass hierdurch der Namenstatus fraglich wird (vgl. z. B. *Neustadt* für eine neue Stadt, *Wiener Kongress* für einen Kongress in Wien). Entscheidend ist, dass die Semantik der einzelnen Bestandteile beim Referentialisierungsprozess nicht, wie bei definiten Beschreibungen, aktiviert wird; die Referenz erfolgt über die Direktzuordnung des Ausdrucks zum Denotat (NÜBLING 2004: 226–228).

Bezeichnungen werden also nicht erst dann zu EN, wenn Bezeichnung und Objekt semantisch inkompatibel sind, „sie sind es, sobald sie über den gelegentlichen Gebrauch hinaus als feste Bezeichnungen [...] [für bestimmte Objekte] verwendet werden" (BERGER 1976: 382). Definite Beschreibungen werden somit durch Konventionalisierung zu EN (NÜBLING 2004: 229). Dies impliziert, dass **keine Wahlfreiheit bzgl. der Lexeme** mehr besteht (WERNER 1974: 177–178), da eben die Bezeichnung fest ist und die Lexeme erstarrt sind. So kann z. B. die Konstituente *Herbst* innerhalb des Praxonyms *Deutscher Herbst* nicht durch ein Synonym wie *Nachsommer* ersetzt werden, ohne dass die Referenz auf

3 Gemeint ist hier und im Folgenden, auch wenn von Bedeutung gesprochen wird, die lexikalische Bedeutung einzelner Wörter, die in einem Wörterbuch nachschlagbar ist. Die Grundlage bildet im Folgenden DUDEN-RECHTSCHREIBUNG (²⁶2013).

das gemeinte Ereignis zerstört wäre (NÜBLING, FAHLBUSCH & HEUSER [2]2015: 322). Auch ist fraglich, ob mit den von Medien zeitweise genutzten Bezeichnungen *Arabischer Aufstand* oder *Arabellion* ohne erklärenden Kontext langfristig eindeutig auf die im Dezember 2010 beginnende arabische Protestbewegung referiert werden kann, da sich hierfür *Arabischer Frühling* eigenen Korpusrecherchen im DEREKO zufolge durchgesetzt hat. Das Durchsetzen einer Variante gegen konkurrierende Bezeichnungen ist insbesondere bei Aktionymen von Bedeutung. Diese, von Medien wie Tageszeitungen, Zeitschriften etc. ad hoc gebildet, entstehen meist „aus dem dringlichen aktuellen Bedürfnis, nicht immer vorhersehbare Objekte (= Ereignisse) als Einzelobjekte auszuweisen und von anderen Ereignissen zu differenzieren, [...] [und sind deswegen oft] von zahlreichen [konkurrierenden] Namenvarianten gekennzeichnet" (HOFFMANN 2004: 662). Bei längerfristigem medialen Interesse setzt sich schließlich sukzessive ein Begriff bzw. Praxonym durch (HOFFMANN 2004: 661–662). Aktionyme hingegen entstehen i. d. R., indem (politische/sportliche/kulturelle/wirtschaftliche etc.) Akteure geplant relevante Ereignisse benennen, weswegen Namenvarianten weitgehend ausbleiben (HOFFMANN 2004: 661–662). Im Unterschied zur fehlenden Wahlfreiheit bei EN hat ein Sprecher bei definiten Beschreibungen immer die Möglichkeit, eine andere Charakterisierung zu wählen (NÜBLING 2004: 228). Er kann anstatt von *den neuen Döner Buden* durchaus von *den modernen Döner-Buden* oder *den neuen Kebab-Buden* sprechen, ohne dass die Referenz auf die gemeinten Objekte zunichte gemacht würde.

Zudem sollte bei EN und damit auch bei Praxonymen **keine Antonymie** einforderbar sein, da – wie beschrieben – die lexikalische Bedeutung inaktiv ist. So impliziert etwa *Märzrevolution* keine **Märzrestauration*. Die lexikalischen Einheiten definiter Beschreibungen hingegen stehen in einem paradigmatischen Oppositionsverhältnis zu anderen Einheiten, sodass Antonymie häufig möglich ist. Hierdurch ändert sich natürlich das Referenzobjekt, vgl. z. B. *die neuen/alten Döner-Buden* (HOFFMANN 2004: 659, NÜBLING 2004: 229–230).

Schließlich erhalten **gleiche oder ähnliche Objekte zwingend unterschiedliche EN** (sofern sie einen EN erhalten), um Monoreferenz zu gewährleisten. Bezogen auf Praxonyme kann folgendes hypothetisches Beispiel formuliert werden: Käme es, aus welchen Gründen auch immer, zu einem weiteren bedeutenden Kongress in Wien, würde dieser vermutlich nicht unter dem EN *Wiener Kongress*, allenfalls unter *2. Wiener Kongress* in die Geschichtswissenschaft eingehen. Im Gegensatz hierzu ist es bei definiten Beschreibungen üblich, dass mehrere gleiche oder ähnliche Objekte unter derselben Bezeichnung gefasst werden. Hierdurch entfällt jegliche Monoreferenz (NÜBLING 2004: 230).

2.2 Grammatische Kriterien

Der **Numerus ist bei EN fixiert** und begrenzt sich üblicherweise auf den Singular, da lediglich auf ein Objekt referiert wird.[4] Pluralische EN sollten andersherum auch nur den Plural zulassen. Im Unterschied zu pluralischen EN wie *die Alpen*, bei denen der Plural so stark fixiert ist, dass der Singular nicht zu ermitteln ist (*?die Alp(e)*) (COSERIU 1989: 230, NÜBLING 2004: 227), lassen sich Singularformen pluralischer Praxonyme meist problemlos bilden, was u.a. an ihrer volltransparenten Struktur liegt. Dennoch sollten pluralische Praxonyme i.d.R. nicht im Singular auftreten (**Befreiungskrieg*). Anders als bei EN ist der Numerus bei definiten Beschreibungen variabel (*die Döner-Bude, die Döner-Buden*), wobei man bei Appellativen von einem ungefähren Singular- zu Pluralverhältnis von ¾ zu ¼ spricht (NÜBLING 2004: 230–231, 234).

Aufgrund ihrer per definitionem **inhärenten Definitheit** – indefinite Verwendungen kennzeichnen Bezeichnungen folglich als Nichtonym oder „Noch-nicht-Onym" (NÜBLING 2004: 236)[5] – sollten EN keinen Definitartikel benötigen. Im Deutschen gilt dies jedoch nur für bestimmte Namenklassen, weswegen die Artikelsetzung sogar namenklassenkonstituierend ist (Ø *Marbach* (SiedlungsN) vs. *der Marbach* (GewässerN)) (KALVERKÄMPER 1978: 185, NÜBLING 2015). Im Deutschen enthalten u.a. auch onymische Syntagmen (*der 11. September, die Französische Revolution*), deren **interne Abfolge fixiert** ist, immer einen festen Artikel, Einschübe, Umstellungen o.Ä. damit unmöglich sind (**die Französische Große Revolution*). Ebenso begleitet der feste Artikel pluralische EN (*die Befreiungskriege*), wahrscheinlich weil Artikellosigkeit bei pluralischen Formen eine indefinite Lesart bewirken würde und diese bei inhärent definiten EN im Idealfall nicht möglich ist (NÜBLING 2004: 228, 230, 236). Der feste Definitartikel steht in keiner Opposition zum Null- oder Indefinitartikel (*das sind *Befreiungskriege, *eine Französische Revolution*) und übt v. a. morphosyntaktische Funktionen, wie z. B. die Kasusanzeige, aus (ANDERSON 2008: 185, NÜBLING 2004: 230). Er darf nur fehlen, wenn der EN syntaktisch nicht integriert ist, z. B. in Minidialogen folgender Art: *Wie heißt die Revolution, die wir im Geschichtsunterricht behandeln? – (Die) Französische Revolution*. Aber: *Das ist *eine/die Französische Revo-*

4 Nur vereinzelt lassen sich EN in den Plural transferieren, nämlich dann, wenn zwei oder mehr Objekte denselben Namen tragen (*in unserem Dorf wohnen zwei Maries, Samstag besuchen uns die Müllers*) (LÖTSCHER 1995: 449).

5 Hier gibt es Ausnahmen: KOLDE (1992) und LEYS (1989) argumentieren dafür, dass EN (bei LEYS nur PersonenN) indefinit verwendet werden können, ohne dass dadurch ihr Namenstatus in Frage gestellt werden müsste (z. B. *Am Waldrand stand ein Haus, in dem vor Jahren ein Karl Müller lebte.*).

lution (Kolde 1995: 404). Beschreibungen hingegen, bei denen syntaktische Variabilität z. B. in Form syntaktischer Prozeduren wie Addition, Subtraktion usw. möglich ist, ohne dass die Referenz gestört wird (*die neuen großen Döner-Buden, die neuen Döner-Buden*), verhalten sich bezüglich der Artikelsetzung flexibel und sind mit indefiniten Angaben kompatibel, es gelten also paradigmatische Oppositionen (*eine Döner-Bude, manche Döner-Buden*) (Nübling 2004: 230).

Auch auf der **graphematischen Ebene** können sich EN von definiten Beschreibungen unterscheiden, wobei EN orthographisch nicht normiert, aber in ihrer Schreibweise durchaus stabil und konstant sind, damit eine eindeutige Referenz ohne Irritation seitens des Lesers gewährleistet wird (Nübling, Fahlbusch & Heuser [2]2015: 13, 89–90). Ein verbreitetes Verfahren zur Anzeige des onymischen Status besteht in Sprachen mit Substantivkleinschreibung in der Namengroßschreibung (z. B. im Englischen, die Großschreibung gilt hier auch für Praxonyme, vgl. z. B. <Second World War>). Im Deutschen, wo Substantive generell großgeschrieben werden, kommt bei onymischen Syntagmen zumindest die Großschreibung von Attributen hinzu, vgl. z. B. <die Französische Revolution> (Nübling 2005: 32–33). Im Unterschied zur Großschreibung der Attribute in onymischen Syntagmen werden Attribute in definiten Beschreibungen klein geschrieben, vgl. <das französische Schulsystem> (Nübling 2004: 231).

3 Datengrundlage/Methodik

Den Recherchen zum onymischen Status von *die Döner-Morde* und *die NSU-Morde* liegt mit dem Deutschen Referenzkorpus (DeReKo) des Instituts für Deutsche Sprache (IDS) in Mannheim die weltweit größte Sammlung elektronischer Korpora mit geschriebenen deutschsprachigen Texten aus der Gegenwart und neueren Vergangenheit zugrunde (zugänglich über die Webapplikation Cosmas II). Das Korpus eignet sich damit zum einen aufgrund seines Umfangs und seiner Gegenwartsorientierung für die Beobachtung des Gebrauchs von *die Döner-Morde* und *die NSU-Morde*. Zum anderen bildet es mit seiner Konzentration auf Zeitungen eine Quelle ab, die bei der Herausbildung eines Praxonyms, insbesondere eines Aktionyms, von besonderer Bedeutung ist.

Da sich aus dem Testkriterium der Wahlfreiheit die zu überprüfenden Bezeichnungen ergeben, ist es sinnvoll, dieses an den Anfang einer Untersuchung zum Namenstatus eines potentiellen Praxonyms zu stellen. Die auf alle möglichen Praxonyme anwendbaren Kriterien der Numerusfestigkeit und der Definitheit können ggf., d. h. falls anwendbar, durch die oben vorgestellten Kriterien der semantischen Inkompatibilität, der nicht einforderbaren Antonymbildung, der syntaktischen Fixiertheit und der graphischen Onymmarkierung durch Attributgroßschreibung ergänzt werden. Drei dieser von Nübling (2004) genannten Testkriterien sind bei den zu untersuchenden Fallbeispielen nicht überprüfbar. Zum einen betrifft dies die Bildung von Antonymen, die bei EN nicht einforderbar sein sollte. Ob *die Döner-Morde* und *die NSU-Morde* ein Antonym erwarten lassen, ist nicht zu ermitteln, da weder für *Morde* noch für *Döner* oder *NSU* ein eindeutiges und sinnvolles Antonym bildbar ist. Das zweite nicht überprüfbare Kriterium betrifft die syntaktische Variabilität, die sich bei Onymen aufgrund der Fixierung ihrer internen Abfolge verbietet. Bei *die Döner-Morde* und *die NSU-Morde* fehlt ein Attribut, weswegen unmöglich getestet werden kann, ob die Referenz bei seiner Tilgung oder Umstellung erhalten bleibt. Die Tilgung des Artikels und damit die indefinite Verwendung wird in Kapitel 4.2.2 thematisiert. Das dritte, aufgrund des fehlenden Attributs nicht überprüfbare Kriterium betrifft die Attributgroßschreibung, stattdessen wird die Zusammen- vs. Bindestrichschreibung der Komposita bzw. die Etablierung nur einer Schreibvariante untersucht. Neben der Adjektivgroßschreibung und der Etablierung nur einer Schreibvariante ließe sich unter dem Kriterium der graphischen Onymmarkierung zudem ein häufig bei Praxonymen auftretendes Phänomen untersuchen, die Setzung von Anführungszeichen. Solange eine Bezeichnung noch nicht als fester EN etabliert und den meisten Sprechern geläufig ist, lässt sich oft beobachten, dass Schreiber Anführungszeichen als Indikator für den Namenstatus v. a. semantisch inkompatibler Bezeichnungen nutzen. So deutet etwa die in Zeitungen anfänglich häufig belegte Schreibung <„der Arabische Frühling“> an, dass auf die Protestbewegung in der arabischen Welt und nicht die Jahreszeit referiert wird. Anführungszeichen können aber auch „Einstellungen des Schreibers, etwa über die Angemessenheit eines bestimmten Wortes, [...] signalisieren“ (Duden-Grammatik ^{8}2009: 1065). Die Untersuchung der belegten Anführungszeichen bei der ebenfalls semantisch inkompatiblen Bezeichnung *die Döner-Morde* wird in diesem Beitrag v. a. deswegen vernachlässigt, da meist nicht zu unterscheiden ist, ob Anführungszeichen gesetzt sind, um eine nicht-naive, kritische Verwendung von *Döner-Morde* zu verdeutlichen oder um einen (potentiellen) EN zu kennzeichnen. In vielen Belegen werden Anführungszeichen bei *die Döner-Morde* zudem gesetzt, um die metasprachliche Verwendung zu markieren. Die Überlegungen zum Kriterium der zwingend unterschiedlichen Benennung ähnlicher Objekte beruhen meist lediglich auf Hypothesen und sind damit am aussageschwächsten. Je mehr Kriterien eine Bezeichnung für Ereignisse im Allgemeinen bzw. *die Döner-Morde*/*die NSU-Morde* im Besonderen erfüllt, umso prototypischer ist sie als

Praxonym. Als „Checkliste" für diese und weitere Untersuchungen soll hier eine Auflistung der, v. a. mit Korpora zu überprüfenden, Testkriterien für den Namenstatus eines potentiellen Praxonyms dienen, wobei kein Anspruch auf Vollständigkeit erhoben wird (Abbildung 1):

Lexik/Semantik

- **Wahlfreiheit**: Setzt sich die zu untersuchende Bezeichnung langfristig gegen Konkurrenten durch (v. a. bei potentiellen Aktionymen relevant)?
- **Semantik**: Ist die Semantik mit dem Referenzobjekt inkompatibel?
- **Antonymie:** Ist keine Antonymie einforderbar?
- **Bezeichnung ähnlicher Objekte**: Erhalten ähnliche Objekte andere Bezeichnungen?

Grammatik

- **Verhältnis Singular zu Plural**: Ist die Bezeichnung numerusfest?
- **Definite vs. indefinite Verwendung**: Wird die Bezeichnung nur definit verwendet?
- **Schreibung**: Wird das graphische Medium zur onymischen Markierung genutzt (z. B. Großschreibung von Attributen, Spatien, Bindestrichschreibung)? Setzt sich, sofern mehrere Schreibvarianten bestehen, eine dieser Varianten langfristig durch?
- **Syntaktische Fixierung**: Ist die syntaktische Abfolge invariabel?

Abb. 1: Testkriterien für den Namenstatus eines potentiellen Praxonyms

Die Recherchen zum Onymstatus erfolgen in dieser Untersuchung in allen öffentlichen Korpora (mit Neuakquisition) des Archivs der geschriebenen Sprache W (Recherche der Daten bis 2012 im August/September 2013, ergänzende Recherche für das Jahr 2013 im August/September 2014) des DeReKo. Einzelne Belege, die im Cosmas II-Datensatz wiederholt aufgeführt sind, werden nur einmal gewertet. Bei Belegen wie *Döner-Morden* und *NSU-Morden* handelt es sich immer um den Dativ Plural und nicht um substantivierte Infinitive. Zudem erfolgt in Abbildung 2, Abbildung 3 und Tabelle 5 keine Festlegung auf die Bindestrich- oder die Zusammenschreibung, d. h., dass unter Döner-Morde[6] die Schreibvarianten <Döner-Morde>, <Dönermorde> und <DönerMorde> fallen, unter Dönermord-Serie die Schreibvarianten <Dönermord-Serie>, <Döner-Mordserie> und <Dönermordserie>. Die meisten Bezeichnungen begegnen nur

6 Die Abfragen werden (analog zu Nübling 2004) innerhalb der Abbildungen und Tabellen in Kapitälchen gesetzt, um die definite oder indefinite Lesart sowie Singular oder Plural offen zu lassen.

in einer Schreibvariante, nämlich <Ceska-Mordserie>, <Mordserie Bosporus>, <Ceska-Morde>, <NSU-Mordserie> und <NSU-Morde>. Bei der Analyse von *die Döner-Morde* im Verlauf der Arbeit beziehe ich mich nur auf die Schreibvariante mit Bindestrich (<Döner-Morde>), da diese die höchste Gebrauchsfrequenz besitzt (s. Kapitel 4.2.3).

4 Ergebnisse

Analog zum Theorieteil behandelt das Kapitel 4 zunächst die Frage, ob *die Döner-Morde* und *die NSU-Morde* den dargestellten lexikalisch-semantischen, dann den grammatischen Kriterien eines EN entsprechen.

4.1 Lexik/Semantik

4.1.1 Wahlfreiheit

Wie für (potentielle) Aktionyme typisch, sind auch die zu untersuchenden Fallbeispiele durch konkurrierende Bezeichnungen gekennzeichnet. Die deutschen Medien referieren auf die zwischen 2000 und 2006/2007 verübten Morde mit *Döner-Morden* oder *NSU-Morden*, sprechen aber auch von *Döner-Mordserie* oder *NSU-Mordserie*. Abbildung 2 veranschaulicht die Gebrauchsfrequenz dieser verschiedenen Bezeichnungen. Sporadisch, deswegen im Folgenden unberücksichtigt, begegnen zudem *Ceska-Morde*, *Ceska-Mordserie* und *Mordserie Bosporus* (über COSMAS II weniger als 10 Belege).[7]

7 *Ceska-Morde* und *Ceska-Mordserie* gehen zurück auf die Mordwaffe, eine tschechische Pistole des Typs Ceska 83, *Mordserie Bosporus* auf den Namen der ermittelnden Sonderkommission. Um sicherzustellen, dass die wichtigsten Bezeichnungen für die Mordserie erfasst wurden, wurde eine COSMAS II-Recherche durchgeführt, bei welcher die EN der Mordopfer als Suchanfragen dienten. Im Umfeld dieser EN wurde jeweils nach weiteren Bezeichnungen für die Mordserie gesucht. Die Recherche ergab jedoch keine weiteren relevanten Bezeichnungen als die hier genannten.

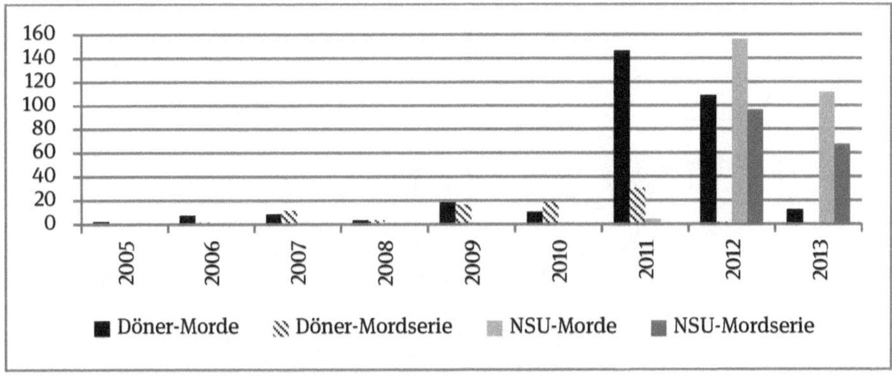

Abb. 2: Gebrauchsfrequenz verschiedener Bezeichnungen für die Mordserie

Döner-Morde ist erstmals 2005 belegt. Am 31. August 2005 – zu diesem Zeitpunkt waren bereits sieben Menschen erschossen worden – veröffentlicht die NÜRNBERGER ZEITUNG unter der Überschrift „Rasterfahndung bei Banken soll ‚Döner-Mord' aufklären" einen Artikel zum Stand der Ermittlungsarbeit der Staatsanwaltschaft Nürnberg (DEUTSCHER BUNDESTAG 2013:831).[8] Wie Abbildung 2 zeigt, referieren die Medien mit *Döner-Morde* bis 2011 am häufigsten auf die Mordserie; ausschließlich in den Jahren 2007 und 2010 ist *Döner-Mordserie* höher frequentiert. Ab 2012 löst die Bezeichnung *NSU-Morde*, die erstmals am 17. November 2011 in der HAMBURGER MORGENPOST („Ob sie sogar bei einem der *NSU-Morde* anwesend waren, ist nach wie vor ungeklärt.") begegnet, *Döner-Morde* ab. Auch *NSU-Mordserie* tritt ab 2012 oftmals auf, wird 2013 sogar häufiger als *Döner-Morde*, aber doch seltener als *NSU-Morde* verwendet. Um die Gründe für die Ablösung des zeitweise ebenfalls hochfrequentierten Kompositums *Döner-Morde* durch *NSU-Morde* identifizieren zu können, soll der Zeitraum dieser Entwicklung genauer betrachtet werden (Abbildung 3).

8 Der Journalist BAX (2012) weist darauf hin, dass das Kompositum in anderem Zusammenhang schon 1992 verwendet wird: Als der Ägypter Gamal Hegab in seinem Berliner Imbiss von unbekannten Tätern erschossen wurde, titelte der BERLINER KURIER „Döner-Mord am Alex".

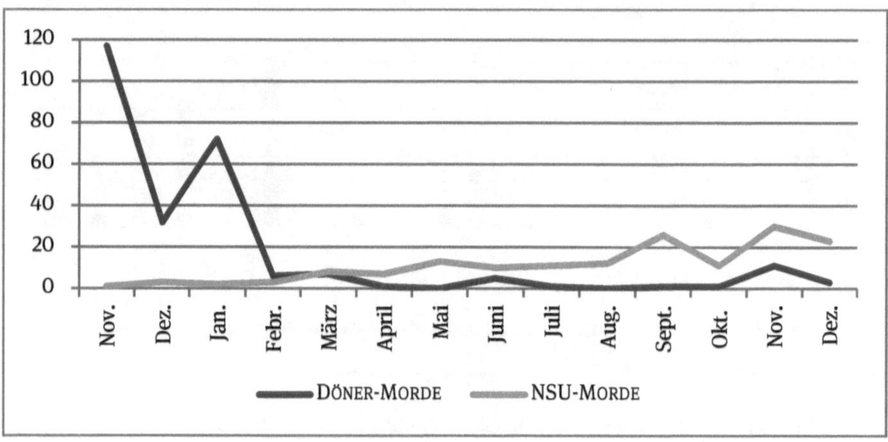

Abb. 3: Entwicklung der Gebrauchsfrequenz von DÖNER-MORDE und NSU-MORDE im Zeitraum November 2011 bis Dezember 2012

Wie Abbildung 3 zeigt, wird die Bezeichnung *Döner-Morde* v. a. im November 2011, d. h. im Monat des Tatwaffen- und DVD-Fundes, genutzt. Ein zweites Hoch erreicht *Döner-Morde* im Januar 2012 mit der Bekanntgabe der Kür zum Unwort 2011. Ab Februar 2012 wird *Döner-Morde* von *NSU-Morde* abgelöst und erscheint abgesehen von drei Belegen nur noch im Kontext der Unwortwahl. Dementsprechend stellt offensichtlich die Wahl zum Unwort, d. h. das öffentliche Wachrufen der lexikalischen Bedeutung und das Aufmerksammachen auf diskriminierende Tendenzen,[9] den gravierendsten Faktor für die Ablösung des Kompositums *Döner-Morde* dar. Belege dafür, dass die Presse diese Tendenzen im Vorfeld selbst thematisierte, lassen sich über COSMAS II kaum finden: „Noch immer sprechen manche Medien von ‚Döner-Morden', das ist unsäglich" (BRAUNSCHWEIGER ZEITUNG, 17.11.2011). Äußerungen wie diese im Speziellen, die Ablösung von *Döner-Morde* im Allgemeinen wurden zudem vermutlich durch den Fund der Bekenner-DVDs im November 2011 und der schon damit einhergehenden Sensibilisierung für das Thema Rassismus beeinflusst. Gleichzeitig lieferte dieser Fund mit *NSU* eine passendere, den Ermittlungsstand widerspiegelnde Bezeichnung, die die Medien aufgriffen und im Folgenden als Ablösung

9 Die Wahl zum Unwort gewann *Döner-Morde* mit der Begründung, dass „mit der sachlich unangemessenen, folkloristisch-stereotypen Etikettierung einer rechtsterroristischen Mordserie [...] ganze Bevölkerungsgruppen ausgegrenzt und die Opfer selbst in höchstem Maße diskriminiert [werden], indem sie aufgrund ihrer Herkunft auf ein Imbissgericht reduziert werden" (UNWORT DES JAHRES 2011).

für die politisch inkorrekte Bezeichnung *Döner-Morde* nutzen – damit spielen also auch neue Erkenntnisse zur Mordserie bei der Ablösung von *Döner-Morde* durch *NSU-Morde* eine Rolle.[10]

Was bedeuten die dargestellten Beobachtungen nun für den Namenstatus der Fallbeispiele? Zum einen weist die Unwortwahl auf Geläufigkeit des Kompositums *Döner-Morde* hin. Doch trotz seiner Geläufigkeit setzt sich *NSU-Morde* im Laufe des erhobenen Zeitraumes gegen alle Konkurrenten als feste Bezeichnung für die Mordserie durch. Damit hat sich bestätigt, was schon FLEISCHER (1992: 10) beschreibt: Das Wachrufen der lexikalischen Bedeutung (oder auch die Furcht davor) kann zu Namensänderung führen. Langfristig ist zu erwarten, dass keine Wahlfreiheit mehr bzgl. der Bezeichnung für die zwischen 2000 und 2009/2010 begangenen Taten besteht.

Schon aus dem Dargestellten resultierend, trotzdem noch einmal expliziert werden soll die fehlende Wahlfreiheit in Gestalt von Synonymie. Intuitiv referieren weder **Döner-Tötungen*, **Döner-Ermordungen* oder **Dönerkebab-Morde* noch **NSU-Tötungen* oder **NSU-Ermordungen* auf die rechtsterroristische Mordserie. Auch über COSMAS II konnten für diese und ähnliche Suchabfragen keine Belege ermittelt werden. Dabei konnte *NSU* bei der Recherche aufgrund seines Namenstatus nicht durch ein Synonym ersetzt werden. Wahlfreiheit in Gestalt von Synonymie besteht damit weder bei *Döner-Morde* noch bei *NSU-Morde*. Die Lexeme sind erstarrt und konventionalisiert, was für den Namenstatus beider Komposita spricht.

4.1.2 Semantische Passfähigkeit

Wie viele Praxonyme verfügt *die Döner-Morde* über eine volltransparente Struktur. Dabei ist die Semantik des Zweitglieds *Morde* 'vorsätzliche Tötung mehrerer Menschen aus niedrigen Beweggründen' mit den Eigenschaften des bezeichneten Objekts kompatibel, geht es doch um eine Mordserie aus mutmaßlich rassistischen Motiven. Zum Grundwort *Morde* tritt die spezifizierende Konstituente *Döner*, die die Referenz auf ein konkretes Ereignis herstellt. Bezieht man sich bei der Interpretation des Kompositums auf die in DUDEN-RECHTSCHREIBUNG ([26]2013) nachschlagbare Bedeutung von *Döner*, nämlich 'Kebab aus an einem Drehspieß gebratenem Fleisch', ergeben sich absurde Deutungen. Weder können die Mor-

10 Da auch im englischen Sprachraum sowohl *Doner murders* bzw. *Doner killings* als auch *NSU murders* bzw. *NSU killings* begegnet, erscheint es lohnenswert zu untersuchen, ob die genannten Faktoren auch international Einfluss auf die Bezeichnungen der Mordserie hatten.

de von Dönern verübt worden sein noch handelt es sich bei den Mordopfern um Döner.[11] Die Semantik des Kompositums ist damit nicht mit den Eigenschaften des bezeichneten Objekts kompatibel. Selbst wenn man die Bedeutung von *Döner* weiter fasst und das Kompositum als Morde interpretiert, die in Döner-Imbissen oder an Döner-Imbissbesitzern verübt wurden, besteht keine semantische Kompatibilität, da realiter nicht alle, sondern lediglich zwei der Mordopfer in Zusammenhang mit einem solchen Imbiss stehen; das fünfte Opfer, Mehmet Turgut, war Mitarbeiter in einem Döner-Imbiss in Rostock, das sechste Opfer, İsmail Yaşar, war Besitzer eines Döner-Imbisses in Nürnberg (DEUTSCHER BUNDESTAG 2013: 71). Die fehlende semantische Passfähigkeit geht dabei jedoch weder auf eine Veränderung des Referenzobjekts wie bei *Düsseldorf* noch auf einen semantischen Wandel des zugrundeliegenden Appellativs wie etwa bei *Hamburg* zurück. Semantische Kompatibilität ist, bezieht man sich bei der Interpretation von *Döner-Morde* auf die im Wörterbuch nachschlagbare Bedeutung von *Döner*, seit der ersten Verwendung des Kompositums durch die NÜRNBERGER ZEITUNG (31.08.2005) nicht gegeben. Fasst man die Bedeutung von *Döner* weiter (bzw. nimmt man eine elliptische Bildung *Döner-[Imbiss]-Morde* an), stimmt die Semantik des Kompositums beim ersten Gebrauch durchaus noch mit den Eigenschaften des bezeichneten Objekts überein. In dem am 31. August 2005 erschienenen Artikel verwendet die Zeitung *Döner-Mord* lediglich in Bezug auf den Mord an İsmail Yaşar, Inhaber eines *Döner-Imbisses*. Im Folgenden aber wird das Kompositum vorwiegend im Plural bzw. mit Referenz auf alle Morde der Verbrechensserie verwendet; das Referenzobjekt wird also erweitert. Dies gilt schon für die erste Übernahme des Kompositums, COSMAS II zufolge durch den MANNHEIMER MORGEN (08.04.2006): „Es sei bislang nicht gelungen, irgendwelche persönlichen Beziehungen zwischen den Opfern der so genannten Döner-Morde herzustellen." Hier trifft die Semantik des Kompositums, auch mit einer weiten Bedeutung von *Döner*, nicht länger zu. Unabhängig davon, ob die Bedeutung von *Döner* eng oder weit gefasst und das Kompositum dementsprechend interpretiert wird, erfolgt die Referenz damit offensichtlich nicht (mehr), wie bei definiten Beschreibungen, über die Aktualisierung der lexikalischen Bedeutung, unpassende Lexeme werden nicht als störend (und vorerst nicht als diskriminierend) empfunden.[12] Diese Beobachtung ist ein starkes Indiz für den Namenstatus von *die Döner-Morde*.

---

11 Für Determinativkomposita wie *Döner-Morde* und *NSU-Morde* gibt es viele Interpretationsmöglichkeiten. Ich nenne hier und im Folgenden nur die Naheliegendsten.

12 In diesem Zusammenhang erwähnen NÜBLING, FAHLBUSCH & HEUSER (^{2}2015) auch den EN *Soko Bosporus*. Dieser wurde kritisiert, weil er falsche Assoziationen weckt, worauf die Polizei

Wie ist die semantische Passfähigkeit von *die NSU-Morde* zu beurteilen? Wie *die Döner-Morde* enthält *die NSU-Morde* das semantisch mit dem Objekt kompatible und damit charakterisierende Zweitglied *Morde*. Zu dem Grundwort *Morde* tritt die determinierende Konstituente *NSU*, sodass auch *die NSU-Morde* beide typischen Bestandteile eines Praxonyms aufzeigt. Dass es sich bei der zum Grundwort hinzutretenden Konstituente *NSU* um einen EN handelt, ist nicht untypisch für Praxonyme (vgl. z. B. *Wiener Kongress, Marshall-Plan*). Die Verwendung eines Buchstabierakronyms wie *NSU* statt der Langform *Nationalsozialistischer Untergrund* dient dabei dem schnelleren sprachlichen Zugriff auf das Referenzobjekt (vgl. z. B. auch *JGU* statt *Johannes Gutenberg-Universität Mainz, CDU* statt *Christlich Demokratische Union Deutschlands*). Gleichzeitig geht hierdurch Transparenz verloren und Memorierbarkeit wird erschwert (Nübling 2000: 289). Das Kompositum *NSU-Morde* kann nun u.a. so interpretiert werden, dass die Morde von dem NSU begangen wurden, womit die Semantik des Ausdrucks durchaus zutrifft. Das Kompositum kann damit als charakterisierend eingestuft werden, was weder für noch gegen den Namenstatus von *die NSU-Morde* spricht, da EN durchaus potentielle Seme entfalten können, aber im Unterschied zu Appellativen für eine erfolgreiche Referenz nicht darauf angewiesen sind. Das Kriterium der semantischen Passfähigkeit lässt sich daher nicht anwenden, wenn man über den Namenstatus von *die NSU-Morde* entscheiden will. Doch ist bei einem idealen EN zumindest eine geringe Abweichung zu erwarten.

4.1.3 Bezeichnung ähnlicher Objekte

Um zu entscheiden, ob gleiche bzw. ähnliche Objekte unter *die Döner-Morde* oder *die NSU-Morde* subsumiert werden können, was aufgrund fehlender Monoreferenz gegen den Namenstatus dieser Bezeichnungen spräche, muss mit einem hypothetischen Beispiel gearbeitet werden: Käme es, aus welchen Gründen auch immer, zu weiteren Morden, die in Zusammenhang mit der rechtsterroristischen Mordserie stehen, würden diese vermutlich weder unter *die Döner-Morde* noch unter *die NSU-Morde* subsumiert, da die Mordserie ein abgeschlossenes Ereignis darstellt (bzw. die mutmaßlichen Haupt- und Mittäter verstorben sind oder sich in Untersuchungshaft befinden); d. h., mit *die Döner-Morde*, aber auch mit *die NSU-Morde* würde man weiterhin nur auf die zwischen 2000 und

---

erklärt, der EN sei „keineswegs diskreditierend gemeint" (F.A.Z., 18.01.2012). „Hinter Namen kann man sich verstecken, indem man eine wörtliche Bedeutung (oder auch nur intendierte Assoziation) zurückweist" (Nübling, Fahlbusch & Heuser ^{2}2015: 37).

2006/2007 begangenen Morde referieren und ähnliche Objekte anders bezeichnen. Dieses Argument spricht für den Namenstatus beider Komposita. Denkbar wäre – gäbe es denn ähnliche Mordfälle –, dass die Bezeichnungen zugunsten der Herstellung von Monoreferenz analog zu z. B. *Erster* vs. *Zweiter Weltkrieg* oder *Erster* vs. *Zweiter Golfkrieg* durch zusätzliche Konstituenten erweitert werden, z. B. *die Döner-Morde Teil 2, die NSU-Morde Teil 2* oder etwa *die zweiten Döner-Morde, die zweiten NSU-Morde*. Bedenkt man jedoch, dass die Gebrauchsfrequenz der Bezeichnung *die Döner-Morde* v. a. aufgrund diskriminierender Tendenzen seit 2012 sinkt und Ermittlungen eine passendere Bezeichnung, nämlich *die NSU-Morde*, liefern, ist unwahrscheinlich, dass die Medien auf erstere zurückgreifen und sie erweitern würden. Doch bleibt ebenso zweifelhaft, ob die Bezeichnung *die NSU-Morde* genutzt und durch zusätzliche Konstituenten erweitert werden würde, da der NSU nicht mehr besteht und niemand mehr dieser Gruppierung angehört.

4.2 Grammatik

4.2.1 Verhältnis Singular zu Plural

Um zu untersuchen, ob sich *die Döner-Morde* hinsichtlich des Numerus wie ein EN verhält, bedarf es eines strukturell vergleichbaren appellativischen Syntagmas. Auf diese Weise wird das reale Frequenzverhältnis singularischer vs. pluralischer Verwendung ausgemacht (NÜBLING 2004: 232–239). Als appellativisches Kontrastsyntagma dient *die Döner-Buden*.

Tab. 1: Numerusverwendung bei DÖNER-MORDE und DÖNER-BUDEN

	Singular		**Plural**	
DÖNER-MORDE (alle Kasus, +/- def.)	10	3,8 %[13]	252	96,2 %
DÖNER-BUDEN (alle Kasus, +/- def.)	145	59,4 %	99	40,6 %

Die in Tabelle 1 dargestellten Werte zeigen, dass *die Döner-Morde* mit 96,2 % fast nur im Plural vorkommt. Im Unterschied hierzu überwiegt appellativisch die Singularverwendung, zwar nicht mit 75 % – wie oben beschrieben, geht

13 Die Prozentzahlen sind hier und im Folgenden auf eine Nachkommastelle gerundet, was dazu führen kann, dass die Werte addiert nicht immer exakt 100,0 % ergeben.

man bei Appellativen grundsätzlich von einem ungefähren Singular- zu Pluralverhältnis von ¾ zu ¼ aus (NÜBLING 2004: 234) –, aber immerhin mit 59,4 %. *Die Döner-Morde* weist folglich eine starke Tendenz zur Numerusfestigkeit auf und divergiert in der singularischen Verwendung quantitativ deutlich von dem appellativischen Vergleichssyntagma. Dies spricht für eine starke Proprialisierung des fraglichen Kompositums. Die wenigen Singularbelege beziehen sich auf einen einzelnen (hypothetischen) Mord der Mordserie, wobei häufig durch Ortsangaben, Zeitangaben oder durch den Zusatz bestimmter Numeralia deutlich gemacht wird, auf welchen Mord referiert wird, z. B. „Zu der Serie gehört der ‚Döner-Mord' in Nürnberg, der im Juni begangen wurde" (NÜRNBERGER ZEITUNG, 31.08.2005), „Döner-Mord Nummer zehn in Bayern – ‚das wäre der Gau'" (NÜRNBERGER ZEITUNG, 01.02.2008). Weitere Singularbelege hängen mit der Wahl zum Unwort des Jahres zusammen, z. B. „Immer noch besser als ‚Döner-Mord' – das deutsche Unwort des Jahres 2011" (DIE SÜDOSTSCHWEIZ, 18.03.2012). Diese Belege können als „Überreste" der noch transparenten appellativischen Semantik bewertet werden, die den Proprialisierungsgrad entsprechend – mit 3,8 % nur wenig – mindern. Im Idealfall ist im Zuge der Proprialisierung *von die Döner-Morde* mit einer Beschränkung auf den Plural, wie etwa bei *die Alpen*, zu rechnen. Wie die Alpen als festes Denotat, ein Gebirge, begriffen werden, können die Morde als festes Denotat, eine Mordserie, erfasst werden, die intern komplex sein mag (Vielheit an Morden), aus welcher sich aber keine Bestandteile extrahieren lassen, weswegen auch keine Singularformen mehr zu erwarten sind (NÜBLING 2004:227, 234).

Für die Untersuchung von *die NSU-Morde* bedarf es ebenfalls eines strukturell vergleichbaren appellativischen Syntagmas. Hierfür wird *die Kfz-Briefe* gewählt.

Tab. 2: Numerusverwendung bei NSU-MORDE und KFZ-BRIEFE

	Singular		**Plural**	
NSU-MORDE (alle Kasus, +/- def.)	10	3,7 %	261	96,3 %
KFZ-BRIEFE[14] (alle Kasus, +/- def.)	175	83,3 %	35	16,7 %

14 Ich beschränke mich hier auf die Komposita, in denen das Erstglied DUDEN-RECHTSCHREIBUNG ([26]2013) zufolge korrekt verschriftlicht wird: <Kfz>. COSMAS II liefert auch (eindeutig weniger) Treffer für <KFZ> oder <KfZ>.

Wie Tabelle 2 deutlich macht, tritt auch *die NSU-Morde* mit 96,3 % vorwiegend im Plural auf. Appellativisch hingegen überwiegt die Singularverwendung mit 83,3 %, d. h., die bei Appellativen durchschnittliche Singularverwendung von etwa 75 % wird sogar überschritten. Auch *die NSU-Morde* ist damit äußerst numerusfest und weicht in der singularischen Verwendung quantitativ deutlich vom appellativischen Vergleichssyntagma ab – Indizien für eine starke Proprialisierung von *die NSU-Morde*. Erneut nutzen die Medien bei den wenigen Singularbelegen Orts- und/oder Zeitangaben (Belege mit dem Zusatz bestimmter Numeralia fehlen), um deutlich zu machen, auf welchen einzelnen Mord sie referieren, z. B. „Anderswo ist die Erinnerung weniger präsent, zum Beispiel [...] an dem Fahrradladen in Hamburg (unten Mitte), 2001 Tatort eines NSU-Mordes" (RHEIN-ZEITUNG, 31.12.2012), „Hat Volker Bouffier 2006 Ermittlungen nach dem Kasseler NSU-Mord behindert?" (NÜRNBERGER NACHRICHTEN, 29.09.2012). Wie bei *die Döner-Morde* ist auch hier im Idealfall mit dem Erreichen der 100 %-Marke pluralischer Verwendung im Zuge der Proprialisierung von *die NSU-Morde* zu rechnen.

4.2.2 Indefinite Verwendungen

Um für die Definitheitsprobe das reale Frequenzverhältnis definiter vs. indefiniter Verwendungen zu ermitteln, wird erneut das appellativische Vergleichssyntagma *die Döner-Buden* genutzt. In die ‚+ def.'-Zeilen der folgenden Tabelle 3 fallen alle Belege, in denen die zu untersuchenden Ausdrücke in Begleitung des Definitartikels (auch verschmolzen mit einer Präposition), des vorangestellten Genitivs, des Demonstrativ- oder Possessivpronomens auftreten.[15] In die ‚+ def.'-Zeilen werden auch Verwendungen sortiert, in denen Artikel oder Pronomen durch ein Attribut vom EN getrennt wird (z. B. „bei den spektakulären Döner-Morden", NÜRNBERGER NACHRICHTEN, 14.11.2011). Alle anderen Belege fallen in die ‚- def.'-Zeilen.

15 Bei DÖNER-BUDE ist Definitheit in zwei Belegen bereits in der Bedeutung des Ausdrucks begründet, z. B.: „Wenn die U-Bahn-Bauer abgezogen sind, wird Nürnbergs älteste Döner-Bude wieder auf den Friedrich-Ebert-Platz zurückkehren" (NÜRNBERGER NACHRICHTEN, 12.11.2010).

Tab. 3: Numerus- und ‚+/- def.'-Verwendung bei DÖNER-MORDE und DÖNER-BUDEN

Kategorien (alle Kasus)		**DÖNER-MORDE**		**DÖNER-BUDEN**[16]	
+/- def.	**Numerus**	**abs.**	**%**	**abs.**	**%**
-	Singular	7	2,7	79	32,4
-	Plural	146	55,7	76	31,1
		Σ 153	Σ 58,4	Σ 155	Σ 63,5
+	Singular	3	1,1	66	27,0
+	Plural	106	40,5	23	9,4
		Σ 109	Σ 41,6	Σ 89	Σ 36,5

Tabelle 3 zeigt, dass *die Döner-Morde* mit 41,6 % seltener definit als indefinit verwendet wird, wobei Definitheit abgesehen von zwei Belegen (hier mit Demonstrativpronomen)[17] ausschließlich durch den Definitartikel kenntlich gemacht ist. Damit wird *die Döner-Morde* mit 41,6 % zwar häufiger definit verwendet als *die Döner-Buden* mit 36,5 %, aber zu selten, um von einer Proprialisierung von *die Döner-Morde* sprechen zu können – schließlich erlauben EN aufgrund ihrer per definitionem inhärenten Definitheit keine indefiniten Verwendungen. Bezieht man die Kontexte der 153 indefiniten Belege mit ein, lässt sich jedoch Folgendes beobachten: *Döner-Morde* wird innerhalb der meisten 146 pluralischen Belege metasprachlich verwendet[18], in den Jahren 2012 und

16 Vermutlich sind auch hier in den ‚- def.'-Zeilen einige Belege enthalten, bei denen durch Kontexteinbezug festgestellt werden kann, dass sie nicht eindeutig indefinit zu interpretieren sind. Dem wird im Rahmen dieser Arbeit jedoch nicht weiter nachgegangen.

17 Folgende zwei Ausnahmen sind belegt: „Ich möchte [...] auch darauf hinweisen [...], dass Herr Striegel in einem sehr hohen Maße selbstreflektierend eingeräumt hat, wie schwierig der Umgang mit diesen sogenannten Döner-Morden und vergleichbaren Verbrechen war" (PROTOKOLL DER SITZUNG DES PARLAMENTS LANDTAG VON SACHSEN-ANHALT, 15.12.2011), „Für diese sogenannten Döner-Morde [...] sind Nazi-Terroristen verantwortlich" (PROTOKOLL DER SITZUNG DES PARLAMENTS DER SITZUNG DEUTSCHER BUNDESTAG, 01.03.2012).

18 LEYS (1989: 163) nennt drei Gebrauchsebenen oder pragmatische Funktionen des EN: eine referentielle, eine metareferentielle (metakommunikative) und eine metagrammatische oder metasprachliche im engeren Sinne. An dem Satz „*Simon*, du wirst fortan *Petrus* heißen. Denn *Petrus* bedeutet Fels" veranschaulicht LEYS, was er unter den jeweiligen Ebenen bzw. Funktionen versteht: „In diesem Satz wird *Simon* in referentieller Weise, und zwar als situationsunabhängiges Referenzmittel gebraucht. Das ersterwähnte *Petrus* wird in metareferentieller Weise gebraucht; es wird ja bestimmt, welches [...] die referentielle (kommunikative) Funktion des Ausdrucks *Petrus* sein wird. Das zweiterwähnte *Petrus* wird als sprachliches Element besprochen und wird also in metagrammatisch-metasprachlicher Weise gebraucht." LEYS (1989)

2013 meist in Zusammenhang mit der Wahl zum Unwort: „Noch immer sprechen manche Medien von ‚Döner-Morden', das ist unsäglich" (BRAUNSCHWEIGER ZEITUNG, 17.11.2011), „Mit ‚Döner-Morde' wählte die sechsköpfige Jury den mit 269 Nennungen klaren Favoriten unter den 923 vorgeschlagenen Wörtern" (BRAUNSCHWEIGER ZEITUNG, 18.01.2012), „Unwort des Jahres 2011 war ‚Döner-Morde'" (NÜRNBERGER ZEITUNG, 08.01.2013). Häufig tritt das Kompositum hier in Verbindung mit *der Ausdruck, der Begriff, die Bezeichnung, die Formulierung, das Unwort/Wort* und/oder in Anführungszeichen auf: „Ich frage mich: Wie entsteht der Begriff ‚Döner-Morde'?" (PROTOKOLL DER SITZUNG DES PARLAMENTS LANDTAG SCHLESWIG-HOLSTEIN, 18.11.2011), „Bei den Vorschlägen für das Unwort des Jahres 2011 liegt der Ausdruck ‚Döner-Morde' klar an der Spitze" (RHEIN-ZEITUNG, 14.01.2012), „Im vergangenen Jahr hatte sich die Formulierung ‚Döner-Morde' durchgesetzt" (DIE SÜDOSTSCHWEIZ, 16.01.2013). In einem weiteren Beleg wird *Döner-Morde* als Stichwort eingeführt: „Parallelen auch zu deutschen Vorkommnissen – Stichwort ‚Döner-Morde' – sind da leider nicht ganz von der Hand zu weisen" (MANNHEIMER MORGEN, 19.06.2012). Darüber hinaus erweisen sich viele Belege als verkürzte Verwendungen in Überschriften und Klammern: „Döner-Morde: Polizei befragt 100000 Haushalte per Post" (NÜRNBERGER NACHRICHTEN, 09.03.2007), „Die Tatwaffe der Morde (‚Döner-Morde') finden die Ermittler in dem von Beate Z. angezündeten Haus" (BRAUNSCHWEIGER ZEITUNG, 31.12.2011). Da all diese Belege nicht eindeutig indefinit zu interpretieren sind, verbleiben letztlich nur vier indefinite pluralische Verwendungen: „Bei der Nürnberger Soko ‚Bosporus' ließ er sich auf den neuesten Ermittlungsstand in Sachen Döner-Morde bringen" (NÜRNBERGER ZEITUNG, 24.11.2011). In drei dieser Belege tritt das Kompositum in Begleitung eines Negationspronomens auf, nämlich in ähnlich klingenden Zitaten, weswegen nur eins genannt sei: „Es sind keine Döner-Morde, es sind Nazi-Morde, die da passiert sind" (NÜRNBERGER NACHRICHTEN, 26.11.2011). Ähnliches ergibt sich durch Einbezug des Kontextes für die sieben singularischen indefiniten Verwendungen. Zwei der Belege sind verkürzte Verwendungen in Überschriften: „Rasterfahndung bei Banken soll ‚Döner-Mord' aufklären" (NÜRNBERGER ZEITUNG, 31.08.2005), „Zwischen Döner-Mord und Gutmensch" (NÜRNBERGER ZEITUNG, 24.01.2012). Ein weiterer Beleg

schlägt weiterhin vor, die metagrammatische oder metasprachliche Funktion im engeren Sinne und die metareferentielle oder metakommunikative Funktion unter der metasprachlichen Funktion im breiteren Sinne zusammenzufassen. Diesem Vorschlag folge ich; d. h., dass unter die metasprachlichen Verwendungen hier und im Folgenden auch Belege fallen wie etwa „Als ‚Döner-Morde' wurden die Morde an acht türkischstämmigen und einem griechischen Unternehmer bezeichnet" (MANNHEIMER MORGEN, 18.01.2012).

wird metasprachlich verwendet und steht in Zusammenhang mit der Wahl zum Unwort: „Immer noch besser als ‚Döner-Mord' – das deutsche Unwort des Jahres 2011" (DIE SÜDOSTSCHWEIZ, 18.03.2012). Einmal wird das Kompositum als „Boulevardzusatz" bezeichnet: „[M]it einem Mord kann ich nicht leben. Auch wenn er den Boulevardzusatz ‚Döner-Mord' bekommt" (PROTOKOLL DER SITZUNG DES PARLAMENTS LANDTAG VON SACHSEN-ANHALT, 15.12.2011). Letztlich handelt es sich nur bei drei singularischen Belegen um indefinite Verwendung. Da sich die Kontexte dieser Belege sehr ähneln, sei nur ein Beleg zitiert: „Dabei soll das Vorgehen abgestimmt werden, für den Fall, dass sich noch ein zehnter Döner-Mord ereignet" (NÜRNBERGER ZEITUNG, 01.02.2008). Somit lässt sich zusammenfassen, dass die 153 Belege, die oben in der ‚- def.'-Zeile aufgeführt werden, trotz des fehlenden Definitartikels o. Ä. nur sehr selten indefinit zu interpretieren sind bzw. eindeutig indefinite Verwendungen mit 2,7 % kaum auftreten. Diese Beobachtungen sind Indizien für eine weit fortgeschrittene Proprialisierung von *die Döner-Morde*. Da aber die 100 %-Marke definiter Verwendungen noch nicht erreicht ist, ist auch das Stadium eines Onyms wie etwa *die Alpen* noch nicht erreicht.

Für die Definitheitsprobe bei *die NSU-Morde* dient als strukturell vergleichbares appellativisches Vergleichssyntagma erneut *die Kfz-Briefe*. Die Einordnung in die ‚+/- def.'-Zeile der Tabelle 4 erfolgt wie für Tabelle 3 beschrieben.

Tab. 4: Numerus- und ‚+/- def.'-Verwendung bei NSU-MORDE und KFZ-BRIEFE

Kategorien (alle Kasus)		**NSU-MORDE**		**KFZ-BRIEFE**[19]	
+/- def.	**Numerus**	**abs.**	**%**	**abs.**	**%**
-	Singular	5	1,8	48	22,9
-	Plural	61	22,5	29	13,8
		Σ 66	Σ 24,4%	Σ 77	Σ 36,7
+	Singular	5	1,8	127	60,5
+	Plural	200	73,8	6	2,9
		Σ 205	Σ 75,6%	Σ 133	Σ 63,3

Tabelle 4 veranschaulicht, dass *die NSU-Morde* mit 75,6 % eindeutig häufiger definit als indefinit verwendet wird; Definitheit ist hier ausschließlich durch

19 Auch hier wird nicht durch Einbezug des Kontextes geprüft, ob es sich bei den Belegen in den ‚- def.'-Zeilen tatsächlich nur um indefinite Verwendungen handelt.

den Definitartikel angezeigt. Ähnlich verhält es sich bei *die Kfz-Briefe*, denn auch hier überwiegt die definite Verwendung, zwar nicht mit 75,6 %, aber immerhin mit 63,3 % (vgl. Tabelle 4). Trotz der genannten Beobachtung kann man auch hier vor Einbezug des Kontextes aufgrund der 24,4 % indefiniter Belege von keiner starken Proprialisierung von *die NSU-Morde* sprechen. Ein Blick in die konkreten Texte zeigt, dass die große Mehrheit der 61 pluralischen indefiniten Belege für verkürzte Verwendungen in Überschriften stehen: „Ermittlungen um NSU-Morde: Pannenserie ohne Ende" (Nürnberger Nachrichten, 07.05.2012), „Rechtsextremismus: NSU-Morde vor einem Jahr aufgedeckt" (Mannheimer Morgen, 02.011.2012). Ein weiterer Beleg erweist sich als metasprachliche Verwendung (im weiteren Sinne): „Woran denkt man in dieser stillen Minute? An die Taten der Terrorzelle, die sich selbst Nationalsozialistischer Untergrund nannte, weswegen auch die Rede von NSU-Morden ist" (Braunschweiger Zeitung, 24.02.2012). Auch innerhalb von Aufzählungen oder als Themenschlagwort findet das Kompositum gelegentlich Gebrauch: „Das gilt gleichermaßen für Matthias Altenburgs Aufzeichnungen, in denen Medien-, Politiker-, Kritikerphrasen ausgestellt werden, die WM 2006, Kampusch, NSU-Morde, Jan Ullrich" (Nürnberger Nachrichten, 22.08.2012), „Wie Ihnen bekannt sein wird, haben wir als Länder derzeit intensiv mit der Frage [...] der Bund-Länder-Arbeitsgruppe zum Thema ‚Aufarbeitung NSU-Morde' [...] zu tun" (Protokoll der Sitzung des Parlaments Landtag Mecklenburg-Vorpommern, 30.08.2012), „NSU-Morde, Rassendiskriminierung durch die Polizei, Abschiebung in Folterländer, mangelnde Chancen für Frauen und Migranten" (Nürnberger Zeitung, 25.04.2013). Damit bleiben nach Abzug der angeführten Belege von den 61 pluralischen Verwendungen schließlich nur vier eindeutig indefinit: „Werden NSU-Morde in Nürnberg verhandelt?" (Nürnberger Zeitung, 27.04.2012), „Gerhard Ittner war eine maßgebliche Figur in der Neonazi-Szene, eine, über die im Raum Nürnberg – dem Schauplatz von drei NSU-Morden – viel spekuliert wurde" (Nürnberger Nachrichten, 08.05.2012), „Ihr werden unter anderem die Mittäterschaft bei neun NSU-Morden [...] vorgeworfen" (Rhein-Zeitung, 10.01.2013), „Fünf NSU-Morde in Bayern – und alles bleibt, wie es ist?" (Nürnberger Nachrichten, 04.02.2013). Für indefinite Verwendungen im Singular werden in Tabelle 4 nur fünf Belege angeführt. Drei dieser Belege sind verkürzte Verwendung in Überschriften: „Nach NSU-Mord in Hamburg" (Nürnberger Zeitung, 31.07.2012), „NSU-Morde mit Hinrichtung vergleichbar" (Nürnberger Nachrichten, 08.05.2013), „Grund- und Mittelschule Scharrerstraße erinnert an NSU-Mord in ihrer Nachbarschaft" (Nürnberger Nachrichten, 21.05.2013). Bei den übrigen zwei Belegen handelt es sich tatsächlich um indefinite Verwendungen: „Ein ‚Skandal', da in unmittelbarer Nähe zum Maffeiplatz ein NSU-Mord verübt worden sei" (Nürnberger Nachrichten, 31.07.2012), „Anderswo ist die Erinnerung weniger präsent, zum Beispiel [...] an dem Fahrradladen in Hamburg (unten Mitte), 2001 Tatort eines NSU-Mordes" (Rhein-Zeitung, 31.12.2012). Abschließend ist daher zusammenzufassen, dass die wenigsten der 66 Belege, die in die ‚- def.'-Zeile eingeordnet wurden, indefinit verwendet werden, obwohl z. B. ein Definitartikel fehlt. Eindeutig indefinite Verwendungen tauchen mit 2,2 % nur selten auf, was als Zeichen für eine fortgeschrittene Proprialisierung von *die NSU-Morde* gewertet werden kann. Aber auch hier ist das Stadium eines Onyms wie *die Alpen* noch nicht vorzufinden, da die 100 %-Marke definiter Verwendungen nicht erreicht ist.

4.2.3 Zusammen- vs. Bindestrichschreibung

Da nach § 45 der Amtlichen Regelung (2006) zur Hervorhebung einzelner Bestandteile innerhalb von Komposita Bindestriche verwendet werden können, ist sowohl <die Döner-Morde> als auch <die Dönermorde> zulässig.[20] Wie Tabelle 5 zeigt, konnten für beide Schreibvarianten über Cosmas II Treffer erzielt werden. Sollte es sich bei *die Döner-Morde* um einen EN handeln, ist zu erwarten, dass sich zugunsten der eindeutigen Referenz ohne Irritation seitens des Lesers im Laufe der Zeit eine einheitliche Schreibweise durchsetzt. Es ist wenig einsichtig, auf ein und dasselbe Objekt mit unterschiedlich geschriebenen EN zu referieren, da dies die Funktion eines EN (Monoreferenz) unterminiert. Diese These unterstützt auch eine informelle Cosmas II-Recherche, die etwa für <Golfkrieg> deutlich mehr Treffer als für <Golf-Krieg> erzielte, für <Spiegel-Affäre> deutlich mehr als für <Spiegelaffäre>.

Tabelle 5 zeigt, dass die Bindestrichschreibung bei <die Döner-Morde> mit 85,6 % die eindeutig bevorzugte Schreibweise ist. Obwohl beide Schreibweisen der orthographischen Norm entsprechen, scheint sich damit eine Schreibung, nämlich die Variante mit Bindestrich, durchzusetzen, was als Indiz für eine orthographische Fixierung und damit zunehmende Proprialisierung von *die Döner-Morde* interpretiert werden kann. Aber auch beim appellativischen Vergleichssyntagma wird eine Schreibung, nämlich die zusammengeschriebene Variante <die Dönerbuden>, mit 73,6 % deutlich präferiert (vgl. Tabelle 5); das Durchsetzten einer Variante stellt damit offensichtlich keine spezifisch onymische Entwicklung dar. Dennoch sollte die zunehmend konsequente Schreibung

20 Weil EN als einzige sprachliche Einheit (neben Interjektionen) nicht orthographisch normiert sind, wäre auch eine Abweichung von der orthographischen Norm möglich.

als, wenn auch nur schwaches, Indiz für Proprialisierung nicht unberücksichtigt bleiben, da sich bei *die Döner-Morde* eine der Varianten mit ca. 85 % durchsetzt und nicht nur, wie bei der definiten Beschreibung *die Döner-Buden*, mit ca. 70 %. Zwar werden Bindestriche im Zusammenhang mit Onymen häufig genutzt, was somit vorerst als Indiz für den Namenstatus von *die Döner-Morde* gelten könnte; aber: Bindestriche werden im Zusammenhang mit Onymen meist genutzt, um Onyme innerhalb von Komposita von nicht-onymischen Bestandteilen abzugrenzen (<Eisenhower-Doktrin>, <Johannes Gutenberg-Universität>) (NÜBLING, FAHLBUSCH & HEUSER ²2015: 90–91). Aufgrund des fehlenden onymischen Bestandteils in *die Döner-Morde* kann der hier genutzte Bindestrich nicht die Abgrenzungsfunktion erfüllen, sondern scheint eher dafür zu sorgen, einer nicht erwünschten und durch Zusammenschreibung evozierten Komposita-Lesart entgegenzuwirken (anders z. B. bei *der Golfkrieg*).

Tab. 5: Zusammen- vs. Bindestrichschreibung von DÖNER-MORDE und DÖNER-BUDEN

	DÖNER-MORDE		**DÖNER-BUDEN**	
Schreibvariante	**Zusammen-schreibung**[21]	**Bindestrich-schreibung**	**Zusammen-schreibung**	**Bindestrich-schreibung**
Plural (+/- def.)	44	252	390	142
Singular (+/- def.)	0	10	289	102
Σ	44 14,4 %	262 85,6 %	679 73,6 %	244 26,4 %

Da in Zusammensetzungen mit Abkürzungen laut § 40 der AMTLICHEN REGELUNG (2006) ein Bindestrich stehen muss, ist der Bindestrich in <die NSU-Morde> obligatorisch.[22] Die Schreibung kann demnach nicht als Kriterium herangezogen werden, um über den onymischen Status von *die NSU-Morde* zu entscheiden.

21 Es wird nur die Schreibvariante <Dönermorde> berücksichtigt. Die seltenen Belege zur Schreibvariante <DönerMorde> entfallen.

22 Tatsächlich lassen sich über COSMAS II keine Belege ohne Bindestrich finden, sodass kein Vergleich zwischen der Anzahl der Bindestrich- und der Anzahl der Zusammenschreibungen erfolgen kann. Auch für Suchanfragen mit Ausschreibung der Abkürzung (<die Nationalsozialistischen-Untergrund-Morde>, <die Nationalsozialistischen Untergrund-Morde>) liefert COSMAS II keine Belege. Dass demnach nur eine Schreibweise verwendet wird, kann nicht als Zeichen einer vollständigen Proprialisierung gedeutet werden, da sich die vorliegende Schreibvariante gegen keine weiteren Varianten durchsetzen musste.

5 Resümee

Den Bezeichnungen *die Döner-Morde* und *die NSU-Morde* wurde sich mit dem Ziel gewidmet, ihren Namenstatus mithilfe der von NÜBLING (2004) aufgestellten Testkriterien zu untersuchen. Dabei stellte sich heraus, dass einige dieser Kriterien nicht auf die zu untersuchenden Fallbeispiele anwendbar sind, weswegen sie vernachlässigt oder ersetzt wurden. Die Überlegungen zur Wahlfreiheit zeigen zum einen, dass *die Döner-Morde* sowie *die NSU-Morde* im Vergleich zu konkurrierenden Bezeichnungen für die Mordserie die höchste Gebrauchsfrequenz aufweisen und sich damit für weitere Untersuchungen eignen, zum anderen, dass letztlich *die NSU-Morde* v. a. infolge der Unwortwahl die bis 2011 am stärksten genutzte Bezeichnung *die Döner-Morde* abgelöst hat, was für eine weit fortgeschrittene Proprialisierung von *die NSU-Morde* spricht. Hingegen markieren die Untersuchungen zur semantischen Passfähigkeit besonders den Namenstatus von *die Döner-Morde* – die ältere Bildung ist bzgl. der Desemantisierung weiter fortgeschritten, die Referenz erfolgt hier nicht (mehr) über die Aktualisierung der lexikalischen Bedeutung und unpassende Lexeme werden nicht als störend empfunden. Derweil ist *die NSU-Morde* als jüngere Bildung noch passfähig bzw. charakterisierend, was weder für noch gegen den Namenstatus spricht. Gemeinsam ist beiden Komposita, dass ihre einzelnen Bestandteile nicht durch Synonyme ersetzt werden können, und damit eine feste Konventionalisierung eingetreten ist. Auch trifft auf beide Komposita die Vermutung zu, dass Sprecher weitere Morde, die in Zusammenhang mit der Mordserie stehen, weder unter *die Döner-Morde* noch *die NSU-Morde* subsumieren würden. Beide Beobachtungen sind Anzeichen für den Namenstatus der Allonyme, obwohl natürlich, wie schon dargestellt, erwartbar und beobachtbar ist, dass sich ein Praxonym, nämlich die neutralere Bezeichnung *die NSU-Morde*, durchsetzt. Die Ergebnisse der Untersuchungen zur Grammatik von *die Döner-Morde* und *die NSU-Morde* stimmen überwiegend überein. Sowohl *die Döner-Morde* als auch *die NSU-Morde* weisen mit 96,2 % bzw. 96,3 % eine starke Tendenz zur Numerusfestigkeit auf und weichen in der singularischen und pluralischen Verwendung quantitativ deutlich vom appellativischen Vergleichssyntagma ab. Zudem hat ein Blick in die konkreten Texte offenbart, dass indefinite Verwendungen der Komposita mit 2,7 % bzw. 2,2 % kaum belegt sind. Damit verhalten sich beide Komposita vorwiegend wie ein EN und nicht wie eine definite Beschreibung. Da jedoch die 100 %-Marke weder hinsichtlich pluralischer noch hinsichtlich definiter Verwendungen erreicht ist, ist auch das Stadium eines vollproprialisierten Ausdrucks wie *die Alpen* noch nicht erreicht. Bei *die Döner-Morde* konnte abschließend ein weiterer Aspekt, die Zusammen- vs. Bindestrichschreibung, untersucht werden. Obwohl bei *die Döner-Morde* zwei Schreibweisen der orthographischen Norm entsprechen, scheint sich eine Schreibung, nämlich die Bindestrichvariante, mit 85,6 % durchzusetzen, was auf zunehmende Proprialisierung schließen lässt. Wäre *die Döner-Morde* vollständig proprialisiert, wäre im Idealfall eine 100 %ige Verwendung der Bindestrichschreibung zu erwarten. Dieses Indiz sollte jedoch nicht zu stark gewichtet werden, da auch beim Vergleichssyntagma *die Döner-Buden* eine Schreibvariante, die Zusammenschreibung, mit 72,5 % präferiert wird und das Durchsetzen einer Variante damit offensichtlich keine rein onymische Entwicklung darstellt.

Nach der Ergebnisdarstellung kann damit im Hinblick auf die in der Einleitung formulierten Fragen im Wesentlichen festgehalten werden, dass *die NSU-Morde* den anwendbaren Kriterien eines EN entspricht (lexikalisch-semantische Kriterien betreffend) bzw. stark proprialisiert ist, aber noch nicht die 100 %-Marke eines vollproprialisierten Ausdrucks erreicht hat (grammatische Kriterien betreffend). Gleiches gilt für die Bezeichnung *die Döner-Morde*, abgesehen von dem Kriterium der Wahlfreiheit in Bezug auf die gesamte Bezeichnung, also der Tatsache, dass *die Döner-Morde* von *die NSU-Morde* abgelöst wurde. Infolge dieser Ablösung ist es unwahrscheinlich, dass *die Döner-Morde* jemals ein vollproprialisierter Ausdruck wird, stattdessen lässt sich eher eine Stagnation im Onymisierungsprozess konstatieren. Sehr wahrscheinlich hingegen ist, dass *die NSU-Morde* zum alleinigen, vollproprialisierten Ausdruck avanciert. Wann genau dieses Stadium erreicht ist, müssen künftige Recherchen zeigen. In diesem Zusammenhang ließe sich auch die Wortbildung berücksichtigen. Eine erste informelle Recherche im DeReKo ergab, dass neue Komposita, die im Kontext der Mordserie entstehen, nicht mit *Döner*, sondern mit *NSU* gebildet werden, vgl. z. B. *NSU-Ermittlungen*, *NSU-Untersuchungsausschuss*, *NSU-Prozess* – ein weiteres Indiz für die Festigkeit von *die NSU-Morde* und damit ein weiteres, in der Checkbox zu ergänzendes, Testkriterium für den Namenstatus eines potentiellen Praxonyms.

Neben den speziellen Ergebnissen im Hinblick auf den Namenstatus zweier konkurrierender Ausdrücke lassen sich allgemeinere Erkenntnisse und Folgerungen hervorheben. Die Untersuchung hat gezeigt, dass sich die von Nübling (2004) formulierten Testkriterien für den Proprialisierungsgrad von *die neuen Bundesländer* auch dazu eignen, den Namenstatus eines Praxonyms nachzuweisen. Damit kann zugleich demonstriert werden, dass Praxonyme trotz ihrer Ähnlichkeit mit definiten Beschreibungen klar von diesen abzugrenzen sind und ihr genereller Namenstatus zu Unrecht angezweifelt wird. Um zu allgemeinen Aussagen über die Entstehung und Entwicklung eines Praxonyms zu gelangen und hierdurch die noch überschaubare Forschung zur Namenklasse der

Praxonyme zu bereichern, müssen weitere Korpusuntersuchungen wie die vorgestellte folgen.

Literatur

ANDERSON, John M. (2008): *The Grammar of Names*. Oxford.

BAUER, Gerhard ([2]1998): *Deutsche Namenkunde*. Berlin.

BERGER, Dieter (1976): Zur Abgrenzung der Eigennamen von den Appellativen. *Beiträge zur Namenforschung* 11, 375–387.

BURGER, Harald ([3]2005): *Mediensprache. Eine Einführung in Sprache und Kommunikationsformen der Massenmedien*. Berlin, New York.

COSERIU, Eugenio (1989): Der Plural bei den Eigennamen. In Friedhelm Debus & Wilfried Seibicke (Hrsg.), *Reader zur Namenkunde*. Band I: *Namentheorie*, 225–240. Hildesheim.

DEBUS, Friedhelm (2012): *Namenkunde und Namengeschichte. Eine Einführung*. Berlin.

DONEC, Pavel N. (2002): Zum Begriff des Eventonyms. *Das Wort: Germanistisches Jahrbuch Russland*, 35–41.

DUDEN-RECHTSCHREIBUNG = *Duden. Die deutsche Rechtschreibung* ([26]2013). Dudenredaktion (Hrsg.). Berlin.

DUDEN-GRAMMATIK = *Duden. Die Grammatik* ([8]2009). Dudenredaktion (Hrsg.). Mannheim u.a.

EICHLER, Ernst, Gerold HILTY, Heinrich LÖFFLER, Hugo STEGER & Ladislav ZGUSTA (1996): *Namenforschung. Ein internationales Handbuch zur Onomastik*. 2. Teilband. Berlin, New York.

FLEISCHER, Wolfgang (1992): Zum Verhältnis von Name und Appellativum im Deutschen. In Wolfgang Fleischer (Hrsg.), *Name und Text. Ausgewählte Studien zur Onomastik und Stilistik*, 3–24. Tübingen.

GÓRNOWICZ, Hubert (1980): Die Stellung von Namen geschichtlicher Ereignisse im Sprachsystem. In Ernst Eichler & Hans Walther (Hrsg.), *Beiträge zur Onomastik*. Band I, 116–122. Berlin.

GRODZIŃSKI, Eugeniusz (1978): Proper Names, Common Names and Singular Descriptions. In Kazimierz Rymut (Hrsg.), *Proceedings of the 13th International Congress of Onomastic Sciences*, 477–481. Warschau u.a.

HARWEG, Roland (1983): Genuine Gattungseigennamen. In Manfred Faust et al. (Hrsg.), *Allgemeine Sprachwissenschaft, Sprachtypologie und Textlinguistik*, 157–171. Tübingen.

HOFFMANN, Edgar (2004): Namen politischer Ereignisse. In Andrea Brendler & Silvio Brendler (Hrsg.), *Namenarten und ihre Erforschung. Ein Lehrbuch für das Studium der Onomastik*, 655–670. Hamburg.

KALVERKÄMPFER, Hartwig (1978): *Textlinguistik der Eigennamen*. Stuttgart.

KNAPPOVÁ, Miloslava (1996): Namen von Sachen (Chrematonymie) II. In: Ernst Eichler et al. (Hrsg.), *Namenforschung. Ein internationales Handbuch zur Onomastik*. 2. Teilband, 1567–1572. Berlin, New York.

KOLDE, Gottfried (1992): Zur Referenzsemantik von Eigennamen im gegenwärtigen Deutschen. *Deutsche Sprache* 1, 139–152.

KOLDE, Gottfried (1995): Grammatik der Eigennamen. In Ernst Eichler et al. (Hrsg.), *Namenforschung. Ein internationales Handbuch zur Onomastik*. 1. Teilband, 400–408. Berlin, New York.

Koß, Gerhard ([3]2002): *Namenforschung. Eine Einführung in die Onomastik.* Tübingen.
Leys, Odo (1989): Zur indefiniten und definiten Verwendung von Eigennamen. In Friedhelm Debus & Wilfried Seibicke (Hrsg.), *Reader zur Namenkunde.* Band I: *Namentheorie*, 273–279. Hildesheim.
Löbner, Sebastian (1996): Definitheit. In Gerhard Strube et al. (Hrsg.), *Wörterbuch der Kognitionswissenschaft*, 113. Stuttgart.
Lötscher, Andreas (1995): Der Name als lexikalische Einheit: Denotation und Konnotation. In Ernst Eichler et al. (Hrsg.), *Namenforschung. Ein internationales Handbuch zur Onomastik.* 1. Teilband, 448–457. Berlin, New York.
Nübling, Damaris (2000): Auf der Suche nach dem idealen Eigennamen. *Beiträge zur Namenforschung* 35, 275–302.
Nübling, Damaris (2004): Zum Proprialisierungsgrad von *die neuen Bundesländer.* In Ernst Eichler, Heinrich Tiefenbach & Jürgen Udolph (Hrsg.), *Völkernamen – Ländernamen – Landschaftnamen*, 224–243. Leipzig.
Nübling, Damaris (2005): Zwischen Syntagmatik und Paradigmatik: Grammatische Eigennamenmarker und ihre Typologie. *Zeitschrift für Germanistische Linguistik* 33, 25–56.
Nübling, Damaris (2015): *Die Bismarck – der Arena – das Adler.* Vom Drei-Genus- zum Sechs-Klassen-System bei Eigennamen im Deutschen: Degrammatikalisierung und Exaptation. *Zeitschrift für Germanistische Linguistik* 43 (2), 306–344.
Nübling, Damaris, Fabian Fahlbusch & Rita Heuser ([2]2015): *Namen. Eine Einführung in die Onomastik.* Tübingen.
Podol'skaja, Natalija Vladimirovna ([2]1988): *Slovar' russkoj onomastičeskoj terminologii.* Moskau.
Satkauskaite, Danguole (2006): *Der 11. September* – ein Ereignisname? Zum Gebrauch und zu den Funktionen einer besonderen Datumsangabe. *Muttersprache* 1 (116), 18–30.
Scherf, Fritz-Peter (1985): Möglichkeiten der (proprialen) Benennung geschichtlicher Ereignisse im Text. *Namenkundliche Informationen*, Beiheft 7, 58–67.
Walther, Hans (1974): Eigennamen und Namentypen im Bereich der Geschichte. *Namenkundliche Informationen* 24, 1–6.
Werner, Otmar (1974): Appellativa – Nomina propria. Wie kann man mit einem begrenzten Vokabular über unbegrenzt viele Gegenstände sprechen? *Proceedings of the 11th International Congress of Linguists 1972*, 171–187. Bologna.

Online-Quellen

Deutscher Bundestag (2013): *Beschlussempfehlung und Bericht des 2. Untersuchungsausschusses nach Artikel 44 des Grundgesetztes.* http://dipbt.bundestag.de/doc/btd/17/146/1714600.pdf (03.05.2018).
Brax, Daniel (2012): *Nie wieder „Döner-Morde"!* http://www.taz.de/!5100716/ (03.05.2018).
Fuchs, Christian (2012): *Diskriminierende Bezeichnung: Wie der Begriff „Döner-Morde" entstand.* http://www.spiegel.de/panorama/gesellschaft/doener-mord-wie-das-unwort-des-jahres-entstand-a-841734.html (03.05.2018).
Institut für Deutsche Sprache (2014) (Hrsg.): *Ausbau und Pflege der Korpora geschriebener Gegenwartssprache. Das Deutsche Referenzkorpus – DeReKo.* http://www1.ids-mannheim.de/kl/projekte/ korpora/ (03.05.2018).

RAT FÜR DEUTSCHE RECHTSCHREIBUNG (2006) (Hrsg.): *Deutsche Rechtschreibung. Regeln und Wörterverzeichnis. Überarbeitete Fassung des amtlichen Regelwerks 2004 mit Nachträgen aus dem Bericht 2010.* http://rechtschreibrat.ids-mannheim.de/download/regeln 2006.pdf (03.05.2018).

UNWORT DES JAHRES 2011: *Döner-Morde.* http://www.unwortdesjahres.net/index. php?id=43 (03.05.2018).

Susanne Flach, Kristin Kopf & Anatol Stefanowitsch

Skandale und Skandälchen kontrastiv: Das Konfix *-gate* im Deutschen und Englischen

Zusammenfassung: Das praxonymbildende Konfix *-gate* zur Benennung von Skandalen nimmt sowohl im Deutschen als auch im Englischen einen Sonderstatus ein: Es ist in beiden Sprachen eines der wenigen onymischen Wortbildungselemente und hat eine hohe Produktivität. Dennoch wurde das Konfix bislang in der Onomastik nicht, in der Wortbildung nur unsystematisch erforscht und diskutiert. Ausgehend von der Beobachtung, dass *-gate* nach der politisch brisanten Watergate-Affäre in den 1970er Jahren zunächst für größere politische Skandale, heute jedoch überwiegend zur Benennung trivialer und medial aufgebauschter Skandale verwendet wird (*Eierlikör-Gate*, *Watsch'n-Gate*), gehen wir in diesem Beitrag linguistischen Fragen dieser Trivialisierung nach. Dazu fokussiert unsere korpusbasierte Analyse auf die diachrone Entwicklung der verwendeten Erstglieder (Onyme vs. Appellative), sowie die Korrelation dieser Benennungsstrategien mit unterschiedlichen Skandaltypen (politisch, gesellschaftlich, boulevardesk) und diskutiert Parallelen und Divergenzen zwischen beiden Sprachen. Als Konfix mit besonders hoher Onymizität weist *-gate* Vorteile gegenüber weniger onymischen Konkurrenzbezeichnungen (*-affäre*/*-skandal*) auf, da auch Ereignisnamen mit appellativischen Erstgliedern eindeutig als Praxonyme erkennbar sind. Appellativische Erstglieder sind wiederum besonders geeignet für triviale Skandale. Direkte Folge der Trivialisierung ist ein deutlicher Typenanstieg bei niedriger Tokenfrequenz. Die semantischen Entwicklungen sind in beiden Sprachen zu beobachten, verlaufen im Deutschen allerdings sichtbar zeitlich verzögert. Die Hauptunterschiede liegen in der deutlicheren Trivialisierung von *-gate* im Deutschen einerseits sowie einer weniger ausgeprägten Korrelation von Appellativen und Trivialität im Englischen andererseits; letzteres kann darauf zurückgeführt werden, dass Appellative im Englischen vor allem in den 1990ern der Unterscheidung zwischen einer Vielzahl an politischen Skandalen dienten. Insgesamt lassen sich so

Susanne Flach, Université de Neuchâtel, susanne.flach@unine.ch
Kristin Kopf, Universität Münster, kristin.kopf@uni-muenster.de
Anatol Stefanowitsch, Freie Universität Berlin, anatol.stefanowitsch@fu-berlin.de

DOI 10.1515/9783110547023-011

an *-gate* relevante Fragestellungen sowohl der Onomastik, als auch der Wortbildungs- und Lehnwortforschung diskutieren.

Abstract: The combining form *-gate*, which is frequently used to refer to scandals along a continuum from grand political affairs to trivial tabloidesque incidents, is rather special among onomastic word-formation elements, both in English and German. Despite its atypically high productivity it has not received detailed attention in the onomastics or morphology literature. In this systematic corpus-based analysis, we focus on linguistic aspects of the development of trivialization, by investigating the diachronic development of the types of bases it combines with (proper vs. common nouns) and their correlation with different types of scandals (political, socio-political, and yellow-press gossip). We conclude that *-gate* can be characterized as a combining form of high 'onymicity', which gives *-gate* an advantage over alternatives (*scandal*, *affair*). A higher onymic character of *-gate* praxonyms facilitates the identification of scandals even where *-gate* combines with common nouns, rather than with place (*Watergate*) or personal names (*Lewinskygate*). The overall semantic development is parallel in both languages, but temporally delayed in German. The major differences pertain to a more advanced semantics of trivialization in German, and a less pronounced correlation of common names with triviality in English, where *-gate* has been used with common nouns earlier and more frequently, especially to differentiate between various political scandals of the 1990s.

1 Einleitung

Unselbständige onymische Wortbildungseinheiten im Deutschen sind selten und kaum mehr produktiv. Sie stammen aus alten Namenschichten und leiten in der Regel Toponyme ab, so z. B. *-a* (*Borna*), *-ien* (*Serbien*), *-hausen* (*Oberhausen*) (vgl. FLEISCHER & BARZ ^{4}2012: 251–252). Seltene Neubildungen erfolgen nach Gebietsreformen sowie für fiktive Orte und Länder, was in erster Linie der geringen Menge an neuen Referenten in der Realität geschuldet ist: *Entenhausen*, *Zamonien*, *Molwanien*, als scherzhafter Name auch *Balkonien* 'zuhause'.[1]

Mit dem Konfix *-gate* liegt dagegen der seltene Fall einer produktiven onymischen Wortbildungseinheit im Deutschen vor. Es bildet in Verbindung mit

1 Im Fall von *Zamonien* und *Molwanien* hat die Endung streng genommen keinen Suffixcharakter, da keine zugehörige Basis existiert. Es handelt sich also eher um einen charakteristischen Wortausgang für Ländernamen.

onymischen oder appellativen Erstgliedern Praxonyme für Skandale, nicht nur in Entlehnungen aus dem Englischen (vgl. 1a), sondern auch durch Komposition im Deutschen (vgl. 1b, c):

(1) (a) Nach „*Cablegate*" hat Wikileaks schon den nächsten Coup im Visier. (Nürnberger Zeitung, 30.11.2010)
(b) „*Konstantingate*": Eine peinliche Affäre erschüttert das ehrwürdige Kölner Verlagshaus DuMont Schauberg ... (Hannoversche Allgemeine, 30.12.2010)
(c) *Gletschergate* erschüttert daraufhin die Glaubwürdigkeit des IPCC insgesamt. (Die Zeit, 21.01.2010)

Ursprung und Ausbreitung dieses Konfixes im Deutschen und im Englischen lassen sich aufgrund seines geringen Alters gut untersuchen: Es ist durch Reanalyse des toponymischen Erstglieds in der Skandalbezeichnung *Watergate affair* bzw. *Watergate-Affäre* aus dem Jahr 1972 entstanden und somit rund 45 Jahre alt – eine Zeitspanne, für die recht umfangreiche englische und deutsche Korpora vorliegen. Trotz dieser guten Voraussetzungen, und obwohl sie sowohl aus Sicht der Wortbildung wie auch aus Sicht der Onomastik von Interesse sind, bleiben Skandalbezeichnungen auf *-gate* in beiden Forschungsgebieten größtenteils unberücksichtigt.

In der Literatur zur onomastischen Praxonymforschung ist das Konfix *-gate* bislang überhaupt nicht untersucht worden, da der Schwerpunkt dort derzeit stark auf der Klärung terminologischer und klassifikatorischer Fragen liegt und eine Beschäftigung mit einzelnen Ereignistypen und ihrer Benennung noch aussteht (Nübling, Fahlbusch & Heuser ^{2}2015: 316–317). Für die Wortbildungsliteratur ist die Einordnung des Konfixes *-gate* bisher auch uneinheitlich und sein Status nicht abschließend geklärt (vgl. Abschnitt 2.2). Es finden sich vor allem mehr oder weniger ausführliche deskriptive Auflistungen von *-gate*-Bildungen (z. B. im Oxford English Dictionary (OED), s.v. *-gate*, sowie in einer Reihe von Kurzbeiträgen in der Zeitschrift *American Speech*, vgl. Joseph [1992]). Es fehlen aber weitgehend systematische empirische Untersuchungen. (Eine Ausnahme ist der Versuch einer computerlinguistischen Modellierung der sprachübergreifenden Ausbreitung von Suffixen in Rohrdantz et al. 2012.)

Dass *-gate* auch in andere Sprachen entlehnt wurde, ist schon länger bekannt: Joseph (1992) berichtet etwa von einzelnen Beispielen aus dem Serbo-Kroatischen (*Agrogate*, aus *Agrokomerc* und *-gate*), dem Griechischen (*Tobragate* und *PASOK-gate*) und dem Deutschen (*Waterkantgate*); Preisler (2003: 115) erwähnt ein dänisches Beispiel (*hansengate*) und Zabawa (2008: 156) zwei aus dem Polnischen (*Rywingate*, *Orlengate*). Wie produktiv das Wortbildungsmuster in den jeweiligen Sprachen ist, ist aber nicht erforscht. Ausführlichere Arbeiten gibt es bislang nur zum Chinesischen (zusammengefasst in einer englischsprachigen Masterarbeit, Cao [2011]) und zum Niederländischen (Hüning 2000).

In der vorliegenden Arbeit wollen wir erste Schritte zu einer systematischen Untersuchung des Konfixes *-gate* im Englischen und Deutschen machen. Zunächst behandeln wir in Abschnitt 2 grundsätzliche Aspekte, nämlich die allgemeine Entstehungsgeschichte (Abschnitt 2.1), den morphologischen (Abschnitt 2.2) und den onymischen Status, vor allem in Bezug auf die alternative Benennungsstrategie durch Komposita mit *-skandal* oder *-affäre* (Abschnitt 2.3). In Abschnitt 3 befassen wir uns dann näher mit der Entwicklung von *-gate* als produktivem Wortbildungselement im Englischen und Deutschen. In Abschnitt 4 diskutieren wir die Bedeutungsentwicklung des Konfixes, das anfänglich vorrangig zur Benennung ernsthafter politische Skandale dient, zunehmend aber auch Namen für triviale oder nur vermeintlich skandalhafte Ereignisse liefert. In Abschnitt 5 diskutieren wir die Interaktion der onymischen und semantischen Eigenschaften der Erstglieder sowohl aus einer synchronen als auch aus einer diachronen Perspektive.

2 Hintergrund

2.1 Entstehung

Die Geschichte des Elements *-gate* im Englischen ist umfassend dokumentiert (u. a. im Oxford English Dictionary, s.v. *-gate*, und in einer Reihe von Kurzbeiträgen in *American Speech*, z. B. Joseph [1992]). Seine Entstehung lässt sich, ungewöhnlich für ein Wortbildungselement, mit großer Genauigkeit datieren.

Im Jahr 1972 entsteht das Praxonym *Watergate scandal* für eine US-amerikanische Staatsaffäre um Richard Nixon, die mit dem Versuch begann, das Hauptquartier der gegnerischen Demokratischen Partei zu verwanzen:

(2) Such potentially explosive issues as the *Watergate scandal* go by almost unremarked ... (Washington Post, 06.08.1972).

Die Skandalbezeichnung leitet sich vom gleichnamigen Gebäudekomplex in Washington D.C. ab, dem *Watergate complex*, in dem sich dieses Hauptquartier befand. Sie beinhaltet also ein Toponym (den Ort des Geschehens) als Erstglied und das Wort *scandal* als Zweitglied. Noch im selben Jahr tritt *Watergate* im

Englischen aber schon ohne den Zusatz *scandal* auf, um die Watergate-Affäre zu bezeichnen (vgl. 3a), im Jahr darauf erstmals als Vergleichsbildung für andere Skandale (vgl. 3b):

(3) (a) Growing issue of *Watergate*. (Boston Globe, 12.8.1972)
(b) ... refer to him in connection with the growing scandal – now being called the "*British Watergate*". (Times Magazine, 9.10.1973)

Im selben Jahr finden sich auch erste direkte *-gate*-Bildungen im Englischen:

(4) (a) Implicated in "the *Volgagate*" are a group of liberal officials who were caught removing bugs from telephones ... (National Lampoon, August 1973, S. 27)
(b) Inevitably, the brouhaha of Bordeaux became known as *Wine-gate* (Saturday Review World, 20.11.1973, S. 45)

In beiden Fällen besteht eine semantische und lautliche Beziehung zu *water*, die zur Motivierung der Wortschöpfungen beigetragen haben dürfte. Beispiel (4a), das laut OED den Erstbeleg einer Neubildung mit *-gate* darstellt, ist in direkter Analogie zu *Watergate* gebildet: Es bezieht sich auf ein fiktives sowjetisches Gegenstück zur Watergate-Affäre, wobei der Flussname *Volga* das *water* des Originals in einen sowjetischen Kontext setzt. Bereits das nur wenig jüngere Beispiel (4b) ist dagegen in zweifacher Hinsicht als eigenständige Wortschöpfung auf der Grundlage einer semantischen Reanalyse zu betrachten. Erstens weicht es semantisch vom Original ab, indem es keinen politischen, sondern einen wirtschaftlichen Skandal bezeichnet. Zweitens bezeichnet der Wortstamm etwas, das mit dem Skandal direkt in Zusammenhang steht (vgl. Joseph 1998), während das hier im Prinzip bereits als Konfix fungierende *-gate* die Bedeutung 'Skandal' beiträgt. Anders als beim Ursprungswort *Watergate* sind vermutlich schon in (4a), aber spätestens in (4b), beide Bestandteile des Wortes semantisch transparent. Dieses Muster ist im Folgenden erhalten geblieben.

Schon die frühesten *-gate*-Bildungen zeigen also, dass *Watergate* als komplexes Wort aus den Bestandteilen *water* und *gate* wahrgenommen wurde, wodurch *-gate* dann als eigenständiges Element verfügbar wird (vgl. Warren 1990; Elsen 2008). Die zeitgenössische Beschreibung der *Watergate*-Affäre als *Nixon's Waterloo* (z. B. Ottawa Citizen, 15.05.1973, S. 30) mag durch das (scheinbar) geteilte Erstglied *water* die Ablösung des Konfixes *-gate* erleichtert haben.

Im Deutschen findet sich das Wort *Watergate* im Zusammenhang mit der Berichterstattung um den Skandal ebenfalls schon 1972, z. B. in den Komposita *Watergate-Fall* und *Watergate-Coup*:

(5) (a) Unbekannte durchwühlten nachts das Zimmer des mit dem „*Watergate*"-*Fall* befaßten Beamten. (Spiegel, 04.09.1972)
(b) ... Howard Hunt, der nach dem mißglückten „*Watergate*"-*Coup* bis zur vergangenen Woche untertauchte. (Spiegel, 04.09.1972)

Auch im Deutschen sind schon im darauffolgenden Jahr Vergleichsbildungen belegt, bei denen *Watergate* als Bezeichnung für andere Skandale verwendet wird:

(6) (a) Der Bruderzwist im Haus des Deutschen Fußball-Bundes (DFB) erregt die Öffentlichkeit – *Watergate auf bundesrepublikanisch.* (Die Zeit, 11.05.1973, Nr. 20)
(b) Abgeordnete, die aus Großbritannien zurückkamen, berichteten von ominösen Recherchen britischer Journalisten in Sachen eines „*deutschen Watergate*". (Die Zeit, 08.06.1973, Nr. 24)
(c) *Klein-Watergate* (Die Zeit, 15.06.1973, Nr. 25)

Als erste deutsche Bildung mit *-gate* wird in der Literatur (SCHUMACHER 1989; JOSEPH 1992) das oben bereits erwähnte *Waterkantgate* von 1987 mit dem Erstbeleg in (7) genannt:

(7) „*Waterkantgate*": Spitzel gegen den Spitzenmann. (Spiegel, 07.09.1987, S. 17)

Er ist klar als Kontamination aus *Watergate* und *Waterkant* erkennbar, einer der Gründe für HÜNING (2000: 130), *-gate* als produktives Wortbildungselement im Deutschen bestenfalls als randständig zu bewerten.

Tatsächlich finden sich im Deutschen aber schon deutlich früher produktive Verwendungen des Konfixes *-gate*. Als erste genuin deutsche Bildung kann derzeit *Weimargate* gelten, das in den hier verwendeten Korpora im April 1979 in einer Rezension des im selben Jahr erschienenen Buches *Walter Benjamin: Zwischen den Stühlen* von Werner Fuld zitiert wird und sich dort auf den Barmat-Skandal der Weimarer Republik bezieht (vgl. 8a).[2] Zu diesem Zeitpunkt gibt es im Deutschen außer *Watergate* selbst keine Entlehnungen englischer *-gate*-

2 Der Satz, auf den die Rezension sich hier bezieht, lautet *Barmat hingegen wurde mit elf Monaten Gefängnis abgefunden – „Weimargate" ohne Folgen* (FULD 1979: 117); der Autor Werner Fuld kann damit nach derzeitigem Kenntnisstand als Nutzer der ersten deutschen *-gate*-Bildung gelten.

Bildungen – eine solche findet sich mit *Koreagate* erst im Juni 1979 (vgl. 8b). Zwei weitere deutsche Bildungen treten 1983 auf, nämlich *Dokumenten-Gate* und *Pseudo-Gate* (vgl. 8c):

(8) (a) Es geht aber nicht nur um stilistisch Ärgerliches, um putzmuntere Schickheiten à la „*Weimargate*" und „Tic", um die abgestandene Seminar-„Relevanz" oder den „überaus frustrierten Benjamin" ... (Die Zeit, 06.04.1979)

(b) Nicht zuletzt wegen eines Bestechungsskandals, der in Washington als „*Koreagate*" Schlagzeilen machte, sind die Beziehungen seit längerem getrübt. (Die Zeit, 06.06.1979)

(c) Ob es sich nun um ein *Dokumenten-Gate* handelt, wie die einen behaupten, oder um ein *Pseudo-Gate*, wie die anderen erhoffen ... (Die Zeit, 08.07.1983)

Pseudo-Gate ist eine besonders interessante Neubildung, da das Wort erstens der einzige Fall in unseren Daten ist, in dem sich *-gate* nicht mit einem substantivischen Stamm verbindet, sondern selbst als Basis für ein anderes Konfix dient, und da es zweitens als allgemeine Bezeichnung für einen „Pseudo-Skandal" die erste nicht-onymische Verwendung darstellt. Das Wort *Pseudo-Gate* zeigt damit, dass das Konfix *-gate* schon sehr früh als formal und semantisch potenziell eigenständiges sprachliches Element zur Verfügung stand.

Mit *Irangate* und *Contragate* finden sich 1986 zwei weitere Entlehnungen aus dem Englischen, bevor dann das für die Entwicklung im Deutschen saliente *Waterkantgate* auftritt. Beispiele für zeitnahe genuin deutsche Bildungen dieser Zeit sind *Sesselgate* (Die Zeit, 02.09.1988), *Urangate* (taz 1988, zit. Die Zeit, 25.1.1988), *Genscher-Gate* (Die Zeit, 30.01.1989), *Koppgate* (Die Zeit, 26.2.1990) und *Nersinggate* (1990). Spätestens zu Beginn der 1990er Jahre kann *-gate* also als produktives Wortbildungselement im Deutschen gelten (vgl. Abschnitte 4 und 5).

Außerdem findet sich in allerjüngster Zeit (allerdings nicht im von uns untersuchten Zeitraum bzw. der von uns untersuchten Datengrundlage) *Gate* vereinzelt auch als freies Morphem (z. B. 9a), das manchmal seinerseits als Basis für andere Wortbildungseinheiten dient (vgl. 9b):[3]

3 Interessant sind auch vereinzelte metalinguistische Diskussionen um *-gate*, die sich vor allem um die Debattenkultur in sozialen Netzwerken drehen: „[...] Sascha Lobo und der ehemalige Piratenpolitiker Christopher Lauer [... haben ...] die „Gates" katalogisiert, die zahlreichen

(9) (a) Giedo-Gate: Die größten Skandale der F1-Geschichte / Hier ein *Gate*, da ein *Gate* (Motorsport-Magazin.com, 13.03.2015)
(b) Zu einem *Gate-esken* Skandal reichte es zwar am Ende nicht ... (sport1.de, 11.09.2015)

Ob diese Beispiele auf eine allgemeinere Entwicklung hinweisen oder ob es sich um sprachspielerische Ad-hoc-Bildungen handelt, lässt sich zum gegenwärtigen Zeitpunkt aber nicht bestimmen, sodass wir im Folgenden trotz dieser Fälle von einem Konfixstatus für *-gate* ausgehen.

2.2 Morphologischer Status

In der Literatur zur Wortbildung ist das Wortbildungselement *-gate* bisher nicht systematisch klassifiziert worden. Der morphologische Status von *-gate* sowie seine begriffliche Benennung und Funktion in Wortbildungsprozessen sind deshalb uneinheitlich.

So wird *-gate* oft eher nebenbei als Beispiel für die Entstehung eines Suffixes (z. B. JOSEPH 1998) bzw. Konfixes (*combining form*, z. B. WARREN 1990) durch Analogie (BOOIJ 2010), Kontamination (KEMMER 2003) und/oder Reanalyse (JOSEPH 1998) genannt. Zum Deutschen findet sich eine kurze Diskussion in PESCHEL (2002: 177–179), die die Beispiele *Waterkantgate*, *Bimbesgate* und *Warschau-Gate* nennt und als Kontaminationen analysiert. Die Existenz eines produktiven Wortbildungsprozesses mit *-gate* schließt sie explizit aus; sie nimmt an, dass diese Wortschöpfungen in direkter Analogie zu *Watergate* interpretiert werden und dass das Element *-gate* keinen eigenständigen formalen oder semantischen Status hat (PESCHEL 2002: 179). HÜNING (2000: 129–130) kommt in einem kurzen Exkurs zum Deutschen sogar zu dem Schluss, dass neben *Waterkantgate* überhaupt keine klaren Fälle genuin deutscher Bildungen existieren, sondern nur Entlehnungen bestehender Internationalismen oder englischer Wörter. In der Wortbildungsliteratur grundsätzlich unerwähnt bleibt der Namenstatus der *-gate*-Bildungen.

Wir gehen für unsere Untersuchung von einem Konfix aus. Formal ist *-gate* klar als kompositionsgliedfähiges, jedoch nicht grundsätzlich wortfähiges Kon-

größeren und kleineren Skandale und Eklats, mit denen die junge Partei im Laufe der vergangenen Jahre zu kämpfen hatte. Der Begriff „Gate“ spielt hier auf die etwa bei Twitter verbreitete Angewohnheit an, ein aktuelles Problem durch Anhängen der Silbe *-gate* mit einem Skandalnamen nach dem Vorbild der Watergate-Affäre zu benennen. Viele der aufgezählten Eklats endeten tatsächlich als Hashtag auf Twitter, etwa #Anzuggate.” (Spiegel online, 24.11.2014) fix zu kategorisieren (i. S. v. Donalies 2002, 2009; Fleischer & Barz [4]2012: 64). Bei den Belegen mit *-gate* handelt es sich fast ausnahmslos um Komposita, bei denen das Konfix *-gate* mit freien substantivischen Kompositumszweitgliedern wie *-skandal* und *-affäre* konkurriert (s. u. Abschnitt 2.3).

Im Gegensatz zu Suffixen ist das ebenfalls nur gebunden auftretende *-gate* ein Morphem mit starker Eigensemantik, was für eine Klassifizierung als Konfix spricht (vgl. Fleischer & Barz [4]2012: 63–64). Ähnlich wie engl. *-scape* (*landscape → cityscape, townscape, seascape*), *-holic* (*alcoholic → workaholic, shopaholic, chocaholic*) oder *-teria* (*cafeteria → danceteria, washeteria, snacketeria*) hat sich *-gate* aus einem einzelnen, formal (semi)transparenten Wort herausgelöst und transportiert dessen Grundsemantik weiter (Elsen 2008: 119; vgl. auch Fradin 2000; Szymanek 2005; Warren 1990). Die transparente Semantik von *-gate* spricht auch gegen den – zudem per se umstrittenen – Affixoidbegriff, da Affixoide prototypisch von einem entkonkretisierten Bedeutungsbeitrag gekennzeichnet sind (vgl. Fleischer & Barz [4]2012: 59; Elsen 2005). Konfixe, so unsere Annahme auch für *-gate*, grenzen sich von Affixoiden außerdem dadurch ab, dass letztere (vor allem diachron) auf freien Morphemen beruhen und sich semantisch von ihren freien Pendants entfernt haben (Elsen 2005: 134–135).

Die vereinzelte Verwendung als freies Lexem *Gate* (vgl. 9a, b, Fußnote 3) stellt dabei den Status als gebundenes Morphem in *-gate*-Bildungen nicht grundlegend in Frage. Solche Wortbildungen folgen dem Muster der Generalisierung über ein abstraktes Schema und sind eher als separater Prozess zu sehen, denn als morphologische Reanalyse (ähnlich wie *Ismus* von *Kapitalismus, Kommunismus* etc., was den Status von *-ismus* als gebundenes Morphem nicht aufhebt). Dafür spricht auch die zeitlich nachgelagerte sowie seltene bzw. derzeit vor allem auf Metadiskussionen eingeschränkte Verwendung von *Gate*.[4]

2.3 Onomastische Einordnung

Wie oben erwähnt konkurriert das Konfix *-gate* bei der Bildung von Skandalbezeichnungen mit den Kompositumszweitgliedern *-affäre*/*-skandal*. Typische Beispiele sind (10a–c):

(10) (a) Wie soll das Land außenpolitisch handlungsfähig sein, solange die Politik ganz auf *Irangate* und *Contragate* fixiert ist? (Die Zeit, 12.12.1986)

---

4 Elsen (2005: 134) bezeichnet die Entstehung „freie[r] Pendants" aus Konfixen als „de[n] umgekehrte[n] Vorgang zu der Affixoidbildung" (vgl. *Burger, bio*).

(b) ... der *Iran-Contra-Skandal* hat seinen Tribut gefordert. (Die Zeit, 30.10.1987)
(c) Am Dienstag hat in Washington die zweite Runde der Vernehmungen in der *Iran-Contra-Affäre* vor dem Kongreß begonnen. (Die Zeit, 10.7.1987)

Die betroffenen Schemata scheinen je nach Semantik und Form des Erst- und Zweitglieds unterschiedlich stark Namenhaftigkeit zu signalisieren, *-gate*-Bildungen können sich gegenüber onomasiologisch konkurrierenden Formen möglicherweise durch ihre onymische Eindeutigkeit durchsetzen. Die so entstehenden Ereignisnamen (Praxonyme) gehören zur Untergruppe der Skandalbezeichnungen.

Tab. 1: Skandalbezeichnungen und ihre Erstglieder

	Erstglied	*-gate*-Beispiel (dt. & engl.)	*Skandal/Affäre*-Beispiel (nur dt.)
Eigennamen	Anthroponyme		
	Rufnamen	*Monicagate, Konstantingate*	
	Familiennamen	*Lewinskygate*	*Kohl-Affäre*
	Spitznamen	*Squidgygate, Jogi-Gate*	*XYZ-Affäre*
	Toponyme	*Irangate, Liffeygate*	*Panamaskandal*
	Ergonyme	*Guinnessgate, Enrongate*	*Spiegelaffäre, Conterganskandal*
Appellative	belebt	*Interngate, Troopergate*	*Amigo-Affäre*
	unbelebt		
	Körperteile	*Nipplegate, Titgate*	
	Lebensmittel	*Eierlikörgate, Cookiegate*	*Glykolweinskandal*
	Gegenstände	*Filegate, Krawattengate*	*Halsbandaffäre*
	Abstrakta	*Climategate, Bountygate*	*Bonusmeilen-Affäre*
andere Wortarten	Verbstämme,[5] teilw. mit Kontamination	*Debategate, Prankgate Fornigate, Intimigate*	*Abhöraffäre*

5 Im Deutschen findet sich mit ähnlicher, aber nicht identischer Struktur z. B. *Lauschaffäre Traube* und *Fußball-Wettskandal*, hier handelt es sich jedoch um eine Art von Lauschaffäre bzw. eine Art von Wettskandal, der verbale Bestandteil trägt also nicht zum onymischen Charakter bei.

Die -*gate*-Konfixkomposita und die Komposita auf -*skandal*/-*affäre* greifen auf dasselbe Erstgliedinventar zurück. Dies wird häufig von anderen Namenklassen geliefert, deren Träger/innen in den Skandal verstrickt sind: Anthroponyme (in der Regel die Person, der ein Fehlverhalten angelastet wird), Toponyme (meist Ort des Geschehens) und Ergonyme (beteiligtes Unternehmen oder Produkt). Hinzu kommen aber auch Appellative, deren Verbindung mit dem Skandal häufig uneindeutiger ist, sowie vereinzelt Verbstämme (vgl. Tabelle 1).

Kombiniert man Erstglied und Kompositumstyp, so ergibt sich eine Skala zunehmender Namenhaftigkeit (vgl. Abbildung 1):

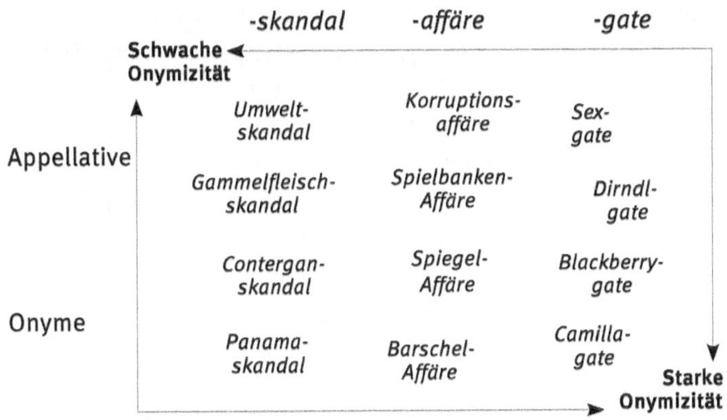

Abb. 1: Onymizitätsskala auf der Basis von Erst- und Zweitglied am Beispiel des Deutschen

Wird eine Skandalbezeichnung mit appellativischem Erstglied und -*skandal*/-*affäre* gebildet, so sind die resultierenden N+N-Komposita formal nicht als Namen erkennbar (Praxonym: *Spielbankenaffäre*, Appellativum: *Theaterskandal*). Ist dagegen ein onymisches Erstglied vorhanden, so geht die inhärente Definitheit dieses Namens in der Regel auch auf die Gesamtbildung über: Der *Panamaskandal* wird als singuläres, mit Panama verbundenes Skandalereignis aufgefasst, nicht als Vertreter einer Klasse von Skandalen, die alle mit Panama zu tun haben. Onymische Komposita weisen entsprechend auch eine sehr hohe Affinität zu onymischen Erstgliedern auf.

Die vorgeschlagene Onymizitätsskala in Abbildung 1 zeigt auf zwei Achsen ein Kontinuum von geringer zu hoher Onymizität. Die Annahme der geringeren Onymizität des Erstglieds -*skandal* gegenüber der Alternative -*affäre* stützt sich dabei auf eine Auswertung aller in der Wikipediakategorie „Politische Affäre in

Deutschland“[6] gelisteten Einträge (insgesamt 81). Von diesen gemäß der Relevanzkriterien der Wikipedia als Skandale großer Bedeutung und demnach als Praxonyme einzustufenden Bezeichnungen sind 80 % (65) mit *-affäre* gebildet (*Spiegel-Affäre*, *Spielbankenaffäre*, *Barschel-Affäre*), nur 20 % mit *-skandal* (*Nitrofenskandal*, *Vermittlungsskandal*). Umgekehrt sind von 19 Einträgen mit dem Zweitglied *-skandal* oder *-affäre* im DUDEN, die gemäß ihrer lexikographischen Ausrichtung als nicht-onymisch gesehen werden können, 63 % mit *-skandal* gebildet (*Umweltskandal*, *Dopingskandal*, *Korruptionsaffäre*). Das einzige zweifelsfreie Praxonym mit DUDEN-Eintrag ist die *Dreyfusaffäre*. Die vertikale Achse der Onymizitätsskala visualisiert die Annahme, dass Praxonymität zusätzlich mit dem onymischen Gehalt des Erstglieds zunimmt. Von den Ereignissen in der Wikipedia (81) haben 50 (62 %) ein onymisches Erstglied, während 18 von 19 DUDEN-Einträgen – mit Ausnahme der *Dreyfusaffäre* – appellativische Erstglieder haben (95 %).

Dass auch appellativische Erstglieder unter Praxonymen sehr gut vertreten sind (36 %), ist dem Umstand geschuldet, dass Appellative ermöglichen, einen Skandal anders zu perspektivieren: Bei der *Bonusmeilen-Affäre* (2002, Bundestagsabgeordnete nutzten Lufthansa-Bonusmeilen privat) ging es zwar um Bonusmeilen der Lufthansa, diese war jedoch nur in geringem Umfang handelnd in den Skandal verstrickt, entsprechend wäre **Lufthansa-Affäre* irreführend. Da viele Bundestagsabgeordnete ihre dienstlich gesammelten Bonusmeilen für Privatreisen nutzten, konnte kein einzelnes onymisches Erstglied genutzt werden. Entsprechend bot es sich an, den Gegenstand des Ereignisses zur Benennungsgrundlage zu machen. Eine mögliche Ambiguität zwischen Name und Appellativum wird bei solchen Ereignissen in Kauf genommen.

Bei Bildungen mit *-gate*, einem eindeutigen onymischen Marker, bestehen solche Ambiguitäten dagegen in der Regel nicht (s. aber vereinzelte deonymisierende Tendenzen, wie bei *babygate* (vgl. 3.2), *Gate*(*s*) und *gate-esk* (vgl. 9b)). Unabhängig davon, ob das Erstglied onymisch oder appellativisch ist, bleibt ihr Namenstatus weitgehend unangefochten. Damit verschaffen sich *-gate*-Bildungen einen Vorteil gegenüber den Komposita mit *-skandal* und *-affäre*, was ihre Ausbreitung befördert haben könnte.

Insgesamt lässt sich also festhalten, dass bei Skandalbezeichnungen sowohl Erst- als auch Zweitglied unterschiedlich stark onymisch sein können, dass bei Beteiligung mindestens einer onymischen Komponente in der Regel ein

---

6 Inklusive der Unterkategorien „Deutsches Kaiserreich“ und „Weimarer Republik“; Stand 22.03.2013, https://de.wikipedia.org/w/index.php?title=Kategorie:Politische_Aff%C3%A4re_in_Deutschland&oldid=115686545.

Ereignisname und kein Appellativum vorliegt und dass -*gate* als onymisches Konfix gegenüber den substantivischen Zweitgliedern -*skandal*/-*affäre* den Vorteil hat, einen Skandal eindeutig zu benennen, auch wenn es eines salienten Merkmals (z. B. *Bonusmeilen*) und somit eines appellativischen Ausdrucks bedarf. -*gate*-Bildungen können daher auf einen größeren Bereich an Benennungsmotiven zurückgreifen ohne ihren Namencharakter zu gefährden.

3 -*gate* als produktives Konfix im Englischen und Deutschen

3.1 Produktivitätsentwicklung

Wie in Abschnitt 2.2. gezeigt, gibt es sowohl im Deutschen als auch im Englischen schon bald nach der Etablierung des Wortes *Watergate* als Bezeichnung für die Watergate-Affäre Neubildungen, in denen -*gate* als Wortbestandteil mit der Bedeutung 'Skandal' dient. Bis wann es sich hier um in direkter Analogie zu *Watergate* gebildete Wörter handelt und ab wann wir von einem schematischen Konfix ausgehen können, lässt sich nicht eindeutig feststellen, da der Übergang von der ersten zur zweiten Phase natürlich graduell ist (vgl. ELSEN 2008: 119). Die Diskussion von Einzelbeispielen hilft bei einer zeitlichen Eingrenzung des Übergangs nicht weiter; es bedarf einer systematischen Erfassung der Neubildungen über den gesamten Zeitraum.

Betrachten wir zunächst die Entwicklung im (amerikanischen) Englisch. Als Datengrundlage dienen das *TIMES Corpus* (TIMES), das *Corpus of Historical American English* (COHA) sowie das *Corpus of Contemporary American English* (COCA). Gesucht wurde nach Token, die mit der Zeichenkette <gate> enden. Wir erfassen damit sowohl Zusammenschreibungen (*Irangate*) als auch Bindestrich-Schreibungen (*Iran-gate*); auf eine Erfassung potenzieller Getrenntschreibungen (*Iran gate*) haben wir verzichtet, da Komposita mit wörtlichen Verwendungen von *gate* ('Tor, Eingang') häufig getrennt geschrieben werden (*entrance gate, iron gate* usw.), während Stichproben zeigen, dass Getrenntschreibungen mit der 'Skandal'-Bedeutung extrem selten sind. Fehltreffer wurden manuell aussortiert (*tailgate, investigate*, Ortsnamen wie *Bishopsgate*) und auch das Wort *Watergate* selbst wurde nicht mitberücksichtigt. Übrig blieben 832 Token

(161 Typen). Abbildung 2 zeigt die Anzahl von Neubildungen (neuen Typen) zwischen 1970 und 2014 in Fünfjahresschritten.[7]

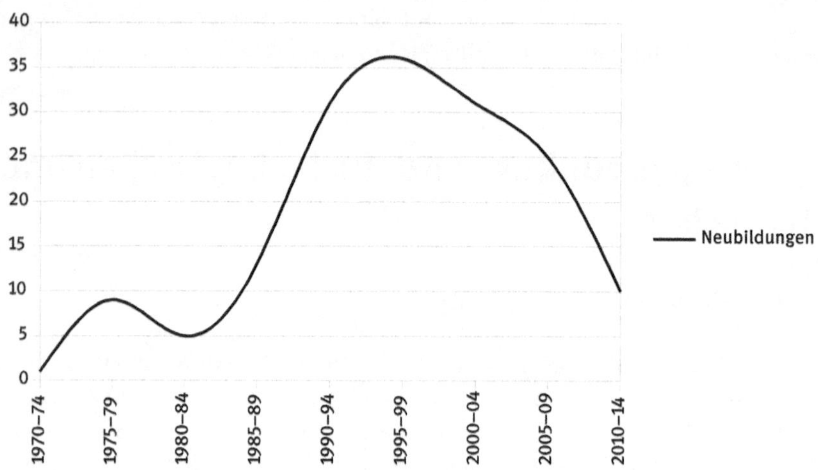

Abb. 2: Anzahl von Neubildungen (Typen) mit dem Konfix *-gate* 1970–2014 (TIMES, COHA, COCA)

Es zeigt sich, dass die Anzahl von Neubildungen in den ersten Jahren nach der Watergate-Affäre zunächst zunimmt, ab Beginn der 1980er Jahre abnimmt und in den 1990er Jahren wieder stark zunimmt. Die erste Spitze ließe sich durch die Annahme erklären, dass die Salienz des Watergate-Skandals zunächst zu einer Vielzahl von direkten analogischen Bildungen führt, die sich mit zunehmendem zeitlichem Abstand und der damit geringer werdenden Präsenz des Ursprungswortes *Watergate* immer weniger anbieten. Die zweite Spitze wäre dann Evidenz für die Entstehung eines vom Ursprungswort *Watergate* unabhängigen schematischen Postkonfixes *-gate*.

7 Die Zeitscheiben variieren bezüglich der insgesamt in den Korpora enthaltenen Wörter und ihrer Textsortenkomposition. Die frühen Zeitscheiben enthalten durchschnittlich weniger Token als die späteren, sodass die Anzahl der frühen Neubildungen hier möglicherweise unterschätzt wird. (Da das Type/Token-Verhältnis mit zunehmender Korpusgröße langsamer wächst, würde eine Normalisierung auf die Anzahl der Token aber die Anzahl der späteren Bildungen massiv unterschätzen, sodass wir hier und im Folgenden reine Typenhäufigkeiten berichten.)

Die semantische Qualität der Neubildungen, auf die wir im nächsten Abschnitt näher eingehen werden, stützt diese Annahme: Während sich die frühen Neubildungen hauptsächlich auf schwerwiegende politische Skandale (*Koreagate, Irangate*) beziehen und so eine große inhaltliche Nähe zum Watergate-Skandal aufweisen, zeigt sich im Zuge der zweiten Produktivitätsspitze eine zunehmende Ausweitung auf trivialere Skandale (*Monica-/Lewinksygate, Camillagate*). Auch in dieser Phase gibt es aber punktuell noch Bildungen, die eine direkte Analogie zu *Watergate* nahelegen, etwa, wenn das TIME Magazine unter der Überschrift *Whitewatergate?* über ein „*Watergate-style* committee" berichtet, das die *Whitewater*-Affäre aufarbeiten soll (TIME, 17.05.1995).

Der Rückgang ab dem Jahr 2000 könnte zum Teil qualitativen Änderungen in der Datengrundlage geschuldet sein (mit Einbeziehung der Daten aus dem COCA ab 1990 nimmt der Anteil an Zeitungssprache ab; der Anteil an gesprochener journalistischer Sprache aber zu). Zum anderen kann der Rückgang aber auch mit der Bedeutungsausweitung des Konfixes zusammenhängen, die es für die Ableitung von Benennungen für berichtenswerte Skandale zunehmend ungeeignet macht.

Als Datengrundlage für die Entwicklung des Konfixes im Deutschen dienen das *Deutsche Referenzkorpus* (DeReKo, W-Archiv) und das *DWDS-Zeit-Korpus* (ZEIT), aus denen alle *-gate*-Bildungen extrahiert wurden; das methodische Vorgehen entspricht dem für die Daten aus dem amerikanischen Englisch. Dies führte zu insgesamt 1.020 Token (216 Typen), ohne *Watergate* selbst. Bei den deutschen Daten unterscheiden wir zusätzlich zwischen Entlehnungen (die fast ausschließlich aus dem Englischen stammen) und genuin deutschen Bildungen, zu denen sowohl Lehnübersetzungen (z. B. *Nippelgate* für das englische *nipplegate*) als auch Wortschöpfungen für deutsche Skandale zählen (z. B. die oben erwähnten *Weimargate, Sesselgate* und *Nersing-Gate*). Abbildung 3 zeigt die Anzahl von Neubildungen (neuen Typen) zwischen 1970 und 2014 in Fünfjahresschritten.

Wie im Englischen zeigt sich im Zeitabschnitt nach der Watergate-Affäre zunächst ein Anstieg bei den Neubildungen, mit abnehmender Präsenz des Skandals gehen sie wieder zurück. Auch im Deutschen dürfte es sich um bewusste, direkte Analogiebildungen zu *Watergate* handeln. Der im Englischen beobachtete Anstieg von Neubildungen in den 1990er Jahren zeigt sich hier ebenfalls, allerdings zunächst fast ausschließlich in Form von Entlehnungen in Berichten über Skandale in der englischsprachigen Welt.

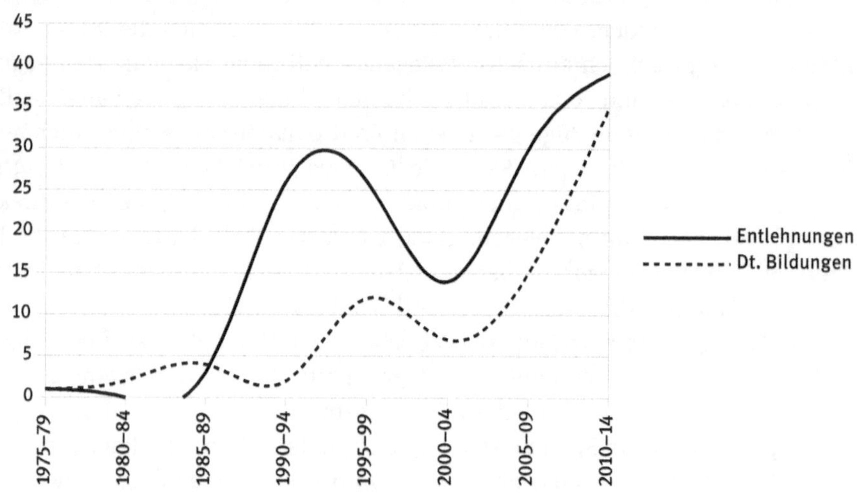

Abb. 3: Anzahl von Entlehnungen und Neubildungen (Typen) mit dem Konfix *-gate* 1975–2014 (DeReKo, ZEIT)

Die Entstehung eines produktiven deutschen Konfixes erfolgt, wie der Verlauf der deutschen Neubildungen zeigt, mit einer deutlichen Verzögerung. Es ist also plausibel anzunehmen, dass es sich bei dem produktiven deutschen Konfix *-gate* um eine abstrahierende Schemabildung über den entlehnten englischen Wortschatz handelt. Der Rückgang, der nach den 1990er Jahren in den englischen Daten zu beobachten ist, findet sich auch im Deutschen, wo sich die qualitative Zusammensetzung der Korpusdaten nicht nennenswert ändert; das deutet also darauf hin, dass es sich nicht um ein reines Artefakt der Datengrundlage handelt. Anders als in den englischen Daten findet sich im neuen Jahrtausend dann ein erneuter Anstieg sowohl von Entlehnungen als vor allem auch von deutschen Neubildungen. Spätestens hier kann *-gate* als voll in das deutsche Sprachsystem integriertes, produktives Konfix gelten.

3.2 Kurzlebigkeit der *-gate*-Bildungen

Die hohe Produktivität des Konfixes *-gate* (sowohl im Englischen als auch im Deutschen) ist, wie eingangs erwähnt, für ein onymisches Wortbildungselement ungewöhnlich. Sie ist darauf zurückzuführen, dass *-gate* zur Benennung von Ereignissen dient, von denen es einen stetigen Nachschub gibt. Damit unterscheidet es sich grundlegend von Suffixen zur Bildung von Toponymen (wie *-ien*); Länder entstehen seltener bzw. müssen seltener neu benannt werden. Umgekehrt bleiben allerdings derivierte Toponyme meist auf lange Zeit in Gebrauch, da Länder und Landschaften relativ konstant sind, während Ereignisse, die durch *-gate*-Bildungen benannt werden – vor allem die zunehmend trivialeren Skandale –, oft nur kurzzeitig im Bewusstsein bleiben und von jüngeren Sprecher/innen nur noch in den seltenen Fällen erlernt werden, in denen sie eine andauernde Relevanz besitzen.

Aus dieser Tatsache ergibt sich eine auffällige Kurzlebigkeit der Neubildungen. Im amerikanischen Englisch sind 129 der 161 Typen mit *-gate* (80 %) auf das Jahr ihres Erstbelegs beschränkt; 96 davon sind Hapax Legomena, kommen also nur ein einziges Mal in den Daten vor. Umgekehrt sind nur 29 der 161 Typen mit *-gate* (18 %) in mehr als einem Fünfjahresabschnitt und sogar nur 18 Typen (11 %) über einen Zeitraum von mehr als zehn Jahren belegt. Unter die langlebigeren Ereignisse fallen zunächst, wenig überraschend, die großen politischen Skandale (z. B. *Koreagate*, *Irangate*, *Travelgate*). Daneben gibt es aber auch Bildungen mit *-gate*, die in mehreren, nicht aufeinander folgenden Jahrfünften auftauchen, ohne einen Skandal von historischer Bedeutung zu bezeichnen. Sie benennen typischerweise mehrere, voneinander unabhängige Skandale. Ein Beispiel ist *babygate*, das sich 1994 auf ein Ereignis bezog, bei dem ein Footballspieler eine hohe Geldstrafe an seinen Verein zahlen musste, weil er wegen der Geburt seines Kindes ein Spiel verpasst hatte, und 2008 auf das Gerücht, die amerikanische Politikerin Sarah Palin habe eine Schwangerschaft vorgetäuscht, um die Schwangerschaft ihrer minderjährigen Tochter zu vertuschen. Hier handelt es sich um eine Mehrfachvergabe eines Namens, wie sie z. B. bei Personennamen die Regel ist, nicht um einen Appellativ.

Die Kurzlebigkeit der *-gate*-Bildungen ist im Deutschen noch ausgeprägter: Zwar ist etwa der gleiche Anteil, nämlich 170 von 216 Typen (79 %), auf das Jahr des Erstbelegs beschränkt (davon 107 Hapax Legomena). Allerdings sind lediglich 26 von 216 (12 %) *-gate*-Bildungen in mehr als einem Fünfjahresabschnitt belegt, und nur 13 Skandale (6 %) werden über einen längeren Zeitraum als zehn Jahre wiederholt erwähnt. Skandale, die länger Inhalt des öffentlichen Diskurses sind, sind in ihrer Art mit den Skandalen im amerikanischen Englisch zum größten Teil deckungsgleich (mit einer erwartbaren deutschen bzw. europäischen Komponente, v.a. *Waterkantgate*, *Camillagate*).

Die Kurzlebigkeit der Neubildungen mit *-gate* hängt also einerseits mit der zunehmenden Trivialisierung des Konfixes im Kontext kleinerer Skandale und Skandälchen zusammen: Mit immer geringerer Relevanz sinkt auch die Merkbarkeit der einzelnen Praxonyme, während ihre Anzahl – und damit die Produktivität des Konfixes – steigt. Diese Trivialisierung betrachten wir im nächsten Abschnitt genauer. Andererseits bestehen für Bildungen mit *-gate* Benennungsalternativen, insbesondere die Zweitglieder *-affäre* und *-skandal*. Skandale sind damit weniger stark an eindeutige Namen geknüpft als etwa Länder, Unternehmen oder Personen. Auf diesen Punkt kommen wir im übernächsten Abschnitt zurück.

4 Semantische Ausweitung

Während das Konfix *-gate* anfangs fast ausschließlich große politische Skandale benannte, dient es heute vermehrt der Benennung von Ereignissen mit geringerer gesamtgesellschaftlicher Relevanz, sowohl in den Massenmedien als zunehmend auch in sozialen Netzwerken. Beispiele hierfür sind *Schrippengate* (‚Bundespräsident lässt sich angeblich seine Brötchen aus Hannover liefern, statt Berliner Schrippen zu essen'), *Eierlikörgate* (‚Kanzlerkandidat besucht angeblich durchschnittliche Familie und trinkt Eierlikör mit ihnen, der Besuch stellt sich später als Inszenierung heraus') oder *Scheiße-Gate* (‚Politiker entgegnet anderem Politiker, er solle ihn „mit der Scheiße in Ruhe lassen"'). Das Konfix ermöglicht in diesen Fällen eine boulevardeske Skandalisierung von eigentlich kaum berichtenswerten Ereignissen.

Tab. 2: Klassifizierungsschema für Skandalfelder

Bereich	Erklärung	Beispiele
Politik-Amt	Verfehlungen von Politiker/innen im Amt: z. B. Korruption, Amtsmissbrauch, Vertuschung, unerlaubte Investment-Aktivität	*Irangate*, *Chinagate* *Whitewatergate* *Kundusgate*, *Pauligate*
Politik-Gesellschaft	Politiker/innen, die an sie gestellte Moralvorstellungen verletzen	*Zippergate*, *Snipergate*, *Eierlikörgate*, *Sexgate*
Gesellschaft	Moralvorstellungen/Fehlverhalten von gesellschaftlicher Bedeutung, auch (justiziable oder als verwerflich betrachtete) Regelverstöße in Sport und Wirtschaft	*Titgate*, *Climategate* *Dirndlgate*, *Schrippengate*, *Crashgate*, *Skategate*, *Flaggen-Gate*
Boulevard	„Fehlverhalten" boulevardesquer Personen (inkl. Politiker/innen); medial aufgebauschte Ereignisse	*Shouldergate*, *Egggate* *Dönergate*, *Watsch'ngate*, *Scheiße-Gate*

Um diese Entwicklung zu untersuchen, wurden alle aus den Korpora extrahierten Beispiele unter Verwendung der in Tabelle 2 dargestellten Kategorien nach dem Grad ihrer Ernsthaftigkeit kodiert. Abbildung 4 zeigt die zeitliche Entwicklung der relativen Anteile dieser Kategorien im Englischen.

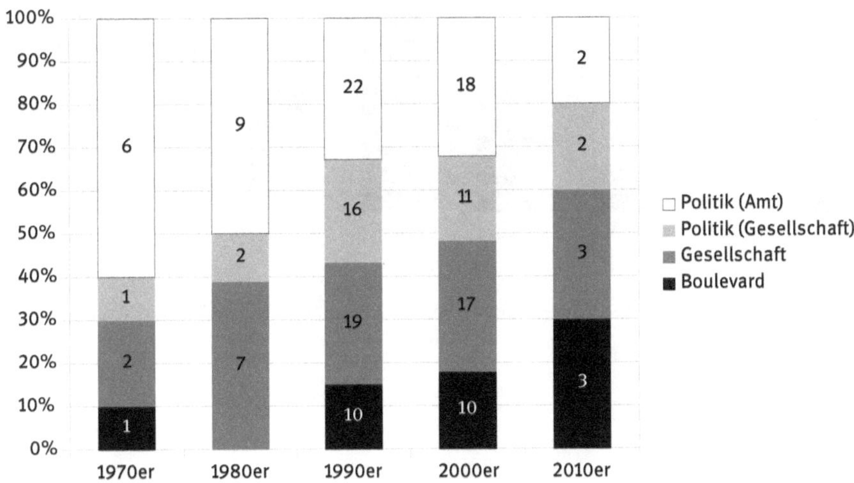

Abb. 4: Englische Erstbelege in COHA/COCA/TIMES nach Skandalfeld (n = 161)

Während zunächst die rein politischen Skandale („Politik-Amt") deutlich dominieren, ist ihr Anteil in den 2010er-Jahren auf 20 % gesunken. Hinzugewonnen haben insbesondere die Bereiche „gesellschaftlich relevante Affären", wie *Fajitagate* (‚Polizeibeamte werden in der Freizeit in Schlägerei verwickelt, anschließend Vertuschungsversuche der Polizei'), *Harrygate* (‚Prinz Harry trägt Naziuniform'), sowie eher „boulevardesque Ereignisse", wie *Egggate* (‚Sänger Justin Bieber bewirft Haus des Nachbarn mit Eiern') oder *Prankgate* (‚Mitarbeiter/innen der Clinton-Regierung entfernen vor dem Einzug von George W. Bush auf Tastaturen im Weißen Haus das <W>'). Skandale, die weitreichende politische Folgen haben, teilen sich das Konfix also zunehmend mit Skandälchen, die zwar strafrechtlich relevant sein mögen, über die aber vor allem zu Unterhaltungszwecken berichtet wird.

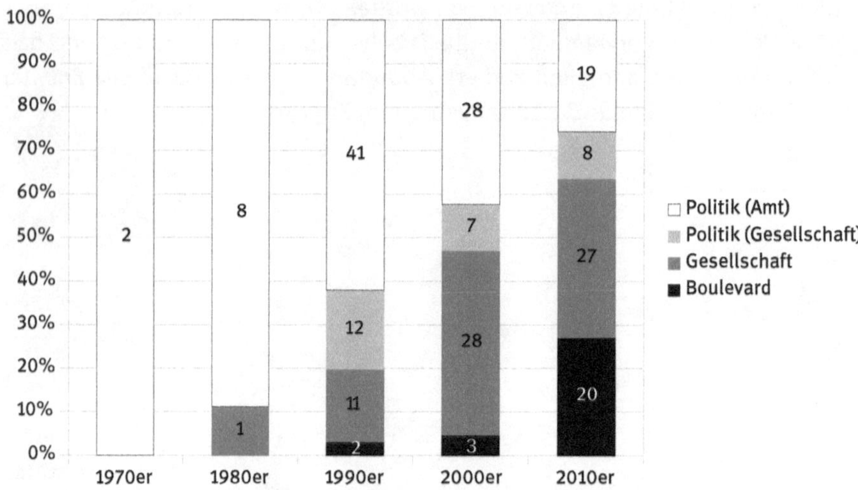

Abb. 5a: Deutsche Erstbelege (Entlehnungen und dt. Bildungen) in DeReKo/ZEIT nach Skandalfeld (n = 217)

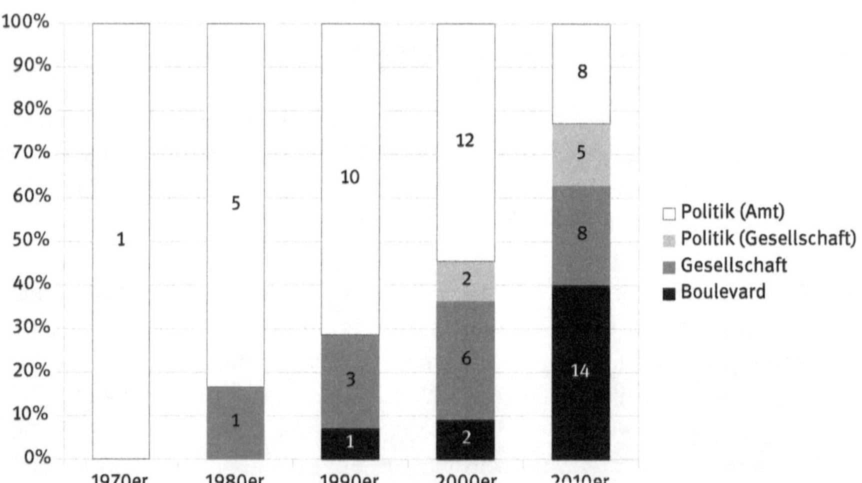

Abb. 5b: Deutsche Erstbelege (nur dt. Bildungen) in DeReKo/ZEIT nach Skandalfeld (n = 78)

Diese Entwicklung lässt sich auch im Deutschen beobachten, sowohl, wenn wir alle Bildungen mit -*gate* berücksichtigen (Abbildung 5a), als auch, wenn wir uns auf die deutschen Eigenbildungen beschränken (Abbildung 5b).

Die Verschiebung vom Politischen zum Boulevardesken ist im Deutschen noch deutlicher als im Englischen. Nach wie vor gehören zwar auch in den späteren Zeitscheiben noch handfeste politische Skandale zum Muster, wie *Handy-Gate* (‚Bundeskanzlerin Merkels Handy wird abgehört'). Es überwiegen aber deutlich gesellschaftliche und boulevardesque Ereignisse wie *Jogi-Gate* (‚Maulwurf im DFB-Team bei EM in Polen'), *Flaggen-Gate* (‚Tagesschau-Redaktion hat Defizite in Flaggenkunde') oder *Krümel-Gate* (‚jemand stiehlt eisernes Keks-Schild vom Eingang einer Keksfabrik').

Wie ein Vergleich der Abbildungen 5a und 5b zeigt, ist diese Tendenz bei den genuin deutschen Bildungen noch stärker ausgeprägt als im Deutschen insgesamt, inklusive der Übernahmen aus dem Englischen – Berichte über Skandale im Ausland (überwiegend der englischsprachigen Welt) enthalten also häufiger Bildungen mit -*gate*, die sich auf tatsächliche Skandale im Bereich der Politik beziehen, während deutsche Bildungen hierfür seltener verwendet werden.

5 Semantische Aspekte appellativischer und onymischer Erstglieder

5.1 Skandalfeld-Erstglied-Korrelation

Das Erstglied ist nicht nur am Onymizitätsgrad eines Ereignisnamens beteiligt, sondern reflektiert auch, so unsere Hypothese, den Status des entsprechenden Skandals: Skandalnamen mit onymischem Erstglied haben tendenziell eine höhere gesellschaftliche Relevanz als solche mit Appellativen. Zur empirischen Überprüfung dieses Zusammenhangs wurden alle Belege zusätzlich zu ihrem Skandalfeld (s. Abschnitt 4) nach ihren Erstgliedern klassifiziert (Anthroponyme, Toponyme, Ergonyme oder Appellative).

Fürs Englische zeigt sich ein überwiegend klares Bild (Abbildung 6). Deutlich ist vor allem, dass zur Benennung von politischen Skandalen mehr Toponyme und weniger Appellative verwendet werden. Ergonyme tauchen nur in politischen oder gesellschaftlichen Skandalen auf, was an der Tatsache liegt, dass Firmen- und Produktnamen entweder für Skandale von Politiker/innen (Verstrickung, Korruption) genutzt oder damit justiziable oder peinliche Episoden für Firmen mit deren Onymen benannt werden (*Enrongate* ‚Unternehmenspleite und Kongressermittlungen'). Der Anteil an Appellativen ist bei ernsten Skandalen am niedrigsten, wobei Appellative im Englischen im Vergleich zum Deutschen (s. u.) generell etwas ausgeglichener über die Skandaltypen verteilt sind. Es ist insgesamt – auch fürs Deutsche – eine Tendenz dahin zu erkennen, dass für Skandale, bei denen eine ernsthafte mediale Auseinandersetzung im Mittelpunkt steht, eher die Familiennamen der involvierten Personen verwendet werden (*Lewinskygate*), während für tendenziöse Berichterstattung – teilweise des gleichen Skandals – häufiger Rufnamen (*Monicagate*) oder gar Spitznamen verwendet werden (*Squidgygate* ‚Spitzname für Prinzessin Diana, aufgezeichnete Telefonate').

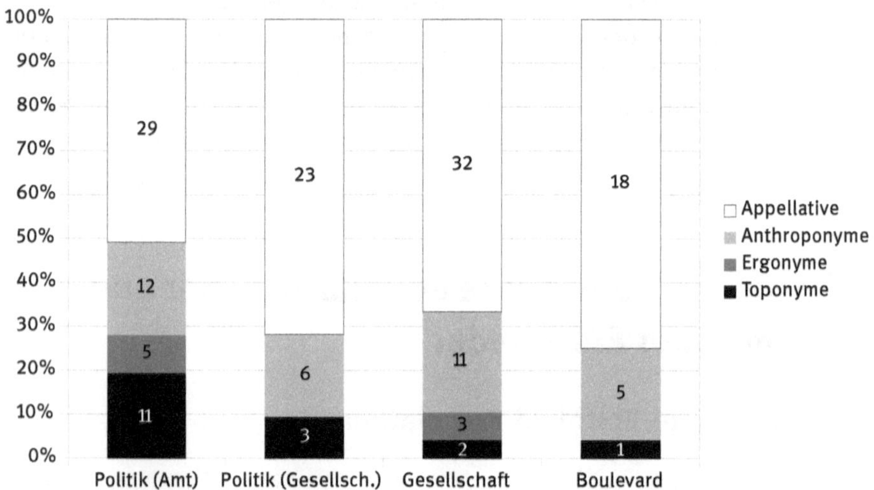

Abb. 6: Erstglieder für *gate*-Typen in TIMES/COHA/COCA (n = 161)

Für deutsche Bildungen ist der erwartete Zusammenhang zwischen der Namenhaftigkeit des Erstglieds und der Schwere des Skandals meist noch deutlicher sichtbar, sowohl bei den nativen Bildungen, als auch bei den Typen insgesamt (Abbildungen 7a und 7b).

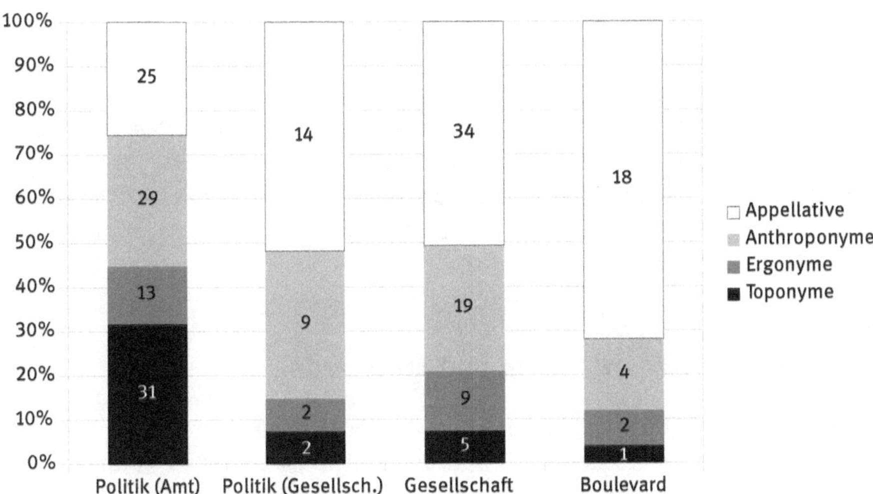

Abb. 7a: Erstglieder für -*gate*-Typen (Entlehnungen und dt. Bildungen) in DeReKo/ZEIT nach Skandalfeld (n = 217)

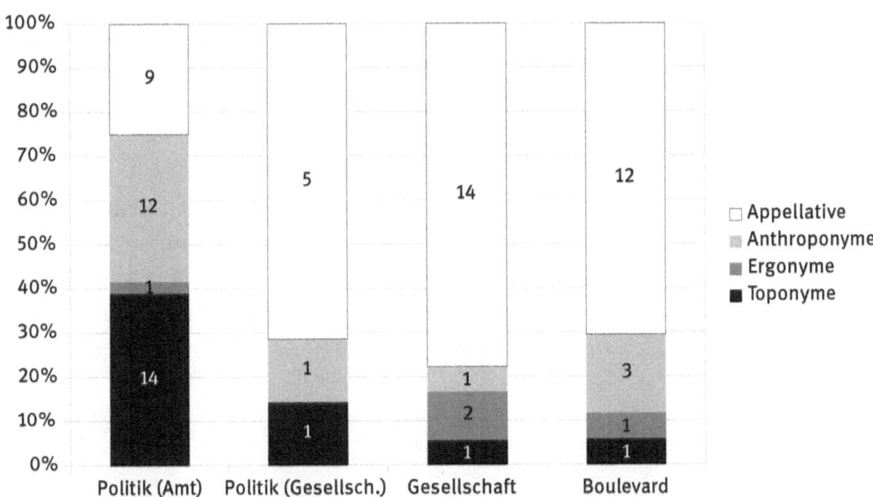

Abb. 7b: Erstglieder für -*gate*-Typen (nur dt. Bildungen) in DeReKo/DWDS-ZEIT nach Skandalfeld (n = 78)

Es ist gut zu erkennen, dass Skandale mit Anthroponymen und Toponymen (*Pauli-Gate*, ‚Bespitzelung von Gabriele Pauli‘, *Wesergate* ‚Wanzen beim Bremer CDU-Vorsitzenden‘), gering(er) skandalträchtige Affären hingegen mit Appellativen benannt werden (*Dirndl-Gate* ‚Frau von Beckstein möchte kein Dirndl aufs Oktoberfest anziehen‘,[8] *Döner-Gate* ‚Fußballspieler wirft mit Döner‘). Dass in beiden Sprachen der Unterschied zwischen „Politik (Gesellschaft)“ und „Gesellschaft“ geringer ausfällt, liegt auch daran, dass die Übergänge zwischen diesen Feldern konzeptuell fließender sind als die jeweiligen Übergange zu „Politik (Amt)“ bzw. „Boulevard“.

5.2 Diachrone Entwicklung von Erstgliedern

Die Präferenz bezüglich des Erstgliedtyps variiert nicht nur mit der Schwere des Skandals, sie verändert sich auch über die Zeit. Dies lässt sich im amerikanischen Englisch besonders deutlich beobachten (vgl. Abbildung 8): Während die Mehrzahl der frühen Bildungen auf Toponymen und Anthroponymen beruhen (*Irangate*, *Koreagate*, *Windsorgate*), nehmen Appellative mit der Zeit stark zu und stellen schon in den 1990er Jahren die bevorzugte Grundlage für Neubildungen dar (*Filegate*, *Nannygate*, *Rubbergate*, *Maidgate*). Diese Entwicklung ist teilweise auf die Korrelation zwischen Wortstamm und Schwere des bezeichneten Skandals zurückzuführen – da der Anteil an trivialen Skandalen steigt und triviale Skandale oft mit Appellativen gebildet werden, nehmen natürlich mit der Zeit die Bildungen auf der Grundlage von Appellativen zu.

Allerdings gibt es im Englischen eine allgemein steigende Präferenz für appellativische Erstglieder bei *-gate*-Bildungen, die sich auch bei der Benennung ernsthafter Skandale beobachten lässt, schon ab den 1990er Jahren. Eine Rolle hierbei könnte die große Zahl an mit *-gate*-Bildungen benannten Skandalen im Umfeld des US-Präsidenten Bill Clinton gespielt haben. Clinton, seine Familie und Teile seiner Regierung sind in den 1990er-Jahren für mehr als ein Viertel der neuen Typen mit *-gate* verantwortlich (z. B. *Cattlegate*, *Filegate*, *Travelgate*, *Zippergate*, *Monica-/Lewinski-/Interngate*), die 80 % aller Token in diesem Zeitraum ausmachen.

8 *Dirndl-Gates* gab es mehrfach: Auch die gesellschaftlich weitaus relevantere Diskussion um Rainer Brüderles Verhältnis zu Hauptstadt-Journalistinnen wurde als *Dirndl-Gate* bezeichnet („Sie können ein Dirndl auch ausfüllen“, DIE WELT online, 30.01.2013), hier hat das Erstglied Zitatcharakter.

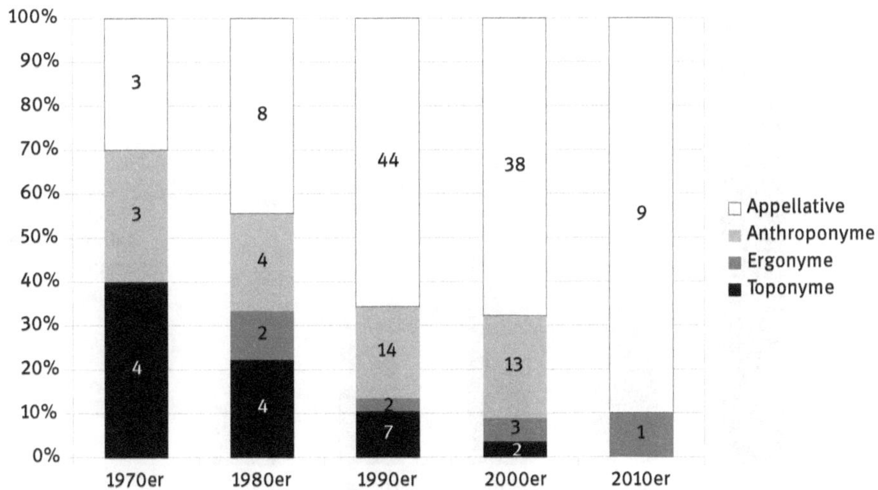

Abb. 8: Entwicklung der Erstglieder in Erstbelegen in TIMES/COHA/COCA (n = 161)

Die Vielzahl an -*gate*-Skandalbezeichnungen dürfte der Verbreitung des Konfixes erheblichen Vorschub geleistet haben: Die Benennung mit -*gate*-Bildungen auf der Grundlage von Toponymen und Anthroponymen wäre schnell an ihre Grenzen gestoßen, da *Clintongate* im Kontext der Clinton-Regierung zu unspezifisch wäre.[9] Ein Ausweichen auf appellativische Erstglieder – in der Regel basierend auf einem besonders salienten inhaltlichen Aspekt des Skandals – war deshalb naheliegend, dies könnte die allgemein steigende Affinität des Konfixes zu Appellativen befördert haben. Dass Appellative überhaupt vermehrt als Erstglieder in Betracht gezogen werden, dürfte auch mit dem eindeutigen Namencharakter von -*gate* zusammenhängen, im Gegensatz zu appellativischen Zweitgliedern besteht hier kein Missverständnispotenzial.

9 Es gibt Verwendungen von *Clintongate* als Sammelbegriff für die Skandale der Clinton-Regierung (z. B. David Limbaugh am 10.12.1998, http://www.wnd.com/1998/12/5460/, 01.05.2018).

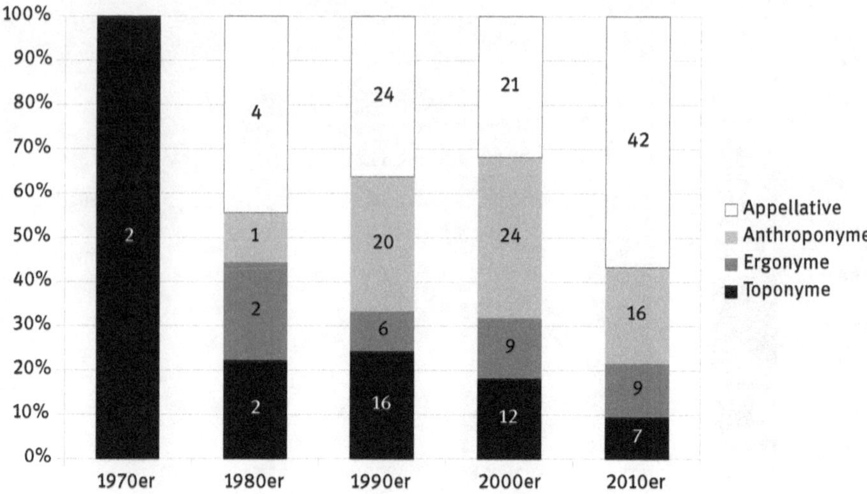

Abb. 9a: Entwicklung der Erstglieder in Erstbelegen (Entlehnungen und deutsche Bildungen) in DeReKo/DWDS-ZEIT (n = 217)

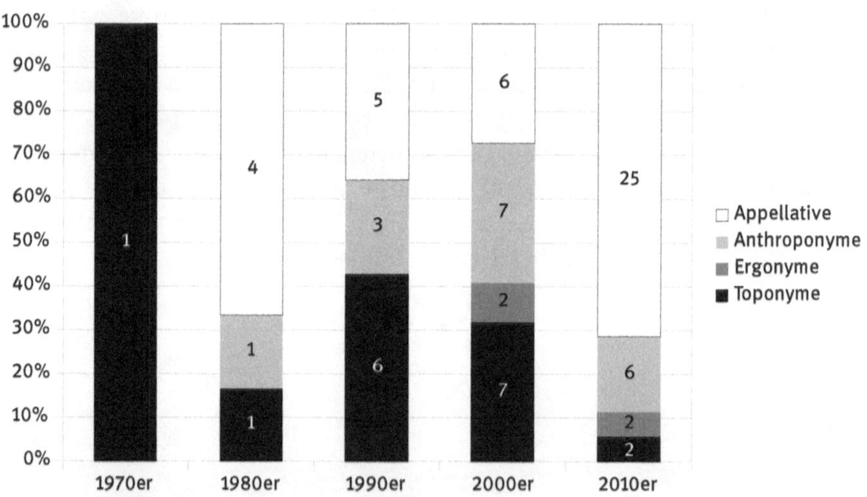

Abb. 9b: Entwicklung der Erstglieder in Erstbelegen (nur deutsche Bildungen) in DeReKo/DWDS-ZEIT (n = 78)

Im Deutschen verschieben sich die Anteile der einzelnen Namenklassen untereinander, wobei insbesondere die Anthroponyme, anders als im Englischen, zunächst zunehmen. Appellative werden erst in den 2010er Jahren zur bevorzugten Grundlage für -*gate*-Bildungen. Dies gilt sowohl für die Gesamtheit der im Deutschen nachgewiesenen -*gate*-Bildungen (Abbildung 9a), als auch für die deutschen Eigenbildungen (deren Entwicklung aufgrund der insgesamt geringen Fallzahl mit Vorsicht interpretiert werden muss, aber trotzdem klar dem allgemeinen Muster folgt, Abbildung 9b).

Die Entwicklung hin zu appellativischen Erstgliedern hängt im Deutschen stark mit der zunehmenden Trivialisierung der benannten Skandale zusammen. Die relative Konstanz der Anthroponyme widerspricht dieser Tendenz nicht, da sie (wie Abbildungen 6a, b zeigen) sowohl bei der Benennung ernsthafter als auch trivialer Skandale zur Anwendung kommen.

6 Fazit

Das Konfix -*gate* dient nicht nur im Englischen, sondern auch im Deutschen zur Bildung von Ereignisnamen und ist damit ein seltener Fall eines produktiven onymischen Wortbildungselements. Dass es, wie in der bisherigen Forschung angenommen, keine oder nur wenige genuin deutsche Fälle gibt, kann mit dieser Studie als widerlegt gelten: -*gate*-Bildungen finden sich erstens deutlich früher und zweitens sehr viel häufiger als bislang angenommen. Zudem hat -*gate* im Deutschen vor allem in den letzten Jahren stark zugenommen.

In beiden Sprachen lassen sich zwei miteinander verknüpfte Entwicklungen zeigen. Zum einen tritt eine Veränderung des Benannten und damit einhergehend ein semantischer Wandel des Konfixes ein: Während die frühen Bildungen sich vorrangig auf ernsthafte Skandale auf der Grundlage schwerwiegenden politischen Fehlverhaltens beziehen, werden die Konfixkomposita im weiteren Verlauf zunehmend zur Benennung immer bedeutungsloserer, trivialerer Skandale verwendet. Zum anderen wandelt sich die Erstgliedpräferenz: Während die frühen Bildungen in der Mehrzahl von Toponymen und Anthroponymen abgeleitet sind, werden Komposita mit appellativischem Erstglied in der Folge immer häufiger und stellen aktuell in beiden Sprachen den größten Anteil an Neubildungen. Die zweite Entwicklung ist ein Epiphänomen der ersten: Zur Benennung von trivialen Skandalen oder nur ironisch skandalisierten Ereignissen werden schon von Anfang an häufiger Bildungen mit Appellativen verwendet – man vergleiche etwa das sehr frühe deutsche Beispiel *Sesselgate* zur Benennung einer wenig relevanten Aufregung um eine Neubestuhlung des Literarischen

Colloquiums Berlin mit *Nersing-Gate*, einem schwerwiegenderen Skandal um ein Abfallunternehmen, das einen Bürgermeister von Detektiven überwachen ließ.

Im amerikanischen Englisch erfährt *-gate* durch die hinzukommenden Trivialskandale eine Ausweitung des Anwendungsbereichs, schwerwiegende Skandale erhalten ebenfalls weiterhin Namen mit *-gate*. Im Deutschen liegt dagegen eher eine Bedeutungsverschiebung vor – das Konfix *-gate* wird inzwischen fast ausschließlich zur Bezeichnung trivialer Skandale und Pseudoskandale verwendet.

Der Unterschied zwischen den beiden Sprachen kann mehrere Gründe haben: Erstens könnte er darauf zurückzuführen sein, dass die Verschiebung des englischen Vorbilds *-gate* hin zur Benennung trivialerer Skandale im Englischen schon fortgeschritten war, als das Lehnkonfix im Deutschen produktiv wurde, was zu einer Übergeneralisierung dieser Bedeutungsschattierung geführt haben könnte. Dagegen spricht, dass einerseits frühe deutsche Eigenbildungen (*Weimargate*, *Nersing-Gate* und natürlich das saliente *Waterkantgate*) durchaus schwerwiegende politische Skandale bezeichnet haben, und andererseits in beiden Sprachen sehr früh auch Benennungen trivialer Skandale durch Ableitungen mit *-gate* erfolgten (*winegate*, *Sesselgate*).

Zweitens könnte der Unterschied an einer allgemeinen Assoziation des Konfixes mit einer vermeintlich oberflächlicheren politischen Kultur in der englischsprachigen Welt zurückzuführen sein: Viele der amerikanischen und britischen Ereignisse, die durch *-gate*-Bildungen bezeichneten werden, wurden aus kontinentaleuropäischer Sicht nicht als schwerwiegende Skandale betrachtet (z. B. *Monica-/Lewinskygate*, *Camillagate*, ...).

Schließlich ist es möglich, dass das Konfix durch seine schwächere Verankerung im deutschen Sprachsystem anfälliger für Veränderungen seiner strukturellen und semantischen Präferenzen ist.

Die Tendenz zu appellativischen Erstgliedern ist dagegen im Amerikanischen Englisch früher und kontinuierlicher zu beobachten als im Deutschen. Dies könnte ebenfalls mit einer unterschiedlich starken Verankerung des Konfixes in den beiden Sprachen zusammenhängen. Im Englischen kann es als voll in das Sprachsystem integriertes Wortbildungselement betrachtet werden, das als solches, wie für Wortbildungsprozesse typisch, Appellative als Basis bevorzugt (Derivationsmorpheme, die onymische Basen bevorzugen, wie etwa *-esque* (engl.)/ *-esk* (dt.), sind z. B. klar die Ausnahme). Im Deutschen ist es dagegen phonologisch-orthografisch noch klar als entlehnt zu erkennen und ist möglicherweise noch nicht ausreichend in das Sprachsystem integriert, um durchgängig systemkonformes Verhalten zu zeigen.

Damit sei aber nicht gesagt, dass es sich bei dem Konfix -*gate* im deutschen Sprachgebrauch nicht um ein Element des Deutschen handelt. Das Konfix ist nicht das einzige Wortbildungselement, das in jüngerer Zeit aus dem Englischen entlehnt wurde (weitere Beispiele sind *cyber-*, *fake-*, und die ebenfalls aus Kontaminationen hervorgegangenen Konfixe -*minator*, -*tainment* und -*zine*, siehe MICHEL 2009). Die steigende Produktivität dieser Elemente ist morphologische Evidenz für eine zunehmende systemische Rolle englischen Lehnguts in der deutschen Sprache, wie sie EISENBERG (2013) im Bereich des Wortschatzes beobachtet.

Korpora

Corpus of Contemporary American English (COCA). Davies, Mark (2008–): *The Corpus of Contemporary American English: 520 million words, 1990–present.* http://corpus.byu.edu/coca.

Corpus of Historical American English (COHA). Davies, Mark (2010–): *The Corpus of Historical American English: 400 million words, 1810–2009.* http://corpus.byu.edu/coha.

DeReKo W-Archiv. Institut für deutsche Sprache: *Deutsches Referenzkorpus*. Online verfügbar unter http://www.ids-mannheim.de/cosmas2.

ZEIT-Korpus. Berlin-Brandenburgische Akademie der Wissenschaften: *Digitales Wörterbuch der deutschen Sprache.* http://www.dwds.de.

TIME. Davies, Mark (2007–): *TIME Magazine Corpus: 100 million words, 1920s–2000s.* http://corpus.byu.edu/time.

Literatur

BOOIJ, Geert (2010): Compound construction: Schemas or analogy? A construction morphology perspective. In Sergio Scalise & Irene Vogel (Hrsg.), *Cross-Disciplinary Issues in Compounding*, 93–108. Amsterdam.

CAO, Yu Jie (2011): *模因论视角下的X-Gate与X-门对比研究* (A Comparative Study of “X-Gate” and “X-门” in Terms of Memetics). Masterarbeit, Huazhong: Huazhong University of Science and Technology.

DONALIES, Elke (2002): *Die Wortbildung des Deutschen. Ein Überblick*. Tübingen.

DONALIES, Elke (2009): Stiefliches Geofaszintainment. Über Konfixtheorien. In Peter O. Müller (Hrsg.), *Studien zur Fremdwortbildung*, 41–64. Hildesheim u. a.

EISENBERG, Peter (2013): Anglizismen im Deutschen. In Deutsche Akademie für Sprache und Dichtung, Union der deutschen Akademien der Wissenschaften (Hrsg.), *Reichtum und Armut der deutschen Sprache. Erster Bericht zur Lage der deutschen Sprache*, 57–119. Berlin.

ELSEN, Hilke (2005): Deutsche Konfixe. *Deutsche Sprache* 33 (3), 133–140.

ELSEN, Hilke (2008): Kontaminationen im Randbereich der deutschen Grammatik. *Deutsche Sprache* 36 (2), 114–126.

FLEISCHER, Wolfgang & Irmhild BARZ ([4]2012): *Wortbildung der deutschen Gegenwartssprache.* Berlin, New York.

FRADIN, Bernard (2000): Combining forms, blends and related phenomena. In Ursula Doleschal & Anna Thornton (Hrsg.), *Extragrammatical and marginal morphology*, 11–59. München u. a.

FULD, Werner (1979): *Walter Benjamin: Zwischen den Stühlen. Eine Biographie.* München.

HÜNING, Matthias (2000): Monica en andere gates. Het ontstaan van een morfologisch procédé. *Nederlandse Taalkunde* 5 (2), 121–132.

JOSEPH, Brian D. (1992): Yet More on -Gate Words: A Perspective from Greece. *American Speech* 67 (2), 222–223.

JOSEPH, Brian D. (1998): Diachronic morphology. In Andrew Spencer & Arnold Zwicky (Hrsg.), *The handbook of morphology*, 351–373. Oxford.

KEMMER, Suzanne (2003): Schemas and lexical blends. In: Hubert Cuyckens et al. (Hrsg.), *Motivation in language*, 69–97. Amsterdam.

MICHEL, Sascha (2009): Das Konfix zwischen Langue und Parole: Ansätze zu einer sprachgebrauchsbezogenen Definition und Typologie. In Peter O. Müller (Hrsg.), *Studien zur Fremdwortbildung*, 91–140. Hildesheim.

NÜBLING, Damaris, Fabian FAHLBUSCH & Rita HEUSER ([2]2015): *Namen. Eine Einführung in die Onomastik.* Tübingen.

OED Online = *Oxford English Dictionary* (2015): -gate, comb. form. www.oed.com (Stand vom 08.11.2016).

PESCHEL, Corinna (2002): *Zum Zusammenhang von Wortneubildung und Textkonstitution.* Tübingen.

PREISLER, Bent (2003): English in Danish and the Danes' English. *International Journal of the Sociology of Language* 159, 109-126.

ROHRDANTZ, Christian, Andreas NIEKLER, Annette HAUTLI, Miriam BUTT & Daniel A. KEIM (2012): Lexical semantics and distribution of suffixes: a visual analysis. In Association for Computational Linguistics (Hrsg.), *Proceedings of the EACL 2012 Joint Workshop of LINGVIS & UNCLH*, 7–15. Avignon.

SCHUMACHER, W. Wilfried (1989): More on -gate. *American Speech* 64 (4), 380.

SZYMANEK, Bogdan (2005): The latest trends in English word-formation. In Pavol Stekauer & Rochelle Lieber (Hrsg.), *Handbook of word-formation*, 429–448. Dordrecht.

WARREN, Beatrice (1990): The importance of combining forms. In Wolfgang U. Dressler (Hrsg.), *Contemporary morphology*, 111–132. Berlin, New York.

ZABAWA, Marcin (2008): English-Polish language contact and its influence on the semantics of Polish. In Andrzej Kątny (Hrsg.), *Kontakty językowe i kulturowei w Europie*, 154–164. Danzig.

Edgar Hoffmann

Namen von Ereignissen in der Wirtschaft

Zur Herausbildung einer neuen Namenklasse in Russland

Zusammenfassung: Der Beitrag betrachtet die Namen von Ereignissen in der Wirtschaft Russlands im engsten Zusammenhang mit den beiden anderen in der Wirtschaft relevanten Namengattungen – den Namen von Waren und Dienstleistungen und Namen von (kommerziellen) Organisationen. Alle drei Namenklassen bzw. -gattungen erfüllen wichtige Aufgaben in der Marketingkommunikation. Als Namen für Aktionen, Pläne und Projekte sind sie überwiegend Aktonyme. Sie teilen viele Gemeinsamkeiten mit den Namen politischer Ereignisse, bedürfen aber deutlich weniger als diese des Kontextes, um ihren onymischen Charakter zu entfalten. In Russland sind Namen in der Wirtschaft eine vergleichsweise junge Namenklasse, die erst in den letzten 10–15 Jahren entstanden ist und kaum an sowjetische Traditionen anknüpfen kann.

Namen in der Wirtschaft kennen im Russischen keinerlei systemische Beschränkungen hinsichtlich der für ihre Bildung möglichen sprachlichen Mittel. Sie sind semantisch transparent, allerdings führt die semantische Transparenz nicht unbedingt zu einer semantischen Motivation im Sinne einer Charakterisierung des durch einen Namen bezeichneten Ereignisses. Durch die Globalisierung und die Erfordernisse des Marktes gehen semantisch motivierte Namen immer stärker zurück. Das Untersuchungskorpus besteht aus etwa 1.700 russischen Werbevideos und 1.000 Advertorials aus der Presse der letzten 25 Jahre und enthält insgesamt 308 Namen.

Abstract: This contribution deals with event names in the Russian economy that share a close relationship with the names of goods and services and the names of commercial organisations – the two most important classes of names in the economy. Together they fulfill important tasks in marketing communication. As names for campaigns, programs and projects, they are mainly actonyms. Names of economic events share a close relationship with the names of political events, however, names of economic events require much less context for the character of their names to unfold. In Russia, the names of economic events represent a young class of names that has developed only within the last 10–15 years and

---

Edgar Hoffmann, Wirtschaftsuniversität Wien, edgar.hoffmann@wu.ac.at

DOI 10.1515/9783110547023-012

that can hardly be linked to Soviet traditions.

In Russian, names in the economy adhere to no systemic constraints regarding the linguistic means used for their formation. Although they are semantically transparent, this does not ultimately include a semantic motivation in the sense of characterization of the event. Through globalization and the demands of the market, semantically motivated names decrease more and more. The research corpus consists of about 1.700 Russian commercials and 1.000 press advertorials from the last 25 years. It contains a total number of 308 names.

1 Einführung

Eigennamen sind im und für das Business unverzichtbar. Namen sind Kern der Corporate Identity einer Organisation. Mit Eigennamen wird Monoreferenz hergestellt, etwa auf eine konkrete Organisation, eine konkrete Ware oder Dienstleistung, also auf ein konkretes Produkt, oder aber auf eine Aktion oder sonstige Maßnahme der Kundenbindung. Das bedeutet, dass Eigennamen auf ein konkretes Objekt im Business referieren, auch wenn dieses Objekt ein Mengenobjekt sein kann, das millionenfach erzeugt wird. Die meisten Genres in der Wirtschaftskommunikation kommen nicht ohne Eigennamen aus, denn die Funktion der Namen besteht nicht nur darin, durch Monoreferenz eine zweifelsfreie Identifikation vorzunehmen, sondern auch darin, im Marketing unverzichtbar zu sein. In der Werbung ist es sogar möglich, auf alle üblichen strukturellen Elemente wie Slogans, Header usw. (JANICH & RUNKEHL ^{6}2013: 53–107) zu verzichten, jedoch nicht auf den Namen für das beworbene Produkt, die beworbene Dienstleistung oder im Falle von Imagewerbung auf den Namen des Werbetreibenden bzw. der werbenden Organisation. In einigen Kulturen ist in der Werbung sogar die Präsenz des Namens der werbenden Organisation zusätzlich zum Namen der beworbenen Ware oder Dienstleistung üblich oder vorgeschrieben (JUN & LEE 2007: 478–481).

In den folgenden Darstellungen werden die Namen von Ereignissen in der Wirtschaft im engen Bezug zu den beiden häufigsten und zugleich typischen Namenklassen bzw. -gattungen in der Wirtschaft betrachtet, den Namen von Waren und Dienstleistungen, verkürzt – den Produktnamen – und den Namen von kommerziellen Organisationen. Der Terminus *Organisationsname* wurde aus einer organisationstheoretischen Sicht heraus (SCOTT ^{4}2014: 56–58) bewusst dem in der onomastischen Forschung verbreiteten Termini *Unternehmensname* und *Firmenname* vorgezogen, weil dadurch die vielen unterschiedlichen Arten von wirtschaftlichen Subjekten und auch die spezifische russische Situation berücksichtigt werden können. Darin sind nicht eingeschlossen NGOs und gemeinnützige Vereine sowie direkte Strukturen des Staates, wohl aber aus dem Staat ausgelagerte Strukturen, private Bildungseinrichtungen, Agenturen usw. Damit wird dem Umstand Rechnung getragen, dass sich viele Klassen von getrennten institutionellen Objekten in ihrer Pragmatik und Struktur, aber auch in ihrem onymischen Charakter im Zeitalter der Vermarktlichung des öffentlichen Diskurses immer weniger unterscheiden.

Die In-Beziehung-Setzung der Namen von Ereignissen zu den Namen von (kommerziellen) Organisationen und zu den Namen von Waren und Dienstleistungen geschieht vor allem aus der pragmatischen Erwägung, dass alle drei Namenklassen bzw. -gattungen innerhalb des Marketings von Organisationen und damit auch in der Marketingkommunikation eng miteinander verzahnte Aufgaben erfüllen. Ein weiterer Grund ist, dass alle drei Namenklassen bzw. -gattungen über Kurz- und Vollformen verfügen, von denen nur die Vollform alle drei Funktionen von Namen in der Wirtschaft, die informierende, standardisierende und werbende (vgl. SCHIPPAN 1989: 51–52), realisiert. Diese extralinguistischen Funktionen sind für Namen an der Peripherie der Onymie typisch, wohingegen zentrale Namenklassen wie die Toponyme und Anthroponyme nicht systematisch über derartige Funktionen verfügen. Die enge Verzahnung der Namengattungen und -klassen in der Wirtschaft soll anhand der beiden folgenden Beispiele (1) und (2), je eines Waren- und eines Ereignisnamens in der Vollform, gezeigt werden:

(1) *Калина Чистая линия. Умный шампунь № 1 Укрепление и свежесть для жирных волос и кожи головы 250 мл.*
('Kalina Echte Linie. Schlaues Shampoo № 1 Kräftigung und Frische für fettige Haare und Kopfhaut 250 ml')

(2) *Газпромнефть Бонусная программа «Нам по пути»*
('Gazpromneft' Bonusprogramm „Wir haben den gleichen Weg“')

In beiden Fällen wird die informierende Funktion durch den Namen der betreffenden Organisation, die standardisierende durch die Angaben zur Produktart und die werbende durch den Produkt- bzw. Ereignisnamen in der Kurzform sowie den Namen der Organisation gewährleistet. Der einzige, allerdings nicht systemhaft bedingte wesentliche Unterschied zwischen den beiden Kurzformen ist der, dass der erste Name soweit semantisch transparent ist, dass er Rückschlüsse auf das Produkt zulässt, der zweite hingegen nicht.

Nicht zuletzt wird die enge Verzahnung der Namen von Ereignissen mit den Namen von Waren und Dienstleistungen und den Namen von Organisationen auch dadurch nachvollziehbar gemacht, dass die Beispielnamen alle aus demselben Land bzw. aus derselben Sprache – aus Russland bzw. aus dem Russischen – kommen, was es aufgrund der gesellschaftlichen Entwicklung, insbesondere der Transformation von der Plan- zur Marktwirtschaft, möglich werden lässt, die Herausbildung der Klasse der Ereignisnamen im Kontext der anderen Namenklassen bzw. -gattungen zu sehen.

2 Namen von Ereignissen in der Onymie

Hinsichtlich der Zuweisung der Eigennamen in der Wirtschaft zu bestimmten Namenklassen oder Namengattungen gibt es in der onomastischen Literatur nur teilweise Einhelligkeit (BRENDLER 2004). Im vorliegenden Beitrag soll von einer natürlichen Klassifikation ausgegangen werden, die die „Einteilung der Namen nach den durch sie benannten Klassen von Objekten" (BRENDLER 2004: 71–72) vornimmt. Eine solche Klassifikation bringen NÜBLING, FAHLBUSCH & HEUSER ([2]2015) in ihrem Grundlagenwerk zur Onomastik. Nach dieser Klassifikation gehören Namen von Waren und Dienstleistungen und Namen von (kommerziellen) Organisationen als Namengattungen zur Namenklasse der Ergonyme und Namen von Ereignissen zu einer eigenen Klasse der Praxonyme (NÜBLING, FAHLBUSCH & HEUSER [2]2015: 266–326). Zusätzlich gibt es in der onomastischen Literatur Differenzen in Bezug auf den Terminus *Ergonym* einerseits als Name von Institutionen zur Bezeichnung einer Gattung, und andererseits zur Bezeichnung einer Klasse, die die Namen von Waren und Dienstleistungen und Namen von Organisationen und weitere Gattungen umfasst (VASIL'EVA 2004: 605–606; NÜBLING, FAHLBUSCH & HEUSER [2]2015: 266–316), so dass von dessen Verwendung im vorliegenden Beitrag abgesehen wird.

Namen von Ereignissen sind insgesamt eine traditionell in der Forschung weniger berücksichtigte Namenklasse. Sie kommen nur in wenigen Klassifikationen von Namen vor und werden erst in jüngster Zeit gebührend berücksichtigt (BRENDLER 2004: 78–82; NÜBLING, FAHLBUSCH & HEUSER [2]2015: 317–326). Ausdruck der weitgehenden Nichtberücksichtigung der Namen von Ereignissen in der Forschung ist die Vielfalt der Termini, die zur Bezeichnung dieser Namenklasse verwendet wird. Neben einzelsprachlichen Termini wie *name of events*, kommen zahlreiche lateinische und hybride griechisch-lateinische oder lateinisch-griechische Bildungen wie *Chrononym*, *Dokumentonym*, *Eventonym*, *Ideonym*, *Geortonym*, *Machonym*, *Politonym* und *Praxonym* (HOFFMANN 2004: 669) zur Verwendung, wobei die Bestimmung, wie weit ein Ereignisname reicht, in vielen Fällen unklar bleibt. In der jüngsten Zeit beginnt sich der Terminus *Praxonym* durchzusetzen, wobei gleichzeitig die klare Trennung von den *Phänony-*

men, den Namen von Naturereignissen vorgenommen wird (NÜBLING, FAHLBUSCH & HEUSER [2]2015: 317–336). Sie werden für die Zwecke dieses Kapitels im Anschluss an NÜBLING, FAHLBUSCH & HEUSER ([2]2015: 317–326) als eigene Namenklasse behandelt, auch wenn sie nach der Definition von ECKKRAMMER und THALER als „bewusst von Menschen geschaffene Namen für Tätigkeiten, Arbeitsprozesse und deren materielle sowie immaterielle Ergebnisse" (ECKKRAMMER & THALER 2013: 14) zu den Ergonymen gerechnet werden können. Dies ist dem Umstand geschuldet, dass die Grenzen des Praxonymbegriffs wie auch bei dem Begriff der Ergonyme insgesamt offen bleiben. Es ist kann daher auch sinnvoll sein, die Betrachtung der Praxonyme unabhängig von anderen Namenklassen und -gattungen durchzuführen und die Kohärenz eigener Merkmale zu betonen.

Um den genauen Umfang der Praxonyme hinsichtlich der durch sie benannten Klasse von Objekten zu bestimmen, ist eine Klärung des Begriffs *Ereignis* notwendig. Nach RATHMANN ist ein Ereignis als geistes- und geschichtswissenschaftliche Kategorie nicht nur ein Vorgang in Politik und Wirtschaft als Ergebnis umfangreicher Planungs- und Vorbereitungsprozesse zu sehen, sondern es kann durchaus auch ein kontingentes Konstrukt kommunikativen, diskursiven oder rituellen Handelns sein (RATHMANN 2003: 12). Dabei werden zwei Grundtypen von Ereignissen sichtbar, die sowohl in der Politik als auch in der Wirtschaft vorkommen. Das sind zum einen Ereignisnamen im engeren Sinne als Namen für Kriege, Proteste, Streiks, Treffen, Verhandlungen (Beispiel: *6-ой Московский международный фестиваль рекламы* ('6. Moskauer Internationales Werbefestival')), und Ereignisnamen im weiteren Sinne als Namen für Inhalte oder Ergebnisse von politischen oder wirtschaftlichen Prozessen, wie Programme, Pläne, Projekte, Aktionen (программа *«Семь шагов в мир экономики»* ('Programm „Sieben Schritte in die Welt der Wirtschaft"')). Diese beiden Gruppen werden in der Forschung meist als Aktionyme bzw. Aktonyme bezeichnet (KNAPPOVÁ 1996: 1567). In der Wirtschaft sind die Ereignisnamen nach dem verwendeten Korpus (zum Korpus siehe Kap. 3. 1) zu 85 % Aktonyme, in der Politik sind Aktionyme und Aktonyme etwa zu gleichen Teilen vertreten. Dies hat Konsequenzen für den onymischen Status von Ereignisnamen in der Wirtschaft. Diese sollen nachfolgend näher erläutert werden, wobei der Beitrag von Hoffmann zu den Namen politischer Ereignisse (HOFFMANN 2004) Ausgangspunkt für die Darstellung ist und auf seiner Grundlage die Besonderheiten von Ereignisnamen in der Wirtschaft diskutiert werden.

Neben der Einteilung der Ereignisnamen in Aktonyme und Aktionyme werden auch andere Klassifikationen gebraucht, wobei die von NÜBLING, FAHLBUSCH & HEUSER ([2]2015: 319) beispielhaft vorgestellte Klassifikation nach Ereignisklassen vor dem grundsätzlichen Problem steht, dass es sich bei Ereignisnamen um eine offene Klasse handelt und daher eine erschöpfende Klassifizierung überhaupt nicht möglich ist. Weitere interessante Klassifikationsansätze der Ereignisnamen nach dem Grad der semantischen Motivierung (motiviert, teilweise motiviert, nicht motiviert) und nach dem Nominationsverfahren (syntaktisch, wortbildend, kombiniert) diskutiert VRUBLEVSKAJA (2006: 5–10).

Der onymische Status der Ereignisnamen ist im Allgemeinen als gegeben zu sehen. Man denke an Namen wie *Zweiter Weltkrieg*. Hier ist problemlos Monoreferenz gegeben. Bei anderen Namen ist die Sachlage schwieriger. *Iraq war* oder *Gulf war* ist kaum von einer definiten Beschreibung zu trennen und referiert zunächst nur auf kriegerische Ereignisse im Gebiet des Irak bzw. am Golf. Die notwendige situationelle Unabhängigkeit dieser Namen, die feste Bindung an ihre Referenten, ist noch nicht gegeben und die Monoreferenz wird erst durch den Kontext hergestellt. Es ist also bei der Rezeption von Pressetexten nur aus dem Kontext ersichtlich, um welches konkrete kriegerische Ereignis es sich handelt – die bewaffnete Auseinandersetzung zwischen dem Irak und dem Iran (1980–1988), die Annexion Kuwaits durch den Irak und die folgende US-geführte Militäroperation (1990–1991) oder die Kampfhandlungen im Irak, beginnend mit dem Einmarsch von US-Truppen in den Irak (2003). Die Namen *Iraq War* oder *Gulf War* wurden auf der Grundlage definiter Beschreibungen von den Massenmedien adhoc vergeben und sind somit nicht per se fest. Erst im Nachhinein wurde durch die publizistische oder wissenschaftliche Aufarbeitung der Ereignisse durch Reihenbildung deutlich zwischen drei Ereignissen unterschieden: *First Gulf War*, *Second Gulf War* und *Third Gulf War*, wobei der Name *Third Gulf War* inzwischen durch *Iraq War (2003–2011)* ersetzt wurde. Daneben existieren zahlreiche parallele Namen, wobei die onymische Differenzierung der drei Kriege in diversen Einzelsprachen unterschiedlich praktiziert wird, etwa im Deutschen, wo sich ein Name **Dritter Golfkrieg* nie durchgesetzt hat und stattdessen nur vom *Zweiten Irakkrieg* gesprochen wird.

Die Namen von Ereignissen in der Wirtschaft sind überwiegend Aktonyme. Die Objektklasse von Aktonymen umfasst beispielsweise alle Arten von Kundenbindungsprogrammen, aber auch Pläne und Projekte. Aktonyme sind das Ergebnis eines Aktes der Namenschaffung und werden überwiegend entsprechend den Aufgabenstellungen des Marketings über gezielte PR- und Werbeaktivitäten in den Massenmedien und anderen Distributionskanälen und meist auch entgeltlich platziert. Aus diesem Grunde werden die entsprechenden Namen in den Medien auch unverändert übernommen, ohne dass es redaktionelle Eingriffe gibt, die am vorhandenen Namen möglicherweise etwas ändern könnten. Auch Aktionyme stellen im Businessbereich überwiegend das Ergebnis von bewusster Namengebung dar, so z. B. bei Namen von Messen, Ausstellungen oder von Charity Events usw. Daher stellt sich die Frage nach dem onymischen Charakter weitaus weniger substantiell als bei Namen politischer Ereignisse. Beide Untergruppen der Ereignisnamen in der Wirtschaft bedürfen daher nicht immer des Kontextes, um ihren Namencharakter zu entfalten. Als Namen, die ständig neu geschaffen werden, bedürfen sie jedoch in vielen Fällen des Kontextes, um ihr besonderes Referenzpotential zu entfalten. Aus diesem Grund sollen bei den nachfolgenden Ausführungen mit den entsprechenden Beispielen auch der Kontext, in einigen konkreten Fällen die wichtigsten Teile der Bezugstexte, mit angeführt werden. Dieses Vorgehen soll es ermöglichen, den onymischen Charakter der Namen von Ereignissen in der Wirtschaft, aber auch Aspekte der semantischen Transparenz dieser Namen zu verstehen.

3 Namen von Ereignissen in der Wirtschaft als junge Namenklasse

3.1 Zum Untersuchungskorpus

Für den vorliegenden Beitrag über Praxonyme wurden Beispiele aus zwei bereits vorhandenen Korpora entnommen, die ursprünglich für ein Kapitel über Namen von Waren und Dienstleistungen (Produktnamen), Namen von Institutionen und Namen von Ereignissen in der Wirtschaft in einem Handbuch zur Businesskommunikation im Russischen angelegt wurden (HOFFMANN 2017), aber von Beginn an für den vorliegenden Beitrag nachgenutzt werden sollten. Diese Korpora bestehen in ihren für Praxonyme relevanten Teilen aus Ereignisnamen aus 1.705 Werbespots von insgesamt sieben russischen TV-Stationen (1992–2006) sowie (nach der 2006 erfolgten europäischen Lokalisierung der Werbung russischer TV-Sender, die in Mitteleuropa empfangen werden können) von der Website www.showreel.ru (2007–2013) und aus Ereignisnamen, die den Datenbanken *Factiva* und *Integrum Worldwide* aus 992 Texten aus dem Bereich *Advertorials* aus der Presse entnommen wurden. Insgesamt liegen aus dem Bereich Werbespots lediglich 33 Namen und aus dem Bereich Advertorials 275 Namen vor, also ein Gesamtsample von 308 Namen.

Die Namen aus den Werbespots wurden als Gesamtsample zusammengestellt, die Namen aus dem Bereich der Advertorials wurden durch die Eingabe der Suchbegriffe *новая акция* ('neue Aktion') (257 Texte mit 67 Namen), *новая программа* ('neues Programm') (401 Texte mit 111 Namen) und *новый проект* ('neues Projekt') (334 Texte mit 97 Namen) inklusive aller möglichen Wortformen ermittelt. Dabei wurden Duplikate ein und desselben Textes und ein und desselben Namens in verschiedenen Massenmedien (Datensätzen) ausgeschieden. Die genannten Suchbegriffe wurden gewählt, weil hinter ihnen Texte vermutet wurden, die Ereignisse in der Wirtschaft beschreiben und entsprechende Namen enthalten. Dass letztere Vermutung sich nur eingeschränkt bestätigt hat, hängt mit dem Charakter von Namen von Ereignissen in der Wirtschaft in Russland als einer noch sehr jungen Namenklasse zusammen. Dies soll im folgenden Kapitel thematisiert werden.

3.2 Die Herausbildung der Namen von Ereignissen in der Wirtschaft

Die Auswahl eines russischsprachigen Korpus ist, wie aus dem Untersuchungskontext hervorgeht, pragmatisch motiviert und erfährt im vorliegenden Beitrag eine zusätzliche Motivation dadurch, dass es sich um Namenmaterial handelt, welches sich einerseits abseits des angloamerikanischen Mainstreams bewegt, aber andererseits die Besonderheiten von Namen wirtschaftlicher Ereignisse insgesamt erkennen lässt. Bei der Auswahl eines russischsprachigen empirischen Materials war auch ein weiterer maßgeblicher Aspekt vorhanden, und zwar der, dass es sich bei den Namen von Ereignissen im Business in Russland und im Russischen anders als in vielen westlichen Kulturen und Sprachen um ein vergleichsweise junges Phänomen handelt, dessen Entstehung und Entwicklung in den letzten 10–15 Jahren anhand des Korpus sehr genau verfolgt werden kann. Die Wahl eines russischsprachigen Korpus ermöglicht daher vertiefte Einblicke in das Wesen und Funktionieren von Ereignisnamen in der Wirtschaft.

Ein wesentlicher Moment, der sich anhand des Korpus verfolgen lässt, ist die Herausbildung der Praxonyme in der Wirtschaft als Namenklasse. Waren in der Sowjetzeit Ereignisnamen der Wirtschaft im Wesentlichen nur als Exonyme, als russische Namen für Ereignisse im Ausland bekannt, so begann sich eine eigenständige Praxonymie in den 90er Jahren im Bereich der Aktionyme und ab den 2000er Jahren auch im Bereich der Aktonyme herauszubilden. Ein deutlicher Hinweis auf diesen Umstand ist, dass in dem Werbekorpus aus 1.705 Werbespots nur 33 und aus dem Pressekorpus aus 992 Texten nur 275 Ereignisnamen enthalten sind, die meisten davon aus den Jahren ab 2005. Von diesen Ereignisnamen sind ungefähr ¼ nicht genuine Namen aus der Wirtschaft, sondern Namen von staatlichen Programmen oder Wohltätigkeitsprogrammen, an denen sich Firmen durch Sponsoring beteiligen. Besonders in den Advertorials, die entgeltliche Schaltungen von Organisationen, zumeist Unternehmen, über neue Marketingaktivitäten wie z. B. Aktionen beinhalten, fällt auf, dass mehr als die Hälfte der Texte überhaupt keine Praxonyme enthält. Das bedeutet, dass die Ereignisobjekte vorzugsweise definit beschrieben werden. Anhand der Aktionen der Tankstellendivision des Gazprom-Konzernes, der Gazpromneft', kann der Übergang von der Namenlosigkeit zur Herausbildung von Praxonymen genau verfolgt werden. Im Jahr 2009 hieß es noch:

> «Газпромнефть» раздает бензин. Четырнадцатого мая стартует новая акция для приверженцев автозаправок «Газпромнефть-Центр». Стать участником проекта достаточно просто: автолюбитель должен залить в бак своего автомобиля не менее тридцати литров любого вида топлива. Оператор АЗС выдаст купон со специальной стирающейся полоской ....
>
> Gazpromneft' verschenkt Benzin. Am 14. Mai beginnt eine neue Aktion für die Kunden der Tankstellen „Gazpromneft'-Centr". Die Teilnahme ist denkbar einfach: Autofans müssen nur mindestens 30 l eines beliebigen Treibstoffs tanken. Der Tankstellenbetreiber gibt dafür einen speziellen Kupon ...
>
> (Volchov, 19.05.2009)

Auf der Homepage der Firma finden sich jedoch Hinweise darauf, dass Aktionen seit 2011 einen Namen haben. So können als Beispiele genannt werden *Новогоднее Чудо* ('Das Neujahrswunder') (2011/12), *Путешествие в DisneyLand Париж всей семьей!* ('Reise ins Disneyland Paris mit der ganzen Familie!') (2012), *Новый год на новом автомобиле* ('Das neue Jahr mit einem neuen Auto') (2013/14)[1] und es wurde schließlich im Jahre 2012 auch das erste Kundenbindungsprogramm *Нам по пути* ('Wir haben den gleichen Weg')[2] aufgelegt, welches auch zum gegenwärtigen Zeitpunkt (Stand vom Mai 2018) noch existiert. Damit rücken die Namen von Ereignissen in der Wirtschaft in die Nähe von Slogans. Ein Slogan ist ein wesentlicher Assoziations- und Identifikationsfaktor für das beworbene Ereignis bzw. die werbende Firma. Er ist vielfach nicht nur in räumlicher Nähe zum Namen platziert, sondern mit diesem meist sogar als kommunikative Einheit verbunden, die vom Rezipienten als assoziative Einheit empfunden wird (Hoffmann 1995: 93). Ein Slogan soll somit „Atmosphäre und Vertrauen schaffen, der freundliche i-Punkt der Werbung sein und suggestiv resümieren" (Gass 1982: 1031). Allerdings sind Namen von Ereignissen in der Wirtschaft anders als Namen von (kommerziellen) Institutionen weniger häufig von Slogans begleitet, so dass eine Verwechslungsgefahr von Namen und Slogan nicht besteht.

---

1 https://www.gpnbonus.ru/ (05.05.2018).

2 https://www.gpnbonus.ru/on_the_way/ (01.05.2018).

Für alle Namen in den angeführten Beispielen gilt eine generelle Eigenschaft aller Praxonyme in Politik wie auch in der Wirtschaft: Sie sind alle in irgendeiner Weise semantisch transparent, diese Semantik führt jedoch nicht notwendigerweise zu einer Charakterisierung des durch das Praxonym benannten Objektes. Das Beispiel *Нам по пути* ('Wir haben den gleichen Weg') zeigt deutlich, dass bei neuer onymischer Referenz eine genaue Explizierung des Kontextes notwendig ist, um a) den Namenstatus hervorzuheben und b) den Charakter des entsprechenden individuellen Objektes erkennen zu können.

3.3 Formale Merkmale von Ereignisnamen

Wenn vom onymischen Status der Namen von Ereignissen gesprochen wird, dann werden für das Deutsche oft formale Merkmale genannt, die einen Ereignisnamen als solchen ausweisen (NÜBLING, FAHLBUSCH & HEUSER ^{2}2015: 321–322). Dazu zählt die Großschreibung der Namen, insbesondere auch die Großschreibung von Attributen in onymischen Syntagmen, während in definiten Beschreibungen hingegen Kleinschreibung der Regelfall ist. Dies ist auch bei den Namen im russischsprachigen Untersuchungskorpus durchaus zutreffend, wie das Beispiel акция *«Домашний Интернет»* ('Aktion „Home Internet"') zeigt, das sich von einer definiten Beschreibung *домашний Интернет* ('Home Internet') durch Großschreibung unterscheidet. In einem weiteren Beispiel verdecken die typographischen Anführungszeichen und die Großschreibung am Satzanfang den Umstand, dass es sich am Satzanfang um eine definite Beschreibung handelt, die das mit einem Praxonym bezeichnete Objekt am Ende des Beispiels charakterisiert und dessen Identifikation erleichtert.

> «Рябиново-яблочная» акция. Это будет красивая аллея! Для этого-то все мы здесь сегодня собрались – чтобы наш район стал более комфортным и экологичным. По инициативе коллектива Камской ГЭС в пермском микрорайоне Гайва прошла на днях закладка «Аллеи поколений».
>
> Die „Ebereschen-Apfelbaum"-Aktion. Das wird eine schöne Allee! Dafür haben wir uns alle heute hier versammelt, damit unser Stadtteil noch komfortabler und ökologischer wird. Auf Initiative des Teams des Kama-Wasserkraftwerkes erfolgte dieser Tage im Stadtteil Gajva von Perm' der erste Spatenstich für die „Allee der Generationen".
>
> (Permskie novosti, 22.05.2009)

Es handelt sich also nicht um einen Parallelnamen. Synonyme kommen bei den Namen von Ereignissen in der Wirtschaft im Untersuchungskorpus faktisch nicht vor, sehr wohl aber bei den Namen politischer Ereignisse (vgl. HOFFMANN 2004: 661). Auch im Grenzbereich zwischen Namen kultureller, politischer und wirtschaftlicher Ereignisse sind über einen gewissen Entstehungszeitraum hinweg Namenvarianten zu finden, bis sich nur eine Form durchsetzt. Ein typischer Fall ist die international begangene *Lange Nacht der Museen*, die sich in Russland seit 2007 unter dem anfänglichen Namen *Ночь в музее* ('Die Nacht im Museum') zu verbreiten begann und in der Gegenwart als *Ночь музеев* ('Nacht der Museen') bezeichnet wird. Im Korpus ist die Verdrängung des anfänglichen russischen Namens ab dem Jahr 2011 anzusetzen, wie aus den drei Berichten aus ein und derselben Zeitung zu ein und demselben Ereignis entnommen werden kann, wobei das erste Beispiel aufgrund des für Eigennamen nicht charakteristischen Plurals *Museumsnächte* besonders interessant ist, da hier nicht klar wird, ob es sich um Homonymie handelt.

> Акция оказалась настолько удачной, что многие страны, одна за другой, стали присоединяться к ней и проводить свои «*Музейные ночи*». ('Die Aktion erwies sich überaus erfolgreich, so dass viele Länder, eines nach dem anderen, sich ihr anschlossen und eigene „Museumsnächte" durchführen.')
>
> (Komsomol'skaja pravda, 12.05.2011)

> В этом году международная акция «*Ночь музеев*» погрузит сибиряков в атмосферу 1920–1930-х годов. ('In diesem Jahr entführt die internationale Aktion „Die Nacht der Museen" die Sibirier in die Atmosphäre der 1920er und 1930er Jahre.')
>
> (Komsomol'skaja pravda, 12.05.2011)

> В ночь на воскресенье стартует акция «*Ночь в музее*». ('In der Nacht zum Sonntag startet die Aktion „Die Nacht im Museum".')
>
> (Komsomol'skaja pravda, 13.05.2011)

Nübling führt in ihrer Untersuchung zu dem teilweise proprialisierten Syntagma *die neuen Bundesländer* eine Reihe von Merkmalen an, die Eigennamen allgemein von definiten Beschreibungen unterscheiden, wobei einige der von ihr genannten Merkmale auch für russische Ereignisnamen gelten, andere aufgrund von morphologischen und syntaktischen Unterschieden nicht. Als wichtigstes Merkmal nennt sie die reine Konventionalisierung („feste Bezeichnung"), die Eigennamen von definiten Beschreibungen unterscheidet, welche nicht bzw. deutlich weniger konventionalisiert sind (Nübling 2004: 229–230).

Dies ist auch bei den untersuchten russischen Ereignisnamen so. Im Fall des vorigen Beispiels könnte die definite Beschreibung *„Ebereschen-Apfelbaum"-Aktion* genauso gut *Apfelbaum-Ebereschen-Aktion* heißen und die Charakteristik der durch sie bezeichneten Allee bewirken, bei dem Namen *Allee der Generationen* würde jede semantische Erweiterung (z. B. **Allee der drei Generationen*) einen Verlust der grundsätzlichen Konventionalisierung bedeuten und damit einen anderen Namen darstellen.

Von Nübling, Fahlbusch & Heuser (^{2}2015: 321–322) werden weitere formale Merkmale der Namen von Ereignissen gebracht. Als solche können auch bei den russischen Namen die feste interne Abfolge, die Einschübe, Umstellungen usw. unmöglich macht, die fehlende Singular-Plural-Opposition (siehe aber das Beispiel *Museumsnächte* weiter oben) und das Fehlen von Antonymen genannt werden.

Andere formale praxonymische Merkmale im Deutschen, wie die Fixierung des Definitartikels oder die Vermeidung des Genitiv-*s*, sind in Bezug auf das Russische nicht zutreffend. Eine Tendenz zur Deklinationsvermeidung tritt allerdings bei Namen ausländischer Herkunft auf: *Я работаю на/в Самсунге* (dekliniert) vs. (nicht dekliniert) *Я работаю на/в Samsung_* ('Ich arbeite bei Samsung.'), wobei emotionale Nähe zum Träger des Namens eher für Deklination spricht als umgekehrt (vgl. Doleschal 2000: 110–111). Dabei handelt es sich aber überwiegend um Namen von Organisationen, Waren und Dienstleistungen, weniger um Namen von Ereignissen. Im Bereich der Namen von Ereignissen ist die Nichtdeklination immer dann verbreitet, wenn der Name in Verbindung mit einer vorangestellten Apposition wie *Aktion*, *Programm* oder *Projekt* gebraucht wird. Ein Elizitationstest mit 10 russischen MuttersprachlerInnen ergab, dass nicht deklinierte Formen mit substantivischem Attribut des Typs *Я участвую в программе «Университет_ личных финансов»* ('Ich nehme am Programm „Universität der persönlichen Finanzen" teil.') deklinierten Formen ohne substantivisches Attribut des Typs *Я участвую в «Университете личных финансов»* ('Ich nehme an der „Universität der persönlichen Finanzen" teil.') bevorzugt werden. Deklinationsvermeidung ist damit kein formales Merkmal von russischen Namen von Ereignissen in der Wirtschaft. Vielmehr ist Flexion pragmatisch aufgeladen.

Auch die Verwendung von typographischen Anführungszeichen ist kein formales Kriterium für ein Praxonym, wenngleich auch relativ häufig anzutreffen. Eine Besonderheit stellen jedoch Binnenanführungszeichen dar, die gelegentlich auch im Bereich der Namen von Institutionen beobachtet werden können (Krjukova 2004: 78). Dabei sind die Binnenanführungszeichen nicht immer doppelt vorhanden, was möglicherweise auf die Unsicherheit der beteiligten Personen zurückzuführen ist, ob die attributivischen Bestandteile des Namens zu diesem gehören oder nicht. Beispiele für solche Unsicherheiten sind doppelte Binnenanführungszeichen besonders bei Gattungsnamen акция *«Операция „Бриллиант“»* ('die Aktion „Operation ‚Brilliant'"') (Komsomol'skaja Pravda Murmansk, 09.09.2010) und программа *«Ак Барс " мой дом»* ('das Programm „Ak Bars " mein Haus"') bzw. акция *«Ак Барс " Автомания»* ('die Aktion „Ak Bars " Automania"') (beide Beispiele aus Tatar-inform, 13.04.2011), wobei die

Unsicherheit durch die Integration von Namenbestandteilen der betreffenden Bank *ОАО «АК БАРС» Банк* ('„Ak Bars" Bank AG') in das Praxonym verstärkt wird. Bezeichnend ist, dass die substantivischen Attribute wie *Aktion* und *Programm* – anders als bei Namen von politischen Ereignissen wie z. B. *Bündnis für finanzielle Stabilität im Gesundheitswesen* – in diese Namen nicht mit übernommen werden, sondern außerhalb des Namens als gattungsbildende appellativische Elemente zu betrachten sind, ohne die der Name nicht in vollem Umfange Monoreferenz entfalten kann (zu Gattungseigennamen siehe auch FRITZINGER in diesem Band). Zugleich muss angemerkt werden, dass die Frage der Anführungszeichen sich durch das verwendete spezielle Untersuchungskorpus in einer Weise stellt, die sich möglicherweise von der in anderen Medien wie z. B. Flyern oder Booklets mit für diese Medien typischen anderen Formen der typographischen Hervorhebung des Ereignisnamens anstelle von Anführungszeichen unterscheiden kann.

In vielen Fällen wird der onymische Charakter der Praxonyme durch besondere pragmatische Mittel wie z. B. Reihenbildung hergestellt oder aber unterstrichen. So lauten zwei Aktionen der Sberbank *«12-12-12»* und *«12-12-30»* (Vsluch, 02.04.2014). Die jeweils ersten beiden Zahlen stehen für den Kreditzins vor und nach der Eintragung einer Immobilie in das Grundbuch, die dritte Zahl für die Kreditlaufzeit in Jahren. Die Sberbank führte außerdem eine Aktion mit dem Namen *«888»* durch, wobei hier die drei Ziffern für Kreditzins, Laufzeit sowie die Anzahl an Bearbeitungstagen stehen. Ein weiterer auf eine Zahl zurückgehender Name bei derselben Bank lautet *«В десятку»* (wörtlich 'die Zehn treffen', übertragen 'Ins Schwarze treffen') (Večernij Stavropol', 05.03.2011). Andere derartige Reihen entstehen durch semantischen Bezug eines Ereignisnamens auf einen vorhergegangenen bei der gleichen Organisation, wie es das Beispiel der Jubiläumsaktion *«День рождения МКБ!»* ('„Geburtstag der MKB!"') und deren Fortsetzung als *«Праздник продолжается!»* ('„Das Fest geht weiter!"') (Komsomolskaja pravda, Moskovskij vypusk, 11.09.2007) zeigt. Da strukturelle und semantische Variationen innerhalb des Marketings einer Organisation eher selten sind, werden somit Praxonyme charakterisiert als Teil eines funktionellen Ganzen. Dabei sind Zuweisung zu einer Klasse, Reihenbildung und Aufeinanderbezugnahme die häufigsten sprachlichen Mittel.

3.4 Namen von Ereignissen im Marketing

Namen wirtschaftlicher Ereignisse erfüllen im Marketing wichtige Aufgaben. Ihre sprachliche Form ist diesen Aufgaben untergeordnet. Da es keinerlei systemische Beschränkungen hinsichtlich der zur Verfügung stehenden sprachlichen Mittel gibt, ist ihre Gestalt äußerst vielfältig und deutlich vielfältiger als dies RONNEBERGER-SIBOLD für die Techniken der Bildung von Markennamen darstellt (RONNEBERGER-SIBOLD 2015: 2198). Ereignisnamen werden häufig auf der Basis von Appellativen gebildet und bestehen zumeist aus Syntagmen, während Markennamen auf (ir)reguläre Wortbildung zurückgehen. Zusätzliche onymische Bestandteile sind möglich, aber auch rein numerische Namen (siehe *«12-12-12»* und andere weiter oben angeführte Beispiele) sind genauso anzutreffen wie Namen, die aus Wort- und Zahlenkombinationen bestehen, wobei die in ihnen enthaltene Zahl bei Aktonymen anders als bei Aktionymen keine Ordinalzahl sein muss wie bei der Aktion *«Планета № 5»* ('„Planet Nr. 5"') (Tomskij vestnik, 07.09.2010). Auch sind im Korpus 13 satzwertige Namen anzutreffen, von denen 9 Imperativnamen wie *«Подружись с удачей!»* ('„Mache das Glück zu deinem Freund!"') (Klakson, 07.07.2011) oder Namen mit Nullkopula sind wie *«Фонд Борцовых – ветеранам»* (etwa '„Der Borcovych-Fond [hat etwas] für Veteranen"') (Provincial'nyj reporter, 31.10.2007). Auch in diesem Fällen ist – wie bereits dargelegt – die Verwechslung mit einem Werbeslogan ausgeschlossen. Trotz ihrer Satzwertigkeit gewährleisten die Ereignisnamen Monoreferenz auf eine konkrete Aktion, ein konkretes Programm oder Projekt und gehen mit den entsprechenden Appellativa einher, während Slogans wie z. B. *Gillette. Für das beste im Mann* sich immer in unmittelbarer Verbindung mit dem Namen einer (kommerziellen) Organisation oder einer Ware bzw. Dienstleistung befinden. Namen von Ereignissen in der Wirtschaft sind in Russland als Klasse noch zu junge Phänomene, um hier Missverständnisse aufkommen zu lassen. Im Untersuchungskorpus gibt es keinen einzigen Fall einer Verbindung von Ereignisname und Slogan.

Viele Namen wirtschaftlicher Ereignisse sind stilistisch sehr stark markiert. Sie sind oft dafür geschaffen, Kunden an die jeweiligen Institutionen zu binden. Dabei werden expressive Ausdrücke wie *«Золотая лихорадка»* ('„Goldrausch"') (Chronometr, 28.03.2007) verwendet oder Euphemismen eingesetzt, wie *«Университет личных финансов»* ('„Universität der persönlichen Finanzen"') (Vechernij Omsk, 18.04.2007) für eine Reihe von populärwissenschaftlichen Vorträgen zu finanziellen Themen. Auch die Übernahme ausländischer Appellative, im Korpus immer aus dem Englischen, gehört zu dieser sprachlichen Markiertheit. Diese wird noch verstärkt, wenn auf die Schreibung mit kyrillischen Buchstaben teilweise oder ganz verzichtet wird, wie bei *Массовой ралли-рейд «Великая степь-2014» Total Russia* ('Total Russia Massenrallye „Große Steppe-2014"') oder dem Bonusprogramm *„Hyundai Premium Assurance"* (beide Namen aus Klakson, 12.08.2014).

Viele Praxonyme sind so gestaltet, dass ihre semantische Transparenz durchaus Rückschlüsse auf Merkmale der durch sie benannten Objekte zulässt: *«0 % за on-line платежи»* ('„0 % auf Online-Überweisungen"') (Amurskaja pravda, 28.11.2013), oder *«40 процентов в подарок»* ('„40 % gratis"') (Rabochij kraj, 20.11.2012), anderen fehlt dieses Merkmal völlig: *«Двойной урожай»* ('„Doppelte Ernte"') oder *«Продовольственная программа»* ('„Lebensmittelprogramm"') (Vechernij Omsk, 18.04.2007), zwei Namen, die zwar semantisch transparent, aber zu Bonusprogrammen einer Bank hinsichtlich ihrer semantischen Transparenz nicht passgerecht sind. Generell führt die Vermarktlichung des Diskurses zu Namen, die immer stärker den werbenden Charakter in den Vordergrund rücken, zugleich aber immer weniger semantisch motiviert sind. In diesem Zusammenhang sind schließlich auch Namen zu sehen, die auf Wortspielen oder Doppeldeutigkeiten beruhen, wie программа лояльности *«Малина®»* ('Treueprogramm „Himbeere"' oder auch 'Treueprogramm „Süßes Leben"' oder 'Treueprogramm „Schlaraffenland"') (Novosti Tol'jatti, 15.11.2011) oder *«ФИА-Лета»!»* (Novosti Tol'jatti, 30.07.2013) (transliteriert: „FIA-Leta!"), ein Name für ein Sommerfilmfestival, welches von der italienischen Fia-Bank gesponsert wird und das russische Substantiv *leto* 'Sommer' mit Großschreibung und Genusänderung von Neutrum zu Femininum enthält, so dass Assoziationen zu dem weiblichen Vornamen *Виолетта* ('Violetta') entstehen.

Überall dort, wo Praxonyme keine direkten Aufgaben im Marketing erfüllen müssen, ist für sie charakteristisch, dass Sprachökonomie und die Sicherstellung des Namencharakters, d. h. die Identifizierung, wichtiger sind als eine allfällige werbende Komponente. So heißt ein Projekt, das vorwiegend zur Kommunikation innerhalb des Unternehmens *Rosėnergoatom* gebraucht wird, проект *«ВВЭР-ТОИ»* ('Projekt „Two-unit nuclear power plant with VVER-1300/510 water pressurized reactors"') (Promyšlennye vedomosti, 30.03.2013). Als Initialabkürzung nach sowjetischen Mustern, die auch in der Gegenwart in der Wirtschaft des gesamten postsowjetischen Raumes fortbestehen, wäre es in Fremdsprachen außerhalb dieses Raumes nicht übertragbar.

Mit der Erfüllung von Aufgaben im Marketing ergibt sich eine Beziehung der Nähe zu den Namen von Waren und Dienstleistungen sowie den Namen von Institutionen, aber auch zu Markennamen. So können Namen von Ereignissen mit anderen Namen gleichlautend sein. In anderen Fällen beinhalten Namen von Ereignissen in der Wirtschaft den Namen oder Teile des Namens des jeweiligen Unternehmens. Im Einzelfall können Namen von Ereignissen in der Wirtschaft aber auch Entsprechungen im Bereich der Toponymie und der Anthroponymie haben. Dies betrifft insbesondere Namen, die in Russland als kulturell höchst bedeutsam gelten und beinahe beliebig transonymisiert werden können und auch Bestandteile von Namen in der Wirtschaft bis hin zu Namen von Ereignissen werden können, wie die Namen von Puschkin und von Helden aus seinen Werken oder auch vom Zaren Peter I. zeigen GORYAEV & OLSHANG (2014) und GORJAEV (2016).

4 Zusammenfassung

Namen von Ereignissen in der Wirtschaft sind im engen Zusammenhang mit den beiden wichtigsten Namengattungen in der Wirtschaft, den Namen von Waren und Dienstleistungen und den Namen von (kommerziellen) Organisationen, zu sehen, da sie gemeinsam wichtige Aufgaben in der Marketingkommunikation erfüllen. Als Namen für Aktionen, Pläne, Programme und Projekte sind sie überwiegend Aktonyme. Zugleich stehen sie in einem engen Zusammenhang mit den Namen politischer Ereignisse, von denen sie sich durch einen deutlich festeren onymischen Charakter unterscheiden. Sie bedürfen weitaus weniger als Namen politischer Ereignisse des Kontextes, um ihren Namencharakter zu entfalten. Sie bedürfen jedoch in vielen Fällen des Kontextes, um ihr besonderes Referenzpotential zu entfalten. In Russland sind die Namen wirtschaftlicher Ereignisse eine junge Namenklasse, die sich erst in den letzten 10–15 Jahren herausbildete und sich kaum auf Traditionen aus der sowjetischen Zeit stützen konnte. Namen von wirtschaftlichen Ereignissen verweisen auf keinerlei Beschränkungen der zu ihrer Bildung herangezogenen sprachlichen Mittel. Sie sind semantisch transparent, verlieren aber durch die Globalisierung und die Anforderungen des Marktes immer stärker ihre semantische Motivation, so dass Namen, die ohne Einbettung in ihren Kontext Rückschlüsse auf das betreffende Ereignis zulassen, immer mehr verdrängt werden.

Literatur

BRENDLER, Silvio (2004): Klassifikation der Namen. In Andrea Brendler & Silvio Brendler (Hrsg.), *Namenarten und ihre Erforschung. Ein Lehrbuch für das Studium der Onomastik*, 69–92. Hamburg.

DOLESCHAL, Ursula (2000): *Das Phänomen der Unflektierbarkeit in den slawischen Sprachen*. Wien.

ECKKRAMMER, Eva Martha & Verena THALER (2013): Die Ergonymie als namenkundliche Subdisziplin. Beobachtungen zur Terminologie und zum aktuellen Forschungssstand. In Eva Martha Eckkrammer & Verena Thaler, (Hrsg.), *Kontrastive Ergonymie. Romanistische Studien zu Produkt- und Warennamen*, 7–53. Berlin.

GASS, Franz Ulrich (1982): Der Werbetext. In Bruno Tietz (Hrsg.), *Die Werbung: Handbuch der Kommunikations- und Werbewirtschaft.* Band II: Die Werbebotschaften, die Werbemittel und die Werbeträger, 1020–1039. München.

GORJAEV, Sergej O. (2016): Poobedaem v „Onegine“: Russkaja klassičeskaja literatura v sovremennoj ėrgonimii. *Rusistika* 2/2016, 209–230.

GORYAEV, Sergey & Olga OLSHVANG (2014): Dostoevsky and Surnames of His Characters in Ergonymy. In Oliviu Felecan & Daiana Felecan (Hrsg.), *Unconventional Anthroponyms: Formation Patterns and Discursive Function*, 421–432. Newcastle upon Tyne.

HOFFMANN, Edgar (1995): Slogans in der russischen Wirtschaftswerbung. In Horst Dippong (Hrsg.), *Linguistische Beiträge zur Slavistik*, 89–104. München.

HOFFMANN, Edgar (2004): Namen von politischen Ereignissen. In Andrea Brendler & Silvio Brendler (Hrsg.), *Namenarten und ihre Erforschung. Ein Lehrbuch für das Studium der Onomastik*, 655–670. Hamburg.

HOFFMANN, Edgar (2017): Imena sobstvennye v biznese. In Tat'jana A. Milechina & Renate Ratmajr (Hrsg.), *Korporativnaja kommunikacija v Rossii: diskursivnyj analiz*, 421–443. Moskau.

JANICH, Nina & Jens RUNKEHL ([6]2013): *Werbesprache.* Tübingen.

JUN, Jong Woo & Hyung-Seok LEE (2007): Cultural differences in brand designs and tagline appeals. *International Marketing Review* 24 (4), 474–491.

KNAPPOVÁ, Miloslava (1996): Namen von Sachen (Chrematonymie) II. In Ernst Eichler et al. (Hrsg.), *Namenforschung. Ein internationales Handbuch zur Onomastik*, 2. Teilband, 1567–1672. Berlin, New York.

KRJUKOVA, Irina V. (2004): *Reklamnoe imja: ot izobretenija do precedentnosti.* Volgograd.

NÜBLING, Damaris (2004): Zum Proprialisierungsgrad von «die neuen Bundesländer». In Ernst Eichler, Heinrich Tiefenbach & Jürgen Udolph (Hrsg.), *Völkernamen – Ländernamen – Landschaftsnamen*, 225–241. Leipzig.

NÜBLING, Damaris, Fabian FAHLBUSCH & Rita HEUSER ([2]2015): *Namen. Eine Einführung in die Onomastik.* Tübingen.

RATHMANN, Thomas (2003): Ereignisse, Konstrukte, Geschichten. In Thomas Rathmann (Hrsg.), *Ereignis: Konzeption eines Begriffs in Geschichte, Kunst und Literatur*, 1–19. Köln.

RONNEBERGER-SIBOLD, Elke (2015): Word-formation and brand names. In Peter O. Müller et al. (Hrsg.): *Word-formation. An International Handbook of the Languages of Europe.* Band III, 2192–2210. Berlin, Boston.

SCHIPPAN, Thea (1989): Markennamen – Linguistische Probleme und Entwicklungstendenzen. In Wolfgang Fleischer et al. (Hrsg.), *Beiträge zur Erforschung der deutschen Sprache.* Band IX, 48–55. Berlin.

SCOTT, W. Richard ([4]2014): *Institutions and organizations: ideas, interests and identities.* Thousand Oaks.

VASIL'EVA, Natalija V. (2004): Institutionsnamen. In Andrea Brendler & Silvio Brendler (Hrsg.), *Namenarten und ihre Erforschung. Ein Lehrbuch für das Studium der Onomastik*, 605–621. Hamburg.

VRUBLEVSKAJA, Oksana V. (2006): *Nazvanija toržestvennych meroprijatij: pragmalingvističeskij aspekt (na materiale russkich i nemeckich nominacij).* Volgograd.

Kathrin Dräger

Interforst, Chillventa, imm cologne

Namen von Messen in Deutschland

Zusammenfassung: Bislang sind Namen von Messen in Deutschland kaum wissenschaftlich untersucht. Dabei weisen sie im Vergleich mit anderen Namenarten in ihrer Bildungsweise, historischen Entwicklung und Verwendung einige Besonderheiten auf, die sie zu einem lohnenden Untersuchungsgegenstand machen. Der Beitrag geht folgenden Leitfragen nach: Sind Messenamen überhaupt Eigennamen? Wenn ja, welcher Klasse gehören sie an? Welche Bestandteile bzw. welche Struktur weisen sie auf? Die Untersuchung basiert auf den Titeln aller internationalen und nationalen Fachmessen in Deutschland aus den Jahren 1964–1967, 1989–1994 und 2011–2014.

Abstract: Names of trade fairs in Germany have not been well studied so far. However, compared with other types of names, they show some characteristics regarding their structure, historical development and usage, which make them a worthwhile object of investigation. This article follows three central questions: Can names of trade fairs actually be regarded as proper names? If so, in which type of names can they be classified? What components and what structure constitute them? The analysis is based on the titles of all international and national trade fairs in Germany from 1964 to 1967, 1989 to 1994 and 2011 to 2014.

1 Einleitung

„Willkommen auf der Absurda. Deutschland ist Messeweltmeister – hurra und so, aber mal unter uns: Warum bekommen die ganzen schönen Messen immer so seltsame Namen?“ So ist ein Artikel aus dem „Süddeutsche Zeitung Magazin“ überschrieben (Baumann 2011), der die Verfasserin zu einer wissenschaftlichen Auseinandersetzung mit Messenamen (MesseN) inspirierte. Der Magazinbeitrag soll in erster Linie unterhalten und erhebt natürlich keinerlei wissenschaftlichen Anspruch. Aber bei der Lektüre der im Artikel genannten Beispiele fällt auf, dass diese Namen einige markante Gemeinsamkeiten aufweisen: *Forscha*,

---

Kathrin Dräger, Akademie der Wissenschaften und der Literatur Mainz, kathrin.draeger@adwmainz.de

DOI 10.1515/9783110547023-013

Chillventa, *Hippologica* usw. enden auf *-a*; *Interforst*, *Interschutz*, *InterWhisky* usw. beginnen mit *Inter-*; unterschiedliche Arten von Abkürzungen wie *AnJa*, *Stuzubi*, *InNaTex* usw. scheinen beliebt zu sein, ebenso Pseudo-Romanismen wie *Gelatissimo*, *inviva* und *RendezVino*. Dabei unterschlägt der Artikel aber Teile der Namen: Die *Materialica* nannte sich im Jahr 2014 korrekt: *MATERIALICA – Lightweight Design for New Mobility*. Und die *IFAT Entsorga* hieß 2012 vollständig *IFAT ENTSORGA – Weltleitmesse für Wasser-, Abwasser-, Abfall- und Rohstoffwirtschaft* und wurde anschließend umbenannt in *IFAT – resources. innovations.solutions. – Weltleitmesse für Wasser-, Abwasser-, Abfall- & Rohstoffwirtschaft*.

Durch diese mehrteilige, sehr vielfältige Struktur und den raschen Wandel, dem diese Namen unterworfen sind, stellen MesseN einen komplexen Untersuchungsgegenstand dar, der bislang mit zwei Ausnahmen nicht wissenschaftlich untersucht wurde: BELLMANN (1986) befasst sich in einem sechsseitigen Aufsatz über Messe- und UnternehmensN mit der „Ausbildung und Verwendung lexikalischer Kürzungsvarianten" (BELLMANN 1986: 272), und VRUBLEVSKAYA (2012) geht auf acht Seiten auf die „Pragmatik der Namen von ökonomischen Events" ein, allerdings ohne nachvollziehbare Korpusarbeit.[1]

Aufgrund der weitgehend fehlenden Vorarbeiten muss eine eingehende linguistische Analyse der MesseN zugunsten der Beantwortung einiger grundlegender Fragen zurückgestellt werden. Denn zunächst ist in Abschnitt 2 zu klären, dass es sich bei MesseN um EigenN und nicht etwa um Appellative für in regelmäßigen Abständen wiederkehrende Ereignisse handelt. Abschnitt 3 diskutiert die Eigennamenklasse, in die MesseN einzuordnen sind. Struktur und Umfang von MesseN werden in Abschnitt 4 erläutert. All diese Themenbereiche sind eng miteinander verknüpft.

Die folgende Untersuchung basiert auf den Messetiteln, die der Branchenverband Ausstellungs- und Messe-Ausschuss der Deutschen Wirtschaft e.V. (AUMA) der Verfasserin zur Verfügung gestellt hat.[2] Aus Vergleichbarkeitsgründen werden nur internationale und nationale Fachmessen berücksichtigt, also keine Verbrauchermessen oder regionale Veranstaltungen,[3] und zwar in drei

1 Vgl. auch VRUBLEVSKAJA (2006).

2 Ich bedanke mich herzlich für die Bereitstellung der Daten sowie für weitere Auskünfte und Materialien. – Die Messedaten der jeweils vergangenen drei Jahre sind online in der Messedatenbank des AUMA abrufbar unter: www.auma.de/de/Messedatenbank/Deutschland/Seiten/Default.aspx (21.09.2017).

3 Für weitere Untersuchungen wäre interessant, ob und wie sich bei Verbraucher- und Regionalmessen die Ausrichtung auf eine andere Zielgruppe (Privatpersonen statt Fachpublikum) bzw. die räumliche Eingrenzung auf die Namengebung auswirkt.

zeitlichen Schnitten: 1964–1967, 1989–1994 und 2011–2014.[4] Seit Beginn des Untersuchungszeitraums hat die Zahl der Messen stark zugenommen: 1964–1967 gab es 61 verschiedene Messen, 1989–94 bereits 154 und 2011–2014 schließlich 327.[5] Bezeichnenderweise spricht der AUMA selbst von Messetiteln, nicht von MesseN. Die beiden Begriffe werden im Folgenden synonym gebraucht.

2 Eigennamenstatus

Doch handelt es sich bei Messetiteln überhaupt um EigenN? Zentral für die Frage, ob ein Onym oder ein Appellativ vorliegt, ist nach gängiger Forschungsmeinung die Referenzleistung eines Ausdrucks. Namen sind demnach durch Monoreferenz gekennzeichnet; sie beziehen sich auf **ein** bestimmtes Objekt, auf **ein** bestimmtes Mitglied einer Klasse (Nübling, Fahlbusch & Heuser ²2015: 17). Dies ist auf jeden Fall gegeben bei einmaligen Veranstaltungen wie der Messe *C-Shop Cologne – The European Convenience Show*, die 2012 eingeführt wurde mit dem Ziel, sie im zweijährlichen Rhythmus auszutragen. Nach konzeptionellen Bedenken wurde die Messe sogleich wieder eingestellt.[6]

Problematisch wird der EigenN-Status bei turnusmäßig stattfindenden Veranstaltungen. So hieß es in der ersten Auflage von Nübling, Fahlbusch & Heuser (²2015) noch:

> Unspezifische Bezeichnungen (jährlich) wiederkehrender Veranstaltungen (*Berlinale*) stellen wegen fehlender Monoreferenz auf ein konkretes Ereignis keine E[igen]N dar. Erst bei direkter Erwähnung eines Jahres o. Ä. (*62. Berlinale*) handelt es sich wirklich um Namen.
>
> (Nübling, Fahlbusch & Heuser ¹2012: 316, Anm. 362)[7]

Für die Messetitel würde das bedeuten, dass diejenigen mit Jahreszahl oder Ordinalzahl im Titel wie die *52. PSI 2014* EigenN-Status hätten, nicht jedoch diejenigen, bei denen sich die Veranstalter gegen eine Nennung von Jahres-

---

4 Diese Zeiträume wurden gewählt, weil einige Messen nicht jährlich, sondern turnusmäßig stattfinden. – Das Material ist vollständig, da der AUMA nach eigener Auskunft alle internationalen und nationalen Messen in Deutschland vertritt.

5 Eine Messe wird nur einmal gezählt, auch wenn wie beispielsweise bei Modemessen zwischen einer Frühjahrs- und einer Herbstveranstaltung unterschieden wird.

6 www.sprit-plus.de/absage-keine-c-shop-cologne-2014-1376122.html (30.04.2018).

7 Diese Anmerkung (vgl. auch Nübling 2004a: 836–837) wurde für die zweite Auflage in Reaktion auf diesen Beitrag geändert (Nübling, Fahlbusch & Heuser ²2015: 317, Anm. 379).

oder Ordinalzahl entscheiden. Unter diesem Gesichtspunkt betrachtet, wäre der Messetitel *RENEXPO®*, der sogar beim Deutschen Patent- und Markenamt als Marke registriert ist, kein EigenN, sondern ein Appellativ. Dabei hängt die Nennung von Jahres- oder Ordinalzahlen stark vom Kontext ab. Das verdeutlichen Auszüge aus Pressemitteilungen: „Es war ein Auftakt nach Maß, mit dem die internationale Werbeartikelwirtschaft auf der 52. PSI ins neue Geschäftsjahr startete."[8] Dieser Auszug aus einem Abschlussbericht bezieht sich deutlich auf eine Einzelveranstaltung, während folgende Personalmeldung auf die Kontinuität der Veranstaltung abzielt und die MesseN in die Nähe von UnternehmensN rückt: „Silke Frank (41), seit 2010 Projektleiterin der PSI, Europas größter Messe der Werbeartikelindustrie, wird zum 1. Juni die Gesamtleitung der PSI-Messeaktivitäten im In- und Ausland übernehmen."[9]

Entscheidend für den EigenN-Status von Messetiteln ist erstens, was unter Monoreferenz zu verstehen ist, zweitens, was bei der Namengebung und -verwendung intendiert ist und drittens, was Messetitel von Appellativen für wiederkehrende Ereignisse unterscheidet.

Monoreferenz muss sich nicht nur auf die jeweilige Ausgabe der Messe beziehen, beispielsweise *52. PSI 2014*, sondern kann auch eine Veranstaltungsreihe von anderen ähnlichen wiederkehrenden Veranstaltungen abgrenzen, also *hanseboot* versus *INTERBOOT*, ähnlich auch *Berlinale* versus *Festival de Cannes*.[10]

Intendiert ist Monoreferenz beim Namengebungsakt auf jeden Fall. Denn Namen von Messen haben einen stark werbenden und positionierenden Charakter. Ihre Kreation erfolgt sehr bewusst und mit teils hohem Aufwand unter Hinzuziehung von Branding-Agenturen und zielt gerade auf Identifikationsfähigkeit und Unverwechselbarkeit dieser Namen ab. Rechtlich genießen MesseN sogenannten Werktitelschutz, weil sie die dafür erforderliche Kennzeichnungskraft besitzen.[11] Einige, wie die bereits erwähnte *RENEXPO®*, sind sogar zusätzlich als Marke geschützt. Die Intention ist das zentrale Element der pragmatisch angelegten EigenN-Definition von Kalverkämper (1978: 386):

> Ein Sprachzeichen ist dann ein Proprium, d. h. übernimmt propriale Kommunikationsfunktion, wenn es als solches intendiert (Sprecher-Perspektive) und über geeignete kon-

8 www.psi-messe.com/de/Pressemitteilungen/Abschlussbericht-zur-52-PSI-2014/11/n25/ (30.04.2017).

9 www.psi-messe.com/de/Home/Presse/11/?page=12 (30.04.2018).

10 Der EigenN-Status von Messetiteln weist hier eine ähnliche Problematik auf wie beispielsweise WarenN oder Namen von Obstsorten.

11 Schriftliche Auskunft des AUMA vom 14.08.2014.

textuelle und situationelle (pragmatische) Signale auch als solches gesichert zu verstehen (Hörer-Perspektive) ist.

In diesen Kontext fällt auch der dritte Punkt: MesseN unterscheiden sich von Appellativen für in regelmäßigen Abständen wiederkehrende Ereignisse[12] durch ihre Identifikationsleistung: Sie bezeichnen Veranstaltungen, die von bestimmten Veranstaltern, an festgelegten (und meist immer gleichen) Orten und mit Zugangsbeschränkung für Aussteller und Publikum abgehalten werden. *Weihnachten* dagegen wird an vielen Orten auf der Welt von sehr vielen Personen und Personengruppen auf verschiedenste Arten und Weisen gefeiert. Und *Donnerstage* finden völlig ohne menschliches Zutun statt; sie sind lediglich definiert als fünfter Tag in einem auf sieben Tage festgelegten Turnus.

MesseN sind also durch ihre intendierte Referenz- und Identifikationsleistung als EigenN zu betrachten, wenngleich es sich nicht um prototypische EigenN handelt. Hier muss allerdings binnendifferenziert werden, denn der erste Namenbestandteil kommt dem Ideal eines EigenN wesentlich näher als der zweite, siehe 4.2.

3 Eigennamenklasse

Bei der Einordnung in eine EigenN-Klasse herrscht bei MesseN Ambivalenz. Eine Einordnung als Praxonym (EreignisN) scheint für solche VeranstaltungsN auf der Hand zu liegen. So zählen NÜBLING, FAHLBUSCH & HEUSER (^{2}2015: 319) die vergleichbare Veranstaltung *Bundesgartenschau 2011* zu den Praxonymen, und zwar unter der Ereignisklasse „Veranstaltungen, sportliche Ereignisse".

Gleichzeitig aber weisen MesseN Züge von Ergonymen (ObjektN) auf. Ergonyme dienen der Benennung von Menschen geschaffener Gegenstände und Einrichtungen (NÜBLING, FAHLBUSCH & HEUSER ^{2}2015: 266), und als solche lassen sich Messen ebenfalls verstehen. Denn Messen sind Produkte ihrer Veranstalter; sie werden beworben, am Markt positioniert, sogar ge- und verkauft. In diesem Kontext bekommt Branding, also Markenmanagement, wie es bei Waren- und UnternehmensN üblich ist, in der Branche einen immer größeren Stellenwert. So ist dem Branchenblatt „m+a report" zu entnehmen: „Eine schlüssige Markenstrategie fängt bereits beim Messenamen an – um dann in Logoentwicklung, Erscheinungsbild, Gesamtkonzept und schließlich den einzelnen Marketingmaßnahmen zu gipfeln" (BRECHTEL 2008: 33). Als Namen von Organisationsein-

12 Zu diesen vgl. NÜBLING (2004a: 836–837).

heiten rücken MesseN in die Nähe von UnternehmensN. Dies zeigte sich bereits bei der unter 2. zitierten Personalmeldung. Interessanterweise lassen sich MesseN auch mit ähnlichen Kategorien analysieren, wie sie FAHLBUSCH (2011)[13] für UnternehmensN anwendet.[14]

Unter anderem diese ergonymische Komponente sichert den EigenN-Status von MesseN, trotz der fehlenden „für einen E[igen]N obligatorische[n] Referenz auf ein Einzelgeschehen" (NÜBLING, FAHLBUSCH & HEUSER ²2015: 321).

4 Umfang und Struktur von Messenamen

4.1 Umfang

Nach der Diskussion von EigenN-Status und EigenN-Klasse bleibt nun noch die ganz zentrale Frage offen, welche Bestandteile überhaupt zu einem MesseN gehören und wie er strukturiert ist. Ordinal- und Jahreszahlen sind bereits in Abschnitt 2 erwähnt; ihre Verwendung ist stark kontextabhängig. In der Datenbank des AUMA sind die Messen stets ohne Ordinal- und Jahreszahlen aufgeführt, weshalb sie auch im Folgenden unberücksichtigt bleiben.

Davon unberührt bleibt eine Besonderheit des Untersuchungsgegenstands: MesseN unterscheiden sich von den meisten anderen Namenarten dadurch, dass sie rezent in der Regel zweiteilig sind (vgl. Abbildung 1). Im Untersuchungszeitraum 2011–2014 sind 305 von 327 verschiedenen Namen zweiteilig, also 93 %. 1989–1994 waren es geringfügig weniger, nämlich 92 %, 141 von 153 Messen. 1964–1967 jedoch waren zweiteilige Namen noch in der Minderheit mit 28 von 61 Messen, also 46 %.

Der zweite Teil ist zuweilen weiter unterteilt, z. B. *A + A – Persönlicher Schutz, betriebliche Sicherheit und Gesundheit bei der Arbeit – Internationale Fachmesse mit Kongress*. Aufgrund der Struktur dieser Namenbestandteile, die unter 4.2 näher erläutert wird, ist es aber nicht sinnvoll, von drei- oder gar vierteiligen MesseN zu sprechen.

---

13 S. auch NÜBLING, FAHLBUSCH & HEUSER (²2015: 278–287).

14 Zu Problemen der Abgrenzung zwischen Praxonymen und Ergonymen s. auch den Beitrag von HOFFMANN in diesem Band.

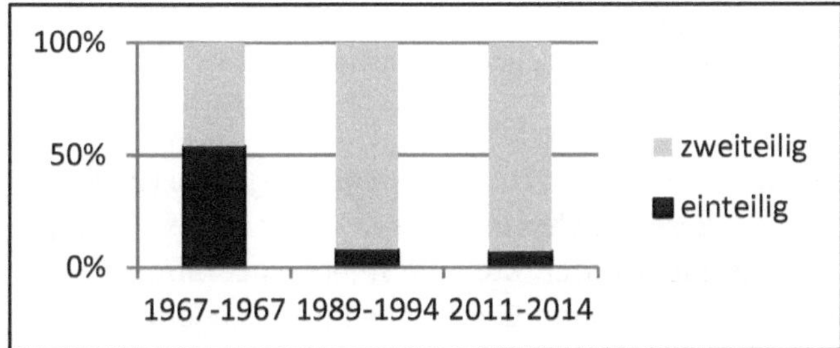

Abb. 1: Umfang der Messenamen

Die in den letzten beiden Untersuchungszeiträumen seltenen einteiligen Namen entfallen vor allem auf Messen mit langer Tradition wie die *Frankfurter Buchmesse* oder die *IAA Nutzfahrzeuge*, die so gut am Markt positioniert sind, dass eine genaue Beschreibung überflüssig ist. Darüber hinaus handelt es sich um Messen, die am gleichen Ort parallel zu anderen stattfinden (z. B. *Deutsche Golfplatztage* und *PLAYGROUND* in Verbindung mit *GaLaBau – Internationale Fachmesse Urbanes Grün und Freiräume*), die sich im Kontext mit anderen positionieren.

4.2 Struktur

Wie können diese Namenbestandteile nun benannt und beschrieben werden? BELLMANN (1986) spricht von einer Lang- und einer Kurzform.[15] Er unterscheidet drei Formen der Kurznamenkonstituierung: „Die Eliminierung mehr oder weniger großer Teile der Lautkette und die daraus resultierende Unterdrückung der erkennbaren Konstituentenbedeutungen" (BELLMANN 1986: 276) stellt die erste Strategie dar. Beispielsweise bildet *DRUPA* die Kurzform, *Internationale Messe Druck und Papier* die Langform. In einem zweiten Verfahren

> wird zwar noch lexikalisch gekürzt, aber die Kürzung hat nicht die kodifizierte Langform zur Grundlage, sondern eine zweite, irreguläre Langform, die keine andere Funktion hat als die, Selektionsgrundlage der Kurzform zu sein. Ein Beispiel: *Oberrheinische Frühjahrsausstellung : FREIGA*. Diese ausdrucksseitige Inkongruenz zwischen offizieller Langform und Kurzform entsteht dadurch, daß Elementselektierung von der offiziell nicht existie-

15 Vgl. VRUBLEVSKAYA (2012: 197): „Die Struktur [der Namen von ökonomischen Events] hat zwei Teile, und zwar eine appellativ-beschreibende Deskription und den eigentlichen Eigennamen."

renden, zweiten Langform **Freizeit und Garten* aus vorgenommen wird. Das heißt: Die Kurzform variiert mit einer Langform, die nicht ihre Kürzungsgrundlage ist.

(BELLMANN 1986: 276)

Als dritte Möglichkeit der Kurznamenkonstituierung nennt BELLMANN (1986: 277) Namen wie *DIDACTA – Europäische Lehrmittelmesse*, bei denen er feststellt: „Diese Kurzformen sind nicht mehr durch Kürzung irgendeines Originals entstanden. Sie sind vielmehr als kurze Motto-Eigennamen der Langform frei hinzugegeben."

Diese Strategien existieren auch im letzten Untersuchungszeitraum 2011–14 noch, nur hat sich wahrscheinlich[16] ihre Gewichtung verschoben. Doch für das Material von 1964–1967 lässt sich konstatieren, dass ohnehin nur in 23 von 61 verschiedenen MesseN Kürzungen vorkommen, davon in 19 Fällen mit der zuerst genannten Kürzungsstrategie, nur in vier Fällen mit der zweiten; die dritte Strategie kommt überhaupt nicht vor. Das Material von 1989–1994 lässt sich mit BELLMANNS 1984 formulierten[17] Kategorien nicht mehr fassen, denn hier tritt eine vierte Art hinzu: Eines oder mehrere Lexeme werden aus dem zweiten Teil herausgegriffen und stehen isoliert oder mit Zusätzen wie dem Messestandort, beispielsweise *boot Düsseldorf – Internationale Bootsausstellung*. Anders als bei BELLMANNS erstgenannter Form der Kurznamenkonstituierung sind solche Namenteile semantisch durchsichtig. Außerdem lösen sich die Grenzen zwischen BELLMANNS anderen Kategorien auf; bei Namen wie *Systec* oder *thermprocess* ist nicht klar, ob sie Kurzformen einer gedachten Langform oder Kunstwörter sind.

Aus dieser Auseinandersetzung mit BELLMANNS Kategorien der Kurznamenkonstituierung gehen zwei Erkenntnisse hervor: Erstens werden die Begriffe *Kurz-* und *Langform* der MesseN-Problematik in der Folgezeit nicht mehr gerecht. Denn bei dieser Terminologie wäre zu erwarten, dass sich beide Teile des Namens sprachlich aufeinander beziehen, was aber in den meisten Fällen nicht gegeben ist. Daher werden im Folgenden die Termini *Titel* und *Untertitel* verwendet, zum einen in Anlehnung an den vom AUMA verwendeten Begriff *Messetitel*, zum anderen in Konnotation zu Bücher- und Vortragstiteln usw., die sich ebenfalls in Titel und Untertitel gliedern lassen.

Zweitens müssen BELLMANNS Kategorien, um die Struktur der Messetitel seit den späten 1980er Jahren zu beschreiben, erweitert und um eine Klassifizierung der Untertitel ergänzt werden. Bei den Titeln können nun vier Arten unterschieden werden (s. Tabelle 1): Die ersten beiden Arten entsprechen BELLMANNS ers-

16 BELLMANN (1986) gibt für sein Material keine nachvollziehbaren Zahlen an.

17 Der Aufsatz basiert auf einem Vortrag von 1984.

ten beiden Kategorien: erstens eine Kurzform, die im Untertitel aufgelöst wird, und zweitens eine Kurzform, die im Untertitel nicht aufgelöst wird. Beide Kategorien sind semantisch opak,[18] im Gegensatz zur dritten Kategorie. Sie umfasst einzelne Lexeme, die den zentralen Gegenstand der Messe bezeichnen. Darunter fallen auch fremdsprachliche Namenteile wie bei *BEAUTY DÜSSELDORF – Internationale Leitmesse Kosmetik, Nail, Fuß, Wellness, Spa*. Die vierte Kategorie umfasst Kunstwörter, die Elemente von 1., 2. und 3. enthalten, semantisch transparent oder zumindest semitransparent sind und dadurch einen Rückschluss auf den Gegenstand der Messe zulassen. Beispiele sind *econstra – Fachmesse für Ingenieurbau, Architektur und Bauwerkserhaltung*, einer Wortkreuzung aus *eco* für *ecology* oder *economy* und *constr-* für *construction* sowie der typischen MesseN-Endung *-a* (siehe unten), oder dem Wortspiel *GiveADays – Internationale Fachmesse für Werbeartikel*. Alle diese vier Arten können um Zusätze wie *international*, dem Messeort oder Ähnliches erweitert sein.

Im Zeitraum 1989–1994 entfielen 28 % aller Titel auf Kategorie 1, 10 % auf Kategorie 2, 33 % auf Kategorie 3 und 29 % auf Kategorie 4. Im Vergleich zum nachfolgenden Untersuchungszeitraum 2011–14 ergaben sich vor allem bei den Kategorien 1 und 2 Veränderungen. Kategorie 1 ist nun mit 13 % wesentlich seltener geworden, stattdessen hat Kategorie 2 ihren Anteil auf 20 % verdoppelt; auf die Kategorien 3 und 4 entfallen 34 bzw. 33 %.

Bei den Untertiteln können folgende Arten unterschieden werden (s. Tabelle 1): erstens die Auflösung einer im Titel genannten Abkürzung wie bei *IDS – Internationale Dental-Schau*; zweitens eine teilweise sehr detaillierte Deskription dessen, was auf der Messe zu sehen ist, z. B. *INTER BRUSH – Die weltweit führende Fachmesse für Maschinen, Material und Zubehör der Bürsten-, Pinsel-, Farbroller- und Mopindustrie*. Die dritte Kategorie bilden Werbeslogans wie bei *transport logistic – THE LEADING EXHIBITION*. Die Kategorien 2 und 3 gehen häufig ineinander über. Zudem treten alle drei Kategorien teilweise auch in Kombination auf, vor allem bei mehrteiligen Untertiteln wie bei *EPF – Estrich-ParkettFliese – Fachmesse Fußbodenbau* oder bei der bereits erwähnten *IFAT – resources.innovations.solutions. – Weltleitmesse für Wasser-, Abwasser-, Abfall- & Rohstoffwirtschaft*.

---

18 Bellmann (1986: 276): „Nun ist diese Opakheit allerdings abgestuft, je nach Kürzungstyp und der Segmentbreite der Auswahl. *DRUPA* ist weniger opak als *IBA*. Wir sprechen von gestufter Restmotivation."

Tab. 1: Klassifizierung von Messetiteln und -untertiteln

Messetitel	
Titel	**Untertitel**
1. Kurzform, die im Untertitel aufgelöst wird 2. Kurzform, die im Untertitel nicht aufgelöst wird 3. Lexeme, die den zentralen Gegenstand der Messe bezeichnen 4. Kunstwörter, die Elemente von 1., 2. und 3. enthalten	1. Auflösung einer im Titel genannten Abkürzung 2. Deskription des Messegegenstands 3. Werbeslogan
+ Erweiterung um Zusätze wie *international*, dem Messeort usw.	→ Vermischung von 2. und 3. möglich → Kombination aus allen drei Typen möglich, besonders bei mehrteiligen Untertiteln

Die Entwicklung 2011–2014 und auch der Vergleich mit den Daten von 1989–1994 zeigen, dass Änderungen am MesseN vor allem den Untertitel betreffen. Diese sind häufig Ausdruck eines sich wandelnden Geschäftsfeldes wie bei der *econstra – Fachmesse für Ingenieurbau und Bauwerksinstandsetzung*, die 2014 *econstra – Fachmesse für Ingenieurbau, Architektur und Bauwerkserhaltung* hieß, also die Architektur in den Untertitel aufnahm und nun von *Bauwerkserhaltung* statt *-instandsetzung* spricht. Oder die Werbeaussage wird als unpassend empfunden wie bei *EuroShop – The World's Leading Retail Trade Fair* (2014), die 2012 bescheidener *EuroShop – The Global Retail Trade Fair* hieß. Selten ändert sich der Titel, und wenn, dann sind es eher graphematische Anpassungen wie bei *boot-Düsseldorf – Internationale Bootsausstellung* (2011) versus *boot Düsseldorf – Internationale Bootsausstellung* (2014), also mit und ohne Bindestrich.[19]

Diese Stabilität des Titels bzw. Wandelbarkeit des Untertitels ist einer der Aspekte, die zeigen, dass der Titel dem Ideal eines EigenN viel näher kommt als der Untertitel. Hinzu kommt, dass der Untertitel durch seine beschreibende und werbende Funktion teils extrem lang und komplex ist, während beim Titel eine Tendenz zur Kürze besteht (s. Tabelle 2) – bis hin zu Minimaltiteln wie *K – Internationale Messe Nr.1 für Kunststoff und Kautschuk weltweit.*

Ein spezifisches EigenN-Inventar leisten sich laut Nübling, Fahlbusch & Heuser ([2]2015: 104) nur prototypische (ältere) Namenklassen wie RufN oder

19 Vgl. für UnternehmensN Kremer (1996: 367–368); Fahlbusch (2011: 62–63).

SiedlungsN. Bei den Untertiteln kann davon keine Rede sein, sie sind – von der Nennung von Messeorten abgesehen – durchweg deappellativisch. Doch unter den Messetiteln gibt es exklusive Namentypen, beispielsweise diejenigen auf *-expo* (< englisch oder französisch *exposition* 'Ausstellung'), wie *Blechexpo* (s. Tabelle 2). Hervorstechend sind aber die Titel auf *-a*. Entstanden sind sie aus Messetiteln mit dem Wort *Ausstellung* als letztem Bestandteil, abgekürzt mit *A*, beispielsweise *ANUGA* < *Allgemeine Nahrungs- und Genußmittel-Ausstellung*, *IFFA* < *Internationale Fleischerei-Fachausstellung* (beide 1965) usw. Diese Endung *-a* (in Verbindung mit dem femininen Definitartikel) wurde derart charakteristisch für Messe- und AusstellungsN, dass sie sich verselbstständigt hat und zu einem onymischen Marker für Messetitel geworden ist. So konnte BAUMANN (2011) seinen eingangs erwähnten Magazin-Artikel mit „Willkommen auf der Absurda" betiteln und dabei davon ausgehen, dass die Leser wissen, dass es sich um einen MesseN handelt. Allerdings ist der Anteil der Messetitel auf *-a* rückläufig: 1964–1967 tritt dieser onymische Marker bei über 60 % aller MesseN mit Kürzung auf, gerechnet auf alle MesseN bei 23 %, im Zeitraum 1989–1994 sind es 29 % aller Titel, 2011–2014 nur noch 15 %.

Gängigen EigenN-Definitionen zufolge dürfen Namen keine lexikalische Bedeutung tragen.[20] Dem werden die Messetitel nur zum Teil, die Untertitel überhaupt nicht gerecht. Denn während der Titel je nach Kategorie und Vorwissen des Rezipienten zum Teil semantisch opak, zum Teil transparent ist, ist der Untertitel stets transparent, was von den Namengebern auch intendiert ist (s. Tabelle 2).

In diesem Zusammenhang steht die Frage nach der Übersetzungspraxis bei den MesseN (s. Tabelle 2). Stichproben bei den aktuellen Messen ergaben, dass auf der englischen Version der jeweiligen Messehomepage der semantisch durchsichtige Untertitel übersetzt wird, beispielsweise deutsch *Wetec – Internationale Fachmesse für Werbetechnik, Digitaldruck & Lichtwerbung* versus englisch *Wetec – International Trade Fair Signmaking, Large Format Printing, Light Advertising, Digital Signage.*[21] Dies dürfte kaum überraschen. Bemerkenswert ist jedoch, dass Titel nicht übersetzt werden, selbst wenn sie transparent sind. Beispielsweise heißt *SCHWEISSEN & SCHNEIDEN – Weltmesse – Fügen, Trennen, Beschichten* auch in der englischen Version *SCHWEISSEN & SCHNEIDEN*, mit Untertitel aber *International Trade Fair Joining Cutting Surfacing.*[22]

---

20 NÜBLING, FAHLBUSCH & HEUSER (^{2}2015: 13–14, 36–37).

21 www.wetec-messe.de/sodcms_uk_index.htm (21.09.2017).

22 www.schweissen-schneiden.com/joining-cutting-surfacing/ (21.09.2017).

Tab. 2: Unterschiede in der Onymizität zwischen Messetiteln und -untertiteln

	Onymische Eigenschaften	
	Titel	**Untertitel**
Stabilität	hoch	niedrig
Länge/Komplexität	wesentlich geringer als beim Untertitel	meist extrem lang und komplex
spezielles Eigennameninventar	teilweise	nein
semantische Transparenz	teils opak, teils (semi)transparent	immer transparent
Übersetzung	nein	ja

Zusammenfassend lässt sich sagen, dass der Untertitel seinem Wesen nach eher eine definite Beschreibung ist, aber durch seine Kopplung an den Titel wiederum Teil eines EigenN[23] – zumindest im Messekatalog des AUMA. Stichproben in Pressemitteilungen und auf den Internetseiten der jeweiligen Messen zeigen indes, dass meist nur der Titel verwendet wird, der Untertitel seltener und wenn, dann nicht unbedingt im genauen Wortlaut. So ist neben einer genauen phonologischen, morphologischen und syntagmatischen Analyse die Pragmatik der Messetitel das wichtigste Desiderat künftiger MesseN-Forschung.

Literatur

BAUMANN, Marc (2011): Willkommen auf der Absurda. *Süddeutsche Zeitung Magazin* 49, 43.

BELLMANN, Günter (1986): Aspekte der Eigennamenvariation. *Beiträge zur Namenforschung. Neue Folge* 21 (3), 272–277.

BRECHTEL, Detlev (2008): Im Namen der Marke. *m+a report* Januar/Februar, 33–34.

FAHLBUSCH, Fabian (2011): Von *Haarmanns Vanillinfabrik* zu *Symrise*, von der *Norddeutschen Affinerie* zu *Aurubis*: Prinzipien des diachronen Wandels von Unternehmensnamen. *Beiträge zur Namenforschung. Neue Folge* 46 (1), 51–80.

KALVERKÄMPER, Hartwig (1978): *Textlinguistik der Eigennamen*. Stuttgart.

KREMER, Ludger (1996): Die Firma. Einige Beobachtungen zur Unternehmens-Namengebung. In Jörg Hennig & Jürgen Meier (Hrsg.), *Varietäten der deutschen Sprache. Festschrift für Dieter Möhn*, 357–370. Frankfurt a.M. u. a.

23 Zum Spannungsfeld zwischen EigenN und definiter Beschreibung s. NÜBLING (2004b); NÜBLING, FAHLBUSCH & HEUSER (^{2}2015: 22–27).

NÜBLING, Damaris (2004a): Zeitnamen. In Andrea Brendler & Silvio Brendler (Hrsg.), *Namenarten und ihre Erforschung. Ein Lehrbuch für das Studium der Onomastik*, 835–856. Hamburg.

NÜBLING, Damaris (2004b): Zum Proprialisierungsgrad von *die neuen Bundesländer*. In Ernst Eichler, Heinrich Tiefenbach & Jürgen Udolph (Hrsg.), *Völkernamen – Ländernamen – Landschaftsnamen. Protokoll der gleichnamigen Tagung im Herbst 2003 in Leipzig*, 225–241. Leipzig.

NÜBLING, Damaris, Fabian FAHLBUSCH & Rita HEUSER (2012, ^{2}2015): *Namen. Eine Einführung in die Onomastik*. Tübingen.

VRUBLEVSKAYA, Oksana (2006): Veranstaltungsnamen – Prinzipien und Verfahren der Nomination von Veranstaltungen im Deutschen und Russischen. *Namenkundliche Informationen* 89/90, 209–219.

VRUBLEVSKAYA, Oksana (2012): Die Pragmatik der Namen von ökonomischen Events. In Holger Wochele, Julia Kuhn & Martin Stegu (Hrsg.), *Onomastics goes Business. Role and Relevance of Brand, Company and Other Names in Economic Contexts*, 195–202. Berlin.

Personen-/Institutionsnamen

Elisabeth Fritz

Cupiddd<3: *MY NAME IS BREONNA BUT I GO BY BREE OR CAKES*

Transparenz und Stellenwert von Benutzernamen in einem britischen Diskussionsforum

Zusammenfassung: Der Umgang mit Benutzernamen in der authentischen Kommunikation hat bisher noch nicht viel Aufmerksamkeit erfahren. Die Untersuchung eines Korpus aus Selbstvorstellungs-Threads von 300 Forennutzern zeigt, wie neben den Benutzernamen häufig die Rufnamen der Namenträger als alternative Benennung miteingebracht werden, die auch von den anderen Teilnehmern als Anredeform gegenüber dem Benutzernamen präferiert wird. Auch komplexere Benutzernamen werden nicht zwangsläufig unverändert übernommen. Damit nimmt der Benutzername kaum noch den Status eines vollwertigen Pseudonyms ein, sondern ist seinem kommunikativen Stellenwert nach eher als „quasi-offizieller" Name zu verstehen, der zwar technologiebedingt gefordert ist, im kommunikativen Austausch aber zugunsten „informellerer" Formen zurücktritt.

Abstract: Management of user names in authentic online interaction has, as of yet, not received much scholarly attention. This investigation into a corpus comprised of the self-introductory threads initiated by 300 forum participants reveals that user names frequently compete with alternative names, viz. most prominently, the users' given names. When forum members address the thread initiators, these given names are usually preferred; if user names are used, they are often truncated. These findings suggest that user names are not established as fully-fledged pseudonyms. They are required by the forum software, but are generally dispreferred by the interactants whenever more „informal" names are available. Thus, they may more accurately be conceptualised as a platform-specific communicative equivalent to a person's official name.

Elisabeth Fritz, Universität Augsburg, elisabeth.fritz@phil.uni-augsburg.de

DOI 10.1515/9783110547023-014

1 Einordnung der Benutzernamen

Im Zuge der Verbreitung von internetgestützten Kommunikationsformen hat eine neue Namenart die Bühne betreten, die ihren festen Platz in der onomastischen Forschungslandschaft noch finden muss (vgl. NÜBLING, FAHLBUSCH & HEUSER [2]2015: 180).

BenutzerN[1] sind Anthroponyme, mit denen sich Personen registrieren, wenn sie auf bestimmten Internetplattformen wie z. B. Chat-Anwendungen, sozialen Netzwerken oder Diskussionsforen – auf die ich mich im Folgenden konzentrieren möchte – in Erscheinung treten und am kommunikativen Austausch teilnehmen wollen.

Üblicherweise werden sie den inoffiziellen PersonenN zugerechnet, die sich nach KANY (1992: 24–29) von den offiziellen (amtlichen) PersonenN vor allem auf der Ebene der Verwendungsmöglichkeiten dadurch absetzen, dass sie nicht juristisch gefestigt sind, und eine Person damit zu verschiedenen Zeiten und in verschiedenen Kontexten (teils ohne ihr Wissen) unterschiedliche Namen tragen kann. Hier tritt also die Frage nach der Adäquatheit der Namenverwendung je nach Kommunikationskontext ganz besonders in den Vordergrund (vgl. auch KANY 1995). Im Gegensatz zum relativ festen Repertoire der offiziellen PersonenN verfügen die inoffiziellen Namen über kaum einschränkbare Bildungsmöglichkeiten und können sich sowohl der Appellativik als auch des tradierten Namenschatzes bedienen (KANY 1992: 33–102). Dieses Charakteristikum weisen auch die BenutzerN auf, wobei diesen aber durch die Hinzunahme von numerischen und Sonderzeichen weiter reichende Möglichkeiten offen stehen (s. Kapitel 2).

Innerhalb der heterogenen Gruppe der inoffiziellen PersonenN verstehen sich die BenutzerN noch am ehesten als Pseudonyme oder DeckN, da diese sich, wie etwa KÜHN (1995) am Beispiel der DeckN inoffizieller Mitarbeiter[2] der Staatssicherheit in der ehemaligen DDR zeigt, vor allem dadurch auszeichnen, dass sie innerhalb klar abgesteckter Verwendungsbereiche fungieren und vom Namenträger selbst im Rahmen eines expliziten Referenzfixierungsaktes gewählt

---

1 Für sie existieren eine Reihe synonymer Termini, die zumeist aus dem Englischen kommen: *nickname, user name, screen name, pseudonym* etc. Für das Deutsche hat sich der Begriff *Benutzername* durchgesetzt, wobei aber, in Anlehnung an die englischen Synonyme, auch z. B. *Nutzername, Spitzname* oder *Pseudonym* Verwendung finden. Im Folgenden soll *Benutzername* (*BenutzerN)* als einheitliche Bezeichnung gewählt werden.

2 Die hier und im Folgenden verwendeten Formen sollen als generische Formen verstanden werden, die sowohl weibliche als auch auf männliche Referenten umfassen.

werden. Primäre Besonderheit der Pseudonyme ist aber, dass sie die dezidierte Funktion haben, an die Stelle eines anderen (des offiziellen) Namens zu treten und diesen zu verdecken (KÜHN 1995: 515). All diese Merkmale sind ebenso typisch für BenutzerN in der computervermittelten Kommunikation (CVK): Sie sind i. d. R. beschränkt auf den Gebrauch innerhalb der spezifischen Plattform (des Forums); die Namengebung erfolgt durch den rituellen, identitätskonstituierenden Akt (LINDHOLM 2013: 437; BEIẞWENGER 2000: 166) der Registrierung, im Zuge dessen sich neue Teilnehmer einen BenutzerN zuweisen. Dieser Name muss innerhalb des Forums einzigartig sein, um seine Monoreferenz zu gewährleisten. Auf den Plattformen wird zudem generell dazu geraten, den BenutzerN so zu wählen, dass er keine Identifikation des Nutzers in der nicht-virtuellen Realität erlaubt. BenutzerN und offizielle (Offline-)PersonenN werden damit prinzipiell – parallel zu Deck- und KlarN – in direkte Opposition zueinander gesetzt.

In der einschlägigen Literatur wird die Frage, ob die so entstandene Pseudonymität der Authentizität des kommunikativen Austauschs zu- oder eher abträglich ist, seit jeher kontrovers diskutiert (vgl. HOGAN 2013). Die stillschweigende Annahme, der BenutzerN fungiere im Diskussionsforum aber als einzige Benennung des jeweiligen Mitglieds, scheint jedoch als allgemeiner Konsens zu gelten und kaum[3] hinterfragt zu werden. Auch die Art und Weise, wie die Kommunizierenden im Rahmen der Foreninteraktion mit dem BenutzerN umgehen, ist bisher nicht Gegenstand gezielter linguistischer Untersuchungen.

Die vorliegende Studie hat sich deshalb zum Ziel gesetzt, sich dem Phänomen der BenutzerN von pragmatischer Seite zu nähern und den kommunikativen Umgang mit BenutzerN (und alternativen auf die Nutzer referierenden Namen) durch die Forenmitglieder selbst näher zu beleuchten. Wie schon der Titel illustriert, muss es nicht zwangsläufig der BenutzerN sein, mit dem sich Mitglieder der Forengemeinschaft vorstellen. Und auch die Adressierungsformen, welche die auf diese Beiträge reagierenden Nutzer wählen, zeigen, wie sehr die BenutzerN in Konkurrenz zu alternativen Namen stehen. Auf diesen Befunden aufbauend soll schließlich die Frage nach den Schlussfolgerungen gestellt werden, die aus diesem Verhalten im Hinblick auf den kommunikativen Status der BenutzerN gezogen werden können.

3 Siehe aber GATSON (2011: 230–233), die ausführt, wie die Begrenzung der Verwendungsbereiche von BenutzerN und alternativen (Offline-)Namen (wie SpitzN, RufN, offizieller GesamtN) aufgeweicht wird, wenn Mitglieder einer Forengemeinschaft beginnen, auch in Offline-Kontexten und/oder über verschiedene Online-Plattformen hinweg (auch solche mit KlarN-Pflicht) Kontakt zu pflegen.

Einführend soll aber zunächst kurz sowohl das Funktionsgefüge beleuchtet werden, in dem der BenutzerN in Diskussionsforen anzusiedeln ist, als auch ein Überblick über die Fragestellungen geliefert werden, mit denen die Onomastik bereits an die BenutzerN herangetreten ist.

2 Funktionen und Typologien von Benutzernamen

2.1 Zentrale Funktionen

Die Funktionen von BenutzerN können allgemein entlang dreier Dimensionen verortet werden: Zunächst dient ein BenutzerN der Identifizierung seines Trägers. Ist dies schon eine Funktion, die EigenN im Allgemeinen auszeichnet, so trifft sie in verstärktem Maße auf die BenutzerN der CVK zu, denn diese müssen technologiebedingt als eindeutige Identifikatoren innerhalb ihres jeweiligen Verwendungsbereichs, d. h. der jeweiligen Plattform (Forum, Chat etc.), fungieren. In diesem Sinne sind sie als Musterbeispiele für Monoreferentialität anzusehen. Über diesen Zwang zur eindeutigen Referenz lassen sich auch häufig anzutreffende Modifikationen eines BenutzerN durch z. B. Substitution von Buchstaben durch Ziffern (*LOU1S3*)[4], Alternanz von Groß- und Kleinbuchstaben[5], oder Zusätze von Sonderzeichen oder u. U. auch Ziffern (*julia_; **wenders**; Abigail2*) erklären, die hauptsächlich der Differenzierung dienen (vgl. Beißwenger 2000: 168).

Die Leistung von BenutzerN reicht aber weit über die reine Identifizierungsfunktion hinaus. Sie stehen in mehr oder weniger ausgeprägter Weise auch immer im Dienste der Selbstdarstellung ihrer Träger und können so als motiviert interpretiert werden (Lindholm 2013: 437). Obwohl in einigen Plattformen (z. B. dem „alten" *Internet Relay Chat*) der BenutzerN ohne größeren Aufwand häufig geändert bzw. neu bestimmt werden kann[6], konstatieren einschlägige Studien einmütig, dass sich die Namenträger i. d. R. stark mit ihrem BenutzerN

4 Soweit nicht anders angegeben, stammen alle Beispiele aus meinem Korpus.

5 Dieser Fall ist im Korpus nicht belegt, wird bei Beißwenger (2000: 168) aber exemplifiziert durch *PaRaNoiA*.

6 Im untersuchten Forum wird der BenutzerN im Zuge der Registrierung festgelegt und kann ohne Rücksprache mit den Administratoren nicht mehr geändert werden. Im Korpus finden sich vereinzelte Threads, in denen sich Nutzer nach einer Namenänderung (teilweise verbunden mit einer Neuregistrierung) (wieder) vorstellen; das tut aber der Annahme einer prinzipiellen Stabilität der BenutzerN keinen Abbruch.

identifizieren und ihn über längere Zeit unverändert beibehalten (vgl. z. B. Bechar-Israeli 1995: o. S.; Cornetto & Nowak 2006: 379; Stommel 2008: 148–149). Sie können verstanden werden als „conscious reflection of the self" (Cornetto & Nowak 2006: 379), anhand derer andere Mitglieder die Online-Identität der Namenträger erkennen und auch bewerten (Cornetto & Nowak 2006: 379). Die Stabilität der BenutzerN ist so gleichzeitig auch eine Voraussetzung für die Ausbildung eines Gemeinschaftsgefühls (vgl. Liu 1999: o. S.).

Studien wie Bechar-Israeli (1995), Stommel (2008), Hassa (2012) oder Lindholm (2013) haben überzeugend gezeigt, wie Nutzer von Foren oder Chats durch die bewusste Wahl ihres BenutzerN bestimmte Facetten ihrer Online-Identität profilieren und sich so im Rahmen ihres Onlineauftritts auf bestimmte Weise inszenieren (vgl. Beißwenger 2000: 165; Lindholm 2013: 438) können (s. auch Kapitel 2.2)[7].

In gewisser Weise kommt gerade den BenutzerN ein zentraler Stellenwert zu, denn sie können als emblematisch für das Spannungsfeld zwischen Anonymität bzw. Pseudonymität und Selbstoffenbarung gelten. Der interpersonale Austausch innerhalb der auf Internetplattformen herausgebildeten Gemeinschaften ist von zwei entgegengesetzten Motiven geprägt, die Arendholz (2013: 115) als Bedürfnis nach Assoziation und nach Dissoziation beschreibt. Während ersteres das Streben der Nutzer nach sozialer Anbindung und Einbringen in die Gemeinschaft beschreibt, das sich nicht zuletzt in der Offenlegung persönlicher Informationen verschiedenster Art manifestiert, zielen dissoziative Bestrebungen prinzipiell auf den „Schutz" der eigenen (Offline-)Identität ab (vgl. auch Hogan 2013: 296–298). Auf die BenutzerN als „Aushängeschild" der Selbstinszenierung ihrer Nutzer wirken diese beiden Tendenzen gebündelt ein. Je nachdem, welches der Bedürfnisse überwiegt, können BenutzerN so entlang eines Kontinuums angesiedelt werden, an dessen einem Ende die Namen einen maximalen Grad an Selbstoffenbarung aufweisen (in Form von KlarN als Kombination aus Ruf- und FamilienN) und an dessen anderem Ende sich maximal opake (i. S. v. nicht mehr deutbare) Namenbildungen finden. Zwischen diesen Polen siedeln sich BenutzerN an, die den KlarN in Teilen und/oder in modifizierter

7 Bei der Frage, wie die Pseudonymität mit Blick auf die entstehende Kommunikation zu werten ist, scheint es keinen eindeutigen Konsens zu geben: Während etwa Jaffee et al. (1999) darauf hinweisen, die Verdeckung der Offline-Identität – hier bezogen auf Geschlechtszugehörigkeit – durch den BenutzerN könne von sozialen Zwängen und Erwartungshaltungen befreien, konstatiert auf der anderen Seite z. B. Wallace (1999: 150–151; vgl. Lindholm 2013: 439) ein gewisses Maß an Selbstoffenbarung (auch durch Offenbarung des realen RufN und/oder FamilienN, vgl. Hassa 2012: 204) sei von großer Bedeutung für die Bildung von Gruppenzusammenhalt und der Ausbildung enger Beziehungen.

Form offenlegen (z. B. *RebeccaBradley*; *PGreen*; *AliceF*; *Alex23*), gefolgt von Namen, die mehr oder weniger deutlich Informationen zu Alter, Geschlecht, Herkunft, Beruf, Interessen etc. des Namenträgers vermitteln (z. B. *welshgirl1990*; *gay steve*; *Loquacious*). Je vager die Bildung wird, desto interpretativer und damit unsicherer wird die Zuschreibung von Attributen, was wiederum symptomatisch ist für das überwiegende Interesse des Nutzers, nicht allzu viel über sich der Öffentlichkeit preiszugeben (vgl. Hassa 2012: 207).

Die Selbstattribuierung mit bestimmten Eigenschaften wird hauptsächlich ermöglicht durch das breite Spektrum der BenutzerN-Bildungen, die – typisch für die inoffiziellen PersonenN im Allgemeinen (vgl. Kany 1992: 33–79) – auch Rückgriff auf die Appellativik zulassen und die so denotierten Attribute in wörtlichem oder übertragenem Sinn auf die Namenträger anwenden (vgl. Werner 1995: 481). Aber auch durch Nachbenennungen können Konnotationen aktiviert werden, die von der Forengemeinschaft als sinntragend im Hinblick auf die Charakterisierung der jeweiligen Nutzer interpretiert werden können. Die Auswahl der Elemente, die die Namenträger über den BenutzerN in den Dienst der Selbstdarstellung stellen, ist dabei häufig den kommunikativen Funktionen, Themen und Zielstellungen der jeweiligen Plattform angepasst (vgl. Stommel 2008: 159; Hassa 2012: 206; Lindholm 2013: 449–452).

Letztlich fungieren die BenutzerN, mit Blick auf die Kommunikationspartner, auch als Aufforderung zur Interaktion. Diese Funktion speist sich grundsätzlich aus der charakterisierenden Komponente, denn die im BenutzerN durchschimmernden Informationen zu Alter, Beruf, Interessen etc. können immer auch als „Orientierungshilfe für die Kontaktaufnahme" (Dorta 2005: 35; vgl. auch Hassa 2012: 202) dienen. Auf der anderen Seite ist sie auch prinzipiell stark mit der sprachlichen Kreativität verbunden, die die Nutzer bei der Wahl ihres Namens demonstrieren. Gerade die obengenannten typographischen Mittel zur Differenzierung sind nicht selten auch durchaus dekorativ und/oder offenbaren eine spielerische Tendenz, die wiederum zur Interaktion anregen soll (vgl. Bechar-Israeli 1995: o. S.).

2.2 Klassifikationen anhand typischer Bildungsmuster

Einer gangbaren Klassifikation von BenutzerN kommt allein schon aufgrund der kaum eingrenzbaren Breite möglicher Bildungen eine wichtige Rolle zu. Abhängig von der jeweiligen theoretischen Herangehensweise, der Datengrundlage und dem Erkenntnisinteresse haben sich unterschiedliche Schwerpunkte bei der Systematisierung herausgebildet. So bietet z. B. Beißwenger (2000) eine strukturelle Typologie der BenutzerN, deren Grundlage der Nukleus bildet, aus dem der BenutzerN mindestens bestehen muss, und der zu komplexeren Namengebilden ausgebaut wird. Diese Zusätze leisten einen unterschiedlich großen Beitrag zum Informationsangebot[8], das die BenutzerN über ihren Träger machen, und so unterscheidet Beißwenger (2000: 168) zwischen den folgenden fünf Typen:

a) Nukleus + Ø (*Debrah*; *Vintage*)
b) Nukleus + graphisches Dekor (*deji:)*; *Charlie<3*; *TH3ORY*)
c) Nukleus + differenzierende Markierung (*Abigail2; hafa786*)
d) Nukleus + Angabe (*silent89*; *karry18*)
e) Nukleus + Spezifizierung (*bubbley-sammy*; *brunettebarbie*; *BeckiBoo*)

Während bei Typen b) und c) die Zusätze primär im Dienste der Differenzierung (Identifizierung) stehen und u.U. noch als Ausdruck eines spielerischen Umgangs mit den Möglichkeiten der CVK gesehen werden können, erlauben Angaben und Spezifizierungen immer deutlicher fassbare Rückschlüsse auf die im BenutzerN konstruierte Identität ihres Trägers. So führt diese Unterscheidung vor Augen, wie formal identische Zusätze wie z. B. Ziffern (aber auch Buchstabenfolgen etc.) entweder als differenzierendes Beiwerk oder als Angabe über das Alter des Nutzers (in Form des Geburtsjahres oder der direkten Altersangabe) interpretiert werden kann. Hier kommt deutlich die Interpretationsleistung des Rezipienten zum Zuge, die stark davon abhängt, dass innerhalb der Gemeinschaft ein grundlegendes Vorwissen über solch typische Formen der Namenbildung als gemeinsam vorausgesetzt werden kann.[9]

Von speziell onomastischer Seite sind BenutzerN bisher i. d. R. im Hinblick auf die bevorzugten Inhaltsbereiche untersucht worden, aus denen die Namenbildungen schöpfen. Hier geht es vor allem um die Zuordnung verwendeter Appellative zu bestimmten Objektbereichen, aber auch Nachbenennungen können nach ihrem Herkunftsbereich eingeordnet werden (vgl. z. B. Runkehl, Schlobinski & Siever 1998: 86). Auf diese Weise stellt z. B. Bechar-Israeli (1995: o. S.) eine Klassifikation von BenutzerN auf, in der sie nach folgenden sieben Haupttypen differenziert:

a) reale Namen als BenutzerN (*Alisa*)

---

8 Beißwenger unterscheidet in seiner formbasierten Typologie nicht zwischen einem Nukleus in Form eines EigenN und einem aus der Appellativik gespeisten Nukleus; insofern ist natürlich schon das Ausgangsbedeutungspotenzial ein anderes, denn selbst minimale BenutzerN wie *Alisa* oder *Eloquence* lassen ganz unterschiedlich geartete Aussagen über ihre Träger zu.

9 Dieses Vorwissen kann sowohl allgemeiner Natur sein und sich auf die in der CVK üblichen Abkürzungen und Namenbildungsmuster beschränken, aber auch Wissensmuster miteinbeziehen, die spezifisch sind für bestimmte Interessensgruppen (vgl. Lindholm 2013: 446–447).

b) BenutzerN, die sich direkt auf das konstruierte Selbst beziehen lassen (*cornishlad*)
c) BenutzerN aus dem Bereich der Medien, Technologie und deren Charakter (*http.bri*; *NadzTS*)
d) BenutzerN, die sich aus den Bereichen der Flora, Fauna und weiterer Objekte speisen (*rosebud*; *turtle09*)
e) Wortspiele und lautmalerische Bildungen (*RA WWR*)
f) BenutzerN mit Verweisen auf bekannte reale oder fiktionale Personen (aus Literatur, Film oder Märchen) (*Jane_eyre22*)
g) BenutzerN, die provozieren wollen durch Referenz auf Sex oder andere Tabus (*E Normus Johnson*)

Andere Klassifikationen bauen grundsätzlich auf dieser Typologie auf, wobei die Kategorien je nach Erkenntnisinteresse abgewandelt werden. So klassifiziert etwa Hassa (2012) die BenutzerN in einem marokkanischen Chat nach elf Kategorien, die sich danach richten, welche kulturellen und religiösen Identitäten darin kodiert werden. Lindholm (2013) verwendet Bechar-Israelis Klassifikationsschema und demonstriert, wie sich die Grice'schen Maximen der Qualität, Quantität, Relation und Art und Weise auf die BenutzerN als „mini-propositions" (Lindholm 2013: 437) gewinnbringend anwenden lassen. Stommel (2008) wendet ein ähnliches Klassifikationsschema an und kategorisiert BenutzerN eines deutschsprachigen Diskussionsforums nach Nachbenennungen, Neubildungen und appellativischen Bildungen (Stommel 2008: 150). Ihre Studie demonstriert überzeugend, wie gerade die auf Appellativen fußenden BenutzerN auch über ihre wörtliche Denotation hinausgehend als Beiträge zur Selbstdarstellung ihrer Träger gelesen werden können, indem über assoziative Wege bestimmte Attribute evoziert werden, die besonders im Verständniskontext der thematischen Ausrichtung des Forums an Salienz gewinnen. Auf diese Weise werden in einem Forum zum Thema Essstörungen bei der Interpretation von BenutzerN wie *Schattenvoegelchen* oder *Kellerkind* (Beispiele aus Stommel 2008: 152–156) vorrangig Attribute wie Zierlichkeit, Depression oder Kindlichkeit evoziert, wobei diese Attribute prinzipiell immer sowohl als wahrheitsgetreue Beschreibungen der Träger als auch als Ausdruck bestimmter Wunschvorstellungen verstanden werden können (Stommel 2008: 151–158).

Eine solche Analyse von BenutzerN gestaltet sich grundsätzlich schwierig aufgrund der Tatsache, dass die Bildungen oft für den außenstehenden Beobachter (mitunter gewollt) nicht interpretierbar sind, da sie z. B. vollkommen undurchsichtig sind oder mehrere Deutungsmöglichkeiten in Frage kommen, aus denen man ohne Kenntnis der Primärmotivation (des Trägers bei der Namenbildung) nicht auswählen kann. Die hier genannten Studien wählen eine von zwei grundsätzlichen Herangehensweisen: Entweder werden in die Analyse der Namenbildungen Informationen der Namenträger selbst zu ihren Intentionen bei der Namenwahl miteingebunden; das kann über explizite Befragungen geschehen (vgl. teilweise Bechar-Israeli 1995) oder über Auswertung von Kommentaren zur Namenmotivation, die die Namenträger gegenüber anderen Forenmitgliedern machen (vgl. Lindholm 2013) – wobei diese Informationen auch im Rahmen einer aktiven Teilnahme in der Plattform gewonnen werden können (vgl. Gatson 2011). Alternativ kann die Klassifikation rein interpretativ und ohne Berücksichtigung der tatsächlichen Motivation der Namenträger selbst erfolgen (vgl. Stommel 2008; Hassa 2012). Letztere kann immer nur Vermutungen über die Primärmotivation der Namenbildungen anstellen, birgt aber den Vorteil, dass sie aus einer ähnlichen Situation heraus entsteht wie die, in der sich die Forenmitglieder sehen, wenn sie einem neuen Mitglied (mit einem neuen BenutzerN) begegnen, und sich die Interpretationsbemühungen so stark annähern dürften[10].

3 Die Verwendung von Benutzernamen im kommunikativen Austausch

Auf Grundlage der Vorarbeiten zur Analyse von BenutzerN in Isolation will die vorliegende Studie untersuchen, wie die BenutzerN in der authentischen Kommunikation im Thread durch die Forenteilnehmer verwenden werden. Hierbei wird das Augenmerk auf drei grundlegende Fragekomplexe gerichtet: 1) Wie

10 Hier bleibt anzumerken, dass die Forenteilnehmer als Mitglieder derselben Gemeinschaft auch ohne bereits explizit (im Zuge des kommunikativen Austauschs) geteiltes Wissen auf ein als gemeinsam angenommenes Vorwissen zurückgreifen können (vgl. Lee 2001), um BenutzerN zu interpretieren; hierunter zählt neben dem sprachlichen und Namenwissen (vgl. Ittner 2007: 159) vor allem auch das Vorwissen über allgemeine Konventionen und gängige Bildungsmuster der Pseudonyme innerhalb der CVK sowie spezifischeres Wissen zur thematischen, sozialen etc. Ausrichtung der jeweiligen Plattform. Vor diesem Hintergrund gehen die Rezipienten bereits mit einer bestimmten Erwartungshaltung an die BenutzerN heran und können so relativ gezielte Arbeitshypothesen über die Interpretierbarkeit der BenutzerN erstellen, die im Zuge des im Laufe der Foreninteraktion wachsenden Wissens über den Namenträger stetig überprüft und ggf. angepasst werden. Prinzipiell sieht sich aber ein außenstehender Beobachter, was die Interpretation der BenutzerN angeht, in einer ähnlichen Lage wie die Forenteilnehmer bei ihrer ersten Begegnung mit ihm, sodass eine Analyse von BenutzerN-Bildungen ohne Vorwissen über die Träger durchaus valide sein kann.

sind die BenutzerN im Spannungsfeld zwischen Pseudonymen und KlarN einzuordnen? Dienen sie tatsächlich durchgängig der Verdeckung der realen Namen ihrer Träger bzw. inwieweit sind die realen Namen der Nutzer in den BenutzerN-Bildungen angelegt? 2) Herrscht innerhalb des Forums Einnamigkeit vor oder werden alternative Benennungen mit in die Kommunikation eingebracht? Und wenn der BenutzerN in Konkurrenz zu alternativen Namen steht, 3) welche Präferenzen lassen sich erkennen hinsichtlich der Namenverwendung durch die Forengemeinschaft?

Ausgehend von den Ergebnissen dieser einzelnen Analyseschritte soll im letzten Schritt nach Erklärungsansätzen gesucht werden und geklärt werden, welche Implikationen sich daraus für die Einschätzung des Stellenwerts ergeben, den die BenutzerN innerhalb der Forenkommunikation von den Teilnehmern zuerkannt bekommen. Die Art und Weise, wie die Forenmitglieder in den untersuchten Threads mit den verschiedenen Namen und Namenformen umgehen, gibt Grund zur Annahme, dass BenutzerN – statt als vollwertiges Pseudonym für eine bestimmte Person für den Zweck der Kommunikation auf einer bestimmten Online-Plattform – eher als einer unter mehreren alternativen Namen gesehen werden sollte, der jedoch innerhalb der Plattform als der Name verhandelt wird, der in seiner kommunikativen Funktion am ehesten dem offiziellen Namen in der nicht-virtuellen Lebenswelt entspricht.

3.1 Datengrundlage und Methodik

Das dieser Untersuchung zugrunde liegende Datenmaterial umfasst 300 BenutzerN aus einem öffentlich zugänglichen britischen Diskussionsforum. Die BenutzerN sind den zum Datum der Korpuserstellung (21.08.2014) neuesten Threads in der Kategorie *Introduce Yourself* entnommen, wo sich (vorrangig neue) registrierte Nutzer aktiv der Gemeinschaft vorstellen können. Neben den BenutzerN selbst wurden auch die Nachrichten der jeweiligen Threads erfasst, um so die Namenverwendung der Namenträger (in den Thread-initiierenden Postings) sowie die namentlichen Anredeformen, die von den reagierenden Forenmitgliedern in den Folgenachrichten verwendet werden, analysieren zu können.

Das Forum richtet sich an eine britische Zielgruppe zwischen 16 und 25 Jahren und verfolgt keine spezielle thematische Ausrichtung, versteht sich aber unter anderen als Anlaufstelle für Hilfestellungen aller Art. Mit fast 60.000 registrierten Mitgliedern hat es eine überschaubare Größe. Die diskutierten Themen sind breit gefächert und im Allgemeinen typischen Problemen und Interessen dieser demographischen Gruppe angepasst.

Die Analyse der Korpusdaten erfolgt aus der Perspektive eines nichtteilnehmenden Beobachters: Bei der Klassifikation der BenutzerN sowie der weiteren Untersuchung ihrer Verwendung werden lediglich Informationen hinzugezogen, die aus dem direkten (sprachlichen oder nicht-sprachlichen) Kontext des Threads ersichtlich sind. Dieser kann beispielsweise Avatare beinhalten, die im Thread direkt neben dem BenutzerN im Posting des betreffenden Nutzers angezeigt werden und auf die Deutung der Namenbildung disambiguierend wirken können[11]. Informationen, die z. B. aus den Profilangaben des Namenträgers oder aus weiteren Nachrichten in anderen Threads gewonnen werden könnten, werden nicht berücksichtigt. Durch diese rezipientenorientierte Perspektive soll der Deutungshorizont der tatsächlichen Forenmitglieder möglichst getreu widergespiegelt werden, über den sie verfügen, wenn sie eine solche Selbstvorstellung eines neuen Mitglieds lesen, über das sie bisher (noch) nichts wissen.

Abschließend bleibt einschränkend anzumerken, dass aufgrund der relativ geringen Korpusgröße und seiner Beschränkung auf ein einziges Diskussionsforum die hier erarbeiteten Ergebnisse und Schlussfolgerungen nicht ohne weiteres auf andere Diskussionsforen oder gar Internetplattformen ausgeweitet werden können. Die Art und Weise, wie die Kommunizierenden Namen verwenden, hängt von unzähligen kontextuellen Faktoren ab, die in verschiedenen Online-Gemeinschaften ganz unterschiedlich ausgeprägt sein können. Ob sich die hier festgestellten Tendenzen verallgemeinern lassen, ist nur durch weitergehende Studien nachprüfbar.

3.2 Transparenz der Benutzernamen

Um für die nachfolgende Untersuchung der Namenverwendungen eine Ausgangsbasis zu schaffen, werden zunächst alle 300 BenutzerN nach den zugrunde liegenden Bildungstypen klassifiziert. Ausgehend von der Annahme, dass für die Namenverwendung in der Interaktion weniger die semantische Struktur als vielmehr die Nähe zu klassischen Anthroponymen (v.a. den RufN) ausschlaggebend ist, wird zunächst in Hinblick darauf kategorisiert, ob im BenutzerN onymische oder nicht-onymische Basen erkennbar sind. Nachdem bei den einzelnen BenutzerN nicht wie bei tradierten Namen von einem diachronen Wandel

11 So zeigt der Avatar des Mitglieds mit dem BenutzerN *casscub* ein Eisbärenjunges, was eine entsprechende Segmentierung unterstützt und eine Interpretation von *cass* als Reflexion des tatsächlichen RufN nahelegt.

ausgegangen werden kann, verwende ich den Begriff *Transparenz,*[12] um mich auf das Durchscheinen anderer EigenN in den verschiedenen BenutzerN-Bildungen zu beziehen, insbesondere solcher PersonenN, die die Rezipienten sinnvollerweise als KlarN der jeweiligen Nutzer interpretieren dürften. Die Konzentration auf eine rezipientenorientierte Sichtweise hat natürlich zur Folge, dass es sich hier nur um Annahmen handeln kann, deren Richtigkeit nicht durch Befragung der Namenträger überprüft wird.

Die BenutzerN verteilen sich auf sechs verschiedene Bildungstypen (Tabelle 1). Die Klassifikation erfolgt, wie bereits ausgeführt, ohne Hinzunahme von über den jeweiligen Thread hinausgehenden Informationen; diejenigen Informationen, die die Namenträger in ihren Vorstellungen preisgeben, werden aber berücksichtigt und sind in einigen Fällen ausschlaggebend für die jeweilige Klassifikation.

Tab. 1: Bildungstypen der Benutzernamen und ihre Verteilung

Kategorie	**Frequenz (n=300)**		**Beispiele**
BenutzerN mit onymischer Basis			
1. RealN	121	40,3 %	*FloydLyons*; *PGreen*; *xXAislynnXx*; *Lauu*; *LOU1S3*; *JessieD567*; *Chloexx*; *CarrieW*
2. sonstige PersonenN i. w. S.	10	3,3 %	*bloody_mary18*; *Snoopy61*; *Cupiddd<3*; *cheesebob*; *Superwoman22*; *Whirlpool*
3. sonstige Namen	12	4 %	*LuckyStrike*; *Fannybygaslight*; *superfly47*; *RaraAvis*; *apexis*; *purple_rain*; *Wanderwall*; *LilliRose*; *bleedfortheartist*
BenutzerN als Kombination von Basen unterschiedlicher Kategorien			
4. Kombination	28	9,3 %	*http.bri*; *TiggerTears*; *ofmiceandkatiee*; *betsiebadger*; *Lou.loser*; *casscub*; *meganaramarama*; *bubbley-sammy*; *gay steve*; *bennyboy123*; *lilmisshannah234*

12 Vgl. Nübling, Fahlbusch & Heuser (^{2}2015: 54–56) zum an der unterschiedlich erkennbaren Anbindung der EigenN an die Appellativik festgemachten Transparenzbegriff.

Kategorie	Frequenz (n=300)		Beispiele
BenutzerN mit appellativischer Basis			
5. Appellative	93	31 %	*starlightxOx*; *welshgirl1990*; *ForeverDorks*; *Vintage*; *liquid-confidence*; *hiddensecret*; *Eloquence*; *Jester 21*; *Crazykiss*; *Faint*; *littlefroggy*; *misscat*; *AngelFace97*; **bubbleblue**; *TastyWheat*; *Wotsit*; *brunettebarbie*; *TH3ORY*; *rosebud*
opake BenutzerN			
6. nicht klassifizierbar	36	12 %	*bnk985*; *laskey*; *LP1234*; *doublejm1*; *Cazzoo*; *RAWWR*; *Ffrrrrr*; *TAPPA69*; *Fura*

Die BenutzerN der Kategorien 1–3 zeichnen sich durch Nuklei aus, die dem onymischen Bestand entnommen sind. In der Kategorie der RealN handelt es sich um klassische Anthroponyme, die als reale Namen der Träger verstanden werden können; diese BenutzerN können also als transparent im obengenannten Sinne gelten. Diese Namenbildungen umfassen verschiedene Kombinationen aus RufN[13] und FamilienN, ggf. mit Zusätzen und/oder Modifikationen (z. B. *Sameera*; *Charlie<3*; *LOU1S3*; *PGreen*; *MeganGrace*; *typerry92*). Auch akronymische Bildungen werden zu den transparenten BenutzerN gezählt, sofern sie sich unter Zuhilfenahme des unmittelbaren Kontexts (v.a. die Namenverwendung der Namenträger in der Selbstvorstellung) als Reflexion des KlarN deuten lassen. Bei den Bildungen nach Kategorie 2 und 3 handelt es sich um offensichtliche Nachbenennungen, wobei die Verwechslungsgefahr zu den voll transparenten Bildungen bei Kategorie 2 höher ist, weil die Basis hier jeweils ein Anthroponym im weiteren Sinne[14] ist, das auf bekannte fiktive, historische usw. Figuren referiert. Da es sich bei den Namenbildungen der Kategorie 3 um Nach-

13 Unter RufN schließe ich im Folgenden auch gängige Koseformen der vollen RufN mit ein (wie z. B. *Charlie* für *Charles*; *Jessie* für *Jessica* etc.).

14 Die Ergänzung „im weiteren Sinne" soll verdeutlichen, dass es sich hier nicht immer um Namen *menschlicher* Referenten handeln muss. Die Kategorie schließt auch solche Fälle mit ein, in denen die BenutzerN als Nachbenennungen nach weitgehend anthropomorphisierten Figuren erkennbar sind, selbst wenn es sich dabei strenggenommen nicht um Menschen handelt. Ein Grenzfall ist dabei sicherlich der Name *Whirlpool*, der laut Angaben des Namenträgers bzw. der Namenträgerin selbst der Name eines Haustiers ist. Das ausschlaggebende Kriterium ist hier, dass es sich bei den ursprünglichen Referenten um belebte und agentive Individuen handelt (vgl. NÜBLING, FAHLBUSCH & HEUSER ^{2}2015: 99–104), die somit als weitaus menschlicher bzw. menschenähnlicher wahrgenommen werden als etwa Artefakte und andere unbelebte Referenten (s. Kategorie 3).

benennungen nach unbelebten Gegenständen wie bekannten Songs (*Wanderwall*), Filmen (*Fannybygaslight*) oder auch MarkenN (*LuckyStrike*) handelt, ist hier eher eine Verwechslung mit rein appellativischen Bildungen möglich.

Kategorie 4 stellt eine Zwischenform dar. Hier kombinieren die Namenträger Basen aus verschiedenen Kategorien, in den meisten Fällen[15] onymische und nicht-onymische Basen. Der onymische Bestandteil der Namen kann als KlarN ersichtlich sein (*bubbley-sammy*; *http.bri*[16]), aber auch einer Nachbenennung wie der in Kategorien 2 und 3 entsprechen (*TiggerTears*). Kategorie 5 umfasst BenutzerN, die keinerlei onymische Basis erkennen lassen. Während die wörtliche oder übertragene Bedeutung zwar eine Charakterisierung der Namenträger zulassen kann, geben die Bildungen keinerlei Hinweis auf die KlarN. BenutzerN, die sich nicht mit einem gewissen Grad an Sicherheit einer der oberen Kategorien zuordnen lassen, werden schließlich der Kategorie 6 (nicht klassifizierbar) zugewiesen und dementsprechend als opak gedeutet.

Diese erste Klassifizierung der Bildungstypen zeigt bereits, wie viele Nutzer sich für einen BenutzerN entschlossen haben, der sich – zumindest aus der hier eingenommenen rezipientenorientierten Perspektive – am KlarN zu orientieren scheint, selbst wenn der konkrete KlarN nicht immer aus der Bildung eindeutig abgeleitet werden kann. Neben den 121 voll transparenten BenutzerN der Kategorie 1 müssen hierzu auch 22 der kombinatorischen Bildungen (aus Kategorie 4) gezählt werden, die offensichtlich vom RufN des Namenträgers Gebrauch machen. Damit ist in insgesamt 142 der 300 Fällen (47,3 %) im Korpus der KlarN nicht vollständig durch ein Pseudonym verdeckt[17].

3.3 Namenangebot im Forum: Benutzernamen vs. Rufnamen

Die Klassifikation der Bildungsweisen soll nun mit dem Umgang mit Namen durch die Forennutzer selbst in Verbindung gebracht werden. Dazu wird im

15 Kombinationen aus KlarN und Nachbenennung sind im Korpus nur dreimal belegt (*ofmiceandkatiee*; *Hannisnotonfire*; *lady emily*). Interessanterweise werden die Bildungen in allen drei Fällen von den Namenträgern selbst erläutert.

16 Akronyme u. ä. neben einer onymischen Basis werden als nicht-onymische Basis gewertet, wenn ihnen eine offensichtliche deskriptive Bedeutung zugewiesen werden kann.

17 Diese Zahlen decken sich mit den Ergebnissen früherer Studien, die den Anteil der aus KlarN (zumeist RufN) gebildeten BenutzerN, in chronologischer Reihenfolge der Datenerhebung, bei 7 % (Bechar-Israeli 1995: o. S.), 33 % bzw. 36 % (je nach Forum; Lindholm 2013: 443) und 35 % (Hassa 2012: 203) ansiedeln. Möglicherweise zeichnet sich hier ein Wandel hin zu einer Präferenz transparenterer BenutzerN-Bildungen ab (vgl. Lindholm 2013: 443).

ersten Schritt das Augenmerk darauf gerichtet, welche Namen die Namenträger selbst in ihren Selbstvorstellungen in den jeweiligen Threads verwenden. Die Analyse ergibt, dass deutlich über die Hälfte der Nutzer (64 %) ihren realen RufN der Forengemeinschaft mitteilt, und zwar über einen transparenten BenutzerN und/oder explizit über die Selbstvorstellung mit RufN (Tabelle 2):

Tab. 2: Bekanntheitsgrad realer Rufnamen im Korpus

Bekanntheitsgrad	Frequenz	
realer RufN bekannt	193	64,3 %
realer RufN unbekannt	103	34,4 %
unklare Fälle	4	1,3 %

Dieses Ergebnis zeigt, dass die Namenträger selbst, unabhängig vom gewählten Bildungstyp, zu einem beträchtlichen Anteil ihren BenutzerN nicht als vollgültiges Pseudonym verstehen, hinter dem sie ihre RealN verstecken. Die BenutzerN fungieren in diesen Fällen vielmehr als alternative Namen, die in deutlicher Konkurrenz stehen zum realen RufN.

Um zu eruieren, in welchem Verhältnis nun die von Seiten der Namenträger angebotenen Namen stehen, wird in Tabelle 3 dieses Namenangebot weiter aufgeschlüsselt. Ausgehend vom Angebot des realen RufN und dessen Erschließbarkeit aus dem BenutzerN werden fünf Kategorien aufgestellt.

Tab. 3: Kategorisierung nach Verhältnis verfügbarer Namen

Kategorie		Frequenz (n= 296)[18]		Bildungstypen (Anzahl)	Beispiele
I	RufN im BenutzerN voll transparent	132	44,6 %	Kat. 1 (114), Kat. 4 (18)	*LOU1S3* (*Louise*); *MillieA* (*Matilda*); *MeganGrace* (*Megan*); *lilmisshannah* (*Hannah*); *bubbley-sammy* (*Sammy*)

18 Die vier unklaren Fälle (s. Tabelle 2) werden für die weitere Analyse nicht berücksichtigt.

Kategorie		Frequenz (n= 296)[19]		Bildungstypen (Anzahl)	Beispiele
II	RufN im BenutzerN angelegt	10	3,4 %	Kat. 1 (7), Kat. 4 (3)	*PGreen* (*Pippa*); *lbrum* (*Laura*); *Sgee* (*Steffani*); *marajuana* (*Tamara*); *meganaramarama* (*Megan*)
III	RufN nur scheinbar im BenutzerN angelegt	7	2,3 %	Kat. 2 (5), Kat. 3 (1), Kat. 4 (1)	*cheesebob* (*Isy*); **simba** (*Sam*); *bloody_mary18* (*Cheyenne*); *LilliRose* (*Cassie*); *betsiebadger* (*Vic*)
IV	RufN nicht im BenutzerN angelegt, aber angegeben	44	14,9 %	Kat. 2 (1), Kat. 3 (2), Kat. 4 (3), Kat. 5 (26), Kat. 6 (12)	*Cupiddd<3* (*Breonna*); *Wanderwall* (*Ami*); *TiggerTears* (*April*); *BubblesGoesBoo* (*Angela*); *Eloquence* (*Aleena*); *BHI* (*Paul*)
V	RufN nicht im BenutzerN angelegt, bleibt unbekannt	103	34,8 %	Kat. 2 (4), Kat. 3 (9), Kat. 4 (1), Kat. 5 (67), Kat. 6 (22)	*Snoopy61*; *Superwoman22*; *LuckyStrike*; *superfly47*; *AKA_K*; *Loquacious*; *brunettebarbie*; *bnk985*; *TAPPA69*

Bei den Nutzern der Kategorien I–IV sind die realen RufN bekannt. Während innerhalb der Kategorie I die RealN transparent aus den BenutzerN ableitbar sind, sind die Rezipienten in den Kategorien II–IV auf die explizite Nennung des RufN durch die Namenträger angewiesen[20], da diese in abnehmendem Maße aus den BenutzerN ersichtlich sind. In den BenutzerN der Kategorie II sind die RufN der Nutzer in den Bildungen offensichtlich angelegt, jedoch bedarf es der expliziten RufN-Nennung, um den konkreten RufN erkennen zu können. Kategorie IV beinhaltet BenutzerN, die für Reflexionen der realen RufN interpretiert werden könnten, die Nennung der RufN durch die Namenträger aber zeigt, dass es sich um Nachbenennungen handelt. Zwischen den BenutzerN der Kategorien IV und V gibt es formal keine Unterschiede; in beiden sind die BenutzerN deutlich erkennbar nicht auf der Grundlage der RufN ihrer Träger gebildet. In Kategorie IV jedoch machen die Namenträger zusätzliche Angaben zu ihrem RufN; in Kategorie V bleiben die realen Namen gänzlich unbekannt.

19 Die vier unklaren Fälle (s. Tabelle 2) werden für die weitere Analyse nicht berücksichtigt.

20 Der Anteil der expliziten RufN-Nennung in den Kategorien II–IV beträgt dementsprechend 100 %.

Die Kategorien spiegeln das Gefälle wider, das sich jeweils zwischen den BenutzerN und den realen RufN der Träger auftut: Je weiter sich BenutzerN und RufN voneinander unterscheiden, desto mehr fällt auch die Wahl eines Namens für den Gebrauch ins Gewicht, da sie in unterschiedlichem Ausmaß die Trennung zwischen der Identitätskonstruktion im Online- und im Offline-Kontext betonen.

Bei den (stärker oder weniger stark) transparenten Bildungen der Kategorien I und II ist der Unterschied zwischen dem BenutzerN und dem RufN der Namenträger nicht besonders stark ausgeprägt. Bei den in Bezug auf den RufN voll transparenten Bildungen (Kategorie I) ist die RufN-Nennung der Namenträger prinzipiell nicht nötig, um den RufN als alternativen Namen erschließen zu können; dennoch stellen sich hier 94 der 132 Nutzer (71,2 %) ausdrücklich mit ihrem RufN vor.[21] Dies und die generell starke Tendenz zur Vorstellung mit dem realen RufN (Kategorien I–IV) weist darauf hin, dass die Namenträger im Gebrauch selbst eher die RufN als ihre BenutzerN als präferierte Namen ansehen.

Doch auch am anderen Extrem, an dem die Träger intransparenter BenutzerN ihren RufN nicht preisgeben (Kategorie V), beschränkt sich das Namenangebot nicht automatisch auf einen einzigen Namen. 33 der 103 Nutzer (32 %) stellen sich namentlich vor. Dabei gibt die Mehrheit ihren BenutzerN zeichengetreu wieder und bestärkt so seinen Pseudonymstatus. Auf der anderen Seite wird er in 6 dieser 33 Fälle (18,2 %) modifiziert – entweder (mit gleicher Häufigkeit) durch Kürzung (Omission klar erkennbarer Zusätze; z. B. *Snoopy* (von *Snoopy61*)) oder durch „Unterschrift" mit Initial. Dieser Befund ist besonders interessant, zeigt er doch, dass der BenutzerN auch dann von den Trägern nicht unbedingt als unveränderlicher Name verstanden werden muss, wenn er in Bezug auf den realen RufN vollständig intransparent ist und kein Name aus dem nicht-virtuellen Kontext angeboten wird. Alternative Namenangebote können also auch auf solch opaken BenutzerN fußen.

Im nächsten Analyseschritt wird nun zu klären sein, wie die antwortenden Forennutzer in ihren Anredeformen auf dieses unterschiedliche Namenangebot reagieren.

21 Von diesen 94 Nutzern nennen 9 bei der Vorstellung noch einmal ihren BenutzerN. Das geschieht aber immer zusätzlich zur Nennung des RufN.

3.4 Anredeformen: Benutzernamen als präferierte Namen?

Generell zeigt sich bei den Antworten innerhalb der Threads eine recht hohe Tendenz, den sich vorstellenden Nutzer namentlich anzusprechen: Knapp die Hälfte der antwortenden Forenmitglieder (667 von 1479; 45,1 %)[22] nutzen solch eine namenspezifische Anredeform. Auf die einzelnen Threads bezogen fällt in 242 der 296 (81,8 %) Threads mindestens einmal eine solche Namenform, was sich folgendermaßen auf die verschiedenen obengenannten Kategorien verteilt (Tabelle 4):

Tab. 4: Verteilung der Threads mit namentlichen Anredeformen im Korpus

Kategorie		Threads insgesamt	Threads mit namentlicher Anredeform	
I	RufN voll transparent	132	113	85,6 %
II	RufN angelegt	10	9	90 %
III	RufN nur scheinbar angelegt	7	6	85,7 %
IV	RufN nicht angelegt, aber angegeben	44	39	88,6 %
V	RufN unbekannt	103	75	72,8 %

Während der Gebrauch namentlicher Anreden über Kategorien I–IV relativ stabil ist, zeigt sich ein deutlicher Abbruch in Kategorie V, wo nur die BenutzerN der Namenträger bekannt sind, und diese keinerlei Ähnlichkeit zu RufN als prototypische Namenformen haben. Dies kann schon vorsichtig als erster Hinweis[23] darauf gedeutet werden, dass intransparente BenutzerN für den Gebrauch in der Anrede tendenziell eher weniger angenommen werden könnten. Zunächst muss aber die Frage beantwortet werden, welche Namen bei der Wahl der Anredeformen generell präferiert werden.

22 Jeder Autor ist einmal pro Thread gezählt, unabhängig davon, wie oft er innerhalb eines Threads postet oder an wie vielen verschiedenen Threads er sich beteiligt.

23 Dieser Befund darf allerdings nicht überbewertet werden, da es von einer Unmenge von Faktoren abhängt, ob ein Nutzer einen anderen explizit mit einem Namen anspricht oder nicht. Allein auf die „Namenhaftigkeit“ der BenutzerN kann das nicht zurückgeführt werden.

3.4.1 Präferenzen bei divergierenden Rufnamen und Benutzernamen

Dazu wenden wir uns den Fällen zu, in denen der Forengemeinschaft vom Namenträger selbst mehrere (überwiegend zwei) Namen zur Verfügung gestellt wurden, die sich relativ stark voneinander unterscheiden (Kategorien II, III und IV). Hier ist eine Präferenz zugunsten der RufN gegenüber den BenutzerN deutlich zu erkennen (s. Tabelle 5): Während in fast allen Threads mit namenspezifischen Anredeformen mindestens einmal der RufN verwendet wird, erscheint der BenutzerN in weitaus weniger Threads als Anredeform[24].

Tab. 5: Präferenzen der Anredeformen bei divergierenden Rufnamen und Benutzernamen

Kategorie		Threads insgesamt	Threads mit Anrede mit RufN		Threads mit Anrede mit BenutzerN	
II	RufN angelegt	9	9	100 %	2	22,2 %
III	RufN nur scheinbar angelegt	6	6	100 %	3	33,3 %
IV	RufN nicht angelegt, aber angegeben	39	36	94,9 %	10	25,6 %

Die Kategorien II, III und IV zeichnen sich dadurch aus, dass die jeweiligen RufN von den Namenträgern explizit in ihren Vorstellungspostings angegeben wurden. Aus der hier beobachtbaren Präferenz kann also nicht geschlossen werden, ob sie an der unterschiedlichen Wahrnehmung der Namen selbst festzumachen ist oder ob sie nicht vielmehr als Widerspiegelung des Umgangs mit Namen zu deuten ist, den die Namenträger in ihren Selbstvorstellungen vorgeben.

24 Bei dieser Analyse sowie bei den folgenden werden die Vorkommnisse der einzelnen Anredeformen nicht quantitativ erfasst. Die Zahlen lassen keinen Rückschluss darauf zu, wie oft eine bestimmte Anredeform innerhalb eines bestimmten Threads gewählt wurde. Sie erfassen lediglich, welche Form überhaupt verwendet wird. Dabei können selbstverständlich auch verschiedenen Anredeformen für denselben Nutzer im Thread realisiert werden – in den Tabellen werden die Threads für die einzelnen Namenformen getrennt betrachtet.

3.4.2 Präferenzen bei transparenten Benutzernamen

Diese Frage kann anhand der Anredeformen in den Threads der Kategorie I beantwortet werden, wo der jeweilige RufN schon in transparenter Weise im BenutzerN angelegt ist und die antwortenden Nutzer nicht auf eine Explizierung angewiesen sind. Von den 113 Threads dieser Kategorie mit namentlichen Anredeformen können nur die 100 berücksichtigt werden, bei deren Initiatoren sich der BenutzerN vom RufN formal unterscheidet. Vergleicht man die unterschiedlichen Verhältnisse der präferierten Anredeformen zwischen denjenigen Threads, in denen sich der Namenträger ausdrücklich mit seinem RufN vorstellt, und denen, in denen das nicht geschieht, so zeigt sich auf der einen Seite ein leichter Anstieg bei den RufN als Anredeformen (96,2 % vs. 81,9 %); auf der anderen Seite aber geht dieser Anstieg mit einem bemerkenswert starken Abfall der unmodifizierten BenutzerN als Anredeform einher (11,6 % vs. 68,2 %). Generell ist die Varianz in solchen Fällen, in denen die Namenträger ihren RufN explizit aus dem BenutzerN herauskürzen, weit geringer (s. Tabelle 6).

Tab. 6: Anredeformen bei transparenten Benutzernamen (≠ Rufnamen) in Abhängigkeit der expliziten Rufnamen-Nennung

Kat. I (transparenter BenutzerN) mit BenutzerN ≠ RufN	**RufN (inkl. gängige Variation)**		**unveränderter BenutzerN**	
gesamt (n=100)	93	93 %	24	24 %
mit Angabe des RufN (n=78)	75	96,2 %	9	11,6 %
ohne Angabe des RufN (n=22)	18	81,9 %	15	68,2 %

Diese Befunde deuten insgesamt darauf hin, dass die Forenmitglieder sich in der Wahl ihrer Anredeformen durchaus davon leiten lassen, wie die Namenträger selbst mit ihren Namen umgehen, und diese Vorauswahl in ihren Anredeformen reflektieren.

3.4.3 Präferenzen bei unbekannten Rufnamen

Abschließend bleibt zu untersuchen, ob sich auch bei den intransparenten BenutzerN der Kategorie V Tendenzen hinsichtlich präferierter Anredeformen finden lassen. Da hier die RufN unbekannt bleiben, werden die unveränderten

BenutzerN und aus dem BenutzerN abgeleitete Modifikationen als Anredeformen zueinander in Bezug gesetzt und in Abhängigkeit etwaiger Namennennungen durch die Threadinitiatoren betrachtet (Tabelle 7).

Tab. 7: Anredeformen bei unbekannten Rufnamen in Abhängigkeit expliziter Namennennungen

Kat. V (RufN nicht im BenutzerN angelegt, unbekannt)	**unveränderter BenutzerN**		**segmentierter BenutzerN (gemäß Vorgabe)**		**segmentierter BenutzerN (ohne Vorgabe)**	
gesamt (n=75)	61	81,3 %			23	30,7 %
mit namentlicher Vorstellung (BenutzerN) (n=25)	24	96 %			4	16 %
mit namentlicher Vorstellung (segmentierter BenutzerN) (n=5)	3	60 %	4	80 %	1	20 %
ohne namentliche Vorstellung (n=45)	34	75,6 %			18	40 %

Auch hier bestätigt sich die Präferenz der antwortenden Teilnehmer, diejenigen Namenformen zu verwenden, die die Namenträger in ihrer Selbstvorstellung ausdrücklich vorgegeben haben. Die explizite Namennennung scheint also die genannte Namenform in der Threadkommunikation stärker als festen EigenN zu etablieren. Bei den (sowohl von den Namenträgern als auch den anderen Mitgliedern) segmentierten Formen der BenutzerN handelt es sich in der überwiegenden Mehrheit um Omissionen von offensichtlichen Zusätzen wie Ziffern oder Zeichen (s. Kapitel 3.3). Wie auch schon beim Namengebrauch in der Kategorie I tritt bei den intransparenten BenutzerN bezüglich der Anredeformen eine beträchtliche Variation auf, wenn die Namenträger in ihrer Vorstellung keine Namenform anbieten. Das signalisiert einmal eine größere Unsicherheit vonseiten der Forengemeinschaft hinsichtlich der zu gebrauchenden Anredeform. Zum anderen gibt die Varianz aber auch zu erkennen, dass der BenutzerN an sich weitaus nicht immer als fester (im Sinne von unveränderbarer) Name interpretiert wird.

Als besonders interessant in Bezug auf die Wahrnehmung von BenutzerN als fest oder verkürzbar stellen sich diejenigen (insgesamt 11) Fälle heraus, in denen reagierende Forennutzer komplexere BenutzerN-Bildungen selbständig auf eine Weise segmentieren, die über das reine Wegnehmen klar ersichtlicher Zusätze hinausgeht, denn hier tritt deutlich das Bestreben der Nutzer zutage, komplexe intransparente BenutzerN in eine namentypischere Form zu bringen. Dabei machen sie von zwei grundlegenden Strategien Gebrauch (s. Tabelle 8).

Tab. 8: Bildungsstrategien neuer Anredeformen bei intransparenten Benutzernamen

<table>
<tr><th>BenutzerN</th><th>Anredeform</th><th colspan="2">Strategie</th></tr>
<tr><td>Jane_eyre22</td><td>Jane</td><td rowspan="7">Interpretation des BenutzerN als klassische Namenform (v.a. GesamtN)</td><td rowspan="5">Isolierung und Nennung des vermeintlichen RufN</td></tr>
<tr><td>RaraAvis</td><td>Rara</td></tr>
<tr><td>Blimble Sprent</td><td>Blimble</td></tr>
<tr><td>JellyChew</td><td>Jelly</td></tr>
<tr><td>E Normus Johnson</td><td>Johnson</td></tr>
<tr><td>*bubbleblue*</td><td>Bubbles</td><td rowspan="2">Gebrauch gängiger Bildungstypen für Koseformen</td></tr>
<tr><td>Cazzoo</td><td>Caz; Cazzzzzzzzzzzzzz</td></tr>
<tr><td>Sad Panda</td><td>Panda</td><td rowspan="4"></td><td rowspan="4">Isolierung von Substantiven mit belebten Referenten</td></tr>
<tr><td>AngelFace97</td><td>Angel</td></tr>
<tr><td>raccoon_rocket</td><td>Raccoon</td></tr>
<tr><td>Gothkitty_Spikes3318</td><td>Gothkitty</td></tr>
</table>

Soweit der BenutzerN nicht aus eindeutig appellativischen Elementen gebildet ist, wird er als Struktur onymischer Bestandteile interpretiert, die zusammen im Sinne eines GesamtN gedeutet und von dem für die Anrede der vermeintliche RufN isoliert wird. Bei den beiden Nachbenennungen (*Jane_eyre22* und *RaraAvis*) scheint diese Segmentierung vor allem daraus zu resultieren, dass der betreffende Nutzer die Bildung nicht als Nachbenennung erkannt hat und sie somit als prinzipiell trennbare Namenbildung interpretiert. Die Bildung von *Bubbles* und *Caz* (ebenso in markiert expressiver Form) reflektiert die im Englischen verbreitete KoseN-Bildung durch Kürzung und Endung auf bzw. Anfügen des Sibilanten /z/ (vgl. Insley 2007: 165; de Klerk & Bosch 1996: 538).

Die klar appellativischen BenutzerN-Bildungen der verbleibenden vier Fälle werden verkürzt, indem die jeweiligen Benutzer denjenigen substantivischen Bestandteil der Bildungen isolieren, der einen belebten Referenten (Tier bzw. mythologische bzw. Phantasiegestalt) hat. Diese Kürzungen sind insofern besonders interessant, als in ihnen deutlich sichtbar wird, wie die Forenteilnehmer diese appellativisch gebildeten intransparenten BenutzerN mithilfe ihres Wissens um übliche Namenbildungsstrategien zu interpretieren versuchen. Bezeichnungen für belebte Referenten gehören nach Kany (1992: 143) zu den besonders beliebten Basen für die Übernahme bei der Bildung inoffizieller PersonenN im Allgemeinen. Aufgrund ihrer Belebtheit kommen sie den menschlichen Referenten kognitiv besonders nahe (Nübling, Fahlbusch & Heuser [2]2015: 99–100; Szczepaniak 2011: 342–346); das macht die (häufig metaphorische) Übertragung für Außenstehende besonders evident. Die Kürzung der komplexen BenutzerN auf das Element mit belebtem Referenten kann dementsprechend als Versuch gesehen werden, den Namenbildungsprozess rückgängig zu machen und einen typischeren, einfacheren PersonenN zu erhalten; in Ermangelung einer typischen Namenform (des RufN) greifen die Außenstehenden in diesen Fällen auf den Bestandteil des intransparenten BenutzerN zurück, der noch am typischsten als PersonenN fungieren kann: dem Appellativ mit belebtem Referenten.

Auch wenn diese Fälle im Korpus nicht besonders zahlreich auftreten, zeigen sie doch, wie gerade komplexere intransparente BenutzerN nicht zwangsläufig für die Anrede unverändert übernommen werden. Ebenso wie die transparenten BenutzerN werden sie von den Rezipienten interpretiert und nicht selten auf eine zugänglichere Namenform gekürzt. Diese Tendenzen, zusammen mit dem Befund, dass die Namenträger selbst sich auch häufig unter einer alternativen Namenform (zumeist ihrem RufN) vorstellen, weisen deutlich darauf hin, dass dem BenutzerN von den Kommunizierenden selbst nicht der Status eines vollwertigen Pseudonyms zuerkannt wird, der an die Stelle aller anderen Namen der Namenträger tritt.

4 Diskussion: Stellenwert der Benutzernamen in der Foreninteraktion

Die Untersuchung des Umgangs mit BenutzerN im Rahmen der Kommunikation innerhalb der Selbstvorstellungsthreads hat ergeben, dass BenutzerN – anders als zunächst anzunehmen – nicht als alleinige Benennungen der jeweiligen Mitglieder fungieren, sondern in starker Konkurrenz zu alternativen Namen stehen, die von den Teilnehmern im Thread eingebracht werden. Bei diesen alternativen Namen handelt es sich überwiegend um die RufN der Namenträger, die auch schon in einem großen Teil des Korpus (48 %) in den BenutzerN mehr oder weniger transparent angelegt sind, und über das ganze Korpus mit Berücksichtigung der Selbstvorstellungen in über der Hälfte der Fälle (64,3 %) bekannt werden. Damit kann der BenutzerN nicht mehr als vollwertiges Pseudonym angesehen werden.

Die wahrnehmbare Tendenz zur Angabe des (partiellen) realen Namens ist auch in anderen Studien (z. B. LINDHOLM 2013; HASSA 2012; STOMMEL 2008) festgestellt und gedeutet worden als Ausdruck des Strebens nach einem Gefühl von Authentizität und Aufrichtigkeit (HASSA 2012: 204) – was in der textbasierten CVK nie wirklich zuverlässig nachgeprüft werden kann, durch die Angabe des „wirklichen" Namens aus der nicht-virtuellen Welt jedoch evoziert werden soll. In diesem Kontext mag auch auf der einen Seite die junge Zielgruppe ausschlaggebend sein, die nicht nur mit digitalen Medien im Allgemeinen, sondern bereits mit den interaktiveren Möglichkeiten des Web2.0 aufgewachsen ist und deren Bedenken gegenüber der Preisgabe persönlicher Informationen auf Internetplattformen weniger stark ausgeprägt sein mag, als es noch bei den älteren Generationen der Fall ist. Gerade die jüngere Entwicklung im Bereich der *Social Media* hat, wie HOGAN (2013: 299) ausführt, zur Folge, dass sich Online- und Offline-Lebensräume immer stärker durchdringen und die Kommunikation über Internetplattformen einen immer alltäglicheren Stellenwert einnimmt. Der assoziativere (s. Kapitel 2.1) Umgang mit Namen kann damit auch als Resonanz auf die sich durchsetzende Pflicht zur KlarN-Nennung auf den *Social Media*-Plattformen (vgl. HOGAN 2013) angesehen werden.

Zum anderen spielt sicher auch die übergreifende thematische und kommunikative Ausrichtung der speziellen Plattform eine Rolle. Das hier untersuchte Forum versteht sich als Ort, an dem Jugendliche und junge Erwachsene neben einem ungezwungenen Austausch unter ihresgleichen auch gezielt Hilfestellungen für persönliche Probleme finden können. Auch hierfür lässt sich die weitreichende Preisgabe des RufN als Kompromiss verstehen zwischen dem dissoziativen Bedürfnis, soweit unerkannt zu bleiben, dass der betreffende Nutzer nicht im nicht-virtuellen Kontext identifiziert werden kann, und seinen assoziativen Bestrebungen, über authentische Selbstauskunft die Grundlage für die Ausbildung sozialer Beziehungen zu anderen Nutzern zu schaffen.

Durch die explizite namentliche Vorstellung im Thread können die Namenträger der Gemeinschaft signalisieren, welche Benennung sie präferieren. Aus der Analyse der Anredeformen geht hervor, dass die reagierenden Forenmitglieder diese Vorgabe durchaus aufnehmen. Unabhängig davon, ob die Namenträger explizit Angaben zu ihren RufN machen, scheint generell der RufN – sofern er bekannt ist – als Name für die Anrede beliebter zu sein als der BenutzerN in unveränderter Form; transparente BenutzerN werden häufig von den Antwortenden selbständig auf den erkennbaren RufN gekürzt. Aber auch bei den intransparenten BenutzerN, für deren Namenträger kein RufN angeboten wird, können Modifikationen vorgenommen werden, die in einer einfacheren, prototypischeren Benennung resultieren.

Sowohl die Tatsache, dass andere Teilnehmer selbständig Kürzungen am BenutzerN vornehmen, als auch die Art dieser Kürzungen – zumeist betreffen sie CVK-typische Zusätze im BenutzerN in Form von Ziffern, Zeichen oder einzelnen Buchstaben, können aber auch komplexerer Natur sein (s. Kapitel 3.4.3) – reflektieren die Interpretationsprozesse, die bei der Rezeption der BenutzerN ablaufen. Grundlegend scheint auch hier ein Verständnis für die Typikalität der Namenformen zu sein, die, wie NÜBLING (2000) in Bezug auf EigenN im Allgemeinen ausführt, bereits am Sprachzeichen selbst verankert sind. Diese Typikalität zeigt sich am irgendwie gearteten Anknüpfen „an bereits bestehende bekannte Strukturen" (NÜBLING 2000: 279). Auf den BenutzerN bezogen scheinen diese bekannten Strukturen solche PersonenN-Formen zu sein, die in der alltäglichen, informellen, und nicht-virtuellen Kommunikation häufig auftreten. Insbesondere sind das RufN und gängige Kurzformen davon. Aber auch die in Kapitel 3.4.3 besprochenen auffälligeren Kürzungen zeigen, dass auch unbekannte Formen i. S. v. RufN bzw. bekannten Namenstrukturen interpretiert werden bzw. appellativische Strukturen vor dem Hintergrund des Wissens um übliche Bildungen von KoseN und anderen inoffiziellen Namen „transparent" gemacht werden können. Die eigenständigen Kürzungen untypischerer BenutzerN durch die Forengemeinschaft spiegeln also das Bestreben wieder, die Benennungen soweit zu vereinfachen, dass sie kürzer, memorierbarer und damit auch typischer und offensichtlich geeigneter für ihre kommunikative Verwendung sind.

All diese Befunde geben Grund zu dem Fazit, dass der BenutzerN sowohl von Seiten der Namenträger als auch der Rezipienten weder zwangsläufig als alleinige Benennung noch als unveränderliche Namenform wahrgenommen wird und damit kaum den Status eines vollwertigen Pseudonyms einnimmt. Stattdessen ähnelt er in seiner kommunikativen Funktion eher einem offiziellen Namen, dessen Geltungsbereich auf die Interaktion innerhalb des Forums (quasi als Mikrokosmos) beschränkt ist: Ähnlich wie es beim amtlichen GesamtN der Fall ist, ist seine Existenz für die Teilnahme an der Foreninteraktion eine zwingende Voraussetzung. Dabei gelten auch hier relativ strenge Vorgaben, welche Namen akzeptiert werden; diese Zwänge – jeder Name darf nur einmal vorhanden sein – können bei der Registrierung dazu führen, dass die gewünschte Namenform abgelehnt und modifiziert werden muss. Der BenutzerN als „quasi-offizieller" Name ist allen Teilnehmern bekannt, muss aber nicht der einzige sein, mit dem auf die Namenträger im Forum referiert wird. Diese alternativen Namenformen können sich aus dem BenutzerN ableiten oder von ihm völlig unabhängig sein; der Namenträger kann bei seiner Selbstvorstellung – ähnlich wie in informellen Gesprächssituationen fernab des Internets – Vorgaben machen, welchen Namen er präferiert. Die eher informelleren Tendenzen in der CVK-Kommunikation generell sowie die persönlichere Orientierung des untersuchten Forums im Speziellen erlauben es, die Forenkommunikation als informellen Kommunikationsbereich anzusehen, für dessen Entsprechung in der nicht-virtuellen Kommunikation üblicherweise auf RufN oder andere inoffizielle Namen zurückgegriffen wird (vgl. Kany 1995). Aus diesem Vergleich heraus lässt sich schließlich auch erklären, dass die Forenteilnehmer prinzipiell der Verwendung alternativer („inoffizieller") Namenformen Vorrang vor dem BenutzerN einräumen.

Literatur

Arendholz, Jenny (2013): *(In)Appropriate Online Behavior. A Pragmatic Analysis of Message Board Relations*. Amsterdam, Philadelphia.

Bechar-Israeli, Haya (1995): From <Bonehead> to <cLoNehhEAd>: Nicknames, Play and Identity on Internet Relay Chat. *Journal of Computer-Mediated Communication* 1 (2), o. S.

Beißwenger, Michael (2000): *Kommunikation in virtuellen Welten: Sprache, Text und Wirklichkeit*. Stuttgart.

Cornetto, Karen M. & Kristine L. Nowak (2006): Utilizing Usernames for Sex Categorization in Computer-Mediated Communication: Examining Perceptions and Accuracy. *CyberPsychology & Behavior* 9 (4), 377–387.

Dorta, Gabriel (2005): *Soziale Welten in der Chat-Kommunikation. Untersuchungen zur Identitäts- und Beziehungsdimension in Web-Chats*. Bremen.

Gatson, Sarah N. (2011): Self-Naming Practices on the Internet: Identity, Authenticity, and Community. *Cultural Studies – Critical Methodologies* 11 (3), 224–235.

Hassa, Samira (2012): Projecting, Exposing, Revealing Self in the Digital World: Usernames as a Social Practice. *Names* 60 (4), 201–209.

Hogan, Bernie (2013): Pseudonyms and the Rise of the Real-Name Web. In John Hartley, Jean Burgess & Axel Bruns (Hrsg.), *A Companion to New Media Dynamics*, 290–307. Chichester.

Insley, John (2007): Das englische Personennamensystem. In Andrea Brendler & Silvio Brendler (Hrsg), *Europäische Personennamensysteme. Ein Handbuch von Abasisch bis Zentralladinisch*, 159–169. Hamburg.

Ittner, Antina (2007): Namen – Wissen – Texkonstitution. In Christian Todenhagen & Wolfgang Thiele (Hrsg.), *Nominalization, Nomination and Naming*, 157–168. Tübingen.

Jaffee, Michael J., Young-Eum Lee, Li-Ning Huang & Hayg Oshagan (1999): Gender Identification, Interdependence and Pseudonyms in CMC: Language Patterns in an Electronic Conference. *The Information Society* 15 (4), 221–234.

Kany, Werner (1992): *Inoffizielle Personennamen. Bildung, Bedeutung und Funktion*. Tübingen.

Kany, Werner (1995): Namenverwendung zwischen öffentlich und privat. In Ernst Eichler et al. (Hrsg.), *Namenforschung. Ein internationales Handbuch zur Onomastik*. 1. Teilband, 509–514. Berlin, New York.

KLERK, Vivian de & Barbara BOSCH (1996): Nicknames as Sex-Role Stereotypes. *Sex Roles* 35 (9), 525–541.

KÜHN, Ingrid (1995): Decknamen. Zur Pragmatik von inoffiziellen Personenbenennungen. In Ernst Eichler et al. (Hrsg.), *Namenforschung. Ein internationales Handbuch zur Onomastik.* 1. Teilband, 515–520. Berlin, New York.

LEE, Benny P. H. (2001): Mutual Knowledge, Background Knowledge and Shared Beliefs: Their Roles in Establishing Common Ground. *Journal of Pragmatics* 33 (1), 21–44.

LINDHOLM, Loukia (2013): The Maxims of Online Nicknames. In Susan C. Herring, Dieter Stein & Tuija Virtanen (Hrsg.), *Pragmatics of Computer-Mediated Communication*, 435–461. Berlin, Boston.

LIU, Geoffrey Z. (1999): Virtual Community Presence in Internet Relay Chat. *Journal of Computer-Mediated Communication* 5 (1), o. S.

NÜBLING, Damaris (2000): Auf der Suche nach dem idealen Eigennamen. *Beiträge zur Namenforschung. Neue Folge* 35 (3), 275–302.

NÜBLING, Damaris, Fabian FAHLBUSCH & Rita HEUSER ([2]2015): *Namen. Eine Einführung in die Onomastik.* Tübingen.

RUNKEHL, Jens, Peter SCHLOBINSKI & Torsten SIEVER (1998): *Sprache und Kommunikation im Internet. Überblick und Analysen.* Opladen, Wiesbaden.

STOMMEL, Wyke (2008): Mein Nick bin ich! Nicknames in a German Forum on Eating Disorders. *Journal of Computer-Mediated Communication* 13 (1), 141–162.

SZCZEPANIAK, Renata (2011): Gemeinsame Entwicklungspfade in Spracherwerb und Sprachwandel? Kognitive Grundlagen der onto- und historiogenetischen Entwicklung der satzinternen Großschreibung. In Klaus-Michael Köpcke & Arne Ziegler (Hrsg.), *Grammatik – Lehren, Lernen, Verstehen*, 341–359. Berlin, New York.

WALLACE, Patricia (1999): *The Psychology of the Internet.* Cambridge.

WERNER, Ottmar (1995): Pragmatik der Eigennamen (Überblick). In Ernst Eichler et al. (Hrsg.), *Namenforschung. Ein internationales Handbuch zur Onomastik.* 1. Teilband, 476–484. Berlin, New York.

Katharina Prochazka

Fußballvereinsnamen in Österreich

Bildung, Geschichte und Sprachgebrauch

Zusammenfassung: Dieser Beitrag gibt eine Übersicht über österreichische Fußballvereinsnamen. Nach einer kurzen Geschichte des Fußballsports in Österreich wird der Aufbau der mehrgliedrigen Vereinsnamen analysiert, mit Fokus auf den Agnomina (eine Art Beiname, der den eigentlichen Raum für Individualität bietet) und den in Österreich in großem Ausmaß verbreiteten Sponsorennamen. Außerdem wird der Sprachgebrauch von Vereinsnamen genauer beleuchtet. Dabei wird für die Entwicklung eines femininen Default-Genus für Agnomina argumentiert und seine Entstehung aufgezeigt.

Abstract: This paper provides an overview of Austrian football club names. Following a short history of football in Austria, the structure of multi-part club names is examined as well as the introduction of company names through sponsoring (which is very prevalent in Austria for football club names). The focus of the analysis lies on the so-called agnomen, a type of nickname which leaves the most room for individuality and ensures sufficient distinction. Furthermore, a closer look is taken at the linguistic usage of club names. It is argued that a default feminine gender for agnomina has emerged, and its development is shown.

1 Einleitung

Fußball ist ein beliebter Massensport und liefert als solcher eine Menge diskursives Material auf verschiedensten sprachlichen Ebenen. Dadurch bietet sich ein vielfältiges Untersuchungsfeld für die Linguistik. Die Sprache, mit der in den Medien über Fußball gesprochen und geschrieben wird, sowie Aspekte der Fansprache wurden bereits mehrfach untersucht (z. B. Lavric et al. 2008, Jürgens 2009, Glauninger & Graf 2009, Burkhardt 2009, Schlobinski & Fiene 2000). Die wichtigsten Protagonisten sind jedoch die Spieler und deren Vereine, ohne die es keine Berichterstattung und keine Fans gäbe. Diese Vereine sind mit

Katharina Prochazka, Universität Wien, katharina.prochazka@univie.ac.at

DOI 10.1515/9783110547023-015

Vereinsnamen (VereinsN) benannt. STELLMACHER (2009: 82) ordnet sie in seiner Übersicht der (primär deutschen) SportvereinsN als InstitutionenN ein mit Beziehungen zu PersonengruppenN und MarkenN.

Wie im internationalen Sportgeschehen stehen österreichische Fußballvereine dabei auch in der Linguistik im Schatten der deutschen und ihre Namen sind wenig erforscht. Im Folgenden wird ein Überblick über österreichische FußballvereinsN, deren Geschichte und Sprachgebrauch gegeben. Der Terminus VereinsN bezieht sich in diesem Text auf Fußballvereine, wobei die meisten der untersuchten Vereine auch tatsächlich reine Fußballvereine sind. So besitzen von 81 untersuchten VereinsN mit Agnomen und geografischen Bezeichnungen (s. Abschnitt 3) nur vier Vereine auch Sektionen anderer Sportarten.[1] Die untersuchten Fußballvereine spiel(t)en in allen Ligen, von der obersten Liga (Bundesliga) bis zur 8. Ligastufe.

2 Fußball in Österreich

Fußball wird in Österreich seit den 1890er Jahren gespielt. Im damaligen Österreich-Ungarn wurde das Fußballspiel zunächst in Prag, Graz und Wien populär (vgl. SCHIDROWITZ 1951: 14–16). In Prag war es der Deutsche Ludwig Stassny, der den Fußball einführte und 1892 einen „Deutschen Fußball-Club“ gründete. Einer der Spieler von Stassny zog für sein Studium nach Graz und machte dort das Fußballspiel weiter bekannt. Parallel dazu verbreitete sich der Fußball auch in Wien. Die ersten Fußballspieler in Wien waren englische Gärtner des Baron Rothschild und Angestellte englischer Firmen (MARSCHIK 1998: 171), was sich auf die Sprache auswirkte: Bezeichnungen wie „Mittel-Half“, „Centre“ und „Back“ als Spielerpositionen finden sich in frühen Zeitungsberichten ebenso wie englische Spitznamen für die Spieler. Während in Deutschland später versucht wurde, englische Bezeichnungen durch deutsche Ausdrücke zu ersetzen (vgl. BURKHARDT 2008), gab es in Österreich keine großflächigen Bemühungen dieser Art.[2]

---

1 In einem Fall kam es überhaupt zu einem grundsätzlichen Wandel der Vereinsstruktur: Der *SC Hakoah* wurde 1909 als Fußballverein gegründet und nach dem ersten Weltkrieg durch weitere Sportsektionen erweitert. Es folgte die Zerschlagung durch die Nationalsozialisten und Neugründung nach dem Zweiten Weltkrieg, wobei die Fußballsektion keine Erfolge mehr erzielen konnte und 1950 aufgelöst wurde.

2 Es gab auch in Österreich Versuche, Begriffe einzudeutschen, diese setzten sich aber nicht durch. SCHIDROWITZ (1951: 15) zitiert als Beispiel den Grazer Akademischen Turnverein, der u. a. „Malwächter“ statt „Tormann“ verwendete.

Der Österreichische Fußball-Bund (ÖFB) wurde 1904 gegründet, eine Meisterschaft im heutigen Sinn wurde erstmals 1911 ausgetragen. Der österreichische Fußball – zumindest der in den überregionalen Medien wahrgenommene – blieb jedoch sehr lange de facto Wiener Fußball. In der obersten Liga, der heutigen Bundesliga, spielten in den Jahren 1911/1912 bis 1937/1938 nur Wiener Vereine um den Titel.[3] Während der Zeit des Nazi-Regimes durften auch Vereine aus den übrigen Bundesländern an der nunmehrigen Gauliga XVII teilnehmen, waren aber erfolglos. Eine gesamtösterreichische Meisterschaft gibt es mit einigen Abstrichen durch wiederholte Liga-Reformen seit 1949/1950. Wie in anderen Ländern gibt es ein Ligensystem mit verschiedenen Stufen. In der obersten Liga (Bundesliga) und der zweithöchsten Liga (Erste Liga) spielen Vereine aus allen Bundesländern. Ab der dritten Klasse kommt es zu einer Aufteilung nach Bundesländern, wobei in der dritten Liga (Regionalliga) noch jeweils drei Bundesländer zu einer Regionalliga zusammengefasst sind. Danach folgen Landesligen und weitere Ligen, die meist noch geografisch innerhalb des Bundeslandes unterteilt sind (z. B. Nord, Mitte, Süd).

Die ersten offiziellen Fußballklubs wurden von in Wien ansässigen Engländern gegründet (vgl. Schidrowitz 1951: 16–20): der *(First) Vienna Cricket and Football Club* und der *First Vienna Football Club*. Auch das erste offizielle Fußballspiel in Wien fand im November 1894 zwischen diesen beiden Mannschaften statt. *First Vienna Football Club* und *(First) Vienna Cricket and Football Club* hatten ihre Vereine fast zur gleichen Zeit angemeldet, die Beglaubigung des *First Vienna Football Club* durch die Vereinsbehörde erfolgte aber im August 1894 einen Tag vor jener des *(First) Vienna Cricket and Football Club*. Damit durfte nur der *First Vienna Football Club* das „First" im Namen tragen, was zu einer großen Rivalität zwischen beiden Klubs führte – der VereinsN war bereits damals eine wichtige Ausdrucksmöglichkeit und Gegenstand vieler Diskussionen.

3 Bis zum Ausbruch des Ersten Weltkrieges gab es in der österreichischen Reichshälfte der Habsburgermonarchie (Ungarn war eigenständig, mit eigenem Verband und eigener Meisterschaft) insgesamt vier getrennte Meisterschaften: Niederösterreich (mit Wiener Vereinen), Böhmen, Mähren-Schlesien und eine polnische Meisterschaft in Galizien. Während des Krieges wurde nur die Meisterschaft in Niederösterreich aufrechterhalten.

3 Fußballvereinsnamen in Österreich

VereinsN zählen zu den EigenN (Nomina propria). Sie setzen sich wie in anderen Ländern meist aus mehreren Bestandteilen zusammen (Bsp. 1):[4]

(1) *SC*	*Austria*	*Lustenau*
Abkürzung	Agnomen	geografische Bezeichnung

Zusätzlich bzw. alternativ können auch noch Zahlen oder Sponsorennamen im VereinsN stehen. Zahlen sind das Gründungsjahr oder die Zahl des Wiener Gemeindebezirks, in dem der Verein gegründet wurde und/oder seine Heimstätte hat. Auf SponsorenN wird in Abschnitt 3.1 näher eingegangen, da diese ein genuin österreichisches Phänomen darstellen.

Die Abkürzung weist in ihrer Vollform durch die Wörter „Sport" oder „Fußball" als Kompositum auf die Art des Vereins hin (Bsp. 2).

(2) SV = Sportverein, Sportvereinigung, Spielvereinigung
FK, FC = Fußballklub/-club
SK, SC = Sportklub/-club
AK, AC = Athletikklub/-club
WSG = Werkssportgemeinschaft

Auch Agnomen und geografische Bezeichnungen können Teil einer Abkürzung werden für die kürzeste Referenz auf den Fußballverein (Bsp. 3):

(3) GAK = Grazer Athletikklub
SCR = Sportclub Rapid[5]
FAK = Fußballklub Austria Wien[6]

4 Diese Taxonomie folgt PROCHAZKA (2014). Alternative Ausdrücke für das Agnomen sind „Wortname" (die deutsche Seite www.vereinsnamen.de, 29.04.2018), „Beiname" (STELLMACHER 2009) oder „Namensrelikt" (http://de.wikipedia.org/wiki/Fußballvereinsname, 29.04.2018).

5 Offizieller heutiger VereinsN: *Sportklub Rapid* (*SK Rapid*), davor *Sportclub „Rapid"*. Es wurde jedoch bereits früher, auch in offiziellen Dokumenten, wenig konsistent zwischen *Sportclub* und *Sportklub* gewechselt. Von Fans wird weiterhin die Kurzform SCR (nicht SKR) benutzt und als längere Form *SK Rapid* (nicht *SC Rapid*).

6 Die Abkürzung FAK ergibt sich aus der Buchstabenanordnung im Vereinswappen: In der Mitte eines Kreises steht A, links und rechts davon in kleinerer Größe die Buchstaben F und K.

Als geografische Bezeichnung zählt dabei ein Name, der im heutigen Sprachgebrauch einen Ort, Bezirk oder Teil davon benennt und offiziell zur Benennung verwendet wird. Historische geografische Namen wie „Vindobona" für Wien sind in diesem Sinn keine geografischen Bezeichnungen, sondern Agnomina. Vielfach werden geografische Bezeichnungen dem im Vereinsregister eingetragenen VereinsN auch im allgemeinen Sprachgebrauch hinzugefügt. Der *SK Rapid* heißt offiziell nicht *SK Rapid Wien*, aber *SK Rapid Wien* wird in den Medien und von den (eigenen) Fans verwendet.

Das Agnomen (in Anlehnung an die römische mehrgliedrige Namengebung ein optionaler Zusatzname, der eine Eigenschaft der bezeichneten Person angibt) ist jener Namensteil eines VereinsN, der nicht in eine der anderen Kategorien fällt. In dieser Ausschlussdefinition ist das Agnomen alles, was keine Zahl, keine Abkürzung (und kein Teil der Vollform der Abkürzung) und keine geografische Bezeichnung ist. Obwohl das Agnomen bei der Schaffung eines neuen VereinsN optional ist, wird es – so der VereinsN ein Agnomen enthält – zum Kern des Namens und kann nicht mehr weggelassen werden.

Agnomina sind aus onomastischer Sicht interessant, da hier der größte Spielraum für Individualität besteht. Abkürzung und geografische Bezeichnung sind (mit Abstrichen) relativ unveränderlich, während das Agnomen bei der Benennung eines neuen Fußballvereins komplett frei wählbar ist. Agnomina werden bei Verwendung des VereinsN in einer anderen Sprache nicht übersetzt, geografische Bezeichnungen üblicherweise schon: *FK Austria Wien* – *FK Austria Vienna* (engl.) – *FK Austria Vienne* (frz.).

Nicht jeder FußballvereinsN muss alle hier aufgezählten Bestandteile beinhalten. Beliebige Kombinationen aus zwei oder mehr Bestandteilen sind möglich.

3.1 Sponsorennamen im Vereinsnamen

SponsorenN sind kein rein österreichisches Phänomen: Auch in anderen Ländern tragen Fußballstadien oder Fußballligen die Namen von Sponsoren. In Österreich ist es jedoch zusätzlich erlaubt, SponsorenN in den offiziellen VereinsN aufzunehmen – wovon häufig Gebrauch gemacht wird. So tragen in der Bundesliga (bzw. korrekterweise „tipico Bundesliga") 2014/2015 sechs von zehn Vereinen einen Namen mit SponsorenN (vgl. Bsp. 4). Auch in niedrigeren Ligen finden sich Klubs mit SponsorenN wie *JSC Vindobona-handyretten.at*, der 2014/2015 in der 7. Liga (1. Klasse B) spielt.

(4) **Cashpoint** SCR Altach
SK **Puntigamer** Sturm Graz
RZ **Pellets** WAC
SV **Josko** Ried
[alle Beispiele aus der Bundesliga 2014/2015, SponsorenN hervorgehoben]

Der SponsorenN ergänzt dabei den ursprünglichen VereinsN (*SCR Altach – Cashpoint SCR Altach*). In einigen Fällen ersetzt er auch Teile davon. In diesem Fall wird der Aspekt des VereinsN als MarkenN besonders deutlich. Extrembeispiele sind der *SC interwetten.com* (vormals *SC Untersiebenbrunn*), der *FC Superfund* (vormals *ASKÖ Pasching*), der *SCS bet-at-home.com* (vormals *SC Schwanenstadt*)[7] und der *FC Red Bull Salzburg*. Letzterer ist jedoch weniger ein Beispiel für einen SponsorenN als ein Beispiel für die komplette Neuausrichtung eines Vereins. Der *SV Austria Salzburg* wurde 2005 durch den Getränkehersteller Red Bull GmbH übernommen. Dieser ersetzte den VereinsN durch *FC Red Bull Salzburg*, änderte die Vereinsfarben von violett-weiß auf rot, blau und weiß (die Farben von Red Bull) und ersetzte das Vereinswappen durch ein neues Logo. Dies rief großen Unmut unter den Fans hervor und mündete schließlich in einer Neugründung des *SV Austria Salzburg* in der niedrigsten Spielklasse,[8] da sich der nunmehrige *FC Red Bull Salzburg* vom ursprünglichen *SV Austria Salzburg* komplett unterscheidet, aber weiterhin dessen Geschichte und Erfolge für sich beansprucht.

Da insbesondere der VereinsN (und die Vereinsfarben) eine große Identifizierungsbasis der Fans mit dem Verein darstellt, ist es nicht überraschend, dass viele Fans SponsorenN im VereinsN radikal ablehnen und im Sprachgebrauch nicht verwenden. SponsorenN sind zudem oft temporär und die entstandenen Namen zu sperrig für den allgemeinen Gebrauch, z. B. *SK Komm und Kauf Vorwärts Steyr* (Saison 1999/2000). Der *FC Red Bull Salzburg* ist der einzige österreichische Verein, bei dem der SponsorenN tatsächlich von Fans verwendet wird:

---

7 „Klaus Gruber, Marketing Manager von bet-at-home.com, begründete die Namenswahl folgendermaßen: ‚Uns war wichtig, dass die Identität des Klubs gewahrt bleibt. Deshalb haben wir die Initialen auch bewusst an vorderster Stelle eingebunden. SCS steht für Sportclub Schwanenstadt.'" (http://derstandard.at/2793259, 29.10.2017).

8 Eine vollständige Übersicht der Ereignisse um die Vereinsübernahme und Neugründung ist durch die Fan-Initiative *Violett-Weiß* dokumentiert: http://www.violett-weiss.at/news.php (29.10.2017).

„Red Bull (Salzburg)", nicht „FC Salzburg"[9] – was aufgrund der Vereinsgeschichte nur konsequent ist (s. o.).

SponsorenN im StadionN weisen eine etwas größere Akzeptanz auf. Vermutlich liegt dies daran, dass die Fans im Endeffekt Anhänger eines Vereins sind und nicht primär eines Stadions oder Fußballplatzes. Somit kommt dem VereinsN eine größere identitätsstiftende Funktion zu als dem StadionN. Auch bei StadionN werden SponsorenN jedoch ebenso wie in Deutschland (vgl. Born 2009: 25) in der Fansprache meist nicht genannt.

3.2 Agnomina

Wie erwähnt bieten Agnomina die größte Freiheit bei der Vereinsbenennung, da Abkürzung, Zahl und geografische Bezeichnung durch die Gründungsumstände (Ort, Jahr, Art des Klubs) bereits gegeben sind. Das Agnomen kann dagegen beliebig gewählt werden. Dies ist besonders relevant in einer Großstadt, wo es eine große Zahl von Fußballvereinen gibt. In kleineren Ortschaften sind Fußballvereine meist nach dem Schema „[Abkürzung] [geografische Bezeichnung]" benannt, da dort nur ein bzw. einige wenige Vereine pro Ort existieren und diese Art des VereinsN für eine eindeutige Zuweisung genügt. In einer Stadt wie Wien muss die Distinktivität dagegen anders hergestellt werden (es kann nicht mehr als einen „SK Wien" geben), und dies geschieht durch Agnomina. Dementsprechend sind die meisten VereinsN mit Agnomina in Wien zu finden, oder umgekehrt: in Wien besitzt die Mehrheit der VereinsN ein Agnomen. Von 278 Vereinen, die 2011/2012 im Wiener Fußballverband registriert waren, hatten 187 ein Agnomen im Namen (67,3 %).[10] Im Gegensatz dazu steht z. B. der Oberösterreichische Fußballverband, wo aus den 381 Vereinen (2011/2012) nur 17 ein Agnomen im Namen trugen (4,5 %). In Niederösterreich waren es überhaupt

---

9 In internationalen Wettbewerben tritt der Verein als *FC Salzburg* mit abgeändertem Logo (ohne den Schriftzug „Red Bull") auf, da die UEFA-Regeln der Europa League/Champions League keine Sponsoren im Vereinsnamen oder -wappen erlauben (Regelwerk UEFA Europa League und Champions League, http://de.uefa.org/documentlibrary/regulations/index.html, 29.04.2018).

10 Eigene Zählung Stand Jänner 2012, Quelle: www.wfv.at (29.04.2018). Diese Zählung berücksichtigt sowohl Damen- wie auch Herrenmannschaften bzw. Vereine mit Fußballsektionen für beide Geschlechter.

nur knapp 2 % bei über 500 Vereinen.[11] Auch in den anderen Bundesländern lag der Anteil der Vereine mit Agnomen bei unter 9 %.

Die Möglichkeiten für Agnomina sind vielfältig. Sie können Teil des deutschen Lexikons sein, Teil des Lexikons anderer Sprachen, Nomina, Adjektive, Adverbien oder Namen, sie können im Singular oder Plural stehen. Die folgende Einteilung von Agnomina österreichischer Vereine ist angelehnt an die Einteilung von Stellmacher (2009) für deutsche (Fußball-)Vereine, da sich viele Kategorien überlappen. Sie basiert auf einer in Prochazka (2014) publizierten Untersuchung, die exemplarisch 72 VereinsN der Saison 2011/12 entsprechend 60 Agnomina zusammenstellte. Auswahlkriterium war vor allem die Existenz einer möglichst guten Datenbasis, was den Sprachgebrauch des VereinsN betrifft, d. h. es wurden vor allem bereits länger bestehende Vereine mit einer größeren Menge an sprachlichem Material über den Verein (Zeitungsberichte, Bücher, Fan-Magazine, Foreneinträge) gewählt. Auch hier zeigt sich wieder die Dominanz Wiens: 61 der 72 Vereine mit Agnomen im Namen stammen aus Wien. Drei der untersuchten Agnomina finden sich nur in VereinsN von Vereinen, die nicht aus Wien stammen.

Eine Auswahl an Agnomina in österreichischen VereinsN gibt Tabelle 1.[12]

Tab. 1: Benennungsmotive in österreichischen VereinsN

Benennungsmotiv	Beispiele
Bezug zum Umfeld des Vereins	*Bahnhof*, *Elektra* [gegründet von Angestellten eines Elektrizitätswerks], *Garage*, *Ostbahn*
Nicht-deutsche geografische Bezeichnung	*Austria*, *Flavia Solva* [Stadt in der römischen Provinz Noricum], *Gradišće* [Burgenlandkroat. 'Burgenland'], *Hellas* [griech. 'Griechenland'], *Slovan* [slowak./tschech.'Slawe'], *Vienna*, *Vindobona*
Wortspiele	*Koma* [kompletter VereinsN: *AS Koma*]
Ausdruck von Eigenschaften im weitesten Sinne, Kraft, Leistungsbereitschaft	*Čelik* [kroat. 'Stahl'], *Dinamo/Dynamo*, *Elite*, *Fortuna*, *Rapid*, *Sturm*, *Viktoria*, *Vorwärts*, *Wacker*

11 Eigene Zählung Stand Jänner 2012, Quellen: www.ofv.at und www.noefv.at (29.04.2018), wie vorher.

12 Hinweise zur Namenherkunft in eckigen Klammern, genauere Angaben in Prochazka (2014: 125–139).

Benennungsmotiv	Beispiele
Selbstbezeichnung der Spieler	*Alianza Latina* [span. 'latinisches [lateinamerikanisches] Bündnis'], *Sans Papiers* [frz. 'ohne Papiere'], *Türkgücü* [türk. 'türkische Macht']
Name einer relevanten Person	*Helfort* [Gründungsmitglied Alois Helfert, möglicherweise auch in Anlehnung an frz. Festung Belfort], *Wollers* [Gottfried Woller, Unterstützer des Vereins]
Bezug zur Gründungsgeschichte	*Admira* [Name des Schiffs, auf dem einer der Gründer aus den USA zurückkehrte]
Werksmannschaften	*Post*

Selten werden Vereine auch nach internationalen Vorbildern benannt wie der *FC Besiktas Wien*, was auch zu einem Problem werden kann: *AS Koma* wurde ursprünglich als *AS Roma* gegründet, musste sich aber nach rechtlichen Differenzen mit dem italienischen Verein *AS Roma* umbenennen. Inzwischen wurde der Verein mit dem *FS Elektra* zusammengelegt und tritt unter dem Namen *AS Koma Elektra* auf.

Bei einigen Vereinen ist der Ursprung der Namensgebung gänzlich unbekannt wie beim *SC Columbia Floridsdorf*: „nicht einmal Hypothesen" (Marschik 2009: 40) existieren über die Hintergründe der Namenswahl *Columbia*.

3.3 Benennung früher und heute

Synchron sind die Benennungsmotive für Fußballvereine sehr heterogen. Agnomina spiegeln ebenso die individuelle Vereinsgeschichte und -herkunft wieder wie die geografische Bezeichnung (geografische Herkunft) und Zahl (Gründungsjahr oder geografische Herkunft bei Bezirksnamen).[13] Insbesondere die Herkunft der Spieler ist ein häufiges Benennungsmotiv, vor allem a) in einer Großstadt wie Wien mit vielen Fußballvereinen b) bei Vereinen, die sich primär aus Mitgliedern einer bestimmten ethnischen Gruppe oder Nationalität zusammensetzen: *Alianza Latina*, *Gradišće*, *Polska*, *Srbija*, *Slovan*, *Suryoyo*, *Türkgücü* oder auch *Sans Papiers* für einen Verein, in dem Asylwerber (Menschen ohne Aufenthaltspapiere) spielen. Diese Aufzählung reflektiert auch die Diversität

13 Auch die Abkürzung kann Auskunft über die Vereinsgeschichte geben. Sie kann anzeigen, ob der Verein als reiner Fußballverein gegründet wurde oder ob es sich bei der Mannschaft um die Fußballsektion eines größeren Sportklubs handelt. Namen wie *WSG Radenthein* (Werkssportgemeinschaft Radenthein) weisen darauf hin, dass der Klub als Werksmannschaft einer Institution gegründet wurde.

der Namen in linguistischer Hinsicht: viele der heute verwendeten Agnomina sind Fremdwörter aus vielen unterschiedlichen Sprachen. Bei 60 untersuchten Agnomina waren 35 kein Wort des deutschen Lexikons und kein PersonenN. Diese 35 Agnomina entstammten 15 unterschiedlichen Sprachen. Der Namensbezug bzw. die Begründung für die Namenswahl (im Gegensatz zur linguistischen Herkunft des Namens) ist jedoch oft verschleiert durch zahlreiche Fusionen und Übernahmen von Klubs, wodurch Namen verschwinden oder neu zusammengesetzt werden, ohne dass der nunmehrige Verein einen direkten Bezug zum Namensteil hat. Dies kommt besonders in den unteren Ligen häufig vor und kann weitreichende Ausmaße annehmen. Der *FC BVE* entstand etwa aus einer Fusion dreier Klubs: *Brigittenauer SV – SC Vorwärts XI – SC Erdberg 1923*. (Heute heißt der Verein *SV Vorwärts Brigittenau*.) Ebenso wurden *SC Rapid Oberlaa* und *FC Austria 11* zum *FC A11 Rapid Oberlaa* zusammengeschlossen. Grundsätzlich gilt: Je höher die Liga, desto stabiler sind die VereinsN und umso größer der Widerstand der Fans gegenüber Umbenennungen (s. Abschnitt 3.1).

Diachron betrachtet war die Vereinsbenennung nicht immer so divers, sondern speziell in der Anfangszeit des Fußballs in Österreich eher homogen. Damals wie heute waren VereinsN nur aus Abkürzung und geografischer Bezeichnung weit verbreitet, aber auch viele Agnomina finden sich ab 1890. Diese entstamm(t)en aber nicht wie heute vielen verschiedenen Sprachen, sondern vielfach handelte es sich dabei um lateinische oder latinisierte Wörter und geografische Bezeichnungen: *Graphia*, *Libertas*, *Viktoria*, *Austria*, *Germania*, *Vindobona*. Damit folgten die FußballvereinsN der Namenstradition von Burschenschaften und Turnvereinen.[14] Die allerersten Fußballklubs hatten aufgrund ihrer Gründungsgeschichte englische Namen (*First Vienna FC* und *Cricket and Football Club*, s. Abschnitt 2), blieben aber damit auch die einzigen. Ebenso finden sich deutsche Agnomina (*Rapid*, *Vorwärts*, *Wacker*) oder einige wenige fremdsprachige (d. h. weder Deutsch noch Englisch) bei denjenigen Klubs, die von einer bestimmten ethnischen/nationalen Gruppe gegründet wurden (*Slovan*, *Hakoah*).

Auch Namenswechsel gibt es seit Beginn des Fußballsports in Österreich. Damals handelte es sich aber nicht wie heute um Namensergänzungen durch Sponsoren. Bekannt ist das Beispiel des *SK Rapid*, der 1898 als *1. Wiener Arbeiter-Fußballclub* gegründet wurde. 1899 kam es zur Namensänderung in *Sportclub Rapid*, angeblich nach dem Vorbild des damals erfolgreichen Berliner Sportklubs *SC Rapide Wedding*. Schidrowitz (1951: 54) nennt spekulativ auch politische Gründe als Motivation für die Umbenennung:

---

14 Ebenso in Deutschland, vgl. Stellmacher (2009: 84–85).

> Es waren ja die Jahre, in denen das Bürgertum sich von einer neuen, die gewohnten Ordnungsbegriffe revolutionierenden Arbeiterpartei, die sich sozialdemokratisch nannte, bedroht sah. Vereinsgründungen, die den Begriff ‚Arbeiter' demonstrativ im Namen führten [...], wurden von den Hütern der bürgerlichen Ordnung scheel angesehen und daß Arbeiter sich gar zusammenfinden wollten, nur um Fußball zu spielen, schien erst recht unglaublich.

Weitere Umbenennungen erfolgten, um Verwechslungen zu vermeiden und durch Zusammenlegungen von Vereinen. So entstand 1907 aus den beiden Vereinen *ASK Schwechat* und *SK Graphia Wien* der *SC Germania Schwechat*. 1910 trat die gesamte erste Mannschaft des *Vienna Cricket and Football Club* aus dem Verein aus und gründete einen eigenen Fußballklub, die *Wiener Cricketer*. Der Ursprungsverein protestierte jedoch gegen diesen zu ähnlich klingenden Namen und die *Wiener Cricketer* benannten sich in *Wiener Amateur-Sportverein* um.

4 Sprachgebrauch und Genus von Vereinsnamen

VereinsN werden in der Fansprache zur Referenz auf den jeweiligen Verein benutzt, aber auch zur Ableitung von Bezeichnungen für Spieler und/oder Fans. Dies geschieht bei Abkürzungen mit dem Suffix *-ler* (*WSKler*, *FACler*), bei Agnomina mit den Suffixen *-ler* oder *-(a)ner* (*Rapidler*, *Austrianer*). *-(a)ner* tritt nur bei vokalfinalen Agnomina auf, insbesondere bei solchen auf /-a/, was eine Resegmentierung als das ebenfalls Personenbezeichnungen bildende Suffix *-aner* nahelegt. Dafür sprechen auch die Bildungen *Florianer* < *Florio* und *Wackeraner* < *Wacker* („Wacker" gesprochen mit Schwa [ə] am Wortende). Die Distribution von *-ler* und *-(a)ner* scheint hier aber eher mit der Betonung zusammenzuhängen (s. Tabelle 2) als mit der Endung des Namens auf einen Vokal. *-(a)ner* wird für die Derivation bei Agnomina verwendet, die auf einen unbetonten/schwachtonigen Vokal enden. Ausbuchstabierte Abkürzungen enden auf einen (betonten) Vokal, nehmen aber *-ler*.

Tab. 2: Derivation auf *-ler* und *-(a)ner* mit Angabe des Wortakzents

-ler	**VereinsN**	↔	*-(a)ner*	**VereinsN**
Rapidler	[ʀa'pi:t][15]		Austrianer	['ao̯stʀia]
Vorwärtsler	['fo:ɐ̯vɛʁts]		Hakoahner	[ha'ko:ɐ]
LASKler	['lask]		Admiraner	[ad'mi:ʀa]
WACler	['ve:'a:'tse:]		Columbianer	[ko'lʊmbi:ɐ]

Der VereinsN ist nicht nur Derivationsbasis für Fan-/Spielerbezeichnungen, sondern kann auch alleine verwendet werden bei Referenz auf den Verein als Institution. SponsorenN werden dabei von Fans nicht genannt und wenn, dann als Beleidigung, um den gegnerischen Fans des beschimpften Vereins einen Ausverkauf und eine Kommerzialisierung vorzuwerfen. In diesem Zusammenhang fallen immer wieder die Beleidigung „Huren" oder „Nutten" in Anlehnung an Prostituierte, die ihren Körper ebenso verkaufen wie Vereine den Namen (Bsp. 5).

(5) Austria Wien, die ganze Hauptstadt weiß, ganz Europa weiß, dass du Hure bist, und der Stronach dein Zuhälter ist! (Fangesang gegen *FK Austria (Magna)*, damals gesponsert von Frank Stronach/Magna)

Der Verein wird teilweise sogar grafisch als Frau dargestellt, z. B. mit der Beschriftung „Rapid Wien die Hure Europas" auf dem Pickerl (Sticker) eines Fanklubs des Stadtrivalen *FK Austria Wien.*

Auch Vereine ohne SponsorenN können beleidigt werden, indem der VereinsN absichtlich falsch genannt wird wie bei „Rapdi" statt „Rapid".[16]

Wird das Agnomen alleine verwendet und hat es keinen Pluralmarker, zeigt sich ein besonderes österreichisches Phänomen: Es wird mit definitem femininem Artikel verwendet (Bsp. 6, 7).

(6) Der nächste Punkt, meine Damen und Herren, betrifft die Vorwärts Steyr. Die Vorwärts Steyr ist so ein unvorhergesehener Fall von dem ich gerade

15 Im bundesdeutschen Deutsch wird bei Nennung des Fußballvereins die erste Silbe betont, im österreichischen Deutsch immer die zweite.

16 Diese Beleidigung entstand ursprünglich aus dem Tippfehler eines Fans des *SK Rapid* (!) in einem Online-Forum.

gesprochen habe. (Protokoll über die 7. ordentliche Sitzung des Gemeinderates der Stadt Steyr, 18. Juni 1998, S. 13)[17]

(7) Zum Glück ist die Rapid besser als ihr Bierzelt (Zeitschrift *Falter* Nr. 47/11, S. 46)

Da der österreichische Fußball im Gegensatz zu den Ligen anderer Länder (England, Spanien, Deutschland) nur eine geringe internationale Anziehungskraft besitzt und in nicht-österreichischen Medien eine marginale Rolle spielt, kann davon ausgegangen werden, dass die meisten Menschen, die sich mit österreichischem Fußball beschäftigen, österreichisches Deutsch als Erstsprache sprechen und es sich bei dem definiten femininen Artikel für Agnomina um ein genuin österreichisches Phänomen handelt.

Es ist nicht ganz klar, warum Agnomina vor allem in Wien mit definitem Artikel verwendet werden.[18] Die Verwendung von PersonenN mit definitem Artikel ist jedenfalls ein generelles Kennzeichen des Oberdeutschen. In Deutschland herrscht dagegen ein Nord-Süd-Gefälle, in Norddeutschland kommt diese Verwendung nicht vor (Kunze 2004: 180–181, Henn-Memmesheimer 1986: 78–81). Das Genus und die Artikelverwendung bei Agnomina unterliegen auch in Österreich einem großen Ost-West-Gefälle. In Wien ist es bei fast allen Agnomina möglich, sie zumindest auf der Fanebene mit definitem Artikel und femininem Genus zu verwenden. Selten treten Genusschwankungen (f./m.) auf, wenn das Wort bereits im Lexikon als Substantiv ein Genus besitzt, z. B. bei *Bahnhof*. Kein Agnomen trägt definiten Artikel und neutrales Genus.

Im Gegensatz dazu sind das feminine Genus und die explizite Artikelverwendung bei Agnomina, die nicht auf /-a/ enden, im Rest Österreichs weit weniger verbreitet. In Steyr (Oberösterreich) heißt es zwar „die Vorwärts", aber „die Rapid" ist nicht mehr akzeptabel (Bsp. 8).

(8) Am schlimmsten ist aber "Die Rapid" das ist so urargschlimm dass ich immer plärren [weinen, K.P.] könnte wenn ich das von einem Mundl [Wiener, K. P.] hör. (http://www.austriansoccerboard.at/index.php/topic/87542-die-

17 Im Internet verfügbar: http://www.steyr.at/gemeindeamt/html/GR-Protokoll19980618.pdf (29.04.2018).

18 Auch in Deutschland gibt es einige Agnomina, die mit definitem Artikel verwendet werden (*die Hertha, die Borussia*). Das Kriterium für eine Artikelverwendung scheint wieder vor allem die Endung auf /-a/ zu sein.

vorwaerts-der-vorwaerts-oder-nur-vorwaerts/page-2?p=4475166#entry 4475166, 29.04.2018)

Warum für die Agnomina *Rapid* und *Vorwärts* (und viele andere zumindest in Wien) das feminine Genus verwendet wird, ist ebenfalls nicht sofort ersichtlich. Dazu muss das Genus von und die Artikelverwendung bei VereinsN allgemein betrachtet werden. Bei Verwendung der Abkürzung ergibt sich das Genus aus der Vollform der Abkürzung (Vollformregel, FISCHER 2005: 88), sowohl bei Vereinsnamen mit wie ohne Agnomen (Bsp. 9):

(9) *der SC Hakoah* (= Sportclub Hakoah)
die SV Ried (= Sportvereinigung Ried)

Enthält der Vereinsname ein Agnomen, wird dieses nicht weggelassen (weder mit noch ohne Abkürzung, Bsp. 10):

(10) **der/*die/*das/*Ø SK Graz* [*SK Sturm Graz*]
**der/*die/*das/*Ø Innsbruck* [*FC Wacker Innsbruck*]

Die geografische Bezeichnung allein wird – wie allgemein im Deutschen in generischen Kontexten,[19] vgl. Beispiel (12) – stets ohne Artikel verwendet (Bsp. 11).[20]

(11) **der/*die/*das Ritzing* [*SC Ritzing*]
(12) *Der/*Die/*Das Klagenfurt liegt in Kärnten.

Damit bleiben noch die Agnomina. Sie können sowohl mit wie auch ohne Artikel verwendet werden. Bei Verwendung ohne Artikel sind referierende Pronomen meist maskulin oder neutral (Bsp. 13, 14).

(13) Austria setzt auf seine Insider (http://sport.orf.at/stories/2190679/2190678/, 29.04.2018)
(14) Somit muss Rapid seine Heimspiele ab Oktober 1977 in Dornbach, auf der Hohen Warte und auch im Horr-Stadion austragen, was eine Reihe von Punkteverlusten zur Folge hat. (Zeitschrift *Rapid-Magazin* Nr. 3/2009, S. 25)

---

19 Bei einschränkender Intention sind definite Artikel möglich: *Das Wien der Zwischenkriegszeit*.

20 Ausnahme: Wien, wo im gesprochenen Non-Standard auch geografische Bezeichnungen von Fußballvereinen mit Artikel (und femininem Genus) gebraucht werden, nicht nur österreichische: *de Soizburg* („die Salzburg"), *de Basel, de Barcelona* usw.

Generell werden einige Agnomina häufiger mit Artikel gebraucht als andere, insbesondere solche, die auf /-a/ enden. *Vienna*, *Austria*, *Admira* u. ä. werden in ganz Österreich auf allen sprachlichen Ebenen meist mit (femininem) Artikel gebraucht.[21] Agnomina wie *Rapid* oder *Vorwärts* (und alle der Tabelle 1 in Abschnitt 3.2) werden hauptsächlich auf der Ebene der Fansprache mit (femininem) Artikel gebraucht und eher in konzeptionell mündlichen Texten/Äußerungen. Konzeptionell mündliche Texte sind der Einteilung KOCH & OESTERREICHER (1985: 23) folgend dialogisch, spontan, situationsbezogen und wenig(er) objektiv. Beispiele für konzeptionell mündliche Äußerungen sind Ausrufe und Gespräche am Sportplatz, Beiträge in Internet-Diskussionsforen oder Spruchbänder des Fansektors im Stadion.

Warum aber feminines Genus? Vor allem, wenn die meisten Vereine *der Sportverein*, *der Fußballklub*, *der Athletikclub* heißen und eine Ellipse dementsprechend zu maskulinem Genus führen sollte: *der Rapid* < *der Sportklub Rapid*. Tatsächlich findet man in frühen Zeitungsberichten maskulines Genus *der Rapid* oder *der Vorwärts* (Bsp. 15).[22]

(15) Nach Seitenwechsel dasselbe Bild, bis doch endlich Donaustadt den dritten Treffer zustande bringt, vorher wurde noch ein Spieler des Vorwärts und ein Spieler der Donaustadt ausgeschlossen. (*Illustriertes (Österreichisches) Sportblatt* 15. November 1913, S. 8)

Für die Erklärung der Genusentwicklung spielt die in Abschnitt 2 angesprochene Dominanz des Wiener Fußballs eine wesentliche Rolle. In Wien tragen die meisten Vereine ein Agnomen im Namen, um eine Differenzierung zu gewährleisten. In der Anfangszeit des Fußballs orientierten sich diese Namen an den Namen von Burschenschaften und Turnvereinen; vielfach wurden lateinische/latinisierte Namen gewählt und/oder solche, die auf /-a/ enden. Eine Wortendung auf /-a/ führt im Deutschen durch (mor-)phonologische Prinzipien zu Zuweisung eines femininen Genus (HICKEY 2000: 650). Im Lateinischen ist die Endung auf /-a/ ebenfalls mit dem Genus f. verknüpft. Das Genus wird bei Übernahme eines Fremdwortes im Deutschen häufig mitübernommen. Bei lateinischen Agnomina auf /-a/ gibt es also zwei Motivationen für feminines Genus. Es hieß dementsprechend schon ab 1900 in Berichten *die Austria*, *die Vien-*

21 Ebenso in Deutschland: *die Borussia*, *die Alemannia*.

22 Leider gibt es aus dieser Zeit keine bzw. sehr wenige Primärquellen der Sprache der Fanebene. Eine organisierte Fankultur kam in Österreich erst viel später auf (ab den 1980ern beim SK Rapid, JACONO 2008: 84).

na, die Admira, aber im Gegensatz dazu *der Rapid* und *der Vorwärts*, nachdem *Rapid* und *Vorwärts* weder auf einen Vokal enden noch (als Nicht-Fremdwörter und Nicht-Substantiva) ein Genus in der Ursprungssprache besitzen. Für sie wurde vermutlich das Genus der Vollform der Abkürzung übernommen.

Durch die große Zahl an Agnomina mit starker linguistischer Motivation für feminines Genus (Endung auf /-a/ und Genus f. in der Ursprungssprache) bildete sich im Laufe der Zeit in Wien ein Default-Genus (f.) für die Gruppe der Agnomina von FußballvereinsN aus. Zusätzliche Motivation lieferte dabei wohl auch der Überbegriff „die Mannschaft" und dessen Genus. Dieses Default-Genus nahmen nach und nach auch Agnomina mit ursprünglich anderem Genus an wie *Rapid* und *Vorwärts*. Im heutigen Sprachgebrauch sind die Agnomina wesentlich diverser und die Genuszuweisung erfolgt hauptsächlich durch die semantische Zugehörigkeit zur Gruppe der FußballvereinsN/Agnomina. Neue Agnomina erhalten automatisch das Genus f., auch wenn keine primäre linguistische Motivation vorliegt. Daneben hält die Beliebtheit von Agnomina auf /-a/ an, sodass immer neue linguistische Motivation für ein feminines Genus generiert wird.

Dieses ist reflektiert in Artikeln und referierenden Pronomen sowie Adjektiven, nicht aber in referierenden Substantiven (Bsp. 16):

(16) *Die Austria ist Tabellenführerin.
Die Austria ist Tabellenführer.

Das feminine Genus führt im heutigen Sprachgebrauch von Fans auch zur Verbindung von natürlichem und grammatischem Geschlecht, Personifikation und der Bildung von Volksetymologien wie in einer Diskussion, warum es *die Vienna* heißt (Bsp. 17):

(17) In unserem Fall steht das DIE auch für DIE Erstgeborene, DIE Alte Dame. Weiblich eben ... (https://www.austriansoccerboard.at/topic/54633-blau-gelber-speaker%C2%B4s-corner/?page=24, 29.04.2018)

Das Genus dient in einem Fall auch der Unterscheidung zwischen gleichen Agnomina (Bsp. 18, 19; vgl. PROCHAZKA 2014: 103–108):

(18) im herbst da spielt der wacker mist
der Fußball zum vergessen ist

dem Trainer geht der Schmäh bald aus
der treue fan – er bleibt zu haus
(http://www.austriansoccerboard.at/index.php/topic/34378-allgemeines/page-100#entry5949869, 29.04.2018)

(19) Doch in Funktionären wie Neu und Wagner lebt die alte Wacker fort. (Zeitschrift *ballesterer* 37, S. 41)

Der Tiroler Verein *FC Wacker Innsbruck* wird in der Sprache der Fanebene als „der Wacker" angesprochen, der historische Wiener Verein *SC Wacker Wien* als „die Wacker". Durch die geringe Anzahl an Quellen kann leider nicht genau festgestellt werden, ab wann die Genera bei diesem Agnomen divergierten. In frühen Zeitungsberichten werden beide Agnomina nur ohne Artikel gebraucht und mit neutralem/maskulinen referierenden Pronomen. Ab den 1970ern finden sich jedenfalls für beide Vereine Belegstellen für die Verwendung mit definitem Artikel und unterschiedlichen Genera.

Der Grund für diese Unterscheidung liegt vermutlich wieder in der großen Anzahl an Agnomina bei Wiener VereinsN, die die Ausbildung eines Default-Genus bewirkten, das sich dann von den Agnomina auf /-a/ auf alle und somit auf „die Wacker" übertrug. In Innsbruck hat sich dagegen das ursprünglich maskuline Genus von Agnomina, die nicht auf /-a/ enden, erhalten – in Wien hieß es in der Anfangszeit des Fußballs ja auch *der Rapid* und *der Vorwärts*. Da es in Innsbruck kaum andere Vereine mit Agnomen auf /-a/ (bzw. mit Agnomen allgemein) gab/gibt, fehlte die Motivation für einen Übergang zum Femininum.

5 Fazit

Österreichische FußballvereinsN bestehen aus mehreren Bestandteilen (Abkürzung, Agnomen, geografische Bezeichnung, Zahl), wovon die Agnomina den größten Platz für Individualität bieten. In Städten mit vielen Vereinen sind Agnomina sogar notwendig, da weniger individuelle Benennungsschemata (Abkürzung + geografische Bezeichnung) alleine nicht zu einer Unterscheidung hunderter Fußballvereine ausreichen. Die Agnominawahl ist meistens bestimmt durch die Vereinsgeschichte und Herkunft der Spieler.

Das Schema des mehrteiligen VereinsN findet sich in derselben Form auch international. VereinsN in Österreich weisen daher viele Ähnlichkeiten zu VereinsN anderer Länder auf. Sie sind insbesondere deutschen VereinsN sehr ähnlich, auch in der Namenswahl im Verlauf der Geschichte. Unterschiede zwischen österreichischen und deutschen VereinsN zeigen sich vor allem in zwei Punkten:

a. SponsorenN, deren Führung im VereinsN in Österreich erlaubt ist, in Deutschland nicht.
b. Sprachgebrauch von VereinsN, insbesondere das feminine Genus für Agnomina (und geografische Bezeichnungen) in Wien durch die Sonderstellung dieses Bundeslandes und seine lange Dominanz im österreichischen (medial wahrgenommenen) Fußball.

Ein (proto-)typischer österreichischer VereinsN wäre demnach der folgende: *SK Rapid Wien Energie*, gesponsert vom Energieversorger Wien Energie, von den Fans „die Rapid" genannt. Zum Zeitpunkt der Niederschrift ist der *SK Rapid* zwar von Wien Energie gesponsert, aber der Sponsor steht nicht im VereinsN. Basierend auf der Bestandsaufnahme von österreichischen VereinsN in diesem Artikel ist es jedoch durchaus eine mögliche Entwicklung – wenn auch keine von Fans gutgeheißene.

Literatur

Born, Joachim (2009): Vom *Stufenbarren* in die *Halfpipe*. Die deutsche Sportsprache im historischen Wandel. In Armin Burkhardt & Peter Schlobinski (Hrsg.), *Flickflack, Foul und Tsukahara. Der Sport und seine Sprache*, 11–33. Mannheim u. a.

Burkhardt, Armin (2008): Anglizismen in der Fußballsprache. Eine historische und kontrastive Betrachtung. *Der Sprachdienst* 2 (08), 57–69.

Burkhardt, Armin (2009): Der zwölfte Mann. Fankommunikation im Fußballstadion. In Armin Burkhardt & Peter Schlobinski (Hrsg.), *Flickflack, Foul und Tsukahara. Der Sport und seine Sprache*, 175–193. Mannheim u. a.

Fischer, Rudolf-Josef (2005): *Genuszuordnung. Theorie und Praxis am Beispiel des Deutschen*. Frankfurt a.M.

Glauninger, Manfred Michael & Martin Hannes Graf (2009): Dialektale Aspekte der deutschen Fußballsprache in Österreich und der Schweiz. In Armin Burkhardt & Peter Schlobinski (Hrsg.), *Flickflack, Foul und Tsukahara. Der Sport und seine Sprache*, 133–142. Mannheim u. a.

Henn-Memmesheimer, Beate (1986): *Nonstandardmuster. Ihre Beschreibung in der Syntax und das Problem ihrer Arealität*. Tübingen.

Hickey, Raymond (2000): On the phonology of gender in Modern German. In Barbara Unterbeck & Matti Rissanen (Hrsg.), *Gender in Grammar and Cognition. I Approaches to Gender. II Manifestations of Gender*, 621–663. Berlin, New York.

Jacono, Domenico (2008): Block West. In Peter Eppel, Bernhard Hachleitner, Werner Michael Schwarz & Georg Spitaler (Hrsg.), *Wo die Wuchtel fliegt. Legendäre Orte des Wiener Fußballs*, 84–85. Wien.

JÜRGENS, Frank (2009): Syntaktische Formen bei der Fußballberichterstattung. In Armin Burkhardt & Peter Schlobinski (Hrsg.), *Flickflack, Foul und Tsukahara. Der Sport und seine Sprache*, 160–174. Mannheim u. a.

KOCH, Peter & Wulf OESTERREICHER (1985): Sprache der Nähe – Sprache der Distanz. Mündlichkeit und Schriftlichkeit im Spannungsfeld von Sprachtheorie und Sprachgeschichte. *Romanistisches Jahrbuch* 36, 15–43.

KUNZE, Konrad (2004): *dtv-Atlas Namenkunde. Deutsche Vor- und Familiennamen*. München.

LAVRIC, Eva, Gerhard PISEK, Andrew SKINNER & Wolfgang STADLER (Hrsg.) (2008): *The linguistics of football*. Tübingen.

MARSCHIK, Matthias (1998): Der Ball birgt ein Mysterium. Vom ‚englischen Sport' zur ‚Wiener Fußballschule'. In Ernst Bruckmüller & Hannes Strohmeyer (Hrsg.), *Turnen und Sport in der Geschichte Österreichs*, 170–186. Wien.

MARSCHIK, Matthias (2009): Lost Grounds. Der Columbia XXI-Platz. Im Schatten des Gemeindebaus. *ballesterer* 47, 40–41.

PROCHAZKA, Katharina (2014): *Genusdetermination bei Fußballvereinsnamen im österreichischen Deutsch*. Wien.

SCHIDROWITZ, Leo (1951): *Geschichte des Fußballsportes in Österreich*. Wien.

SCHLOBINSKI, Peter & Florian FIENE (2000): Die dritte Halbzeit: Grün-Weiß gegen CFC-Mob. Zur Lexik in Fußballfanzines. *Muttersprache* 3, 229–237.

STELLMACHER, Dieter (2009): Vereinsnamen, ihre Bildungsweisen und ihre Geschichte. In Armin Burkhardt & Peter Schlobinski (Hrsg.), *Flickflack, Foul und Tsukahara. Der Sport und seine Sprache*, 80–92. Mannheim u. a.

Stefanie Brandmüller

Max-Planck-Gymnasium, *Levana-Schule* und *Kindergarten „Rasselbande“*

Zur Namenstruktur rheinland-pfälzischer Grundschulen, Gymnasien, Förderschulen und Kindergärten

Zusammenfassung: Die vorliegende Studie untersucht erstmals systematisch und flächendeckend Schul- und Kindergartennamen in Rheinland-Pfalz und zeigt, dass sich die unterschiedlichen Bildungsaufträge von Grundschulen, Gymnasien, Förderschulen und Kindergärten in deren Namen widerspiegeln. Neben pragmatischen und funktionellen Aspekten werden vor allem die Bildungsweise und die Namenbasis von insgesamt 579 Schul- und Kindergartennamen analysiert. So soll beispielsweise gezeigt werden, dass das onymische Element bei den meisten Schulen kompositionell angebunden wird (*Max-Planck-Gymnasium*), während es bei Kindergärten grundsätzlich asyndetisch nachgestellt (*Kindergarten „Rasselbande“*) wird. Als Namenbasis dienen bei den Schulen mehrheitlich Namenspatrone aus den Bereichen Theologie, Naturwissenschaft, Schriftstellertum und Pädagogik. Kindergärten hingegen werden fast ausschließlich durch nicht-anthroponymische Elemente erweitert.

Abstract: The present study systematically examines names of schools and kindergartens in the German Federal State of Rhineland-Palatinate (Rheinland-Pfalz) and shows how the different educational missions are reflected in their names. Besides pragmatic and functional aspects, the modes of formation and the name basis of 579 school names and kindergarten names are analyzed. Concerning schools, for example, the onymic element is mostly compositionally bound (*Max-Planck-Gymnasium*), while concerning kindergartens the onymic element is always asyndetically postposed (*Kindergarten „Rasselbande”*). Most schools are named after patrons from the areas of theology, natural science, writing and pedagogy. Names of kindergartens, by contrast, are almost exclusively extended by non-anthroponymic elements.

Stefanie Brandmüller, Universität Mainz, stefanie.brandmueller@uni-mainz.de

DOI 10.1515/9783110547023-016

1 Einleitung

Ein Blick in die Mainzer Lokalpresse genügt, um festzustellen: Schul- und Kindergartennamen (im Folgenden Schul- und KindergartenN) sind allgegenwärtig. Wochenlang wurde ausgiebig über die Umbenennung des *Gymnasium Mainz-Gonsenheim* in *Otto-Schott-Gymnasium Mainz-Gonsenheim* berichtet und diskutiert. Schulleiter und Lehrer begründeten und verteidigten ihre Wahl, Stadthistoriker meldeten sich zu Wort und befanden den Namenpatron als mehr oder weniger geeignet (Mainzer Allgemeine Zeitung, 22.09.2011). Ebenso wurde über den Spatenstich für die neue *Kindertagesstätte ‚Elsa-Brändström-Straße'* berichtet (AZ, 31.07.2013). Positiv diskutiert wurde wiederum die Umsetzung des neuen Gesetzes zur Betreuung einjähriger Schützlinge in der *Kindertagesstätte ‚Rasselbande'* auf dem Mainzer Hartenberg (AZ, 01.08.2013).

Da sich diese Namen deutlich in Bildungsweise und Namenbasis unterscheiden, stellt sich die Frage, ob und in welchem Maße bei Schul- und KindergartenN von einer einheitlichen Benennungsstrategie ausgegangen werden kann und welche Anforderungen solche Namen grundsätzlich erfüllen müssen. Da in der Onomastik bisher kaum eine intensive Beschäftigung mit SchulN stattgefunden hat, fehlen flächendeckende Befunde über den aktuellen Stand der Schulbenennungen. Der Forschungsstand besteht neben Beiträgen zur Klassifikation und Empfehlungen bzgl. der Terminologie (Debus 2011) hauptsächlich aus allgemein gehaltenen Arbeiten zu InstitutionsN (Vasil'Eva 2004). Lötscher (1996) geht konkreter auf die grammatischen, motivischen und pragmatischen Eigenschaften von InstitutionsN ein, wenngleich SchulN nur am Rande erwähnt und als Beispiele genutzt werden. Sommerfeldt (1992, 1994) und Kühn (1999) versieren die SchulN im ostdeutschen Raum im Zusammenhang mit der politischen Wende 1989. KindergartenN wurden bisher besonders stiefmütterlich behandelt, so dass auch hier großer Forschungsbedarf besteht.

Eine detailliertere Untersuchung von SchulN bietet Ewald (2012). Das Korpus besteht aus 276 Grundschul- und 50 GymnasiumN in Mecklenburg-Vorpommern und 108 Namen oberfränkischer Volksschulen. Sofern weitere umfassende Bestandsaufnahmen auf regionaler Ebene zusammengetragen werden, könnte ein bundesweites institutionymisches Bild entstehen.

Die vorliegende Arbeit soll einen Einblick in die Schulnamenlandschaft des Landes Rheinland-Pfalz gewähren. Für ein möglichst breites Spektrum an Bildungseinrichtungen werden die Namen von Grundschulen, Gymnasien, Förderschulen und Kindergärten untersucht. Analysekriterien sind die Wahl einfacher vs. erweiterter Namen, der Einfluss des Trägertyps (öffentlich vs. frei), die Bildungsweise und die Namenbasis.

2 Theoretische Grundlagen zu Schul- und Kindergartennamen

NÜBLING, FAHLBUSCH & HEUSER ([2]2015: 98–106) folgend gehören Schul- und KindergartenN zu den Institutionymen, die wiederum der Gruppe der Ergonyme zuzuordnen sind. Es handelt sich hierbei um eine weniger prototypische Eigennamenklasse. Dies bedeutet, dass für Schul- und KindergartenN kein spezielles Nameninventar zur Verfügung steht, sondern auf sprachliches Material anderer Eigennamenklassen zurückgegriffen wird, z. B. FamN aus dem anthroponymischen Bereich (*Grundschule Pestalozzi Koblenz*) oder LandschaftsN aus dem Bereich der Toponyme (*Grundschule Holzlandschule Heltersberg*). Dies hat zur Folge, dass die Namen einerseits einen hohen Grad an Transparenz aufweisen, andererseits an Exklusivität einbüßen. Durch ihre syntagmatische Bildungsweise entstehen verhältnismäßig lange Namen (*Dr. Martin-Luther-King-Schule Mainz*).

2.1 Bildungsweise

Bei Schul- und KindergartenN handelt es sich um grammatisch komplexe Ausdrücke, die den Prinzipien der Nominalstruktur folgen (LÖTSCHER 1996: 1606–1607). Es liegt also immer eine Nominalphrase vor. Den Kern der Nominalstruktur und somit den Kopf der Nominalphrase bildet immer ein Appellativ (*Schule, Grundschule, Gymnasium, Förderschule, Kindergarten/Kindertagesstätte*). Somit wird auch direkt der Institutionstyp, also Schule bzw. Kindergarten, kenntlich gemacht. Dieser appellativische Kern kann durch onymische Elemente erweitert werden, z. B. durch Anthroponyme (*Michael-Ende-Grundschule*), Toponyme (*Eifel-Gymnasium*) oder ortsunspezifische Erweiterungen (*Kommunaler Kindergarten ‚Kunterbunt‘*).

Grundsätzlich kann das onymische Erweiterungselement voran- oder nachgestellt werden. Dabei finden sich folgende grammatische Konstruktionen:

1. **Strukturen mit vorangestelltem Erweiterungselement**
   a) **Determinativkompositum**: Hier ist das Erweiterungselement die erste unmittelbare Konstituente des Kompositums (*Otfried-von-Weißenburg-Gymnasium, Johannesgymnasium*)
   b) **Adjektivisches Attribut:** Das adjektivische Attribut ist die erste Konstituente, die das Kernnomen näher beschreibt (*Freie Reformschule*), es

kann auch aus mehr als einem Element bestehen und vor dem Determinativkompositum stehen (*Priv. Bischöfl. Willigis-Gymnasium*)

2. **Strukturen mit nachgestelltem Erweiterungselement**
   a) **Nominales Attribut**: Hierbei ist das Attribut mit dem grammatischen Kern verknüpft (*Gymnasium der Ursulinen*, *Gymnasium zu St. Katharinen*, *Gymnasium am Römerkastell*)
   b) **Asyndetische Nachstellung**: Das onymische Attribut wird nachgestellt, ist aber grammatisch nicht mit dem Kern verknüpft (*Grundschule „Brüder Grimm"*, *Grundschule Koblenz Pestalozzi*)

Die gleichzeitige Angabe von Institutionsart und Schulart führt oft zu Redundanzen innerhalb der Namenstruktur, wie dies beispielsweise bei *Grundschule Dr. Martin-Luther-King-Schule* der Fall ist. In solchen Fällen wird der Kern *Grundschule* (Schulart) durch ein onymisches Element erweitert, das seinerseits durch Komposition mit der Institutionsart verknüpft ist (*Schule*). Im vorliegenden Beitrag wird in solchen Fällen derjenige Teil analysiert, der das onymische Erweiterungselement enthält. Bei Konstruktionen wie *Grundschule Dr. Martin-Luther-King-Schule* liegt folglich ein Determinativkompositum vor.

Für Lötscher (1996: 1607) bilden Institutionyme einen Übergangsbereich zwischen appellativischen und onymischen Objektbezeichnungen, da sie

a) zum einen den strukturellen Aufbau und die Interpretierbarkeit von Appellativen besitzen. So gilt für Institutionyme bei der Genuszuweisung gleich appellativischer Komposita das Kopf-Rechts-Prinzip (*die Maria-Ward-Schule, das Schiller-Gymnasium*, ebenso *das Gutenberg in Mainz* für *das Gutenberg-Gymnasium in Mainz*; hier wirkt die Rechtsköpfigkeit auch dann noch, wenn das Kopfelement getilgt wird);
b) zum anderen eine fixierte Beziehung zwischen Ausdruck und Referent aufweisen. So muss das *Rhein-Wied-Gymnasium* in Neuwied nicht das einzige an den Flüssen Rhein und Wied gelegene Gymnasium sein, trotzdem bezieht sich der Name nur auf ein bestimmtes Gymnasium. Wie bei EigenN ist die Referenz also fixiert.

2.2 Namenbasis

Grundsätzlich bilden sich bei der Benennung von Schulen und Kindergärten zwei Gruppen als Basis heraus: anthroponymische und nicht-anthroponymische Erweiterungselemente.

I. Anthroponymische Erweiterungselemente

Hierunter fallen alle Schul- und KindergartenN, die nach einer (oder mehreren) Person(en) benannt sind. Dabei kann es sich beispielsweise um Namen von Schriftstellern (*Eichendorff-Gymnasium Koblenz*), aber auch von Heiligen (*Katholische Kindertagesstätte ‚St. Wendalinus‘ [Beuren]*) oder Personengruppen wie Ordensgemeinschaften (*Priv. Gymnasium der Ursulinen Bad Neuenahr-Ahrweiler*) handeln. In der vorliegenden Studie wird jede Person oder Personengruppe als (Namens)Patron bezeichnet.

II. Nicht-anthroponymische Erweiterungselemente

Diese lassen sich in Anlehnung an EWALD (2012: 17–20), ergänzt durch eigene Ergebnisse, folgendermaßen kategorisieren:

1. **Toponymische Erweiterungen:** Die Unterscheidung zwischen FlurN und sonstigen toponymischen Erweiterungen wird vorgenommen, weil sie bei der Namengebung von Kindergärten eine besondere Rolle spielt.
   a) **FlurN:** Benennung nach natürlichem Gelände wie Berge (*Schule am Donnersberg (Förderschule) [Rockenhausen]*, Täler (*Schule am Bienhorntal [Koblenz]*, Landschaften (*Grundschule Lahrer Herrlichkeit Oberlahr*).
   b) **Sonstige Toponyme:** Benennung nach vom Menschen erschaffenen Lokalitäten wie Stadtteile (*Schule im Erlich (Förderschule) [Speyer]*, Straßen (*Burgweg-Schule (Förderschule) [Burgbrohl]*, benachbarte historische Gebäude wie Kirchen (*Katholische Kindertagesstätte ‚St. Cyriakus‘ [Lindenberg]*) usw.

2. **Ortsunspezifische Erweiterungen:** Hierbei handelt es sich um eine Art Restgruppe, die besonders bei der Benennung von Kindergärten genutzt wird. Oft treten Motive aus der Natur (*Kommunaler Kindergarten ‚Regenbogen‘ [Bad Dürkheim]*) oder besonders kindgerechte Benennungen (*Kindergarten ‚Rasselbande‘ [Hambuch]*) auf.

2.3 Pragmatik und Funktionen

Nach VASIL’EVA (2004: 607–608) sind Schul- und KindergartenN „künstlich“. Im Gegensatz zu „natürlichen“ Namen, die immer sehr alt sind und sprachlichem Wandel unterliegen – wie beispielsweise Toponyme – sind Schul- und KindergartenN jünger und gehen auf einen bestimmten Namengeber in einer bestimmten Situation zu einem bestimmten Zweck zurück. Sie entwickeln sich also nicht auf natürliche Weise, sondern unterliegen einem konkreten Namengebungsakt. VASIL'EVA (2004: 607) arbeitet charakteristische Merkmale solcher Namengebungsakte heraus, von denen die folgenden drei für die Benennung von Schulen und Kindergärten die wichtigsten sind:

Die **Art der Namengebungssituation** ist durch soziale, politische, wirtschaftliche, kulturelle und legislative Bedingungen der Gesellschaft bestimmt.

Die **Art des Namengebers** ist oftmals bestimmend. Da es sich häufig um eine Körperschaft (im weitesten Sinne) handelt, die sich selbst benennt, hat sie die Möglichkeit, auf sich aufmerksam zu machen (*Priv. Gymnasium der Ursulinen Bad Neuenahr-Ahrweiler*).

Eine besondere Rolle kommt der **Rezeptionsorientierung** zu. Die Namengebung unterliegt stark der Beeinflussung der perlokutiven Funktion: Schul- und KindergartenN sollen allgemeine Akzeptanz bzw. positive Assoziationen hervorrufen. Sie sollen für rege Anmeldungen sorgen und die Institution in der Öffentlichkeit repräsentieren, so dass man hier von einem werbenden Charakter sprechen kann.

3 Grundlagen für die empirische Untersuchung von Schul- und Kindergartennamen

3.1 Gesetzliche Grundlagen zu Bildungsauftrag, Schulträger und Namengebung

Der Regelungsbereich Schulrecht wird auf Landesebene beschlossen und folgt somit je nach Bundesland unterschiedlichen gesetzlichen Vorgaben. Das Schulgesetz unterliegt dem Landesrecht des jeweiligen Bundeslandes, das für Rheinland-Pfalz vom Ministerium der Justiz und für Verbraucherschutz in seiner jeweils aktuellsten Version im Internet[1] zur Verfügung gestellt wird.

An dieser Stelle sollen diejenigen Rechte und Pflichten von Schulen und Schulträgern vorgestellt werden, aus denen sich Parameter für die empirische Untersuchung ableiten lassen. Zunächst werden die gesetzlichen Vorgaben zu den Bereichen Bildungsauftrag, Namengebung und Schulträger vorgestellt.

1 Ministerium der Justiz und für Verbraucherschutz, Schulgesetz (SchulG) vom 30. März 2004, *Gesamtausgabe zum 30.04.2018 aktuellste verfügbare Fassung der Gesamtausgabe* unter: http://www.landesrecht.rlp.de, abgerufen am 30.04.2018.

3.1.1 Bildungsauftrag

Das rheinland-pfälzische Schulgesetz beschreibt die in dieser Untersuchung relevanten Schularten wie folgt (§ 10 Aufgaben und Zuordnung der Schularten): Der Bildungsanspruch der **Grundschule** besteht in erster Linie in der Vorbereitung für weiterführende Schulen. Nicht erwähnt wird hingegen die für die Grundschulen ebenfalls wichtige Bildung des kindlichen Sozialverhaltens innerhalb einer größeren Gruppe Gleichaltriger in einem wissensvermittelnden Kontext, wie es die von EWALD (2012: 22) ermittelten GrundschulN wie z. B. *Grundschule Regenbogenkinder* und *Grundschule Kleine Birke* in Mecklenburg-Vorpommern erwarten lassen. Es bleibt also zu untersuchen, ob sich die rheinland-pfälzischen GrundschulN eher den von EWALD ermittelten verspielten Benennungen anschließen oder ob man sich hier an den weiterführenden Schularten orientiert.

Für **Gymnasien** gilt hauptsächlich der Bildungsanspruch, den Absolventen den Zugang zur Hochschule zu ermöglichen. Besondere Begabtenförderungsprogramme, die eine Verkürzung der Schulzeit bei gleicher Menge an Lehrstoff beinhalten, bestätigen den vorrangig leistungsorientierten Bildungsanspruch. Daher ist eine Namengebung zu erwarten, die diese Leistungsorientierung widerspiegelt.

Förderschulen sind vermutlich diejenigen Schulen mit dem vielfältigsten Bildungsauftrag, weil das Leistungsniveau der einzelnen Schüler sehr viel unterschiedlicher ist als an anderen Schulen. Die Förderung reicht hier von Kindern mit leichter Lernschwäche, die innerhalb relativ kurzer Zeit wieder in den Regelschulbetrieb eingegliedert werden sollen, bis hin zu Kindern und Jugendlichen mit teils schweren geistigen und körperlichen Behinderungen. Daher hat jede Förderschule einen pädagogischen Förderschwerpunkt (im Schulgesetz „Schulform“ genannt) und ist auf besondere Förderung wie beispielsweise sprachliche, motorische, soziale oder emotionale Entwicklung spezialisiert. Hier sollte geprüft werden, ob sich die Vielfältigkeit des Bildungsauftrags in der Namengebung widerspiegelt.

Für **Kindergärten** stellt seit 2004 das Ministerium für Integration, Familie, Kinder, Jugend und Frauen „Bildungs- und Erziehungsempfehlungen für Kindertagesstätten“ in Rheinland-Pfalz[2] (BEE) zur Verfügung, auf deren Grundlage jeder Kindergarten sein einrichtungs- und trägerspezifisches Konzept zu erstel-

2 https://kita.rlp.de/fileadmin/kita/01_Themen/08_Qualitaet_und_Evaluation/Bildungs-und_Erziehungsempfehlungen_Qualitaet_Info.pdf, abgerufen am 30.04.2018.

len hat (§ 2 Kindertagesstättengesetz[3]). Wie in den „Bildungs- und Erziehungsempfehlungen für Kindertagesstätten" zu lesen ist, werden Kindergärten durchaus als wichtiger erster Berührungspunkt mit institutioneller Bildung im weitesten Sinne angesehen. Auf spielerische Art soll vor allem körperliche Aktivität und das Sozialverhalten innerhalb einer Gruppe gleichaltriger Kinder unter Aufsicht fremder Erwachsener erlernt werden. Hier stellt sich die Frage, inwiefern diese Aspekte auch bei der Benennung von Kindergärten einbezogen werden.

3.1.2 Schulträger

Abschnitt 5 des Schulgesetzes legt die beiden möglichen Trägertypen von Schulen fest, die ebenso für Kindergärten übernommen werden können (§ 22 Öffentliche Schulen und Schulen in freier Trägerschaft). Wie aus dem Schulgesetz hervorgeht, wird zwischen öffentlich getragenen Schulen und Schulen in freier Trägerschaft unterschieden. Öffentliche Träger können beispielsweise Kreisverwaltungen, Stadtverwaltungen, Verbandgemeindeverwaltungen oder Ortsgemeinden sein. Unter freien Trägern versteht man hingegen Einrichtungen wie Diakonien und Caritasverbände (Kreuznacher Diakonie, Caritasverband Westerwald-Rhein-Lahn), Bistümer (Bischöfliches Ordinariat Bistum Mainz Dezernat IV Schulen und Hochschule), Pfarrämter (Protestantisches Pfarramt Rimschweiler) oder Stiftungen (Dietrich Bonhoeffer Stiftung, Evangelische Heimstiftung). Bei den Beispielen handelt es sich um Träger aus dem vorliegenden Korpus. Für Schulen in freier Trägerschaft gilt das Privatschulgesetz, das in Kap. 3.1.3 vorgestellt wird.

3.1.3 Namengebung

Die Namengebung von Schulen regelt das Schulgesetz im Unterabschnitt 4, Schulorganisation (§ 91 Errichtung und Aufhebung der Schulen):

Das Schulgesetz legt fest, dass jede Schule in Rheinland-Pfalz eindeutig zu identifizieren sein muss. Die vorliegende Arbeit übernimmt die von Ewald (2012: 5) verwendete Terminologie: Sie unterscheidet hier zwischen „Schulbezeichnung" und „Schulname". Demnach definiert die „Schulbezeichnung" die

---

3 http://landesrecht.rlp.de/jportal/portal/t/1oa5/page/bsrlpprod.psml?doc.hl=1&doc.id, abgerufen am 30.04.2018.

gesetzlich vorgeschriebene Mindestbenennung einer Schule, nämlich die Schulart und den Standort (*Grundschule Berghausen*). Werden der Schulbezeichnung ein oder mehrere onymische(s) Element(e) beigefügt, wird dies als „Schulname" definiert (*Hans-Purrmann-Gymnasium Speyer*). Bei Letzterem wird die Schulbezeichnung onymisiert, d. h. der Ausdruck wird in die Klasse der EigenN überführt. Ebenfalls EWALD (2012: 5) folgend sollen hier die Termini „einfache" und „erweiterte" Namen eingeführt werden. Einfache Namen dienen der reinen Identifikation („Schulbezeichnung"), während bei erweiterten Namen durch onymische Elemente eine Charakterisierung der Institution bewirkt wird („Schulname").

Bei der Benennung von Schulen in freier Trägerschaft gelten besondere Bedingungen, die durch das Privatschulgesetz[4] geregelt werden (§ 3 Bezeichnung):

Schulen in freier Trägerschaft sind verpflichtet, ihren privaten Status zu kennzeichnen (*Priv. Nikolaus-von-Weis-Gymnasium Speyer*) oder den Träger selbst in den Namen aufzunehmen (*Edith-Stein-Gymnasium Speyer der gemeinnützigen St. Dominikus Schulen GmbH*). Im Übrigen ist der Begriff „Ersatzschule" deckungsgleich mit dem der Privatschule bzw. Schule in freier/privater Trägerschaft.

Für die Benennung von rheinland-pfälzischen Kindergärten sind keine festen gesetzlichen Grundlagen zu finden. Die auf dem Kita-Server[5] bereitgestellte Auflistung der Kindergärten in Rheinland-Pfalz zeigt jedoch, dass die Namen ähnlichen Grundregeln zu folgen scheinen, so dass auch hier zwischen einfachen (*Kommunaler Kindergarten*) und erweiterten Namen (*Kommunaler Kindergarten ‚Haus Kunterbunt'*) unterschieden werden kann. In fast allen Fällen wird der Trägertyp (*Kommunaler Kindergarten*, *Katholische Kindertagesstätte ‚St. Michael'*) kenntlich gemacht, der Standort hingegen wird nur in wenigen Belegen angeführt.

3.2 Untersuchungskriterien

1. Einfache und erweiterte Namen

Der gesetzliche Rahmen bietet jeder Schulart die Möglichkeit, ihre Bezeichnung durch ein Namenelement zu erweitern. Hier stellt sich die Frage, in welchem Umfang welche Schulart diese Möglichkeit nutzt. Dabei soll ebenfalls unter-

4 http://www.landesrecht.rlp.de, abgerufen am 30.04.2018.
5 http://kita.bildung-rp.de/, 30.04.2018.

sucht werden, inwiefern der Trägertyp (öffentlich oder frei) Auswirkungen auf die Wahl zu einfachen oder erweiterten Namen hat.

2. Bildungsweise
Hier soll der Frage nachgegangen werden, ob die verschiedenen Schularten Eigenheiten bei der grammatischen Namenstruktur aufweisen. Ferner wird untersucht, inwiefern die angebundene Art der Namenbasis (anthroponymisch oder nicht-anthroponymisch) Auswirkungen auf die Struktur hat und ob hier schulartspezifische Präferenzen auszumachen sind. Auf die Analyse der Syngrapheme muss in diesem Aufsatz verzichtet werden, weshalb Namen wie *Johannes-Gymnasium* und *Johannesgymnasium* als gleichwertig behandelt werden.

3. Namenbasis
Bei der Analyse der Namenbasis von SchulN werden die Anteile anthroponymischer und nicht-anthroponymischer Erweiterungselemente schulartspezifisch untersucht. Außerdem soll auch die Abhängigkeit von Trägertyp und Namenbasis in den Blick genommen werden.

Bei **anthroponymischer Namenbasis** stellt sich die Frage, ob es schulart- und trägertypspezifische Präferenzen gibt. Auch soll das Verhältnis von regional und überregional bekannten Namenspatronen analysiert werden. Als nur regional bekannt gelten diejenigen Namenspatrone, die ausschließlich im Umkreis des Schulstandorts bekannt sind, wie der Patron der *Gottlieb-Wenz-Schule FSP Lernen (Förderschule) [Haßloch]*, die nach einem ehemaligen Lehrer benannt ist, den außerhalb des Umkreises der Schule niemand kennen dürfte. Die Benennung einer anderen Schule nach demselben Patron ist daher auszuschließen. Überregional bekannte Namenspatrone sind Persönlichkeiten, die einem breiten Publikum bekannt sind, wie der Namenspatron der *Grundschule Schillerschule Münchweiler*. In solchen Fällen ist die Wahrscheinlich hoch, dass auch andere Schulen nach dem jeweiligen Patron benannt sein können.

Zusätzlich soll der Standorttyp der Schulen Berücksichtigung finden. Der Standorttyp definiert den Standort einer Schule als ländlich, städtisch oder halbstädtisch. Diese drei vom Statistischen Bundesamt[6] ermittelten Gebietstypen weisen vor allem auf die Bebauungs- und Bevölkerungsdichte eines bestimmten Ortes hin. Demnach liegt für ein städtisches Gebiet mit hoher Bebauungs- und Bevölkerungsdichte eine höhere Dichte an Schulen zugrunde, für ländliche Gebiete dagegen eine geringere. Halbstädtische Gebiete bilden den

6 https://www.destatis.de/DE/ZahlenFakten/LaenderRegionen/Regionales/Gemeindeverzeichnis/Administrativ/Beschreibung_Gebietseinheiten.pdf, abgerufen am 01.05.2018.

Mittelwert. Es stellt sich also die Frage, ob der Standorttyp Auswirkungen auf die Wahl eines regional oder überregional bekannten Namenspatrons hat.

Bei **nicht-anthroponymischer Namenbasis** wird der Anteil an toponymischen und ortsunspezifischen Erweiterungselementen untersucht, bevor genauer auf die konkreten Benennungsstrategien eingegangen wird.

3.3 Datenlage und Vorbemerkungen

Die Daten für die SchulN stammen vom Ministerium für Bildung, Wissenschaft, Weiterbildung und Kultur des Landes Rheinland-Pfalz und stammen aus dem Schuljahr 2011/12. Das Ministerium führte für den entsprechenden Zeitraum 147 Gymnasien, 138 Förderschulen und 939 Grundschulen. Die Daten für die KindergartenN stammen vom Kita-Server[7], der zum Zeitpunkt der Untersuchung (Stand 20.02.2013) 2453 Kindergärten und Kindertagesstätten enthielt.

Ausgewertet wurden alle in der Liste geführten Gymnasien, alle Förderschulen und eine randomisierte Auswahl von 147 Grundschulen, wodurch zumindest für Gymnasien und Förderschulen eine lückenlose landesweite Analyse gewährleistet ist. Bei den Kindergärten wurde aus Gründen der Vergleichbarkeit eine zufällige Auswahl von 147 Namen untersucht. Kindergärten und Kindertagesstätten werden bei der gesamten Analyse zusammengefasst und als gleichwertige Einrichtungen behandelt und einheitlich als „Kindergärten" bezeichnet. Der Einfachheit halber werden die Kindergärten im Folgenden als „Schulart" betitelt.

In Einzelfällen fehlt in der Schulnamenliste des Bildungsministeriums eine der Mindestanforderungen an den Namen (Schulart oder Standort). In diesen Fällen wurde die Angabe von mir ergänzt und durch eckige Klammern kenntlich gemacht, z. B. *Landesschule für Gehörlose und Schwerhörige (Förderschule) [Neuwied].*

7 http://kita.rlp.de/Laendermonitoring-Fr.485.0.html, Stand vom 20.02.2013.

4 Empirische Untersuchung von Schul- und Kindergartennamen

4.1 Einfache und erweiterte Namen und der Einfluss des Trägertyps

Zunächst soll untersucht werden, in welchem Umfang die Möglichkeit genutzt wird, eine onymische Erweiterung aufzunehmen. Analysiert wurden nur diejenigen Einrichtungen, die den einzigen Vertreter ihrer Art darstellen, d. h. es handelt sich um diejenigen Einrichtungen, bei denen die Mindestbenennung von Schulart und Standort für eine eindeutige Identifizierung ausreichend gewesen wäre. Durch diese Einschränkung verkleinert sich das Korpus bei den Gymnasien und Grundschulen. Da Förderschulen in näherem Umkreis nie dieselben Förderschwerpunkte bedienen, gilt jeder Vertreter dieser Schulart als der einzige seines Standorts. Bei den Kindergärten wurde vorsortiert, so dass die zufällige Auswahl nur aus den einzigen Vertretern am Standort schöpfte. Folglich verringert sich an dieser Stelle das Korpus der Förderschulen und Kindergärten nicht.

Tab. 1: Einfache vs. erweiterte Namen bei alleinigen Schulartvertretern am Standort

Schulart	**Anzahl**	**Einfacher Name**	**Erweiterter Name**
Grundschulen	119	72 (61 %)	47 (39 %)
Gymnasien	63	15 (24 %)	48 (76 %)
Förderschulen	138	8 (6 %)	130 (94 %)
Kindergärten	147	75 (51 %)	72 (49 %)

Die Untersuchung (Tabelle 1) ergibt, dass Grundschulen am ehesten bereit sind, auf eine charakterisierende Erweiterung zu verzichten (61 %). Gymnasien und Förderschulen präferieren eindeutig erweiterte Namen (76 % bzw. 94 %). Bei den Kindergärten herrscht ein ausgeglichenes Verhältnis zwischen einfachen vs. erweiterten Namen.

Zusätzlich soll festgestellt werden, inwiefern sich der **Trägertyp** auf die Wahl von einfachen oder erweiterten Namen auswirkt (Tabelle 2). Da sich nur eine einzige privat getragene Grundschule im Untersuchungskorpus befindet, kann diese Schulart bei der Analyse nicht berücksichtigt werden.

Tab. 2: Einfache und erweiterte Namen in öffentlicher vs. freier Trägerschaft

Schulart	Anzahl	Trägertyp	Einfach	Erweitert
Gymnasien	147	Öffentlich	15 (12 %)	107 (88 %)
		Frei	2 (8 %)	23 (92 %)
Förderschulen	138	Öffentlich	7 (6 %)	108 (94 %)
		Frei	1 (4 %)	22 (96 %)
Kindergärten	147	Öffentlich	51 (63 %)	30 (37 %)
		Frei	24 (36 %)	42 (64 %)

Obwohl bei Gymnasien und Förderschulen die Namen mit onymischen Erweiterungen ohnehin schon überwiegen, steigt der Anteil an erweiterten Namen bei frei getragenen Schulen nochmals. Die freien Träger der Gymnasien nutzen nahezu vollständig die Möglichkeit der Namenerweiterung. Bei den freien Trägern handelt es sich größtenteils um konfessionelle Einrichtungen (*Bischöfliches Angela-Merici-Gymnasium Trier, St. Martin-Heimschule FSPe ganzheitl. und motorische Entwicklung (Förderschule)*). Schulen in freier Trägerschaft mit einfachem Namen sind eine seltene Ausnahme (*Priv. Gymnasium Marienstatt, Schule mit dem FSP motorische Entwicklung (Förderschule) [Landstuhl]*. Der deutlichste Unterschied ist bei den Kindergärten zu verzeichnen. Während öffentliche Kindergärten eher auf erweiterte Namen verzichten, werden diese von den frei getragenen gerne genutzt (*Katholischer Kindergarten ‚Arche Noah‘*).

Die Untersuchung von einfachen Namen ist hiermit abgeschlossen. Im Folgenden werden ausschließlich SchulN mit Erweiterungselementen analysiert.

4.2 Bildungsweise

Die folgende Untersuchung (Tabelle 3) soll einen Überblick darüber verschaffen, welche grammatischen Strukturen vorkommen und wie sich diese auf die unterschiedlichen Schularten verteilen. Hierbei kann auf die Einbeziehung der adjektivischen Attribute verzichtet werden, weil davon nur diejenigen Angaben betroffen sind, die ohnehin zur gesetzlich geforderten Mindestbenennung gehören und somit nicht als Erweiterungselement gewertet werden (*Freie Reformschule, Kommunaler Kindergarten*).

Tab. 3: Grammatische Analyse aller Schularten mit Erweiterung durch Komposition, nominales Attribut oder asyndetische Nachstellung

Schulart	Anzahl	Determinativ-Komposition *Albert-Einstein-Gymnasium*	Nominales Attribut *Gymnasium der Ursulinen*	Asyndetische Nachstellung *Grundschule Pestalozzi*
Grundschulen	63	46 (73 %)	5 (8 %)	12 (19 %)
Gymnasien	130	113 (87 %)	13 (10 %)	4 (3 %)
Förderschulen	130	119 (92 %)	8 (6 %)	3 (2 %)
Kindergärten	72	-	2 (3 %)	70 (97 %)

Den auffälligsten Unterschied weisen hier die KindergartenN gegenüber den SchulN auf. Während alle Schularten die Determinativ-Komposition vom Typ *Erweiterungselement + Schulart + Standort* deutlich präferieren, ist diese bei den Kindergärten überhaupt nicht belegt. Kindergärten nutzen zur Erweiterung ihres Kernnomens bevorzugt die asyndetische Nachstellung vom Typ *Schulart + Erweiterungselement* (*Kommunaler Kindergarten ‚Rasselbande'*). Diese Art der Anfügung bildet für Gymnasien und Förderschulen eine seltene Ausnahme, Grundschulen hingegen tendieren ebenfalls zu dieser Bildungsweise (*Grundschule Ingelheim Präsident Mohr*).

Ferner soll untersucht werden, inwiefern die Art der Namenbasis Einfluss auf die Bildungsweise erweiterter Namen nimmt (Tabelle 4). Dabei werden die vielfältigen Basen drei Typen zugeordnet: anthroponymisch, toponymisch und ortsunspezifisch.

Tab. 4: Bildungsweise aller Schularten in Abhängigkeit von der Namenbasis

Namenbasis	Schulart	Anzahl	Determinativ-kompositum *Albert-Einstein-Gymnasium*	Nominales Attribut *Gymnasium der Ursulinen*	Asyndetische Nachstellung *Grundschule Pestalozzi*
Anthro-ponymisch	Grundschulen	40	32 (80 %)	-	8 (20 %)
	Gymnasien	101	97 (96 %)	2 (2 %)	2 (2 %)
	Förderschulen	78	77 (99 %)	-	1 (1 %)
	Kindergärten	10	-	-	10 (100 %)

Namenbasis	Schulart	Anzahl	Determinativkompositum *Albert-Einstein-Gymnasium*	Nominales Attribut *Gymnasium der Ursulinen*	Asyndetische Nachstellung *Grundschule Pestalozzi*
Toponymisch	Grundschulen	22	13 (59 %)	5 (23 %)	4 (18 %)
	Gymnasien	28	15 (54 %)	11 (39 %)	2 (7 %)
	Förderschulen	41	33 (80 %)	8 (20 %)	-
	Kindergärten	24	-	1 (4 %)	23 (96 %)
Ortsunspezifisch	Grundschulen	1	1 (100 %)	-	-
	Gymnasien	1	1 (100 %)	-	-
	Förderschulen	11	9 (82 %)	-	2 (18 %)
	Kindergärten	38	-	1 (3 %)	37 (97 %)

Bei allen Schularten werden die **anthroponymischen Erweiterungen** in determinativ-kompositionelle Strukturen eingegliedert (*Egbert-Grundschule, Albert-Einstein-Gymnasium, Astrid-Lindgren-Schule (Förderschule)*). Die asyndetische Nachstellung wird von Kindergärten ausschließlich genutzt (*Katholischer Kindergarten ‚St. Anna'*), auch Grundschulen (*Grundschule Albert-Schweitzer*) greifen durchaus darauf zurück. Die nominale Attribuierung von Anthroponymen wird von allen Schularten mit zwei Ausnahmen nicht genutzt. Bei den **toponymischen Erweiterungen** zeigt sich ein anderes Bild. Obwohl auch hier die Determinativ-Komposita klar hervortreten (*Enterbach-Grundschule, Rhein-Gymnasium, Berggarten-Schule (Förderschule)*), werden die Erweiterungen deutlich öfter durch nominale Attribute angefügt als dies bei anderen Arten der Namenbasis der Fall ist (*Grundschule An der Römerstraße, Gymnasium zu St. Katharinen, Schule im Erlich (Förderschule)*). Die Ausnahme bilden wieder die Kindergärten, die auch hier fast ausschließlich die asyndetische Nachstellung nutzen (*Katholische Kita ‚Haus auf dem Wehrborn'*). Ebenso sind es wieder die Grundschulen, die sich als einzige Schulart an den Kindergärten orientieren (*Grundschule Burgenländchen*). Die Belege für **ortsunspezifische Erweiterungen** fallen bei den Schulen zwar äußerst gering aus, dennoch ist eine klare Präferenz für die kompositionelle Struktur zu erkennen (*Nibelungenschule* (Grundschule), *PAMINA-Schulzentrum, Mosaikschule (Förderschule)*). Einzig bei den Kindergärten findet sich auch hier wieder eine eindeutige Präferenz für die asyndetische Nachstellung der Erweiterungselemente (*Kommunaler Kindergarten ‚Kunterbunt'*).

4.3 Namenbasis

4.3.1 Anthroponymische Erweiterungen

Ein Blick auf Tabelle 5 zeigt die Priorität von anthroponymischen vs. nicht-anthroponymischen Erweiterungselementen.

Tab. 5: Anthroponymische vs. nicht-anthroponymische Erweiterungen

Schulart	Anzahl	Anthroponymische Erweiterung	Nicht-anthroponymische Erweiterung
Grundschulen	63	40 (63 %)	23 (37 %)
Gymnasien	130	101 (78 %)	29 (22 %)
Förderschulen	130	78 (60 %)	52 (40 %)
Kindergärten	72	10 (14 %)	62 (86 %)

Bei den Gymnasien ist die Benennung nach Personen von höchster Relevanz (78 %), während sie bei den Kindergärten eine verschwindend geringe Rolle spielt (14 %). Bei Grundschulen (63 %) und Förderschulen (60 %) überwiegen ebenfalls die anthroponymischen Erweiterungen, sind jedoch nicht so dominant wie bei den Gymnasien.

a) Grundschulen (40 Belege)

Da das Korpus keine Grundschulen in freier Trägerschaft mit erweitertem Namen enthält, können hier nur Namenbasen von öffentlichen Schulen dargestellt werden. In den folgenden Tabellen werden die Beispiele zugunsten der Übersichtlichkeit ohne den jeweiligen Standort angegeben.

Tab. 6: Kategorien der anthroponymischen Erweiterungen bei Grundschulen

Anzahl	%	Kategorie		Beispiel
9	23 %	Theologie	Heilige (5)	*Grundschule St. Sebastianus*
			Theologen (4)	*Adolph-Kolping-Schule Grundschule*
9	23 %	Schriftsteller/Dichter		*Astrid-Lindgren-Schule Grundschule*
5	13 %	Pädagogen		*Grundschule Pestalozzi*
3	7 %	Adelsgeschlechter		*Grundschule Wittelsbach-Schule*
3	7 %	Bildende Künstler		*Grundschule Albrecht-Dürer-Schule*

Anzahl	%	Kategorie	Beispiel
3	7 %	Freiheitskämpfer	*Dr. Martin-Luther-King-Grundschule*
3	7 %	Philologen	*Brüder-Grimm-Schule Grundschule*
2	5 %	Komponisten	*Grundschule Robert-Schuman-Schule*
2	5 %	Politiker	*Grundschule Süd Theodor-Heuss-Schule*
1	3 %	Naturwissenschaftler	*Grundschule Heinz-Sielmann-Schule*

Auffällig ist, dass selbst bei den Grundschulen in öffentlicher Trägerschaft neben Schriftstellern/Dichtern die meisten Namenspatrone Persönlichkeiten aus dem Bereich der Theologie sind (s. Tabelle 6). Offensichtlich bedienen sich auch öffentliche Grundschulen einer christlichen Namenbasis, um bestimmte ideelle Werte zu vermitteln (*Grundschule St. Peter und Paul Mühlheim-Kärlich*, *Adolph-Kolping-Schule Grundschule Kirchen-Wehbach*). Mit der Thematik Kinder und Pädagogik setzen sich insgesamt zehn Grundschulen, d. h. ein Viertel aller Namen, auseinander. In dieses Gebiet fallen zum einen alle Pädagogen (Johann Heinrich Pestalozzi mit drei Belegen, Johannes Leonhardt, Prof. Jakob Muth), zum anderen Kinderbuchautoren wie Michael Ende, Astrid Lindgren, Erich Kästner und Otfried Preußler.

b) Gymnasien (101 Belege)

Die Namenbasis der Gymnasien in freier Trägerschaft sind stark eingeschränkt: In 14 von 18 Fällen handelt es sich um Persönlichkeiten aus dem Bereich Theologie, was auf die konfessionellen Prägungen unter den freien Trägern zurückzuführen ist (s. Tabelle 7).

Tab. 7: Kategorien der anthroponymischen Erweiterungen bei Gymnasien

Anzahl	%	Kategorie		Beispiel
23	23 %	Theologie	Heilige (10)	*St.-Willibrord-Gymnasium*
			Theologen (13)	*Dietrich-Bonhoeffer-Gymnasium*
13	13 %	Naturwissenschaftler		*Albert-Einstein-Gymnasium*
12	12 %	Schriftsteller/Dichter		*Heinrich-Böll-Gymnasium*
11	11 %	Adelsgeschlechter		*Sophie-Hedwig-Gymnasium*
7	7 %	Pädagogen		*Lina-Hilger-Gymnasium*
7	7 %	Politiker		*Konrad-Adenauer-Gymnasium*
5	5 %	Universalgelehrte		*Leibniz-Gymnasium*
4	4 %	Freiheitskämpfer		*Geschwister-Scholl-Gymnasium*

Anzahl	%	Kategorie	Beispiel
3	3 %	Bildende Künstler	*Käthe-Kollwitz-Gymnasium*
3	3 %	Industrielle	*Carl-Bosch-Gymnasium*
3	3 %	Philologen	*Sebastian-Münster-Gymnasium*
3	3 %	Philosophen	*Immanuel-Kant-Gymnasium*
3	3 %	Publikationswesen	*Hannah-Arendt-Gymnasium*
1	1 %	Arzt	*Wilhelm-Erb-Gymnasium*
1	1 %	Komponist	*Rudi-Stephan-Gymnasium*
1	1 %	Erfinder	*Gutenberg-Gymnasium*

Auffällig ist, dass im Gegensatz zu den Grundschulen die Gymnasien eine große Anzahl an naturwissenschaftlichen Namenspatronen aufweisen, z. B. Albert Einstein, Carl Friedrich Gauß oder Max Planck. Mit ungefähr gleicher Gewichtung sind Schriftsteller und Dichter wie Heinrich Böll, Heinrich Heine, Joseph von Eichendorff, Johann Wolfgang von Goethe oder Otfried von Weißenburg vertreten. Besonders bei den öffentlichen Schulen scheint die Benennung nach Adelsgeschlechtern (Staufer, Leininger) bzw. Mitgliedern eines Adelsgeschlechts (z. B. Karoline von Baden, Sophie Hedwig von Braunschweig-Wolfenbüttel, Balduin von Luxemburg) von großer Bedeutung zu sein. Ebenfalls auffällig ist, dass die Namenbasen bei den Gymnasien vielfältiger ausfallen als bei den Grundschulen.

c) Förderschulen (78 Belege)

Wie schon bei den Grundschulen und Gymnasien spielt bei den Förderschulen die Benennung nach Persönlichkeiten aus dem Bereich Theologie eine besonders große Rolle, wobei die Benennung nach Heiligen wichtiger ist als die nach Theologen (s. Tabelle 8). Der Großteil dieser SchulN ist der großen Anzahl an privaten Trägern geschuldet.

Tab. 8: Kategorien der anthroponymischen Erweiterungen bei Förderschulen

Anzahl	%	Kategorie		Beispiel
22	28 %	Theologie	Heilige (16)	*St. Martinus-Schule*
			Theologen (6)	*Bodelschwingh Schule*
16	21 %	Pädagogen		*Fröbelschule*
9	12 %	Schriftsteller/Dichter		*Wilhelm-Busch-Schule*
7	9 %	Freiheitskämpfer		*Geschwister-Scholl-Schule*

Anzahl	%	Kategorie	Beispiel
6	8 %	Politiker	*Freiherr-vom-Stein-Schule*
3	4 %	Stiftungsgründer	*Siegmund-Crämer-Schule*
2	3 %	Adelsgeschlechter	*Salierschule*
2	3 %	Komponisten	*Carl-Orff-Schule*
2	3 %	Schulgründer	*Wilhelm-Hubert-Cüppers-Schule*
9	9 %	Sonstige, z. B.Sportler	*Fritz-Walter-Schule*

Der pädagogische Aspekt ist bei den Förderschulen noch deutlich stärker ausgeprägt als bei den Grundschulen. So fallen beispielsweise gleich drei Belege auf den Schweizer Pädagogen Hans Zulliger, weil er Störungen bei Kindern spielerisch therapierte und Konzepte zur Förderung behinderter Kinder entwickelte. Auch unter den Dichtern und Schriftstellern (z. B. Friedrich Schiller mit zwei Belegen) beinhalten ein Großteil einen pädagogischen Aspekt, wie die Kinderbuchautoren Astrid Lindgren mit drei Belegen sowie Michael Ende und Erich Kästner, die auch Grundschulen und Gymnasien als Namenspatrone dienen. Wenngleich sich im vorliegenden Korpus nur drei Belege finden, sind Förderschulen dennoch die einzigen mit Benennungen nach Stiftungsgründern, es handelt sich also um Gründer humanitärer Einrichtungen. So ist die *Siegmund-Crämer-Schule FSP ganzheitl. Entwicklung (Förderschule) [Bad Dürkheim]* beispielsweise nach dem Gründer der Stiftung Lebenshilfe benannt, die immer wieder zahlreiche Projekte der Behindertenhilfe[8] ins Leben ruft. Insgesamt zeichnen sich die Namenbasen der Förderschulen durch ihre besondere Vielfältigkeit aus, was auch die besondere Stellung der Schulart innerhalb des Schulsystems widerspiegelt. Einzigartig sind beispielsweise Benennungen nach einem Sportler (*Fritz-Walter-Schule FSP Lernen [Förderschule) [Kaiserlautern]*), einem Drucker (*Peter-Jordan-Schule FSP ganzheitl. Entwicklung (Förderschule) [Mainz]*) oder einem lokalen Heimatforscher der Stadt Landstuhl (*Jakob-Weber-Schule FSP Lernen (Förderschule) [Landstuhl]*). Für die folgenden Benennungen findet sich ebenfalls jeweils nur ein Beleg (für bessere Übersichtlichkeit hier ohne Förderschwerpunkt, den Zusatz „*(Förderschule)*“ und Standort):

- Arzt (*Johann-Peter-Frank-Schule*)
- Bildender Künstler (*Käthe-Kollwitz-Schule*)
- Erfinder (*Wilhelm-Albrecht-Schue*)
- Philologe (*Brüder-Grimm-Schule*)

8 https://www.ecoguide.de/bad-duerkheim-siegmund-craemer-erhielt-bundesverdienstkreuz-1-klasse/, abgerufen am 30.04.2018.

- Historische Persönlichkeit (*Anne-Frank-Schule*)
- Historischer Volksstamm (*Treverer-Schule*)

d) Kindergärten (10 Belege)
Bei der Kategorisierung von Kindergärten muss vorsichtig verfahren werden.

Tab. 9: Kategorien der anthroponymischen Erweiterungen bei Kindergärten

Anzahl	%	Kategorie		Beispiel
9	90 %	Theologie	Heilige (9)	*Kath. Kindergarten ‚Don Bosco'*
			Theologen (0)	-
1	10 %	Freiheitskämpfer		*Ev. Kindergarten ‚Martin Luther King'*

Hier ist die Unterscheidung zwischen Benennungen nach heiligen Namenspatronen (anthroponymisch), Pfarrgemeinden und Kirchenstiftungen (beides nicht-anthroponymisch) äußerst schwierig, da die Erweiterungselemente allesamt die gleiche Struktur aufweisen: [*Kommunaler/Katholischer/Evangelischer + Kindergarten + St. X]*. Dementsprechend sollte man sich nicht durch Benennungen wie *Katholische Kindertagesstätte ‚St. Aper' [Wasserliesch]* für eine Pfarrgemeinde, *Katholischer Kindergarten ‚St. Michael', [Schönau]* für die *Katholische Kirchenstiftung „St. Michael"* und *Kommunaler Kindergarten ‚St. Donatus' [Detzem]* für einen Heiligen täuschen lassen. Aufschluss über die Art der Namenbasis geben hier die Internetauftritte der (Verbands)Gemeinden und das Kindergartenpersonal. Insgesamt ist die Anzahl an anthroponymisch Namenbasen äußerst gering. Bis auf zwei Ausnahmen befinden sich alle Kindergärten mit Namenspatronen in freier Trägerschaft mit konfessionellem Hintergrund. Nachfragen bei den Einrichtungen haben ergeben, dass bei der Benennung nach Heiligen weniger der konkrete Verdienst des Patrons von Bedeutung ist. Wichtiger sei die gedankliche Verbindung allgemeiner christlicher Werte mit der frühkindlichen Erziehung. Die Ehrung von Personen und der darauf gestützte werbende Charakter scheint hier kaum eine Rolle zu spielen.

4.3.2 Regional vs. überregional bekannte Namenspatrone in Abhängigkeit des Standorttyps

Im Folgenden soll untersucht werden, inwiefern der Standorttyp Auswirkungen auf die Wahl eines regional oder überregional bekannten Namenspatrons hat

(Tabelle 10). Da sich im vorliegenden Korpus kein KindergartenN mit regional bekanntem Namenspatron befindet, wird diese Schulart von diesem Teil der Untersuchung ausgeschlossen.

Tab. 10: Regional und überregional bekannte Namenspatrone in Abhängigkeit vom Standorttyp bei Grundschulen, Gymnasien und Förderschulen

Schulart (Anzahl)	Standorttyp	Anzahl	Regional bek. Namenspatrone	Überregional bek. Namenspatrone
Grundschulen (39)	ländlich	11 (28 %)	5 (45 %)	6 (55 %)
	städtisch	7 (18 %)	1 (14 %)	6 (86 %)
	halbstädtisch	21 (54 %)	4 (19 %)	17 (81 %)
Gymnasien (101)	ländlich	13 (13 %)	8 (62 %)	5 (38 %)
	städtisch	34 (34 %)	8 (24 %)	26 (76%)
	halbstädtisch	54 (53 %)	17 (31 %)	37 (67%)
Förderschulen (78)	ländlich	14 (18 %)	1 (7 %)	13 (93 %)
	städtisch	13 (17 %)	4 (31 %)	9 (69 %)
	halbstädtisch	51 (65 %)	13 (25 %)	38 (75 %)

Bei den **Grundschulen** bestätigt sich der Vorzug überregionaler Namenspatrone bei jedem der drei Standorttypen. Auffällig ist aber, dass der Anteil an Patronen mit regionaler Bekanntheit in ländlichen Gebieten im Verhältnis zu denen mit überregionaler Bekanntheit zunimmt, während er in städtischen Gebieten nachlässt. Bei den **Gymnasien** fällt eine Besonderheit auf: Während sich in städtischen und halbstädtischen Gebieten der allgemeine Trend der Gymnasien hin zu überregional bekannten Namenspatronen fortführt, ist in den ländlichen Gebieten das Gegenteil der Fall. Für Grundschulen und Gymnasien gilt also: je ländlicher der Standort, desto eher wird ein regionaler Namenspatron gewählt. Auch bei **Förderschulen** bleibt insgesamt die Tendenz zu überregionalen Namenspatronen erhalten. Interessanterweise ist in ländlichen Gebieten so gut wie gar keine Benennung nach einem regional bekannten Patron vorzufinden.

4.3.3 Nicht-anthroponymische Erweiterungen

a) Grundschulen (23 Belege)

Die nicht-anthroponymischen Belege bestehen zum Großteil aus Benennungen nach Toponymen (Tabelle 11).

Tab. 11: Kategorien der nicht-anthroponymischen Erweiterungen bei Grundschulen

Typ	Anzahl	%	Kategorie	Beispiel
Toponyme (22)	6	26 %	Gewässer	*Ahrbach-Grundschule*
	3	13 %	Berge	*Grundschule Am Königsberg*
	2	9 %	Landschaften	*Grundschule Holzlandschule*
	8	35 %	Benachbarte histor. Gebäude	*Schloß-Ardeck-Schule*
	2	9 %	Stadtteile	*Vischeltalschule*
	1	4 %	Straße	*Grundschule Am Neuberg*
Ortsunspezifisch (1)	1	4 %	Sagendichtung	*Nibelungenschule*

Lediglich eine einzige Namenbasis ist ortsunspezifisch. FlurN und sonstige Toponyme sind zu gleichen Teilen mit jeweils elf Belegen vertreten. Bei den FlurN spielt die Benennung nach Gewässern die größte Rolle, darunter etwas mehr Bäche als Flüsse (*Ahrbach-Grundschule Niederahr, Grundschule an der Wied Neuwied-Niederbieber*). Bei den sonstigen Toponymen ist besonders die Benennung nach benachbarten historischen Gebäuden beliebt, wie etwa Burgen (*Grundschule St. Goar Rheinfelsschule*, benannt nach der Burg *Rheinfels*) und Kirchen (*Grundschule St. Marien Saarburg*).

b) Gymnasien (29 Belege)

Auch bei den Gymnasien gibt es nur einen einzigen Beleg für eine ortsunspezifische Namenerweiterung, so dass auch hier die Toponyme die wichtigste Namenbasis sind (Tabelle 12).

Tab. 12: Kategorien der nicht-anthroponymischen Erweiterungen bei Gymnasien

Typ	Anzahl	%	Kategorie	Beispiel
Toponyme (28)	5	18 %	Gewässer	*Rhein-Wied-Gymnasium*
	3	11 %	Landschaften	*Nordpfalzgymnasium*
	2	7 %	Gebirge	*Eifel-Gymnasium*
	1	3 %	Wiese	*Gymnasium an der Heinzenwies*
	9	31 %	Benachb. histor. Geb.	*Gymnasium an der Stadtmauer*
	2	7 %	Stadtteil	*Gymnasium auf der Karthause*

Typ	Anzahl	%	Kategorie	Beispiel
	2	7 %	Beiname der Stadt	*Sickingen-Gymnasium*
	2	7 %	Historischer Stadtname	*Mons-Tabor-Gymnasium*
	1	3 %	Ortsteil	*Gymn. Weierhof am Donnersberg*
	1	3 %	Straße	*Gymnasium am Rittersberg*
Ortsunspezifisch (1)	1	3 %	Kunstwort	*PAMINA-Schulzentrum*

Unter den FlurN sind die GewässerN die häufigste Kategorie, im Gegensatz zu den Grundschulen gibt es mehr Benennungen nach Flüssen (*Rhein-Gymnasium Sinzig*) als nach Bächen (*Göttenbach-Gymnasium Idar-Oberstein*). Unter den sonstigen Toponymen finden sich wie bei den Grundschulen vor allem historische benachbarte Gebäude wie Kirchen (*Gymnasium am Kaiserdom Speyer*), Burgen (*Privates Trifels-Gymnasium Annweiler*) oder Römerkastelle (*Gymnasium am Römerkastell Alzey*). Eine Besonderheit bei den Gymnasien bilden die Benennungen nach dem historischen SiedlungsN des Standorts (*Megina-Gymnasium Mayen*, *Mons-Tabor-Gymnasium Montabaur*), die bei keiner anderen Schulart zu finden sind.

c) Förderschulen (52 Belege)

Im Gegensatz zu den Grundschulen und Gymnasien treten hier Benennungen mit ortsunspezifischer Namenbasis deutlicher hervor (Tabelle 13).

Tab. 13: Kategorien der nicht-anthroponymischen Erweiterungen bei Förderschulen

Typ	Anzahl	%	Kategorie	Beispiel
Toponyme (41)	7	13 %	Gewässer	*Pommerbachschule*
	3	6 %	Berge	*Matzenbergschule*
	3	6 %	Landschaften	*Wonnegauschule*
	2	4 %	Gebirge	*Hunsrückschule*
	1	2 %	Höhenzug	*Meulenwald-Schule*
	1	2 %	Tal	*Schule am Bienhorntal*
	1	2 %	Weinberg	*Rosenberg-Schule*
	10	19 %	Benachb. histor. Geb.	*Porta-Nigra-Schule*
	6	11 %	Straßen	*Windmühlenschule*

Typ	Anzahl	%	Kategorie	Beispiel
	3	6 %	Stadtteile	*Medard-Schule*
	2	4 %	Siedlungen	*Canadaschule*
	1	2 %	Beiname der Stadt	*Volkerschule*
	1	2 %	Benachbarte moderne Gebäude	*Nürburgring-Schule*
Ortsunspezifisch (11)	5	9 %	Humanitäre Einrichtungen	*Herz-Jesu-Haus Kühr*
	2	4 %	Kunstwort	*Levana-Schule*
	2	4 %	Religiöser Bezug	*Bethesda Schule*
	1	2 %	Heraldik	*Löwenschule*
	1	2 %	Symbol für Gemeinschaftsgefühl	*Mosaikschule*

Als einzige Schulart werden Förderschulen nach humanitären Einrichtungen benannt. In allen Fällen handelt es sich um Schulen in freier Trägerschaft, die dann nach ihrem Schulträger benannt werden (z. B. *Herz-Jesu-Haus Kühr FSPe ganzheitl. und motorische Entwicklung (Förderschule) [Niederfell]*, getragen von der Kührer Fürsorge GmbH Herz Jesu Haus Kühr; *Schule im Bernardshof FSP sozial-emotionale Entwicklung (Förderschule) [Mayen]*, getragen von der Jugendhilfe Bernardshof). Hier kommt besonders der heilpädagogische Aspekt der Namengebung zum tragen. Ebenso verhält es sich mit Kunstwörtern als onymisches Element. Die Erweiterungselemente der *Levana-Schule FSP ganzheitl. Entwicklung (Förderschule) [Bad Neuenahr-Ahrweiler]* und der *Levana-Schule SFG (Förderschule) [Schweich]* sollen an lat. *levare* 'aufheben, annehmen, akzeptieren' erinnern. Der Name soll auf das *Levana*-Konzept aufmerksam machen, das von den Pädagogen Jean Paul Friedrich Richter und Jan-Daniel Georgens um 1800 ins Lebens gerufen wurde. Damit legten sie den Grundstein für die moderne soziale Integration, das schulische Lernen und die berufsorientierte Bildung von behinderten Menschen mit (auch schweren) geistigen Beeinträchtigungen und verkörperten die grundsätzliche bedingungslose Annahme behinderter Menschen. Unter den FlurN ist wie schon bei den Grundschulen und Gymnasien die Benennung nach Gewässern besonders beliebt (*Schule am Ellerbach FSP Lernen (Förderschule) [Bad Kreuznach]*). Bei den sonstigen Toponymen haben auch hier wieder die benachbarten historischen Gebäude die meisten Belege zu verzeichnen, insbesondere Burgen (*Landskronschule FSP Lernen (Förderschule) [Oppenheim], Schule am Beilstein FSPe ganzheitl. Entwicklung und Sprache (Förderschule) [Kaiserslautern]*).

d) Kindergärten (62 Belege)

Anders als bei Grundschulen, Gymnasien und Förderschulen konnte das Untersuchungskorpus bei den Kindergärten keinen einzigen Beleg für eine Benennung nach FlurN erfassen.

Tab. 14: Kategorien der nicht-anthroponymischen Erweiterungen bei Kindergärten

Typ	Anzahl	%	Kategorie	Beispiel
Toponyme (24)	17	27 %	Pfarrgemeinde	*Kindertagesstätte ‚St. Aper'*
	4	6 %	Kirchenstiftung	*Kindergarten ‚St. Michael'*
	2	3 %	Benachbarte histor. Gebäude	*Kindergarten ‚Im Prälatengarten'*
	1	2 %	Ortsteil	*Kita ‚Haus auf dem Wehrborn'*
Ortsunspezifisch (38)	9	15 %	Kindhaftigkeit	*Kindergarten ‚Zwergenhaus'*
	8	13 %	Spiel und Spaß	*Kindergarten ‚Rappelkiste'*
	6	10 %	Pflanze	*Kindergarten ‚Gänseblümchen'*
	4	6 %	Tier	*Kindergarten ‚Buntspecht'*
	4	6 %	Literatur und Film	*Kindergarten ‚Tabaluga'*
	3	5 %	Natur	*Kindergarten ‚Regenbogen'*
	3	5 %	Religiöser Bezug	*Kindergarten ‚Arche Noah'*
	1	2 %	Gemeinschaftsgefühl	*Kindergarten ‚Miteinander'*

Sie werden stattdessen durch die Benennung eines sonstigen Toponyms charakterisiert, meist durch die Pfarrgemeinde (*Katholische Kindertagesstätte ‚St. Aper' [Wasserliesch]*) oder Kirchenstiftung (*Katholischer Kindergarten ‚St. Pirmin' [Eppenbrunn]* auch gleichzeitig der Träger des jeweiligen Kindergartens ist. Wie bereits an anderer Stelle erwähnt, sind die Benennungen nach Heiligen, Pfarrgemeinden und Kirchenstiftungen formal nicht voneinander unterscheidbar, so dass die Benennungsmotivation in den Einrichtungen erfragt werden muss. Die meisten Belege finden sich jedoch bei den ortsunspezifischen Erweiterungselementen. Hier wird besonders großer Wert auf Kreativität gelegt. So finden sich hauptsächlich Namen wie *Kindergarten ‚Rasselbande' [Hambuch]* und *Kommunaler Kindergarten ‚Abenteuerland' [Köngernheim]*, die Kindhaftigkeit und den Spieltrieb beschreiben. Im Gegensatz zu den Namen der anderen Schularten finden sich hier Erweiterungselemente aus der Natur (*Evangelische Kindertagesstätte ‚Regenbogen' [Uelversheim]*) und der Pflanzen- bzw. Tierwelt (*Katholischer Kindergarten ‚Pusteblume' [Oberwesel], Prot. Kindergarten ‚Spatzennest' [Batt-*

weiler]). Die Namen aus Literatur und Film sind ebenfalls konkret auf kleine Kinder ausgerichtet (*Kommunaler Kindergarten ‚Lummerland‘ [Reichenbach-Steegen]*, *Kommunaler Kindergarten ‚Tabaluga‘ [Pölich]*).

5 Fazit

In dieser Arbeit wurden die Namen von insgesamt 579 Grundschulen, Gymnasien, Förderschulen und Kindergärten analysiert. Zunächst wurde untersucht, inwiefern die verschiedenen Schularten über die gesetzliche Mindestbenennung hinaus eine onymische Erweiterung anfügen und somit die rein identifizierende Schulbezeichnung zu einem charakterisierenden SchulN machen. Dazu wurden nur diejenigen Schulen einbezogen, die als einziger Vertreter ihrer Art am Standort ansässig sind und zur problemlosen Identifikation keiner onymischen Erweiterung bedürfen. Grundschulen tragen eher einfache Namen, Gymnasien und Förderschulen präferieren klar erweiterte Namen, während das Verhältnis bei Kindergärten ausgeglichen ist. Zusätzlich wurde untersucht, ob der Trägertyp die Wahl von einfachen oder erweiterten Namen beeinflusst. Bei Gymnasien und Förderschulen vergeben freie Träger fast nur erweiterte Namen. Bei Kindergärten tendieren freie Träger ebenfalls zur Vergabe von erweiterten Namen – wenngleich weniger konsequent.

Die Analyse der Bildungsweise ergab bei den Grundschulen, Gymnasien und Förderschulen eine klare Präferenz der kompositionellen Anbindung des onymischen Elements an den Kern der Namenphrase. Kindergärten verhalten sich grammatisch vollkommen anders, indem sie die asyndetische Nachstellung des Erweiterungselements bevorzugen. Gymnasien und Förderschulen nutzen diese so gut wie gar nicht, Grundschulen immerhin zu 19 %. Die nominale Attribuierung wird von allen Schularten selten bis gar nicht genutzt.

Weiter stellte sich die Frage, ob die Art der Namenbasis die Bildungsweise der Namen beeinflusst. Anthroponymische Erweiterungen werden von Grundschulen, Gymnasien und Förderschulen in der Regel kompositionell angebunden. Grundschulen dient hierfür auch hin und wieder die asyndetische Nachstellung, die von den Kindergärten ausschließlich genutzt wird. Zwar überwiegen bei den toponymischen Erweiterungen ebenfalls die kompositionellen Anbindungen, allerdings nicht in der gleichen Deutlichkeit wie dies bei den anthroponymischen Elementen der Fall ist. Die drei Schularten binden das toponymische Element durchaus auch durch ein nominales Attribut an. Auch hier bilden die Kindergärten wieder die Ausnahme: Toponyme werden asyndetisch nachgestellt. Die vereinzelten ortsunspezifischen Elemente der Grundschulen,

Gymnasien und Förderschulen werden kompositionell eingebunden. Auch diese Elemente werden von Kindergärten durch asyndetische Nachstellung angefügt. Insgesamt verhalten sich die SchulN einheitlich, auch in Bezug auf die Einflussnahme der Art der Namenbasis. Die KindergartenN verhalten sich grammatisch konsequent abweichend von denen der anderen Schularten.

Bei der Namenbasis wurde grundsätzlich zwischen Erweiterungen mit Anthroponymen und Nicht-Anthroponymen unterschieden. Die Divergenz zwischen den Namen von Schulen einerseits und denen der Kindergärten andererseits zeichnet sich auch bei der Verteilung der anthroponymischen und nicht-anthroponymischen Basen ab. Während Grundschulen, Förderschulen und in besonderem Maße Gymnasien die Benennung nach einem Namenspatron präferieren, weisen die Kindergärten mit großer Mehrheit Benennungen mit nicht-anthroponymischen Erweiterungen auf.

Bei genauer Betrachtung der anthroponymischen Namenbasis ist die häufige Benennung nach Persönlichkeiten aus dem theologischen Bereich auffällig – auch bei öffentlichen und somit nicht konfessionell geprägten Einrichtungen. Grundschulen tragen wegen Benennungen nach Kinderbuchautoren und Pädagogen gewisse kindgerechte Aspekte im Namen, kindlich-verspielte Namen wie bei EWALD (2012:22) gibt es allerdings nicht. Die Benennung ist nüchterner gehalten und orientiert sich mehrheitlich an den weiterführenden Schulen. Neben den theologischen Namenspatronen stehen bei den Gymnasien Benennungen nach Naturwissenschaftlern, Schriftstellern/Dichtern und Adelsgeschlechtern im Vordergrund. Die beliebtesten Basen der Förderschulen sind theologische Namenspatrone, Pädagogen, v.a. Heilpädagogen, und Schriftsteller/Dichter mit einigen Kinderbuchautoren, wodurch eine thematische Nähe zu den GrundschulN besteht. Das sehr übersichtliche Inventar an Namenspatronen beschränkt sich bei den Kindergärten hauptsächlich auf Persönlichkeiten aus dem Bereich Theologie.

Die Untersuchung von regional vs. überregional bekannten Namenspatronen in Abhängigkeit des Standorttyps hat bei Grundschulen und Gymnasien ein ähnliches Ergebnis geliefert: Grundsätzlich überwiegen die überregional bekannten Namenspatrone. Allerdings steigt der Anteil an regional bekannten Namenspatronen in ländlichen Gebieten, in städtischen sinkt er. Bei den Förderschulen überwiegt der Anteil an überregional bekannten Namenspatronen vollkommen unabhängig vom Standorttyp deutlich.

Die nicht-anthroponymische Namenbasis wurde in Toponyme (darunter FlurN und sonstige Toponyme) und ortsunspezifische Benennungen untergliedert. Bei Grundschulen und Gymnasien sind so gut wie keine ortsunspezifischen Basen belegt, stattdessen werden mehrheitlich Toponyme verwendet. Bei der Benennung nach FlurN sind die GewässerN besonders beliebt, bei sonstigen Toponymen weisen die Benennungen nach historischen Gebäuden die meisten Belege auf. In Bezug auf die Toponyme gilt bei den FörderschulN das gleiche Prinzip. Allerdings weisen sie einen größeren Anteil an ortsunspezifischer Benennung als Grundschulen und Gymnasien auf. Dies ist vor allem den frei getragenen Förderschulen geschuldet, deren Träger oft humanitäre Einrichtungen sind, die sich im SchulN verewigen. Bei den KindergartenN zeigt sich eine vollkommen andere Benennungsstrategie. Die bei den anderen Schularten beliebten Benennungen nach FlurN existiert hier nicht. Die häufigsten Toponyme sind hier die Pfarrgemeinden, von denen die Kindergärten getragen werden und ihren Namen schlicht auf die Erziehungseinrichtung übertragen. Wichtiger jedoch als die Benennung nach Toponymen ist bei Kindergärten die ortsunspezifische Namengebung. Hier finden sich kreativere Namen, die vor allem an kindgerechtes und spielerisches Verhalten erinnern. Insgesamt weisen die Förderschulen sowohl bei den anthroponymischen als auch bei den nicht-anthroponymischen Erweiterungselementen die größte Anzahl an unterschiedlichen Namenbasen auf.

Die Ergebnisse dieser Untersuchung sollen eine erste Grundlage bieten, auf der zum einen weitere Schularten in Rheinland-Pfalz ausgewertet und zum anderen mit Ergebnissen aus anderen Bundesländern verglichen werden können.

Literatur

BRANDMÜLLER, Stefanie (2013): *Grundschule „An der Wied", Max-Planck-Gymnasium, Levana-Schule und Kommunaler Kindergarten „Rasselbande" – Analyse der Namenstrukturen rheinland-pfälzischer Grundschulen, Gymnasien, Förderschulen und Kindergärten*. Magisterarbeit. Mainz.

DEBUS, Friedhelm (2011): Zur Klassifikation und Terminologie der Namenarten. *Beiträge zur Namenforschung* 45 (4), 359–369.

EWALD, Petra (2012): Grundschule Brüsewitz – Grundschule „Villa Kunterbunt" – Lessing-Grundschule: Schulnamen zwischen Identifizierungs- und Charakterisierungsfunktion. *Beiträge zur Namenforschung* 47 (1), 1–32.

KÜHN, Ingrid (1999): Schulnamengebung im politisch-kulturellen Symbolkanon. *Muttersprache* 109 (2), 136–143.

LÖTSCHER, Andreas (1996): Namen von Bildungseinrichtungen. In Ernst Eichler et al. (Hrsg.), *Namenforschung. Ein internationales Handbuch zur Onomastik*, 2. Teilband, 1606–1611. Berlin, New York.

NÜBLING, Damaris, Fabian FAHLBUSCH & Rita HEUSER ([2]2015): *Namen. Eine Einführung in die Onomastik*. Tübingen.

SOMMERFELDT, Karl-Ernst (1992): Neue Schulbezeichnungen in Mecklenburg-Vorpommern. *Deutschunterricht* 45 (7/8), 361–362.

SOMMERFELDT, Karl-Ernst (1994): Schulnamen in den neuen Bundesländern nach der Wende. In Karl-Ernst Sommerfeldt (Hrsg.), *Sprache im Alltag. Beobachtungen zur Sprachkultur*, 221–229. Frankfurt a. M. u. a.

VASIL'EVA, Natalia (2004): Institutionsnamen. In Andrea Brendler & Silvio Brendler (Hrsg.), *Namenarten und ihre Erforschung. Ein Lehrbuch für das Studium der Onomastik. Anlässlich des 70. Geburtstages von Karlheinz Hengst.* Band I, 605–621. Hamburg.

Online-Quellen

Bildungs- und Erziehungsempfehlungen für Kindertagesstätten in Rheinland-Pfalz: https://kita.rlp.de/fileadmin/kita/01_Themen/08_Qualitaet_und_Evaluation/Bildungs-und_Erziehungsempfehlungen_Qualitaet_Info.pdf, 30.04.2018.

Kindertagesstättengesetz: http://landesrecht.rlp.de/jportal/portal/t/1oa5/page/bsrlpprod.psml?doc.hl=1&doc.id, 30.04.2018.

Kita-Server: http://kita.bildung-rp.de/, 30.04.2018.

Ministerium der Justiz und für Verbraucherschutz, Schulgesetz Rheinland-Pfalz/ Privatschulgesetz Rheinland-Pfalz: http://www.landesrecht.rlp.de, 30.04.2018.

Statistisches Bundesamt: https://www.destatis.de/DE/ZahlenFakten/LaenderRegionen/Regionales/Gemeindever-zeichnis/Administrativ/Beschreibung_Gebietseinheiten.pdf, 01.05.2018.

Grammatische/graphematische Aspeke

Julia Fritzinger

Während des Golfkrieges, des Golfkriegs oder *des Golfkrieg*?

Gattungseigennamen im Spannungsfeld zwischen Eigennamen und Appellativa

Zusammenfassung: Während Appellativa Klassen von Objekten mithilfe semantischer Merkmale bezeichnen, identifizieren Eigennamen Einzelobjekte und Individuen, wozu sie keinerlei semantischer Merkmale bedürfen. Dieser Unterschied spiegelt sich darin wider, dass die beiden Klassen formal durch ihr grammatisches Verhalten voneinander geschieden werden. Gattungseigennamen, die in diesem Artikel im Fokus stehen, unterscheiden sich dadurch von prototypischen Eigennamen, dass sie aufgrund ihres enthaltenen appellativischen Bestandteils ihr jeweiliges Denotat nicht nur identifizieren, sondern gleichzeitig charakterisieren (*der Golfkrieg, Hurrikan Katrina*). Der Beitrag stellt die wichtigsten Unterschiede zwischen Gattungseigennamen und prototypischen Eigennamen heraus und zeigt anhand einer Korpusrecherche, dass sich der besondere Zwitterstatus zwischen Eigennamen und Appellativik auch im Flexionsverhalten dieses besonderen Eigennamentypus niederschlägt.

Abstract: While common nouns (appellatives) denote classes of objects by means of semantic content, proper names denote single objects or individuals without the need of any sematic features. These differences are reflected in a formal distinction with the two classes showing diverging grammatical characteristics. Appellative names (Gattungseigennamen), the focus point of this article, stand in contrast to prototypical proper names since they do not only identify the named object, but also characterize it at the same time as a result of their appellative component (e. g. *der Golfkrieg* 'Gulf War', *Hurrikan Katrina* 'Hurricane Katrina'). The article presents the major differences between appellative names and prototypical proper names. A corpus-based study further demonstrates how the special status of appellative names is also reflected in their inflectional behaviour.

Julia Fritzinger, Universität Mainz, fritzing@uni-mainz.de

DOI 10.1515/9783110547023-017

1 Einleitung

Zwischen Appellativa (APP) und Eigennamen (EN) liegt ein grundsätzlicher Funktionsunterschied vor. Erstere bezeichnen durch die ihnen inhärenten semantischen Merkmale Klassen von Objekten, denen diese Merkmale zukommen (*Hund*) und haben somit eine charakterisierende Funktion. Letztere identifizieren Einzelobjekte oder Individuen, wozu sie keiner semantischen Merkmale bedürfen (*Mainz*; vgl. FLEISCHER 1964: 377). Dieser Funktionsunterschied spiegelt sich auch in der „Sonderstellung" (MEYER 1915: 502) wider, die EN gegenüber APP hinsichtlich ihres grammatischen Verhaltens einnehmen.

Eine rein identifizierende Funktion wie oben beschrieben kommt jedoch nicht ausnahmslos allen EN zu. Dies bemerkt beispielsweise FLEISCHER (1964: 369, 371), der diesbezüglich auch von einem „Spannungsverhältnis" zwischen dem appellativischen und dem onymischen Pol spricht.

Um EN, die sich nicht durch reine Identifikation auszeichnen, sondern dadurch, dass sie die bezeichnete Entität gleichzeitig charakterisieren, handelt es sich bei den sogenannten Gattungseigennamen (GattungsEN). Der Begriff des GattungsEN wurde durch HARWEG geprägt, der diesen Typus von EN wie folgt definiert:

> Die Eigennamen unterscheiden sich [...] darin, ob sie die Kategorie, der ihre Träger zugehören, mitbezeichnen; denn die einen bezeichnen sie mit, die anderen lassen sie unbezeichnet. Diejenigen, die sie mitbezeichnen, nenne ich Gattungseigennamen, diejenigen, die es nicht tun, reine Eigennamen. [...] [Gattungseigennamen, J.F.] sind Eigennamen, die als Teilausdruck einen Gattungsnamen enthalten, [...] der sich, unbeschadet des Fortbestandes seiner Gattungsnamenfunktion, dem Gesamtausdruck, von dem er ein Teil ist, funktional unterordnet.
>
> (HARWEG 1983: 159–160)

Es handelt sich also um EN, die einen appellativischen Bestandteil enthalten, der die Kategorie bzw. den „Gattungsnamensockel" (HARWEG 1997: 89) des Eigennamenträgers explizit bezeichnet (*Golfkrieg*, *Hurrikan Katrina*), was sie von den übrigen EN unterscheidet. Diesen appellativischen Bestandteil bezeichnet HARWEG auch als Mikro-Gattungsnamen bzw. Gattungsnamenbestandteil, dessen appellativische Funktion der Eigennamenfunktion zwar untergeordnet ist und durch diese überlagert und reduziert wird, jedoch noch „spürbar wirksam" ist und „unverkennbar hindurchschimmert" (vgl. HARWEG 1983: 160). HARWEG unterteilt den Typus der GattungsEN weiter in drei Subkategorien, die sich hauptsächlich hinsichtlich der Position des Mikro-Gattungsnamens (Anfangs- oder Letztglied), seiner Weglassbarkeit sowie der Artikelsyntax unterscheiden und die er als genuine, halbgenuine und nichtgenuine GattungsEN bezeichnet (vgl. HARWEG 1983: 160, HARWEG 1997: 91, 94).[1] Aufgrund der charakterisierenden Funktion des enthaltenen appellativischen Bestandteils bei einer gleichzeitig identifizierenden Funktion, die einem GattungsEN als EN insgesamt zukommt, kann diesem Eigennamentypus ein Zwitterstatus zwischen EN und APP zugeschrieben werden. In Anlehnung an FLEISCHER (1964: 369, 371) kann daher von einem „Spannungsverhältnis" zur Appellativik gesprochen werden.

GattungsEN begegnen häufig in jungen Namenklassen, die zu Recht als „Stiefkinder" der Onomastik gelten können (z. B. Praxonyme wie *Golfkrieg*, Phänonyme wie *Hurrikan Katrina*, Ergonyme wie *Café Hahn*).[2] Insgesamt sind GattungsEN als Eigennamentypus bisher wenig erforscht. Als grundlegend können die theoretischen Arbeiten von HARWEG (1983, 1997) gelten, eine Untersuchung zur Grammatik der GattungsEN fehlte jedoch bislang.

Im Folgenden sollen zunächst die wichtigsten Unterschiede zwischen EN und APP dargestellt und eine Einordnung der GattungsEN in einem Spannungsfeld zwischen diesen beiden Substantivklassen vorgenommen werden (Kap. 2.1). Anschließend werden die wichtigsten Unterschiede zwischen GattungsEN und prototypischen EN hinsichlich ihres grammatischen Verhaltens näher beleuchtet (Kap. 2.2). Anhand einer Korpusrecherche wird schließlich untersucht, inwiefern die Genitivflexion den besonderen Status der GattungsEN widerspiegelt (Kap. 3).

2 Gattungseigennamen im Spannungsfeld zwischen Appellativa und Eigennamen

2.1 Appellativa vs. Eigennamen

EN und APP bilden Untergruppen der Substantive, die in einem oppositiven Verhältnis zueinander stehen (vgl. BERGER 1976: 375, KALVERKÄMPER 1978: 26). Die traditionell dichotomische Gegenüberstellung von APP (*nomen appellativum*) und EN (*nomen proprium*) drückt die Sonderstellung der EN aus, die in

1 Im Folgenden werden die GattungsEN nur nach der Stellung des Mikro-Gattungsnamens (als Anfangs- oder Letztglied) differenziert. Zur kritischen Auseinandersetzung mit der Klassifikation HARWEGS vgl. Kap. 2.2.2 sowie FRITZINGER (2014).

2 GattungsEN finden sich auch bei Anthroponymen (*Bundeskanzlerin Angela Merkel, der Dichter Goethe*), die im Folgenden ausgeklammert werden. Sie werden in FRITZINGER (2014) behandelt.

allen Bereichen des Systems evident ist, weshalb man von einem Subsystem der EN sprechen kann, das sich durch „eigene Gesetze" auszeichnet (vgl. MEYER 1915: 502, KALVERKÄMPER 1978: 28–29).

Das wichtigste Abgrenzungsmerkmal zwischen EN und APP ist ihre unterschiedliche Art der sprachlichen Benennung bzw. ihre Funktion:

> Zwischen Name und Appellativum besteht ein grundsätzlicher Funktionsunterschied, nicht nur ein Gradunterschied. Das Appellativum *charakterisiert*, der Name *identifiziert*. (FLEISCHER 1964: 377)

Demnach dienen APP der begrifflichen Charakterisierung, also der Benennung von Objektklassen mit gemeinsamen, invarianten Merkmalen, wohingegen EN Einzelobjekte oder Individuen benennen und identifizieren. EN referieren auf direktem Weg auf den jeweiligen Eigennamenträger (Individuum). Ein Bezug zwischen Inhalt und bezeichnetem Objekt besteht hier nicht (vgl. FLEISCHER 1964: 377, ders. 1971: 7–8, WERNER 1974: 174–175, BERGER 1976: 387, DEBUS ^{2}1980: 194, NÜBLING 2000: 276–277).

Da EN aufgrund ihrer rein identifizierenden Funktion im Allgemeinen von einer zugrundeliegenden appellativischen Bedeutung entkoppelt sind, müssen lediglich EN und Eigennamenträger von Sprecher und Hörer gleichgesetzt werden, um Monoreferentialität und Identifizierung zu gewährleisten (vgl. BERGER: 1976: 386, DEBUS ^{2}1980: 194). Jedoch ist eine lexikalisch nicht (mehr) fassbare Bedeutung bzw. die Bedeutungslosigkeit des EN keine Bedingung für seinen kategoriellen Status. EN können durchaus charakterisierende Elemente enthalten und mit der Semantik dieser appellativischen Elemente verbunden sein (vgl. FLEISCHER 1964: 371). BERGER (1976: 382) nennt als Beispiel FlurN[3], die aus appellativischen Örtlichkeitsbezeichnungen wie *bei dem großen Nußbaum*, *im nassen Tälchen* entstanden sind. Sie erlangen nicht erst dann Eigennamenstatus, wenn die lexikalische Bedeutung ihrer appellativischen Bestandteile nicht mehr aktualisiert werden kann, sondern durch ihre Usualisierung.

Wie das Beispiel der FlurN zeigt, erreichen nicht alle EN den gleichen Grad an „reiner Identifikation", weshalb nicht jeder EN als „radikal unmotiviert" und seine lexikalische Wortbedeutung als „funktionslos" aufzufassen ist (FLEISCHER 1964: 371). Vielmehr besteht zwischen EN und APP ein abgestuftes Spannungsverhältnis zwischen Konvention und Motivation (vgl. FLEISCHER 1964: 369). Der ideale, prototypische EN ist demzufolge im höchsten Grade konventionell (syn-

3 Im weiteren Verlauf werden folgende Kurzformen verwendet: Flurname(n) = FlurN, Familienname(n) = FamilienN, Ländername(n) = LänderN, Siedlungsname(n) = SiedlungsN, Gewässername(n) = GewässerN, Personenname(n) = PersonenN.

chron völlig unmotiviert), während die übrigen EN gegenüber dem appellativischen Pol eine stufenweise nachlassende Spannung (höheres Maß an Motiviertheit) aufweisen und sich somit der Appellativik annähern können (vgl. FLEISCHER 1964: 371). Laut NÜBLING (2000: 290–291) bewegen sich jedoch die meisten EN strukturell zwischen Opakheit (Konvention) und Transparenz (Motiviertheit), da sie aufgrund ihrer spezifischen Funktion in einem Spannungsverhältnis zwischen verschiedenen Optimierungsparametern stehen.[4] Demnach sind motivierbare, transparente EN nicht eigennamentypisch. Dies zeigt sich auch daran, dass EN i. d. R. als nicht übersetzbar gelten. Eine Ausnahme bilden EN, die eine erkennbare lexikalische Bedeutung mit direktem Objektbezug zum Namenträger (zutreffende Charakterisierung) enthalten: So lassen sich EN wie *Schwarzwald* oder *Rocky Mountains* übersetzen (*Schwarzwald – Black Forest – Forêt Noire, Rocky Mountains – (Nordamerikanisches) Felsengebirge – Rocheuses Montagnes*). FamilienN wie *Churchill* oder *Casanova* können jedoch nicht in **Kirchberg* oder **Neuhaus* übersetzt werden, weil sie – wie es bei EN i. d. R. der Fall ist – keine lexikalische Bedeutung ausdrücken, die in einem Bezug zu ihrem Referenzobjekt steht. Aufgrund ihrer spezifischen Funktion ist eine Übersetzung von EN zudem afunktional, da der direkte Objektbezug (Monoreferenz) zur Identifikation ausreicht (vgl. FLEISCHER 1964: 372–373, FLEISCHER 1971: 10–11, KALVERKÄMPER 1978: 86).

Abbildung 1 verdeutlicht, wo GattungsEN zwischen dem appellativischen und dem onymischen Pol anzusiedeln sind. Auf der einen Seite befinden sich die prototypischen EN, die ihrer Funktion nach identifizieren und sich gegenüber den APP dadurch auszeichnen, dass sie keine lexikalische Bedeutung mit Objektbezug besitzen und hochgradig konventionell sind. Strukturell gesehen bewegen sich jedoch die meisten EN im Bereich der partiellen Transparenz oder Semitransparenz (vgl. NÜBLING 2000: 291), sind jedoch i. d. R. nicht übersetzbar.

4 Transparenz fördert die Memorierbarkeit, gleichzeitig ist jedoch das Differenzierungspotential gegenüber den APP geringer, was zu polymorphematischen Strukturen und einem längeren Ausdruck führt, der wiederum die Memorierbarkeit erschwert (z. B. *Oberburghausen*). Opakheit schafft durch den Abstand zur Appellativik ein hohes Differenzierungspotential, was sich jedoch negativ auf die Memorierbarkeit auswirkt. Daher geht Opakheit meist mit Kürze sowie höherer Frequenz einher (z. B. *Köln*). Als ideal können partiell transparente EN gelten, jedoch kann sich nur ein kleiner Teil des Eigennamenbestands dieses Optimum leisten (z. B. *Ulm, Weiden*) (vgl. NÜBLING 2000: 290–291).

APP	GattungsEN	prototypischer EN
Charakterisierung	Identifizierung mit charakterisierenden Elementen	Identifizierung
lexikalische Bedeutung mit Objektbezug	(teilweise) lexikalische Bedeutung mit Objektbezug	keine lexikalische Bedeutung mit Objektbezug
	Motivation	Konvention
	Motivierbarkeit	partielle Transparenz, Semitransparenz
Übersetzbarkeit	(Übersetzbarkeit)	nicht übersetzbar
Hund	*Bodensee*	*Mainz*

Abb. 1: GattungsEN im Spannungsfeld zwischen APP und EN

GattungsEN nähern sich innerhalb dieses Spannungsfelds stark den APP an. Ihre Hauptfunktion ist entsprechend ihres Status als EN die Identifizierung, jedoch einhergehend mit charakterisierenden, appellativischen Elementen (z. B. *Erzgebirge*, *Bodensee*). Diese EN haben entweder teilweise oder als Ganzes lexikalische Bedeutung mit Objektbezug: *Erz<u>gebirge</u>* bezeichnet ein Gebirge mit Erzvorkommen, *Boden<u>see</u>* einen See. Es handelt sich also um einen Eigennamentypus, der nicht als prototypisch angesehen werden kann. Auch Nübling, Fahlbusch & Heuser ([2]2015: 44) weisen GattungsEN daher einen Zwitterstatus zwischen APP und EN zu, sie bewegen sich aufgrund ihrer Koppelung an die Appellativik an der Peripherie des Eigennamensystems.

2.2 Gattungseigennamen im Verhältnis zur Sondergrammatik der Eigennamen

Der grundlegende Unterschied zwischen APP und EN äußert sich auch in der Tendenz, die beiden Kategorien sprachlich-formal sowie grammatisch zu unterscheiden (vgl. Fleischer 1964: 377, Fleischer 1971: 11–12, Leys 1977: 30). Meyer (1915: 502–503) spricht von einer lautlichen, flexivischen und die Syntax betreffenden „Sonderstellung" der EN gegenüber den APP. Dem Hörer muss signalisiert werden, ob er ein Substantiv als APP oder als EN zu interpretieren hat: Da die Appellativik die wichtigste Quelle für EN darstellt (vgl. FamilienN wie

Schneider, Groß), kann es zu Homophonien kommen, die es zu disambiguieren gilt (vgl. LEYS 1977: 30, KALVERKÄMPER 1978: 166, DEBUS [2]1980: 190–191, NÜBLING 2005: 27). Das Deutsche markiert EN auf vielfältige Art und Weise. Die onymischen Markierungsverfahren betreffen die Bereiche der Prosodie bzw. Phonologie, Morphologie, (Morpho-)Syntax und Graphematik (vgl. MEYER 1915: 502–503, FLEISCHER 1964: 378, FLEISCHER 1971: 11–12, LEYS 1977: 30, KALVERKÄMPER 1978: 166, NÜBLING 2000: 278, NÜBLING 2005: 28).

Im Folgenden sollen die wichtigsten Unterschiede zwischen GattungsEN und prototypischen EN in Bezug auf ihre morphologische Struktur, den Artikelgebrauch, die Genuszuweisung sowie die Numerus- und Kasusflexion dargestellt werden.

2.2.1 Morphologische Struktur

Aufgrund der rein identifizierenden Funktion von EN – sie müssen keine Informationen über das bezeichnete Objekt enthalten – ist morphologische Mehrgliedrigkeit prinzipiell als afunktional anzusehen; um schnell und ökonomisch auf ein Objekt referieren zu können, sollte ein EN idealerweise kurz und morphologisch eingliedrig sein (vgl. NÜBLING 2000: 288, NÜBLING 2005: 36). Aufgrund von Konflikten zwischen unterschiedlichen Optimierungsparametern (Memorierbarkeit, Differenzierungspotential) weisen EN dennoch häufig bimorphematische, (semi-)transparente Strukturen auf. Dabei ist der zweite Bestandteil häufig transparent: *Homburg, Gelsenkirchen, Eichstätt, Lehmann* (vgl. NÜBLING 2000: 290–291). Solche EN bieten sich rein formal zur Segmentierung und zur Herleitung aus einer appellativischen Beschreibung der einzelnen Teile (beispielsweise der Letztglieder *-burg* und *-berg* in *Hamburg, Heidelberg*) an (vgl. KOLDE 1995: 400–401). Diesen kommt jedoch keine lexikalische Bedeutung zu, sie sind in ihrer Funktion als Eigennamenbestandteile „umfunktioniert" (vgl. FLEISCHER 1971: 13). Dennoch kann ein motivierter Objektbezug vorliegen, etwa in Form der appellativischen Glieder der GattungsEN (vgl. FLEISCHER 1971: 12–13). HARWEG (1998: 310–316) fasst GattungsEN, deren Gattungsnamenbestandteil als Letztglied auftritt, als Komposita aus EN und APP auf. Demnach sind sie komplexe, kompositaförmige EN, die sich aus zwei appellativischen Bestandteilen zusammensetzen können (*Schwarzwald*) oder aus einem nichtappellativischen und einem appellativischen Bestandteil (*Chiemsee, Eiffelturm*) (vgl. auch FLEISCHER 1970: 40–42).

Somit unterscheiden sich GattungsEN von desemantisierten onymischen Komposita wie *Hamburg, Heidelberg, Kerkerbach*. Diese sind streng genommen nicht in morphologische Bestandteile segmentierbar und daher keine „lebendigen“ Komposita (vgl. HARWEG 1998: 307). Der Kopfstatus der jeweiligen Letztglieder (*-burg*, *-berg* und *-bach*) ist erloschen, während er im Fall der GattungsEN noch wirksam ist. So sind bei GattungsEN wie *Schwarzwald*, *Bodensee*, *Eiffelturm* schlussgliedbezogene Fragen möglich (*Was für ein Wald/See/Turm?*), während diese Möglichkeit bei EN wie *Hamburg*, *Heidelberg*, *Kerkerbach* nicht besteht (**Welche(r) Burg/Berg/Bach?*) (vgl. FLEISCHER 1970: 40, HARWEG 1998: 307).

Auch bei der elliptischen Koordinierbarkeit zeigen sich (graduelle) Unterschiede zwischen EN und GattungsEN. Bei den morphologisch nicht segmentierbaren EN sind elliptische Konstruktionen nicht akzeptabel (**Ich fahre erst nach Frei- und dann nach Hamburg/*von Heidel- bis Bamberg*). KEMPF (2010: 361) zufolge waren im 17. Jh. Koordinationen mit *-land* noch möglich (*Lief- und Russland*), während auch diese heute unakzeptabel sind (**Sie spielte in verschiedenen Vereinen in Deutsch- und England*). Die Möglichkeit der elliptischen Koordination könnte ein Indiz dafür sein, wie ausgeprägt der appellativische Charakter des Letztglieds eines EN (noch) ist, also ob ein GattungsEN oder ein EN vorliegt (vgl. Bsp. 1–6; NÜBLING, FAHLBUSCH & HEUSER [2]2015: 84):

(1) *erst kommt die Hegel- und dann kommt die Hauptstraße*
(2) *erst war sie auf dem Helmholtz- und dann auf dem Goethegymnasium*
(3) ?*wir fahren ins Sieben- und dann ins Rothaargebirge*
(4) ?*wir baden nur im Boden- oder in der Nordsee*
(5) **wir besuchen erst Eng- und dann Deutschland*
(6) **ich fahre erst nach Frei- und dann nach Hamburg*

Demnach können LänderN wie *England* und *Deutschland* nicht als GattungsEN aufgefasst werden, genauso wie die SiedlungsN *Freiburg* und *Hamburg*. Besonders stark wirkt der appellativische Charakter des Gattungsnamenbestandteils offenbar bei jüngeren GattungsEN wie *Hauptstraße* und *Goethegymnasium*.

Komposita, die EN enthalten, grenzen diese häufig durch Bindestriche von nicht-onymischen Bestandteilen ab (*Merkel-Besuch*, *Indien-Reise*, *Willy-Brandt-Platz*). Wie das letztgenannte Beispiel zeigt, gilt dies auch für komplexe GattungsEN, die einen EN enthalten (*Fritz-Walter-Stadion*, *Roland-Apotheke*, *Otto-Lilienthal-Museum*). Zudem besteht die Tendenz, Spatien zwischen die Eigennamenteile des enthaltenen EN zu setzten (*Johannes Gutenberg-Universität*). Hierdurch wird der EN noch deutlicher vom appellativischen Bestandteil, dem Mikro-GattungsN, abgegrenzt. Beide Strategien (Bindestrichschreibung, Spatien) dienen der graphischen Abgrenzung und Konstanthaltung des Namenkörpers, der so unmittelbar erkennbar bleibt. Umgekehrt ist somit auch der Gattungsnamenbestandteil abgegrenzt, was die Form als GattungsEN gut erkennbar macht. Kürzere Verbindungen werden dagegen häufig zusammengeschrieben (*Goethestraße, Schillerplatz*) (vgl. GALLMANN 1989: 100, NÜBLING 2005: 35, NÜBLING, FAHLBUSCH & HEUSER [2]2015: 91–92).

Bei GattungsEN mit initialem Gattungsnamenbestandteil (*Schloss Neuschwanstein, Hurrikan Katrina*) handelt es sich um Syntagmen, die i. d. R. als (enge) Appositionen[5] bezeichnet werden (vgl. HARWEG 1997: 106–107, 115, EISENBERG [4]2013 II: 256–259, DUDEN-Grammatik [8]2009: §1562–1576, HELBIG & BUSCHA [18]1998: 606–609, HEIDOLPH u. a. 1981: 290–292, ERBEN [11]1972: 151–152). Die erste Konstituente des Syntagmas ist der Mikro-Gattungsname, während die zweite Konstituente ein onymischer Bestandteil ist.[6] Anders als bei GattungsEN vom Typ *Golfkrieg* ist der Mikro-GattungsN häufig weglassbar: *Wir haben im Urlaub Neuschwanstein besichtigt* (vgl. HARWEG 1983: 168). In den meisten Fällen ist er eine identifikative Erweiterung des onymischen Bestandteils und kann vermutlich am ehesten dann wegfallen, wenn es sich um einen bekannten oder vorerwähnten Namenträger handelt und die Referenz somit eindeutig ist (vgl. HACKEL 1995: 65). Ähnlich wie bei GattungsEN, deren appellativischer Bestandteil als Letztglied auftritt, wird die onymische Konstituente häufiger durch graphische Mittel vom appellativischen Bestandteil abgegrenzt und hervorgehoben, indem sie in Anführungszeichen gesetzt wird (*Hurrikan „Katrina“*).

2.2.2 Artikelgebrauch

Bei GattungsEN mit initialem Gattungsnamenbestandteil (Typ *Hurrikan Katrina*) bildet die Artikelsyntax für HARWEG (1983: 160) das wichtigste Unterscheidungskriterium für die Subkategorien der halbgenuinen (artikellosen) und nichtgenuinen (artikelhaltigen) GattungsEN. Jedoch ist eine solche Unterscheidung nicht immer zweifelsfrei möglich, weil einige dieser GattungsEN sowohl mit als auch ohne Artikel auftreten können (vgl. *(Das) Schloss Neuschwanstein ist ein beliebtes Ausflugsziel*).

5 Der Begriff der Apposition und die Frage, welche Konstruktionen darunter subsumiert werden sollen, sind insgesamt umstritten (vgl. EISENBERG [4]2013 II: 256, SCHMIDT 1993: 103–104, SCHINDLER 1990: 121, LÖBEL 1988: 109, ENGEL 1986: 185, MOTSCH 1965: 87–91). Umfassende Arbeiten zu dieser Problematik stammen beispielsweise von MOLITOR (1979), RAABE (1979), SCHINDLER (1990), LAWRENZ (1993) und SCHMIDT (1993).

6 Zur umstrittenen Frage nach den semantischen Beziehungsverhältnissen zwischen den beiden Konstituenten vgl. u. a. LEE (1952: 269) und HAUGEN (1953: 165–166).

Was den Artikelgebrauch von GattungsEN des Typs *Golfkrieg* angeht, diskutiert HARWEG (1983: 166–167) die Frage, ob dieser als morphosyntaktisches Kriterium zur Abgrenzung gegenüber den übrigen EN dienen kann. Für ihn erweist sich ein solches Kriterium als nicht praktikabel, da es auch reine atrikelpflichtige EN (*das Sauerland*, *der Opernring*) neben artikellosen GattungsEN (*Deutschland*, *England*) gebe. Jedoch gibt die von HARWEG vorgenommene Zuordnung Anlass zur Kritik. Das Flexionsverhalten der von ihm als Beispiele angeführten EN lässt nämlich vermuten, dass die Zuordnung genau umgekehrt sein müsste: Während *Deutschland* voll proprialisiert ist, flektiert der LandschaftsN *das Sauerland* wie ein APP, was man als Indiz für seinen Status als GattungsEN werten kann[7] (vgl. NÜBLING, FAHLBUSCH & HEUSER ^{2}2015: 70 sowie Abschnitt 2.2.4).

Gegen die Annahme, dass der Artikelgebrauch als Unterscheidungskriterium zwischen GattungsEN und den übrigen EN dienen kann, sprechen noch andere Gründe. In der Forschung wurde häufig die Auffassung vertreten, dass Artikellosigkeit ein Merkmal von EN sei, was v.a. mit der inhärenten Definitheit der EN begründet wurde (vgl. MEYER 1915: 507, FLEISCHER 1964: 376, KALVERKÄMPER 1978: 171–174). Schon VATER (1965: 211) weist eine solche Erklärung zurück. Demnach hat die Opposition mit/ohne Artikel bei EN vielmehr klassifikatorische Funktion, indem sie Namenklassenzugehörigkeit steuert: *Ø Marbach* (SiedlungsN) vs. *der Marbach* (GewässerN). Der Artikel ist also ein Spezifikum der jeweiligen Namenklasse und inhärenter Bestandteil des jeweiligen EN (vgl. KALVERKÄMPER 1978: 175, NÜBLING 2015: 341). Jedoch kann der Artikel im Fall von Letztgliedhomonymien zur Differenzierung zwischen GattungsEN und EN beitragen (*der Feldberg* vs. *Heidelberg*, *Feldberg* (SiedlungsN), *der Titisee* vs. *Hiddensee*, *Titisee* (SiedlungsN)).

Auch FLEISCHER (1970: 40–41) verweist auf den abweichenden Artikelgebrauch von GattungsEN, bemerkt jedoch zusätzlich den Genuswechsel bei EN, die eine mit appellativischen Elementen homonyme Konstituente enthalten, die „onomastisch umfunktioniert“ wurde: *der Bach* vs. *das schöne Ansbach*, *der Berg* vs. *das alte Annaberg*, *die Burg* vs. *das heutige Brandenburg* (vgl. Abschnitt 2.2.3).

7 Vgl. *des heutigen Deutschlands/*Deutschlandes*, *im heutigen Deutschland/*Deutschlande*, *die beiden Deutschlands/*Deutschlande/*Deutschländer* (EN) vs. *des Sauerland(e)s*, *im heutigen Sauerland(e)* (GattungsEN).

2.2.3 Genuszuweisung

Für den Bereich der Appellativik zeigen KÖPCKE & ZUBIN (2009: 136–139), dass im Deutschen prosodische bzw. phonologische, morphologische, semantische, referentielle und lexikalische Prinzipien der Genuszuweisung wirken. Die Genuszuweisung bei EN behandeln erstmals ausführlich FAHLBUSCH & NÜBLING (2014). Demzufolge gibt es Eigennamenklassen, die mehr oder weniger feste Genera tragen: Ein festes Genus besitzen etwa die EN von Siedlungen (Neutrum: *das schöne Hamburg, das alte Mainz*), Schiffen (Femininum: *die Costa Concordia, die Bismarck*) und Flugzeugen (Femininum: *die Landshut*). Weniger fest dagegen ist das Genus bei EN von Flüssen (*der Rhein, der Mississippi; die Mosel, die Donau*) oder Bergen (*der K2, der Kilimandscharo; der/die Rigi, der/die Annapurna*) (vgl. FLEISCHER 1964: 376, DEBUS [2]1980: 193, NÜBLING 2005: 40, NÜBLING 2012: 227, NÜBLING 2015: 310, KÖPCKE & ZUBIN 2009: 143). Bei Eigennamenklassen mit fester Genuszuweisung resultiert diese aus der Kenntnis der Klasse, der das jeweilige Referenzobjekt angehört. Laut KÖPCKE & ZUBIN (2005: 112) handelt es sich hierbei um ein sog. Feldgenus. FAHLBUSCH & NÜBLING (2014: 246) bezeichnen diese Art der Genuszuweisung als referentielles bzw. onymisches Genus. Umgekehrt lässt das referentielle Genus von EN Rückschlüsse auf die Klassenzugehörigkeit zu: *die Admiral* bezeichnet demnach ein Schiff, Motorrad oder Flugzeug, *der Admiral* ein Auto oder einen Berg, *das Admiral* referiert auf ein Hotel, Restaurant oder eine Biersorte (vgl. KOLDE 1995: 403, KÖPCKE & ZUBIN 2005: 114, NÜBLING 2012: 227, FAHLBUSCH & NÜBLING 2014: 249). Wie das Beispiel zeigt, wird die ursprüngliche Semantik sowie Genuszugehörigkeit feldexterner Lexeme (*der Admiral* (m.), Personenbezeichnung) beim Eintritt in ein neues Feld bzw. eine Namenklasse ausgeblendet und vom jeweiligen Feldgenus überschrieben (vgl. KÖPCKE & ZUBIN 2005: 114, KÖPCKE & ZUBIN 2009: 143–144, KÖPCKE & ZUBIN 2015: 308, FAHLBUSCH & NÜBLING 2014: 253). Somit kommt Genus (im Zusammenspiel mit dem Definitartikel) bei EN eine klassifikatorische Funktion zu, indem es Informationen über die Art des Referenzobjekts liefert (vgl. hierzu ausführlich NÜBLING 2015).

Am Beispiel der SiedlungsN wird deutlich, dass durch das onymische Genus das morphologische Letztgliedprinzip außer Kraft gesetzt wird. Viele SiedlungsN enthalten lexikalische Strukturen in Form transparenter, deappellativischer Letztglieder wie etwa *-berg, -burg, -hafen, -stein*, deren morphologischer Kopfstatus mitsamt der jeweiligen Genuszuweisung erloschen ist: *der Berg* vs. *das schöne Heidelberg, die Burg* vs. *das touristische Hamburg, der Hafen* vs. *das industrielle Ludwigshafen, der Stein* vs. *das romantische Falkenstein* (vgl. FLEI-

SCHER 1964: 376, KÖPCKE & ZUBIN 2009: 144, NÜBLING 2012: 227, FAHLBUSCH & NÜBLING 2014: 260).

FAHLBUSCH & NÜBLING (2014: 255, 284) gehen davon aus, dass Eigennamenklassen im Laufe ihrer Entwicklung auf ein festes referentielles Genus zusteuern. Diejenigen EN, die (noch) kein onymisches Genus herausgebildet haben, erhalten ihr Genus häufig über ihre appellativischen Letztglieder (morpholexikalisch) zugewiesen: *der Bahnhofsweg, die Goethestraße, der Goldbach, die Kreuzklinge, das Matterhorn, der Feldberg* (FAHLBUSCH & NÜBLING 2014: 255, 284), vgl. auch NÜBLING 2015: 311–314). Diese EN sind FAHLBUSCH & NÜBLING (2014: 284) zufolge als periphere, nicht vollproprialisierte Namen anzusehen. Die Beispiele zeigen, dass in diesem Peripheriebereich auch die GattungsEN zu verorten sind. Auch bei diesen richtet sich die Genuszuweisung nach dem Letztglied (*der Feldberg, der Bodensee, die Adler-Apotheke, das Weserstadion*). Während die appellativischen Glieder der GattungsEN eindeutig motiviert sind und eine lexikalische Bedeutung mit Objektbezug enthalten, weisen EN mit deappellativischen Letztgliedern (*Matterhorn, Zugspitze, Kreuzklinge*) zwar motivierbare bzw. transparente Strukturen auf, enthalten jedoch keine lexikalische Bedeutung, die in einem direkten Bezug zum benannten Objekt steht.

Bei GattungsEN vom Typ *Hurrikan Katrina* fungiert abhängig von der Artikelverwendung eine der beiden Konstituenten als syntaktischer Kern der Apposition, der die Genuszuweisung bestimmt (vgl. EISENBERG [4]2013 II: 256–259, DUDEN-Grammatik [8]2009: §1562–1576, HELBIG & BUSCHA [18]1998: 606–609, ERBEN [11]1972: 151–152). Steht die Apposition mit Artikel, wird das Genus durch den appellativischen Bestandteil bestimmt: *der Hurrikan Katrina, das Schloss Neuschwanstein*. Bei artikelloser Verwendung richtet sich das Genus nach dem appellativischen Sockel: *Hurrikan Katrina, der/*die erhebliche Schäden verursachte, Schloss Neuschwanstein, das/*der zwischen 1869 und 1886 erbaut wurde* (vgl. LAWRENZ 1993: 50–51, FAHLBUSCH & NÜBLING 2014: 254).

2.2.4 Numerus- und Kasusflexion

Bei der Pluralbildung von EN herrscht strikte Uniformität: der *s*-Plural hat sich als eigennamenspezifisches Pluralmorphem etabliert (*die Heinrichs, die Marias, die Frankfurts, die Deutschlands*) (vgl. KOLDE 1995: 402, NÜBLING 2005: 39, NÜBLING 2012: 240). Zudem kommt bei der Pluralbildung von EN nie Umlaut vor: *die Neustadts, die beiden Deutschlands* vs. *die Altstädte, die Länder* (vgl. KALVER-

KÄMPER 1978: 169, NÜBLING 2012: 240).[8] Des Weiteren bestehen Tendenzen zur Monoflexion: *die beiden Deutschland(s)*[9], *die drei Neustadt(s)* (vgl. FLEISCHER 1964: 376, DEBUS ²1980: 192, KOLDE 1995: 402, NÜBLING 2005: 72). Sowohl die ausschließliche Verwendung des unsilbischen *s*-Flexivs als auch die Unterdrückung des Pluralumlauts und die Monoflexion dienen der Schonung des Namenkörpers, der so möglichst unverändert und unmittelbar erkennbar bleibt (vgl. NÜBLING 2012: 240, NÜBLING 2005: 39). Abgesehen von den genannten Gründen der Namenkörperschonung bietet sich *-s* als onymischer Pluralmarker an, da es unter den appellativischen Pluralmorphemen relativ marginal ist und hauptsächlich bei Akronymen und Fremdwörtern vorkommt (*Autos*, *Pizzas*). Dadurch kommt ihm ein „Etikett des Besonderen" (KALVERKÄMPER 1978: 168) bzw. eine „Konnotation der Fremdheit" (KOLDE 1995: 402) zu, weshalb es bei der Pluralbildung von EN Signalwirkung hat und Differenzqualitäten gegenüber der Appellativik entfalten kann, der *s*-Plural signalisiert Onymizität (vgl. KALVERKÄMPER 1978: 169). Dadurch dient der *s*-Plural auch der Differenzierung von EN und homonymen APP: *die Freitags*, *die Bachs*, *die Manns*, *die Hases* (EN) vs. *die Freitage*, *die Bäche*, *die Männer*, *die Hasen* (APP) (vgl. FLEISCHER 1964: 376, FLEISCHER 1971: 12, KALVERKÄMPER 1978: 169, DEBUS ²1980: 192, KOLDE 1995: 402).

Auch in der Genitivflexion der EN fungiert *-s* als uniformer, überstabiler Marker und dient – genau wie das Plural-*s* – der onymischen Schemakonstanz (vgl. NÜBLING 2005: 38, NÜBLING 2012: 231–232). Bei EN ist die bei den APP übliche, prosodisch konditionierte Distribution der Genitivflexive *-es* und *-s* (vgl. SZCZEPANIAK 2010) blockiert (*des Kind(e)s*, *des Land(e)s* vs. *Süskinds*/**Süskindes*, *Deutschlands*/**Deutschlandes*). Zudem ist seit dem 18. Jh. eine Tendenz zur Monoflexion zu beobachten, d. h. innerhalb der Nominalphrase wird Genitiv zunehmend nicht mehr kongruierend, sondern nur noch einfach markiert (vgl. FLEISCHER 1964: 376, DEBUS ²1980: 192, KOLDE 1995: 403, NÜBLING 2012: 235–236). Laut DUDEN-Grammatik (⁸2009: §310) werden PersonenN i. d. R. nicht mehr flektiert, wenn die Kasusinformation durch die Artikelflexion gewährleitet ist (*die Werke des jungen Dürer*); bei femininen PersonenN ist Flexion nur noch dann möglich, wenn keine Genitivmarkierung am Artikel oder weiteren Begleitern erfolgt: *Annas Vorschlag* vs. *die Verehrung der heiligen Anna*. Bei Toponymen ist die Tendenz weniger deutlich ausgeprägt:

8 In älteren Namenschichten ist Umlaut durchaus noch vorhanden (*die Hänse*, *die Kläuse*), jedoch ist er heute nicht mehr produktiv (*die Jans*, *die Pauls*) (vgl. NÜBLING, FAHLBUSCH & HEUSER ²2015: 72).

9 Laut NÜBLING, FAHLBUSCH & HEUSER (²2015: 72) ergab eine Cosmas II-Recherche für *die beiden Deutschland* 33 Treffer und für *die beiden Deutschlands* 30 Treffer.

> Endungslose Formen werden nicht mehr als falsch angesehen [...], vor allem bei fremdsprachlichen Namen [...]:
> der Neckar → des Neckars (unüblich: des Neckares; seltener: des Neckar); der Tiber → des Tibers (seltener: des Tiber) [...].
>
> (DUDEN-Grammatik [8]2009: §309)

Der Flexionsverlust der EN hin zur Monoflexion scheint der Belebtheitshierarchie zu folgen: Bei den PersonenN hat sich die Monoflexion schon weitgehend durchgesetzt, während sie bei Toponymen aktuell zu Zweifelsfällen führt (vgl. NÜBLING 2012: 237). NÜBLING (2012: 241–242) zeigt, dass auch der Faktor der Bekanntheit bzw. Nativität des EN das Flexionsverhalten beeinflusst. Die Ergebnisse ihrer Korpusrecherchen zur Genitivflexion von Toponymen machen deutlich, dass die Flexion umso eher entfällt, je fremder, unbekannter und weniger nativ der jeweilige EN ist: EN wie *Himalaya/Himalaja*, *Jemen*, *Kongo*, *Iran*, *Irak*, *Mississippi*, *Orinoko/Orinoco*, *Tiber*, *Yangtse* zeigen deutliche Tendenzen zur Null-Endung und somit zur Monoflexion, wohingegen native bzw. bekannte EN wie *Rhein*, *Neckar*, *Europa* eher zur *s*-Endung tendieren. KUBCZAK (2012) kommt bei Korpusrecherchen, die auch die Genitivflexion von artikellosen Städte- und LänderN in einer Nominalphrase mit Artikel berücksichtigen (z. B. *des frankophonen Afrika(s)*), zum gleichen Ergebnis: „fremde" Namen bleiben eher unverändert (*des abendlich erleuchteten Manhattan*), während „einheimische" eher mit einer Flexionsendung versehen werden. Bei bekannten, frequenten EN mit nativen Strukturen scheint also weniger „Bedarf" zu bestehen, den Wortkörper unverändert und erkennbar zu halten als bei fremden, exotischen EN (vgl. NÜBLING 2012: 241). Die onymische Deflexion kann darüber hinaus EN von homonymen APP differenzieren: *das Haus des Schneider* vs. *das Haus des Schneiders* (vgl. DEBUS [2]1980: 192).

EN machen also generell von wenigen Flexiven Gebrauch, die zudem homophon sind (uniformes *-s* in der Plural- und Kasusflexion) (vgl. NÜBLING 2005: 39). Bei GattungsEN zeigt sich jedoch ein abweichendes Flexionsverhalten. KOLDE (1995: 402) bezeichnet die Pluralbildung der GattungsEN als „unproblematisch": *Die Stalin-Alleen Osteuropas gehören der Vergangenheit an.* Demnach machen diese nicht vom onymischen Einheitsplural *-s* Gebrauch (**die Stalin-Allees*), sondern pluralisieren wie APP. Dies bestätigt auch eine stichprobenartige Korpusrecherche mit Cosmas II im öffentlichen Korpus (DeReKo) des Instituts für Deutsche Sprache in Mannheim zu den Pluralformen der GattungsEN *Feldberg*, *Schillerstraße/-platz* und *Adler-* bzw. *Mohrenapotheke*. Diese GattungsEN folgen ausnahmslos der appellativischen Pluralbildung (*diese beiden Feldberge, weit über 700 Adler-Apotheken*), dementsprechend kommen auch Pluralumlaute vor (*in bundesweiten Schillerstraßen und an Schillerplätzen*). Die

Pluralbildung richtet sich also ganz nach dem appellativischen Bestandteil des GattungsEN: *der Berg → die Berge*, genauso: *der Feldberg → die Feldberge, der Platz → die Plätze*, genauso: *der Schillerplatz → die Schillerplätze* usw. Hierdurch werden auch eventuelle Homonymien zu anderen EN aufgelöst: *die Feldbergs* (FamilienN, SiedlungsN) vs. *die Feldberge* (GattungsEN). Umgekehrt weist die von den übrigen EN abweichende Pluralbildung darauf hin, dass das entsprechende Letztglied appellativisch zu verstehen und die Form damit als GattungsEN zu interpretieren ist.

Auch hinsichtlich der Genitivflexion weichen die GattungsEN ab. Aufgrund ihres appellativischen Bestandteils bilden sie den Gen.Sg. nicht wie die übrigen EN ausschließlich mit dem onymischen Einheitsflexiv *-s*, sondern partizipieren an der appellativischen *(e)s*-Allomorphie. Hierauf weist der DUDEN-Zweifelsfälle ([7]2011) hin, ebenso die DUDEN-Grammatik ([8]2009), die zudem Tendenzen zur Monoflexion feststellt:

> Komposita mit *-see, -fluss, -strom, -bach, -gebirge, -wald* u. a. werden wie ihre Zweitglieder flektiert: *des Kochelsees, des Riesengebirges, des Schwarzwald(e)s.*
>
> (DUDEN-Zweifelsfälle [7]2011: 383)

> Durchsichtige Zusammensetzungen werden wie Appellative (Gattungsbezeichnungen) flektiert; gegebenenfalls besteht dann die Wahl zwischen der langen Genitivendung *-es* und der kurzen Endung *-s*. Daneben kommen aber auch hier endungslose Formen auf: [...] Die falsche Höhenangabe des Feldberges gehe auf die Kappe seiner Firma, räumte er ein. [...] Unterhalb des Feldbergs, auf etwa 700 Metern, stößt man auf höchstgelegene Kastell des Limes. [...] Die waldfreie Gipfelkuppe des Feldberg ist häufig Stürmen ausgesetzt [...].
>
> (DUDEN-Grammatik [8]2009: §309)

Es ist jedoch zu erwarten, dass GattungsEN des Typs *Feldberg* eine gegenüber den übrigen EN verminderte Tendenz zur Monoflexion aufweisen, da sie aufgrund der Koppelung des Letztglieds an die Appellativik weniger der Namenkörperschonung bedürfen (vgl. STECHE 1927: 147, NÜBLING, FAHLBUSCH & HEUSER [2]2015: 69). Darüberhinaus stellt sich die Frage, ob GattungsEN in gleichem Maße von langen *es*- und kurzen *s*-Genitiven Gebrauch machen wie APP oder ob sich hier Unterschiede in der Verteilung feststellen lassen. Dies soll in Abschnitt 3 anhand einer Korpusrecherche untersucht werden.

Bei GattungsEN mit initialem Gattungsnamenbestandteil (Typ *Hurrikan Katrina*) flektiert abhängig von der Artikelverwendung die appellativische oder die onymische Konstituente (Bsp. 7a, 7b; vgl. EISENBERG [4]2013 II: 256–259, DUDEN-Grammatik [8]2009: §1562–1576, HELBIG & BUSCHA [18]1998: 606–609, ERBEN [11]1972: 151–152). Sie flektieren damit bei Gebrauch mit Artikel abweichend von den meist ebenfalls als Appositionen analysierten mehrteiligen PersonenN (Bsp. 8a,

8b).[10] Gelegentlich werden in Bezug auf GattungsEN vom Typ *Hurrikan Katrina* Tendenzen zur Monoflexion beschrieben (vgl. FLEISCHER 1964: 376, WIMMER 1973: 65). Eine solche Tendenz könnte darauf hinweisen, dass diese Appositionen als komplexe, mehrteilige EN aufgefasst und markiert werden, indem die Verbindung als Ganze unflektiert bleibt und so konstant gehalten wird, analog zu mehrteiligen PersonenN. Zur Anzeige dieses Status wäre auch Flexion am rechten Rand des komplexen EN denkbar (Bsp. 7c):

(7) (a) *die Besucher Schloss Neuschwansteins*
(b) *die Besucher des Schlosses Neuschwanstein*
(c) ?*die Besucher des Schloss Neuschwanstein(s)*
(8) (a) *die Gedichte Friedrich Schillers*
(b) *die Gedichte des jungen Friedrich Schiller(s)*

Inwiefern in der Genitivflexion von GattungsEN vom Typ *Hurrikan Katrina* Strategien zur Markierung des appositionellen Syntagmas als komplexer EN genutzt werden, soll in Abschnitt 3 anhand einer Korpusrecherche untersucht werden.

3 Korpusrecherche zur Genitivflexion von Gattungseigennamen

Im Folgenden sollen anhand einer Korpusrecherche zur Genitivflexion von GattungsEN mehrere Hypothesen überprüft werden:

In Bezug auf GattungsEN vom Typ *Golfkrieg* wird angenommen, dass gegenüber den übrigen EN eine verminderte Tendenz zur Monoflexion (*des Golfkrieg*) feststellbar ist, da aufgrund der appellativischen Strukturen der GattungsEN das Motiv der Wortkörperschonung weitgehend obsolet sein dürfte. Des Weiteren wird angenommen, dass diese GattungsEN an der *(e)s*-Allomorphie der APP partizipieren (*des Golfkrieg(e)s*). Hier gilt es zu klären, ob sich hinsichtlich der Verteilung der Allomorphe Unterschiede zwischen GattungsEN und APP feststellen lassen.

Bei GattungsEN vom Typ *Hurrikan Katrina* ist zu überprüfen, ob solche appositionellen Verbindungen aus appellativischem und onymischem Bestandteil durch die Flexion analog zu mehrteiligen EN (*des Hurrikan Katrinas*) oder Ten-

10 Zum morphosyntaktischen Status von Verbindungen aus Ruf- und FamilienN vgl. ACKERMANN (2014).

denzen zur Monoflexion (*des Hurrikan Katrina*) als komplexe EN markiert werden.

Zur Überprüfung der genannten Hypothesen wurden GattungsEN mit entsprechendem maskulinem bzw. neutralem Letztglied[11] von Fußballstadien (z. B. *Weserstadion*), Kanälen (z. B. *Dortmund-Ems-Kanal*), Tunneln (z. B. *Eurotunnel*), Kriegsereignissen (z. B. *Golfkrieg*), Bergen (z. B. *Feldberg*) und Waldgebieten (z. B. *Schwarzwald*) sowie GattungsEN mit entsprechendem maskulinem bzw. neutralem initialen Bestandteil von Schlössern (z. B. *Schloss Neuschwanstein*), Klöstern (z. B. *Kloster Eberbach*), Restaurants (z. B. *Restaurant Krone*), Hotels (z. B. *Hotel Lindenhof*), Cafés (z. B. *Café Hahn*) und Hurrikans (z. B. *Hurrikan Katrina*) untersucht (insgesamt 126 Types).

Die Recherche wurde mit Cosmas II im öffentlichen Korpus (DeReKo) des Instituts für Deutsche Sprache in Mannheim durchgeführt. Als Datengrundlage diente das Archiv W-öffentlich, das im Hinblick auf die entsprechenden Flexionsformen analysiert wurde.[12]

3.1 Gattungseigennamen vom Typ *Golfkrieg*

Zunächst sollen die Ergebnisse zur Genitivflexion der GattungsEN vom Typ *Golfkrieg* dargestellt werden. Abbildung 2 stellt die Formen mit Genitivflexiv (*-es* bzw. *-s*) solchen gegenüber, die kein Flexiv aufweisen. Dabei zeigt sich, dass die Tendenz zur Monoflexion erwartungsgemäß sehr gering ausfällt (je nach Letztglied 0,2 %–3,3 %). Zum Vergleich: Die Korpusstudie von Kubczak (2012)[13] zur Flexion von Toponymen ergab mit 13,3 % einen wesentlich höheren Anteil monoflexivischer Genitive. In ihrer Untersuchung sind es v.a. fremde und nichtnative EN, die vermehrt eine Null-Endung im Genitiv aufweisen. Bei den hier untersuchten GattungsEN sind solche Strukturen, zumindest was das appellativische Letztglied betrifft, nicht gegeben.

---

11 Feminina wurden aus der Untersuchung ausgeschlossen, da bei ihnen keine Markierung obliquer Kasus erfolgt (*der Goethestraße, der Adler-Apotheke, der Johannes Gutenberg-Universität*).

12 Beispiel für abgefragte Flexionsformen: *des Golfkrieges, des Golfkriegs, des Golfkrieg; des Hurrikans Katrina, des Hurrikan Katrinas, des Hurrikan Katrina* (bei artikellos verwendbaren Verbindungen zusätzlich *Hurrikan Katrinas*).

13 Die Korpusstudie wurde ebenfalls mit Cosmas II im öffentlichen Korpus (DeReKo) des Instituts für Deutsche Sprache in Mannheim durchgeführt.

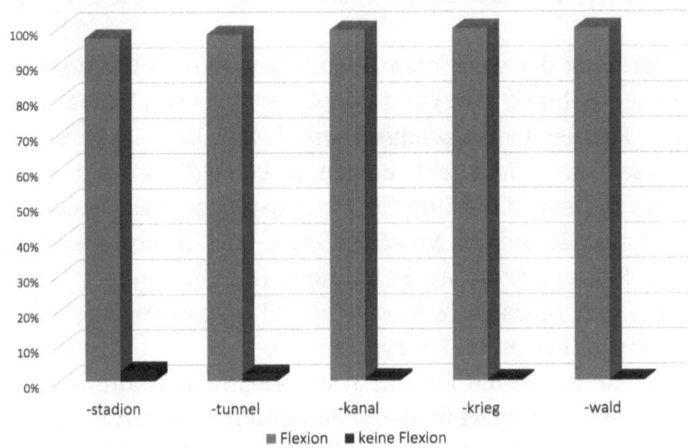

Abb. 2: Ergebnisse zur Genitivflexion der GattungsEN vom Typ *Golfkrieg*

Dass jedoch nicht nur mehr oder weniger native Strukturen, sondern v.a. der besondere Status des appellativischen Letztglieds das Flexionsverhalten steuert, zeigt ein Vergleich mit dem EN *Heidelberg*, dessen Letztglied homonym mit dem Gattungsnamenbestandteil von GattungsEN wie *Feldberg* ist. Eine stichprobenartige Korpusrecherche mit Cosmas II ergab 27,8 % (5 Tokens) für die Polyflexion (*des römerzeitlichen Heidelbergs*) gegenüber 72,2 % (13 Tokens) für die Monoflexion (*des mittelalterlichen Heidelberg*).[14]

In Relation zur Genitivflexion der APP zeigt sich, dass GattungsEN ebenfalls an der *(e)s*-Allomorphie partizipieren (im Gegensatz zu prototypischen EN). Abbildung 3 zeigt die genaue Verteilung der jeweiligen Genitivflexive (*-es*, *-s*, Null) für GattungsEN mit den Letztgliedern *-krieg*, *-berg* und *-wald*. Um die Genitivflexion der GattungsEN in Bezug auf die Distribution der Allomorphe *-(e)s* mit der bei APP vergleichen zu können, wurden appellativische Komposita mit entsprechenden Letztgliedern[15] herangezogen, da diese eine vergleichbare morphologische Komplexität sowie die gleiche Auslautstruktur wie die entsprechenden

14 Die Recherche ergab außerdem 3 Treffer mit *es*-Endung, wobei es sich hier jeweils eindeutig um den Namen eines Berges (also einen GattungsEN!) handelt (*am Nordosthang des Heidelberges*).

15 Folgende Komposita wurden auf ihre *(e)s*-Varianz in der Genitivflexion untersucht: *Schuldenberg, Weinberg, Müllberg*; *Atomkrieg, Stellungskrieg, Luftkrieg*; *Mischwald, Nadelwald, Regenwald*.

GattungsEN aufweisen (zum Einfluss dieser Faktoren auf die *(e)s*-Varianz im Genitiv vgl. SZCZEPANIAK 2010). Die Ergebnisse zeigen, dass der Genitiv appellativischer Komposita häufiger mit der langen *es*-Endung gebildet wird als bei entsprechenden GattungsEN, bei denen die kurze *s*-Endung im Vergleich zu den APP leicht präferiert wird. Sie machen also etwas häufiger vom für EN typischen Genitivflexiv Gebrauch.

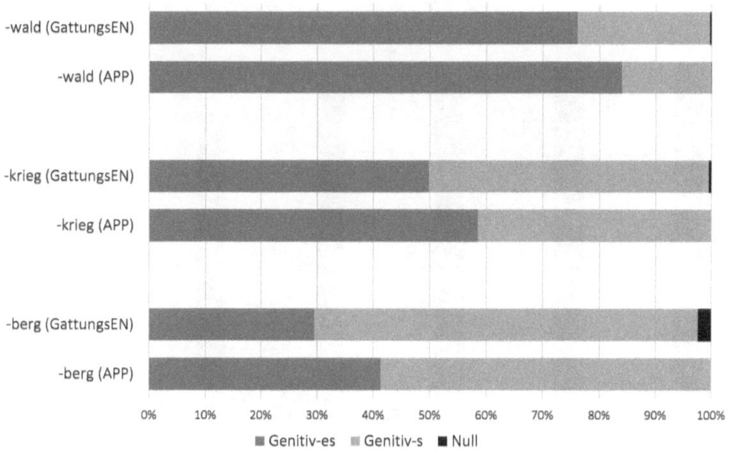

Abb. 3: Ergebnisse zur Genitivflexion von GattungsEN mit den Letztgliedern *-wald*, *-krieg* und *-berg* im Vergleich zu entsprechenden appellativischen Komposita

Das Flexionsverhalten der GattungsEN vom Typ *Golfkrieg* zeigt, dass diese sich einerseits von prototypischen EN differenzieren, indem sie an der für APP gültigen *(e)s*-Allomorphie partizipieren und kaum Tendenzen zur Monoflexion aufweisen, andererseits aber gegenüber APP eine leichte Präferenz des (onymischen) *s*-Genitivs aufweisen.

3.2 Gattungseigennamen vom Typ *Hurrikan Katrina*

Die Ergebnisse zur Genitivflexion der GattungsEN vom Typ *Hurrikan Katrina* sind in Abbildung 4 dargestellt. Da GattungsEN mit den Erstgliedern *Schloss*, *Kloster* und *Hurrikan* auch artikellos vorkommen können, wurden auch artikellose Genitivvarianten abgefragt, was jedoch nur sehr geringe Belegzahlen lieferte. HACKEL (1995: 42–44) zufolge hat die Verwendung mit Artikel gegenüber der artikellosen den Vorteil, dass eine eindeutigere Kasusmarkierung erfolgen kann (*die Besucher Schloss Stolzenfels'* vs. *die Besucher des Schlosses Stolzenfels*) und der Namenkörper konstant gehalten wird. Es zeigt sich, dass insgesamt Flexionsmuster präferiert werden, die den onymischen Bestandteil der Apposition unverändert lassen (*des Hurrikans Katrina, des Hurrikan Katrina*). Dabei dominiert – der Artikelverwendung entsprechend – die Flexion am appellativischen Bestandteil, der als syntaktischer Kopf der Apposition fungiert.

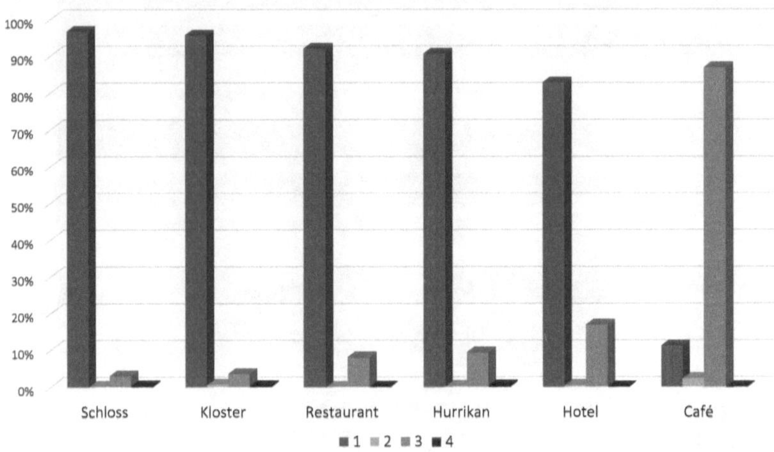

Abb. 4: Ergebnisse zur Genitivflexion der GattungsEN vom Typ *Hurrikan Katrina* (1 = *des Hurrikans Katrina*, 2 = *des Hurrikan Katrinas*, 3 = *des Hurrikan Katrina*, 4 = *Hurrikan Katrinas*)

Auffällig ist, dass der Anteil monoflexivischer Formen höher ist als bei GattungsEN vom Typ *Golfkrieg*, wobei der Anteil je nach Anfangsglied stark schwankt. Während er bei GattungsEN mit den Mikro-GattungsN *Schloss* und *Kloster* bei 2,9 % bzw. 3,5 % liegt, erreichen monoflexivische Formen bei solchen mit den Gattungsnamenbestandteilen *Restaurant* (8 %), *Hurrikan* (9,3 %), *Hotel* (16,8 %) und *Café* (86,6 %) einen weitaus höheren Anteil. Dies spricht für eine stärkere Proprialisierung dieser Verbindungen. Inwiefern der Fremdwortcharaker des appellativischen Bestandteils den Anteil monoflexivischer Formen beeinflusst, wäre noch zu untersuchen. Als weiterer Einflussfaktor ist die Festigkeit der appositionellen Verbindung als komplexer EN denkbar, d. h. wie häufig der onymische Bestandteil ohne appellativischen Zusatz verwendet wird. Flexionsmuster in Analogie zu komplexen EN (*des Hurrikan Katrinas*) treten insgesamt sehr selten auf (0–0,6 %), eine Ausnahme bilden auch hier GattungsEN mit dem appellativischen Bestandteil *Café* (2,3 %).

GattungsEN vom Typ *Hurrikan Katrina* flektieren also überwiegend am Mikro-Gattungsnamen, wodurch der onymische Bestandteil flexivisch vom appellativischen Bestandteil abgegrenzt und konstant gehalten wird. Jedoch lassen sich gegenüber GattungsEN des Typs *Golfkrieg* stärkere Tendenzen zur Monoflexion feststellen, was als Strategie zur Markierung des appositionellen Syntagmas als komplexer EN interpretiert werden kann.

4 Fazit

Dieser Beitrag zu den bisher von der onomastischen Forschung stiefkindlich behandelten GattungsEN hat gezeigt, dass diese in einem besonderen Spannungsverhältnis zwischen EN und APP stehen. Sie nehmen eine Sonderstellung zwischen dem appellativischen und dem onymischen Pol ein, da sie – anders als prototypische EN – charakterisierende Elemente enthalten, deren lexikalische Bedeutung einen Bezug zum bezeichneten Objekt herstellt, indem sie dessen Kategorie (appellativischen Sockel) explizit bezeichnet. Diese Sonderstellung schlägt sich auch auf der grammatischen Ebene nieder. Beim Vergleich von GattungsEN mit prototypischen EN in Bezug auf ihr grammatisches Verhalten konnten Unterschiede hinsichtlich der morphologischen Struktur sowie in der Numerus- und Kasusflexion festgestellt werden.

Anhand einer Korpusrecherche wurde gezeigt, dass sich der besondere Status der GattungsEN auch in ihrer Genitivflexion manifestiert: GattungsEN vom Typ *Golfkrieg* partizipieren einerseits abweichend von prototypischen EN an der *(e)s*-Allomorphie der APP und weisen nur sehr geringe Tendenzen zu Monoflexion auf, andererseits zeigt sich im Vergleich mit APP eine leichte Präferenz des (onymischen) *s*-Genitivs. Somit positionieren sie sich auch hinsichtlich ihres Flexionsverhaltens zwischen EN und APP.

Auch bei GattungsEN vom Typ *Hurrikan Katrina* zeigen sich Abgrenzungstendenzen gegenüber beiden Kategorien. Sie flektieren im Genitiv überwiegend am appellativischen Bestandteil, wodurch die onymische Konsituente konstant gehalten und gleichzeitig flexivisch vom appellativischen Bestandteil abgegrenzt wird. Es begegnen jedoch auch monoflexivische Formen, wodurch das gesamte Syntagma konstant gehalten und als komplexer EN markiert und flexivisch von der Appellativik differenziert wird. Dieser Beitrag zur Grammatik der GattungsEN konnte somit zeigen, dass ihre „untergeordnete Gattungsnamenfunktion" nicht nur „unverkennbar hindurchschimmert" (HARWEG 1983: 160), sondern das grammatische Verhalten dieses Eigennamentypus in besonderer Weise prägt und ihn von prototypischen EN abhebt.

Literatur

ACKERMANN, Tanja (2014): Vom Syntagma zum Kompositum? Der grammatische Status komplexer Personennamen im Deutschen. In Friedhelm Debus et al. (Hrsg.), *Linguistik der Familiennamen*, 11–38. Hildesheim u. a.

BERGER, Dieter (1976): Zur Abgrenzung der Eigennamen von den Appellativen. *Beiträge zur Namenforschung. Neue Folge* 11 (4), 375–387.

DEBUS, Friedhelm ([2]1980): Onomastik. In Hans Peter Althaus et al. (Hrsg.), *Lexikon der Germanistischen Linguistik*, 187–198. Tübingen.

DUDEN-GRAMMATIK = *Duden. Die Grammatik* ([8]2009). Dudenredaktion (Hrsg.). Mannheim u. a.

DUDEN-ZWEIFELSFÄLLE = *Duden. Richtiges und gutes Deutsch. Das Wörterbuch der sprachlichen Zweifelsfälle* ([7]2011). Dudenredaktion (Hrsg.). Mannheim, Zürich.

EISENBERG, Peter ([4]2013): *Grundriss der deutschen Grammatik*. 2 Bände. Stuttgart.

ENGEL, Ulrich (1986): Die Apposition. In Gisela Zifonun (Hrsg.), *Vor-Sätze zu einer neuen deutschen Grammatik*, 184–205. Tübingen.

ERBEN, Johannes ([11]1972): *Deutsche Grammatik. Ein Abriss*. München.

FAHLBUSCH, Fabian & Damaris NÜBLING (2014): *Der Schauinsland – die Mobiliar – das Turm*. Das referentielle Genus bei Eigennamen und seine Genese. *Beiträge zur Namenforschung. Neue Folge* 49 (3), 245–288.

FLEISCHER, Wolfgang (1964): Zum Verhältnis von Name und Appellativum im Deutschen. *Wissenschaftliche Zeitschrift der Karl-Marx-Universität Leipzig* 13, 369–378.

FLEISCHER, Wolfgang (1970): Onomastische Strukturen in der deutschen Sprache der Gegenwart. *Onomastica Slavogermanica* 5, 35–44.

FLEISCHER, Wolfgang (1971): Namen als sprachliche Zeichen und ihr besonderer sprachlicher Charakter. In Ernst Eichler et al. (Hrsg.), *Namenforschung heute. Ihre Ergebnisse und Aufgaben in der Deutschen Demokratischen Republik*, 7–37. Berlin.

FRITZINGER, Julia (2014): *des Feldberges, des Feldbergs oder des Feldberg-Ø? Zur onymischen (De-)Flexion genuiner Gattungseigennamen im Spannungsfeld zwischen Appellativa und Eigennamen*. Magisterarbeit, Universität Mainz.

GALLMANN, Peter (1989): Syngrapheme an und in Wortformen. Bindestrich und Apostroph im Deutschen. In Peter Eisenberg & Hartmut Günther (Hrsg.), *Schriftsystem und Orthographie*, 85–89. Tübingen.

HACKEL, Werner (1995): *Enge appositionelle Syntagmen in der deutschen Gegenwartssprache: mehr als ein marginales grammatisches Problem*. Frankfurt a.M. u. a.

HARWEG, Roland (1983): Genuine Gattungseigennamen. In Manfred Faust et al. (Hrsg.), *Allgemeine Sprachwissenschaft, Sprachtypologie und Textlinguistik*, 157–171. Tübingen.

HARWEG, Roland (1997): *Namen und Wörter. Aufsätze*. Band I. Bochum.

HARWEG, Roland (1998): *Namen und Wörter. Aufsätze*. Band II. Bochum.

HAUGEN, Einar (1953): On Resolving the Close Apposition. *American Speech* 28 (3), 165–170.

HEIDOLPH, Karl Erich (1981): *Grundzüge einer deutschen Grammatik*. Berlin.

HELBIG, Gerhard & Joachim BUSCHA ([18]1998): *Deutsche Grammatik. Ein Handbuch für den Ausländerunterricht.* Leipzig u. a.

KALVERKÄMPER, Hartwig (1978): *Textlinguistik der Eigennamen.* Stuttgart.

KEMPF, Luise (2010): In Erober: vnd Plünderung der Statt: Wie die Ellipse von Wortteilen entstand. *Beiträge zur Geschichte der deutschen Sprache und Literatur (PBB)* 132, 343–365.

KOLDE, Gottfried (1995): Grammatik der Eigennamen (Überblick). In Ernst Eichler et al. (Hrsg.), *Namenforschung. Ein internationales Handbuch zur Onomastik.* 1. Teilband, 400–408. Berlin, New York.

KÖPCKE, Klaus-Michael & David A. ZUBIN (2005): Nominalphrasen ohne lexikalischen Kopf – Zur Bedeutung des Genus für die Organisation des mentalen Lexikons am Beispiel der Autobezeichnungen im Deutschen. *Zeitschrift für Sprachwissenschaft* 24, 93–122.

KÖPCKE, Klaus-Michael & David A. ZUBIN (2009): Genus. In Elke Hentschel & Petra Vogel (Hrsg.), *Deutsche Morphologie*, 132–154. Berlin.

KUBCZAK, Jacqueline (2012): *An den Ufern des Rhein oder des Rheins*? Genitivmarkierung bei geografischen Namen. *Sprachreport* 28 (2), 31–34.

LAWRENZ, Birgit (1993): *Apposition. Begriffsbestimmung und syntaktischer Status.* Tübingen.

LEE, Donald W. (1952): Close Apposition: An Unresolved Pattern. *American Speech* 27 (4), 268–275.

LEYS, Odo (1977): Der Eigenname in seinem formalen Verhältnis zum Appellativ. In Hugo Steger (Hrsg.), *Probleme der Namenforschung im deutschsprachigen Raum*, 26–38. Darmstadt.

LÖBEL, Elisabeth (1988): Appositive Nominalphrasen. In Heinrich Weber & Ryszard Zuber (Hrsg.), *Linguistik Parisette. Akten des 22. Linguistischen Kolloquiums Paris 1987*, 109–120. Tübingen.

MEYER, Richard (1915): Zur Syntax der Eigennamen. *Beiträge zur Geschichte der deutschen Sprache und Literatur (PBB)* 40, 501–521.

MOLITOR, Friedhelm (1979): *Zur Apposition im heutigen Deutsch. Eine Vorstudie.* Siegen.

MOTSCH, Wolfgang (1965): Untersuchungen zur Apposition im Deutschen. *Studia Grammatica V. Syntaktische Studien*, 87–132. Berlin.

NÜBLING, Damaris (2000): Auf der Suche nach dem idealen Eigennamen. *Beiträge zur Namenforschung* 35 (3), 275–302.

NÜBLING, Damaris (2005): Zwischen Syntagmatik und Paradigmatik: Grammatische Eigennamenmarker und ihre Typologie. *Zeitschrift für Germanistische Linguistik* 33, 27–56.

NÜBLING, Damaris (2012): Auf dem Weg zu Nicht-Flektierbaren: Die Deflexion der deutschen Eigennamen diachron und synchron. In Björn Rothstein (Hrsg.), *Nicht-flektierte und nichtflektierbare Wortarten*, 224–246. Berlin, New York.

NÜBLING, Damaris (2015): Die Bismarck – der Arena – das Adler. Vom Drei-Genus- zum Sechs-Klassen-System bei Eigennamen im Deutschen: Degrammatikalisierung und Exaptation. *Zeitschrift für Germanistische Linguistik* 43 (2), 307–345.

NÜBLING, Damaris, Fabian FAHLBUSCH & Rita HEUSER ([2]2015): *Namen. Eine Einführung in die Onomastik.* Tübingen.

RAABE, Horst (1979): *Apposition. Untersuchungen zum Begriff und zur Struktur der Apposition im Französischen unter weiterer Berücksichtigung des Deutschen und Englischen.* Tübingen.

SCHINDLER, Wolfgang (1990): *Untersuchungen zur Grammatik appositionsverdächtiger Einheiten im Deutschen.* Tübingen.

SCHMIDT, Jürgen Erich (1993): *Die deutsche Substantivgruppe und die Attribuierungskomplikation.* Tübingen.

STECHE, Theodor (1927): *Die neuhochdeutsche Wortbiegung unter besonderer Berücksichtigung der Sprachentwicklung im 19. Jahrhundert*. Breslau.

SZCZEPANIAK, Renata (2010): *Während des Flug(e)s/des Ausflug(e)s?* German Short and Long Genitive Endings between Norm and Variation. In Alexandra N. Lenz & Albrecht Plewnia (Hrsg.), *Grammar between Norm and Variation*, 103–126. Frankfurt a.M.

VATER, Heinz (1965): Eigennamen und Gattungsbezeichnungen. Versuch einer Abgrenzung. *Muttersprache* 75 (7-8), 207–213.

WEINRICH, Harald ([3]2005): *Textgrammatik der deutschen Sprache*. Hildesheim u. a.

WERNER, Otmar (1974): Appellativa – Nomina Propria. Wie kann man mit einem begrenzten Vokabular über unbegrenzt viele Gegenstände sprechen? In Luigi Heilmann (Hrsg.), *Proceedings of the 11th International Congress of Linguistics. Bologna-Florence 28. August-2. September 1972*, 171–187. Bologna.

WIMMER, Rainer (1973): *Der Eigenname im Deutschen. Ein Beitrag zu seiner linguistischen Beschreibung*. Tübingen.

Petra Ewald

Namen im Orthographiewörterbuch

Dieter Nerius zum 80. Geburtstag gewidmet

Zusammenfassung: Der Beitrag widmet sich der lexikographischen Erfassung von Namen außerhalb der Onomastik. Mit Blick auf die Schreibungsbesonderheiten von Namen, die deren Erfassung im Rechtschreibwörterbuch legitimieren und erfordern, wird als Analysegegenstand der Rechtschreibduden (Duden. Die deutsche Rechtschreibung, 26. Auflage 2013) gewählt, das in Deutschland bekannteste und am häufigsten genutzte Nachschlagewerk. Die Untersuchung zielt darauf, am Beispiel der Buchstabenstrecken *G* und *M* die folgenden Fragen zu beantworten: Wie hoch ist der Anteil onymischer und deonymischer Lemmata? Wie verteilen sich die onymischen Lemmata auf die Namenklassen? Welche Merkmale von Namen befördern bzw. verringern ihre Chancen auf Aufnahme in den Rechtschreibduden? Primäres Ziel dabei ist nicht eine kritische Bewertung des analysierten Wörterbuches, sondern eine erste Datenerhebung.

Abstract: This paper focuses on the lexicographic treatment of names outside of onomastics. With regard to the special spelling features of names, which legitimize and justify their inclusion in a spelling dictionary, the "Spelling-Duden" (Duden, Die deutsche Rechtschreibung, 26th edition 2013) has been selected as the subject for analysis as it is the best-known and most commonly used dictionary in Germany. Using as examples the sections *G* and *M*, the study aims to answer the following questions: What is the percentage of onymic and deonymic lemmata? How are the onymic lemmata distributed among name classes? Which characteristics of names increase or decrease their chances of lemmatization/inclusion in a spelling dictionary? The primary goal is not a critical assessment of the analyzed dictionary but an initial data collection.

1 Der Duden als Analysegegenstand

Das lexikographische Interesse der Onomastik verteilt sich ungleichmäßig: Namen(wörter)bücher finden – als Resultate und Instrumente namenkundlicher

Petra Ewald, Universität Rostock, petra.ewald@uni-rostock.de

DOI 10.1515/9783110547023-018

Forschung – größte Beachtung.[1] Dagegen wird der Frage, wie andere, nicht auf onymische Einheiten spezialisierte Wörterbücher mit Namen umgehen, bislang kaum Aufmerksamkeit zuteil.[2] – Insofern widmet sich der vorliegende Beitrag einem vernachlässigten Gegenstand: Anhand des Rechtschreibdudens (im Weiteren kurz Duden) wird beleuchtet, wie hoch der Anteil von Onymen (unterschiedlicher Namenklassen) sowie deonymischen Wortbildungsprodukten an den Lemmata ausgewählter Buchstabenstrecken (*G* sowie *M*) ist und welcherart Merkmale von Namen bzw. Namenträgern die Lemmatisierungschancen erhöhen bzw. mindern. Dabei geht es in erster Linie um eine Bestandsaufnahme und weniger um Kritik am vorgefundenen Verfahren, zumal für eine derart komplexe und komplizierte Aufgabe wie die Namenlemmatisierung keine einfachen, auf eindeutigen und sicher handhabbaren Kriterien fußenden Lösungen denkbar sind.

Eine Sichtung ausgewählter (auflagenstarker) Wörterbücher der deutschen Gegenwartssprache erbringt, dass selbst solche mit vergleichbarem Profil im Hinblick auf die Lemmatisierung von Namen[3] z. T. unterschiedlich vorgehen, wie die folgenden Auszüge aus Vorworten andeuten.

> Aufgenommen wurden auch gängige Abkürzungen (**GmbH**) und Kurzwörter (**Kripo**), ebenso wichtige geografische Begriffe (**Bosporus**), die Namen von Institutionen und Organisationen (**Greenpeace**) sowie Eigennamen aus Astronomie (**Andromeda**), Mythologie (**Hephaistos**) und Ethnologie (**Etrusker**). Personennamen oder Warenzeichen fanden nur Aufnahme, wenn sie als Gattungsbezeichnungen oder wie Wörter der natürlichen Sprache gebraucht werden, z. B. **Blaubart**, **Jeep®**.
>
> (UNIVERSALWÖRTERBUCH ^{8}2015: 13)

> „[...] nicht aufgenommen wurden Eigennamen aller Art mit Ausnahme der Namen für Sprachen [...]“
>
> (WAHRIG ^{8}2006: 9)

1 Symptomatisch dafür ist die große Zahl von Namenbüchern/Namenlexika, die in Darstellungen zur Geschichte der Onomastik erwähnt werden; vgl. etwa DEBUS (2012: 15–23).

2 Unter Überschriften wie „Lexikography of proper names“ (BLANÁR 2009: 137) werden ausschließlich „onomasticons“ behandelt. Es existiert nur eine einzige für mich im engeren Sinne einschlägige Studie zu Namen im Orthographiewörterbuch (TRESKOW 2013). Vereinzelte Hinweise auf Namen-Lemmata bzw. auf das Vorgehen des Rechtschreibdudens bei der Lemmatisierung von Namen finden sich bei SAUER (1988) und SCHOLZE-STUBENRECHT (2002). BÖHME (2001) zeigt u. a. die Entwicklung der generellen Regeln zur Namenschreibung im Duden.

3 Auf eine Diskussion des in den Darlegungen sichtbaren (z. T. problematischen) Namenbegriffes muss hier verzichtet werden.

Mitunter wird die Behandlung von Namen mit der Spezifik des jeweiligen Wörterbuches begründet: „Anders als ein Sachlexikon oder ein Universalwörterbuch muss ein Aussprachewörterbuch Wörter *und* Namen präsentieren und dabei am Gebrauch orientiert sein“ (DEUTSCHES AUSSPRACHEWÖRTERBUCH 2009: 20).[4]

Die Wahl des Dudens[5] als Gegenstand einer namenbezogenen Lemma-Analyse erfolgt nicht von ungefähr, sondern aus folgenden Gründen:

- Anders als das Universalwörterbuch (vgl. oben) schließt der Duden keine Namenklasse aus. „Er verzeichnet [...] eine begrenzte Zahl von Namen, z. B. Personennamen oder geografische Namen, sowie allgemein gebräuchliche Abkürzungen“ (DUDEN [26]2013: 9).
- Wie im Vorwort (o. S.) betont, ist die „neue Ausgabe des Rechtschreibdudens [...] so umfassend und aktuell wie nie zuvor.“ Das Wörterverzeichnis trägt „den jüngsten Entwicklungen im Wortschatz der deutschen Gegenwartssprache angemessen Rechnung.“[6] Die folgenden Lemmata[7] aus meinem Belegkorpus bezeugen, dass sich diese Selbsteinschätzung – zumindest was die Aufnahme neuer oder erst in jüngster Zeit gebräuchlicherer Namen anbelangt – für den onymischen Bereich durchaus bestätigen lässt:
  - „**Ground Zero** [...] (Gelände in New York, auf dem das World Trade Center stand)“
  - „**Medwedew** [...] Dmitri Anatoljewitsch (russ. Politiker)“
  - „**Moorhuhnjagd** (*auch* ein Computerspiel)“

- Das Rechtschreibwörterbuch kann als die verbreitetste und am meisten genutzte Wörterbuchart gelten: Bei der heutigen deutschen Orthographie handelt es sich um eine gesetzte Norm mit einem (zumindest in der öffentlichen Offline-Kommunikation) ungebrochen hohen Verbindlichkeitsanspruch (vgl. NERIUS et al. [4]2007: 36–37). Daher wird ihre Kodifizierung, das Rechtschreibwörterbuch, mehr als andere Wörterbücher zu Rate gezogen, um die Normgemäßheit sprachlicher Äußerungen abzusichern.

4 Die Feststellung, „Eigennamen stehen nicht im **Wörterbuch**“ (NÜBLING, FAHLBUSCH & HEUSER [2]2015: 12), erweist sich somit als zu pauschal.

5 Im Folgenden beziehe ich mich, sofern nicht anders ausgewiesen, auf die jüngste, 26. Dudenauflage (DUDEN [26]2013).

6 Nach SCHOLZE-STUBENRECHT (2002: 239) „ist Aktualität immer eines der gewichtigsten Werbeargumente“.

7 Bei der Wiedergabe kompletter Wörterbuchartikel behalte ich die im Duden praktizierte Hervorhebung der Lemmata durch Fettdruck (im Duden Halbfettdruck) bei.

- „Das bei weitem prominenteste Rechtschreibwörterbuch ist ganz eindeutig der Rechtschreibduden. Er ist das Wörterbuch schlechthin [...]“ (AUGST et al. 1997: 2; vgl. im selben Sinne auch KLOSA 2014: 28). Diese Flaggschiff-Position geht sicherlich auch auf den 1955 gefassten Beschluss der Kultusministerkonferenz der Bundesländer zurück, die Dudenfestlegungen in Fällen zweifelhafter Schreibung zur Autorität zu erheben (vgl. NERIUS et al. [4]2007: 373). Maßgeblich dürfte jedoch die von Auflage zu Auflage verstärkte „Tendenz zum Mehrzweckwörterbuch“ (NERIUS et al. [4]2007: 367) sein: Die in den Stichwortartikeln enthaltenen Angaben zu grammatischen Merkmalen, Aussprache, Herkunft, Bedeutung usw. befriedigen – obwohl sie hinter den wesentlich genaueren Informationen der Grammatiken und einschlägigen Spezialwörterbücher weit zurückstehen – breite Nachschlagebedürfnisse.

2 Namen in generellen und singulären Dudenregeln

Abgesehen von den diversen Umtexten, enthält auch der Duden die beiden Kernbestandteile orthographischer Wörterbücher – den Regelteil („Rechtschreibung und Zeichensetzung“), der die generellen, einzelfallübergreifenden Regeln beinhaltet, sowie das Wörterverzeichnis mit seinen nischenalphabetisch angeordneten singulären, d. h. einzelfallbezogenen Regeln.[8]

Im Regelteil[9] sind die namenbezogenen Regeln als solche ausgewiesen: Unter „Namen“ erscheinen Regeln zu „Personennamen“ (K 134–139), „Geografische[n] (erdkundliche[n]) Namen“ (K 140–149) sowie „Sonstige[n] Namen“ (K 150–151). Weshalb die Regeln zu „Straßennamen“ (K 161–163) von diesem Komplex abgesetzt sind, erschließt sich nicht. Auch in anderen Rubriken des (alphabetisch geordneten) Regelteils finden sich nur Onyme betreffende Schreibanweisungen – so unter den Regeln zur Apostrophsetzung (K 16) sowie zur Groß- und Kleinschreibung (K 86, K 87 [identisch mit K 161], K 88 [identisch mit K 150].[10]

8 Zum Regelstatus der Wörterbucheinträge vgl. genauer KOHRT (1987: 396–407).

9 Ein Vergleich mit den Festlegungen der gültigen Amtlichen Rechtschreibregelung (von 2006), auf deren Paragraphen die Dudenregeln verweisen, wird hier nicht vorgenommen.

10 Solche Regeldoppelungen (die EWALD & NERIUS [1982: 374] bereits in der 18. Auflage des Mannheimer Dudens von 1980 feststellen und mit dem Wechsel von einem systematisch angelegten zu einem alphabetisch sortierten Regelteil in Zusammenhang bringen) führen zu einer problematischen Aufblähung des Regelapparates und könnten höchstens mit dem Bemühen

Die generellen Regeln, auf deren genauere Analyse hier verzichtet werden muss, betreffen bei Namen spezifisch eingesetzte bzw. in Verbindung mit Namen besonders frequente Orthogramme – die Groß- und Kleinschreibung, die Apostroph- und die Bindestrichsetzung, für die exemplarisch einzelne Schreibanweisungen angeführt werden:

- **K 150** „Alle zu einem mehrteiligen Namen gehörenden Adjektive, Partizipien, Pronomen und Zahlwörter schreibt man groß [...]. Nicht am Anfang des Namens stehende Adjektive werden gelegentlich auch kleingeschrieben." (Beispiele: *Der Kleine Bär* [Sternbild], *Römisch-Germanisches Museum, Institut für Angewandte Geodäsie* usw.)
- **K 135** „**1.** Von Personennamen abgeleitete Adjektive werden im Allgemeinen kleingeschrieben. **2.** Bei Ableitungen auf ‚-sch' kann man einen Apostroph setzen, um die Grundform des Namens zu verdeutlichen. Dann wird der Name großgeschrieben [...]." (Beispiele: *platonische Schriften, eulenspiegelhaftes Treiben, die darwinsche* [auch: *Darwin'sche*] *Evolutionstheorie*)
- **K 143** „Zusammensetzungen mit geografischen Namen schreibt man im Allgemeinen ohne Bindestrich [...]. Man kann jedoch einen Bindestrich setzen bei unübersichtlichen Zusammensetzungen oder wenn man den Namen hervorheben will [...]." (Beispiele: *Nildelta, Rheinfall, Mosel-Winzergenossenschaft, Jalta-Abkommen*).[11]

Im Fokus der folgenden Analyse stehen die singulären Regeln, d. h. die onymischen und die deonymischen Einträge im Wörterverzeichnis. Mit Blick auf die Gestaltungsbesonderheiten des Dudens ist zu fragen, welche dieser Einträge als singuläre Regeln zu betrachten sind. Eindeutigen Regelstatus haben die (halbfett gedruckten) Lemmata. In die wörterbuchübliche Lemmastruktur sind im Duden gelb unterlegte „Infokästen" eingefügt, die u. a. „orthographisch besonders schwierige Stichwörter" (DUDEN [26]2013: 15) behandeln und einem in der Nähe positionierten Lemma zugeordnet sind, von dem aus auf sie verwiesen wird (vgl. „**golden** s. *Kasten Seite 480*"). Neben freien Wortgruppen, die den

gerechtfertigt werden, jede denkbare Nachschlagehandlung zum Erfolg zu führen. Allerdings wird die Doppelung nicht konsequent vorgenommen: Weshalb einzelne onymbezogene Regeln (wie K 16) ausschließlich in den Orthogramm-Rubriken, andere (wie K 143–149) ausschließlich in der Namen-Rubrik erscheinen, bleibt unklar.

11 In Bezug auf die Umsetzung der generellen Regeln fällt vor allem auf, dass die bei onymischen und deonymischen Komposita festgelegte Wahloption der Bindestrichsetzung (vgl. K 136, K 143) nicht konsequent in orthographische Varianz überführt ist; vgl. *Gallupinstitut/Gallup-Institut, Guinnessbuch/Guinness-Buch, Goetheband/Goethe-Band*; aber nur *Gauck-Behörde*, nur *Golfkrieg, Golfkrise, Grönlandfahrer, Grönlandwal.*

Gebrauch des Lemmas zeigen und daher keine neuen Schreibungsfestlegungen treffen (vgl. *goldener Schmuck, etwas golden färben*), finden sich hier das Lemma enthaltende appellativische und onymische Wortgruppenlexeme (vgl. *das Goldene/goldene Zeitalter, der Goldene/goldene Schnitt, die Goldene Aue* [Gebiet zwischen Harz und Kyffhäuser], *das Goldene Buch* [einer Stadt], *die Goldene Bulle* [historisches Dokument], *die Goldene Rose* [ein Medienpreis] usw.). Da im Duden nahezu keine Wortgruppenlexeme auf reguläre Weise lemmatisiert sind, wird deren Schreibung primär durch die einschlägigen Einträge in den Infokästen festgelegt, die demnach ebenfalls den Status singulärer Regeln haben. Auch innerhalb von Wörterbuchartikeln finden sich mitunter mehrteilige Namen, vgl. „**manessisch** [...] die Manessische Handschrift (eine Minnesängerhandschrift)", „**maurerisch** [...] Maurerische Trauermusik (Orchesterstück von W. A. Mozart)", „**mittlere** [...] der Mittlere Osten [...]". Diese müssen, da eine anderweitige Schreibungsfixierung nicht erfolgt, ebenfalls als singuläre Regeln betrachtet werden, bleiben im Weiteren aber außerhalb der Betrachtung.

3 Lemmatisierung von Namen im Duden: grundsätzliche Fragen

3.1 Namen als Lemmaanwärter?

Vor einer Auseinandersetzung mit dem komplizierten Problem der Namenauswahl soll die grundsätzlichere Frage diskutiert werden, ob Namen überhaupt als legitime Lemma-Anwärter eines orthographischen Wörterbuches anzusehen sind. Hinweise darauf, dass „die Namen ganz allgemein eher als eine Zutat denn als genuiner Kern des Wörterbuches betrachtet werden" (Scholze-Stubenrecht 2002: 240), deuten darauf hin, dass ihnen dieser Status seitens der Dudenredaktion nur bedingt zugesprochen wird. Angesichts des Wörterbuchprofils sowie der graphischen Spezifik von Namen erschiene eine solche Position allerdings höchst problematisch: „Ideale", d. h. rein identifizierende, Namen aus dem Zentrum des onymischen Bereiches gehorchen häufig nicht den bei Nicht-Onymen etablierten Phonem-Graphem-Beziehungen (vgl. FamilienN wie *Lohff* oder *Cölln*): „Die onymische Abweichung von der orthographischen Norm ist fast Normalität [...]" (Nübling, Fahlbusch & Heuser [2]2015: 87). Sofern die Namen (bzw. Teile von ihnen) über homonyme nicht onymische Entsprechungen verfügen, weichen sie in der Regel von deren Schreibung ab; „das **graphische**

Medium [wird] intensiv zur **onymischen Markierung und Dissoziation** genutzt" (NÜBLING, FAHLBUSCH & HEUSER ^{2}2015: 86).[12] Daher lässt sich die Schreibung solcher Namen noch weitaus weniger aus ihrer Lautung ableiten, als dies bei Nicht-Onymen der Fall ist[13], was ein besonderes Nachschlagebedürfnis kreiert und die Namen gerade für ein Orthographiewörterbuch zu besten Lemma-Anwärtern macht. Bei Vertretern peripherer Namenschichten behalten die charakterisierenden nicht onymischen Bestandteile ihre ursprüngliche Buchstabenfolge zwar in der Regel bei. Damit ist die Lemma-Anwärterschaft solcher Namen jedoch nicht infrage gestellt: Häufig wird der Namenstatus von Wortgruppenlexemen durch (im nicht onymischen Bereich normwidrige) Großschreibung markiert (vgl. *Kap der Guten Hoffnung*, *Verein Deutscher Ingenieure*, *Grünes Gewölbe*)[14]. Selbst solchen Namen, deren charakterisierende Bausteine in genau derselben Schreibung lemmatisiert sind (vgl. *Elbsandsteingebirge*, *Gesellschaft für deutsche Sprache*), darf der Lemma-Status nicht verwehrt werden – vor allem mit Blick auf die sehr zahlreichen nicht onymischen Komposita innerhalb des Wörterverzeichnisses.[15]

3.2 Lemmatisierungsrelevante Namenmerkmale

Die anschließende Frage nach den Merkmalen von Namen, die bei der Lemmaauswahl berücksichtigt werden sollten, hat besonderes Gewicht: „Die angemessene Stichwortauswahl kann [...] mit Fug und Recht als eine der wichtigsten und zugleich eine der schwierigsten Aufgaben der lexikographischen Arbeit gelten" (SCHOLZE-STUBENRECHT 2002: 226). Für Namen dürfte sich diese Aufgabe besonders kompliziert gestalten, da ständig neue Namen entstehen (in der Regel ohne zuvor einen Prozess der Usualisierung/Lexikalisierung zu durchlaufen[16]) und

12 Die in der Telekom-Datenbank 2005 erscheinenden Belege „für standardkonformes <Weißbrot> betragen gerade einmal 24 im Gegensatz zu <Weisbrod> 448, <Weißbrodt> 221, <Weisbrodt> 124, <Weißbrod> 93, <Weissbrodt> 60, <Weissbrod> 30, <Weisbrot> 15" (NÜBLING, FAHLBUSCH & HEUSER ^{2}2015: 87).

13 Auch bei Nicht-Onymen sind der Herleitbarkeit der normgemäßen Schreibung aufgrund der polyrelationalen Phonem-Graphem-Beziehungen Grenzen gesetzt.

14 Möglich ist ebenfalls eine Markierung durch abweichende Interpunktion, wie in *VDE Verband der Elektrotechnik Elektronik Informationstechnik*.

15 Zur (heftig diskutierten) Aufnahme derartiger Komposita in den Duden bezieht SCHOLZE-STUBENRECHT (2002: 237) Stellung.

16 Vor allem im Hinblick auf gewachsene Namenklassen, wie inoffiziellen Namen, ist aber natürlich zu fragen, inwiefern eine Individualbenennung schon so gebräuchlich und damit fest an ein Individuum gebunden ist, dass sie als Name gelten kann.

ein Name selbst dann im Namenschatz verbleibt, wenn sein Träger nicht mehr existiert.[17]

Selbstverständlich sind nicht alle Namen gleichermaßen Anwärter für eine Lemmatisierung im Duden. Als solche sollten grundsätzlich nur diejenigen gelten, die die übergeordnete Forderung erfüllen, von größeren Teilen der Sprachgemeinschaft gekannt und über eine längere (im Falle des jüngsten Dudens an die Gegenwart heranreichende) Zeitspanne hinweg[18] gebraucht zu werden (was mit einer Bekanntheit der Namenträger korreliert), da nur für diese Namen mit einem breiteren Nachschlagebedürfnis zu rechnen ist. Damit liegt auf der Hand, dass sich die Vertreter der einzelnen Namenklassen im Hinblick auf ihre Lemmatisierungschancen unterscheiden: Mikrotoponyme, wie Flur-, Straßen- oder GebäudeN, deren „Kommunikationsradius [...] auf eine Dorf- bzw. Stadtgemeinschaft begrenzt" ist (NÜBLING, FAHLBUSCH & HEUSER [2]2015: 206), können und sollten z. B. – abgesehen von prominenten Ausnahmen (wie *Reeperbahn* oder, möglicherweise aus orthographischen Gründen lemmatisiert, *Ku'damm/Kurfürstendamm*) – im Wörterverzeichnis ebenso wenig präsent sein wie die Namen von regionalen Institutionen (Schulen, Vereinen usw.). Der Grad der Gebräuchlichkeit lässt sich (wie bei allen anderen Wörtern) auf der Grundlage von Korpusanalysen feststellen[19], sodass ein namenspezifisches Verfahren nicht notwendig erscheint: „Die Grundlage für die Wortschatzerfassung bilden

---

17 An dieser Stelle ist es wichtig zu betonen, dass ich – etwa im Unterschied zu SCHOLZE-STUBENRECHT (2002: 240) – die Elemente spezifischer Rufnameninventare, wie sie auch das Deutsche für Frauen und Männer besitzt (vgl. NÜBLING, FAHLBUSCH & HEUSER [2]2015: 111), nicht als Namen, sondern nur als Namenformative betrachte, die erst mit der Bindung an ein bestimmtes Individuum Namenstatus erlangen. Während solche Namenformative mangels Nutzung veralten und aus dem Rufnameninventar einer Sprache ausscheiden können, erscheint die Annahme einer (der der Appellativa ähnlichen) Archaisierung von Namen aufgrund ihrer funktionalen und semantischen Spezifik problematisch.

18 Damit entfallen solche Namen, die – etwa im Rahmen der temporär begrenzten Berichterstattung über ein bestimmtes Ereignis – nur kurzzeitige Bekanntheit/Gebräuchlichkeit erreichen, wie *Guttenberg* aufgrund der Guttenberg-Affäre.

19 Vor allem für die Auswahl anthroponymischer Lemmata sind korpusgestützte Häufigkeitsanalysen unverzichtbar, da andere tragfähige Aufnahmekriterien nicht zur Verfügung stehen. Dieses Dilemma führte etwa dazu, dass sich die Leipziger Dudenredaktion in der 17., neubearbeiteten Auflage von 1976 zur Tilgung aller PersonenN-Lemmata entschloss: „*Gestrichen* sind die bisher im Wörterverzeichnis enthaltenen Namen von Persönlichkeiten, weil es im Rahmen dieses Werkes nicht möglich ist, eine auch nur annähernd angemessene Auswahl zu bedenken; für solche Namen empfiehlt sich das Nachschlagen in einem Lexikon. Rechtschreiblich schwierige und gebräuchliche Ableitungen von diesen Namen sind im Wörterverzeichnis verblieben, ebenso die mythologischen Namen und die historischen Geschlechternamen" (DUDEN [17]1976, Vorwort o. S.).

eine traditionelle Sprachdatensammlung (Duden-Sprachkartei) und eine umfassende, elektronisch aufbereitete Textzusammenstellung aus Zeitungsjahrgängen, Zeitschriften und Büchern (Dudenkorpus) im Umfang von derzeit rund 2,1 Milliarden laufenden Wortformen" (DUDEN [26]2013: 9–10). Allerdings hat die „Statistik [...] ihre Schwäche darin, dass es kein für die deutsche Gegenwartssprache repräsentatives Korpus gibt und wahrscheinlich auch nicht geben wird" (SCHOLZE-STUBENRECHT 2002: 234).[20] Über solche Korpusanalysen müssten, um den Duden aktuell zu halten, zum einen neue Namen mit längerfristig hoher Gebrauchsfrequenz ermittelt werden. Zum anderen wäre aber auch für die bereits vorhandenen Namenlemmata zu überprüfen, ob ihre Bekanntheit/Gebräuchlichkeit in einem Maße fortbesteht, das ein Verbleiben im Wörterverzeichnis rechtfertigt.[21]

Mit Blick auf die Spezifik des Orthographiewörterbuches sollte bei der Auswahl der Lemmata im Weiteren „das Kriterium der orthographischen Relevanz" (SCHOLZE-STUBENRECHT 2002: 231) eine Rolle spielen. Allerdings dürfte es primär in peripheren Namenschichten greifen, da „ideale" Namen aus dem Zentrum grundsätzlich als „orthographisch verdächtig" gelten müssen (vgl. 3.1).

Letztlich sind – aufgrund der Lemmatisierungsstrategie des Dudens (vgl. 2) – auch strukturelle Merkmale zu bedenken: Als (halbfette) Dudenlemmata erscheinen fast ausschließlich EinwortN (zur Spezifik der Akronyme vgl. 4.3). MehrwortN (wie *die Große Mauer* [in China], *die Hohe Tatra*) werden primär in den Infokästen erfasst (vgl. 2), die in der Regel zahlreiche Namen mit der jeweiligen Komponente enthalten (vgl. etwa die Infokästen zu *deutsch*, *groß* oder *rot*). Insofern dürften sich die Chancen eines MehrwortN auf Aufnahme in

---

20 Neben der Statistik sind nach SCHOLZE-STUBENRECHT (2002: 232) die „Sprachkompetenz der Redakteurinnen und Redakteure" sowie die „Rückmeldungen der Benutzerinnen und Benutzer" maßgeblich für die Lemmaauswahl.

21 Im Wörterbuch Duden online wird jedes Lemma, auch jedes Namenlemma, einer Häufigkeitsklasse zugeordnet: „Die Angaben zur Worthäufigkeit sind computergeneriert und wurden auf Basis des Dudenkorpus erstellt. Das Dudenkorpus ist eine digitale Volltextsammlung mit mehr als zwei Milliarden Wortformen aus Texten der letzten zehn Jahre, die eine Vielzahl unterschiedlicher Textsorten (Romane, Sachbücher, Zeitungs- und Zeitschriftenjahrgänge u. a.) repräsentieren." Es existieren fünf Häufigkeitsklassen: In die höchste **Klasse fünf** wird ein Wort eingeordnet, das „zu den 100 häufigsten im Dudenkorpus gehört". Ein Wort der **Klasse vier** gehört „zu den 1 000 häufigsten Wörtern im Dudenkorpus mit Ausnahme der Top 100", der **Klasse drei** „zu den 10 000 häufigsten Wörtern im Dudenkorpus mit Ausnahme der Top 1 000", der **Klasse zwei** „zu den 100 000 häufigsten Wörtern im Dudenkorpus mit Ausnahme der Top 10 000". Für die geringste Klasse (**Klasse eins**) gilt, „dass das Wort jenseits der Top 100 000 liegt und nur selten oder gar nicht im Dudenkorpus belegt ist" (Duden online; 14.11.2017).

den Duden erhöhen, wenn er eine solcher häufig auftretenden Komponenten enthält.

3.3 Überlegungen der Dudenredaktion

Neben diesen – aus den Merkmalen von Namen sowie der Dudenspezifik abgeleiteten – Auswahlgesichtspunkten sind jene Überlegungen zu berücksichtigen, die die Dudenredaktion selbst für den Umgang mit Namen geltend macht: Unter den „traditionell abgedeckten Wortschatzbereiche[n]" (SCHOLZE-STUBENRECHT 2002: 234) nennt SCHOLZE-STUBENRECHT (2002: 235) „Geographische Namen", „Personennamen" sowie „Produktnamen".[22] Als entscheidendes, übergreifendes Lemmatisierungskriterium gilt offenbar die Bekanntheit der Namen, da selbst eine uneinheitliche Behandlung der Namen geschlossener Gruppen in Kauf genommen wird:

> Aber wie sieht es mit [...] geschlossenen Gruppen aus, wie etwa den Bundesstaaten der USA – kann es nicht sein, dass *Alaska, Kalifornien* und *Texas* hierzulande einen höheren Bekanntheitsgrad und damit eine höhere Nachschlagewahrscheinlichkeit haben als *Delaware, Maryland* und *Vermont*? Unter dem Gesichtspunkt, dass es niemals genug Platz für alles geben wird, erscheint selbst innerhalb solcher, noch überschaubarer geschlossener Gruppen eine Auswahl für gerechtfertigt.
>
> (SCHOLZE-STUBENRECHT 2002: 241)

Wie die folgende Bemerkung zu den ProduktN zeigt, spielt auch die Beständigkeit (bzw. erwartbare Beständigkeit) der Namenbekanntheit eine Rolle:

> Was prototypischen Charakter hat, wie etwa der ‚Cadillac', der noch als Sinnbild für den amerikanischen Straßenkreuzer schlechthin gelten kann, wird eher berücksichtigt werden als eine Turnschuhmarke, von der niemand sagen kann, ob sie morgen noch ebenso beliebt ist wie heute.
>
> (SCHOLZE-STUBENRECHT 2002: 240)

Augenscheinliche Inkonsequenzen bei der Auswahl toponymischer Lemmata, wie SCHOLZE-STUBENRECHT (2002: 240) sie im ersten Duden (von 1880) zeigt, werden im Bereich der Lemmatisierung von Namen und Namenableitungen offenbar nicht als Manko betrachtet:

22 Andere lemmatisierte Namenklassen, wie die Institutionyme, bleiben unerwähnt.

> Dass diese Inkonsistenz den Erfolg des Buches nicht verhindert hat, ermutigt auch die heutigen Bearbeiterinnen und Bearbeiter dazu, das Problem eher pragmatisch anzugehen: Die Auswahl wird ohne allzu enge systematische Fesseln vorgenommen [...].
>
> (SCHOLZE-STUBENRECHT 2002: 240)

4 Quantitative Analyse

4.1 Ziele, Vorgehen und Probleme

Ziel der quantitativen Analyse ist es, die vage Duden-Angabe der „begrenzte[n] Anzahl von Namen" (DUDEN [26]2013: 9) durch Bestimmung der genauen Menge von Namenlemmata zu präzisieren sowie deren Anteil an der Gesamtzahl der Stichwörter zu ermitteln. Neben den onymischen Lemmata erfasse ich auch die deonymischen, um den Einfluss der Namen auf den Stichwortbestand in vollem Umfang sichtbar zu machen. Im Weiteren wird das onymische und deonymische Material daraufhin betrachtet, wie hoch der Anteil einzelner Namenklassen ist.[23] Damit lässt sich u. a. die für diesen Band interessante Frage beantworten, ob die von der Onomastik vernachlässigten Namenklassen auch eine stiefmütterliche Behandlung durch den Duden erleiden.[24]

In einem ersten Arbeitsschritt ist die Gesamtzahl der (halbfett gedruckten) Lemmata der Duden-Buchstabenstrecken *G* und *M* zu ermitteln.[25] Dabei gilt, dass mehrere Lemmata bei Formativvarianz nur einmal erfasst werden. Das betrifft Fälle von graphischer Varianz (*Goliath*/*Goliat*, *Golfclub*/*Golfklub*), von phonisch-graphischer Varianz (*Galen*/*Galenus*, *gleichwinkelig*/*gleichwinklig*) und Allonymie (*Gruyères*/*Greyerz*) sowie des Nebeneinanders von Kurz- und Vollform (*Gr.*/*Greenwich*, *g*/*Gramm*). Generell ist jedoch zu bedenken, dass die Lemmazählung kein genaues Abbild des jeweiligen Lexeminventars liefern

23 Ich orientiere mich hier und im Folgenden an den bei NÜBLING, FAHLBUSCH & HEUSER ([2]2015: 102) zugrundegelegten Namenklassen.

24 Für ihre Unterstützung bei der Datenerhebung danke ich Alice Nietz und Christin Koch herzlich.

25 Diese Auswahl wurde getroffen, um Unterschieden in der erwartbaren onymischen (und deonymischen) Bestückung gerecht zu werden: Unter *Ge*-Derivaten, die einen beträchtlichen Teil der *G*-Lemmata ausmachen, finden sich keine onymischen Belege, während unter *M* mangels ähnlich produktiver Präfixe mit einer eher gleichmäßigen Verteilung der Onyme auf den Lemmabestand zu rechnen ist. Die Einträge in den Infokästen wurden bei der quantitativen Analyse nicht berücksichtigt, um die im nicht onymischen Bereich z. T. sehr schwierige Entscheidung zwischen freier Wortgruppe und Wortgruppenlexem zu vermeiden. (Freie Wortgruppen könnten schwerlich als singuläre Regeln betrachtet werden.)

kann, da der Duden mit Homonymie uneinheitlich umgeht: Im Falle von *Mars* wird z. B. jedes Homonym als eigenes Lemma gebucht, sodass die Zählung tatsächlich alle Lexeme erfasst; vgl. „[1]**Mars** (röm. Kriegsgott)“, „[2]**Mars** [...] (ein Planet)“, „[3]**Mars** [...] (*Seemansspr.* Plattform zur Führung u. Befestigung der Marsstenge)“. In Fällen wie *Madagaskar* und *Greyhound* verbergen sich hingegen, wie die Angaben zu den Stichwörtern zeigen, hinter einem einzelnen halbfett gedruckten Eintrag im Grunde (mindestens) zwei (homonyme) Lexeme: „**Madagaskar** (Insel u. Staat östl. von Afrika)“, „**Greyhound** [...] ([für Rennen gezüchteter] engl. Windhund; ein amerik. Überlandbus)“.[26] Dennoch wird jedes Lemma nur einmal gezählt, da ein gleichermaßen praktikables Alternativverfahren nicht existiert.

In einem zweiten Schritt werden die Namen sowie die deonymischen Lemmata, differenziert nach Namenklassen, ermittelt und gezählt. Dies ist insofern mit Problemen verbunden, als der onymische Bereich in der Onomastik unterschiedlich weit gefasst wird und sich zudem eine Reihe von Zweifelsfällen unklarer Zugehörigkeit ergibt: Wie sollte man etwa mit den Bezeichnungen für Apfelsorten (wie *Golden Delicious* oder *Granny Smith*) verfahren, die den WarenN zumindest nahe stehen? Welchen Status haben die (z. T. gekürzten, vom offiziellen Titel abweichenden) Bezeichnungen einzelner nicht literarischer Texte (wie *Gebührenordnung, Gewerbeordnung, Gleichbehandlungsgesetz*)? Um der Gefahr einer ungerechtfertigten Ausweitung des onymischen Bereiches zu entgehen, werden solche Problemlemmata nicht den Namen zugeschlagen, ebenso wenig wie Bezeichnungen für Völker, Stämme und vergleichbare Personengruppen (vgl. *Mainfranken, Massai, Maya, Mohikaner, Myrmidone*), die ich (anders als etwa Debus 2012: 130–132, aber in Übereinstimmung mit Nübling, Fahlbusch & Heuser [2]2015: 36) als Appellativa betrachte. Auch Elemente des Rufnameninventars – vgl. „**Gisela** [...] (w. Vorn.)“ oder „**Gernot** [...] (m. Vorn.)“ – zählen nicht als Namen (vgl. Fußnote 17).

Unter die deonymischen Lemmata fallen die sukzessive aus Namen hervorgegangenen Appellativa (wie *Mäzen* oder *Mentor*), also die Belege für „autarke Entproprialisierung des Eigennamens“ (Harweg 1997: 74), die ihrerseits wieder Basis von Wortbildungen sein können (vgl. *Mäzenatentum, mäzenatisch, Mäzenin; Mentorin, Mentoring*). Die deutlich umfangreichere Gruppe bilden jedoch

26 Verbergen sich hinter einem Lemma ein appellativisches und ein onymisches Lexem, wird es als Onym gezählt (was aber mit Blick auf die sehr geringe Zahl dieser Belege nicht ins Gewicht fällt), im Falle von zwei Onymen buche ich es in der Namenklasse des ersten.

deonymische Komposita und Derivate[27] (vgl. *Mercatorprojektion, Mozartkugel, Midasohren, mosaisch, Mexikaner, Mexikanerin, mexikanisch, Masochismus* „<nach dem österr. Schriftsteller L. v. Sacher-Masoch>"). (Zur Vielgestaltigkeit dieser deonymischen Wortbildungsprodukte vgl. etwa HARWEG 1997: 73–88 sowie FLEISCHER 1992.) In der Regel liegt der deonymische Charakter von Lemmata klar zutage – zum einen dadurch, dass sie offensichtlich mit dem Namenträger Zusammenhängendes benennen, zum anderen aber bereits durch die bloße Nachbarschaft der Lemmata. So erscheinen im Duden hinter den Namen von Staaten/Ländern, Landschaften und Siedlungen in der Regel *-er-*, *-(er)in-* sowie *-(i)sch*-Derivate; vgl. *Guinea-Bissau, Guinea-Bissauer, Guinea-Bissauerin, guinea-bissauisch*; *Graubünden, Graubündner, Graubündnerin, graubündnerisch*; *Guam, Guamer, Guamerin, guamisch*; *Mainz, Mainzer, Mainzerin, mainzisch.*[28] Allerdings ist der Namenursprung eines Wortes nicht immer ohne weiteres erkennbar – bedingt durch Veränderungen der Namengestalt (vgl. zu Kürzungen HARWEG 1997: 76), vor allem aber durch Verlust des Namenbezuges: „Ganz verlorengegangen ist der onymische Bezug in Fällen wie *Chauvinismus* (zur Figur des G. *Chauvin* in einer Komödie von Th. und H. Cogniard, 1831)" (FLEISCHER 1992: 59). Auf derartige etymologische Betrachtungen muss ich bei der Dudenanalyse verzichten. Als deonymische Lemmata werden demnach nur solche gebucht, bei denen der Bezug zu Namen offensichtlich ist oder durch Angaben zum Lemma mitgeteilt wird.

27 Namen enthaltende onymische Komposita, wie *Goethe-Institut* oder *Mercedes-Benz*, werden in der Namenklasse gebucht, der das Kompositum angehört.

28 Diese Lemmatisierungsstrategie wird jedoch z. T. durchbrochen: Ganz ohne Derivate erscheinen z. B. *Gent* und *Gera*, ohne *-(i)sch*-Derivat *Geldern* und *Göttingen*. Ebenfalls selten finden sich im Duden deonymische Derivate und Komposita ohne ihr Basisonym: Lemmatisiert sind zwar *maria-theresianisch, Mariatheresientaler, Mauerbau, Mauerfall* oder *Mauerspecht*, nicht aber *Maria Theresia* und *Mauer* (als Onym).

4.2 Befunde: Anteil der Namenlemmata und deonymischen Lemmata (Buchstabenstrecken *G* und *M*)

Die oben (vgl. 4.1) beschriebene Zählung erbrachte die folgenden Ergebnisse (Tabelle 1):

Tab. 1: Anteil onymischer und deonymischer Lemmata (*M* und *G*)

	Buchstabenstrecke *G*	Buchstabenstrecke *M*
Lemmata gesamt	6664	6547
Namenlemmata	237	461
deonymische Lemmata	191	452
Anteil Namenlemmata (an Lemmata gesamt)	3,6 %	7,0 %
Anteil Namenlemmata + deonymische Lemmata (an Lemmata gesamt)	6,4 %	13,9 %

Damit wird Folgendes deutlich: Im Hinblick auf den Anteil von Namenlemmata und deonymischen Lemmata weichen beide Buchstabenstrecken (wie erwartet, vgl. Fußnote 25) deutlich voneinander ab. Insgesamt machen diese Lemmata zwar nicht den Kernbereich des Wörterverzeichnisses aus, stellen aber auch keine gänzlich zu vernachlässigende Randgruppe dar. Bei der Deutung dieser quantitativen Befunde ist auch in Rechnung zu stellen, dass die Wortbildungsaktivität von Namen, ihre „Eigenschaft [...], für neue Wortbildungen verwendbar zu sein [...]" (FLEISCHER & BARZ [4]2012: 81), deutlich unter der der Appellativa liegt: Besonders umfangreiche onymische Wortbildungsnester[29] der beiden Buchstabenstrecken enthalten 10 bzw. 11 Lemmata (zu *Griech[enland]*: *Grieche, Griechin, griechisch, Griechisch, Griechische, griechisch-katholisch, griechisch-orthodox, griechisch-römisch, griechisch-uniert*; zu *Mongol[ei]*: *Mongole, Mongolenfalte, Mongolenfleck, mongolid, Mongolide, Mongolin, mongolisch, Mongolismus, mongoloid, Mongoloide*). Dagegen finden sich im Wortbildungsnest eines

29 Als Wortbildungsnester gelten die ein „etymologisch identisches Grundmorphem (Kernlexem)" enthaltenden Glieder einer Wortfamilie, „deren lexikalische Bedeutung synchron näherungsweise aus der Motivationsbedeutung erschließbar ist" (FLEISCHER & BARZ [4]2012: 99). Im onymischen Bereich müssten auch morphematisch komplexe Namen als Kernlexeme akzeptiert werden, vgl. *Ostsee, Ostseebad, Ostseeinsel, Ostseeküste*.

Appellativums wie *Mann* (bei Ausklammerung der *Mannschaft*-Komposita und -Derivate) in der Buchstabenstrecke *M* 51 Lemmata.[30] Hier deutet sich an, dass ein appellativisches Basislemma dank seiner höheren Wortbildungsaktivität einen merklich größeren Anteil des Gesamtlemmabestandes generiert, als dies bei Namen der Fall ist. Würde man bei der Zählung der Gesamtlemmata etwa die deappellativischen (konsequenterweise dann auch die deonymischen) Komposita nicht berücksichtigen, wäre demnach mit einem deutlich höheren Anteil onymischer Lemmata zu rechnen. Die obigen Zahlen reflektieren die tatsächliche Rolle der Namen im Wörterverzeichnis also nur bedingt.

An anderer Stelle offenbart sich sogar eine ausgesprochene Namenaffinität des Dudens: Auffällig häufig wird innerhalb von Wörterbuchartikeln auf den onymischen Ursprung eines Lemmas verwiesen[31], wie in den folgenden Beispielen aus der Buchstabenstrecke *M*, selbst wenn dieser der heutigen Sprachgemeinschaft nicht mehr bewusst sein dürfte (vgl. *Chauvinismus* unter 4.1):

- „**Macadamianuss** [...] <nach dem austral. Naturforscher J. Macadam> [...]"
- „**Magnolie** [...] <nach dem franz. Mediziner und Botaniker Magnol> [...]"
- „**Makadam** [...] <nach dem schott. Ingenieur MacAdam> [...]"
- „**Mansarddach** [...] <nach dem franz. Baumeister Mansart>"
- „**Marante** [...] [...] <nach dem venez. Arzt Maranta> [...]"
- „**Mausoleum** [...] [...] <griech.; nach dem König Mausolos> [...]"
- „**McCarthyismus** [...] <nach dem amerik. Politiker McCarthy> [...]"
- „**MiG** [...] <nach den Konstrukteuren Mikojan und Gurewitsch> [...]"
- „**Molotowcocktail** [...] <nach dem sowjet. Außenminister W. M. Molotow> [...]"
- „**Morsealphabet** [...] <nach dem nordamerik. Erfinder Morse> [...]"
- „**Müller-Thurgau** [...] <nach dem schweiz. Pflanzenphysiologen H. Müller aus dem Thurgau> [...]"

---

30 *mannbar, Mannbarkeit, Männchen, Manndeckung, Männe, mannen, Männerbekanntschaft, Männerberuf, Männerbund, Männerchen, Männerchor, Männerdomäne, Männerehe, Männerfang, männerfeindlich, Männerfreundschaft, Männergesangsverein, Männerheilkunde, Männerherz, männermordend, Männersache, Männerstimme, Männerstrip, Männertreu, Männerwelt, Mannesalter, Mannesehre, Manneskraft, Mannesstamm, Mannesstärke, Manneswort, mannhaft, Mannhaftigkeit, Mannheit, männiglich, Männin, ...männisch, Männlein, männlich, Männlichkeit, Männlichkeitswahn, Mannomann!, Mannsbild, mannsdick, mannshoch, Mannshöhe, Mannsleute, Mannsperson, mannstoll, Mannsvolk, Mannweib.*

31 Die im Duden vorangestellten Hinweise zur Wörterbuchbenutzung lassen solche Angaben eigentlich gar nicht erwarten. Unter „IV. Herkunft der Wörter" wird lediglich auf „Fremdwörter und einige[r] jüngere[r] Lehnwörter" (DUDEN [26]2013: 12) Bezug genommen und das Verfahren der Markierung von Geber-, gegebenenfalls auch Ursprungs- und Vermittlersprache erläutert.

4.3 Befunde: Verteilung der Namenlemmata auf die Namenklassen

Die onymischen Lemmata verteilen sich wie folgt auf die Namenklassen (Tabelle 2):

Tab. 2: Verteilung der Namenlemmata auf die Namenklassen

Namenklassen	Buchstabenstrecke *G*: Anzahl (Anteil an gesamt 237 Namenlemmata)	Buchstabenstrecke *M*: Anzahl (Anteil an gesamt 461 Namenlemmata)
Toponyme	113 (47,7 %)	239 (51,8 %)
Anthroponyme	90 (38,0 %)	160 (34,7 %)
Ergonyme	30 (12,7 %)	50 (10,8 %)
Praxonyme	3 (1,3 %)	6 (1,3 %)
Chrononyme	1 (0,4 %)	5 (1,1 %)
Zoonyme		1 (0,2 %)

Erwartungsgemäß bilden Toponyme (überwiegend Makrotoponyme[32]) und Anthroponyme innerhalb der Namenlemmata die größten Gruppen. Die Kategorie der Ergonyme tritt in beiden Buchstabenstrecken bereits deutlich zurück. Allerdings sollte diese Platzierung nicht als Ausdruck stiefmütterlicher Behandlung der Namenklasse gesehen werden: Deren vergleichsweise geringer Anteil ist auch damit zu erklären, dass es sich bei Ergonymen (etwa bei Institutions- und KunstwerkN) in der Regel um MehrwortN handelt, die allenfalls unter bestimmten Voraussetzungen (vgl. 5) in die (hier ausgezählte) reguläre Lemmaliste aufgenommen werden. Da der Fokus dieses Bandes auf vernachlässigten Namenklassen, wie den Ergonymen, liegt, werden die einschlägigen Lemmata[33]

32 Die mikrotoponymischen Lemmata *Marienwerderstraße* sowie *Marienkirche* und *Markuskirche* sind in meinem Belegmaterial Exoten und zudem insofern problematisch, als es sich um heterodefinite Namen (vgl. HARWEG 1998: 312) handelt.

33 Auf die Diskussion strittiger Einzelfälle mit mehreren Zuordnungsoptionen, die sich gerade im ergonymischen Bereich häufen, muss hier verzichtet werden.

hier aufgeführt (zusammen mit den Duden-Angaben zum Namenträger sowie zur Lemmamarkierung):[34]

G

Warennamen

Glysantin® (ein Kühlerschutzmittel), *Goleo*® (Maskottchen der Fußball-WM 2006), *Google*® (Internetsuchmaschine), *Goretex*® (Wasser und Wind abweisendes, atmungsaktives Gewebe für Jacken, Schuhe u. a.), *Guinness*® (eine irische Biermarke)

Unternehmensnamen

Gewandhausorchester (in Leipzig), *Gotthardbahn*, *Greyhound* ([...] ein amerik. Überlandbus)

Institutionsnamen (im weitesten Sinne)

Gallupinstitut/*Gallup-Institut* (amerik. Meinungsforschungsinstitut), *Gauck-Behörde* (Bundesbehörde für die Aufbewahrung u. Aufarbeitung der Akten des Staatssicherheitsdienstes der DDR), *Gebühreneinzugszentrale* (*Abk.* GEZ; *seit 2013*: Beitragsservice von ARD, ZDF und Deutschlandradio), *GEMA* = **Ge**sellschaft für **m**usikalische **A**ufführungs- u. mechanische Vervielfältigungsrechte, *Gerusia*/*Gerusie* (Rat der Alten [in Sparta]), *Gestapo* = Geheime Staatspolizei *(nationalsoz.)*, *Goethe-Institut*, *GPU* (sowjetische Geheimpolizei bis 1934), *Greenpeace* (Umweltschutzorganisation), *GSG 9* = **G**renz**s**chutz**g**ruppe 9 (Spezialeinheit der Bundespolizei zur Bekämpfung des Terrorismus), *GST* = **G**esellschaft für **S**port und **T**echnik (in der DDR paramilitärische Organisation), *GUS* <= Gemeinschaft Unabhängiger Staaten> (Verbindung unabhängiger Staaten der ehemaligen Sowjetunion), *Gustav-Adolf-Werk*, *Guttemplerorden* (den Alkoholgenuss bekämpfender Bund)

Kunstwerknamen (und Namen anderer individueller Schriftstücke, Textfragmente usw.)

Galaterbrief (N.T.), *Gaudeamus* (Name [u. Anfang] eines Studentenliedes), *GG* = Grundgesetz – dort: *Grundgesetz* (Statut); Grundgesetz für die Bundesrepublik Deutschland vom 23. Mai 1949 (*Abk.* GG), *Gilgameschepos*, *Gloria* (Lobgesang in der kathol. Messe), *Gotha* (Adelskalender), *Guinnessbuch*/*Guinness-Buch* (Buch, das Rekorde u. Ä. verzeichnet)

---

34 Die Reihenfolge der Namenklassen entspricht der in Nübling, Fahlbusch & Heuser (²2015: 6–8).

Sonstige
Grammy (in der Musikbranche verliehener Preis)

M

Warennamen
Maggi® (eine Speisewürze), *Martin-Horn®*, *Mercedes-Benz®* (dt. Kraftfahrzeug), *Metaxa®* (ein milder griech. Branntwein), *Mifegyne®* (Medikament zur Auslösung einer Fehlgeburt), *Mirage* (ein franz. Jagdbomber), *Moltopren®* (ein leichter, druckfester, schaumartiger Kunststoff), *Monopoly* (ein Gesellschaftsspiel), *Moorhuhnjagd* (*auch* ein Computerspiel)

Unternehmensnamen
MDR = Mitteldeutscher Rundfunk, *Migros* (eine schweiz. Verkaufsgenossenschaft), *Mitropa* (Mitteleuropäische Schlaf- und Speisewagen-Aktiengesellschaft)

Institutionsnamen (im weitesten Sinne)
MAD = Militärischer Abschirmdienst, *Mafia* (erpresserische Geheimorganisation [in Sizilien]), *Majdanek* (im 2. Weltkrieg nationalsozialistisches Konzentrationslager in Polen), *Makkabi* (Name jüd. Sportvereinigungen), *Malteser-Hilfsdienst*, *Malteserorden*, *Mapai* (gemäßigte sozialist. Partei Israels [bis 1968]), *Mapam* (Arbeiterpartei Israels), *Maquis* (franz. Widerstandsorganisation im 2. Weltkrieg), *Mau-Mau* (Geheimbund in Kenia), *Max-Planck-Gesellschaft*, *Max-Planck-Institut*, *Mazdaznan* (von O. Hanish begründete, auf der Lehre Zarathustras fußende religiöse Heilsbewegung), *Methodistenkirche* (eine ev. Freikirche), *Misrachi* (Weltorganisation orthodoxer Zionisten), *Montanunion* (Europäische Gemeinschaft für Kohle u. Stahl), *Moslembruderschaft* (ägypt. polit. Vereinigung), *Mozarteum* (Musikinstitut in Salzburg), *Mütter-Genesungswerk*

Kunstwerknamen (und Namen anderer individueller Schriftstücke, Textfragmente usw.)
Magna Charta (englisches [Grund]gesetz von 1215 [...]), *Mahabharata* (aind. Nationalepos), *Marseillaise* (franz. Revolutionslied, dann Nationalhymne), *Marshallplan* (amerik. Hilfsprogramm für Westeuropa nach dem 2. Weltkrieg), *Massora* ([jüd.] Textkritik des A. T.), *Matthäuspassion* (Vertonung der Leidensgeschichte Christi nach Matthäus), *Mischna* (grundlegender Teil des Talmuds), *Miserere* (Anfang u. Bez. des 51. Psalms [Bußpsalm] in der Vulgata [...]), *Mona Lisa* (Gemälde von Leonardo da Vinci), *Monroedoktrin* (von dem nordamerik. Präsidenten Monroe 1823 verkündeter Grundsatz der gegenseitigen Nichteinmi-

schung), *Monsee-Wiener Fragmente* (Monseer Fragmente), *Morgenthauplan* (Vorschlag, Deutschland nach dem Zweiten Weltkrieg in einen Agrarstaat umzuwandeln), *Muspili* (altd. Gedicht vom Weltuntergang)

Sonstige
Malepartus (Wohnung des Fuchses in der Tierfabel), *Max-Planck-Medaille* (seit 1929 für besondere Verdienste um die theoretische Physik verliehen), *Mir* (Name der 1986-2001 betriebenen sowjet.-russ. Raumstation), *Misereor* (kath. Fastenopferspende für die Entwicklungsländer), *Mjöllnir* (Thors Hammer [Waffe]), *Murphys Gesetz* (angenommene Gesetzmäßigkeit, nach der alles misslingt, was misslingen kann)

Die übrigen, sehr gering besetzten Namenklassen sind mit den folgenden Lemmata präsent:

Praxonyme: *Giro d'Italia* (in Italien ausgetragenes Radrennen), *Golfkrieg*, *Golfkrise*, *Makkabiade* (jüd. Sporttreffen nach Art der Olympiade), *Märzfeld* (merowing. Wehrmännerversammlung), *Märzrevolution*, *Mille Miglia* (Langstreckenrennen für Sportwagen in Italien), *Montagsdemonstration* (bes. in Leipzig [1989]), *Muba* = Schweizerische Mustermesse Basel

Chrononyme: *Gault* (*Geol.* zweitälteste Stufe der Kreide), *Magdalénien* (Kultur der Älteren Steinzeit), *Mesolithikum* (Mittelsteinzeit), *Mesozoikum* (*Geol.* Mittelalter der Erde), *Miozän* (*Geol.* zweitjüngste Abteilung des Tertiärs), *Mittelalter*, *Mittelsteinzeit*

Zoonyme: *Munin* (*germ. Mythol.* einer der beiden Raben Odins)

5 Qualitative Analyse: Auswahl der Namenlemmata

Im Weiteren werden die Namenbelege zunächst daraufhin betrachtet, inwieweit sie die oben (vgl. 3.2) skizzierten erwartbaren lemmatisierungsrelevanten Merkmale erkennen lassen. Danach sichte ich den onymischen Bestand im Hinblick auf andere Spezifika, die eine Lemmatisierung befördert bzw. behindert haben könnten.

Um den tatsächlichen Einfluss des Faktors Bekanntheit/Gebräuchlichkeit dingfest zu machen, müssten entsprechende Korpusanalysen (vgl. 3.2) angestellt werden – nicht nur für die enthaltenen Lemmata der unterschiedlichen Namenklassen, sondern auch für alle denkbaren Lemmaanwärter, die für jede Namenklasse nach spezifischen Kriterien zu ermitteln wären. Ein solches (ungeheuer aufwändiges) Verfahren ist im Rahmen dieser Studie nicht anwendbar. Daher beschränke ich mich auf eine exemplarische Betrachtung der SiedlungsN (Buchstabenstrecke *G*). Denn deren Namenträger weisen zumindest zwei unstrittige Merkmale auf, die mit der Bekanntheit/Gebräuchlichkeit der Namen in Zusammenhang stehen dürften – die geographische Lage und die Einwohnerzahl der Siedlung. Im Hinblick auf die geographische Lage ist davon auszugehen, dass die größtenteils deutschsprachigen Nutzer des Dudens mit den Namen von Siedlungen in Deutschland (und dem deutschen Sprachraum) am vertrautesten sind und sich die Bekanntheit/Gebräuchlichkeit entsprechender Namen mit zunehmender geographischer Distanz verringert. Dieser Vermutung entsprechen die Werte der lemmatisierten SiedlungsN voll und ganz: Deutschland: 16[35], Österreich: 5[36], Schweiz: 5[37], gesamtes sonstiges Europa: 16[38], außereuropäische Siedlungen: 8[39]. Die Einwohnerzahl ist nur eingeschränkt als Bekanntheits- und Gebräuchlichkeitsindikator anzusehen, da auch die Namen kleinerer, aber kulturell, touristisch, religiös (usw.) bedeutsamer Siedlungen weithin bekannt sein dürften. Unter den lemmatisierten Namen deutscher Siedlungen (vgl. Fußnote 35), auf die sich die folgende Betrachtung konzentriert, trifft dies für *Garmisch-Partenkirchen* (25995)[40] und *Goslar* (41785) zweifellos zu. Allerdings fragt man sich nach der Berechtigung einer Lemmatisierung von *Geldern* (33709), *Giengen an der Brenz* (21983), *Graditz* (in Niemeyer 2012 nicht erfasst) oder *Groitzsch* (8262)[41], zumal etwa *Garbsen* (62000), *Gladbeck* (75811),

---

35 *Garmisch-Partenkirchen, Geldern, Gelnhausen, Gelsenkirchen, Gera, Giengen an der Brenz, Gießen, Görlitz, Goslar, Gotha, Göttingen, Graditz, Greifswald, Grevenbroich, Groitzsch, Groß-Berlin.*

36 *Gloggnitz, Gmünd, Gmunden, Graz, Grinzing.*

37 *Genf, Glarus, Greyerz/Gruyères, Grindelwald, Gstaad.*

38 *Gdansk, Gent, Genua, Glasgow, Gloucester, Gorki* (*Nischni Nowgorod*), *Görz, Göteborg, Gouda, Granada, Gravenhage* (*'s-Gravenhage*), *Greenwich, Grenoble, Groningen, Grosny, Guernica.*

39 *Gaborone, Gaza, Georgetown, Gise[h], Godthåb* (*Nuuk*), *Gomorrha/Gomorra, Guantánamo, Guatemala-Stadt.*

40 Die in Klammern beigefügten Einwohnerzahlen der Siedlungen sind Niemeyer (2012) entnommen. (Dort werden nur solche Orte erfasst, die „per Jahresende 2004 mindestens 7500 Einwohner hatten" [Niemeyer 2012: 11].)

41 Duden online weist für *Garmisch-Partenkirchen* und *Goslar* die Häufigkeitsklasse zwei aus, für *Geldern, Giengen an der Brenz, Graditz* und *Groitzsch* die Häufigkeitsklasse eins (vgl. Fußnote 21).

Göppingen (66270) oder *Gütersloh* (96343) nicht lemmatisiert sind. Hier ergibt sich, wie auch weiter unten, der Eindruck einer nicht durchgehend konsequenten Orientierung am Kriterium der Bekanntheit/Gebräuchlichkeit.

Unter den orthographischen Einflussfaktoren geht der entscheidende Lemmatisierungsimpuls offensichtlich von der namenspezifischen Großschreibung aus.[42] – Einen obligatorischen (und damit regelungsbedürftigen) Erläuterungsbindestrich enthalten nur wenige der hinreichend bekannten/gebräuchlichen Namen (vgl. *Mecklenburg-Vorpommern*). Bekannte/gebräuchliche Onyme mit namenspezifischer Apostrophierung im *Komponentenbestand* erscheinen (zumindest in den Buchstabenstrecken *G* und *M*) nur sehr vereinzelt und nur innerhalb der (hier nicht berücksichtigten) Stichwortartikel (vgl. „**grimmsch**; das grimmsche *od.* Grimm'sche Wörterbuch; die grimmschen *od.* Grimm'schen Märchen", „**ohmsch** [...]; das ohmsche *od.* Ohm'sche Gesetz"). Da die namenspezifische Großschreibung nur bei (im Duden kaum regulär lemmatisierten) MehrwortN greift, findet man die Masse der einschlägigen Belege in den Infokästen, im Infokasten **deutsch/Deutsch** z. B. 22 Ergonyme mit markanter Groß- bzw. Kleinschreibung, wie die folgenden:

- Deutscher Akademischer Austauschdienst (*Abk.* DAAD)
- Deutsche Bahn AG (*Abk.* DB)
- Deutsche Bundesbank (*Abk.* BBk)
- Verein Deutscher Ingenieure
- Deutsche Presse-Agentur (*Abk.* dpa)
- Institut für Deutsche Sprache

Die breite Bestückung solcher Infokästen lässt sich jedoch nicht allein mit der spezifischen Namengroßschreibung erklären. Auch die Inkonsequenzen der Großschreibregelung im phraseologischen Bereich (vgl. Ewald 2010) dürften es ratsam erscheinen lassen, möglichst viele Mehrwortlexeme des Strukturtyps Adjektiv + Substantiv (und damit auch möglichst viele bekannte/gebräuchliche Namen) in das Wörterverzeichnis aufzunehmen.[43]

---

42 Vereinzelt wird jedoch auch auf namenspezifische Phonem-Graphem-Beziehungen verwiesen, so etwa im Infokasten **Eiffelturm**: „Das berühmte Bauwerk in Paris wurde unter der Leitung des französischen Ingenieurs Gustav Eiffel errichtet und ist nach ihm benannt. Daher die Schreibung mit *ff*."

43 Nach Müller (2014: 17) ist bei MehrwortN des Strukturtyps Adjektiv + Substantiv zusätzlich die Getrennt- und Zusammenschreibung gefährdet; vgl. belegte Falschschreibungen wie <*Rotesmeer*> oder <*Sächsischeschweiz*>, sodass sich mehrere orthographische Gründe für ihre Lemmatisierung ergeben.

Letztlich bestätigt sich auch die Vermutung, dass die Struktur eines Namens seine Lemmatisierungschancen beeinflusst: MehrwortN mit frequenten Komponenten sind Anwärter auf Erfassung in den Infokästen. Aussichten auf reguläre Lemmatisierung bestehen vor allem für jene MehrwortN, die über eine (gängige) Kurzform verfügen – auch deshalb, weil deren Aufnahme in das Wörterverzeichnis ein zweifaches Nachschlagebedürfnis befriedigt: Zum einen bewirkt der Wörterbucheintrag durch Nennung der Vollform eine Remotivierung der Kurzwörter; zum anderen wird deren Schreibung (wie auch die der Vollformen) fixiert. So finden sich denn auch unter den regulären (halbfett gedruckten) Institutionymen-Lemmata zahlreiche Akronyme, in meinem Material besonders auffällig in der Buchstrabenstrecke *G* (6 von 14 Institutionymen, also 43 %; vgl. 4.3). In der Buchstabenstrecke *B* erscheinen etwa die folgenden Kurzwort-Lemmata:

- „**BDA** […] = Bund Deutscher Architekten"
- „**BDPh** = Bund Deutscher Philatelisten"
- „**BDÜ** […] = Bundesverband der Dolmetscher und Übersetzer"
- „**BfA** […] = Bundesversicherungsanstalt für Angestellte"
- „**BFD** […] = **B**undes**f**reiwilligen**d**ienst"
- „**BGH** = Bundesgerichtshof"
- „**BGS** […] = **B**undes**g**renz**s**chutz"
- „**BKA** […] = Bundeskriminalamt; *österr. auch für* Bundeskanzleramt"
- „**BND** […] = Bundesnachrichtendienst"
- „**BPOL** […] = Bundespolizei"
- „**BR** […] = Bayerischer Rundfunk"
- „**BSA** […] = Bund schweizerischer Architekten"
- „**BStU** = Bundesbehörde für die Stasi-Unterlagen"
- „**BUND** […] = Bund für Umwelt und Naturschutz Deutschland"

Da unter den MehrwortN vor allem Institutionyme über Kurzformen verfügen, erhöhen sich die Chancen dieser Namenklasse auf reguläre Lemmatisierung.

Neben diesen erwarteten lemmatisierungsrelevanten Merkmalen deuten sich in meinem Material auch andere an, deren tatsächlichem Einfluss jedoch z. T. noch genauer nachzugehen ist:

Es scheint so, als würden Lemmata zentraler Namenklassen (Anthroponyme und Toponyme) eine Sogwirkung entfalten und die Lemmatisierung zugeordneter onymischer Komposita und Derivate befördern; vgl. *Goethe* (dt. Dichter), *Goetheanum* (Tagungs- und Aufführungsgebäude in Dornach bei Basel), *Goethehaus/Goethe-Haus*, *Goethe-Institut*, *Goethe-und-Schiller-Denkmal*.

Als auffällig hoch erweist sich unter den Anthroponymen beider Buchstabenstrecken der Anteil der Namen von Personen/Gestalten aus Alter Geschichte, Mythologie und Religion (Tabelle 3):

Tab. 3: Namen von Personen/Gestalten aus Alter Geschichte/Mythologie/Religion

	Anthroponyme gesamt	**Namen von Personen/Gestalten aus Alter Geschichte/Mythologie/Religion (Anteil an Anthroponymen gesamt)**
Buchstabenstrecke ***G***	90	22 (24,4 %)
Buchstabenstrecke ***M***	160	59 (36,9 %)

Unter den einschlägigen Lemmata finden sich etwa die folgenden Namen von Göttern, mythologischen Gestalten und Sagenfiguren: *Gäa, Galatea, Ganymed/Ganymedes, Gefion, Golem, Maja, Mannus, Medea, Medusa/Meduse, Megäre, Melpomene, Melusine, Merkur, Merlin, Mimir, Minerva, Mithra[s], Mnemosyne, Moloch.* Biblische Gestalten und Heilige sind etwa mit den folgenden Namen präsent: *Gabriel, Gad, Gog, Goliath/Goliat, Malachias/Maleąchi, Malchus, Mamertus, Manasse, Markus, Matthäus/Mattäus, Matthias/Mattias, Mauritius, Medard/Medardus, Melchisedek, Methusalem, Micha, Michael, Moses/Mose, Muttergottes.* Ein Teil dieser Namen weist heute einen eher geringen Bekanntheits- und Gebräuchlichkeitsgrad auf[44], was nach den Hintergründen ihrer Aufnahme in das Wörterverzeichnis fragen lässt. Denkbar wäre eine Lemmatisierung im Dienste der Erinnerungsfunktion. In diesem Fall ließe sich eine Vernachlässigung des Gebräuchlichkeitskriteriums mit einem Bestreben des Dudens erklären, klassische Bildungsideale und christliche Werte in seinem Lemmabestand zu verankern. Allerdings dürfte die typische Dudennutzung des punktuellen Nachschlagens dem Erfolg solcher Bemühungen deutliche Grenzen setzen. Daher ist auch die Möglichkeit nicht von der Hand zu weisen, dass gerade solche Lemmata unüberprüft aus Vorgängerauflagen übernommen wurden und ihr Fortbestehen keiner bewusst getroffenen Entscheidung verdanken.

Im Zusammenhang mit einer möglichen Erinnerungsfunktion der Lemmata ist letztlich eine auffällige Lücke im Wörterverzeichnis zu diskutieren: Unter *G* fehlen Lemmata wie *Göring* oder *Goebbels*, für die aufgrund der nach wie vor

---

44 *Gefion, Mannus, Megäre, Melponene, Mimir, Medard/Medardus, Melchisedek* und *Moses* gehören z. B. laut Duden online zur Häufigkeitsklasse eins (vgl. Fußnote 21) – ebenso übrigens wie *Gauck*, was die Problematik des zugrunde liegenden Textkorpus offenkundig macht.

aktuellen Auseinandersetzung mit der NS-Zeit eine andauernd hohe Bekanntheit/Gebräuchlichkeit anzunehmen ist.[45] In anderen Buchstabenstrecken vermisst man Namenlemmata wie *Hitler*[46], *Himmler, Eichmann, Obersalzberg, Wolfsschanze, HJ, NSDAP, SA* oder *SS*. Die Auslassung solcher mit den NS-Tätern in Zusammenhang stehender Namenlemmata dürfte auf die Entnazifizierung des Dudens zurückgehen, die SAUER (1988: 134) für die 13. Duden-Auflage (1947) beschreibt: „Die Arbeit von Herausgeber und Redaktion bestand ausschließlich aus der Eliminierung von Wörtern, die für den ns [!] Sprachgebrauch typisch waren, sowie der Füllung der so entstandenen Leerstellen." (Unter den getilgten Lemmata erwähnt SAUER [1988: 135] auch onymische, wie *Hitler* und *HJ*.) Ob der Fortbestand dieser Lemma-Lücke auf eine bewusste Entscheidung zurückgeht, muss dahingestellt bleiben. Mit anderen, primär die Opfer fokussierenden onymischen Lemmata ist die NS-Zeit im Duden aber durchaus präsent (was für die Annahme einer Erinnerungsfunktion spräche), vgl. etwa die folgenden Einträge:

- „**Auschwitz** (im 2. Weltkrieg Vernichtungslager der Nationalsozialisten in Polen)"
- „**Holocaust** [...] (Tötung einer großen Zahl von Menschen, bes. der Juden während des Nationalsozialismus)"
- „**Kristallnacht** [...] (*nationalsoz.* Pogromnacht)"
- „**Majdanek** [...] (im 2. Weltkrieg nationalsozialistisches Konzentrationslager in Polen)"
- „**Schoah** [...] (Verfolgung u. Ermordung der Juden zur Zeit des Nationalsozialismus)"
- „**Stauffenberg**, Claus Schenk Graf von (dt. Widerstandskämpfer)"

6 Fazit und Ausblick

Aufgrund ihrer orthographischen Spezifika sind Namen geradezu dafür prädestiniert, in ein Rechtschreibwörterbuch aufgenommen zu werden. Wie meine quantitative Analyse der Buchstabenstrecken *G* und *M* erbrachte, bilden sie zwar keineswegs den Kern des Lemmabestandes, sind aber auch nicht als völlig belanglose Randgruppe abzutun. Unter den Namenlemmata dominieren makro-

45 Diese Lemmata fehlen auch in Duden online, sodass eine Häufigkeitsklasse nicht angegeben werden kann.

46 Auch in Duden online (Zugriff 14.11.2017) ist *Hitler* nicht lemmatisiert, wohl aber (im Unterschied zum Duden) u. a. *Hitlerära, Hitlerbärtchen, Hitlerbild, Hitlergruß* und *Hitlerismus*.

toponymische und anthroponymische, gefolgt von ergonymischen, die die Präsenz der onomastisch stiefmütterlich behandelten Namenklassen im Duden belegen. Das entscheidende Kriterium für die Lemmatisierung eines Namens stellt (auch aus der Sicht der Dudenredaktion) dessen Bekanntheit/Gebräuchlichkeit dar. Allerdings scheinen etwa Ungereimtheiten im toponymischen Bereich (wie die Lemmatisierung der Namen kleinerer, unbedeutender Siedlungen) die bereits von Sauer (1988: 40) festgestellte „gewisse Beliebigkeit bei der Wahl der Einträge" zu bestätigen. (Auch die Frage, weshalb aus der Vielzahl der infrage kommenden Ergonyme gerade die lemmatisierten ausgewählt wurden, entzieht sich einer Antwort.) Offensichtlich erhöhen sich die Lemmatisierungschancen von MehrwortN, sofern diese häufig auftretende adjektivische Komponenten (mit namenspezifischer Großschreibung) oder eine geläufige Kurzform besitzen. Das Kriterium der Bekanntheit/Gebräuchlichkeit wird (zumindest partiell) auch in anderen Namenklassen außer Kraft gesetzt, da z. T. weniger frequente Namen (wie die von Personen/Gestalten aus Alter Geschichte/Mythologie/Religion) lemmatisiert, frequente (wie täterfokussierende Namen der NS-Zeit) aber ausgespart werden. Dies könnte mit einer intendierten Erinnerungsfunktion der Namenlemmata und daher mit einer bewussten Duden-Entscheidung erklärt werden, aber auch mit einer unreflektierten Übernahme von Lemmata bzw. Lemma-Lücken aus Vorgängerauflagen.

Der Duden, und nicht zuletzt sein onymischer Lemmabestand, spiegelt wie „kaum [...] eine andere Einrichtung kontinuierlich deutsche Geschichte wider" (Sauer 1988: 5) – genauer die zeitgenössische Wahrnehmung dieser Geschichte (deren lexikographische Abbildung allerdings durch die jeweiligen Grundsätze der Wörterbuchgestaltung gebrochen ist). Nicht zuletzt aus diesem Grund dürfte sich eine historische Untersuchung der im Duden (seit 1880) erfassten Namenlemmata lohnen. Auch die Behandlung der Namen in anderen Orthographiewörterbüchern der Gegenwart und in anderen Wörterbuchtypen sowie die jeweilige Gestaltung der Stichwortartikel sollten einer genaueren Betrachtung unterzogen werden, um das bislang vernachlässigte Feld der außeronomastischen Namenlexikographie sukzessive auszuleuchten.

Literatur

Augst, Gerhard, Volker Bunse, Andrea Höppner, Roswitha Rusert, Sebastian Schmidt & Frank-Martin Sünkel (1997): *Rechtschreibwörterbücher im Test. Subjektive Einschätzungen, Benutzungserfolge und alternative Konzepte.* Tübingen.

Blanár, Vincent (2009): Proper Names in the Light of Theoretical Onomastics. *Namenkundliche Informationen* 95/96, 89–157.

Böhme, Gunnar (2001): *Zur Entwicklung des Dudens und seinem Verhältnis zu den amtlichen Regelwerken der deutschen Orthographie*. Frankfurt am Main u. a.

Debus, Friedhelm (2012): *Namenkunde und Namengeschichte. Eine Einführung*. Berlin.

Deutsches Aussprachewörterbuch (2009). Maria Krech, Eberhard Stock, Ursula Hirschfeld, Lutz Christian Anders: *Deutsches Aussprachewörterbuch*. Berlin, New York.

Duden = *Der Große Duden: Wörterbuch und Leitfaden der deutschen Rechtschreibung* (171976). Dudenredaktion (Hrsg.). Leipzig.

Duden = *Duden. Die deutsche Rechtschreibung* (262013). Dudenredaktion (Hrsg.). Berlin, Mannheim, Zürich.

Ewald, Petra (2010): Die Groß- und Kleinschreibung substantivischer Phraseologismen als Kodifizierungsdilemma. *Sprachwissenschaft* 35 (2), 119–151.

Ewald, Petra & Dieter Nerius (1982): Besprechung zu: Duden. Rechtschreibung der deutschen Sprache und der Fremdwörter. Hrsg. von der Dudenredaktion, 18., neu bearbeite und erweiterte Auflage (Duden Band I). Bibliographisches Institut AG, Mannheim, Wien, Zürich 1980. *Zeitschrift für Germanistik* 3 (3), 371–375.

Fleischer, Wolfgang (1992): Deonymische Derivation. In Wolfgang Fleischer, Irmhild Barz, Ulla Fix & Marianne Schröder (Hrsg.), *Name und Text. Ausgewählte Studien zur Onomastik und Stilistik*, 58–66. Tübingen.

Fleischer, Wolfgang & Irmhild Barz (42012): *Wortbildung der deutschen Gegenwartssprache*. Berlin, Boston.

Harweg, Roland (1997): Depropriale Gemeinnamen oder Wortschöpfung aus Eigennamen. In Roland Harweg (Hrsg.), *Namen und Wörter*. 1. Halbband, 49–88. Bochum.

Harweg, Roland (1998): Komposita aus Eigenname und Gattungsname. In Roland Harweg (Hrsg.), *Namen und Wörter*. 2. Halbband, 305–344. Bochum.

Klosa, Annette (2014): Gibt es eine Zukunft für Wörterbücher? *Sprachreport* 30 (4), 28–37.

Kohrt, Manfred (1987): *Theoretische Aspekte der deutschen Orthographie*. Tübingen.

Müller, Hans-Georg (2014): Zur textpragmatischen Funktion der Groß- und Kleinschreibung des Deutschen. *Zeitschrift für germanistische Linguistik* 42 (1), 1–25.

Nerius, Dieter et al. (42007): *Deutsche Orthographie*. Hildesheim, Zürich, New York.

Niemeyer, Manfred (Hrsg.) (2012): *Deutsches Ortsnamenbuch*. Berlin, Boston.

Nübling, Damaris, Fabian Fahlbusch & Rita Heuser (22015): *Namen. Eine Einführung in die Onomastik*. Tübingen.

Sauer, Wolfgang Werner (1988): *Der „Duden". Geschichte und Aktualität eines „Volkswörterbuchs"*. Stuttgart.

Scholze-Stubenrecht, Werner (2002): „Die Auswahl der Einträge ist äußerst beliebig." Warum *Jagdherr* und *Pokémon* nicht im Duden stehen. *Sprachwissenschaft* 27 (2), 225–248.

Treskow, Christoph (2013): *Namen von Autoren und literarischen Werken und ihre Erfassung im Rechtschreibwörterbuch*. Masterarbeit. Rostock.

Wahrig = *Wahrig. Deutsches Wörterbuch* (82006). Renate Wahrig-Burfeind (Hrsg.). Gütersloh, München.

Universalwörterbuch = *Duden, Deutsches Universalwörterbuch. Das umfassende Bedeutungswörterbuch der deutschen Gegenwartssprache* (82015). Dudenredaktion (Hrsg.). Berlin.

Online-Quellen

Duden online: www.duden.de/woerterbuch (14.11.17).

Anne Zastrow

Zur Schreibung fremdsprachiger Namen im 19. Jahrhundert

Zusammenfassung: Die Frage nach der Schreibung von Namen wird in der onomastischen Forschung selten thematisiert. Es entsteht der Eindruck, Namen verhielten sich auf der graphischen Ebene konservativer als Appellativa und seien orthographisch nicht normiert. Dies muss erst recht bei Namen mit fremdsprachigem Material angenommen werden. Meine Untersuchung zeigt anhand umfangreichen Datenmaterials aus Schreibusus und Kodifikation, inwiefern diese vermeintliche orthographische Resistenz bei fremdsprachigen Namen im Deutschen tatsächlich existiert, und nimmt dabei einen in Hinsicht auf die orthographische Entwicklung besonders relevanten Zeitraum – nämlich das 19. Jahrhundert – in den Blick. Im Fokus steht auch die Frage, inwiefern sich Unterschiede bei den einzelnen Namenklassen ergeben.

Abstract: Onomastic studies rarely research and discuss the spelling of names. Therefore the impression is created that names behave more conservative on the graphemic level and are not orthographically normalized. This is especially relevant for names of foreign origin in German. With the use of extensive data relating to the use of spelling and the codification of the 19th century, my research will show how much the presumed graphemic resistance in German to adaptation of names of foreign origin actually exists. The study also examines if there are differences between the various categories of names.

1 Namen und ihre Orthographie – Fragestellung und Methodik der Untersuchung

Die Frage nach der Schreibung von Namen wird in der Regel beantwortet mit dem Blick auf den grundsätzlichen Funktionsunterschied von Namen und Appellativa: Im Gegensatz zu Appellativa sind Namen sprachliche Einheiten, die die Funktion der „Identifizierung eines einzelnen, individuellen Objekts und dessen Differenzierung von anderen, gleichartigen Objekten" haben (NERIUS 1984: 253), wohingegen Appellativa der Charakterisierung dienen. Dieser Funk-

Anne Zastrow, Universität Rostock, anne.zastrow2@uni-rostock.de

DOI 10.1515/9783110547023-019

tionsunterschied führt zu einer „Tendenz [...], die beiden Kategorien in der sprachlichen Form zu scheiden" (FLEISCHER 1992: 13; vgl. auch DEBUS 2012: 33), so dass Namen sich in der Regel auch auf der graphischen Ebene anders, nämlich „konservativer" (FLEISCHER 1992: 13) verhalten als Appellativa. Die Konstanthaltung des Formativs spielt bei Namen eine große Rolle (NÜBLING, FAHLBUSCH & HEUSER [2]2015: 92), wenngleich Wolfgang FLEISCHER eine Einschränkung vornimmt und präzisiert, dass dieser bewahrende Charakter für einzelne Namenarten in unterschiedlichem Maße gilt (FLEISCHER 1992: 13).

Neben dem konservativen Verhalten auf der Formseite generell wird den Namen ein weiteres Merkmal – hier konkret die graphische Ebene betreffend – zugeordnet: Obwohl es gegenwärtig Regelungsbereiche bei Namen gibt, für die orthographische Normierungen vorliegen – so z. B. bei der Großschreibung mehrteiliger Namen –, überwiegt doch der Eindruck, Namen seien „als einzige sprachliche Einheit (neben Interjektionen) orthographisch nicht normiert" (NÜBLING, FAHLBUSCH & HEUSER [2]2015: 87), sondern allenfalls in ihrer Schreibweise fixiert.

So nimmt es nicht wunder, dass für fremdsprachige Namen gegenwärtig keine amtliche Normierung vorliegt: Schaut man etwa auf die Vorbereitungen zur Reform der Fremdwortschreibung in den 80er Jahren, zeigt sich bei der Absteckung des Geltungsbereichs der neuen Regelung, dass Namen explizit ausgeschlossen werden: „Keine Neuregelung [der Fremdwortschreibung, A.Z.] wird vorgeschlagen [...] bei Namen und Namenableitungen" (ZUR NEUREGELUNG 1989: 157). Fremdsprachige Namen gehören zu den „Gruppen von Fremdlexemen, die sich einer [graphischen] Angleichung widersetzen" (HELLER 1981: 183). Darüber hinaus betreffe dies auch die „auf Eigennamen zurückzuführende[n] Bezeichnungen (Ableitungen von Eigennamen und Eigennamen, die zu Appellativa geworden sind)" (HELLER 1981: 183).

Die vorliegende Untersuchung greift diese Thesen auf und wird – bezogen auf das 19. Jahrhundert – zeigen, inwiefern diese orthographische Resistenz und die Nicht-Normiertheit bei fremdsprachigen Namen (wie z. B. *Cicero*) bzw. Namen mit fremdsprachigen Anteilen (wie z. B. *Militär-Zeitung*) im Deutschen tatsächlich existiert. Es stellt sich die Frage, wie im 19. Jahrhundert mit dem fremdsprachigen Namenmaterial umgegangen wird, ob es Assimilationstendenzen gibt und für welche Namenklassen sie gelten. Um ein möglichst komplexes Bild zu entwerfen, berücksichtige ich in meiner Korpusanalyse beide Entwicklungsstränge der Orthographie: die Kodifikation und den Schreibusus. Das Untersuchungskorpus speist sich aus den Texten, die bereits in meiner Untersuchung zur Fremdwortschreibung im 19. Jahrhundert (ZASTROW 2015) analysiert wurden: Neben 60 orthographischen Regelwerken der wichtigsten

Grammatiker der Zeit wurden auch 60 Schreibgebrauchstexte desselben Zeitraums untersucht.[1] Das Datenmaterial zur Kodifikation soll Aufschluss darüber geben, ob es überhaupt eine Regelung zur Schreibung fremdsprachiger Namen gibt und wie sie sich darstellt. Im Zentrum steht weiterhin die Frage, wie die Autoren der Texte mit den unterschiedlichen Namenklassen umgehen. Die Analyse der Usustexte soll zeigen, wie sich demgegenüber der tatsächliche Schreibgebrauch verhält: Werden fremdsprachige Namen bzw. Namen mit fremdsprachigem Material graphematisch assimiliert oder folgt der Usus der spendersprachigen Schreibweise?[2] Auch hierbei steht die Frage im Fokus, ob es für die Namenklassen unterschiedliche Ergebnisse gibt.

2 Zur Bestimmung des Namens

Der funktionale Ansatz ist auch für diese Untersuchung am besten geeignet, um die Analysekandidaten zu bestimmen. Namen unterscheiden sich insofern von den Appellativa, als sie primär der Identifizierung und weniger der Charakterisierung des entsprechenden Objekts dienen (FLEISCHER 1992: 6). Die Individualisierung ist auch eine charakteristische Funktion von Namen, aber nicht die primäre, da sie unterschiedlich stark ausgeprägt sein kann. Freilich ist das Verhältnis zwischen Appellativum und Proprium polar und so sind feste Abgrenzungen nicht in jedem Fall leicht zu ziehen. Nur der ‚ideale' Name charakterisiert nicht. Am Übergang zur Peripherie befinden sich teilmotivierte Namen, „die einen gewissen, häufig aber schon eingeschränkten Anteil an charakterisierender, app. Bedeutung enthalten" (NERIUS 1984: 256); und in der Peripherie sind solche Namen zu verorten, „die gleichzeitig auch die Funktion von Gattungsbezeichnungen haben, wobei aber die identifizierende Funktion als dominierend anzusehen ist" (NERIUS 1984: 256). Roland HARWEG bezeichnet sie als Gattungseigennamen (HARWEG 1983). Gerade diese Namen aus der Peripherie

1 Die Schreibgebrauchstexte haben einen Umfang von je 8000 Wörtern, sind über den gesamten Untersuchungszeitraum verteilt und dabei den Jahresschnitten 1800, 1830, 1860 und 1890 zugeordnet. Neben dem zeitlichen Kriterium erfolgte die Auswahl auch nach dem Textsortenkriterium und der Fremdwortdichte. Weiteres zur Auswahl der Texte vgl. ZASTROW (2015).

2 Um die große Menge an Daten (über 1000 Fremdgraphembelege in vorgefundenen Namen) angemessen verarbeiten zu können, wurde auf die Software „Frewo" zurückgegriffen, die bereits für meine Arbeit zur Entwicklung der Fremdwortschreibung im 19. Jahrhundert in Zusammenarbeit mit zwei Informatikern entwickelt und verwendet wurde (LAMPE & RIEGER 2008).

erweisen sich als für diese Untersuchung interessanter Gegenstand, ist doch anzunehmen, dass sie sich – da sie den Appellativa besonders nahe stehen – orthographisch auch wie Appellativa verhalten.

Bei der pragmatischen Ermittlung eines Namens kommt es hier letztlich auf das Verhältnis von Charakterisierungs- und Identifikationsfunktion an. Die überwiegende Funktion bestimmt die Zugehörigkeit zur entsprechenden Klasse, so dass auch Namen aus der Peripherie in der Untersuchung eine gewichtige Rolle spielen. Bei dieser Bestimmung wurde zusätzlich ein Hilfsmittel genutzt, das eine Funktion bei der gegenwärtigen orthographischen Regelung zur Groß- und Kleinschreibung hat: Um die Regelung der Großschreibung von (mehrteiligen) Namen leichter handhabbar zu machen, wurden Untergruppen von Denotatsbereichen gebildet, mit deren Hilfe der Namenstatus für die Regelanwender leichter zu bestimmen ist. Diese Gruppierung gehorcht zwar keinen klaren onomastischen Klassifikationskriterien[3], wurde aber trotzdem gewählt, weil sie in einem (anderen) orthographischen Teilbereich Verwendung findet und auch hier zu einigermaßen charakteristischen Ergebnissen führt. Als Namen habe ich im Laufe der Analyse bestimmt (vgl. DUDEN [24]2006: 1192–1194):

- **PersonenN, Namen aus Religion, Mythologie sowie BeiN, SpitzN**
- **Geografische und geografisch-politische Namen** (von Erdteilen, Ländern, Staaten, Verwaltungsgebieten; Städten, Dörfern, Straßen, Plätzen; Landschaften, Gebirgen, Wäldern, Wüsten, Fluren; Meeren, Meeresteilen und -straßen, Flüssen, Inseln und Küsten)
- **Namen von Objekten** (Sternen, Sternbildern und anderen Himmelskörpern; Fahrzeugen, bestimmten Bauwerken und Örtlichkeiten; von einzeln benannten Tieren und Pflanzen; von Orden und Auszeichnungen)
- **Namen von Institutionen, Organisationen, Einrichtungen** (staatlichen bzw. öffentlichen Dienststellen, Behörden, Gremien, Bildungs- und Kulturinstitutionen; Organisationen, Parteien, Verbänden, Vereinen; Betrieben, Firmen, Genossenschaften, Gaststätten, Geschäften; Zeitungen, Zeitschriften)
- **inoffizielle Namen, Kurzformen sowie Abkürzungen von Namen**
- **Namen von historischen Ereignisse und Epochen**

3 ZeitschriftenN als InstitutionsN und TierN als ObjektN zu verorten, ist beispielsweise aus Sicht der Namenklassifikation höchst problematisch. Eine stimmige Klassifikation ist im orthographischen Regelwerk aber auch nicht das Ziel. Im Weiteren verwende ich diese Begriffe nicht, sondern benutze die Terminologie nach NÜBLING, FAHLBUSCH & HEUSER ([2]2015).

Als „fremdsprachig"[4] wird der Name dann betrachtet, wenn er vollständig aus einer anderen Sprache in das Deutsche entlehnt wurde (z. B. *Cäsar*, *Molière*). Namen, die nur anteilig aus Wörtern einer anderen Sprache bestehen (z. B. *Königlich Preußisches Geheimes Staatsarchiv*, *Königliches General=Fabriquen= und Commerzial=Departement*), wurden auch untersucht, weil hier die Frage besonders interessant ist, ob der Namencharakter der gesamten Konstruktion dafür sorgt, dass Assimilationen der fremdsprachigen Teile eher ausbleiben, oder ob der Namenstatus keinen Einfluss auf die Schreibung hat.

3 Regeln zur Schreibung fremdsprachiger Namen

Im Folgenden wird die Kodifikation zur Schreibung fremdsprachiger Namen untersucht. Die Darstellung kann nicht jedes der analysierten Regelwerke berücksichtigen, wird aber ein charakteristisches Bild für das 19. Jahrhundert entwerfen, wobei an einigen Stellen auch vereinfacht werden muss.

Bevor die Regelung zur Schreibung fremder Namen vorgestellt werden kann, muss als Vergleichsfolie die allgemeine Regelung zur Fremdwortschreibung erwähnt werden, die sich so bzw. so ähnlich in allen Regelwerken des 19. Jahrhunderts findet. Die Besonderheiten der Namenregelung können nachfolgend deutlich herausgearbeitet werden.

> Eingebürgerte Fremdwörter schreibe nach deutschen Laut-Buchstaben-Regeln, nicht eingebürgerte Fremdwörter schreibe in der Weise der Gebersprache. Oft behalten aber auch längst eingebürgerte Fremdwörter ihre ursprüngliche Schreibung.

Diese Regelung ist nicht unproblematisch, zumal sie zunächst eine Beurteilung des Einbürgerungsstatus durch den Regelnutzer erfordert, was wiederum nur möglich wird, sofern der Autor des jeweiligen Regelwerks eine Bestimmung des Einbürgerungsbegriffs vornimmt, was längst nicht immer geschieht. Darüber hinaus schränkt die letztgenannte Regel[5] den Geltungsbereich der vorangegangenen erheblich ein, so dass mit Blick auf diese generelle Regel fast jede Schreibung begründbar wird. Eine weitere Problematisierung dieser Regel kann an

4 Auf den Begriff des Fremdworts wurde bewusst verzichtet, da er – nach Klaus Heller – neben der Herkunft aus einer anderen Sprache auch Fremdheitsmerkmale im Formativ voraussetzt (Heller 1975: 56), die aber in den untersuchten Wörtern nicht mehr zwingend vorhanden sein müssen, da unterschiedliche Stadien im Assimilationsprozess untersucht werden.

5 „Oft behalten aber auch längst eingebürgerte Fremdwörter ihre ursprüngliche Schreibung" (z. B. Berlin 1871, 17).

dieser Stelle nicht erfolgen, dazu sei auf Zastrow (2015) verwiesen. Zur Darlegung der Regelungsbesonderheiten bei fremdsprachigen Namen genügen diese Ausführungen.

Johann Christoph Adelungs „Vollständige Anweisung zur Deutschen Orthographie" ist zwar eine Schrift des 18. Jahrhunderts, wurde aber auch zu Beginn des 19. Jahrhunderts noch so stark rezipiert, dass sie hier den Anfang der Analyse macht. Wie bei vielen anderen Autoren des Jahrhundertanfangs auch fügt sich bei Adelung die Schreibung der fremdsprachigen Namen in die oben genannte allgemeine Regel zur Schreibung von Fremdwörtern ein: Sie werden genauso geregelt wie die nicht eingebürgerten Appellativa, sollen also von einer Assimilation ausgeschlossen bleiben.[6] Beispielgebend sei Adelungs Regel zum Umgang mit fremdsprachigem <c> wiedergegeben:

> Man gebraucht [das c] noch: [...]
>
> In völlig fremden Wörtern, es seyn nun eigene Nahmen oder Gattungswörter, wo man es in allen denjenigen beybehält, welche es in ihrer Sprache hergebracht, und ihr fremdes Kleid noch nicht ganz abgeleget haben, es mag nun wie **k** oder **z** lauten müssen: Clausur, Client, Sclave, Clavier, Spectakel [...], Cato, Cäsar, Criton, Cicero, Cypresse, Citrone, Cybele.
>
> (Adelung 1788: 160)

Dass das <c> in fremdsprachigen Namen beizubehalten ist, ist eine ganz typische Regel am Beginn des 19. Jahrhunderts (vgl. auch Theodor Heinsius' „Teut, oder theoretisch=praktisches Lehrbuch des gesammten Deutschen Sprachunterrichts" von 1807 mit den Beispielen *Cicero*, *Cato*, *Crösus*, *Cypern* [Heinsius 1807: 390]). Das wird durch die Tatsache begründbar, dass dieses Graphem aufgrund seiner Präsenz im Wortschatz und aufgrund der vorzufindenden Uneinheitlichkeit im Schreibusus ein besonders großes Regelungsbedürfnis zu diesem Zeitpunkt hat und die meisten Autoren eine weitgehende Assimilation als barbarisch und ein Vergehen an der lateinischen Sprache ansehen (Adelung 1788: 122). Die teilassimilierten Beispiele *Cäsar* (<c> nicht assimiliert, <ae> assimiliert zu <ä>) und *Crösus* (<c> nicht assimiliert, <oe> assimiliert zu <ö>) zeigen aber auch, dass Assimilationen bei fremden Namen (mit Ursprung in den klassi-

6 Diese Tatsache soll nicht darüber hinwegtäuschen, dass Adelungs Terminologie durchaus schwammig bleibt und der Begriff „Nahme" nicht für die Namen im heutigen terminologischen Sinn reserviert bleibt. Zum Teil verwendet Adelung den Begriff synonym zu Wort (z. B. Adelung 1788: 117, 119). Untersucht und wiedergegeben werden hier natürlich nur Regeln, die sich auf Namen im heutigen terminologischen Sinn beziehen, wie sich in den jeweiligen Fällen aus den regelbegleitenden Beispielen ergibt.

schen Sprachen) in kleinem Umfang schon zu Beginn des Jahrhunderts akzeptiert werden. Interessant ist, dass die Regelwerksautoren hier aber nicht von einer Assimilation sprechen: Sowohl ADELUNG als auch seine Nachfolger HEINSIUS, Johann Christian August HEYSE (1814) und Ferdinand BECKER (1829) halten die Schreibweisen *Cäsar* und *Crösus* für die unveränderten. Daraus ließe sich schlussfolgern, dass es diesen Autoren nicht um die Originalschreibung in der Spendersprache geht, sondern um die im Deutschen zuerst etablierte Schreibweise, was die Akzeptanz einiger Assimilationen einschließt.

Dennoch bleibt das Resümee für den Beginn des Jahrhunderts: Fremdsprachige Namen sind wie nicht eingebürgerte appellativische Fremdwörter zu behandeln, so dass eine Angleichung an heimische Phonem-Graphem-Beziehungen ausbleiben soll. HEYSE liefert etwa folgende Beispiele: *Voltaire*, *Rousseau*, *Reaumur*, *Bourdeaux*, *Cicero*, *Cäsar*, *Cato*, *Curtius*, *Vincenza*, *Corregio*, *Shakespeare*, *Newton* (HEYSE 1814: 96). Diese und auch die anderen regelbegleitenden Beispiele bei ADELUNG und HEINSIUS zeigen: Der Geltungsbereich der bisher genannten Regeln umfasst fremdsprachige Namen des Inventars der PersonenN und OrtsN[7] und hier v.a. diejenigen, die namenspezifisches Material aufweisen. Regeln, die auch andere Namenklassen bedienen, gibt es zu Beginn des Jahrhunderts nicht.

Karl WEINHOLD, Vertreter der historischen Orthographiereformrichtung, ist in der Mitte des Jahrhunderts der erste Autor in der untersuchten Literatur, der die Regelung explizit an eine – wenn auch schlichte – Klassifizierung der Namen bindet, sich dabei allerdings nach wie vor nur auf Personen- und OrtsN bezieht: Die graphematische Assimilation fremder FamilienN käme einer Urkundenfälschung gleich und dürfe daher nicht vorgenommen werden (WEINHOLD 1852: 126). Bei fremden RufN und OrtsN sind wenige Angleichungen möglich, womit er allerdings keine Assimilation der Phonem-Graphem-Beziehungen meint, sondern die Verwendung von Allonomen wie z. B. *Ludwig* statt *Louis*, *Karl* statt *Charles*, *Dünkirchen* statt *Dunquerque*, *Freiburg* statt *Fribourg* (WEINHOLD 1852: 127).

Auch bei anderen Regelwerksautoren der Mitte des 19. Jahrhunderts werden weiterhin nur Personen- und OrtsN in ihrer Schreibweise geregelt, also alles andere als ‚sonstige' Namen, die im Fokus dieses Bandes stehen. Dieser Tradition folgt auch Daniel SANDERS, ein Regelwerksautor, der überwiegend als Nachfolger ADELUNGS, HEYSES und BECKERS gehandelt und damit der traditionellen

---

7 Der Terminus Ortsname wird hier nach Nübling, Fahlbusch & Heuser gebraucht und bezieht sich „auf die gesamte Gruppe geographischer bzw. kosmographischer Namen, die Siedlungs-, Gewässer-, FlurN etc. umfasst" (NÜBLING, FAHLBUSCH & HEUSER [2]2015: 206).

orthographischen Richtung zugeordnet wird. Auch bei ihm gilt im Wesentlichen: Namen aus Sprachen mit lateinischer Schrift sollen nach der „Orthographie dieser fremden Sprache“ (SANDERS 1856: 113) geschrieben werden.[8] Die Beobachtung des Schreibgebrauchs, an dem SANDERS sich – wie er immer wieder selbst betont – bei der Kodifikation orientiert, führt für ihn allerdings zu einer neuen Regelung, die erstmalig im 19. Jahrhundert umfangreichere Assimilationen bei fremdsprachigen Namen mit <c> zulässt:

> Wir bemerken also nur noch, dass auch in den durch das Lateinische zu uns gelangten Formen **c**, wenn es wie **k** lautet, füglich durch **k** bezeichnet wird, was selbst auch für lateinische Namen gilt, z. B. Sokrates, Korinth, Korcyra rc. – so auch Kato, Klaudius, Kornelius.
>
> (SANDERS 1856: 116)

Damit weicht SANDERS von seinen Vorgängern deutlich ab.[9] Diese vergleichsweise innovative Regel erfährt 1873 eine – ebenfalls wieder gebrauchsgeleitete – Einschränkung in seinem zweiten Hauptwerk „Vorschläge zur Feststellung einer einheitlichen Rechtschreibung für Alldeutschland“:

> In unverändert übernommenen fremden Namen, deren Schreibweise auch ohnehin nach den deutschen Regeln nicht mit der Aussprache in Übereinstimmung ist, lasse man auch das wie **k** lautende **c** unverändert, z. B. in Personennamen [...] wie **Cagliostro; Carlyle; Cartouche; Cassaigue;** [...] und in geographischen Namen [...] wie **Beaucaire; Caen; Cagliari; Calais; Calatagirone; Callao; Cambray; Cambridge** [...].
>
> (SANDERS 1873: 123)

Wenn demnach weitere fremde Phonem-Graphem-Beziehungen vorliegen, scheidet auch für <c> eine Assimilation innerhalb des betreffenden Wortes aus. Da dies weniger häufig in Namen aus dem Lateinischen der Fall ist, bezieht sich diese Regel – wie auch an den Beispielen sichtbar – weitgehend auf Namen aus

8 In Fällen, in denen der graphischen Realisierung fremder Namen im Deutschen ein Transkriptionsprozess vorausgeht, da keine lateinische Schrift der Spendersprache vorliegt, ist nach SANDERS der erstmals transkribierten Form zu folgen, es sei denn, es muss aus Gründen der Wissenschaftlichkeit auf den Urtext zurückgegriffen werden (SANDERS 1856: 115). Es ist auch hier der von ihm beobachtete Schreibgebrauch, der seine Regelformulierung leitet, denn eigentlich strebt er für die Namen aus diesen Sprachen die Schreibung nach heimischen Phonem-Graphem-Beziehungen an: Man schreibt sie „am füglichsten ganz der Aussprache gemäß, doch ist auch hier bei bekannteren die hergebrachte Schreibweise zu beobachten, z. B.: Mustapha (gewöhnlicher als Mustafa) u. ä. m.“ (SANDERS 1856: 116).

9 Die Regelung passt ins SANDERS-Bild zur Reform der Fremdwortschreibung: Er treibt die Assimilation von <c> zu <k> in allen Wortschatzbereichen deutlich voran, indem er bereits zu diesem sehr frühen Zeitpunkt vermehrt Variantenschreibung zulässt (SANDERS 1873: 3–4).

dem Französischen, Italienischen und Englischen. In den lateinischen Namen ist das <c> flächendeckend durch <k> zu ersetzen.

Es wird deutlich, dass bei SANDERS nicht nur umfangreichere Assimilationen zugelassen werden, sondern darüber hinaus auch eine – verglichen mit der ersten Hälfte des Jahrhunderts – vielschichtige Regelung gefunden wird, die Parameter wie Spendersprache und Anzahl der Fremdgrapheme mit einbezieht.

Diese Regel SANDERS' wird dann auch 1884 in die assimilationszugewandte württembergische Schulorthographie übernommen. Sie ist ein Beispiel für die amtlichen Schulorthographien der Länder, die um die Mitte des Jahrhunderts entstehen und besonders nach der I. Orthographischen Konferenz (1876) neben dem Wörterbuch von Konrad Duden (1880) zu den am meisten rezipierten orthographischen Regelwerken gehören. An den württembergischen Schulen wird demnach gelehrt, dass fremde VorN mit <c> in Entsprechung /k/ assimiliert werden sollen, z. B. *Klemens*, *Konstantin*, *Konstanze*, *Kreszenz* (WÜRTTEMBERG 1884: 30).

Trotz dieser vorzufindenden Regelungen und der in Bezug auf <c> zugelassenen Assimilationen in der zweiten Jahrhunderthälfte muss in aller Deutlichkeit gesagt werden, dass die Regelung zur Schreibung von Namen (und damit auch zur Schreibung von Namen mit fremdsprachlichem Material) vor allem zum Ende des Jahrhunderts von nachrangiger Bedeutung ist. Immer mehr Autoren verzichten gänzlich auf eine solche Regelung, weil einem „die Schreibung der Familien= und Vornamen so wie der geographischen Namen behandelnden Abschnitt [...] endlose Erwägungen" vorangehen würden, wie im Protokoll der I. Orthographischen Konferenz festgehalten wird (PROTOKOLL 1876: 106). Eine generelle Regelung wird meistens durch singuläre Regeln in Form von Beispiellisten am Ende der Regelwerke oder innerhalb der graphembezogenen Regeln ersetzt, ohne dass der Namenstatus weiter problematisiert würde.

Schließlich soll auch die radikal-phonetische Orthographiereformrichtung des 19. Jahrhunderts, die sich um die 1890er Jahre Gehör verschafft, zur Sprache kommen: Friedrich Wilhelm FRICKE als Vertreter dieser Richtung macht in der Regelung keinen Unterschied zwischen fremdsprachigen Namen und fremdsprachigen Gattungsbezeichnungen, so dass das Ziel eine vom Einbürgerungsgrad unabhängige, vollständige graphematische Assimilation beider Kategorien – also auch der fremdsprachigen Namen – ist.[10] Er klagt:

10 Die FRICKE'sche Regelung zur Fremdwortschreibung wird erstaunlicherweise fast ausschließlich mit fremdsprachigen Namen illustriert und weniger mit Gattungsbezeichnungen. Dass FRICKE die Termini „Namen" und „Fremdwort" häufig synonym gebraucht und die Regel vorwiegend mit Eigennamen bestückt (z. B. FRICKE 1874, 43), dürfte FRICKES These der bis zu

> Der Deutsche schreibt die fremden Namen und Wörter nicht wie er sie spricht, sondern wie irgend ein anderes Volk sie schreibt, also nicht phonetisch, sondern im weiteren Sinne des Wortes historisch [...], und beugt sich dadurch dennoch unter das schwere, völlig unberechtigte Joch der Buchstabenherrschaft. Wehren wir uns auch dagegen!
>
> (FRICKE 1874: 41)

Sobald ein neuer „ausländischer Name" aufgenommen wird, so möge er „von den Philologen sofort bestimmt und mit entsprechenden deutschen Buchstaben geschrieben werden" (FRICKE 1874: 50). Er plädiert dabei für Schreibungen wie *Kristus, Kalvin, Voltär, Van Deik* (statt *Van Dyk*), *Linkohn* (statt *Lincoln)* und nimmt somit als erster auch FamilienN explizit nicht von der Assimilation aus.[11] Man kann erahnen, warum diese Reformrichtung wenig Einfluss auf die Regelung der Einheitsorthographie hatte.

Zusammenfassend kann gesagt werden: Die Regelung zur Schreibung fremdsprachiger Namen steht keineswegs im Fokus der Regelwerksautoren des 19. Jahrhunderts. Graphemübergreifende Regeln hierzu gibt es vorwiegend in der ersten Hälfte des Untersuchungszeitraums und dann schließlich in den Reformorthographien der Radikal-Phonetiker. Alle anderen Regelungen beziehen sich auf das besonders regelungsbedürftige Graphem <c>.

Die Regelwerksautoren bevorzugen – mit Ausnahme der Radikal-Phonetiker – durchgehend die historische Schreibweise für fremdsprachige Namen. Mit historischer Schreibweise ist hier meistens die Schreibung gemeint „mit denselben einmal angenommenen Buchstaben" (BECKER 1829: 412) – ob dabei gegenüber der Gebersprache schon kleinere Änderungen vorgenommen wurden oder nicht, ist dabei zunächst sekundär. In der Regel bedeutet dies jedoch, dass fremde Namen graphematisch nicht assimiliert werden sollen. Das bleibt auch dann noch für das Gros der fremdsprachigen Namen so, wenn Daniel SANDERS und die württembergische Schulorthographie in der zweiten Jahrhunderthälfte eine graphematische Assimilation von <c> zu <k> empfehlen.

Es fällt auf, dass die Regelungen durchgehend nur auf bestimmte Namenklassen zutreffen: auf Ruf- und FamilienN sowie OrtsN. Damit werden fast nur solche Namen einbezogen, die kaum bzw. kein offensichtlich appellativisches

---

diesem Zeitpunkt vielfach verhinderten graphematischen Assimilation im Deutschen stärken, da in diesem Bereich natürlich eine größere orthographische Resistenz mit den wenigsten Assimilationen vorzufinden ist.

11 So weit gehen allerdings nicht alle Vertreter der radikal-phonetischen Richtung. Richard BAX beispielsweise verlangt zwar eine Assimilation von OrtsN und TaufN (Terminus nach BAX), sieht aber bei den FamilienN, „welche Privateigentum bilden und daher keine orthographischen Änderungen gestatten, obwohl man gerade unter ihnen eine Musterkarte von Absonderlichkeiten findet" (BAX 1897: 43–44) von einer graphematischen Integration ab.

Material haben, also im Wesentlichen keine Gattungseigennamen. Warum das so ist, erklären die Autoren nicht. Es lässt sich aber vermuten: Ist es gar nicht nötig, die Schreibweise der anderen Namenklassen zu regeln, weil sie orthographisch wie Appellativa funktionieren und damit auch deren orthographische Regelung für diese Namen gilt? Der Blick auf den Schreibusus vermag hier Aufschluss zu geben.

4 Die fremdsprachigen Namen im Schreibusus

Die Untersuchung des Schreibusus wurde in zwei Teilschritten vorgenommen. Zunächst habe ich den Versuch unternommen, alle Arten von fremdsprachigen Namen (bzw. Namen mit fremdsprachigem Material) zu untersuchen. Nach einer Probeanalyse von 14 der 60 Texte aus dem Zeitraum von 1800 bis 1860, die sehr eindeutige Ergebnisse brachte, habe ich mich dann allerdings – aufgrund des immensen Auftretens von RufN und OrtsN sowie der Erkenntnisse der Kodifikationsanalyse – in einem zweiten Analyseschritt auf die Namen beschränkt, die erkennbar appellativisches Material enthalten und damit gleichzeitig charakterisieren, also auf Gattungseigennamen.

4.1 Zum Schreibusus sämtlicher Namen (Analyse 1)

Unter Berücksichtigung sämtlicher Namenarten – also der Namen mit und ohne appellativisches Material – ergibt sich das folgende Bild:

Tab. 1: Assimilation bei Namen (14 Texte) (Grapheme, Tokens)

	Assimilationsstatus					
	assimiliert		nicht assimiliert		Gesamt: Anzahl	Gesamt: Anzahl (%)
Jahresschnitt	Anzahl	Anzahl (%)	Anzahl	Anzahl (%)		
1800	5	4,10 %	117	95,90 %	122	100,00 %
1830	58	7,66 %	699	92,34 %	757	100,00 %
1860	23	9,58 %	217	90,42 %	240	100,00 %
Gesamtergebnis	86	**7,69 %**	1033	**92,31 %**	1119	100,00 %

Tabelle 1 zeigt eine durchschnittliche Assimilationsquote der Namen von 7,69 %, d. h. 86 der insgesamt 1119 Grapheme in fremdsprachigen Namen sind assimiliert. Dass damit über 90 % der Grapheme in Namen nicht assimiliert werden, war angesichts der Regelung schon zu erwarten. Zum Vergleich: Die durchschnittliche Assimilationsquote der Appellativa beträgt im 19. Jahrhundert 41,62 % (vgl. Tabelle 3) und liegt damit 33,94 Prozentpunkte über der Quote der Namen. Insofern ließe sich schon von einer relativen Assimilationsresistenz bei fremden Namen sprechen. Die folgende Auflistung von Belegen aus dem Korpus zeigt, dass die Assimilationen vorwiegend bei Namen mit appellativischen Anteilen vorhanden sind (Tabelle 2): Das sind in der großen Mehrzahl Gattungseigennamen – in meinem Korpus vorwiegend ObjektN (z. B. *Die Zauberflöte*, *Königliche Akademie der Wissenschaften*) – und damit solche, die in der Kodifikation überhaupt keine Rolle spielen. Zu den nicht assimilierten Namen zählen fast ausschließlich Vertreter der PersonenN und OrtsN.[12] Es handelt sich vorrangig um idealtypische Namen ohne erkennbare Appellativik.

Tab. 2: Beispiele für typische assimilierte und nicht assimilierte fremdsprachige Namen bei Berücksichtigung von Namen ohne appellativisches Material

Namenklasse	Beispiel	Assimiliertes Graphem
Nicht assimilierte Namen		
PersonenN	*Philine, Machiavelli, Euphrosyne, Dorothea*	keine
OrtsN	*Weymouth, Paris, Chimborazo, Birmingham*	keine
Assimilierte Namen		
KunstwerkN	*Die Bearnesen oder Heinrich IV. auf Reisen* (Oper von Boieldieu)	<é> → <e> (frz. *Béarn*)
	Fiesko (Trauerspiel von Schiller)	<c> → <k> (ital. *Fiesco*)
ZeitungsN	*Militär-Zeitung*	<ai> → <ä> (frz. *militaire*) <re> → <r>
	Zeitung für die elegante Welt	<é> → <e> (frz. *élégant*)

12 In wenigen Fällen sind auch KunstwerkN darunter, wenn z. B. ein literarisches Werk nach einer Person benannt wird, z. B. *Mignon* (Johann Wolfgang von Goethe) oder der Kurztitel *Macbeth* (William Shakespeare).

Namenklasse	Beispiel	Assimiliertes Graphem
Assimilierte Namen		
InstitutionsN	*Berg-Akademie zu Santa Fe de Bogota*	<c> → <k> (lat. *Academia*) <i> → <ie>
	Neustädter Militär-Akademie	<ai> → <ä> (frz. *militaire*) <re> → <r> <c> → <k> (lat. *Academia*) <i> → <ie>
Personen- und OrtsN (selten)	*Herkules*	<c> → <k> (lat. *Hercules*)
	Horaz	<t> → <z> (lat. *Horatius*)
	Kaiser Franz Josefs-Kaserne	<c> → <k> (frz. *caserne*)

Die wenigen Assimilationen der ansonsten ausgesprochen resistenten Personen- und OrtsN sind gut erklärbar. Es handelt sich in den meisten Fällen entweder um phonologisch bedingte Assimilationen (meist ausgelöst durch morphematische Assimilation) wie bei *Horatius* → *Horaz* (**Horat*). Andernfalls sind Namen betroffen, deren vermittelnde Sprache zwar das Lateinische, der Ursprung allerdings griechisch ist (*Hercules* → *Herkules*). Und in solchen Fällen war die Assimilation mit Blick auf die Herkunftssprache gerechtfertigt.[13] Eine weitere Gruppe stellen die Gattungseigennamen der OrtsN dar wie z. B. *Kaiser-Franz-Josefs-Kaserne*, bei denen sich die Assimilationen vorrangig im appellativischen Teil zeigen.

4.2 Zum Schreibusus von Namen mit appellativischem Material (Analyse 2)

Schließt man nun die Namen ohne erkennbar appellativisches Material von der Analyse vollständig aus (Analyse 2), lässt sich die überragende Assimilationsdifferenz zwischen Namen und Appellativa erwartungsgemäß nicht mehr nachweisen (Tabelle 3). Die Assimilationsquote der Namen mit appellativischem Material liegt bei 36,22 % der Grapheme (Types).[14] Damit liegt sie zwar unter

13 Das Phonem /k/ in Wörtern aus dem Griechischen mit <k> wiederzugeben, gehört seit Beginn des Jahrhunderts zum Regelinventar der Fremdwortschreibung (vgl. HEINSIUS 1807: 382; HEYSE 1814: 140; SANDERS 1856: 81).

14 Dass dieser Wert so stark von der Assimilationsquote aller Namen abweicht, zeigt auch, wie dominant das Vorkommen von Namen ohne appellativische Anteile ist. Personen- und OrtsN

dem Wert der Appellativa, bei denen 41,62 % der Grapheme assimiliert sind, aber die Differenz ist nicht mehr signifikant. Sowohl Appellativa als auch Namen mit appellativischem Material weisen in ähnlichem Umfang graphematische Assimilationen auf. Als Grund dafür ist der jeweils appellativische Anteil der fremdsprachigen Namen anzunehmen, der sie auch orthographisch in die Nähe von Appellativa rückt. Tabelle 4 illustriert das Ergebnis mit Beispielen.

Tab. 3: Assimilation bei Namen im Vergleich zu Appellativa (Grapheme, Types) (nur Namen mit appellativischem Material)

	Assimilationsstatus							
	assimiliert		teilassimiliert		nicht assimiliert		Gesamt: Anzahl	Gesamt: Anzahl (%)
Namen-status	Anzahl	Anzahl (%)	Anzahl	Anzahl (%)	Anzahl	Anzahl (%)		
Appellativa	6375	41,62 %	23	0,15 %	8920	58,23 %	15318	100,00 %
Namen	**113**	**36,22 %**	**0**	**0,00 %**	**199**	**63,78 %**	**312**	**100,00 %**
Gesamt-ergebnis	**6488**	**41,51 %**	**23**	**0,15 %**	**9119**	**58,34 %**	**15630**	**100,00 %**

Tab. 4: Beispiele für typische assimilierte und nicht assimilierte fremdsprachige Namen (nur Namen mit appellativischem Material)

Klasse	**Beispiele für Assimilationen**	**Beispiele ohne bzw. mit Teil-assimilation**
OrtsN	*Aller=Umlaufskanal* *Kanarische Inseln*	*Schönhauser Allee* *Sixtinische Kapelle*
UnternehmensN	*Hagelschlags=Assekuranz=Gesellschaft* *Mecklenburgische Lebensversiche-rungs= und Spar=Bank*	*Hotel Louisenhof* *Vaudeville-Theater*
InstitutionsN	*Freie ökonomische Gesellschaft zu St. Petersburg*	*Königliches Manufactur= und Commerz=Collegium*
ZeitungsN	*Neue Zeitung für Kaufleute, Fabrikanten und Manufakturisten*	*Norddeutscher Correspondent*

kommen am häufigsten vor, alle anderen Namenarten deutlich seltener. Das bestätigt die These der belebtheitsgesteuerten Namengebung (Nübling, Fahlbusch & Heuser ^{2}2015: 98).

Die überwiegende Mehrzahl der genannten Beispiele enthält das im 19. Jahrhundert vor allem vom Assimilationsprozess betroffene Graphem <c> bzw. die assimilierten Varianten <k> und <z>. Dass das Graphem in beiden Spalten der Tabelle auftaucht, spiegelt die unterschiedlichen Entwicklungsstadien des Prozesses wider: *Königliches Manufactur= und Commerz=Collegium* ist ein Beleg von 1800, der *Aller=Umlaufskanal* von 1860. Grapheme, die im gesamten Jahrhundert keine bzw. kaum Assimilationstendenzen im Schreibusus zeigen (vgl. hierzu Zastrow 2015: 223–225), tun dies auch nicht bei den Gattungseigennamen, z. B. <i/i:/>, <v/v/>, <th/t/>.

Da in der Sekundärliteratur zuweilen angemerkt wird, dass nicht nur fremdsprachige Namen, sondern auch auf Namen (vor allem solche im Zentrum der Klasse) zurückzuführende Appellativa von der graphematischen Assimilation ausgeschlossen bleiben (vgl. Kap. 1, Heller 1981: 183), habe ich in dieser zweiten Analyse auch solche Wörter separat aufgenommen und drei weitere Analysegruppen gebildet:

Deproprialisierte Lexeme (in der folgenden Tabelle 5 abgekürzt mit App: DpN) – Deproprialisierte Lexeme sind lexikalische Einheiten, bei denen deutlich wird, dass sie einmal Namenstatus hatten – und hier in das Zentrum gehören –, jetzt aber depropriailisiert gebraucht werden (z. B. *Seine Frau war eine Xanthippe.*). Sie wurden in einer eigenen Kategorie registriert (= App: DpN). Beispiele aus dem Belegkorpus: *Hermaphrodit*, *Herkules*, *Hydra*, *Krösus*, *Sphinx*, *Venus.*[15] In diesen Fällen dürfte aufgrund der formalen Identität dieser Appellativa mit den begriffprägenden Namen eine immer noch starke Namenwirkung im Bewusstsein der Sprecher anzunehmen sein, so dass ein graphematisches Verhalten wie bei Namen ohne Appellativik zu erwarten ist.

Derivationen (in der folgenden Tabelle 5 abgekürzt mit App: AbN) und Komposita (abgekürzt mit App: UKN) mit Namenanteil – Sofern komplexe Appellativa Namen ohne appellativisches Material als Konstituenten verzeichnen, wurden sie – je nachdem ob es sich um Derivate oder Komposita handelt – ebenso separat registriert. Beispiele aus dem Belegkorpus für Derivationen: *galvanisch*, *Huntersch*, *calvinisch*, *Lancastersch*, *philisterhaft*, *dionysisch*. Beispiele für Komposita: *Gallowayröhren*, *Howardkessel*, *Katharinenpflaumen*,

15 Beispiele aus dem Belegkorpus für die Verwendung als Appellativa:
„[S]ie beschämt hundert Männer, und ich möchte sie eine wahre Amazone nennen, wenn andere nur als artige Hermaphroditen in dieser zweydeutigen Kleidung herum gehen" (Goethe 1796: 56).
„[...] wo ein Frauenzimmer sein Morgengewand ablegte, nackend, göttlich schön wie eine Venus, da stand [...]" (Heinse 1804: 7–8).

Syllery=Weine. In beiden Fällen dominiert die charakterisierende Funktion die identifizierende. Dennoch ist erwartbar, dass die graphematische Struktur des Namens – und damit die fremdsprachige Schreibweise – uneingeschränkt übernommen wird, so dass auch hier – mit Blick auf die möglichst repräsentative Aussagefähigkeit der Auswertung – eigene Kategorien angelegt wurden.

Tab. 5: Assimilation bei Appellativa mit Namenanteil (Grapheme, Types)

	Assimilationsstatus					
	assimiliert		nicht assimiliert		Gesamt: Anzahl	Gesamt: Anzahl (%)
Namenstatus	Anzahl	Anzahl (%)	Anzahl	Anzahl (%)		
App: DpN	6	14,63 %	35	85,37 %	41	100,00 %
App: AbN	12	6,90 %	162	93,10 %	174	100,00 %
App: UKN	3	6,98 %	40	93,02 %	43	100,00 %
Gesamtergebnis	21	8,14 %	237	91,86 %	258	100,00 %

Die Vermutung bestätigt sich (vgl. Tabelle 5): Diejenigen Lexeme, die Bestandteile von prototypischen Namen (meist Personen- oder OrtsN) aufweisen bzw. deproprialisierte Namen sind, verhalten sich wie Namen im engen Sinn. Hier liegt die Assimilationsquote nur bei durchschnittlich 8,14 %, was wiederum der oben genannten Durchschnittsquote aller Namen (also einschließlich derjenigen ohne appellativische Komponenten) von 7,69 % sehr nahe kommt. Damit wäre auch HELLERs These von der orthographischen Resistenz „auf Eigennamen zurückzuführende[r] Bezeichnungen (Ableitungen von Eigennamen und Eigennamen, die Appellativa geworden sind)" (HELLER 1981: 183) bekräftigt.

4.3 Zur Entwicklung des Schreibusus von Namen mit appellativischem Material

Ein Blick auf die Entwicklung der graphematischen Assimilation im 19. Jahrhundert bestätigt die Ergebnisse der Gesamtanalyse. Namen mit appellativischem Material verhalten sich in der Entwicklung weitestgehend wie reine Appellativa (Abbildung 1). Insgesamt liegt die Assimilationsquote der Namen nur geringfügig unter der Quote der Appellativa (1 bis 9 Prozentpunkte). Der Anstieg der Assimilationsquote ab 1860, der sowohl bei den Appellativa als auch bei den Namen zu verzeichnen ist, lässt sich im Übrigen bei beiden Kategorien vorrangig auf das Graphem <c> zurückführen, das ab den 60er Jahren – und besonders nach der I. Orthographischen Konferenz (also nach 1876) – in der Kodifikation einen Assimilationsschub erhält (vgl. ZASTROW 2015).[16] Es zeigt sich an dieser Stelle auch, warum sich die Regelwerksautoren lediglich auf die Regelung zur Schreibung von Personen- und OrtsN konzentrieren (sofern sie überhaupt Regeln zur Schreibung von fremdsprachigen Namen aufstellen): Die Regelung zur Schreibung weiterer Namenklassen war nicht erforderlich, da sie aufgrund des hohen Anteils appellativischen Materials wie fremdsprachige Appellativa zu schreiben waren, für die es in der Kodifikation reichlich Regeln gab (vgl. ZASTROW 2015).

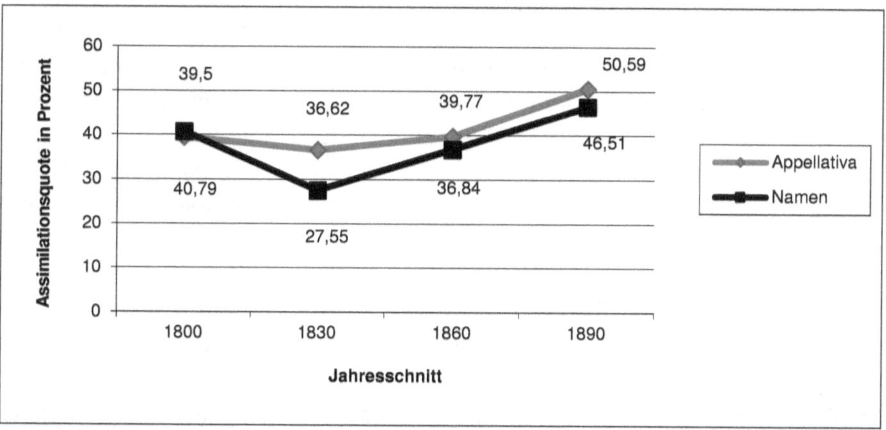

Abb. 1: Assimilationsentwicklung von Namen und Appellativa (Grapheme, Types) (nur Namen mit appellativischem Material)

5 Fazit

Ganz gewiss gehört die Regelung zur Schreibung von fremden Namen im 19. Jahrhundert nicht zum Kernvorhaben der Regelwerksautoren. Dennoch findet man Anweisungen zur Schreibung von Namen mit fremdsprachigem Material in den Grammatiken und Orthographielehren, deren Umfang von Autor zu Autor allerdings erheblich differiert und deren Geltungsbereich sich zumeist auf Per-

16 Die Kodifikation gewinnt v.a. durch die Schulorthographien und das Duden-Rechtschreibwörterbuch zum Ende des 19. Jahrhunderts immer mehr Einfluss auf den Schreibusus (vgl. ZASTROW 2015).

sonen- und OrtsN ohne appellativisches Material beschränkt. Für diese ist dann in überwiegender Zahl die fremdsprachige Schreibweise festgelegt.

Die pauschale Behauptung aber, fremdsprachige Namen seien prinzipiell spendersprachlich zu schreiben, lässt sich nach der Analyse nicht halten. Diese Behauptung wird bei den Regelwerksautoren des 19. Jahrhunderts allerdings auch gar nicht aufgestellt, obwohl sich die Regelung z. B. bei HEINSIUS, HEYSE oder BECKER zunächst so lesen mag, wenn keine Reflexion der beigefügten Beispiele erfolgt.

Bei der Schreibung von fremdsprachigen Namen im 19. Jahrhundert kommt es sowohl in der Kodifikation als auch im Usus vielmehr auf die Beschaffenheit des Namens an: Namen ohne appellativisches Material, die in der überwiegenden Zahl in der Klasse der Personen- und der OrtsN zu finden sind, erweisen sich erwartungsgemäß als sehr assimilationsresistent. Namen anderer Namenklassen – in meinem Korpus sind dies vorrangig ObjektN – weisen durchschnittlich einen deutlich höheren Anteil appellativischen Materials auf, womit sie neben der Identifikationsfunktion auch die Aufgabe der Charakterisierung haben. Hier sieht es auch mit der Schreibung anders aus: Die Kodifikation äußert sich nicht explizit zu solchen Namen und der Usus bestätigt die Vermutung, dass hier ein orthographisches Verhalten wie bei Appellativa zu beobachten ist. Aus diesem Grund sind Regeln zur Schreibung von Vertretern ‚sonstiger' Namenklassen in der Kodifikation nicht nötig, weil auf sie die Regeln der Appellativa gleichermaßen zutreffen. Bei denjenigen Gattungseigennamen, die Bestandteile des prototypischen Nameninventars (Personen- bzw. OrtsN) aufweisen, gelten entsprechend die Regeln derselben.

Die pauschale Behauptung, Namen – in meinem Fall mit Fremdwortanteilen – würden sich orthographisch „konservativ" verhalten, muss demnach relativiert werden, indem der Geltungsbereich auf bestimmtes Namenmaterial – nämlich primär solches ohne Appellativik (prototypische Namen) – eingegrenzt wird. Dieses Ergebnis stärkt die These FLEISCHERS: „Je weniger ‚rein' ein Name [...] die Namenfunktion erfüllt, desto stärker berühren ihn auch Veränderungen des appellativischen Wortschatzes" (FLEISCHER 1992: 11).

Literatur

ADELUNG, Johann Christoph (1788): *Vollständige Anweisung zur Deutschen Orthographie, nebst einem kleinen Wörterbuche für Aussprache, Orthographie, Biegung und Ableitung*. Frankfurt, Leipzig.

BAX, Richard (1897): *Volksorthographie auf phonetischer Grundlage*. Frankfurt.

BECKER, Karl Ferdinand (1829): *Deutsche Grammatik*. Frankfurt.

BERLIN = *Regeln und Wörterverzeichnis für die deutsche Orthographie, zum Schulgebrauch* (1871). Verein der Berliner Gymnasial- und Realschullehrer (Hrsg.). Berlin.

DEBUS, Friedhelm (2012): *Namenkunde und Namengeschichte. Eine Einführung*. Berlin.

DUDEN = *Duden. Die deutsche Rechtschreibung* ([24]2006). Dudenredaktion (Hrsg.). Mannheim u. a.

FLEISCHER, Wolfgang (1992): Zum Verhältnis von Name und Appellativum im Deutschen. In Irmhild Barz & Ulla Fix (Hrsg.), *Name und Text. Ausgewählte Studien zur Onomastik und Stilistik. Wolfgang Fleischer zum 70. Geburtstag*, 3–24. Tübingen.

FRICKE, Friedrich Wilhelm (1874): Über die Orthographie der Fremdwörter. *Allgemeine Deutsche Lehrerzeitung* 6, 41–45 und 7, 49–52.

GOETHE, Johann Wolfgang (1796): *Wilhelm Meisters Lehrjahre*. Band VII, 7–70. Berlin.

HARWEG, Roland (1983): Genuine Gattungseigennamen. In Manfred Faust et al. (Hrsg.), *Allgemeine Sprachwissenschaft, Sprachtypologie und Textlinguistik*, 157–171. Tübingen.

HEINSE, Wilhelm (1804): *Hildegard von Hohenthal*, 3–68. Theil 1. Berlin.

HEINSIUS, Theodor (1807): *Teut, oder theoretisch=praktisches Lehrbuch des gesammten Deutschen Sprachunterrichts. 1. Theil: Sprachlehre der Deutschen*. Berlin.

HELLER, Klaus (1975): Vorarbeiten für eine Reform der Fremdwortschreibung. *Sprachwissenschaftliche Probleme einer Reform der deutschen Orthographie II*, 51–87. Berlin.

HELLER, Klaus (1981): Untersuchungen zu einer Reform der deutschen Orthographie auf dem Gebiet der Fremdwortschreibung. *Sprachwissenschaftliche Untersuchungen zu einer Reform der deutschen Orthographie*, 154–227. Berlin.

HEYSE, Johann Christian August (1814): *Theoretisch-praktische deutsche Grammatik oder Lehrbuch zum reinen und richtigen Sprechen, Lesen und Schreiben der deutschen Sprache. Für den Schul- und Hausgebrauch bearbeitet*. Hannover.

LAMPE, Guido & Thomas RIEGER (2008): *Frewo. Software*. Rostock.

NERIUS, Dieter (1984): Zum Begriff des Eigennamens in der Orthographie. *Beiträge zur Onomastik I*, 253–261. Berlin.

NÜBLING, Damaris, Fabian FAHLBUSCH & Rita HEUSER ([2]2015): *Namen. Eine Einführung in die Onomastik*. Tübingen.

PROTOKOLL = Protokoll der Verhandlungen (1876). Verhandlungen der zur Herstellung größerer Einigung in der deutschen Rechtschreibung berufenen Konferenz. 2. Abdruck, 79–130. Halle.

SANDERS, Daniel (1856): *Katechismus der deutschen Orthographie*. Leipzig.

SANDERS, Daniel (1873): *Vorschläge zur Feststellung einer einheitlichen Rechtschreibung für Alldeutschland*. Berlin.

WEINHOLD, Karl (1852): Über deutsche Rechtschreibung. *Zeitschrift für die österreichischen Gymnasien* 3 (2), 93–128.

WÜRTTEMBERG = Regeln und Wörterverzeichnis für die deutsche Rechtschreibung zum Gebrauch in den württembergischen Schulen (1884). Stuttgart.

ZASTROW, Anne (2015): *Die Entwicklung der Fremdwortschreibung im 19. Jahrhundert. Kodifikation und Usus*. Berlin, Boston.

ZUR NEUREGELUNG = *Zur Neuregelung der deutschen Rechtschreibung* (1989). Kommission für Rechtschreibfragen des Instituts für Deutsche Sprache Mannheim (Hrsg). Düsseldorf.

www.ingramcontent.com/pod-product-compliance
Lightning Source LLC
Chambersburg PA
CBHW031410230426
43668CB00007B/261
9783110709544